叢書・ウニベルシタス　707

われわれと他者

フランス思想における他者像

ツヴェタン・トドロフ
小野　潮／江口　修 訳

法政大学出版局

Tzvetan Todorov
NOUS ET LES AUTRES
La réflexion française sur la diversité humaine

This book is published in Japan by arrangement
with les Éditions du Seuil, Paris
through le Bureau des Copyrights Français, Tokyo.

目次

序

これまでの人生の前半、スターリン体制下の国にあって〔トドロフの母国はブルガリアで、スターリン支配下のソビエト連邦の影響下にあった〕、私は人間の犯す悪を知った。もちろんそれとわかったのは徐々にであった。第二次大戦直後の数年間は、「誰それの父さんとか家族付き合いしていた友達が突然いなくなった」、「どこか田舎の小さな町に強制移住させられたらしい」、「収入もあっというまに乏しくなったらしい」という話を耳にしても、幼なすぎて事情がよくのみ込めなかった。私の近親たちはどうかというと、新体制を拍手をもって迎え、体制の恩恵をこうむる側についた。だが、一九四八年の末、すべてがひっくり返り何もかもわからなくなってしまった。というのも、私の両親と同様の階層に属していた友人たちが、投獄されたうえに、新聞誌上でこっぴどく叩かれ(私はもう字が読めるようになっていた)、やがて父親が仕事場でいざこざに巻き込まれ始めたからだ。それでも私は、一九五二年まで、熱心な少年共産主義同盟員だった。やがてスターリンが死に、私も青年になってゆくにつれ、毎日耳にしていた政府の公式見解の空しさにだんだんと気づくようになっていった。

私自身がスターリン体制の犠牲になったことはけっしてない。というのも、体制に反抗したり闘争したりするのではなく、当時の多くの同胞がそうしたように、ふたつの人格を使いわけることにしたからだった。表向きの従順な人格と自分で決めたようにふるまうプライヴェートな人格。しかし、別の見方からすれば、この国の他の住人たちと同様、私もやはり犠牲者のひとりであった。プライヴェートな人格と思っていたものも、みずからの意志でつくりあげたものではなく、私を取り巻く状況への反応として生まれたものなのだ。こうした中で私は悪とは何かを知った。悪は、権力を代表する者たちがその身にまとう言辞と彼らが実際におくっている生活、そして彼らが私たちに強いている生活との間にある紛れもない不均衡のうちにあった。彼らの生活、私たちの生活は彼らが述べ立てる諸原則とはまったく違ったものにもとづいているように思われた。悪は、公式的な原則に忠実であると公然と表明することを強制されることのうちにあり、「自由」、「平等」、「正義」といったもっとも高貴な語が無意味になることのうちにあった。その結果、そうした語は弾圧や情実といったひとの処遇におけるあからさまな不当差別を糊塗するためのものになってしまっていた。悪はなにごとについても、正しい唯一の立場があるという主張のうちに、また誰にもはっきりとわかっていたことだが、その立場は時の権力者によって、そして彼らの都合のよいように定められているということのうちにあった。「真理」は力によるものでしかなかったのだ。悪は、警察や国家保安局、党官僚、職制や管理職たちの手に委ねられているように思えた無制限の恣意的な権力のうちにあった。彼らはいつでも好きなときにあなたを失職させ、住居を立ち退かせ、友人たちから隔離し、自由を奪うことができたのだ。悪は、従順さと凡庸さへの追い立てのうちに、いたるところ制度化された密告のネットワークのうちにあった。密告は同時に昇進のもっとも手っ取り早い手段となっていた。悪は恐怖を抱くことへの恐怖のうちにあった。物質的困窮、消費物資の不足、配給待ちの行列、これらはそれ自体「悪」ではなかった(単なる「不幸」と言うべきだ)。しかしそれが明らかに体制の他の諸特徴に由来していたがゆえに、悪になり、悪を象徴するものになっていった。もちろん、この悪はすべての局面において一様であるわけではなかった。もしそうであったなら生きること自体不可能であっただろう。私は次々とすばらしいひとたちと巡り会うことができた。またいつもいつもすばらしいとは言えないひとたちのすばらしい行為から多くを得ることができた。まともな公の生活はなかったが、私的な生活は充実していた（当時はそれに気がついていなかったのだが）。女性との恋、友情、知的そして芸術的情熱は密度の濃いものであった。

フランスにやってきて人生の後半が始まると、私の悪の体験は新たにふたつの要素を加えた。ひとつは、当然予想されたことだが、悪は直接的な形で目にされることがなくなっていく一方で、広がりをもち始めた。書物やひとの話から、ナチスによるユダヤ人虐殺や日本に落とされた原爆のもたらした惨禍について知るようになった。書物によって通常戦争が厭うべきものであることを知り、さらに時代をさかのぼって、植民地戦争や植民地支配が厭うべきものであることを知った。直接この目で見たわけではないものの、こうした一連の悪が私自身がかつて経験した悪と似ているように感じられた。そして、いまや私は悪を悪と認識することにためらいを覚えない（善についてては、あるものが善であるかどうかを認めるのにためらいを捨てきれない）。この点については、私がもはや捨て去ることのないだろう、一種の絶対を見いだしえたような気がしている。私が民主主義の理想にくみするのは、単に理性によってそうするのではない。民主主義の理想に疑義が投げかけられるや、頭にかっと血が上り、そのような言動を吐く者に対し腹を立ててしまうのを私は感じる。

もうひとつの要素はまったく別の性質のものだ。ごくまれな場合を除くと、フランスに来てのち、知り合ったひとのほとんどが、私がそれで満たされていたような倫理感を欠いていることにだんだんと気づくようになった。もちろん確固たる信念をもっているひとはいた。だが彼らの信念は政治的なもので、倫理的なものではなかった。そうした信念は、あらゆる現れにおける現在にどう反応するかというよりは、未来についてのプランでできあがったものであった。彼らのめざすところが、ほとんどの場合、私が祖国であれほど警戒するようになってしまったのと同じ原則の単なる変奏にすぎなかったことは言うまでもない。

それにしても、これを読んでおられる読者は当惑されるかもしれない、「なぜトドロフはこんなことを語るのか?」と。よろしい、お答えしよう。だがその前にまず、私の体験のさらにもうひとつの側面について述べておかねばならない。

新しく知り合った仲間のほとんどに倫理的反応がないことに気づくと同時に、彼らの態度にもうひとつ別の特徴をみつけた。そしてそれは倫理的無関心の結果、あるいは原因であったのだろう。つまり、彼らが口にする信念が、その行動にはっきりとは影響を及ぼしていない、その逆についても同じことが言えるということだった。フランスの友人の多くは「プチ・ブル的」生活をおくっていながら、革命の理想を声高に叫んでいた。もし革命が成就したなら、彼らが強い愛着をもっているようにみえたそのような生活のかなりの部分が維持できなくなろうというのに。もちろん私は彼らの生活が彼らの信念のまったき例証となることがあるだろうなどとは考えもしなかった。第一私自身聖者ではない以上、彼らに聖者たることを要求することはできなかった(それに誰が聖者といっしょに生きたいと願うだろうか)。そうとわかってもやはり、フランス人の友人がみせる言行の完全な不一致、彼ら自身気づいていないのだが、それぞれ別個に独立し、対照的ですらあるふたつの傾向が同居しているのを目の当たりにしてショックを受けた。彼らにおいてみられたものは、意志と到底満足のいくものになるはずがないその実現との葛藤などというものではまったくなかった。ここでも、私をこのような反応に駆り立てたのは、おそらく、私の過去の経験、行動がともなわない言葉への嫌悪感なのだろう。できる限り自分の思考を経験にもとづいたものにしたい、そしてきちんとした論理的判断から引き出される原則に従って生きたいと自分が望んでいることに気づかされもした。

ところが、当時の私自身の生活にも、何かしらこの理想にそぐわないことが起きていた。それは職業と日常生活との関係の問題、より正確に言えばこのふたつの間に関係がないということだった。文学や言語の諸問題に興味をもち、私は当時人文（そして社会）科学と呼ばれるものの基礎を学んでいた。しかし言語や文学について私が考えたことはどれをとっても、自分が研究している時間以外の時間に私が感じていた確信や共感と関連をもたなかった。それどころではない。人文科学の論理は、アプリオリに、こうした信条の介入を排除するように思われた。つまり人文科学では、研究が「客観的」であればあるだけ、すなわち、私という主体の痕跡や、対象に対して私がなしうる価値判断を排除できればできるほど、その研究はよくできているとみなされていたのだ。確かに限られたものとはいえ、私の生活の一部で、私はまわりの連中に対して咎めようとしていた一貫性の欠如、少なくとも自分の生活の一部の棚上げを自分自身繰り返していたのである。

この研究と日常生活の分断を意識し始めると、どうにもこうした今日おこなわれている形での人文および社会科学にだんだん我慢がならなくなった（私の思うところでは歴史もまたこうした科学の一部をなす）。言行の不一致、事実と価値判断の分裂は、私にはとりわけこれら人文社会諸科学にとって忌まわしいものに思われた（分裂であって区別ではない。区別ならば区別をおこなった後にふたたび統合することもできるだろう）。私が、人文社会科学と他の科学（自然科学）との一番大きなちがいをみていたのも、実にこの点に関してであった。両者を区別する基準は、たいていほかにもとめられる。たとえば、導き出される結果の正確さであるとか、それぞれの科学が要求する精神的作業の性質であるとか、あるいは観察条件の相違などである。私にとっては、研究される素材の相違（人間を対象とするのか、そうでないのか）が、学者とその研究対象との間に生じる関係に重要な相違をもたらす。地質学者と彼が研究する鉱物とは多くのものによって隔てられているが、歴史家あるいは心理学者とその研究対象である他の人間を隔てるものはほとんどない。このことが意味するのは、歴史学や心理学においては正確さがもとめられることが少ないとか、理性の原理が否定されるということではない。それはこうした学科においては、それらの科学の特殊性をなすもの、すなわち主体と対象がひとつの共同体を構成しているということ、そして事実と価値のわかち難い結びつきを排除できないということなのである。人文科学においては、学者の個人的経験に裏打ちされない思考はまたたく間にスコラ的退廃に堕するだろうし、満足させられるのは学者本人のみ、あるいはせいぜい、研究成果も数だけをやたらとありがたがる官僚主義的な学問研究機関でしかない。それに明瞭な立場をとることなく、どのようにして人間の問題を扱うことができるのか。私は「知識の獲得が真理への接近となるのは、そのひとが愛するものについての知識の場合だけで、それ以外にはありえない」（『根をもつこと』三二九頁）というシモーヌ・ヴェイユの考えに完全に賛同する。というわけで私は人文社会科学よりも道徳や政治を論じたエセーを好むようになった。

　確かに問題となっている主体と対象の関係はつねに明らかであるとは限らない。研究の対象となる人間のある部分が、その他の部分よりも、研究する者や彼の価値体系により近いということがあるだろう。哲学者が「自分は存在者（エタン）よりも存在（エートル）を、あるいは理性よりも思惟そのものを好む」と語るとき、善あるいは悪がどこにあるかどのようにして知ることができるだろう。文の統辞構造に関する言語学者たちの仮説を私が内心で考えていることにどのようにして結びつけられるだろう。確かに、形式の分析をしていればしばらくの間は、価値判断や主観性は放っておくこともできる。しかし事態を逆の側からみてみるならば、哲学的抽象が私たちに近しいものになれるのは、道徳や政治をめぐる思考を仲立ちにしてこそである。道徳や政治をめぐる思考はまさにもっとも抽象的な形而上学とも、日々の生活とも関わりをもつものなのである。合理性に肯定的な立場をとるべきか否定的な立場をとるべきかを判断することは難しいことかもしれない。しかしこの選択が、デモクラシーについての選択でもあることが理解されるならば、事態は多少なりとも明瞭になってくる。トクヴィルが言っていることだが、哲学的教説には当然実践上の帰結がある。そうであるからこそ哲学的教説は私に影響するのである。

本書の主題は「われわれ」（文化的・社会的に私が属する集団）と「他者」（前述の集団の構成員でない者）の関係であり、民族の多様性（ディヴェルシテ）と人類の一体性（ユニテ）との関係であるが、この選択が、私がいま生きている国すなわちフランスの現在の状況とも、私の祖国の状況とも無縁のものでないことを、いまや理解していただけるだろう。さらに私が知ろうと努めていることが、単に事態がどのようなものであったかということだけでなく、それがどうあるべきなのかということでもあるといっておどろかれることはないだろう。どちら**か**ということではなく、どちら**も**ということなのだ。

以上に述べた歩みは、一九八二年に出版された著作『アメリカの征服』〔邦題『他者の記号学』、及川他訳、法政大学出版局、一九九一年〕へと私を導いたが、同書はすでにこの主題を取り上げていたし、私がそこで自分のものとしていた態度も今日と同じであった。『アメリカの征服』にはいまでも愛着をもち続けている。しかし書き終えた後ただ満足していたわけではない。私は自分が甦らせた物語、コロンブスやコルテス〔一四八五－一五四七。スペインの武将、一五一九－二一にかけメキシコ遠征、アステカ王国を征服した総督〕あるいはモクテスマ〔一四六六年頃－一五二〇。モクテスマ二世、アステカ王国最後の皇帝〕やラス・カサス〔一四七四－一五六六。スペインドミニコ会宣教師、アメリカインディアンに伝道〕の物語を愛してはいた。しかし私がおこなった概念的分析は事の本質にまでいたってはいないという印象をもっていた。したがってこの主題を放擲するつもりにはなれなかったが、かといって同じことを他の素材で繰り返しても、何らかの利益があるとは思えなかった。いずれ『アメリカの征服』で出会ったのと同じ困難に出会うだろうからである。そこでひとつ過去の思想家たちに助けをもとめてみようと思った。間違いなく私よりも優れた著作家たち、哲学者、政治家、学者、作家たちも、はるか昔から私と同じ問題について議論してきたではないか。そして彼らが考えたことを分析するなら、その知恵を拝借することができはしないだろうか。こうして私はできごとの次元から省察の次元へと移っていった。

だがもはや個別のできごとの物語にとどまっていられない以上、たちまちにして探究の領域は手に負えないほど広がってしまった。あらゆる時代のあらゆる思想家にあたってみるべきだろうか。私の野心がどれほど大きかろうと、そんなことはできようはずもなかった。まず最初に地域を限ってフランスをもっぱら扱うことにした。いくつかの理由がこの限定を正当化してくれるように思われた。まず外国生まれの私ではあるが、この国で生活するようになって久しく、この国をより深く知ることは私の義務のように思えた。さらに、私が興味をひかれる「他者」の問題についてのフランスでの考究は古くからのものでもあり豊かでもある。フランスの思想はヨーロッパの歴史において中心的役割を果たしてきたし、他国の伝統から多くのものを吸収し、また逆に他国の伝統にも影響を与えてきた。それだけでも人間わざを超えかねない仕事だが、フランスの伝統を知るだけでも、総体的に捉えたヨーロッパの歴史（われわれの歴史でもあり、私の歴史でもある）をはっきりと示してくれるサンプルを手にすることになるだろう。

次に私は時代を限った。私がより深く理解しようとした中心的問題は現代に関わっていた。私の歴史調査はそのため必然的にその現代の起源の探究にならざるをえなかった。またそのため、ある時代がとりわけ関心の対象となった。十八世紀初頭から二十世紀初頭にかけての二世紀である（しかしときにはこの限定からはみ出すこともあった。モンテーニュとレヴィ＝ストロースについても語っているからである）。

この二世紀の著作家について主観的および客観的というふたつの基準で何人かを選んだ。主観的とは私がどれだけ問題の著作家の思想に入り込んでいけるかという、ある意味では親和性の問題であり、客観的とは当時あるいは現代における問題の著作家の知名度である。いろいろと試行錯誤の後、結局一五人ほどの著作家が残り、彼らについては少しは詳しく研究することができた。そのなかでも数人の著作家は他の著作家たちよりも念入りに読み込んだ。モンテスキュー、ルソー、シャトーブリアン、ルナン、レヴィ＝ストロースである。

選ばれたジャンルは歴史ではなく歴史に関する考察である。以下本書に、ある時代についての細大漏らさぬ（あるいは継続した）記述がなく、代表的な思想家数人の分析だけが見いだされることはこれによって説明される。全体の構成が年代順というよりは主題別になっている理由についても同様である。しかし、歴史から遠く離れてしまったわけではない。たとえ私がいくつかの非常に一般的な範疇（われわれと他者、一体性と多様性、存在と価値、肯定的と否定的など）から出発したといっても、選んだ主題は最近の過去において重要な役割を演じたものであるからこそ取り上げざるをえなかったものなのである。問題となっている二世紀の間、フランスでは諸民族の多様性についての考察がいくつかの大きな問題の周囲に集中していることに私は気がついた。それらの問題をこそ私は研究することにしたのである。すなわち、普遍的判断と相対的判断の対立、人種、国民、異国的（エグゾティック）なものへの憧れである。これらの概念はそれぞれ本書の各章の主題となっている。そして各章の内側ではほぼ年代順に沿うようにしている。ただ最後の第五章はそうなってはいない。この第五章で私は結論代わりに（私自身の結論を出す前に）その省察がこれまでの歴史の中でもっとも私にとって学ぶところの多いものと思われたモンテスキューのふたつの作品を検討した。

したがって、本書が対象とするのはイデオロギーということになるが、この選択についてもたぶん一言説明を加えておくべきだろう。私が語るのは人種それ自体についてでも人種差別的ふるまいについてでもなく、人種をめぐる教説についてである。植民地征服についてではなくそれを正当化する論拠についてであり、他についても同様である。しかしここには何かしら衒学的な自惚れがありはしないだろうか。言説のほうができごとよりも心地よく扱えるというわけである。もちろんそうでないことを私は望んでいる。私のこの選択にはふたつの確信が働いている。ひとつめは過去の教説をその著者の**利害**の単純な表明であるとは考えないということである。私はそれらの教説にいくぶんかの真理を認める。言説を通じて現実世界に向かうというのはたぶん迂回であろう。だがともかく現実世界へ導いてくれることはくれるのである(そしてこのやり方には別の利点がいくつかある)。ふたつめは、言説もまたできごとであり、歴史の推進力であり、単なる歴史の表象ではないということである。ここではすべてか無かという二者択一は避けなければならない。思想はそれのみでは歴史は作れない。社会的、経済的な力も作用する。だからといって思想はけっして単に歴史によって生み出されるだけのものではありえない。まず、行動を可能にするのは思想であり、そしてその行動をひとびとに受け入れさせるのも思想なのだ。そこにあるのは結局のところ、やはり決定的な行動なのである。もしこうした確信がなければ、私はこの本を書きはしなかっただろう。本書の目的はひとびとの行動に影響を与えようとすることでもあるのだ。

したがって、ここにこうしてある本書は、なかば思考の歴史、なかば道徳哲学・政治哲学のエセーといった雑種の体をなしているわけだが、このことはむろんそれぞれのジャンルの無条件な信奉者を失望させるかもしれない。だが伝統の見地からすれば、どんなジャンルといえども雑種ではなかろうか。私には完全に己の見解だけで成り立つような作品は書けないし、また過去の再構成にひたすら取り組もうとも思わない。ふたつのジャンルの不都合をあわせもってしまう危険を冒しつつ――エッセイスト張りにきざったらしくなるのと同時に歴史家のように退屈きわまりなくなってしまう（もちろん最悪のケースではあるが）――、私はこの中間的行き方を追求してみたい。このようにしたのは私のみではない。私は一般的なことがらだけを述べていても、また個別のことがらだけを述べていても居心地がよくない。私を満足させるのはその双方の出会いのみである。だがこの作業のふたつの側面を私がどうみているかについていま少し説明しておこう。

思考の歴史とは、私の考えでは、いわゆる思想史とも著作の歴史（あるいは研究）とも異なる。さて思考に固有なのは個別の主体から生まれてくることである。思想史はどうかと言うと、固有名をもたない思想を、それが誰かによって抱懐された共時的な文脈にではなく、その同じ思想のさまざまな諸定式で構成される通時的な時系列において検討するものである。作品史はと言えば、ひとりの著作家の思索全体の記述・解釈ではなく、個々の作品の記述・解釈をもっぱらにする。だがこの区別は排他的な選択というよりは、むしろ支配的な傾向の問題である。したがって、ある著作家を分析する前には、彼を取り巻いていた知の一般状況を描くようにした。そのため、各章の導入部分では、思考の歴史というよりは思想史的説明をおこなった。同様に、私の視点からしてとくに重要ないくつかの作品（『法の精神』、『ブーガンヴィル航海記補遺』、『ナチェーズ族』、『人間不平等起源論』）については当然のことながら、作品の構造自体を扱わざるをえなかった。思考の歴史とは、私の分析が採用した主要な形式であるにすぎない。

だが、この選択の結果として、もうひとつ浮かび上がってきたことがある。ひとつの作品を前にして、何よりもまず、作品を説明しよう（たとえば社会的原因から、あるいは精神の布置によって）とすることもできるし、理解しようとすることもできる。私はこの後者の道を選んだ。すると、作品を「上流に」、すなわち作品を生み出したもののほうへとさかのぼることがほとんどなくなり、むしろずんずんと「下流へ」と進むようになった。というのも、単に作品の意味だけでなく、それがどのような政治的、倫理的また哲学的な含意をもつかについても問うからである。私は結局、次のように考えたのである。ひとが何かを言うのは、(やはり)そのひとがそれを言うことを望んだからであり、たとえどんな力が彼を動かしていようと、私は、責任は彼にあるのだとみなす。この点では、私の読み方は、私が擁護しようとするあまたの主張のひとつの例証にほかならない。

さてもうひとつの側面について、私の企図(その実現とは言わないまでも)をもっともよく特徴づける言葉は「対話」であると思う。このことはまず何より、私の興味の対象が選ばれた著作家の作品の意味に尽きるものではなく(私の分析は「対象とされる言語」と根底的に異なる「メタ言語」ではない。前者は世界について語るが、後者はテキストについてしか語らない)、問題になっている作品の真実でもあるということを意味する。作品を成立させている論理をきちんと識別した(これは研究の第一歩であり当然のことである)だけでは私にとって十分ではなく、私自身がその論理を受け入れることができるかどうかも私は知ろうと努める。つまり私も世界について語るのである。そして私は、可能な限り、こうした「対話」を歴史のうちに位置づけよう、あるいは投影してみようとした。まずひとりの同一の著作家のさまざまな考え方をそれらどうしぶつけ合わせてみようとする。次いで、私は著作家どうしの対話を再構成してみる。当初はモンテーニュ、ラ・ブリュイエール、ディドロといった人物に反論するのはルソーである。少しすると、ゴビノーにはトクヴィルが、トクヴィルにはジョン・スチュアート・ミルが応答することになる。最後にモンテスキューをその批判者エルヴェシウス、コンドルセあるいはボナルドが問いただす。モンテスキューとルソーも互いに批判しあうことになる。その他のときに、こうした対話が歴史のうちに見いだせない場合、あるいは私の納得のゆく形では見いだせない場合、無謀ではあったが、私みずから乗り出して、対話者の役割を引き受け、自分の責任でテキストに問いただしながらの批判をおこなってみた。「対話（ディアローグ）」を選ぶということは、独白（モノローグ）と戦争というふたつの極端を避けるということでもある。独白が、批評家のものであれ著作家自身のものであれそんなことは重要ではない。いずれの場合も、そこで問題になっているのはすでに見いだされてしまっている真実であり、もはやそれは提示されさえすればよいだけのものなのである。ところが私は、この点についてはレッシング〔一七二九－一七八一。ドイツの劇作家・啓蒙思想家〕に忠実であり、真実を保有することよりはそれを探究することのほうを好むのである。では、テキストにおける戦争はどうかと言えば、これもまた存在するし、何としてもこれを避けようとはしなかった。目の前にいる著作家と何らの共通点もみつからない場合、そしてその著作家の考えに反感しか感じられない場合、対話は不可能になり、諷刺や皮肉にとって代わられるだろう。テキストの理解にも当然影響が及んでくる（「卑俗な人種理論（ラシアリスム）」と私が呼ぶ思想の代表的著作家たちが話題になる際に、私に起きたことである）。

私にとっては対話の実践は、また、誘惑の言説、あるいは暗示の言説とも対立する。なぜなら対話というものは聞き手の理性的判断能力に訴えかけるのであって、聞き手の想像力を虜にしようとしたり、感嘆のあまりの忘我の状態に読者を沈めてしまおうとするものではない。この選択の裏面として、私の議論は時としてあまりに散文的にみえることだろう。だがそれもまた、生きることと言うことを分離させたくないという私の願望の結果である。同じ理由で、私はテキストに引用をぎっしり詰め込んだ。読者がすべてについて自身で判断してほしいと考えたからであり、そのためにできる限り読者の手に資料のすべてを委ねよう（読者が言及されている書籍をつねに手元に置いているとは思えなかった）としたのである。

そして、引用には表題と頁だけを付し、その他参考となる情報（発行年月日その他出典に関するもの）は巻末の書誌にまとめたのも、本文での記載はできるだけ簡略なものにしたほうがよいだろうという読者への配慮からであった。言うまでもないことだが、分析の対象としたテキストの種々の版本や注釈の中に今日まで蓄積されてきた知識をおおいに利用させてもらった。中でもとくに頼りにさせてもらった思想史家としてヴィクトール・ゴールドシュミット（十八世紀関連）とポール・ベニシュー（十九世紀関連）の名をあげておきたい。そして本書では取り上げなかったものの、その思索に私がおおいに影響を受けた著作家についても書中での言及は控えた。それは私が何かを主張するときには、私みずからの責任において語ろうとしたからである。だからここでは私に影響を与えたかもしれない、互いに対立することもある若干のひとびとの名を掲げておきたい。物故者もいれば存命中の方もおられる。マックス・ウェーバー（一八六四－一九二〇。ドイツの社会学者、経済史家）とユルゲン・ハーバーマス（一九二九－　。ドイツの哲学者、社会理論家。フランクフルト学派第二世代を代表する学者）、レオ・シュトラウス（一八九九－一九七三。ドイツの政治学者、社会理論家）とハンナ・アレント（一九〇六－一九七五。ドイツ出身のアメリカの哲学者、政治学者）、カール・ポパー（一九〇二－一九九四、イギリスの科学哲学者）とアイザイア・バーリン（一九〇九－一九九七。イギリスの哲学者）、レイモン・アロン（一九〇五－一九八三。現代フランスの哲学者・社会学者）とルイ・デュモン（一九一一－　。フランスの人類学者）、そして友人リュック・フェリー（一九五一－　。現代フランスの哲学者）を忘れるわけにはいかない。

さてそろそろ本題に入るとしよう。

第一章　普遍と相対

自民族中心主義

古典主義精神

人間の多様性（ディヴェルシテ）は無限である。観察するとしてもいったいどこから始めればよいのであろうか。問題の出発点においては、ふたつの展望（実は双方互いに繋がっているのだが）を区別すべきであることを言っておこう。第一の展望においては、多様性は人間存在自体の多様性である。この場合、人類はただひとつの種からなるのかそれとも複数の種からなるのかが（十八世紀の論争では「人類単一起源論」対「人類多元起源論」の形をとった）問題となる。仮に種はひとつだとすると、集団間の相違はどれだけの意味をもつのだろうか。別の言い方をすれば、人類の単一性（ユニテ）と多様性（ディヴェルシテ）の問題である。第二の展望は、関心の焦点を価値の問題へとずらす見方である。つまり、普遍的な価値があるのか、国境を越えても有効な判断をすることができるのか、それともすべての価値は相対的な（場所、歴史のそれぞれの時点、さらには個人の出自（イダンティテ）に応じて変化する）ものなのかという問題である。価値の普遍的階梯が存在することを認めるなら、それがどれほどの広がりをもち、どれくらいの領域を包含し、そして何を排除するのかが問われるだろう。

単一性と多様性の問題は、この場合、普遍と相対のそれとなる。私はここから探究を開始しようと思う。

普遍主義の立場というものは複数の形象をとって現れうる。**自民族中心主義**はその筆頭に掲げられるだろう。というのも、自民族中心主義は普遍主義の複数の形象のうちもっともありふれたものだからである。ここでこの語に与えられている意味では、自民族中心主義は私が属する社会に固有の価値をむりやりに普遍的価値にまつりあげてしまうことである。自民族中心主義者こそは、言ってみれば、普遍主義者のありきたりの戯画なのだ。普遍主義者は普遍的なものをもとめて、特殊個別のものから出発し、続いてそれを一般化しようとやっきになるが、この特殊個別のものは当然彼にとって身近なもの、すなわち実際には彼自身の文化の中に見いだされるものということになる。普遍主義者と自民族中心主義者の唯一のちがい――しかしこのちがいは明らかに決定的なものなのだが――、自民族中心主義者はなるべく努力をしないですませようとし、批判的な仕方では事を運ばないという点である。つまり彼は自分の認める価値を**絶対のもの**と信じており、しかもそう信じるだけで事足れりとする。つまりその価値が本当に絶対のものであるかどうかをけっして証明しようとはしない。自民族中心主義者ではない普遍主義者（少なくともそうした人間を想像することはできるだろう）であれば、自分がなぜある価値ではなく他の価値を好むのかその好みを理性に根拠づけようとするだろう。自分には普遍的に思われる価値でも、自国に固有の伝統に偶然にも含まれるものについてはとくに注意を払うだろう。そして、他国で見いだされたり、演繹的に導き出されたよりよい解決法があれば、慣れ親しんだやり方を決然と捨て去る覚悟はできているだろう。

したがって、自民族中心主義にはふたつの面があるということになる。ひとつはみずからを普遍と称する面であり、もうひとつは（たいていは国民的な）固別特殊な内容という面である。自民族中心主義の例は、他国と同様フランスの思索の歴史においても枚挙にいとまがない。だがもっともここでの例証にふさわしいものをあげるとすると――単に自民族中心主義がどういうものかはっきりさせることのできる例証以上のものではないが――選択を考える必要はまったくない。選ぶべきは、イポリット・テーヌがその著『現代フランスの起源』において「古典主義精神」と呼んだ、十七世紀から十八世紀にかけて存在した精神ということになるだろう。そしてそれは、往々にして（とくに外国では）フランス精神そのものと同一視されているものでもある。まず最初に言っておかねばならないが、この時代の思索の大きな流れは、人間をその変化を超えた「人間一般」として描き出そうとするものであった。フランス語自体も普遍的なものであろうとした。というのもフランス語は理性の言語であろうとしていたからである。そして実際にフランス語は国境を越えて多くの国々で用いられた。パスカルはその作品の構想を明らかにした折、こう書いている。「第一部　神なき人間（l'homme）の悲惨、第二部　神と共にある人間の至福」（『パンセ』六〇）。「人間」は定冠詞付きで単数形に置かれている。つまりパスカルが語ることはすべてのひとに、人間一般に当てはまるということなのだ。ラ・ロシュフーコーはその『箴言集』の劈頭、「読者へ」の最初にこう書いている、「ここに描かれているのは、筆者が読者諸氏に示したいと思う、人間の心の肖像である」。この場合もやはり心があらゆる風土を通じて同一であるかということは問題にならない。

ラ・ブリュイエールはどうであったかというと、この問題を提起する用意はできていたようだが、しかしそれはその問題をより巧妙に回避するためでしかなかった。『カラクテール』において、ラ・ブリュイエール自身の『カラクテール』に先立つ、ギリシャ人テオフラストス〔前三七二－前二八六。ギリシャの哲学者、アリストテレスの友人にして弟子〕の『性格論（カラクテール）』の仏訳部分を導入する「テオフラストスについて」において、ラ・ブリュイエールは自分の企てを正当化しようと次のように述べている。「実際、どんな人間も心や情念ではまったく異なるところはない。いまだにテオフラストスが記した往時のままなのだ」（一三頁）。彼の著作の第一部全体がこの主題、

「この世では何も変らない、古代の著作家たちは完全に今日に通じる」という主題に収斂してゆく。ラ・ブリュイエールの仕事は独創性よりはむしろ永続性、普遍性をめざす。「ここで筆者の著作についての自慢を許されたい。私はほとんど信じて疑わないのだが、ここに描かれた人間像はみごとに人間一般を表わしているにちがいありますまい。なぜならその像はあまたの個々人にも似ているのでありますから」（『アカデミー・フランセーズでの演説』への「序文」、四八八頁）。

ラ・ブリュイエールは時の流れとともに変化が起きることを知らないわけではない。彼は次のような文を書きつける人間なのだ。「いまはかくも現代的なわれわれも数世紀経れば古代人ということになる」（「テオフラストスについて」一一頁）。「どんな人間も、あらゆる時代に通用するような慣用や習俗をもつことはできない、それらは時とともに変わってゆく」（一二頁）。だがこの変化は物事の表面にしか影響しない。「百年後も世界はそっくりそのまま残っているだろう。舞台も装置も同じまま、ただ俳優だけが違っていることだろう」（「宮廷について」九九、二四六頁）。つまり差異があっても重要なものではないことは明らかだと言うのだ。したがってラ・ブリュイエールは自分の時代しか観察できないが、その結論はあらゆる時代に拡大して適用できる。彼自身明言しているように、フランスしかそれも宮廷生活しか知らないとは言え、そのことは彼がおこなうさまざまの指摘は普遍的な有効性をもつと彼が考えることの妨げにはならない。「私は私の描いたさまざまの性格（カラクテール）をもっぱらフランスの宮廷や私の同国人から引き出してまいりましたが、だからとてそれがひとつの宮廷のみあるいは一国でしか通用しないということにはなりますまい。もしそんなことになれば私の著作はその広がりとその有効性の多くを失ってしまうでありましょうし、私がみずからに課した人間一般を描くという目論見からもはずれてしまうことになるでありましょう」（『カラクテール』序言、六二頁）。

目的は人間一般を描くことにあり、そしてその方法とは、もっともよく知っている人間を描くことである。ラ・ブリュイエールの場合であれば宮廷を代表する人物たちを描くということになる。この段取りにはすでに自民族中心主義（あらゆる社会を、あるひとつの社会的集団と同一視するという意味では「自己社会中心主義（ソシオサントリスム）」）の危険を胚胎している。このような普遍主義者の企図はフランスの「古典主義精神」を代表する著作家たちにはっきりと現れており、そのことで彼らを責めるわけにはいかないだろうが、それでもやはり用いられた手段が使命にふさわしいものであったかどうかは疑わしい。

諸価値の起源

総じて十七世紀のモラリストは、人間の多様性を知らないわけではなかった。ある面ではモンテーニュ風に相対主義者でさえあった。私たちに習慣が及ぼす影響が大きいことも進んで認めている。だが習慣というものはほとんどつねに国民的（ナショナル）なものではないだろうか。パスカルの有名な定式がいくつか直ちに浮かんでくるだろう。曰く「慣習とはわれわれの本性（ナチュール）である」（八九）、「習慣化した原理以外にどんな自然な原理があるというのか」（九二）、「各人は自国の習俗に従わねばならない」（二九四）。だが慣習が力をもつと同時に多様なものであるならば、いったいどうやって慣習を考慮に入れることなく、人間一般というものを知ることができるのだろうか。パスカルはこの問題を提起してはいない。さまざまな国民の習俗を描くことは実は彼の計画には入っていなかったと言うべきだろう。しかしただ一度ながら、世界のありとあらゆる宗教について言及したときにはこの問題に出会っている。ただその話題を扱いながら、自分を待ちかまえている危険をパスカルは知らなかったわけではない。「キリスト教には何かおどろくべきところがあることを認めなくてはならない。『それは君がその中で生まれたからだ』と言うひとがあるかもしれない。どういたしまして。私はそういう理由があればこそ、その先入見に惑わされはしないかと、おおいに警戒しているのだ。しかし、自分がその中で生まれたにせよ、それにおどろくべきところがあることは認めずにはいられない」（六一五）。不思議なことに、習俗の多様性に言及せざるをえなかったただ一度のこの機会に、パスカルは一気に絶対を認める立場を選んでしまう。他者の本性（ナチュール）はたぶん最初に身につけた習性にすぎないが、パスカル自身の本性はそうしたものではないと言うのである。彼がある宗教を擁護するのは、絶対的基準の名によってであって、それが自分の国の宗教だからなどということではない。だがそれはむろんパスカルにとって宗教はひとつの習慣ではないからである。パスカルはいつもこうした語り方をするだろう。他国民は、真の信仰を知らぬがゆえに、習慣の奴隷である。真の信仰を知る者は習慣の外側で絶対のうちに生きるのである。

パスカルの実践は結局のところ彼の表明する相対主義的原理を例証するものではない。だがこの実践は実践として擁護することのできるものである。自分の属する国がもつ価値だからといって、必ずしもそれを断罪する必要はない。そんなことをすれば裏返しの自民族中心主義になってしまうだろう。そしてそれはこんな言い方をしてよければ、自民族中心主義と同様ほとんど説得力をもたないだろう。私はある宗教に帰属した上で、それを他の宗教と比較することもでき、そしてそれを最良のものだと思うかもしれない。しかしこの理想と私にとって個人的なものとの一致は、私の議論の選択においてとくに「この先入見に惑わされないように」と私を慎重にさせることは明らかである。

パスカルの論理とはどんなものだろうか。彼は「信じるには三つの手段がある。理性と慣習そして神の啓示である。キリスト教だけが理性をもっている……」（二四五）と述べている。しかしこれは証明しようとしていることを前提にした不当な論点先取にほかならない。彼は「**他の宗教の誤り**とは、まったく証しがないことである」（五九二）とも言う。さらには「マホメットはその到来を予言されなかったが、キリストは予言されていた」（五九九）とも言う。キリスト教は「かつてつねに存在した唯一の宗教である」（六〇五）だというのである。しかしこれらの理由は、歴史的与件のうちどれを選ぶのかというきわめて主観的な選択に依存している。最後の主張（キリスト教はあらゆる時代のものである）を押し通そうとして、パスカルは「中国の歴史に逆らう」（五九四）ことを余儀なくされている。だが事実を否定しては慣習から脱却することはできない。パスカルの論証は循環論であり、それゆえ自民族中心主義的精神の典型となっている。まず個人的な価値にもとづいて絶対的価値体系を規定し、次にはこの実は根拠のない絶対によって自分自身の世界を判断するふりをする。「われわれの宗教以外のいかなる宗教も、人間が罪を負って生まれてくることを教えておらず、いかなる哲学の学派もこのことを口にしなかった。誰も真実を語りはしなかった」（六〇六）。「真理」は「われわれのもの」によって定義されるが、しかもこの「真理」がそれがもつ美しい色彩によって「われわれのもの」の威信を高めても一向に差し支えないというわけである。パスカルの普遍主義は実はもっとも凡庸なものである。それは無批判に**己の**価値体系を**絶対的**価値体系と同一視することで成り立っており、別の言い方をすれば自民族中心主義でしかない。

ラ・ブリュイエールはどうかというと、習俗の多様性は認識していたし、モンテーニュに倣って、自分と異なるものに対して慎みある好意的な対応をみせている。われわれに似ていない者をすべて野蛮人だと言い切ることはおおいなる誤りであるとし、「自分たちの慣習や流儀がもっとも優れていて、それに適わないようなものはすべて無視すべきであると、何らの議論もなしに信じ込ませてしまう偏見をひとびとが捨て去る」（「テオフラストスについて」一一頁）のを目にすることほど望ましいことはないと述べている。

そして返す刀で、他者の偏狭な自民族中心主義をも切って捨てる。「国がもつ偏見は国民の驕りとあいまって、理性はいかなる風土にあっても存在することを、また人間がいるいかなる場所でも正しい思考がおこなわれているということを忘れさせてしまう。もしわれわれが野蛮人と呼ぶ人間たちから同じような扱いを受けたなら我慢できないだろう。われわれの中に野蛮さがいくらかでもあるとすれば、それは他の諸民族がわれわれと同じように論理展開するのをみてぎょっとさせられてしまうという点にある」(「判断について」二二、三五一頁)。

野蛮人とは周囲にいる自分たち以外の人間は野蛮人であると考える人間のことである。すべての人間は平等だが、みながそれを知っているわけではない。中には自分たちのほうが他の者たちより優れていると信じる者もいて、まさにその点において、そう信じる者は他の者より劣ってしまっている。したがって、人間はみな平等ではないということになってしまう。明らかにこの命題は論理上の問題を引き起こす。なぜならある国民がみずからを他国民にまさっていると思い込みながらも実際は劣っているのをみることによって、私は私自身が断罪するたぐいの判断を表明せざるをえなくなってしまうからである。すなわち他者は劣っているという判断である。劣等性のこの種の確認はそれによって導かれる可能性のある行動からはっきり区別されなければならない。しかしそうは言っても「われわれと同じように考えるべきだ」という最終的な定式にいたりつくのでなければ、このプログラム自体には文句のつけようはないだろう。だが正しい合理性はひとつしかなく、それが私たちの合理性であると考えなければならないのだろうか。外国人がほめたたえられるのは、私たちと同じ論理展開をするという理由のみによってなのか。彼らが別の論理を展開した場合はどうなるのだろうか。結局次のどちらかが正しいことになる。理性が実際「あらゆる風土」に存在し、人類の普遍的かつ特徴的な資質であり、「われわれと同じように考える」という言い方は余計なものなのか、それとも理性は遍在せず、われわれの思考方法が唯一良いものなのか。

ラ・ブリュイエールは後者の結論に傾くが、これがまたしても普遍主義の自民族中心主義的（あるいは自己中心的）な変奏なのだ。出身国とは無関係な基準によって野蛮人を定義したかと思うと、たちまちその基準を放棄してもっと身近な光景を再発見し、「すべての外国人が野蛮人ではないし、同胞の誰もが文明人であるわけでもない」（同所）と語る。ラ・ブリュイエールの普遍主義はこうしてきわめて限られた範囲内での寛容にすぎないことが明らかになる。善良な外国人もいて、彼らは私たちと同じように考える。そしてその後には、ラ・ブリュイエールが他者の立場に立つすべを知り、他人の見解によった場合は素直にそれと認める善良さを示しているはずの断章が続くが、これがさらに自民族中心主義へと一歩踏み出すことになる。「これほど純粋な言語をもち、衣服におおいに意匠を凝らし、洗練された生活習慣とかくもみごとな法律と白い顔をもったわれわれもいくつかの民族にとっては野蛮人である」（「判断について」二三、三五一―三五二頁）。つまりラ・ブリュイエールはわれわれの法体系が立派で、生活習慣は洗練されていて言語は純粋である（いったいこれらはどんな意味をもちうるのだろうか）と信じきっているだけでなく、顔の色の白さが野蛮でないことの証しだと考えているのだ。これこそ野蛮な思想でなくて何であろうか。ラ・ブリュイエールのこの文章が皮肉であると仮定してみても、一連の論証が困惑させるものであることに変りはない。

ラ・ブリュイエールは自分の自民族中心主義に気づいていない。それどころかフランスを「良き趣味と礼節の中心たる国」（「社会について」七一、一七〇頁）と形容しさえする。しかし唯一フランスの文化的伝統の特徴であるのは、なにごとにも中心があるという考え方だけであろう。確かに彼はキリスト教徒を自分たちの宗教に改宗させようとするシャム人を想像しているものの、結局シャムではキリスト教伝道師たちが勝利し、その理由をラ・ブリュイエールはたまたま彼のものでもあるキリスト教の特質のうちに見いだすのである。「これこそ真理の力ではなかろうか」(「懐疑主義者について」二九、四五九頁)。つまり彼は、パスカルと同様、自分の文化を特徴づけるものを絶対的真理と考えているのである。この偽りの普遍主義から真の相対主義へ移行するのはきわめて簡単である。「自国の偏見を去って、あらゆる政体をみてみると、どの政体にとどまるべきかわからなくなる。いずれにも長所短所があるからである。もっとも理にかなったやり方は、自分がその下に生まれた政体をもっとも優れたものとみなしてそれに従うことである」(「君主について」一、二六九頁)。これは相対主義のナショナリズム的変奏である(普遍的なものはないのだから、自国に見いだされるものを他よりも好むほうがましである)。もっともこれは必然性としてではなく選択の問題として提起されているだけではある。

そもそも他国民への関心はラ・ブリュイエールにあってはきわめて一過的なものでしかない。モンテーニュとは対照的に、彼は旅をあからさまに悪し様に言う。「長い旅の果てに堕落したり、わずかに残っていた信仰心を失ってしまう者がいる。日々新たな信仰を、そしてその習俗と儀式を目にするからである。(中略)あまりに多くのものをみせられるため、どんどん無関心になってゆくのである」(「懐疑主義者について」四、四五〇頁)。ラ・ブリュイエールがより関心を引かれるのは社会の内部における多様性であり、「都市について」、「宮廷について」、「偉人たちについて」、「君主について」、「女性たちについて」といった表題が示すとおりである。しかしうわべにとらわれていては足元をすくわれてしまう。ラ・ブリュイエールは実際一度たりとも彼の一元的世界観から離れたことはない。社会的に区別される人間集団は彼には同心円の集まりにみえ、ひとつひとつの円は中心により近いすぐ傍の円を映して多少散漫になってゆくだけで、まったく新しいなにごとかをもたらすことはない。民衆は都市を、都市は宮廷を、宮廷は君主を真似る。この求心構造を逃れることはできない。「都市は田舎に我慢がならず、宮廷は都市にその誤りを気づかせる……」（「宮廷について」一〇一、二四七頁）のであり、この連鎖は無限に続くように感じられる。アリカ〔モンテスキュー『ペルシャ人の手紙』の登場人物〕が『ペルシャ人の手紙』で語っているように、「君主はその精神を宮廷に刻みつけ、同様に宮廷は都会に、都会は地方にその精神を刻みつける。君主の魂は国のあらゆるものに形態をもたらす鋳型なのだ」（書簡九九）。

民族集団という概念は十七世紀のモラリストの関心を引くことはなかった。問題にされることがなかったからである。心理的束縛を備えた個々の人間と人類の間に両者を結ぶ不可欠の中継は存在しなかった。そしてこのことが原因で、安易に個人から人類の特質を導き出すようになってしまったのである。ラ・ブリュイエールもなぜ世界のすべての国が唯一そして同一の国家を形成できないのか（「人間について」一六）を問うて、同じ屋根の下にひとり以上の他人と暮らすこともやはり簡単なことではないと指摘している。重要な差異はただひとつ、個人間の差異であり、文化間の差異はここでは登場してこない。

科学的自民族中心主義

ジョゼフ＝マリー・ド・ジェランドというイデオローグ〔フランス革命時、コンディヤックの後をうけておこった学派。中心人物はデステュット・ド・トラシー〕のひとりに「古典主義精神」に固有な自民族中心主義のもうひとつの例をみてみよう。ド・ジェランドのテキストが興味深いのは、それが重要な歴史資料だからである。それはド・ジェランドも会員であった「人間観察協会」によって一八〇〇年に発行された小冊子であり、遠い異国に赴く旅行者たちによっておこなわれる未来の調査を容易にし、またより科学的なものにすることを目的としていた。この協会の存続はきわめて短かった（一七九九年から一八〇五年まで）が、いわゆる本来的な意味での人類学の資料としてはフランスで最初のものであると言ってよいだろう。

『未開民族の観察においてとるべきさまざまな方法に関する考察』の冒頭から、ド・ジェランドはそれまでの観察記録の大きな悪癖を攻撃しているが、それは後でみるようにルソーが「国民的偏見」と呼んだものであった。「たとえば未開人の習俗をそれとほとんど共通するところのないわれわれの習俗からのアナロジーで判断することほど通俗的なことはない。（中略）彼らは未開人が自分たちの考え方を説明しないうちに、われわれのやり方で彼らに考えさせようとする」（一三五頁）。他者への安易な自己投影に気をつけなければならない。そして他者を自分たちに引きつけて考えてはいけないと同様に、未開人どうしを似たものとして引き比べてはならない。「未開人について一**般的に**語ろうとする考え方をわれわれはしないし、すべての未開民族をひとつの共通した型に当てはめてしまおうとも考えていない。まったくばかげているからである」（一四六頁）。意図は以上のようなものである。では結果を観察してみよう。

ド・ジェランドが未来の旅行者たちにするようにすすめている多くの質問に対する答えをあらかじめ知っているように思われるという事実については長々と述べたてないようにしよう。ともかく彼は安易に次に挙げるような文を書いてしまう。「未開人たちはたくさんの抽象的な概念を有することは**おそらく**できないだろう」（一四一頁）。「未開人たちがおよそ関心を寄せる**はずのない**観念は省察に属するものである」（一四一頁）。「未開人の言語は**たぶん**きわめて貧弱なため」（一四三頁）。「文明社会にみられるものと比べ**おそらく**感知することがかなり難しいものとはいえ存在している多様性」（一五四頁、強調筆者）といった具合である。ド・ジェランドの計画の全体の性格を決定するのはこうした表現ではない。

しかしさらに深刻なのは、情報収集の具体的方法が「わが国のフィロゾフたちの推論」、この場合はコンディヤック〔一七一五－一七八〇。フランスの哲学者、ロックの経験論を徹底した感覚論哲学を樹立〕からじかにきていることである。実際めざされているのは人間存在の体系的な記述であり、ド・ジェランドの独創性は師コンディヤックの命題を疑問形に置き換えたことのみである。見本をひとつみてみよう。「未開人は結果の認識から何らかの原因の措定へとさかのぼることができるのか。もしそうであれば原因をどのように考えるのだろうか。未開人は第一原因〔神〕を認めるだろうか。第一原因に知性そして力を、知恵と善意を帰するだろうか。そしてそれを非物質的なものと考えるだろうか」等々（二五一頁）。

ド・ジェランドは普遍主義と合理主義の枠から出発している。つまり一般的には人間がどうであるかを知っていて、理想型（ティップ・イデアル）としての人間との対比において個々の人間がどう位置づけられるか知ろうとしているのだ。ここでもやはりその企図そのものについてド・ジェランドを非難することはできない。企図が非難されるべきものになるのは、ド・ジェランドが同時代の哲学の一派が彼に示した諸範疇を、他者の身体的および心理的な生活についての自由に用いることのできる資料によって検証しようとすることなく、普遍的なものとみなしているからである。たとえばド・ジェランドがその調査を「個人の状態と社会の状態というふたつの大項目」（二四五頁）に区分けするとき、あるいは「一般的な社会とは（中略）われわれにとっては四つの異なる関係のあり方として現われる、すなわち政治的関係、市民生活における関係、宗教そして経済である」（二五八頁）と断言するとき、ド・ジェランドはわずか百年前のフランス社会にも当てはまらないのではないかと思われる概念を普遍的な操作概念にまでまつりあげてしまうのである。未開人の習俗を判断するのに直接フランスに固有の習俗を手がかりにしないときも、しっかりと彼自身のものである精神的範疇にたよっていて、結局のところそれはフランスの習俗とそれほどかけ離れているわけではない。

ド・ジェランドが口にする用心は、彼自身の考え方が自民族中心主義になることを妨げることにはならなかった。ラ・ブリュイエールが他者を誤解するほかなかったのと同様である。普遍主義者はあまりにたやすく自己認識できない自民族中心主義者になってしまう。この盲目ぶりの原因はたぶんこの小冊子の序言（おそらくジョフレ〔一七七〇－一八五〇頃。フランスの文学者〕のものでド・ジェランドの手になるものではない）にすでに現われている。ド・ジェランドの研究報告で強く支持されている研究は「ヨーロッパの諸国民とは（中略）異なる諸国民」（一二八頁）のみを対象とするものである。ド・ジェランドが書いていることは、結局は、自分を見失っては他者を知ることはけっしてできず、他者を知ることと自己を知ることとは同じことなのだというごくありきたりの真理を例証していることになるだろう。

一般的なものと個別的なもの

それでも自民族中心主義批判は十八世紀にはごく普通におこなわれていた。とくにフォントネル〔一六五七－一七五七。フランスの哲学者、文学者、一貫して近代的科学精神を鼓吹、その普及に努めた〕やモンテスキューの読者であれば十分親しんだ議論であった。エルヴェシウスの言を信ずるなら、これはいかなる国も逃れることのできない悪癖である。「諸国民のすべてを経巡ることができたなら、行く先々で違った慣習に出会えるであろうし、どの民族も一**番優れた慣習**をもっているのは自分たちだけだと必ず信じ込んでいることだろう」（『精神論』第二編九章、第一巻、二四五頁）。各国で知恵と呼ばれているものはその国に固有の狂気にほかならない。したがって各国民どうしが互いに下す判断は私たちに語られている内容よりはむしろ話している人間についての情報を与える。また他の諸民族について、ある国民の構成員は自分たちに近い部分しか評価しないものである。「おのおのの国民は自分たちだけが知恵をもっていると信じ込んで、他の諸国民をことごとく狂人とみなし、ちょうど自分の言語が世界で唯一のもので、他の人間はしゃべることができないと断じたマリアナ人に似ている」（第二編二一章、第一巻、三七四頁）。

しかしこのような批判も結局は純粋な相対主義に変ってしまうおそれがある。古典主義哲学の自民族中心主義を全面的に批判しようとした、そしてこれが大事なことなのだが、だからといってみずからの普遍主義を放棄しなかった最初の人物はルソーである（もちろんこのことはテーヌがルソーを同じ「古典主義精神」の代表者に加えることを妨げなかった）。ルソーはとくに『人間不平等起源論』の、異文化の認識に関する論文と言ってよいほど長い有名な注Xにおいてこの議論を開始している。まず異文化認識が依拠する旅行者の記述を、無知を示ししかも私欲が絡んだものとして批判する。ほとんどの場合、そこに見いだされるのは他者ではなく、自己の変形された像なのだ。「ヨーロッパの住民が世界の他の地域に進出し始めて三、四百年この方連綿と紀行文集や旅行記が出版され続けてきたが、いまもってわれわれが人間としてはヨーロッパ人しか知らないと私は確信している」（二一二頁）。しかしルソーは一般化が簡単にできると考えている「フィロゾフ」たちに対してより寛大であるわけではない。「このことからエセ哲学者たちの群れによって何度も繰り返されたご立派な道徳律が導かれる。すなわち、人間はどこでも同じであるとか、どこでもみな同じ情念や悪徳をもっているのだから、互いに異なる諸民族をそれぞれ特徴づけようとするのは無駄であるというのである。だがこの議論は、ピエールとジャック〔ピエールもジャックもフランス人の名前としてはごくありきたりの名前である〕がふたりとも鼻と口そして目をもっているから区別できないだろうと言うのとほとんど変らない」（二一二―二一三頁）。

この異論の余地ある他者認識に代えて、ルソーは別の認識法を考え出し、次のような言葉でその実行計画を定式化している。「国民的偏見のくびきを揺り動かし、人間を一致している部分と異なる部分の両方から認識するすべを身につけ、そうして普遍的な知識を、ある限られた時代や国についての知識ではなく、あらゆる時代あらゆる場所に関するがゆえに、言うなれば賢人たちが共有する科学であるような知識を獲得」（二一三頁）しなければならない。

つまりルソーは異文化研究のふたつの側面を区別しているのである。一方では各民族の特殊性およびわれわれと比較した場合にあるかもしれない差異を発見する必要がある。そのためには（改宗や征服の任務をおびているというよりは）、学識深く欲得を去り、「国民的偏見」すなわち自民族中心主義を捨て去ることができるようにならなければならない。だがこれだけではまだなすべきことの半分でしかない。さらに、一度差異が確認されたなら、そこからふたたび人間についての普遍的観念、純粋に形而上学的な思索の結果ではない、経験的な知識の総体を吸収するような観念に立ち返らなければならない。ほとんど同時期に書かれた『言語の起源について』に現われる定式が民族学と哲学の間、個別と一般の間のこの関係の必然的性格を確認している。「さまざまに異なる人間を研究しようと思えば自分の周囲をよくみつめなければならない。だが人間の本質を研究するにはその視線を遠くに及ぼすことができるようにならなければならない。まずは差異を観察しそこから普遍的人間の特徴を見いだすようにしなければならない」（八九頁）。

「私が抗いえない格言と考えるのは、ひとつの民族しか知らないものは、さまざまに異なる人間を知ることはできず、自分とともに生きたひとたちしか知りえないということである」（『エミール』第五編、八二七頁）。ルソーは、見かけを超越した認識が自然（ナチュール）を、すなわち事物と人間の双方を捉えられるようになるまで高まることを望んでいる。自分の国や近しいひとしか知らない場合、ひとは慣れ親しんだものにすぎないものを自然なものと考えるようになってしまう。真に「自然（ナチュール）」を探求するための最初のきっかけはふたつの異なる形態が同一の本質に対応することがあり、われわれが知っている形態は（必ずしも）本質ではないことの発見に由来する。差異を通じて固有な本質を見いだすというこの逆説的方法はルソーがつねに主張していたものである。「言語をそれ自体として習得することはいかほどのことでもない。複数言語を使用できるようになることは、ひとが思うほど重要なことではない。だが諸言語を研究すれば、一般文法へと導かれる。フランス語を知るためにラテン語を学ばねばならない。話す技術の諸規則を理解するには、両者を研究、比較しなければならないのである」（第四編、六七五頁）。

　これまで根っからの演繹的精神の持ち主であると考えられてきたルソーが、実際にはこのような演繹的方法とは無縁の方法を推奨していると確認することはかなりおどろくべきことである。したがって「良い」普遍主義者とはまず何であれひとつの原則から人間の固有性（イダンティテ）を演繹するようなひとではなく、特殊個別の事象に対する深い認識から出発して試行錯誤を繰り返して前進（ルソーがつねに自分の方針を守ったかどうかはまた別の問題である）するようなひとということになるだろう。さらに良い普遍主義者は少なくとも**ふたつ**の異なる個別のもの（言語についてフランス語とラテン語があげられていたが）に依拠し、その**ふたつ**の個別のものの間に開始される対話に依拠するようなひとである。ルソーはこうして自民族中心主義者が出発点とする偽りの自明の理、**ひとつの**事象からの普遍の演繹を破壊する。普遍なのは**ふたつの**個別事象の間に成立する了解の地平である。ひとはそれにはおそらく永久に到達することはないだろう。しかしそれでも現に在る個別の事象を理解可能にするためには、この普遍なるものを措定する必要があるのだ。

科学主義

道徳対自然

自民族中心主義についてすべてを語りきったわけではないが、いまはとりあえずこの問題は脇において、普遍主義のもうひとつの形象をみてみることにしよう。これを私は**科学主義**と名づけることにしたい。これもやはり倒錯的な形象であり、おそらくはもっと危険なものであろう。というのも、自民族中心主義者であることを誇りに思うひとはそう多くはないが、「科学的」な哲学を説くことを自慢するひとが少なくないからだ。こうした態度の最初の例証を私はルソーの同時代人であるドニ・ディドロにみようと思う。

ディドロは普遍と相対の問題を『ブーガンヴィル航海記補遺』において初めて取り上げている。この作品でディドロは、異国趣味的（エグゾティック）議論という見かけのもとに、ある重大な問題に取り組んでいる。すなわち文明の多様性を前にしたとき倫理の根拠はどうなるのか、結果として当然ながら、道徳規範はどうなるのかという問題である。異なる社会は同じ価値を共有しはしないのであるから、どうしたらそれぞれの社会を評価し判断することができるのだろう。すでに自民族中心主義者の答えはみたが、ディドロによって書かれた対話に現われる聞き手のひとりの、ブーガンヴィル〔一七二九－一八一一。フランスの探検家。南太平洋探検の科学的報告で知られる〕の著作を読む前の答えは自民族中心主義者のそれであったように思われる。「この本を読むまで私は誰にとっても自分の家ほど心地よいところはどこにもないと考えていた。地球上の住民ひとりひとりにとって同じ結論が出ると思っていた。それは土地がもつ魅力の当然の効果であり、また享受してきた快適さがもつ魅力、よそでは見いだせる確信などもてるはずもない魅力のためであると考えていた」（四六三頁）。対話の過程で、世界の「中心」となる可能性をもった場所がいくつか実際に在ることをしっかり認識したはずなのだが、対話の最後に対話者全員の心のうちにもう一度この考えが現われる。「B　善良な施設付き司祭、フランスの修道士、タヒチの未開人を手本としましょう。A　これから行く国のズボンをはくとしても、自分の国のズボンももって行かなくては」（五一五頁）。

もし道徳の根拠が現にある習俗に従うこととその習俗に対する素朴な崇拝に見いだされるとすれば、議論はそこで終わってしまうだろう。だがディドロの意見はまったくそんなものではない。次の文が問題をよりよく定式化してくれる。「君はタヒチの習俗をもってしてヨーロッパの習俗を非難したり、逆に君の国の習俗によってタヒチの習俗を非難したりはしないだろう。われわれにはより確固とした基準が必要となるのだが、さてこの基準はどんなものになるのだろう」（四九五頁）。相対主義者が望んでいるように、他国の習俗を判断することを禁じてはならないが、だからといって自民族中心主義者であればそうするであろうように、自国の習俗の規範を当てはめて良しとするわけにもいかない。何らかの普遍的な理想をみつける必要がある。さらにディドロがふたつの社会を描くのに、すなわち「タヒチ」を称揚しヨーロッパを断罪するために用いている用語はすべて価値判断を含むものであり、したがって価値の存在を前提とするものである。そして主人公のタヒチ人オルーの議論はみごとに相対主義的立場の不合理を突いてみせ、道徳に関する何らかの超越的立場が必要なことを証明している。オルーは行政官や司祭といった道徳的権勢の具体的保持者にひとが寄せる信頼に疑義をはさむ。「この連中は善の先生なのかそれとも悪の先生なのか。正しいことを不正に変えたり、逆に不正なことを正しいことにしてしまったりすることが彼らにはできるのだろうか。有害なおこないに善のレッテルを貼ったり、罪のない有益なおこないに悪のレッテルを貼ったりするのも彼らの意のままなのだろうか。君はそのようには考えられないだろう。もしそんなことになれば、真偽、善悪、美醜いずれの区別も成立しなくなってしまうだろう。少なくとも君の神様や君の行政官たちや司祭たちの気ままな発言しだいで、君はしょっちゅう考えやふるまいを変えざるをえなくなるだろう」(四八一頁)。

実定法(すなわち慣習にその根拠をもつ法)だけが存在するのであれば、それは法(ドロワ)の名に値しない。ではいったいどうすれば絶対的基準を見いだすことができるのだろうか。ディドロの答えはこうだ。「道徳を人間相互の永続する関係にもとづかせることによって」。あるいは「人間を人間たらしめているものが、(中略)人間にふさわしい道徳を根拠づけるはずである」(五〇五頁)。一見すると、この回答は単なる後退にすぎない。事実、古代哲学は諸価値の究極の規範は自然であるとしており(ここから「自然法」という表現が生じた)、道徳そのものも自然と宇宙の秩序に根拠をもつものとされていた。ところが少なくともルネサンス以降、自然への準拠の確信が揺らぎ始めた。モンテーニュの相対主義と経験主義とが、他の多くのそれとあいまって特殊個別の慣習を越えた規範の存在を疑わせるようになった。こうして古代人の「自然主義(ナチュラリスム)」が近代人の「人為主義(アルテフィシアリスム)」にほとんど追い落とされかかっていた。だとすればディドロの発言の真意はこの古い伝統的な視点をふたたび取り入れることだと思われるかもしれない。だが実際はそうではない。なぜならディドロにおける自然と道徳の関係は先人たちにおけるものとはまったく違ってしまっているからである。これはまた「自然」という言葉の意味に生じた急激な変化の結果でもあった。実際は、ディドロはいささかも道徳を打ち立てようなどとはしていない。むしろ破壊しようとしているとさえ言えるだろう。道徳を自然に根拠づけ——これはまた法を事実にもとづかせることも意味するが——、結果として現実の存在に準拠してあるべき存在を決めることによって、ディドロは道徳の必要性をことごとく否定することに成功しているのである。ただ、相対主義（あるいは経験主義、はたまた実証主義）の信仰箇条と異なり、ディドロのそれは普遍的とみなされる事実（人間の本性（ナチュール））に準拠するのであって、もはや個別の社会に準拠するのではない。ディドロが追求するのは、人間の行動を根拠づけることであり、そのために「自然（ナチュール）」に、すなわち人間を人間たらしめているものに依拠することにしたのである。その結果、自然と道徳とはふたつながら人間の行動の導き手という同じ玉座につこうとする王位要求者になってしまったのである。ディドロが好んだのは道徳よりは自然であった。「自然人」と「道徳的で人為的な人間」とのいずれかを選択しなければならない。後者は短く「道徳的人間」と呼ばれることもある（五一一頁）。自然が道徳であるとかそうではないとか言うことには意味がない。「悪徳と美徳、ふたつとも自然のうちに存在している」（五〇七頁）。悪徳、美徳の概念はまさに道徳に根拠づけられるものであり、自然に根拠づけられるものではない。こうした考え方は『ブーガンヴィル航海記補遺』の副題「道徳概念をそれを含むことのない何らかの物理的行為に結びつけることの不都合について」（四五五頁）が示しているが、この副題はまた、ディドロの包括的な意図をみごとに要約してもいる。

　ひとのおこないが何によって導かれるのかを知りたいなら、その答えは次のようなものである。「ものごとや行為の性質（ナチュール）に、さらには君が君の同胞たちと結ぶ関係に注意を向け、君のおこないが君自身にとっての利益と公益にどのような影響を及ぼすのかに注意を向けなさい」（四八二頁）。この発言でもっとも含蓄に富む言葉は、逆説的だが、「注意を向ける」である。この言葉はまずは知ること、そして知ったことには従うことを、さらに事態あるいは行為が、したがって人間が問題だということも含意している。ものにはそれぞれ固有の「自然＝本質」があり、ひとつひとつのものにどう対処すべきかを知るためにはその自然＝本質を理解すれば十分だということである。古典古代人と同じように、ディドロは「自然主義者」でありたいと望んでいるが、他方で彼は近代人と異なることなく、まず道徳を脱自然化するのである。その結果、ディドロの回答は彼と同時代の経験主義者たちよりもはるかに野心的なものになってしまう。行為の普遍的導きが確かに存在する。それはわれわれの自然＝本質からくる真理であり、「人為的」にならざるをえない道徳ではない。

『ブーガンヴィル航海記補遺』に示されるもっとも重要な例は性生活に関するものである。性生活の「自然＝本質」は自由交換である。貞節さについても一カ月を越えるものなどいっさい強制されていないし、その他いささかの拘束もない。もちろん当事者双方の間に合意がない場合はどうなるのかという疑問が当然湧いてくるにちがいない。力ずくでふたりをいっしょにさせておくようなことはしないと仮定して議論を進めよう。ではふたりの結びつき自体はどうなるのだろう。ひとりが性的関係をもとめ、もうひとりはそれを拒絶する場合、どちらかが「自然＝本質」と合致した行動をとらないことになるだろう。それがどちらであるかをどのようにして決めるのだろう。ディドロの回答は次のようなものである。暴力的にふるまい、相手すなわち女性にその欲求を押しつけるのは人口の半分を占める男の本質である。さて暴力も人間の自然であるならそれを受け入れなければならない。「女の抵抗は正しく、男の暴力は卑劣なものだとされてきた。しかしこのわれわれの社会では罪となる暴力がタヒチではほんの軽い侮辱でしかないようなのだ」（五〇九頁）。もっと単純な言い方をすれば、強姦は犯罪ではなく、女性は男性に従わなければならないというのだ。だがこれは力以外に行動の根拠をもとめようとすることを完全に断念し、力と権利とをまったく単純に同一視してしまうことではないのか。

このような規則が一度確立されると、性の領域以外にも適用されるようになる。たとえばディドロは自分の**利益**だけに従うことが人間の（あるいは男の）自然（ナテュール）のうちに含まれると（この場合はエルヴェシウスの学説に追随しているが）考えている。「ひとが君にくれるのは、彼にしてみれば何の役にも立たないものだけだ。逆に君に要求するのはいつも彼にとって役に立つものなのだ」（五〇一頁）。ディドロはさらに次の論拠を付け加えている。「どんな国であれ、恥ずかしさで自制する必要がなければ、自分の財産とゆとりある生涯をなくすくらいなら子供を失うほうがましだと考えている父親、妻を失うほうがましだと考えている夫がいないものかどうか答えてくれ」（四九九頁）。そのように心のひろい父親や夫はたぶんいるだろうが、当面ディドロの主張を認めておくことにしよう。ラ・ロシュフーコーも人間の本性（ナテュール）についてこうした恐るべき見方をしている。しかし彼はディドロが恥ずかしさと呼んでいるものの存在を喜ばしく思っている。なぜなら「誠実さ」という名において恥の感覚は社会的理想にまで高められ、人間の悪い傾向を抑え、より穏やかで快適な生活へと向かわせることができたからである。ディドロは逆に恥の感覚を除去して社会生活を直接に利害に結びつけよう（彼の言うところの真実あるいは「自然（ナテュール）」がそうであるのだから）と望んでいるようだ。

あれこれの例よりも大事なのが原則である。ディドロは言っている。「近親相姦はいささかも自然を傷つけない」（四九六頁）。おそらく道徳にさえも抵触するものではないはずだと言いたいのであろう。近親相姦の禁止に自然の根拠は存在しないとするロック〔一六三二－一七〇四。イギリス経験論を代表する哲学者〕のような見方に同意し、制度化の知恵を賞揚する方向に向かった経験主義および人為主義の流れに属する哲学者たちによってこの問題は長い間論じられてきていた。ディドロは人為主義の論理を極端にまで推し進め、そのあげくに論理をひっくり返してしまう。つまり、あるものが自然なものでない場合、それは尊重されるに値せず、したがって近親相姦は非難されるべきものではないと言うのである。ではどこまでで止めるべきかをいかにして知るのか。明日（いつのことか？）ある生物学者が攻撃性は人間の自然（ナテュール）に含まれ、**それゆえ**攻撃性は殺人であれ、拷問であれ、あるいは他人を辱めたいという欲望であれ認めなければならないことを証明してしまうかもしれない。何も私たちがそれに反対することを許すものはないだろう。これこそディドロの時代にあってさえ、サドの描いた人物たちが引き出すことになる結論であり、サドの『閨房哲学』は『ブーガンヴィル航海記補遺』で提起された議論を取り上げ直したものにほかならない。「破壊は自然の第一原理のひとつであるからして、破壊にまつわるなにごとも犯罪とはなりえないであろう」（第三の対話、九七頁）。「残酷さは悪徳のひとつであるどころか、自然がわれわれに刻印する感情の最初のものである」（一二四頁）。自然による正当化はサドの好んで用いた議論である。「人間の作る法律で自然の法則に背くようなものは軽蔑の対象にしかならないだろう」（七七頁）。「もはや諸君の性向のみを行動のブレーキとし、諸君の欲望だけを法律とし、自然だけを道徳としたまえ」（第五の対話、二四三頁）。

しかしこの「自然」を発見するにはどのようにしたらよいのだろうか。事象の詳細な研究すなわち科学によってであるとディドロは答える。「最初から始めよう。素直に自然に問いかけよう、そして公平な目で自然がこの点についてわれわれに何と答えているかをみよう」（『ブーガンヴィル航海記補遺』五〇六頁）。このご立派な計画が実行に移された結果は示唆に富むものである。結婚という人間の制度についての真理を見いだそうとして、ディドロはより単純でより啓示的な動物の世界の観察へと向かう。「異性を好むこの傾向は人間という種においてだけでなく他の動物種においても認められる」（同所）。この進行は「男性」「女性」の代わりに「雄」「雌」という語を用いたときに準備されていた。このようにすることには人間の動物としての本性（ナテュール）にしか関心を向けないということが含意されていたのである。では社会の真実は動物学の手に握られているというのだろうか。人間社会とその慣習は本能に還元されうるのだろうか。道徳に代えて自然をおいたときから、ディドロは人間存在の認識を動物の専門家たちに委ねたのである。

ところで人間と動物のこのような同一視は、引き比べが済むと人間を動物として扱い始めてしまう危険性をつねにはらんでいる。同じようにド・ジェランドは百科全書派の良き後継者として次のように明言していた。「何世紀にもわたって実りのない理論に空しく振り回されてきたことにうんざりして、ついに知の精神は観察にその方途を定めた。（中略）人間の科学も自然科学のひとつ、科学のなかでももっとも高貴なものである観察による科学なのだ」（『未開民族の観察においてとるべきさまざまの方法に関する考察』一三〇頁）。しかし「観察の科学」および「自然科学」というふたつの用語は本当に同義語なのだろうか。ド・ジェランドはその自然主義者（ナテュラリスト）の夢を推し進めて未開人研究のための実験室がどういうものになるべきかまで想像している。現地での不快（暑さとか虫）を耐え忍ぶよりは、未開人をパリに**移住させる**ほうが賢明ではないだろうか。もちろん最良の条件を整えるために自然な環境すなわち家族も連れてくる。「こうしてわれわれは彼らがそこから移されてきた社会の像を小規模ながら維持することができるだろう。博物学者（ナテュラリスト）は木の一枝やすぐしおれてしまう花を一輪持ち帰ることでは満足できないもので、植物や樹木をそっくり移植し、われわれの大地で第二の生をおくらせてやろうとする」（一六六―一六七頁）。ようやく姿をみせはじめたかと思われたド・ジェランドの民族学はいつのまにか植物学へと変化してしまう。こうして移住させられた未開人たちに、あるいはその家族たちに、こうなったのは彼らの意志なのかどうか聞いてみることなどまったく問題にならない。重要なことは学者が思いのまま彼らを研究できることなのだ。

人間の科学を自然の科学のうちに加えることはたちまちのうちに人間存在を科学の対象へと還元してしまうのである。

この認識はディドロにおいては三段論法の小概念となる。その大概念は、自然にはついに逆らうことができないということである。「もし君が、天上界にも地上にもつまり世界（ユニヴェール）のうちに自然の法則に対していささかでも増減を引き起こすようなものが何かあると考えているなら、妄想もはなはだしい。（中略）自然の法則に逆らうことを命じてみたまえ。君に従うものはいっさいないだろう」（『ブーガンヴィル航海記補遺』四八二頁）。人間は全面的にその本性（ナテュール）に規定されている。人間には個人的自由はまったくないし、決定的に定められているその運命を逃れる可能性もない。

ディドロの三段論法の結論に位置するのが、私たちの「本性（ナテュール）」の各側面に対応する行動の個別的規則となる。それにより、良い法と悪い法とを識別することがまったく楽にできるようになる。その秘訣を握るものこそ科学であり、それを知るには自然を知れば十分である。良き法とは自然に従うもの（別の言葉で言えば、良き法律は事実に従う）であり、これが実現するなら、「宗教的戒律はおそらく余分なものとなり、（中略）非宗教的法は自然の法の表明にほかならなくなるはずである。（中略）あるいは、これら三つの法を維持する必要があると判断されるとしても、その場合、宗教的戒律と非宗教的法は、われわれが心の底にしっかりと刻みつけて保っている、つねにもっとも強いものである第一の法（すなわち自然の法）の厳密な模倣でなければならない」（五〇五頁）。ディドロにとって都合のよいようにではあるが、タヒチが体現しているのはまさにこの理想である。同じことをさらに別の言い方で表わすなら、最良の社会はもっとも法律の少ない社会である（なぜならそこではなにごとも自然に従うのであるから）。「もし法律を厳密に自然の法則に適合させたなら、あらゆる国民（ナシオン）の法律はなんと短くて済むことであろうか」（五一〇頁）。

　悪しき法とは、もちろん人間の本性(ナテュール)に対立するものである。ヨーロッパ諸国の法律の大部分はそのようなものであり、タヒチ人の目には束縛にしかみえない。自然に反する法はことごとく専制的である。専制君主と啓蒙君主、不公平きわまる法と社会に有益な法の間に何ら異なるところはない。「諸君が人間に対して暴君たらんとするなら彼を文明人にしたまえ。全力を挙げて自然に反する道徳でもって人間を閉じ込めてしまいたまえ。あらゆる種類の拘束を彼に課したまえ」（五一一―五一二頁）。そして「秩序の支配を打ち立てようとする者に用心したまえ」（五一二頁）。

　では自然の法と非宗教的法そして宗教的戒律の三つが一致しない場合の人間の運命はどうなるのだろうか。人間はそのいずれかひとつに全面的に従うことができないまま同時に複数の主人に従うことを要求されることになる。ディドロにとって複合的な存在ほどおぞましいものはない。「このとき何が起きるかわかるかね。三つの法とも軽蔑するうち、君は人間でも市民でも信徒でもなくなってしまう。君は何者でもなくなってしまう」（四八一―四八二頁）。ひとはひとつのものであることを止めたとたん、もはや何者でもなくなってしまうのである。偽善、不幸、愚鈍、異常といったものではありえるかもしれないが、異質性(エテロジエネイテ)を生きる幸福な方法は存在しないのである。ディドロはついには混成状態よりはむしろ全面的な奴隷状態のほうを好むとまで言うようになる。「私は諸君にひとつだけ警告しておこう。人間の幸福な状態が見いだされるのはタヒチにおいてのみであり、どうにか耐えられる状態が見いだされるのはヨーロッパのある片隅［ヴェネチアのことであるが、当時ヴェネチアは絶対専制体制でその名をとどろかせていた］においてのみである。そこでは己の安全の保持にやっきとなった支配者たちが町を諸君たちが痴呆化と呼ぶ状態にとどめようと腐心してきた」（五一四頁）。ディドロにとっては絶対の悪のほうが中途半端な悪よりもましである。なぜなら少なくとも絶対悪には一体性(ユニテ)があるからである。

結局のところ、単に道徳は社会にとって不必要なだけではなく、はっきり言って有害である。「これらの奇妙な戒律は、私には自然に反し、理性とも対立し、罪を増やすために作られたとしか思えない」(四八〇頁)。つまり薬になると思われているものが実際には病気の原因なのである。この点についてもディドロはエルヴェシウスの議論を踏襲している。エルヴェシウスはおそらく『ブーガンヴィル航海記補遺』にみられる省察に影響を与えている。エルヴェシウスは言っていた。「自由思想が国家にとって政治的に危険なものとなるのは、自由思想がその国の法と対立する場合だけである」(『精神論』第二編一四章、第一巻、二九八頁)。ディドロは、エルヴェシウス、コンドルセと意見を同じくし、法律の働きを極端に重要視している。「法が良いものであれば風紀は良くなり、法が悪ければ風紀は乱れる」(五〇四頁)。だが三者の意見の一致もここまでである。エルヴェシウスは相対主義者であり、彼によればいかなる法も自然にもとづいてはいない。法律というものについては適切なものかそうでないかを言うことはできるが、自然なものかそうでないかはそもそも問題にならない。コンドルセはと言えば、社会を改良するために法を改善しようとしている。つまり正義は普遍であらねばならない(彼の場合は「自然な」というよりはむしろ「合理的」な正義であるが)と言うのである。ではディドロはどうだろうか、彼は人間の普遍的な本性(ナテュール)というものを信じつつも、大部分の法がまったくの約束事でしかないことを認めている。つまり確かに法は機能しているものの、悪い方向にしか働いていないと言うのである。

『ブーガンヴィル航海記補遺』に表われている論点はいずれもラジカルなものである。しかしディドロ自身はそこから極端な結論をひとつも引き出してはいない。彼は革命家気質はもっておらず、自然に近づく方向での法の改良を望むことでよしとしている。「本来害のない行為にこれまで侮蔑や懲罰そして破廉恥の汚名が被せられてきたことを声を大にしてわれわれはたえず主張しよう」（五一五頁）と呼びかけてはいるが、反乱への呼びかけなどいささかも認められない。「おかしな法律に反対してそれが改良されるまで声を上げ続けるだろう。改良を待ちながら、とりあえずはその法に従うことにしようではないか」（同所）と語るのみである。だがそもそも、『ブーガンヴィル航海記補遺』において私たちが取り上げてきたのは本当にディドロの意見なのだろうか、それとも彼自身のそれに近いものではあってもやはり多少それとは異なった登場人物たち、オルー、同行司祭、老人そしてA、Bらの意見なのだろうか。テキストは、AとBがこれまで自分たちが議論してきたことについて自分たちの妻はどう考えるだろうかについて語りあうというある種のはぐらかしで終わっている。Aがほのめかす。「たぶん口にするのとは逆のことを考えているのさ」（五一六頁）。この言葉がまっさきに突いているのは社会の偽善であり、「自然」をたわめようとする習慣の力である。しかしディドロの対話がこれと同じ様態でおこなわれていると考えることはできないだろうか。しかしながらディドロは『覚え書き』において、「本性（ナテュール）のおもむくところに従って幸せにならねばならない、これが私の道徳のすべてである」と記していたのである。

自由

人間の本性（ナテュール）があらゆるところで同じであり、行動に関わることすべてについて本性（ナテュール）が決定し、科学が本性（ナテュール）を知るのに最良の手段であり、したがって科学は倫理と政治とを従えるはずだといった考え方は百科全書派の思想に繋がるであろう。ここではディドロはこの思想の代表者である。実際に、こうした考え方はディドロがときとして留保条件を付けたにもかかわらず広く行き渡ってしまうことになる。しかし

『百科全書』に示されている科学主義的教説と総体としての啓蒙主義精神との間に等号を付けては誤りを犯すことになるだろう。もうひとりの啓蒙主義の有名な体現者ルソーのとった立場をみればこのことは明らかである。

ルソーは、のちにみるように、相対主義を批判する。しかし同時に普遍主義もことごとく認めているわけではない。そしてどんな場合でも彼の立場が「フィロゾフ」たちやディドロのそれと混同されることを許そうとはしない。「すなわち人間にとっての唯一の責務とはなにごとにおいても心のおもむくままに進むことである」（『告白』第九巻、四六八頁）とするディドロが導きえたと考える結論をルソーはことごとく断罪してかかる。

両者の最大の対立点は学問に対する態度である。ディドロにとっては、すでにみたように、人間の本性（ナテュール）は唯一生物学あるいは同じことだが動物学によって明らかになる。このような方法はルソーの目には受け入れ難いものにうつる。なぜならそれを認めることは社会、理性そして道徳を無視してもよく、たとえそれらを無視しても人間の人間性（イダンテイテ）は保たれるということを意味するからである。もちろんこれは真実ではない。だからこそ『ダランベール氏への手紙』において「野獣を引き合いに出す議論は何も導きだしはしないし、真実でもない。人間とはいささかも犬や狼などではない。ついに動物には知られることのない道徳観を人間の感情にもたらすには、人間という種のうちに単純な社会関係を持ち込むだけでよいのだ」（二七四頁）と述べている。人間という種の真実を明らかにするのは動物学者などではなく、ルソーもそう言うだろうが、哲学者（フィロゾフ）なのだ。

だが引き続いてもっとも大きな相違が明らかになる。ルソーにとって人間が生み出した諸文化についての専門家を自然の専門家に代えたり、歴史家を生物学者と交替させたりすることが問題なのではない。彼が攻撃しようとしているものは、人間の自由にいかなる地位も認めようとしない厳格な決定論の存在であった。人間を動物からわかつものは、動物がその本能に全般的に従うのに対し、人間の行動は生物学的なものであろうと歴史的なものであろうといかなる法則によっても完全に予測されることはないという事実である。自由あるいは自分の意志を実行する可能性こそが人類の弁別特徴なのだ。モンテスキューはすでに、法則から逃れる可能性をもつことが人間の弁別特徴だと主張していた（このことには後でまた触れる）。ルソーはこの主張をさらに発展させる。動物は本能に従うが、人間はその運命を「自由な独立した行為者として」（『人間不平等起源論』第一部、一四一頁）動かすことができる。つまり動物と人間をわかつのは、理性のあるなしではなく、自由のあるなし、したがって人間の行動を規定する決定要因が全面的な支配力をもつものでなくなってしまっていることである。ルソーによれば、これゆえに人間の根本的な特徴は**自己改善能力**（ペルフェクティビリテ）となるのだが、自己改善能力とは何も実体的内容をもたないが人間にあらゆるものを獲得することを可能にするある能力を意味している。この能力が「人間の本性（ナテュール）」や「普遍性」という概念に思いがけない展開をもたらすことになる。人間に共通するものはあれこれの具体的な特徴などではなく（この意味では人間が**現実**に善良か性悪か、道徳的か非道徳的かを問うことは空しいということになる）、自由、変化してゆく能力（おそらくは良いほうへ）なのである。このようにしてルソーは近代思想を特徴づける欠如（行動を支配する規範には**自然な**根拠はないとする考え方）を確認し、自然よりは意志のうちに新しい根拠を探るよう提起する。

　ここでもまた、認識についての議論が倫理についての議論に発展していく。だがルソーは、本当は、このふたつの次元の連続性、言い換えれば現にある存在からのあるべき存在の演繹と、科学からの倫理の演繹という幻想をこそ打ち破ろうとしていたのだ。たとえ次の段階でやはり共通する基盤をもつのではないかを問うことになるにせよ、まずはこのふたつの次元がそれぞれ自律したものであることを認めなければならないと言うのである。ディドロは人間の生物学的本性（ナテュール）だけにもとづいた行動規範を確立することを望んでいた。この願望は科学的にはばかげたものである。しかもそれに加え道徳的にも容認されえないものである。バンジャマン・コンスタンは、この点ではルソーの側に立って、次のように指摘している。「権力というものは己に固有の行き過ぎ、それも気まぐれでしかも意図的な行き過ぎを自然の法として示す傾向が強すぎる。ある人種の劣等性と、ある人種の優越性がいったん認められると、前者を奴隷化すべきだという結論がたやすく導かれてしまう」（「デュノワイエ氏とその著作について」五五四―五五五頁）。そして、「自然」と調和して行動しようとして、ひとはどんなことまでしでかすかについて今日の読者はコンスタンの時代の読者よりもはるかによく知っている。

もしディドロが歴史と民族学を出発点としていたとしても、ディドロが構想する規範はやはりうまく基礎づけられはしなかっただろう。事態が現状のようであることはひとつのこと、すなわちもっとも強い者の意志が通ったことを証明するにすぎない。法を事実に「もとづかせる」ことは必然的に法を力に「もとづかせる」こと（他の者たちに既成事実を認めさせるにはもっとも強い者になっていればよい）、すなわち実際には法から実体的内容をことごとく取り除くことなのである。だからこそルソーは動物学者ではなく仲間の哲学者（フィロゾフ）たちを非難する。彼らはディドロと同じように自然から道徳を演繹しているのである。ルソーは『社会契約論』のなかでグロティウス〔一五八三―一六四五。オランダの法学者。国際法の父と称せられる〕について「彼の議論でつねに変らない点は事実によって法を作ろうとすることにある。もっと理路整然とした方法、しかも暴君に対して好意的ではない方法を用いることができるだろう」（第一部二章、三五三頁）と述べている。不法行為を「歴史の必然」によって正当化することは人種的優越性の「法則」による正当化以上に説得的ではない。ルソーはさらに自分の視点を明確にする。「実際に存在しているものをきちんと評価するためにはそれがどうあるべきかを知らなければならない」（『エミール』第五編、八三六―八三七頁）。科学に従うべきどころか、倫理は学者の業績を評価する任務を負うことになるのである。

ここから、その後二世紀にわたって何度となく繰り返される抗争の前触れとなる、決定的な対立が形を現してくる。ディドロとルソー、ふたりとも宗教の後見から解放された合理的な認識という点で断固として近代の側に立っている。しかしディドロは徹底した決定論を信じ、人間の自由を実際いささかも認めなかった。したがってこの決定論を私たちに明らかにするのにもっとも適した科学が、倫理にとって代わり、人間と社会のめざすべきところを指し示すべきだとされた。ルソーは、物質的あるいは社会的な意味での決定論の存在は否定しないものの、自由を認め擁護するだけでなく、モンテスキューに続いて自由を人間の弁別特徴であるとした。ところで、私がある程度の自由を手にしたなら、私は自分の思うとおりに行動しようとするようになるだろうし、また行動を選択できるようになる。結果についてはみずから責任を負い、そうであるがゆえに自分のとった行動に対する善し悪しの評価を受け入れるようになる。結果として、倫理は自律したものとして科学に還元されないものと認められ、科学に対し、宗教がそうであったような後見役としてではなく、監査権を行使することで科学によって得られた成果が有益かそれとも危険なものかどうかの判断を可能にする。このことからディドロとルソーは広い意味では啓蒙哲学にそれぞれ属するとしても、ルソーだけが**人間主義**の代弁者であると結論されるだろう。この後に続く頁ではつねに、いま述べた用語上の区別によって立つことにしたい。たとえば「啓蒙哲学」あるいは「百科全書派」といった表現が十八世紀に存在した思潮を、そのイデオロギー的な複合性において示すとすれば、「科学主義」や「人間主義」という語はある特定の時代に帰属することのない一貫した思考方式を示すことになるだろう。であるがゆえに人間主義と科学主義は互いに対立しつつも啓蒙哲学においては共存することができたのである。

世界国家（エタ・ユニヴェルセル）

この二世紀のイデオロギーの歴史にとっての重要性がいかなるものであったにせよ、科学主義の教説はそれ自体としては私たちにとって当面興味をひかれるものではない。だがそれが私たちの主題に関して、民族の多様性と価値判断の複数性という結論を導く限りにおいては話は別だ。ところでこの点に関して、科学主義は新たな展開をみせ、その重要性を増してくる。そしてその新たな展開を担うのが最後の百科全書派コンドルセであった。問題となるのは国家の寄せ集めから単一国家へという世界の変形であり、コンドルセによればこれは望ましくかつ不可避の変化である。

コンドルセは二重の公準から出発する。まず人間の本性（ナテュール）はどこでも変らないということであり、われわれの理性的な能力もこれに含まれるがゆえにやはり同様に普遍的である。次に理性のみが正当なるものと不当なるものとを見わけることができる。したがっていたるところで万人に通用する正義の原理を打ち立てる役割は普遍的理性に帰されるということになる。当然自然法もコンドルセにとっては理性の法ということになるが、その法は人間の本性（ナテュール）同様に普遍的なものであり続ける。しかしこの基底からコンドルセはさらにもう一歩新しい方向へ踏み出している。正義の原理が世界中同じであるなら、法も同じでなければならない。言い換えれば、法は自然法と、モンテスキューが望んだような、一国民の物質的、社会的そして歴史的な条件の双方から帰結するものであってはならない。それは正義の原理にのみ由来すべきものなのである。であればコンドルセが『法の精神』への注釈でこの点についてその見解を初めて表明しているのも偶然ではなく、それはそのまま彼の政治哲学の分野への進出の第一歩となった。「真理、理性、正義、人権、さらには所有権や自由、心身の安全に対する関心は世界中で同じなのだから、ある国の全諸州、あるいはすべての国家がなぜ同じ刑法、民法、商法等をもたないのか理解しがたい。ある法律が優れていれば、それは万人にとって優れた法であるはずだ。それは真なる命題はだれにとっても真であるのと同じことである」(「『法の精神』第二九編についてのコンドルセの見解」三七八頁)。そしていよいよ理性とそのもっとも優れた具現である科学が政治的決定を下し始める。

すべての人間は権利において平等である。なぜなら人間はすべての本性(ナテュール)を等しくし、ひとは世界中どこにあっても同じだからである。そして、コンドルセがさらに言うように(『弁明断章』五七五頁)、当然法は人権の「明白な帰結」であるからには、気候や風習、歴史を気にかける必要などない。次のふたつのうちどちらかが成りたつのでなければならない。まずは問題となっている法が儀礼や商習慣、またさらに言えば個人のふるまいに関する法である場合だが、この場合は法は異なっていてもかまわない。しかしこうした規則は法の名には値しない。もうひとつは、人間の公的な行動の本質に関わる法の場合で、この場合は慣習にいかに深く根ざしていようとそれは法の正当化の根拠とはならない。理性が偏見を解体しなければならず、その国の気温とか国民の気質に関する情報に影響されるがままになってはならない。

だが一度すべての民族が同じ法則を備えてしまえば、この素晴らしい行程をそこで止める理由などない。啓蒙の光がだんだんと広まるにつれ諸民族は互いに近づいてゆくにちがいない。偏見は数多くあるが、真理はひとつである。その真理に導かれて諸民族はだんだんと互いに似かよってゆく。諸民族はあらゆる種類の交換の密度を濃くしてゆくだろう。まずは通商があり、それに精神的交換が加わる。もっとも先進的な国民（イギリス人やフランス人）の言語を採用したり、あるいは純粋に論理学的基盤に立った普遍言語を創出するということもあるだろう。コンドルセはその晩年、セルヴァンドーニ街（パリの通りの名。コンドルセがジャコバン派の追求を逃れて隠れ住んだ）の地下室にこもって、普遍言語の考案に熱中したことが知られている。彼の考えでは、こうした手段によってこそ、すべての人間が「一体となり、同じ目標に向かって進む」（『人間精神の進歩に関する歴史的展望の素描』二四八頁）という彼の理想が実現しうる。

コンドルセはその計画を実現する間もなく獄死してしまったが、その遺産はイデオローグたち（コンドルセのモンテスキュー注釈を初めて出版したのはデステュット・ド・トラシー（一七五四－一八三六。フランスの哲学者。感覚論の立場から観念の起源・形成を分析する「観念学」（イデオロジー）を提唱）であった）によってしっかりと引き継がれ、科学主義の教説に完成された形式を与えることになるユートピア思想家アンリ・ド・サン＝シモンにおいて花開いた。事実、サン＝シモンには世界を隅から隅まで統御するという決定論の公準そしてその帰結として知識（科学）は行動（倫理）を導くという考え方が見いだされるだけではない。サン＝シモンにおいて科学主義のもうひとつの特質が現れている。それはコンドルセにはみられなかったもので、これについては後にふたたび取り上げるが、サン＝シモンは科学を宗教に変えてしまったのだ。最後に世界国家の夢はついにより明確な形を取り始める。若きオーギュスタン・ティエリー（一七九五－一八五六。フランスの歴史家、作家、サン＝シモンの秘書を務める）とともに一八一四年に書いたパンフレット『ヨーロッパ社会の再組織について』にはこの国家論がはっきりと述べられている。ナポレオン戦争によって引き裂かれたヨーロッパに対しサン＝シモンはひとつの解決策を提起する。ヨーロッパ統合である。

サン＝シモンの出発点はもちろん科学を根拠に据えることにあった。遠い昔から一八一四年にいたるまで、政治の技術はつねに個人的利益と偏見にもとづいていた。物理科学の二大原理である「推論と観察」（第一編第四章、二七五頁）を導入することによって政治の技術にも秩序をもたらすべき時代がやってきている。サン＝シモンはこの強力なふたつの道具を手にすることによって、「可能な最良の政体」（第一編第七章、二八五頁）とはどんなものか、したがって地上のすべての民族に適合しうる政体は何かを追求し始める。「私は政体について、本来その性質（ナチュール）のみによっても善なる形がまったくありえないのかどうか知りたい。すなわち確実で絶対的で普遍的な、つまり時と場所を超越した原理にもとづく形がないかどうか知りたいのである」（第一編第四章、二七五頁）。このような政体があるとすればものごとの本性（ナチュール）から、したがって厳密な論理から生じるのであるから、普遍的で永遠なものであるだろう。

サン＝シモンとその弟子は頭に浮かんでくる反論をことごとく躊躇することなく払い捨てる。コンドルセの教えに忠実に従い、彼らは国民間の相違を無視する。「モンテスキューが考えたように、各国民にはそれにふさわしい政体があらねばならないと言うことは正しくない（なぜなら、正しく推論する方法はひとつしかないのであるから、良き政体もひとつしかありえない）」（第一編第六章、二八五頁）。自然の成りゆきと正しい論理に抗うことは無駄であろう。国家の内部あるいは国家間の不一致は、めいめいがその個別の利益に執着し、真理の高みへ到達するのを拒否することに由来する。というのも真理はひとつだからである。

したがって、ヨーロッパのすべての国家は、サン＝シモンの忠告に従おうとするなら、観察と論理にもとづく同じひとつの政体をもたなければならない。そしてそれは結局のところすでに存在する政体、英国の政体ということになるだろう。事実、イギリス人は他の国民と異なり、「人民の自由と幸福」（『献辞』二六一頁）というまさに永続する価値を保証する法律を賢明にも備えた。そうなればヨーロッパの諸国民はひとつの連邦国家のもとに集結し、その連邦国家は教育制度や道徳規範を同じくすることになるだろう（良いものはひとつしかないのだから）。こうしてカトリックの夢であったひとつのヨーロッパが実現されるだろう。中世では啓蒙の光が足りず、夢は実現されなかったのだ。こうしてついに戦争に代わって平和が支配することになるだろう。

サン＝シモンはこの統合ヨーロッパとその他の世界とがどういう関係になるかという問題にはごくあっさりとしか触れない。しかし最終的な統合が彼に良心の呵責を引きおこさないことは明らかである。「この地球全体にヨーロッパ人を住まわせなければならない、ヨーロッパ人は他のどんな人種よりも優秀であるから。また地球全体をヨーロッパと同じように旅行し住めるようにしなければならない。これこそヨーロッパの活力をつねに高め、意気軒昂を保つためにヨーロッパ議会が実行すべき方策である」（第二編第五章、二九三頁）。劣等人種がヨーロッパ以外の地からどのようにして「消えていくか」については何も述べられていない。しかしどうみてもこの世界国家はヨーロッパに似たものとなるだろう。

若きオーギュスト・コントは、オーギュスタン・ティエリーと一緒に、王政復古の最初の数年はサン＝シモンの取り巻きのひとりだった。しかし当時についてはろくな思い出はなかったようで、晩年「ごく若い時期に、言葉を巧みに操る隋落した人間ともったろくでもないつきあい」（『実証政治体系』第三巻、XV頁）について述懐している。サン＝シモンとの関係はコントにとって自分の身を危うくしかねないものであった。サン＝シモンは科学を引きあいに出しながら、実際は科学については何も知らない。したがってサン＝シモンは科学主義の企図自体を堕落させてしまう。そこでコントはサン＝シモンからさらにさかのぼって、正真正銘の学者であるコンドルセにみずから進むべき姿を認める。そしてつねに「わが傑出せる先達」とか、あるいは「わが心の父」とさえ呼ぶようになった。だが、彼がコンドルセに借りるものが本当にサン＝シモンがコンドルセから引き継いだものと異なるかというと必ずしもそうとは言えない（サン＝シモンによる理想の実現は中途半端だったが、コンドルセ以来の理想は変ることはなかった）。それは

「政治を歴史に従わせ」(同所)、したがって道徳を科学に従わせねばならないというものである。言い換えれば、コンドルセ、サン＝シモン、コントは同じ科学主義の教説に属しているのだ。

コンドルセやサン＝シモンと同様、コントは、科学の力を借りれば、国民間のちがいを乗り越えてあらゆる民族に最終的には採用される**唯一の正しい政体**を打ち立てることができると考えていた。「人類の進歩の基本法則は、究極の体制の哲学的基礎をもたらすものだが、単に速度が違うだけで、必ずやあらゆる風土、あらゆる人種に適合するであろう」(第一巻「序言」、三九〇頁)。したがって最終的に人類は単一の社会を形成するようになるだろう。人類がこの道を進む手助けをすることこそ、唯一真正普遍の教説である実証主義の任務であり、であればこそコントは多くの頁を統一化の過程の記述にあてたのである。だがなぜ統一化なのか。単にそれが望ましいからだけではない。やはりそしてとりわけ、人類がすでに歩んできた進歩がこの方向へのものだからである。

ただし、サン＝シモンと違うのはもちろんコンドルセとも違って、コントは現実の観察から出発していること、その鋭さは往々にして予言者的なと言ってよいほどの先見の明にまで達していると認めざるをえないことを言っておかねばならないだろう。コントは彼の同時代の社会から、彼の目には普遍的なものとして世界に広まるようにみえるさまざまな特徴を検出してくる。まず第一には産業社会における生活、すなわち労働のある種の組織化であり、第二は美的趣味の均質化、そして第三は科学の内容と方法に関する国際的合意の形成である。これに加えて、第四の特徴として、あるひとつの政治形態、民主共和制への傾きと第五としていささかも神学に頼ることのない、コントのすすめる「人類教」にもとづく道徳があげられる。これらコントの予言から一五〇年を経た今日、彼がいかに正確に事態を見抜いていたかを再確認せざるをえない。たとえすべての分野で同じ速度の進展がみられなかったとはいえ、彼が書いていた時代よりも、人類はどうみてもあらゆる点において均質になってきていることは否定できない。

コントは統合化のもうひとつの要因として過去によってあるいはむしろ過去のよりよき記憶によって演じられる役割を取り出してくる。過去の思い出が存在することでわれわれの目の前に開かれている未来の選択の幅はたえずせばめられている。過去は「静かに未来を調整する」(第二巻、四六五頁)。しかし歴史の自然な進行に頼りすぎてもいけない。ひとは歴史がその目的に向かってまっすぐに進むよう手を差し伸べてやらねばならない。歴史の目的とは人類の目的でもある。コントの観察は行動計画をともなっており、その計画は結局歴史の運行を容易にし加速するべく定められているのである。

この行動計画はいくつかの段階に分けられるが、まず最初に来るのが質的な成熟、そして次に量的な拡大である。そしてこの動きは「人類の核心」、「中核となるべき国民の国」たるフランスで開始されるだろう(やはり他の多くのひとびとと同様、コントもまた普遍主義者でありながら愛国主義者なのだ)。まず世俗の権力と精神的権力とを綿密に区別する。そしてもっぱら後者の実現に努めなければならない。政治制度をうんぬんするためには精神的な一体性が確立されていなければならない。進行が逆だとまったく否定的な結果しか得られない恐れが多分にでてくるだろう。そして精神的完成は辛抱強い教育を通じて達成されるのであって、法律や政令によってではない。コントはこの点についてとくに強調する。長い「変化の時代」を通して、あらゆる政治的意見が表明されるようにならなければならない。「教師の独り言」は「真の討論」(第一巻、一二二頁)にその場を譲らなければならないだろう。教育そのものも国家から奪還されなければならない。さもなければ国家はみずからの利益に沿う方向に教育をたやすく導いていくだろう。心と精神も新しい教説に従うことになるが、それはけっして強制によるものではなく、その教説が優れたものであることを認識した上で、自由な選択としておこなわれなければならない。

しかし、精神の諸原則について一度合意が形成されたなら、やはり世俗の権力にも何らかの形でそれが影響を与えることが期待されるべきである。ふたつの分離ははっきりとしたものだが、つかの間のものでもある。それゆえ諸制度がまず精神の諸原則に一致するだろう。続いて習俗も同じ動きをするだろう。コントが書くには、この最後の局面では「政府は、自由を歪めることなく、人類教が普遍的に優勢を占める方向へ堂々と進んでいく。これ以後人類教はその教義と礼拝だけでなく、その政治体制を受け入れさせるようになる」（第四巻、四四五頁）。もちろん政府が、個人の自由をたとえいささかなりとも損なうことなく、これほどまで全面的に重きをなすことができるものか疑問ではある。ともかく一度真実と認められたら議論はよさなければならないらしいのである。

世界の中心であるフランスにおいて得られた合意は当然輸出されねばならない。これについてもコントは複数の段階を規定している。まず第一段階では、フランス流の解決の仕方は彼が西欧と呼んでいる地域、すなわちイタリア、スペイン、イギリスそしてドイツに広まってゆく。この段階ではフランスでおこなわれるのと同じ順序で事は進展し、けっして荷車を牛の先につけたりなどというばかげたことはしない。統合はまずは精神的なものであるだろう。そして世俗のことがらの統合はその後になって初めてなされる。ここでもやはり教育が諸制度に先立つだろう。だが制度の変革をいつまでも待っているわけにはいかない。そこでコントは政治制度のあるべき姿を明示している。それによれば西欧は五カ国を代表する三〇人からなる実証（ポジティフ）委員会によって統治されることになる。この委員会には「えり抜きの女性六人、フランス人女性二名と残り四カ国の代表一名ずつ」（第一巻、三八五頁）を加えなければならない。この委員会が共有の海軍を組織し、単一貨幣を発行するだろう等々。

コントはつねづね用心して次のように言うのを忘れない。この統合にもかかわらず、各国の国民的特質は尊重され続けるであろう。彼の発言においては一体性（ユニテ）と多様性（ヴァリエテ）というふたつの項がそれぞれ対等に正統なものとされている。「地域間の差異が統合化への歩みを助けなくてはならない」（第四巻、四八一頁）。「この正しい多様性（ディヴェルシテ）がいささかなりとも実証主義にもとづく大共和国の根本的一体性を揺るがせにしては」（第一巻、八二頁）ならないのである。だが実際には、国民的特質の占めるべき位置がどんなものなのかはよくわからない。なぜなら西欧全体が、フランスで確立された教育と道徳と習俗を取り入れるはずなのである。国民的特質が果たす補助的な役割をひとつの例が的確に表わしている。統一西欧を構成する諸国家は同じひとつの国旗をもつのだが、「その縁飾りはそれぞれ対応する国民を現在代表している色に染められる」（第一巻、三八八頁）というのである。

これに続く第三の最終段階にいたると、西欧型モデルが世界中に広まってゆく。ここでもなおいくつかの段階を踏まなければならない。まずはイギリスとスペインの仲介を経て北アメリカ次いで南アメリカを統合する。次いでポーランド人とギリシャ人の協力を確実なものとしてのち、彼らに間に立ってもらい東方の民族へと向かう。まずは残りの白人種を、つぎに黄色人種そして最後に黒人種というわけだ。実証委員会も、この新たに加わるひとびとの代表を迎えて拡大し、ついには六〇人の委員を数えるようになる。フランスが西欧に対して果たした役割を今度は西欧が全世界（ユニヴェール）に対して果たすことになる。「人間を司る役割はすでに西欧に付託されてしまった」（第四巻、三六五頁）。こうなってもなおかつその目的は普遍的であり続ける。「西欧のみが真の人間性へといたる最終段階である」（第一巻、三九〇頁）。だが一方では、この世界国家（エタ・ユニヴェルセル）も内部的な細分化を知らないわけではない。コントは理想的な内部単位はトスカナのような地方かあるいはベルギーのような国家になると考えている。したがって彼はイタリア統一には反対する。地方と世界国家との間には何も介在するべきではないと言うのである。最終的にこの地球の人口はそれぞれ三〇万家族からなる七〇の共和国に分割され、一家庭あたり七人の構成になるだろう。

こうした西欧モデルの全地球規模(ユニヴェルセル)への適用にもっともふさわしい手段はここでもやはりエリート教育とされる。この教育には迅速でありかつ軋轢を生じにくいというふたつの利点がある。コントは過去の軍隊による植民地征服を厳しく批判している。植民地化の歴史が示すのは「まったく自発的なところのない同化政策(アンコルポラシオン)の無効性」(第二巻、四六三頁)であり、フランスにとってはアルジェリア、コルシカ島そしてアルザス地方がこのことを例証している。軍事的占領は何も解決せず、もとめられるのは「人間が当然あるべき状態への自然な収斂」(第四巻、五〇二頁)なのである。したがってまずは「アルジェリアのアラブへの粛々たる返還」(第四巻、四一九頁)にとりかかり「植民地支配体制の避け難い解体」(第四巻、五一九頁)への貢献をはかるべきであろう。そうすれば西欧人以外の諸民族も恨みを長く引きずることなく、やがては強いられたものである上に災厄しかもたらさなかったこの最初の関係を忘れ、統合化へと導いてくれるはずの徐々に進む新たな関係を喜んで受け入れてくれるだろう。この点でも、コントはその先見性を改めて証明してみせてくれているのではないか。たしかに旧植民地支配体制の解体の後、世界の西欧化は以前にも増してその速度を速めたのである。

「人種」の多様性が世界の統合計画に対してとくに問題を引き起こすことはないとしながらも、コントは人種問題についてふたつの解決策を提起しているが、実はふたつは相容れないほど異なっている。まず第一の見方は啓蒙主義の強固な伝統に根ざすもので、地球上の民族間の相違は、唯一の同じ道を歩む上で先に立っているか遅れているかのちがいでしかなく、やがては消滅するというものである。おそらく後進人種は存在しても、(けっして)劣等民族は存在しないと言うのだ。だからこそコントは人種という観念そのものが道を誤らせるものだと考えた。一時的な時間的遅れにすぎないものをこの観念は実体化してしまう。「単なる集積度や速度のちがいが、それぞれが固有の法をもつかのように、誤って根底的な差異に格上げされてしまい、かえって真に一般的な概念をしりぞけ、その結果健全な説明をことごとく排除してしまっている」（第二巻、四〇五頁）。白人の責務とはまさに他の人種を自分たちの水準にまで引き上げる事業に参画することである。

だがコントはこの同じ問題について、世界国家という考え方をつねに保つことを可能にするような別の解決策も提示している。それは人種を（さまざまな経過をたどった結果としてではあれ）互いに同じものとして考えることをやめ、現にある相違の中で相補的なものとして捉えようとする。コントは人間には三つの大きな機能があると規定する。知性、行動そして感情の三つであるが、それぞれの機能について白人、黄色人種、黒人の三大人種のいずれかが明らかに他にまさっているとコントは言うのである。白人種はもっとも知的であり、黄色人種はもっとも勤勉、黒人種は感情のチャンピオンである。もちろんこの三つの機能はいずれも必要でかけがえのないものである。互いに平等ではないが、人種は相互に「同等」になる。さらには人類の至福が三人種の協調を前提とする。「至高存在の完全調和は、それぞれ思弁的、活動的、情感豊かであることを特色とするこれら三人種間の密接な協力を要求する。」（第二巻、四六二頁）。将来の世界国家においては、工場は香港や東京に、大学はロンドンやパリ、そして祭はアフリカの田舎でということになると想像できる。

オーギュスト・コントは、自分は一度も草稿を印刷屋に回す前に仕上げたことがない、ひょっとして死期が急に迫って、言うべきことを言い尽くせなくなるのではという不安に駆られるからだと語っている。そのため彼の著作は冗漫で、エレガントとは言えないものになってしまった。コントの数学的発想や女性礼賛も、おかげで、ところどころで苦笑、あるいはあくびを誘ってしまう。しかし彼の教説の核心はつねに強固なままである。それは単にその「人類教」が高潔だったからではなく、世界史に対する直感的洞察力が優れていたからでもある。だが、コントの倫理に関する諸原則は、その歴史的考察と同様、彼の思想が身にまとった科学主義のためにみえにくくなっており、結局のところうさんくさいものになってしまったのだ。コントは世界を統べる完璧な決定論を信じ、倫理および政治を科学に従わせ、最終的には科学を宗教にまで高める必要があると確信していた。そうであるがゆえに、普遍的社会の到来あるいは少なくともその準備段階を優れた洞察力で描くことにあきたらず、実際の運動に身を置き無邪気な夢の実現に邁進したのだ。コントの著作はコンドルセやサン゠シモンの著作よりもはるかに豊かに、世界国家という観念が科学主義的企図から自然に生まれてくることを明らかにしてくれる。コントを科学主義の別名である実証主義から自由にするためには、曲芸的としか言いようのない作業にうち込まねばならない。

モンテーニュ

習慣

自民族中心主義と科学主義は普遍主義のふたつの倒錯した形象である。ここで普遍主義と対抗する相対主義に目を転じてみることにしよう。フランスにおける相対主義の教説にする考察は当然ながらモンテーニュをもって始めとしなければならない。モンテーニュの普遍と相対に関する考え方に、彼が習慣という概念についておこなう分析を手がかりにして接近していくことができるだろう。

モンテーニュは習慣の力がどこまで及ぶのかを見定めるのに若干の困難を認めている。道徳の基礎、理性の諸規則、人間の行動原理までも含め、すべては習慣なのだろうか。それともひょっとすると習慣の陰にかくれた、しかし習慣によって変質させられることのない普遍的基盤、人間の本質（ナテュール）が存在するのだろうか。「習慣について。また、既存の法律を軽々しく変えてはならないこと」（『エセー』第一巻二三章）と題されたエセーにみられる次の一文はこの逡巡をよく表わしている。「習慣のこの乱暴な偏見から逃れ出ようとするひとは、多くの事物がただそれにともなう習慣の白髯や皺だけに支えられ、何の疑いもなしに受け入れられているのをみるであろう。けれどもこの仮面をはぎとって、事物を真理と理性のまえに引き出してみると、彼は自分の判断がすっかりくつがえされたように感じるであろう。それにしても自分の判断が以前よりもずっと確かな状態におかれたように感じるであろう」(一一六頁)。この文章の前半は一見したところ中立的な立場から世界の運行を描いている。われわれには疑いようのないようにみえる多くのものも習慣にしか根拠づけられていない。それらはあからさまに力をふるうものであれ隠れたものであれ、偏見でしかなく、それを取り去るのもわれわれの意のままである。だが「けれども」が続く。普遍的な価値、真理そして理性を参照しているのに、安心するどころかひどく不安に駆られるのである。理性はその根をあまりに深く慣習の中に張ってしまっているため、そこから抜け出ようとすれば理性自身崩壊してしまうのではないか。実際にはそのようにはならない。なぜなら反対命題中にさらに反対命題が持ち出されるからで、この「けれども」のあとには「それにしても」が続くのである。最終段階(唯一の真理への参照)は、それでも古くからのひとを安心させる伝統習慣よりは好ましいものとなるだろう。

その控え目な調子にもかかわらず、右の文からはモンテーニュがどちらかといえばむしろ普遍主義へと傾きかけているのではないかと思われる。だが彼のテキストの大部分から、あるいは明示された彼の計画から引き出される読みはそのようなものではない。モンテーニュの思想を解釈しようとすると、必ずこうした困難にぶつかってしまう。『エセー』は一貫した哲学的体系を提示してはおらず、ある方向に話しを進める主張があっても、それと反対の主張をする部分が必ずみつかるのである。しかし多種多様な命題の間に、ある階層秩序が存在することをかいまみせてくれる、互いに相似た命題や命題間の意味深い連関がある。実際同じエセー中に示唆に富む、論旨の段階的な変化がみられる場合もある。ともかく出発点となるのはすでに引用した文と同趣旨の、他のいくつかの文であり、それらは次の文に現れる考え方の例証となるものである。「まったく、習慣というものは、乱暴で油断のならない女教師である。習慣はわれわれのうちに、少しずつ、ひそかに、その権威の足場を築く。けれども、はじめはやさしくつつましやかであるが、ひとたび時の助けをかりてしっかり根をおろしてしまうと、たちまち習慣は、狂暴な暴君的な顔をあらわしてくる。この顔に向かっては、われわれはもはや目をあげる自由さえももたない」（一〇六頁）。

ここにみられるように、真理や理性に立ち返ることは、考えられている以上に問題をはらんでいることが明らかになる。われわれの目に真実として映るものが単なる偏見でしかなく、また、精神の働きの道筋自体この習慣によって精神に与えられている以上、われわれの精神は習慣を考察の対象として他と切り離して取り出せないのであれば、いったいどこに習慣の枷を脱するための支えをもとめることができるだろうか。この状態では理性は先ほどみた乱暴な女教師の従僕であるしかない。習慣と習慣でないものとを分離することができないばかりでなく、理性はこの上なく多様な習慣をもっともらしく擁護する議論をしか見いだすことができず、**私自身**の文化を自然であるかのように装うことをその働きとしてしまう。「私は人間の想像のうちに世間の慣習と合致しないような、したがってわれわれの議論が支持できず根拠づけもできないような、突拍子もないような妄想が浮かび上がることはないと思う」（一〇九頁）。あるいは「その結果、習慣の埒外にあるものは理性の埒外にあるものだと信じるようになってしまう。しかしそれがほとんどの場合いかに理不尽きわまりないことであるかは神の知るところである」（一一四頁）。こうして私たちはまた新たな一歩を踏み出してしまった。習慣から独立した理性の存在が疑問に付されてしまったのである。

しかし「理不尽な」という言葉の出現が私たちをつまずかせる。行為を理にかなっているとか理不尽とか形容できるということは、習慣から独立してなお理性が存在しているということを意味する。つまりモンテーニュは使えないと断言したはずの道具を使い続けているのである。彼がそのことを意識していないとは考えにくい。だがそれなら、理性は存在しないということを彼があれほど執拗に繰り返しているのをどう理解すべきなのだろうか。上記の引用のすぐそばにある次の文を読めば、文字通り素直に理解すればよいということになる。「良心の命令は自然から発すると言われているが、それは習慣から生まれるのだ。各個人は、自分のまわりで認められ受け入れられている意見や習慣を内心では尊重しているので、それから外れてしまうと後ろめたく感じ、遵守すればみなから賞賛されるのだ」（一一四頁）。自然な理性は習慣の理性から生じることはありえない。というのは、ここには自然は存在しないからである。存在しないものは解き放つことはできない。人間は全面的に習慣と欲得とによって支配されており、その状態を乗り越えることはできない。

モンテーニュがよって立つ論拠は経験主義者の誰もが論拠とするもの、すなわち人間の体験の多様性である。だがこの論拠が論駁するのは、「人間の本性（ナテュール）」について、この「本性（ナテュール）」が直接観察可能であるとか、本質と現象は一致するといった極端な主張である。このような理論は、もちろん支持する者もほとんどいないだろうが、単に意味の与件（個人、習俗、対象の多様性）を否定することに帰着してしまうだろう。しかしこの現象の多様性を考慮に入れつつも、共通の規則の存在や抽象的レベルでの同一性の存在を主張することは可能なのである。モンテーニュ自身も、理性に対する攻撃にその理性を相変わらず利用することによって、彼自身は望まないだろうが、いま述べた可能性を例証する羽目に陥ってしまっている。議論を展開し理解してもらうためには何らかの基準を参照する必要がある。この基準は話者の時間的・空間的限界を超越する。そしてそれは、少なくともモンテーニュとその読者にとって、共通の「理性」なのである。

同様の論理的困難がパスカルにも見いだされる。この点に関してパスカルの立場はモンテーニュにきわめて近い。パスカルも、われわれは自分たちの抱く概念が自然な理性に由来すると信じているが、実際には習慣の産物なのだと主張する。「習慣がわれわれにとってもっとも強くもっとも信じられる証拠となる。習慣は自動機械をある方向に傾けさせ、自動機械は精神を気づかぬうちに引きずってゆく。明日がやってくることを、われわれが死ぬことを誰が証明したであろう。しかもそれら以上に確実だと信じられていることがあるだろうか。それらをわれわれに信じこませるのは、結局のところ、習慣なのだ」（二五二）。もちろん私たちに明日という日の到来と人間の死すべき定めを信じさせる理由は習慣以外にもたくさんある。それらの理由は確かに既成の通念ではあるが、その上真実でもあるのだ。ところがパスカルにとってはわれわれには習慣に由来するものの他には本性（ナテュール）はありえない。「しかし本性（ナテュール）とは何だろう。なぜ習慣は自然（ナテュレル）ではないのか。私は、習慣が第二の本性（ナテュール）であるように、この本性（ナテュール）それ自身も第一の習慣であるにすぎないのではないかとおおいに恐れている」（九三）。しかし、もしすべてが自然（ナテュール）（あるいは習慣）であるなら、習慣が自然なものであると言うことにどんな意味があるのか。

　モンテーニュに戻ろう。知識のレベルでものごとの本性（ナテュール）を探究することをあきらめたことに勢いを借りてか、モンテーニュは倫理や判断についてもそうしようとする。他のものよりも「自然な」（あるいは絶対的な）原理を引き合いに出せるような道徳も政治も彼にとってはありはしない。それぞれが好ましいとする判断はひとによってことごとく異なるが、この事実はいささかもモンテーニュを心配させない。「私はわが国民が、自分たちの習俗慣行以外には完璧さの模範も基準ももたないことを喜んで許したい。自分たちが子供の頃から慣れ親しんできた習慣を至高のものとするのは、俗人のみならずほとんどすべてのひとにみられる通弊なのである」と他のエセー（「昔の習慣について」第一巻四九章、二八四—二八五頁）

でも書いている。したがってモンテーニュはこの点に関しては、人間に対していかなる自由もいかなる選択も認めない全面的決定論にくみしていると言えるだろう。他の点では互いに対立するモンテーニュとディドロの思想がここでは合流する。「すべては文化」とするモンテーニュと「すべては自然」とするディドロがふたりとも人間の意志に、したがって道徳にいっさい機能する余地を与えることを拒否するのである。結果として、ある行為、ある状況、ある政治体制が他のものにまさると評価されることはありえないことになってしまうだろう。「自由と自治のうちに育った国民は、他の政体をことごとく奇怪で自然に反するものと考える。君主制に慣らされた者たちも同じように感じるだろう」(第一巻二三章、一一四頁)。モンテーニュは判断を差しはさむことなくただ事実を報告するだけである。それは長い経験がどんな判断も結局はひとつの習慣の表われでしかないことを彼に教えたからである。自由が善であり、その欠如が悪であると主張する根拠は何もない。そうした主張に執着することは自民族中心主義を示すことであり、習慣を普遍的理性に仮装することである。相対主義のあらゆる危険性がすべてここに胚胎している。

このことは美の判断についてみればいっそうはっきりとしてくるだろう。美についていかに人間の理想が不定なものであるか、例証は枚挙にいとまがないであろう。「われわれは美について本質的にも一般的にもそれがどんなものであるかについて、ほとんど何も知らないというのが本当らしい。というのも人間らしさや美に対してわれわれは多くの形を与えているのだから」(「レーモン・スボンの弁護論」第二巻一二章、四六一―四六二頁)。確かにそうだ。だが美学(エステティック)から倫理(エティック)への移行は正当な手続きを踏んでおこなわれているだろうか。

同じ「レーモン・スボンの弁護論」において、モンテーニュは自然法の擁護者たちを正面切って非難している。彼の言うことを信じるなら、自然法など存在しない。彼は懐疑論の伝統から引き出してきた、次のような三段論法をよりどころとしているように思われる。**大前提**、「それが真に自然がわれわれに与えたものであるなら、われわれは全員一致でそれを受け入れるはずである」（五六四頁）。**小前提**、「習慣や法律ほど、ひとびとが食い違っているものはない」（五六四頁）。**結論**、法律は自然や真理にもとづいたものではなく、慣習と恣意によるものである。「わが国の法律だと？ そんなものは一国民あるいは一君主の不定見の海原でしかなく……」（五六三頁）。自然法もかつては多分存在したのだろうが、今日ではもはや自然法の何も残ってはいない。「他の被造物においてみられるように、この世にいくらかは自然法があることは信じられる。だがわれわれにとっては失われてしまっている」（五六四頁）と言うのである。

この演繹はたぶん見かけほど厳格なものではない。まずモンテーニュは「法」という言葉の二重の意味、恒常性としての法と命令としての法、を認めようとはしていないように思われる。「汝殺すなかれ」は明らかに第一の意味における法ではありえない。殺人者はいくらでもいるからである。だが二番目の意味では法として（自然法に属するものとして）いつでもどこでも犯罪を裁くことを可能にするだろう。懐疑論によれば、普遍的に存在しないものは真理（正義）ではないということになるが、この議論は説得力をもたない。不正義もまた存在する。普遍的なのは正しいおこない（あるいは法）の存在などではなく、正義、不正義を見分ける私たちの能力そのものなのだ。ここでもまた、普遍性の拒否から帰結するのは、目に見えないものの存在を否定するという徹底的な経験論である。上にあげた引用と同じ頁でモンテーニュは主張する。宗教が恣意的なものである（つまり真理ではない）ことの証拠は宗教が数多くあることである。しかしこの証拠は証拠となっていない。なぜなら、相異なる儀式が同じひとつの宗教感情をその背後に秘めることもありえるし、宗教が複数あるからといっても必ずしもすべての宗教が等価値のものであるとは限らないからである。

モンテーニュはまた次のようにも書く「正直や正義にしても、もし人間がそれについて実体と真の本質をもったものを知っていたなら、ある地方の習慣に結びつけたりはしないだろう。徳が形づくられるのもインド人やペルシャ人の気まぐれからではないということになるだろう」(五六二—五六三頁)。モンテーニュは彼自身が極端な考え方を広めるにあたって貢献しながら、自身そうした考え方の虜になってしまい、すべてか無かという二者択一に追い込まれてしまった観がある。すなわち、明らかに一国の慣習がその法に影響するのであれば、抽象的かつ普遍的な正義の観念など捨て去られるべきということになる。しかし、このふたつの要素、モンテスキューの言葉を借りれば、自然法と国民精神とはなぜ互いに排斥しあわねばならないのだろうか。どちらか一方という関係ではなく、むしろ相互補完的関係にあるものとしてそれらをみることはできないのだろうか。モンテーニュにとって答えは否である。なぜならすべてが「自然」ではないなら、なにものも自然ではないからである。その「習慣」へのほとんど盲目的な執着において、モンテーニュは絶対的判断の可能性だけではなく、人類の一体性(ユニテ)という考え方さえも放擲してしまっている。文化的差異が自然な同質性(イダンティテ)にまさると言うのである。「人間と人間との間には、人間と動物との間以上の隔たりがある」(第一巻四二章、二五〇頁)。このような格言からどんな帰結を導くことができるか容易に想像できるだろう。たとえば、動物以下として扱われるに値する人間が存在するのではないか。

だがこの徹底した相対主義の上にモンテーニュの政治的倫理的なふたつの大きな選択がなされる。内なる保守主義と他者に対する寛容である。法における「自然な」根拠の完璧な欠如がモンテーニュに変化をたやすく容認させることになったと思われるかもしれない。だが、「自然な」法的正当性の欠如は、あらゆる既成の法は新しく作られる法より、すでに存在しているという事実そのものによって、まさるという歴史的正当化によって埋め合わされている。「私の政治に関する考え方からすれば、どんなまずい方法であっても、それが相当な年数を経ても変らないのであれば、変化や動揺よりもましである。（中略）わが国で最悪だと私が思うのは不安定さであり、われわれの法律が服装と同様一向に定まらないということである」（「自惚れについて」第二巻一七章、六三九頁）。つまり、一方では変化は暴力につながりがちなのに（その証拠はフランスにおける宗教戦争）、変化がもたらす利益は定かなものではない。他方、変化は全員一致の同意はけっして得られないものであり、したがって共同体の論理よりも個人の論理を優先する。モンテーニュはこれを望ましいこととは思わない（この点で彼は近代的ではない）、「公の変更すべからざる法や習慣を不安定な個人の空想に（個人の理性は個人の上にしか管轄権をもたない）従わせようとすることなど不正のきわみと私には思われる」（第一巻二三章、一二〇頁）。

この保守主義のもうひとつの外面的な特徴は、他者に対する寛容である。ある法や習慣を他より好む理由がまったくない以上、他の法や習慣を軽んじる理由もないからである。モンテーニュはなにごとにおいても多様性を重んじることをみずからのつねの方針としさえする。「なぜなら変化こそは自然が採ったもっとも一般的なやり方なのであるから」、「私は私の考えに反する考えを憎んだりなどしない」（「父子の類似について」第二巻三七章、七六六頁）。個人間の関係で言えることは国家間においてはなおさらそうである。「国と国との間の風習の相違は、私に変化の面白さを味わわせてくれるだけである。どこの習慣にもそれぞれの理由がある」（「いっさいは空であること」第三巻九章、九六四頁）。このように理性はつねに慣習に従うべきものなのである。であればこそモンテーニュは自民族中心主義の楽しみを苦もなく捨てさることができる。「私は、われわれの習慣とするに値しないような習慣にはほとんどお目にかかったことはないようだ」（同所）。そして愛郷心から自分たちにとって親しいものしか評価できない者たちを揶揄している。「われわれに似ていないものはことごとく考慮に値しない」（第二巻一二章、四六五頁）。旅は最高の教育であろう。「世界に広く親しむことから、人間の悟性にとってこのうえない光明がもたらされる」（「子どもの教育について」第一巻二六章、一五六頁）。「霊魂は旅で未知で新奇なものと出会い、不断の鍛錬を受ける。だからしばしば言った通り、私はひとに人生を学ばせるためには、絶えず多くのひとびとの多様な生活、思想習慣を見させ、人間の性質は不断に変化してやまないことを悟らせるのが、何よりもよい修行ではないかと思うのである」（第三巻九章、九五一頁）。

　こうして、いかなる否定的な意見にも煩わされることなく、モンテーニュはある種新たな普遍主義をめざすことができる。人間がどこでも同じであるからではない（実際人間はどこでも同じではない）。人間間のちがいそのものが、こう言ってよければ、関心に値しない（アン・ディフェラン）ものだからである。モンテーニュはまさに他者に対する寛容のおかげで自身世界市民（シトワイヤン・ド・モンド）になれると思っている。「ソクラテスがそう言ったからではなく、本当にこれが私の意見だから言うのだが、まあおそらく多少の誇張もないことはないが、私はすべてのひとをわが同胞と思っている。だからポーランド人もフランス人と同じように抱く。同国人との誼みよりも世界を同じくするひととの誼みを上位におくからである。私は生まれ故郷の空気にあまり恋々とするほうではない」（九五〇頁）。彼はこの道を有名な先達よりさらに遠くまで進む。「ソクラテスは、その最後に臨んで、国外追放の宣告を自己に対する死の宣告よりも悪いものと考えたが、私は自分ではそれほど老衰しないだろうし、それほど強く自分の国に執着しもしないだろうと思う」（九五一頁）。モンテーニュは彼自身自国が称揚する諸価値に無関心であると思っている。しかし彼は他国民が称揚する諸価値にも関心をもっていないのである。この場合公平であるということが大きな長所と言えるだろうか。

　モンテーニュにできることといえば、彼と同じようにしないで、自分たちの生まれた国の習慣やしきたりに固執する者たちを非難することだけである（非難することはどんな場合も何かしらある価値観への賛同を意味することを忘れて)。「私はわが同国人があの愚かな感情に溺れて、自分たちのものとは異なる習慣に食ってかかるのを見ると恥ずかしくなる。彼らは一歩でも自分の村を出ると、まるで自分の世界から出たかのように思う。どこへ行っても、自分の習慣に固執し、よその習慣を毛嫌いする。ハンガリーで同胞のひとりに出会おうものなら、ふたりはその偶然に狂喜する。そしてさっそく一緒になって、目の前の習俗を野蛮なものとしてくさし始めるのだ。野蛮に決まっている。フランス風ではないのだから」(九六四頁)。「野蛮」という語は、ここではどうやら純粋に相対的な意味しかもたないようだ。あらゆる習俗は同等である以上、そのちがいは遠いものもあれば近いものもある観点にのみ由来するからである。野蛮人は他者のほうである、われわれのほうは文明化しているのに、他者はわれわれに似ていないからである。これは「食人種について」(第一巻三一章)の次の有名な文が言わんとすることでもある。「私が聞いたところでは、その民族には粗野で野蛮なところはないということだ。ただ自分の習慣にないことを野蛮と呼ぶだけだという。それにしても実際われわれにとって自分たちの住む国の慣例と一般的意見を規範とした り判断の根拠とする以外、真理および道理の標準をもちえないのではないか」(二〇三頁)。ここで暗に持ち出されているこの道理と真理は文化の相対主義、習慣の絶対的支配を根拠づけるかにみえる。しかし、それは習慣それ自体を犠牲にしてそうしているのである。モンテーニュはここで自民族中心主義に対して理性による相対主義を擁護している。だが彼が言うことを信じるべきだろうか。

野蛮人

「食人種について」と題されたこの一編のエセーは、まさしくアメリカのインディオというわれわれとは非常に異なる習俗をもつ民族を主題にしたものであり、モンテーニュの他者に対する寛容とはどのようなものなのかを例証し、彼の理論と実践がどれほど一致しているかを私たちが検証することを可能にしてくれる。

モンテーニュによるアメリカのインディオの肖像はあまり豊かなものではない（当然のことだが、モンテーニュが単純にわれわれの欠点をさかさまにしてインディオたちの長所としている個所は考慮に入れる必要はない）。モンテーニュによれば、アメリカのインディオたちが尊重するのはふたつのことだけ、すなわち「敵に対する勇猛果敢さと女房へのやさしさ」（第一巻三一章、二〇六頁）である。彼の言葉を信じるならば、このふたつの徳ともインディオたちにおいてははっきりとみえる形でおこなわれているという。だから「食人種」は賞賛に値するとされる。だがそれでは、徹底した相対主義を逃れるような普遍的な価値が存在するのだろうか。「彼らの戦闘のねばり強さはまことに驚嘆すべきもので」（二〇七頁）。この地上では、いかなる状況にあっても勇敢さはつねに徳とされるのだろうか。というのは、モンテーニュがインディオの価値体系そのものを肯定的に評価できるためには、それを許すもっと別の何かが必要ではないだろうか。インディオたちの「夫婦間のほんとうの徳」（二一二頁）はどうかというと、「食人種」の一夫多妻制を前にしてモンテーニュは彼らの結婚制度に徳を認めるのに困難を覚えているが、聖書の例やギリシャ・ローマの例にたよってどうにか取り繕っている。一夫多妻制は悪習ではない。われわれの伝統を飾る偉人たちから賞賛されていることからもそれは明らかだというのである。しかしこれはあらゆる価値は相対的であるとする考え方だろうか。むしろそれはわれわれの社会に由来する基準でインディオの社会の性格を判定しようとするやり方ではなかろうか。

このエセーの表題のもとになっている食人行為（カニバリスム）についても同様である。人肉食はインディオの好戦的精神がきわまったものにすぎず、当然徳目のひとつであることは否定しがたい。自分に似た者を食べる行為は確かにほめられた行為ではないが、かといって許されざる行為というわけでもない。彼らの獣性の証拠であるどころか、人肉食は、インディオの宗教儀礼の一環なのである。「なるほどストア派の頭目のふたりクリュシッポス〔前二八一－前二〇五。ギリシャストア派の哲学者〕とゼノン〔キプロスのゼノン。前三三五頃－前二六四頃。ストア派の創始者〕は、死人の肉ならこれをどんな用途にあててもかまわない、食餌にしてもよいと考えた」（二〇八頁）。やはりここでも彼らインディオたちの行為を正当化するのはヨーロッパの賢人たちなのだ。ストア派の哲人たちが許容しなかったならば、はたして食人行為はそれでもなお許すべきものだろうか。

　このエセーはこれすべて「食人種」賞賛とわれわれのヨーロッパ社会の糾弾となっている。どこかに野蛮人がいるとすれば、それは一般にそう信じられているようなところではないと彼はほのめかしている。最終的に人肉食を許容することはできるが、「裏切りや不信や圧制や残酷など、われわれが日常犯している罪」（同所）を許すことはできない。そしてモンテーニュはこう結論する。「私は死んだ者を食うよりも生きた人間を食うほうがはるかに野蛮であると思う。すなわちまだ十分に感覚をもっている肉体を拷問責苦で引き裂いたり、それを少しずつ火であぶらせたり、犬や豚に咬み破らせるような行為である（これはわれわれが読んで知っているだけでなく、ついこのあいだまで目にしていたことである）」（二〇七頁）。

　さて、モンテーニュは人間の進歩の過程を把握することを可能にすると同時にその各段階を評価することを許す唯一の図式をもっていることを隠そうとしない。だがそうなると野蛮人は隣人の偏見のなかに存在するばかりではないのではないか。さらに詳細にみれば、まさにそうなのだということがわかる。つまりモンテーニュは「野蛮人」という語を相対的ではない意味で用いており、しかもひとつの意味でなく、双方ともに絶対的でありながら相対立する評価を担うふたつの意味で用いている。

まず第一のものは歴史的で肯定的な意味である。すなわち野蛮とは起源に近いということである。ところで起源はつねにそれに続くものより優れている。「これらの民族は、人智の陶冶をこうむることがほとんどなく、彼らの原始の素朴さになおはなはだ近くあるために野蛮と思われるのである。自然の掟は、人間の法律にほとんど毒されずに、いまなお彼らを律している」(二〇四頁)。第二のものは倫理的で否定的な意味である。すなわち野蛮とは下品で残酷なことであり、この意味では他のどんな社会よりもわれわれの社会は野蛮であると形容される。「したがってわれわれは、理性の規則に照らして彼らを野蛮と呼ぶことはできるが、われわれと比較してそうだと言うことはできない。われわれのほうがあらゆる野蛮さにおいて彼らをはるかに超えているのだから」(二〇八頁)。モンテーニュはひとつの同じ文のなかでこの歴史的と倫理的、肯定的と否定的というふたつの意味を巧みに操ることがある。たとえば「ソヴァージュ(sauvage)」という語について次の例をみていただきたい。「彼らは野生(ソヴァージュ)である。ちょうどわれわれが、自然がひとりで、その通常の歩みの中から産み出した果実[一番目の意味]を野生と呼ぶのと同じ意味においては。だが本当は、われわれが手を加えて変え、一般の秩序から除外したものをこそ、野蛮(ソヴァージュ)[二番目の意味]と呼ぶべきであろう」(二〇三頁)。

私たちは、モンテーニュが食人種の詩について下した判断の中で「野蛮な(バルバール)」という語をまた目にすることになるが、この場合はこの語は倫理的で否定的な意味で用いられている。彼はいつもの控えめな調子を忘れて書いている。「さて私は詩には相当親しんでいるから、この想像には少しも野蛮なところがないばかりでなく、まったくのアナクレオン調〔アナクレオンは紀元前七－六世紀のギリシャの快楽派として高名な詩人〕であると判断することができる。それに、彼らの言葉はやさしい響きのよい言葉で、ちょっとギリシャ語の語尾のようにひびく」(二一二頁)。つまりこの詩はギリシャの詩に似ているがゆえに野蛮ではない。言語についても同様である。ここでの野蛮の基準にはまったく相対的なところはない。だがそれは普遍的なものでもない。それは単に自民族中心主義的なものでしかないのである。「食人種について」の冒頭、モンテーニュは世論について「理性に訴えて判断しなければならず、大衆の声に惑わされてはならない」（二〇〇頁）と断言しているにもかかわらず、自分自身の教えを守ってはいない。このアメリカのインディオの詩がもしアナクレオン風でなかったなら、おそらく野蛮なものとされたことだろう。

他者を前にするとモンテーニュはどうしようもなく寛大になってしまう。ばかにするよりもほめてしまう。そして倦むことなく自分自身の社会を批判し続ける。だが他者はこの一連の過程で得をするのだろうか。どうも疑わしい。モンテーニュの他者に対する肯定的な価値判断は誤解にもとづいている。自己の像の他者への投影、あるいはより正確に言えば、モンテーニュにとってギリシャ・ローマ文明が体現する自己の理想像の他者への投影にもとづいているのである。他者がそのままの姿形で認知され理解されることは実際けっしてない。モンテーニュが称揚するのは「食人種」ではなく、モンテーニュ自身の価値体系なのである。他の機会に彼自身言っている。「私は自分の思うことをますます際だたせるためでなければ、他人の言葉を語ったりはしない」（第一巻二六章、一四六頁）。実際、賞賛が価値あるものであるためには、賞賛の対象になる存在がそれ自身として認められていなければならない。もし明日、モンテーニュが「食人種」がギリシャ人に似ても似つかぬ存在であることを知ったなら、当然ながら彼らを非難せざるをえなくなるだろう。モンテーニュは相対主義者でありたいと願い、おそらく自分自身そうであると思っている。しかし現実には普遍主義者たることをやめたことは一度もなかったのである。

モンテーニュは普遍主義者であるが自分がそうであることを知らない。ところがこの無自覚自体が決定的なのである。自覚した普遍主義者は自分が普遍的であると信ずる判断基準を明らかにし、それを擁護すべく努めなければならない。ただ単に自分固有の価値を普遍的であると言い切ることでよしとすることはできない。少なくとも反論を前もって封じるべく努めなければならない。これが無自覚な普遍主義だと同じようにはいかない。その関心は相対主義の原則の擁護に向けられている。その場合、普遍的な倫理が本来占めるべきものであるがはっきりと要求されていない位置を、自分の偏見や習慣そして慣用が占めてしまうのではないかという恐れが多分にある。戦士の勇敢さも一夫多妻制も、人肉食も詩も、それが認められ引き合いに出されるのは、はっきりと引き受けられた普遍的倫理によってでもなく、ましてや他者の倫理によってではなおさらなく、単にこれらがギリシャ人にみられる特徴だからであり、ギリシャ人がモンテーニュの個人的理想を体現しているからなのである。

相対主義は他者について判断をしない。自覚した普遍主義者は他者を断罪することがあるが、それは公然と自分のものとして引き受けた道徳の名においてそうするのであり、当然ながらこの道徳はただちに問題視の対象になりうる。無自覚な普遍主義者は攻撃されることがない、自分は相対主義者だと称するからである。しかし彼の場合他者について判断したり、他者に自分の理想を押しつけたりすることがだからといってなくなるわけではない。無自覚な普遍主義者は自覚した普遍主義者同様攻撃的であり、相対主義者同様良心の呵責をもたない。そして、他者が異質であることに気づかないため、まったく悪意なしに、他者を自己に同化させようとするのである。

すべてに寛容であろうとする立場は守り通すことのできないものである。モンテーニュのテキストはこうした立場の陥穽をみごとに例証している。まずこうした立場は内部に矛盾を抱えている。なぜならその主張はすべての立場の価値は等しいとしながら、そのなかのひとつを、すなわち寛容をとくに選ぶからである。慣習はそれぞれ理由あってのものだと言った舌の根の乾かぬうちに、モンテーニュは外国にあると同国人どうしで固まってしまうこととか現地の住民を笑いものにするなどといった慣習を非難している。しかしこの批判をするだけのためにも、モンテーニュは慣習を判断するために慣習ではないものを尺度にせざるをえない。さらに——これはとりわけモンテーニュの特徴なのだが——このような立場は彼の他の確信と相容れない。とくに、後にみるように、モンテーニュがそれを広めたひとりである善良な野蛮人（ボン・ソヴァージュ）という神話や彼にとって慕わしい古典古代の理想とは両立しないのである。野蛮人が善良であるとすれば（彼自身にとってだけでなく、私たちの目にもそうであるとすれば）、善良さが文化を超えて評価される資質だからである。原始礼賛主義者であると同時に相対主義者であることはできないだろう。そうなれば野蛮という概念も当然単なる錯覚というわけにはゆかなくなる。その語の相対主義的定義を下すという口実を彼に与えてくれた「食人種」について語りながら、モンテーニュは今度はわれわれのほうが野蛮さにおいて彼らを超えると断言する。だが「彼らを超える」という表現を用いる者は比較し判断しているのである。

いずれにせよモンテーニュが他者をきちんと知覚できなかったのであれば、彼の言う寛容にどんな意味があるだろう。他者の存在を認めることさえできず、他者にとってはどうでもよい自分の理想を他者に投影することで満足しているようなら、私はそれでも寛容だと言えるのだろうか。私たちが寛容だと思っていたものは単なる無関心だったのだ。本当に旅は必要なのだろうか。「風土の変化は私にほとんど影響を及ぼさない。どこの空も私にはひとつである」（第三巻九章、九五一頁）とモンテーニュは同じ頁で書いていた。また次のようにも書いている。「私は、死が私の喉を、私の腰を絶えず痛めつけるのを感じている。だが私はちょっと変わった人間で、死は私にとってどこにあっても同じひとつのことである」（九五六頁）。これはもう自分のものと異なる価値の受け入れなどではなく、そのような価値に対する無関心、他者の世界に入っていくことの拒否である。つまり、他者は私の邪魔にならない。なぜなら彼らは重要でないからである。

普遍なるものの演繹法

ルソーは多くの点でモンテーニュと一致している。だが習慣が遍在しているというこの問題については（したがって人間の「本性（ナチュール）」などいっさい存在しないとする点については）ルソーははっきりとモンテーニュと袂をわかつ。ルソーがモンテーニュを非難するのは、結局モンテーニュが結論を導き出すために用いる方法が厳密とはほど遠いものだからである。モンテーニュはひとつでも例外がみつかれば自然、法あるいは本質は存在しないとあっさり結論してしまう。なぜこのような例外が生じるのか、その場合の個別の条件を問うたり、あるいは一定の状況やある行為が他のものよりも「自然に」思えてしまうのはどんな構造的原因によるのかを問うことはない。モンテーニュが企てる一般化とは単純な帰納法、あるいはむしろ単なる実例の積み重ねと言ったほうがよく、彼の弱点はここに起因する。したがってルソーはモンテーニュを「自称賢者」に分類するが、自称賢者とは「あらゆる国民があのように明白にかつ普遍的に一致していること」を認めず、「ひとびとの判断のめざましい一致に反対して、なにか不明瞭な、彼らだけが知っている例証を暗黒の中に探しに行く。あたかも、自然のすべての性向が一民族の堕落によって無に帰せられ、怪物が現れるや人間という種がたちまち無となるかのようだ。懐疑論者モンテーニュが、正義の概念に反する習俗を世界の片隅でほじくり出そうといかに苦労しようと、それが何の役に立つというのか」（『エミール』第四編、五九八頁）。

ここで問題になっているのは科学的な知識における個別的事実の位置づけに関する論争である。それはルソーが処女作『学問芸術論』を世に問うた頃からすでにはっきりと意識していた論争である。ポーランド王スタニスラス一世（一六七七－一七六六。ポーランド王。王位を追われてのちはロレーヌ公として同地方の発展に寄与）の注釈に対して彼は次のように答えている。「ある民族の習俗、態度ふるまいのような一般的対象が問題である場合には、個別的な例にその考察を限るようなことがけっしてないように注意しなければなりません。（中略）こうした問題を卑小化し、何人かの個人について検討することは、哲学することではなく、時間と思索を浪費することなのです。なぜならばピエールとかジャックとかいうひとを根本から知ることはできても、人間の認識においてはほとんど進歩することがないからです」（五三頁）。さらに『人間不平等起源論』の注釈（「フィロポリス氏への手紙」）で、こうつけ加えてもいる。「人間は、あなたの言われるところでは、宇宙の中で当然占めるはずの地位が要求していた通りのものです。でもひとびとは時代と場所によってまったく違ってくるので、そうした論理に頼ると、特殊から普遍へと、ひどく矛盾に満ちた、まったく結論とも言えない結論を引き出しかねないでしょう。あるべき姿をいま自分がみている現象から推論するこうしたいわゆる教義とやらをすっかり打ち倒すには、地理学上の誤謬がひとつでもあれば足ります。（中略）人間の本性について推論するのが問題になるとき、真の哲学者は、インディアンでも、タタール人でもなく、ジュネーブのひとでもありません。彼は人間なのです」（二三四頁）。

人間の本性（ナチュール）は存在する。だがそれには帰納法では接近できず、したがってモンテーニュがこの方法を用いて得た結果が貧弱だからといっておどろくには当たらない。個別的事実の積み上げによっては一般性に到達することはできない。そうするためには個々の現象の構造について仮説を立てなければならない。人間の本性（ナチュール）は客観的に与えられているものではなく、理性によって演繹されなければならない。まさにこの道こそルソー自身が哲学的そして政治的な著作全体を通じてたどる道であり、今日なお彼の著作の興味を支えているのである。ここから、逆説的ではあるが完璧に正当なものと認められる有名な公式が導かれる。それは『人間不平等起源論』の序言にある「すべての事実を遠ざけることから始めよう」（一三二頁）という言葉である。付け加える必要もないと思われるが、これは事実を忘れろということを意味しない。ルソーは、実を言えば、当時の誰よりも現実主義者（レアリスト）である。

　このより優れた研究方法を携え、ルソーはモンテーニュともパスカルとも相対立する結論に達する。「自然は習性にすぎない、というひとがある。これはどういう意味なのか。強制によってでなければ身につかない習性であって、しかも自然を圧殺しないような習性が存在しないであろうか」（『エミール』第一編、二四七頁）。ルソーが引いているのは、枝を水平に伸びるように強制された植物の例である。このような成長の仕方が事実としてあるからと言って、これが他と劣らず自然だということにはならない。植物は自然に上に伸びるものだと私が考えることは、水平にあるいは垂直に成長する枝の観察とは無関係である。自然とは最初に獲得される習慣などではない。

　すでにみたように、モンテーニュは認識の問題から道徳の問題へといきなり飛躍したが、ルソーも同じようにする。しかしここでもそれはモンテーニュとは正反対の立場をとるためである。ふたりの議論がわかれるのは今度は方法論についてではなく、教説の根本原理そのものについてである。モンテーニュとは異なり、ルソーは「道徳律はいささかも民族の慣習によるところはない」（『新エロイーズ』第二部手紙一六、二四三頁）、そして「自然と秩序の永遠の法が存在する」（『エミール』第五編、八五七頁）と考えている。そしてこの確信を証明しようと展開するその議論は内省的なものである。各人が利害と正義、そして習慣と理性が区別できるようになるのは、ルソーがそうしたように、内省し、自分自身をじっくりと吟味することによってである。その結果、自然な道徳が存在することがわかる。「だから魂の奥底には正義と徳との生得の原理が存在し、これにもとづいて、われわれは、われわれ固有の格率のいかんにかかわらず、われわれの行為や他のひとびとの行為を善いとか悪いとか判断する」(第四編、五九八頁)のである。以上が相対主義を駁することを許す論拠である。

相対主義の展開

エルヴェシウス

しかしだからといって相対主義が滅んだわけではない。むしろ逆である。十八世紀においてもなお、クロード＝アドリアン・エルヴェシウスは、善悪の本質（ナテュール）について考察をめぐらしたモラリストの哲学者たち（フィロゾフ）を、ふたつの陣営に分けている。プラトンを旗頭とする第一の陣営は「美徳はつねにひとつにして、どこでも同じである」と主張し、モンテーニュを盟主とするもう一方の陣営は、反対に、「美徳に関して、各国民はそれぞれ違った考え方をしている」（『精神論』第二編一三章、第一巻、二七頁）と確言している。だが両者とも思いちがいをしているとして、エルヴェシウスは第三の立場に立つ者として、仲介役を買って出ている。しかしその両陣営に対する彼の非難の仕方はそれぞれ大きく異なっている。プラトン陣営は完璧に幻想に浸っていて、自分たちの夢を現実と取り違えている。一方、モンテーニュ陣営は、エルヴェシウスも考え方は同じだが、善悪の捉え方は時代と国によってそれぞれ違ってくると正しく理解している。エルヴェシウスはまたパスカルの次の格言も引用する。自然は「われわれがもった最初の習慣以外のなにものでもない」(第二編二四章、第一巻、四〇一頁)。モンテーニュ陣営の唯一の欠点は、正確に観察した事実をうまく説明することができなかったことと、実際には厳密な論理が支配している場合に、そこに気まぐれをしかみなかったことである。したがって、エルヴェシウスが提起するのは、普遍主義と相対主義の仲介的立場ではなく、理性にもとづく相対主義なのであり、それは判断は単に恣意的であるとするモンテーニュの相対主義とは異なる。

エルヴェシウスはみずからロックの弟子を任じているが、ロックにとっては物質および物質との接触によって引き起こされるわれわれの感覚以外なにものも存在しない。したがって、エルヴェシウスは、神のような虚構はもちろん、人類というような抽象をも用いることを嫌う。彼によれば、われわれは個別特殊な人間存在しか相手にできない。そして各存在の内側それ自体にも、快と不快の物理的感覚しかなく、それを出発点としてわれわれは善悪の観念を作り上げてゆくのである。エルヴェシウスの道徳原理は、『精神論』で述べられているように、快適と善の間、私に快楽をもたらしてくれるものと私が正しいと考えるものとの間にちがいはないということである。なぜならこの関係における第二の項すなわち善と正義はいずれも精神の構築物にすぎず、問題の関係の第一の項、すなわち快適さと快楽がまずあることを忘れさせる役割を果たしているからである。人間存在はみずからを超越したり、みずからの利益を超えてまで高みへ昇ろうとしたりすることはけっしてない。理由は単純で、厳密に物質主義的なものの見方においては、超越ということはありえないからである。このことは個人にとっても集団にとっても真実である。「各個人はものもひとも、それから受ける快か不快かの印象で判断する。さて公衆とは個人が集まったものにほかならない。ならばその判断基準としては公衆にとっての利益不利益以外はありえないであろう」(第二編一章、第一巻、一六九頁)。

このようにエルヴェシウスはある種の功利主義哲学に賛同している。つまり人間の行動を支配する語は利益(アンテレ)であり、その意味は「われわれに快楽をもたらす、あるいは苦痛を取り去ってくれるものすべて」(同所)というものである。そして、われわれの利益になったというだけで、誠実で有用だと称揚される行為の例を列挙してゆく。この点に関して存在する相違は適用の範囲に関わるものでしかない、つまり個人を扱うのか、小さな集団(「社会」)を扱うのか、あるいは国民全体を扱うのかというちがいである。あるひとりの人間と別のあるひとりの人間について考えても、それぞれの集団、それぞれの国民について考えても、その各々にとっての利益は一定ではありえないし、当然、何が善で何が悪かという判断も違ってくる。すなわち相対主義を根拠づけそれを説明するものは、利害の相違なのである。

実際にひとは他人をどのように判断しているのだろうか。ひとがもっとも高く評価するのは当然自分自身である。個人は誰も本来自己中心的であり、すでにみたように、あらゆる民族は自民族中心主義的である。他者に対する判断も、いかに客観性と公平性を装おうとも、実際にはわれわれと他者との距離を語っているにすぎない。つまり、われわれに近ければ近いほど高く評価するというわけだ。「個は自己をもっとも高貴なものとみなすのは確かで、したがって他者のうちに認めるのは自己の像と自分との類似だけである」(第二編四章、第一巻、二〇二頁)。逆に言えば、他者において滑稽と判断されるものは、われわれにとって無縁なものにすぎない。「精神はユニゾンでしか震えない弦のようなものである」(第二編四章、第一巻、一九四頁)。

以上のことから言えることは、もしある社会をその社会のものではない価値基準で判断しようとすると、間違うほかないだろうということである。われわれが罪とみる場合でも、実際は公共の福祉に役立つ行為であることもありうる。逆にある習慣や行為の価値をそれらがおかれた状況で判断することが可能である。

その場合、有用性が本当にあるのかそれとも単なる見かけにすぎないのかが問われるだろう。なぜなら偏見やしきたりによってのみ維持される慣習もあるからである。いかなる法律もそれがおかれた状況を無視して、良いと判断されることはありえないし、同じ法律がこちらでは良いとされながら、あちらでは悪いものになること、今日有益でありながら明日は有害なものになることがあるのである。

だとすれば、真のちがいは相対的か絶対的かという点にはなく（なぜならすべては相対的なのだから）、われわれの判断が対象とする単位が実際どれほどの大きさかということになる。ここでは個別のあるいは私的利害は公衆の、すなわちわれわれが住む国の利害と対立させられる。エルヴェシウスにとって正義や徳という語の意味はそのようなものである。「ひとりの人間はそのあらゆるおこないが公共の利益に向けられるとき、正しいものとなる」（第二編六章、第一巻、二〇八頁）。「この徳という語で了解されるのは、全体の幸福を望むことという意味だけである。」（第二編一三章、第一巻、二七七頁）。実際には、すべての個人が一致することは難しいので、公衆の利益とは多数の、すなわち「同じ統治形態に従う人間の最大多数」（第二編一七章、第一巻、三三〇頁）の利益ということになる。個人にあってはエゴイズムとか頑迷さと呼ばれるものが、国全体が関わったとたんに徳、誠実、正義に変ってしまうのである。

その結果、法と権力の間のあらゆる矛盾、さらにはこのふたつのものの分離ということさえ消滅してしまう。法とは多数派の利益にほかならず、多数派とは、定義自体によって、社会の内部におけるもっとも強い存在のことであるから、一方に法が存在し、それとは別に権力が存在するということはありえなくなるからである。「力が本来最大多数の側にあり、そして正義が最大多数にとって有用な行為の実践にあるからには、正義が、その本性（ナチュール）によって悪徳を抑え、ひとびとを徳へと向かわせるために必要な権力をつねに備えていることは明らかである」（第二編二四章、第一巻、三九八―三九九頁）。さらにいかなる超越ということもありえないのであってみれば、あるべきことと実際あることとの区別も存在のしようがない。「知性のあるひとなら人間はすでにあるべき人間になっていることを知っている」（第二編一〇章、第一巻、二五五頁）。したがって、モラリストの役割は、幻想にすぎない理想を言いたてることではなく、個人の行動をつねに支配しこの先も支配し続けるであろう個人の利害を、全体の利益に奉仕させるべく努力することとなる。この点ではモラリストと政治家、とりわけ立法者とは役割を同じくする。事実、エルヴェシウスは社会を変革する上で法律が有効であることを信じている。だからこそ、彼はさらに進んで、民族間の不平等は自然に由来するものではなく、政治制度のちがいのみによるものだと考えたのである。「ある国民を軽蔑することは必ずや不当なことである。（中略）ある民族が他の民族より優れている場合、それは統治の形態が多かれ少なかれより良いものだからである」（第二編二二章、第一巻、三八三頁）。

エルヴェシウスのこの社会観には何かぞっとさせられるところがある。そこでは真理と正義がつねに多数派の口から発せられ、罪も国家の役に立つとなれば罪ではなくなるのである。だが、安心してよい。というのもエルヴェシウスが描く人間の姿は現実とは一致しないのである。この私が有用性と善とを、つまり私にとって利益となると判断するものと正しいことだと思うものとを区別できないというのは本当ではない。自分たちの利益を守ることを公共の福祉の擁護として押し通すことがなきにしもあらずであったが、どの時代の人間もこの区別をおこなってきた。エルヴェシウスもこうした反論を予想しているが、彼がその反論からみずからを守る方法は、彼の主張からその経験論的意味を取り去ってしまうようなものである。つまり、たとえば誰かが反証として、自己の利益の名において行動しない、あるいは他者を自分に照らして判断することのない個人の例をあげてきた場合、エルヴェシウスは待ってましたとばかりにこう答える。そうした個人はこの場合本心に逆らってでも世論に同調しようとしている（第二編四章、第一巻、一九八—

一九九頁参照）。だがこの議論は明らかに堂々めぐりになってしまう。エルヴェシウスは、彼の仮説が示しているのとは別の仕方でひとが考えることは**できない**ということを前もって知っているからこそ、例にあげられる個人の不誠実をそれと見破ることができるのである。ともかくこうした条件のもとでは、どのような事実があればこのような断定に対する反駁となりうるのかわからない。例外はあらかじめ嘘として信用できないものとされてしまっているのである。

エルヴェシウスの教説を道徳的判断と経験論的検証の対象にすることはできるが、さらに進んで、その教説が個別の営みとしてはたしてそれ自体、その教説のうちに含まれる全般的な説明原理に適合しているのかどうか問うてみなければならない。エルヴェシウスにとってこの書を書く利益はどこにあったのだろうか。序論で、彼は自分が公共の利益への純粋な奉仕者であると宣言し、もし自分の主張が有害であることが明らかになった場合には、それが誤りであることを認めると約束している（したがってエルヴェシウスは真理については完全に実用主義的（プラグマティック）な考えを抱いていた）。すなわち「もし、私の期待に反して、私の述べる諸原理のいくつかが一般の利益に合致しないということが生じたなら、それは私の精神が誤っていたことを意味するだろう」（第一巻、九八頁）。しかし、この書物自体がこうした純粋な相対主義の要請に従っているのかどうか定かではない。事実あるところでは、この本を相対主義の例外とするのは理性であるかにみえる――しかしその場合理性こそは真理をもたらすものである（「この真理を確認するためには、純粋な推論による証拠によりそれを補強しなければならない」〈第二編三章、第一巻、一八九頁〉。「この慣習が、つねに理性にもとづいている真の**世間の慣習**からかけ離れていることは、型どおりの礼儀作法が真の礼節からはるかに遠いことと同様である」〈第二編九章、第一巻、二四七頁など〉）。そうかと思えば、精神自体がふたつに下位区分されるとも言う。一方には世界に起こる変化に従おうとする精神があり、他方には「その有効性は永遠で、変わることなく、習俗やさまざまな政体とは無関係に、人間の本性にのみ由来する」（第二編一九章、第一巻、三五二頁）精神があり、こちらはロックやもちろんエルヴェシウス自身のような哲学者によって代表される。第二の型の精神はフランス人あるいはイギリス人ではなく、「人間一般」（三五三頁）を問題とする。

エルヴェシウスは実際人間を不均等なふたつの部分にわけて考えている。一方には圧倒的多数からなる部分があり、彼らは利益しか気にかけず、なにごともそこに見いだされる有用性によってしか判断しない。他方には、まったくわずかな数であるが、真理の友が集まっている。彼らは徳と正義のみを希求するひとたち（第二編二、三章、第一巻、一七四―一七五頁および一七九―一八〇頁参照）である。エルヴェシウスは自分をこの後者に属する者としている。彼自身の理論は、全般的相対主義を逃れ、普遍的に真であるとしているのである。そうでなければ、彼の理論には価値がほとんどなくなってしまうだろう。「哲学者とはその著すものにおいてつねに全宇宙（ユニヴェール）に向かって語っているとみなされる存在だが、哲学者は、徳に、どんな国民も等しくそれに則ることのできる根拠を与えなければならない。したがって徳を個人的利益の基礎の上に構築しなければならない」（第二編二四章、第一巻、四〇三頁）。個人的利益とはすなわち普遍的事象ということである。このように相対主義者は必ず人類についてエリート主義的な見方をするようになってしまう。というのも自分の理論（そして時として先駆者の理論も含まれるが）を例外とするからである。事実、エルヴェシウスのこの著作の全体は、価値評価をともなった語彙に溢れ、絶対的な意味しかもたない多くの価値判断に深く影響されている。首尾一貫した相対主義者はすぐ沈黙せざるをえなくなるというのはこれほどに真実なのである。

しかし、一方エルヴェシウスの著作中には、彼がほとんどつねに陥っていたこの難題に対する解決策も見いだすことができる。それはモンテスキューの立場を採用し、絶対的判断をあきらめることなく、なおかつ個別の行為や習慣をそれが置かれた状況において捉えることをみずからに課すことである。歴史的そして地理的な連関を考慮に入れることは、けっして普遍的な正義や道徳という考え方をあきらめることを意味しない。エルヴェシウスも書いているように、「各国民の互いに異なる悪徳を、政体のちがいによるものと」(第二編一五章、第一巻、三〇五頁) みなさなければならない。確かに国が変ろうと悪徳はつねに悪徳であるというのは真実であるが、悪徳がその部分をなす布置の全体を無視してはその悪徳も理解されえないこともまた付け加えておかねばならない。このような接近方法には利点がふたつある。まず、あらゆる文化横断的判断をあきらめる必要が生じず、さらにそれぞれの社会を、さまざまなめずらしいものの単なる寄せ集めとしてではなく、相互に関連をもった要素の複合体としてみることを可能にするからである。悪徳は美徳と同様、原因や動機そして結果が絡まり合う複雑な機構の中に組み込まれており、この機構内部では何もかもが互いに関連し合っている。ただモンテスキューと異なり、エルヴェシウスは、たとえわずかでも良き法をもつことができれば、習俗を変えることはそれほど困難ではないと考えていた。エルヴェシウスは保守主義者ではなく改良主義者である。

ルナン

モンテーニュは寛容の精神によって相対主義者であった。絶対の真理を信じる者は他者に対して厳しい。偏見をもたない精神は確信をもてない。エルヴェシウスの相対主義は経験主義によるものであった。感覚を超えた世界は存在しない。善と悪とは個人の快不快の感覚を出発点として考え出されたものにすぎない。

一世紀ののち、ルナンはその歴史感覚によって相対主義者となる。科学研究のおかげで、人間の判断は、時と場所、別の言い方をすれば状況によって異なることを学んだルナンは、きっぱりと自分をものごとのこのようなあり方にあわせることにした。科学は、真偽に関わり、相対的なものという範疇とは無縁であるが、一方判断は倫理や美学の領域に属するものであり、絶対的なものを知ることはない。

ルナンの出発点は啓蒙主義の哲学にきわめて近い。エルヴェシウスと同じように、ルナンは自分の立場を、相対立する、しかも両者とも不完全なふたつの見方の廃棄として提示することを好む。「人間の大多数は（中略）二種類に分けられる。『君たちの探しているものはとっくの昔にみつかっているよ』と言うあらゆる種類の正統主義者と『君たちが探しているものはみつからない』と言う実践的実証主義者（唯一危険な連中である）や冷やかし好きな政治家そして無神論者らである。だが真理はどちらからも等しく離れたところにあるように思われる」（『哲学的対話と哲学的断章』への「序文」五五四頁）。つまり実証主義者と相対立するのは正統主義者ということになるが、あるいは教条主義者が懐疑主義者と対峙しているとも言えるだろう。「教条主義は、真理の永遠の定式を所有していると思っており、懐疑主義は真理の存在を否定する」が、両者とも等しく誤った導き手である（「近代社会の宗教の未来」二七八頁）。ルナンが教条主義に対しておこなう批判はたとえばヴォルテールによってもなされえたであろう。真理の名において、キリスト教はあらゆる分派に対し最悪の迫害をおこなった。「無神論者」に対する非難もこれまた理神論と同じである。ひとは理想をもたずに生きることはできないというのである。

ルナンは当然、この両極端を退けその葛藤を乗り越える道を選ぶ。だがどのようにしてそんなことができるだろう。「軽薄な懐疑主義もスコラ的教条主義もわれわれは等しく捨て去る。われわれはいわば批判的教条主義者である。われわれは真理の存在を信じるが、絶対の真理を所有しているなどとは言わない」

と『科学の未来』(一〇八四頁)で彼は書いている。しかしこの批判哲学とはどのようなものだろう。絶対的でない真理とは何に似ているものなのだろうか。ルナンは答えとして次のようなイメージを私たちに提起している。「絶対にして完全なるものなど、厳密にものごとを捉えるなら、それは無であろうから、夢みることなど止めて、理性と自由の前には広大な未来が開けていると考えてもよいだろう。真と正義の問題は円の求積法に似て解決不能であり、接近しようとする限りいくらでも近づけるが、けっしてそれにたどり着くことはできない」(「近代社会の宗教の未来」二七九頁)。

だがルナンはこのついに近似的でしかない真実について語るだけでは満足しない。彼はさらに精確にものごとを語ろうと望み、その望みが、新たなキーワード、「歴史的」あるいは「文化的」意味で理解される**相対**(ルラティフ)という語へと彼を導いた。科学が打ち立てることのできる諸真理はつねに何らかの個別な状況と**相関的**な関係にある(だからといって真理がそれだけ**絶対性**を失うというわけではない)。「近代の省察の偉大な進歩は絶対なるものという考え方を相対なるものという考え方で置き換えたことにある」とルナンは『科学の未来』の中で言っている(八七三―八七四頁)。そしてそのコレージュ・ド・フランス開講講演では次のように語っている。「なにごとにおいてもわれわれは(中略)絶対なるものではなく相対なるものを追求してゆくのです。私にしてみれば、未来が進歩とともにあるならば、ここにこそ未来があるのです」(「文明史におけるセム諸民族の寄与」三三四頁)。すなわちルナンはすでに若きオーギュスト・コントの「すべては相対的であり、これが唯一絶対の原理である」(『実証政治体系』第四巻、「付録」一一頁参照)という定式(ただしその意味はコントでは異なる)をみずからのものとしていたのである。だがまさにそれゆえに、ルナンのたびかさなる原則の表明にもかかわらず、ルナンの相対主義と懐疑主義との、あるいは実証主義との大きな相違がみえにくくなってしまったのである。だがルナンは懐疑主義とも実証主義とも自分をはっきり区別したがっていたはずなのである。

この「批判主義(クリティシズム)」から「相対主義」への横滑りの典型が、自分の哲学の諸概念を述べるために選んだ文学ジャンルの選択をルナンが正当化する仕方のうちにみられる。選ばれたのは対話、あるいはむしろドラマであった。「対話という形式がこの目的にはぴったりだと私には思われた。というのも対話には独断的なところがいささかもなく、問題のさまざまな側面を次から次へと提示してみせることができ、しかも結論を義務づけられずに済むのである」とルナンは『哲学的対話』の「序言」で述べている(五五一頁)。さらに『哲学劇』の「序言」でも、「私にとっては、対話形式こそ、人間精神の現状では、哲学的諸観念を表出するのに唯一適合しうるものである。この種の真理は直接的に否定も肯定もされるべきではない。またそれは証明の対象になることもありえないだろう。できることと言えば、そのさまざまな側面をみせること、その強み、弱み、必然性そしてさまざまの面の等価性を示すことであろう」(第三巻、三七一頁)。

プラトンの対話のかなりの部分がそうであるような偽装された独白でない限り、確かに対話は独断的ではない。しかしルナンが言っていることは対話というよりも会話について当てはまるだろう。会話においてこそひとは相手の意見に耳を傾けるが、それは続いて自分自身の意見を述べる順を待ちながらであり、その際互いの見解を一致させようと気を配ることはない。次々と主張が繰り広げられるが、いかなる結論も出てこない。なにごとも否定されもしなければ肯定されもしない。すべては**提示**されるだけである。さまざまな立場はどれも引用のようなもので、そのどれかにとくに賛同する必要もなく、したがってその賛同の理由について理屈を言う必要もない。逆に対話は議論は進展するだろうという考えによって動かされている。それはいくつかの声の並置によってできあがっているものではなく、それらの声には相互作用がなければならないのである(本書の企ても、とりとめもない会話ではなく、いろいろな対話を聞いてもらうことにある)。ところがルナンはまさに並置に、そして無関心に到達したと明言する。「かつてはひとりひとりがそれぞれひとつの思考体系(システム)をもっていて、それにもとづいて生きそして死んだ。今日、われわれは次から次へとあらゆる思考体系を経巡るか、あるいはさらに望ましいことではあるが、すべての思考体系を同時に理解する」(『哲学的対話』五五二頁)。「哲学は、今日のように洗練されてくると、実にみごとに提示するだけの方法に甘んじるようになる。そこではなにごとも肯定されることなく、すべてが、互いから帰納され、混じり合ったかと思うと、対立し、互いに微妙な色合いのちがいをみせるのだ」(『哲学劇』三七二頁)。ならば、われわれの時代の洗練とはあらゆる思考体系に対して無関心であり、各見解の根拠を理解はするが、そのどれひとつとしてみずからのものとして引き受けようとはしないことということになろう。

一八六五年の最初のギリシャ旅行の際に、ルナンは美と同時に真理を具現していると信じられるものを発見する。一日アクロポリスの丘をさまよい歩き、ひとつの祈りを、あるいはむしろ信仰告白と言うべきものをおこなうが、その中でとくに次のことを言っている。「ある哲学が、おそらく倒錯したものだろうが、私に、善と悪、快楽と苦痛、美と醜、理性と狂気、これらのものは、鳩の首の色の変化と同じほど互いに見分けがつかない変化を示すのだから、それぞれ互いに入れ換わることができると信じさせるようになった。その結果、何も愛さず、何もけっして憎まないということが知恵となった。仮にある社会が、ある哲学、あるいはある宗教が絶対の真理を有していたとしたなら、その社会、哲学そして宗教が他の社会、他の哲学、他の宗教を打ち負かし、いまなおそれらだけが生き続けていたに違いない。今日にいたるまで、自分が正しいと信じた者がことごとく間違っていたことは、われわれの目には明白な事実である。狂気じみた自惚れにとらわれない限り、未来が、今日われわれが過去を裁いているのと同じように、われわれを裁くことなどないとどうして信じられるだろう」（『幼年時代・青年時代の思い出』七五八―七五九頁）。もっとも首尾一貫した相対主義がルナンの知恵である。歴史は絶対的真理も完璧な正義も存在しなかったことを示している。**したがって**（この論理のつなぎこそ次の主張の重みを支えている）善悪も、理性と狂気ももはや相対的な範疇でしかありえない。この確信こそがルナンをして、自分の目に映じるがままの世界に心晴れやかに対峙するよう導いたのだ。「実を言うと、私のいまの精神状態では、何に対してもまた誰に対しても敵対するものではない」（八七七頁）。

そして、科学のみが真実と、したがって絶対なるものと関わりをもつことをルナンに確信させたのは、一学究としての生き方であった。諸価値は必然的に相対的なものである。「かつてアラビア、ヘブライそして中国といった古代文明において、また今日でも未開民族においてみられる、善の観念に着せられる形式に対し道徳（モラル）という語を適用することができるだろうか」（『科学の未来』八六九頁）。答えは明らかに否であり、ルナンはこう念押ししている。「道徳性そのものはこの人種［セム語族のこと］にもつねに理解されていたわけだが、その理解の仕方はわれわれが想像するものとははなはだ異なっていた」（「砂漠とスーダン」五四二頁）。しかしルナンは自分の相対主義が彼以前の著作家たちのそれと混同されることを嫌っているらしい。「モンテーニュやベール〔ピエール。一六四七―一七〇六。フランスの歴史批評家〕の時代から何度となく繰り返されてきた凡庸な反論を私はここでしたいとは思わない。そうした反論は、いくつかの常軌を逸した事実や曖昧な部分を突いて、いくつかの民族には倫理観が欠如しているとどうにか主張したがるのである」（同所）。ルナンと他の著作家たちとのちがいは、ルナンが倫理観の存在を否定せず、倫理観こそは人間の弁別特徴だとする点である。実証的で科学的な方法でさまざまな道徳には何ら共通する内容がないことを看取することで彼は「満足」した。相異なる道徳に共通の内容をみつけだそうとやっきになるのはルナンではない。

もうひとつルナンをモンテーニュから隔てるものは、次のような確認からみずからの行動の指針として引き出す結論である。「私はまた将来において、道徳（モラル）という言葉が適切なものでなくなり、他の言葉にとって代わられるのではないかとみている。私個人の用法について言えば、美学（エステティック）という言葉に代えてはどうかと思う。ひとつの行為を目の前にするとき、私はそれが良いか悪いかというよりは、美しいか醜いかを考えるからである」（同所）。「『美しくあれ、汝が心に浮かぶままをつねに為せ』ここに道徳のすべてがある。これ以外の規則はすべて、その絶対的形式において、間違いかあるいは虚偽である」（八七一頁）。この考え方は、同じ時代、倫理を美学に従属させようとしていたボードレールのそれにきわめて近く、ルナンもまさしく美の要請を善の要請に代えることを望んでいたのである。だがここで問題になっているのは名称の変更にすぎないとする彼に同意することができるだろうか。少なくとも前もって語の意味が変えられているのでない限りそれは難しい。悪の美というものは存在するし、行為についてその徳性と優美さの間の選択が問題になることもありうる。ルナンは実際そのことを知らないわけではない。有徳なひとの道徳性よりも芸術家の「道徳性」のほうを好むのである。「芸術家の超越的な非道徳性は実は芸術家なりの究極の道徳性なのだ」（『哲学的対話』第一巻、六二五頁）。そしてみずからに関しては、生き方をこの原理に立脚させることにしたのである。「私にしてみれば、私が良いことをするということは、（中略）芸術家がその魂の奥底から美を引き出して外界に実現するのと同じように、私独自のそして私にとっては自然だと思われるふるまいをすることであると言っておきたい（中略）。有徳のひととは、彫像作家が大理石で、音楽家が音でそうするように、実人生で美を実現する芸術家なのだ」（『科学の未来』一〇一一頁）。これこそ今日におけるルナンの運命である。そして明日はそれがみなの運命であることをルナンは確信していたのである。

こうして芸術家は有徳な人間のモデルとなった。では美の観念は絶対的なものなのだろうか、それとも相対的なものなのだろうか。ルナンは歴史家としてこの答えを誰よりもよく知っている。「ある作品の美しさは、それが生まれた環境から切り離され、抽象的に考察されることなどけっしてあってはならない」(八八〇頁)。過去の傑作もわれわれの視線が歴史の恵みによって薫陶を受けていなければ、われわれに賞賛の念を掻き立てることはできないのである。さらに美的判断は字義通りの意味で「歴史的」なだけではなく、さらに個人的なものでもある。なぜなら芸術家は「魂の奥底から」美を引き出してくるのであるから。しかし美学について正しいと認められるだろうことも——歴史的さらには個人的な相対主義のことだが——、倫理の領域ではまったくの不条理に行きつきはしないだろうか。ルナンが依拠した類推はしかしながらこのようなものであった。のちにバレスはルナンに感謝して次のように語ることになる。「われわれフランス国民に相対的なるものの感覚をもたらすべく多くのことをなしたのは」(『ナショナリズムの情景と教義』第一巻、八四頁)ルナンである。

相対主義と政治

少しの間ギュスターヴ・ル・ボンとモーリス・バレスという、十九世紀末のふたりのルナンのエピゴーネンの著作における相対主義の開花を観察してみよう。ル・ボンにおける相対主義の根本は認識論的なものである。相異なる文化の構成員は住む世界を同じくせず、何もかもが彼らにとっては異なっている。ル・ボンにできることと言えばせいぜい「相異なる民族の思想をわかつ深淵の深さ」を確認することぐらいであり、彼は公理として次のような断定をする。「異なる人種どうしでは感じ方も考え方も行動様式も異なり、したがってお互いに理解し合うこともない」（『民族進化の心理法則』三二頁）。こうしてル・ボンは、最悪の瞬間におけるモンテーニュ同様、価値の相対主義を人類の下位区分相互間の断絶を主張するまでに推し進めてしまう。

この認識論的相対主義の上に道徳の相対主義が据えられることになる。実際、ル・ボンにとって、道徳は慣習以外のなにものでもない。「この最後の語［道徳性（モラリテ）］を、われわれはある社会がその上に立脚する諸規則に対する父祖伝来の尊重の念という意味に用いる。道徳性を備えるとは、一民族にとって、固定された行動規則をもち、それから離れないということである。この規則は時代や国によって異なり、そのために道徳は非常に変化に富むものにみえ、また事実そのとおりなのである」（二九頁）。

諸価値の相対性は諸文化を横断する普遍的理想を一切参照することのない政治へと導く。「政府に要請されることとは、せいぜいのところ統治することを要請されている民族の感情や思想の表現となることである。（中略）絶対的に悪いとか良いとか言えるような政府も制度も存在しない。ダホメ〔トーゴとナイジェリアに挟まれた西アフリカの国〕の王の政府は彼が統治を要請されている民族にとってはおそらくすばらしい政府であるだろう。彼らにとってはヨーロッパのもっとも優れた政体もひょっとするとこの政府に劣っているかもしれない」（一〇四頁）。これがル・ボンがフランスの植民地政策に強く異を唱える理由である。フランスの植民地政策は、諸民族の深いところでの同一性という思想にもとづいており、したがって**同化**（アシミラシオン）政策にいきついてしまうのである。この政策こそが「フランスのすべての植民地における嘆かわしい頽廃の現状を招いた元凶」（三頁）なのである。彼の弟子のひとり、レオポルド・ド・ソシュールはその著作『フランス植民地政策の心理』全体を費やして、もちろん反植民地政策をではないが、これとは異なる植民地政策、さまざまな差異を認めつつ**連合**（アソシアシオン）状態（これについては後にまた触れる）へと導く政策を擁護している。ル・ボンにこうした国のちがいを超えた普遍的理想の単一性を拒絶させてしまう理由もまた「科学的」なものである。「魚たちに、彼らより高級な動物はみな空気呼吸をしているからと言って、水の外で暮らすように説得しようとするのと同じようなことだろう」(一〇四頁)。しかし「人種」は本当に動物の種と同じものとみなせるだろうか。

ル・ボンが諸価値の相対性について下す判断は両義的なものである。一方で科学の勝利と彼に思われるものを喜び、「『相対性の感覚が現代思想を支配している』とするある現代作家のまったく正しい省察」とか文部大臣の「抽象的な概念を相対主義的思考によってとって代えたことは(中略)科学のもっとも偉大な勝利である」旨の演説をおおいに評価している(一六三頁)。だが他方で、己の奉じる諸価値をもはや絶対視できなくなった文明は(すなわち自民族中心主義と決別した文明ということだが、自民族中心主義はル・ボンにとって唯一理解できる普遍主義の形態である)衰弱した文明である。「近代社会にとっての真の危険とは、まさに人間がそれまで社会がその上に成り立ってきた諸原理の価値に対する信頼をまったく失ってしまったことである」(同所)。これがル・ボンが、他の点に関してはこの上なく軽蔑する政治思想である社会主義に美点を見いだす理由である。「理性的には排斥せざるをえない社会主義的原理の手に未来が委ねられているかに思われるのは、まさにそれだけが、その伝道者たちによって、彼らが絶対だと断言する真理の名において語られているからである」(一六三―一六四頁)。相対主義のドラマとは、それが文明の優れた段階、理性の開花によって到達できる段階を示すと同時に、一方では絶対なるものを信ずる他の文明よりも脆弱であるという限りにおいて文明の劣った段階をも示す点にある。すなわちその力自体が弱さを生みだしてしまうのである。

結局ル・ボンが平等の理想を拒否する根拠としたのは相対主義である。階級、性そして民族とあらゆる面で差異が存在する以上、社会主義者たちが望むように、みなに平等という目標を押しつけたところで何になるだろうか。「平等の観念はいまも大きくなりつつある。西欧の大部分の民族をやがて従えることが必定と思われる社会主義が、すべての民族の幸福を約束すると主張するのも、平等の名においてである。今日の女性が、男性と女性とを深くわかつ心理的な相違を忘れ、男性と同等の権利と同じ教育を要求するのも平等の名においてであり、女性が勝利した暁には、ヨーロッパ人は家庭も家族もない放浪の民になってしまうだろう」（三頁）。

そして最後に、モーリス・バレスにとっては、絶対的な仕方では、いかなる疑問も回答を得ることはできない。「あるものが善で真実であるという主張はつねにそれが何との関係において善であり真であるのかという問いに対する答えによって確かめられる必要がある」（『ナショナリズムの情景と教義』第一巻、六四頁）。首尾一貫したナショナリストがこの問いに対して返す回答は明らかに、わが国民との関係において、ということになるだろう。「ナショナリズムはすべてをフランスとの関係によって判断することを命じる」（第二巻、一七七頁）。真理、正義そして理性は国民を超えたところには存在しない。「与えられた客観的条件とある限定された人間、すなわちフランス人との間に成立する正当で真なる関係の総体、それがフランスの真実であり正義である。この関係を発見するのが、フランスの理性なのだ」（第一巻、一三頁）。各国民にそれぞれの真理がある。「ドイツの真理とイギリスの真理はまったくフランスの真理とは違い、われわれにとって害を及ぼしさえする」（第一巻、九六頁）。それぞれの国民にそれぞれの正義観が存在する。「相対主義は人間のそれぞれの型に固有の実にさまざまな［正義］観を区別しようとする」（第一巻、六八頁）。それは倫理的であると同時に科学的な要請でもある。「社会は普遍的な相対主義を認めないならまったく理解できなくなるだろう。一国における法の役割を理解するわれわれにしてみれば、法廷に期待するのは**絶対的真理**などではなく、**法的な真理**なのである」(第一巻、三八頁)。したがって、それ自体は「普遍的」である相対主義を除いてすべては相対的であることになる。

バレスが相対主義への依拠を最大限活用したのはドレフュス事件〔十九世紀末に起きたスパイ疑獄事件。一八九四年ユダヤ系の陸軍大尉ドレフュスはドイツのスパイとして終身刑に処せられたが、その有罪無罪をめぐってフランスを二分する大論争となった〕に関する論評においてであった。「このドレフュス事件の時ほど相対主義の必要性が痛切に感じられたことはなかった。この事件はそれほどに形而上学の徒の跋扈を許したのだ」(第一巻、八四頁)。この文は、この事件は抽象的な正義の名において裁かれることはできず、ただ単にフランスの国益との絡みで裁かれるべきであるという意味で理解しよう。ドレフュスが有罪だと立証されたなら、軍はそれによって強化されるであろう。それはフランスにとって良いことである。逆にドレフュスが無罪ということが明らかになれば、軍の信用は失われ、国民を害することになる。そこから出てくる結論は、すなわち「絶対の」真理がどうであれ、**フランスの**正義はドレフュスが有罪宣告されることを要求するということである。たとえドレフュスが無実であっても、ドレフュスを弁護するような輩は罪を犯している。「奴らはぐるになってフランスを分裂させ弱体化させようとし、そうなることを喜んでいるのだ。連中にとってのお客が万が一無罪になることがあっても、奴らはやはり犯罪者だ」(第一巻、一三八頁)。結局ドレフュスは釈放されるが、このこともバレスにとっては相対主義のまた新たな教訓のひとつでしかなかった。一九〇六年七月一二日、レンヌ〔フランス、ブルターニュ地方の中心都市〕でのドレフュス有罪判決の破毀宣告の翌日、バレスは国会でこう演説している、「ドレフュスは一二年間、法的真理によって裏切り者とされてきた。(中略)だが二四時間前より、また新たな法的真理によって、無罪となった。議員諸兄、これこそおおいなる教訓ではあるまいか、私が言うのは懐疑主義のそれのことではなく相対主義のそれのことなのだが、いまや相対主義がわれわれの情熱を穏やかなものにしようとしているのだ」(『国会演説集』五七二一五七三頁）。

しかし相対主義はまた別の角度からドレフュス事件に関わってくる。バレスによれば、個人は何もできない。個人は自分が所属する人種の本能を外部に向け翻訳するだけである。ドレフュスについてもその通りである。「一部のフランス人をおどろかせるに格好の考え方や言い方がそこにある。だがそれはドレフュスにとってはもっとも自然なもの、誠実で生得のものとすら言えるものなのだ」（『ナショナリズムの情景と教義』第一巻、一六〇頁）。倫理的価値自体国民の性格の産物である以上、フランス人にとっておぞましいものでもユダヤ人にとってはそうではなく、またその逆の事態もあることになる。最終的には普遍主義者以上にバレスはドレフュスを許すべきであると考えるようになる。ある人間の行為が、その属する人種によって示唆されている以上、彼にその行為の責任を問うことはできないと考えられるが、それでも彼を裁くことが正当かどうかを自問しさえしている。「われわれはこのセム語族の子孫にインド＝ヨーロッパ語族の美点を期待しているのだ」（第一巻、一五三頁）。「もしわれわれが公平無私な知性を身につけていたなら、フランスの道徳（モラリテ）や正義でドレフュスを裁く代わりに、彼のうちに違う種に属する知性の現れを認めていただろう」（第一巻、一六七頁）。こうしてドレフュスは正義の領域に属するのではなく、動物学とは言わないまでも民族学の領域に属するものとして捉えられることになる。ドレフュスはわれわれとは異なった種であるユダヤ人の行動の例証となる。そしてユダヤ人について判断する権利は実はわれわれにはないのである。「われわれならドレフュスをディアブル島〔南米北東部、フランス領ギアナ沖合の小島。十九世紀末にフランスの重罪犯監獄が設置された。一八九五－一八九九年にドレフュスが服役〕の贖罪さらし台にくくりつけはしないだろう。われわれはむしろ彼を生きた証人、教訓として比較民族学の教壇のかたわらに置くことだろう」（第一巻、一六七頁）。こうして相対主義は決定論の論理的到達点となる。

今度は、敵は骨の髄まで啓蒙主義精神のしみ込んだ知識人たちになり、糾弾されるのは知識人たちが人類の単一性（ユニテ）を固く信じていることである。打ち倒さねばならないのは、「人道主義精神」（第一巻、二八一頁）であり、この精神こそ「世界に単一性と不動性を押し付けようとする狂気の沙汰の思い上がり」（第二巻、二五三頁）に憑かれているのだ。またこの種の知識人は、文明という抽象概念を用いて「われわれを文明化させようと考えている」。そうしながら彼らは各国民の伝統を忘れ、「われわれ固有の文明を否認」（第一巻、一〇二頁）しているのである。この「文明」という語はバレスにとっては複数でしか意味をもたない。

普遍主義の推進者たちを効果的に叩くには、彼らの哲学的な後見を攻撃するべきである。それは道徳についてのカント的な考え方である。「大学の理論家たちは有害なカント主義に酔いしれて（中略）ただ繰り返す（中略）『私は**つねに**、私の行為が**普遍的な法則**に奉仕することを望みうるべくふるまわなければならない』。まったくそんなことはない。**つねに**とか**普遍的**といった大仰な言いまわしはうっちゃっておきなさい。何と言ってもあなた方はフランス人なのだから、いまはフランスの利益に従ってもっぱら行動しなさい」（第一巻、三七頁）。あらゆる価値は空間的にも時間的にも限定を受けている。したがって幻想にすぎない普遍主義などは断念し、逆に地域的そして国民的な伝統を維持しなければならない。「階級を問わずわれわれに巣くっている、個人的な差異を考慮せずに、普遍的な人間、抽象された人間を規定していると自負するカント主義」（第一巻、六〇頁）を打破しなければならない。

バレスが時に平等の原則を支持することに同意するのは、普遍主義とか人類の単一性などの名においてではない。まったく逆に、差異の名においてそうするのである。つまり諸民族はそれぞれ相容れない部分を互いにもつ点において平等である。それぞれの民族は自分の文化的伝統に由来する道具を用いてみずからを判断し、自分たちこそ最良の民族であると主張する権利をみなもっている。この点において、この点においてのみ、各民族は他のすべての民族と同等となる。首尾一貫した相対主義的立場とはこのようなものでなければならないだろう。しかし、もちろんこの平等主義的展望も、敵対者側へのかりそめの譲歩でしかない。なぜならあらゆる国民的限定を超えてすべてを比較対照できるような視点へと上りつめることなどできないからである。フランスの諸価値について語ってから、バレスはこう結論する。「さてこのような真実に意を強くし、私は声を大にして言いたい、これらの真実はわれわれフランス人同胞のみならず外国人にも当てはまる。このように私はいかなる国民をも蔑視することはないが、私の義務は私の同胞たちに向けられたものである」(第一巻、一三六頁)。たとえ抽象レベルにおいてはすべてが等しいとしても、だからといってそれは私が私の陣営を選ぶ妨げとはならない。モンテーニュの相対主義はモンテーニュに自分の社会について幻想を払拭した視線を投げかけることを可能にした。バレスの相対主義は――それは民族主義に属するものであることを言っておかなくてはならないが――、他者をいっそうきっぱりと拒絶するのにおおいに役立ったのである。

したがって自己と他者との平等に反対するにはふたつの大きく異なる方法があることになる。ラ・ブリュイエールは人類の単一性を信じていたため、あらゆる人間をフランス人になぞらえてみてしまった。ただ外国人はフランス人ほどには(フランス人の考える)理想状態に近づくことはできず、結果、事実として不平等が生じることになるが、不平等は問題を提起したやり方そのものから出てくるものでもある。ル・ボンあるいはバレスはどうかというと、人間は互いに異なるものであると考え、平等は単なる理想として当然除外されるべきだとする。にもかかわらず両者はそれぞれ自民族中心主義の立場を捨てることなく、ダホメ人やタイ人あるいは日本人よりもフランス人あるいはヨーロッパ人を良しとする態度は変えない。

今日では、バレスの後を追うならばラ・ブリュイエールの後を追うより道を誤る可能性が高いと言うことができる。価値の相対主義は、文化的あるいは歴史的にも、今日では常套句と化してしまっている。人間が異なる種や亜種にわかれて属しているとまでは言わないものの、少なくとも文化間のコミュニケーションの原理的な不可能性を肯定してしまいがちである。現代の外国嫌いは「差異への権利」の呼びかけとは完全に折り合う。首尾一貫した相対主義者はすべての外国人は自国に帰り、みずからに固有の価値の中で生きるようにと要求できるのである。

レヴィ＝ストロース

相対主義の地平

民族学は現代の学問であり、文化間の差異がその研究対象自体を構成すると言える。したがって普遍と相対との対立についてどのような態度をとるかの問題が不可避となる。だがこの問題はそれほど単純ではない。この学問の全過程に内在する問題を浮き彫りにするため、もっとも影響力のあるフランスの民族学者、クロード・レヴィ＝ストロースの著作から出発したい。

まず確認できるのは、コレージュ・ド・フランスの教授就任講義にみられるように、そのもっとも概括的で綱領的な発言で、レヴィ＝ストロースが民族学の普遍主義的責務を主張していることである。彼は、この点について、マルセル・モース〔一八七三‐一九五〇。フランスの社会学者、人類学者〕を祖とするフランスの民族学にある伝統が存在することを喚起している。すなわちマルセル・モースを引き合いに出しながら、レヴィ＝ストロースは民族学の「最終目標」を「思考と道徳感情の普遍的な諸形式に到達すること」（『構造人類学二』三六頁）と定義し、また「民族学がつねにみずからに課してきた問題、すなわち人間の本性（ナテュール）の普遍性の問題」（三五頁）を提起している。ここに認められるのは啓蒙哲学の語彙と希望である。すなわち、何らかの一定で普遍的な「人間の本性」といったものが存在し、思惟や認識（真と偽）の形式においても判断形式（善および悪の追求）においても等しく表われるというものである。やはり強固な古典主義的考え方に従って、レヴィ゠ストロースは普遍なるものに支配的な地位を与えているように思われる。「人間相互のさまざまな外面的相違の背後に深い統一性(ユニテ)が隠れて」（七五頁）いると彼は言っているが、それは深層は伝統的に表層よりも評価されてきたからである。価値評価をやはりともなった、しかしより具体的な記述が両者の関係を示している。「われわれの立場は結局のところ人間はみなつねにそしてどこにおいても同じ目的で同じ仕事を企ててきたこと、そしてその過程で、手段だけが異なってしまったことを主張することにある」（『悲しき熱帯』三五四頁）。この発言を先のものと結びつけるなら、目的は深層と、手段は表層と一致することになり、人類の単一性(ユニテ)を擁護する議論がみえてくる。またこの目的と仕事は観察可能な現実の要素であるというよりはむしろ、精神によって構築されたものであり、現実の理解に必要な仮説ではないのかと指摘できるかもしれない。

普遍と個別の階層秩序は、その輪郭が姿をみせ始めるや否や、ただちにひっくり返されてしまうように思われる。しかも他のいかなる人文科学でもなく、まさしく民族学、すなわち特殊な個別社会を研究対象とする、レヴィ゠ストロースの言葉によれば「その唯一の目的とは言わないまでもその第一の目的が差異を分析し解釈する学問」（『構造人類学』一九頁）の代弁者を相手にしているだけに、この逆転ぶりはなおさら当惑させるものとならざるをえない。ここでレヴィ゠ストロースは、差異を超えたところに共通点が存在することを否定しようとしているのではない。仕事の分担をしようとしているのである。ある者は類似したものを扱い、他の者は異なるものを扱うというのである。人間のいくつかの特徴について「普遍的であるがゆえに、これらの特徴は生物学者や心理学者の領分である。民族誌学者の役割とは差異をそれがさまざまな社会で表われるそのままに記述し分析することにあり、民族学者の役割は差異を考察することにある」（一八頁）と語っている通りである。ここでは普遍なるものは、**定義上**、民族学には与えられていない。いったんある特徴が普遍的なものとなると、普遍的であるという事実のため、心理学あるいは生物学が扱う特徴となってしまい、社会的なものではなくなってしまう。このような選択をおこなうことには話をややこしくしないという利点がある。しかし、そうだとすると、研究するものの性質についてアプリオリに決めつけてしまっていることになりはしないだろうか。

民族学の最終目標は、レヴィ＝ストロースが私たちに語っている通り、人間精神の普遍形式に到達することであるとしても、第一の目標は（「唯一」という言葉は忘れよう、さもないと一歩も先に進めなくなってしまう）差異を認識することである。ある目的に向かうのにまずそれとは反対のものを通っていこうとするのはやはり若干奇妙な方法とは言えないだろうか。確かにルソーがすでにこの方法を推奨しているし、レヴィ＝ストロースもルソーに従おうとしている。ただしライプニッツ〔一六四六‐一七一六。ドイツの哲学者、数学者〕風の普遍の概念を採用しているように思われる。すなわち、個別の事象の観察から普遍的な特質を引き出し、それをもとに膨大な一覧表を作成し、それを参照すればひとつひとつの事象が一般的で基本的な特質のさまざまな可能性のある組み合わせのひとつとしてみえてくるようになる。これこそが、「人類学は諸社会の総合目録を作ろうとする」とレヴィ＝ストロースも書いている通り、構造主義の企図であり、観察可能な与件とは「各社会がおこなうように思われる選択に相当する」（『構造人類学二』二〇頁）ものにほかならなくなる。個別事象しか観察することはできないが、それを理解するには一般化という回り道をするしかない。

ここで問題になっているのはもはや目的と手段の対立ではない。若干のゆれやためらいにもかかわらず、普遍主義の色合いの濃い学問的企図が問題なのだと言えるだろう。しかしレヴィ゠ストロースがそれを貫こうと望んでいるかという確証はもてない。最終目的と深層構造がどうであれ、民族学者が取り組むのは社会間の差異であり、このことは必然的に彼らを相対主義の方向へと向かわせる。まず最初にレヴィ゠ストロースが断念する普遍性は道徳的判断の普遍性である。もし本当に「道徳感情(モラリテ)の普遍形式」が存在するとすれば、出会う文化のひとつひとつについて比較判断することができるはずである。だが、すべての文化に共通する抽象的な特性一覧表というイメージを抱き続けながらも、レヴィ゠ストロースは民族学者に対して道徳的判断の権利を認めない。「人間社会に対して開かれた可能性のすべての中から、各社会はある選択をおこなったのであり、この選択についてはは相互に比較することは不可能である。すべては同等の価値をもっているからだ」(『悲しき熱帯』三四六頁)。したがってわれわれは「それぞれの社会がある生活形態と思考様式を確立するために他の可能性を断念しておこなった選択の価値を相互に比較するための哲学的、道徳的な基準に到達することができない」(『裸の人間』五六九頁)という袋小路に追い込まれてしまっている。経験的な知恵に従えば判断せずに受け入れよということになるのだろう。「いかなる社会も本質的に良いということはない。もちろん逆にいかなる社会も完全に悪いということもありえない。あらゆる社会はその構成員に何らかの利益を与えるが、不公平があることは折り込み済みで、不公平がもたらす問題というのは総じてどの社会でも一定している」(『悲しき熱帯』三四七頁)。このように考えない者は「ある文化は他のある文化よりも優れていると宣言すべきであるというばかばかしい考え」(『構造人類学二』四一三頁)に陥ってしまうのである。

こうして全般的なものであろうとする普遍主義の計画が本質的には道徳的相対主義を内包するものであ

ることが明らかになる。どんな社会も不完全であり、どの社会が優れているということはない。したがって、極端な例をあげれば、全体主義は民主主義と同等の価値をもつということになる。文化を進行中の列車にたとえたあの有名な言い方が指しているのもこのこと、すなわち文化外にそこから他者を判定できるような定点というものはないということである。確かに私たちは、ある文化が**発展する**という印象をもつし、そのことからその文化について客観的な判断をすることができると信じてしまう。だが実際には私たちが示しうるのはその社会が私たちと同じ方向に動いていることぐらいである。あるいは、逆に、他のある文化は**停滞している**と考えるが、この場合も視点の取り方に由来する幻影であり、私たちの動きとその文化の動きとの向きが違っていることしか言っていないのである。議論のこの地点でレヴィ゠ストロースが頼るのが「相対性理論の初歩を説明するために用いるイメージ」である。「物体の移動の大きさとスピードは絶対的な価値ではなく、観察者の位置に対応するものであることを示すために、列車の窓際に座っている乗客にとって他の列車のスピードや長さが同じ方向に進むのか、反対なのかによって変化することを想起しよう。ある文化に属する構成員は、この空想上の乗客が列車との関係でそうであるように、文化と緊密に一体化しているのだ」(『構造人類学二』三九六―三九七頁)。何もかもが視点と関係してくる。私たちが価値判断を下すのは、利害関係者だからである。「ある文化の豊かさ、あるいは文化のある相の進展の豊かさとは内在的な特性として存在するのではなく、それと関係する観察者が居る情況や、観察者がその文化に認める利益の数と多様性に応じて決まってくる」(『はるかなる視線』三〇頁)。こうして私たちはエルヴェシウスに立ち戻ることになる。

　進行中の列車というイメージは物理学の相対性理論の基本のいくつかを視覚化するにはたぶん適当だろう。しかし倫理的相対主義を正当化するには十分だろうか。ある意味では、文化に序列を持ち込むことは実際ナンセンスであろう。なぜならおのおのの文化が世界のモデルなのであるから（ちょうど言語に序列を持ち込むことがある意味でばかげたことであるのと同じように）。だがすぐに、だからといって善と悪とを同定できないということにはならず、したがって必要とあれば、ある社会（たとえば全体主義社会）は、その歴史のある局面において、総体として糾弾されるべきだと主張できないわけではないと付け加えねばならないだろう。そしてまた他方、個人は本当にその中で育った文化という列車に閉じ込められたままであり、距離を置いて考える（さらには列車から飛び降りる）可能性はないのだろうか。レヴィ＝ストロースの文化決定論は、その厳格さにおいてゴビノーに親しいものである人種決定論と遜色ない。ゴビノーについてはまた後で取り上げるだろう。大事なのは、自分たちのものとは違う文化を理解できる、したがって異文化に所属する人たちとコミュニケーションをもつことができるということを再認識することである。これは自分の属する社会に固有の習慣や価値観から**離脱**する経験だが、このような経験が民族学者を特徴づけるのではなかろうか。ここで先回りするのはやめておこう。

しばらくレヴィ＝ストロースが掲げた民族学の「最終目標」のことは忘れ、むしろ彼の実践がどの程度その学問体系の実効性を証明してみせているかを問うてみよう。さて、私たちにすすめているとおり、レヴィ＝ストロースは複数の文化間の価値判断をまったくおこなっていないのだろうか。各社会がおこなう選択は互いに比較不可能だと彼は言っていた。しかし多民族を対象とする彼のような民族学者がいっさいの比較をおこなわず、また類型化もしないということはできない。たぶん、比較をおこなううちに、価値判断を避けよう、道徳的には中立でいるべきだという結論に達したのではないだろうか。例として伝統社会と近代社会の対比を取り上げてみよう。古い伝統社会には文字がなく、近代社会にはそれがあるという事実から、レヴィ＝ストロースはふたつの社会の間には人間関係の本質そのものに差異があることをみようとする。彼が「人類学の社会科学への最大の貢献」と呼ぶのが、この「ふたつの社会の在り方の本質的な区別、そもそも伝統的で古いとみなされる生活様式、すなわち何よりもまず真正で完成された社会の生活様式と、比較的新しく出現した様式で、原型は確かにないわけではないが、完成度においては未熟で不完全な集団がさらに大きな機構、それ自体も非真正性にまみれた機構の中でさまざまに形成される様式との」(『構造人類学』四〇二―四〇三頁）区別の導入である。だが社会のふたつの形態を対比することは、それらを比較することとは別ではないのか。そしてひとつを真正であるとし、他方を非真正とすること自体、価値判断を下すことではないのか。

「構造人類学がその最高度の正当化を見いだしうるだろう」もうひとつの例は「熱い」社会と「冷たい」社会との区別である。民族学の任務は今度はある社会に特有のものであり、別の社会にとってはそうでない社会的形態を同定し保存することになる。そうした形態は「人間につねに与えられているチャンスに対応しており、この機会を監視することこそ、もっとも暗い時代における、構造人類学の任務なのではないか」(『構造人類学二』四二頁）というのである。この任務についても、いささかも文化間での価値判断や道徳的選択を前提としていないと言い切れるだろうか。レヴィ＝ストロースは私たちには陥らないよう注意を喚起したばかげたふるまいを免れているのだろうか。彼の倫理的相対主義はこれまた原理の宣言以外のなにものでもなく、実践をともなわないものであると認めざるをえない。ここでもまた倫理的相対主義は実践をともなっていないのである。この点で彼は他の先達の誰によりもモンテーニュに似ているのだが、より正確に言うならば彼は相対主義から出発するのだが、この相対主義はそれがどんなに徹底的なものであろうが、プリミティブな社会を賞賛し、われわれの社会を批判することを妨げはしないのである。相対主義を標榜しながら彼が実践しているのは原始礼賛主義である。私たちの社会でもっとも広く認められているものではないとはいえ、価値の絶対的序列づけなのである。

人間主義(ユマニスム)批判

さて実際に、レヴィ＝ストロースはルネサンス以来築かれてきた近代ヨーロッパ世界を控え目ながらきっぱりとした調子で批判の俎上に載せている。ヨーロッパの伝統で批判の対象の中核となるものは「人間主義(ユマニスム)」という言葉で示されるであろう。

しかし、レヴィ＝ストロースはこの「人間主義」という言葉をいつも侮蔑的な仕方で使っているわけではない。ときには、学問的な限られた意味で「古典研究(ユマニテ)」として、すなわちギリシャ・ラテン研究を指して用いているが、この意味での人間主義(ユマニスム)は私たちの異文化研究の最初の形態であり、今日の民族学もこの古いユマニスムの普遍化でありまたその論理的帰結にほかならない。そして、ユマニスムという語のこのかなり特殊な意味においても、レヴィ＝ストロースにとって批判すべき要素が十分認められる。「人類学は、ルネサンスを革新し贖罪させることによってユマニスムを人類全体の規模にまで拡張しようとする試みであり、まさにそのようなものとして現れることができた」(『構造人類学二』四四頁)。「革新し贖罪させる」と彼は言うが、興味深いことに「革新」が継続性を示し、すなわち「今日の狭隘化してしまった人間主義(ユマニスム)の限界」(六五頁)を越えてつねに横たわっている古いユマニスムの企図を維持することを前提とするのに、「贖罪」は逆に、古いユマニスムの企図そのものが祝福されるべきものというよりはむしろ罪であることを示している。

ルネサンスのユマニスムに対してレヴィ＝ストロースが非難するのは、それがキリスト教的人間主義(ユマニスム)の帰結にほかならないがために、人間の雛型をヨーロッパ文化に限定しただけではなく、他の大陸の文化を知ろうともせずにさげすみをもってみてしまったことである。もちろんこのような非難は単に、人間主義（ユマニスム）が実現できたことはとてもそのそもそもの高い志には届かなかったと言っているにすぎず、人間主義自体の企図と相容れないわけではない。実際、ルネサンスあるいは十八世紀のユマニストたちは普遍主義者を自認していたが、実際は彼らの世界の地平はヨーロッパ周辺に止まった。彼らの計画の根本に変更を生じさせずに世界の地平を拡大することは不可能ではない。われわれが償わねばならないのは、普遍への拡がりのこの欠如ではない。それなら結局のところ量的な訂正でこと足りるだろう。償うべきはそれとは別の、言うならば「水平的な」ものではない、いわば「垂直的」な認識力の狭隘化なのだ。すなわち他のあらゆる生物を無視して、個別のものの存在理由、行為の目的から人間の活動にいたるあらゆるものの価値を定める尺度を人間存在においたことなのだ。人間主義（ユマニスム）という名はこの意味で当を得たものなのだが、人間主義（ユマニスム）は人間を中心に世界を組織しようとした。これこそ原罪であり、もっと簡単に言えば誤りであった。

　事実、他の近代批判に近い見方で（ときにはハイデガー、またときにはエコロジストたちの言明を思わせる）、レヴィ＝ストロースは、何よりもまず、人間と自然との分離を、そして自然の人間への従属を批判する。「人間を他の被造物すべてから切り離し、その分離の境界をあまりに狭く定義してしまったため、ギリシャ・ラテン古典文化そしてルネサンスを引き継いだ西欧の人間主義（ユマニスム）は衝突を避ける緩衝地帯を人間から奪ってしまった」（『はるかなる視線』四六頁）のである。西欧文明は自然の諸力の、純粋に技術によるコントロールのみを重視してきたため、「しだいに強力になってゆく機械的手段を二、三世紀前から完全に人間のためだけに用いることに熱中するようになってしまった」（『構造人類学二』三九八頁）。レヴィ＝ストロースが問題にするよう私たちに呼びかけるのは、こうした現状なのだ。

したがってレヴィ＝ストロースが反人間主義のイデオロギーによっていると言っても間違いではない。彼自身はおそらくこのレッテルがもつ多少攻撃的すぎる含意を好まないだろうが、自分の姿勢のもつ意味は認めている。ジャン＝マリー・ブノワ〔一九四二―。現代フランスの作家、哲学者〕との対談で彼は言う。「ひとはよく私が反人間主義者だと言って非難するが。私はそうだとは思っていない。私が反旗を翻し、有害であるとさえ感じているのは、節度のない人間主義であって、これは一方にはユダヤ＝キリスト教の伝統、他方、私たちに近いところでは、ルネサンスとデカルト主義に発するもので、人間を主人に、創造の絶対主にしてしまうものだ」（「対談」四頁）。節度に欠けるか欠けないは別として、ヨーロッパの伝統でひとが手にしてきたのはこのような人間主義のみなのであり、この「種」の人間主義に敵対するということは、ヨーロッパにおいてこの名を冠せられた唯一の教義に反対することになるのである。

レヴィ＝ストロースは、これは彼の批判のハイデガー的側面なのだが、デカルトをこの人間中心主義革命の張本人だとみなしている。この主張は月並みなものだ。月並みでないのは、彼が対抗する伝統、すなわち反人間主義をルソーの旗印のもとに位置づけようと望んでいることである。「人間のうちに徳の実践を基礎づけることのまったくできない人間主義の欠陥を暴くことにより、ルソーの思想は、われわれ自身われわれのうちに、われわれにとんでもない害悪を及ぼしているのを観察できるひとつの幻想を捨て去る手助けをしてくれる」（『構造人類学二』五三頁）。「こうしてルソーが宣告したのはまさしくコギトの死であった」（五〇頁）。ルソー（とくに自然誌学者および自伝作家としてのルソー）への接近はたぶんレヴィ＝ストロースにみずからの思想をよりうまく表現することができるようにしただろう。しかし彼がルソーの思想の解釈において間違いを犯すぎりぎりのところまで行っていることははっきり言っておかねばならない。ルソーの思想は人間主義の伝統と切り離すことはできない（それでも言い足りない。人間主義の伝統は今日ルソーの寄与なくしては考えられない)。ルソーの代弁人としてのサヴォワの助任司祭〔『エミール』第四編〕が徳の実践を根拠づけたのはまさに人間のうち、人間の普遍性のうちにであった(さらに助任司祭が多くをデカルトに負っていることもすでに指摘されているとおりである)。実際、ルソーを反人間主義の父に仕立て上げるには『エミール』と『社会契約論』だけでなく『告白』も『ルソー、ジャン=ジャックを裁く——対話』も知らないのでなければならない。

これまで一五〇年にわたってこの地上に降りかかってきた災厄のすべての責任が、このキリスト教(人類の単一性)とデカルト主義(自然界の頂点に位置する人間)との不幸なアマルガムである、狭隘化してしまったヨーロッパの人間主義にあるというのだ。「われわれが体験してきた悲劇、最初は植民地主義、ついでファシズム、そしてついには強制収容所、こうしたものは何世紀にもわたっておこなわれてきた形でのいわゆる人間主義に反するあるいは矛盾するものとしてではなく、ほとんど人間主義の自然な帰結としてあると、私は言いたい」(「対談」四頁)。この密かな帰結はこう説明される。すなわちひとたび人間存在と他の生物との間に明確な境が作られてしまい、動物は結局のところ人間のために犠牲にされてよいのだと認められてしまうと、次に人類の内部に区別をもち込み、劣等種は優等種の利益のために犠牲にされてかまわないと考えるようになるまでにはほんの一歩しかない。これがなぜ十九世紀の植民地主義と二十世紀のファシズムが人間主義の申し子であるかの理由である。共産主義的全体主義も同じように説明されてしまう。「共産主義的で全体主義的なマルクス主義イデオロギーはつい最近まで西欧化の圏外に置かれてきた民族の急速なヨーロッパ化を推し進めるための歴史の狡知なのだ」(同所)。

こうした考え方はおそらくレヴィ=ストロースの著作では例外的であろうし、書かれた作品ではなく対談で出てきているのもたぶん偶然ではないだろう。だがこの見解は他でも表明されている反人間主義の原則と完全に一致している。そしてまたより一般的な命題に具体的な意味を与えている。だからこそこの発言を問題にすることがかえって原則自体に疑問を投げかけることになりうるのである。

全体主義と民主主義との対立を、産業化あるいは都市化の一般的な効果を持ち出して無視すること（ハイデガーもやっていることだが）は地質学的時間の流れの中でみれば許されることかもしれないが、人間の生を尺度にとれば許されることではない。石や植物は圧政下でも民主制下でも同じように苦しむだろう。この見方からすれば、一方が他方の歴史の狡知の産物だとしてもかまわない。しかし全体主義国家の内あるいは外に生きることを余儀なくされる人間の生という視点からすればそうはいかない。ヒトラーのファシズムも彼が実行したユダヤ人の大量虐殺も人間主義の「ほとんど自然な」結果であると言うことは、単にファシズムのイデオロギー的起源が十九世紀の**反人間主義**（フランスではゴビノー、ルナンあるいはヴァシェ・ド・ラプージュ（一八五四―一九三六。フランスの社会学者、優越人種論を支持）などの人種差別主義、これには後で触れる）にあることを無視したり、あるいはそうした起源を隠蔽したりすることを含意するだけでなく、みずから進んで論理的逆説を展開してみせることになる。なぜなら人間が**不平等**であるという命題を人間は**平等**であるという命題から導きたいと言うのであるから。植民地の拡大あるいは「アフリカの分割」を西洋の理智を外国にもたらそうという人間主義の企図に帰することは、宣伝に描かれただけのものを現金と取り違えることである。宣伝は作られた建物の表面をまったく別の意図でもって塗り替えてしまおうとする、たいていはうまくいかない企てに等しいのである。植民地獲得の理由は人道主義的であるというよりはむしろ政治的、経済的なものであり、一貫した大原則をもとめるならばそれはナショナリズムであって、これはすでにルソーがはっきりと見極めたように、人間主義とは相容れない（これも後で取り上げる）。

「反人間主義」はレヴィ＝ストロースの学説の他を批判しようとする側面をしか示していない。これを実定的に同定しようとすれば、たぶん「自然主義（ナテュラリズム）」について語る必要があるだろう。事実、レヴィ＝ストロースは「人間」がおおいなる秩序のうちに戻ること、すなわちルネサンス以来占めようと望んだ地位よりはるかに低い地位を他の生物にまじったところで、一般的自然の秩序に従ってみつけることを望んだ（これはハイデガーよりも環境主義者に近い）。結局のところ、その意味を変えることができるなら、「人間主義」という語を使い続けることができるだろう。レヴィ＝ストロースは言っている。「人間を第一にもってくることのない人間主義、人間が自然の主人を自任したり自然からの略奪をおこなうのではなく、自然の中で人間に理にかなった地位を与えるようなしっかりと考え抜かれた人間主義」（『はるかなる視線』三五頁）を望まねばならない。その段階にいたると人間は自分だけでなくあらゆる生命形態を大事に思うようになるだろう。しかしそのときなおこの人間主義という呼称が使えるものかどうか問うてみることもできるだろう。「道徳的存在としての人間の定義に代わって、生きる存在としての人間の定義が用いられるようになるだろう、なぜならこれこそそのもっとも明白な特徴なのだから」（三七四頁）とレヴィ＝ストロースも書いている。しかし「生きる」という言葉は人間を特徴づけるには明らかに不十分であろう。生きているというだけではアリも人間も変らないからであり、単に人間存在という言葉を生きる存在という言葉に置き換えるだけのことで、人間性なるものの新しい定義の提示にはなっていない。人間と人間ならざるものとの曖昧模糊とした境界がかえって人間集団の区別分離を促すのではないかと問うこともできるかもしれない。「どこで止まるべきか」と、同じような問題を考察していたルナンも問うていた。「動物も権利をもつ。アリストテレスの言う野蛮人は人間の権利をもつのかそれとも動物の権利をもつのか」（『哲学的対話』六〇七頁）。

そして「人間」という概念を省略することを可能にし、しかも生存権にもなるような新たな人権の根拠を見いだそうとするレヴィ＝ストロースの試みはやはり若干おどろくべきものではないだろうか。「西欧によって数世紀間認められていなかったのを除いて、明示的にせよ暗示的にせよ、あらゆる国、あらゆる時代に認められた基盤に人権を据え直すただ一度のチャンスがフランスに到来している」（『はるかなる視線』三七七頁）とレヴィ＝ストロースは議会のアンケートへの回答で語っている。しかし人権の問題が厳密な意味において、提起されえたのはまさに問題の数世紀間、西欧によってでしかなかったのであり、それは当然だったのである。それは人権問題が人間主義のイデオロギーと結びついていたからである。レヴィ＝ストロースが構想する新たな「根拠」は、人権の概念の妥当性を否定し、その上ですべての生命体がもつ一般的権利の中に人権を解消させるというものである。しかしこの一般的権利なるものには奇妙な点がある。それは生命体中のごく僅かな部分によって制定されると言うのである。その僅かな部分とは話すことのできる生命体である。（アリが自分の権利の確立のための議論に加わるとは思えない）。

人間主義の効果

（自然内での人間の例外的な地位と人類の単一性という）人間主義の原理を放棄したレヴィ＝ストロースは当然の論理として人間主義のふたつながらにもっとも明白な政治的帰結、すなわち自由と平等という現代的概念を批判する。私たちの自由の概念において行き詰まっているもの、それはまさしく自由と人間主義的普遍主義との関係である。「普遍性を希求する、自由に関する合理主義的定義は採用できないし、同時に複数主義的社会を自由の開花、実践の場とすることもできない。普遍主義は否応なく一党支配に等しい方式へと進まざるをえない」（『はるかなる視線』三七八頁）。また「人間相互の本来的平等」の主張には（ここにあるのが、偽りの議論であることを指摘しておこう。人間主義は法の前における平等を要求するのであって、本来的に人間は平等か不平等であるかという問題には答えを与えていない）、「人間精神にとって失望させるものがある」（『構造人類学二』三八五頁）ともレヴィ＝ストロースは述べている。しかし明らかに法の前での平等も本来的な平等以上に正当化されてはいない。社会がよりよく機能するためには、「あのごく僅かな特権が、そしておそらく笑うべきものでもあるあの不平等が必要であり、それらは全体としての平等と衝突することなく、個人がもっとも手近に拠り所を見いだすことを可能にしてくれる」（『はるかなる視線』三八〇頁）。

レヴィ＝ストロースが文化の混交に対する厳しい弾劾の根拠をもとめるのも、この人間主義の価値観を否定する同じ路線においてのようである。ここで明確にしておかなければならないことは、レヴィ＝ストロースがすべての異文化間コミュニケーションに反対しているわけではないことである。一定の限界内での緩やかなコミュニケーションは誰も否定できない利点をもたらしさえする。たとえばヨーロッパ人とりわけスペイン人が十六世紀にアメリカ大陸で出会った住人たちと交わしたコミュニケーションの際、そのような利点が明らかとなった。彼らが他のヨーロッパ文化、過去のギリシャ・ラテン古典文化、そして大航海を通じてかいまみてきたアフリカやアジアの文化になじんでいたことは、コルテスとその仲間たちにとって確実に役立った。逆にアステカ人たちにとって自分たちの文化とはかなり異なる文化を知らなかったことは少なくとも接触の初期において彼らに不利に働いてしまったのである。ともかくこのような緩やかなコミュニケーションの状態こそ、レヴィ＝ストロースが**文化連合**（コアリシオン）と呼ぶものなのだ。

しかしコミュニケーションが進むにつれ、文化の相違がぼやけ始め、文化の普遍化、すなわち他の文化を犠牲にしたひとつの文化の普遍化へとやがて進んでゆく。この差異の消滅こそは、もっとも影響力をもつ文化にとってだけでなく、すべての文化にとって致命的となるだろう。「よく用いられているような絶対的な意味での世界文明など存在しないし存在しえない。なぜなら文明とは相互の間で最大限の多様性を示す複数の文化の共存をつねに含意しており、まさに複数の文化の共存によって成り立っているからである」(『構造人類学二』四一七頁)。したがって、ある限界を超えてしまうと異文化間のコミュニケーションはかえって有害なものになる。それは均質化へと導くからであり、均質化とは人類にとっては死滅に等しいからである。また先にみたように、レヴィ＝ストロースにおいてはどんな普遍化も一党独裁体制を思わせるものであった。オーギュスト・コントのユートピアの夢も彼にとっては悪夢である。

同じ頁でレヴィ＝ストロースが引いている、均質化と文化交差のもうひとりの擁護者ゴビノーも、同じ逆説に逢着していた。あるひとつの文化の力は他の文化への影響力で示される。ひとつひとつの影響関係は文化どうしの出会いであり、このひとつひとつの出会いは衰弱なのだ。避けられない運命が人類にのしかかっている。ひとつの社会が力をもつと、その力がやがてその社会を滅亡へと導くのである。ゴビノーにあってはテキストに潜在していた緊張をレヴィ＝ストロースは明瞭に定式化してみせる、「進歩するためには人間は協力し合わなければならない。だが協力し合ううちに相互の協力を必要とすると同時に豊かにもしていた当初の多様な諸関係が互いに似たものになっていくのを目にするようになる」(四二〇頁)。

このような「ダブルバインド」情況(コミュニケートしなければ利益は手にできない、だがコミュニケートしてしまうと損をしてしまう)に直面したレヴィ＝ストロースは、その最後の論集『はるかなる視線』の劈頭を飾る論文「人種と文化」においてふたつの悪のうち、よりましなほうを選択する。彼は文化間のコミュニケーションに反対する立場を選んだのである。要するにレヴィ＝ストロースが言うのは、文化の多様性と自分たちとは異なる文化との親和をふたつながらに同時に望むことはできないということである。なぜなら親和とは文化のこの多様性の消失へ向けての第一歩だからである。他者を知りすぎるよりは、自分の家にとどまり他者を知らないでいるほうがましなのだ。外国人たちがわれわれのまわりにあふれ、われわれの文化的同一性を奪っていくのを目にするよりは、彼らを国境の外へ追いやるべきなのだ。祖国を喪失するよりは祖国に根づくほうがよい。レヴィ＝ストロースはこうして、異文化間交流に激しく反対したボナルドからゴビノーを通ってバレスへといたるフランスの反人間主義の思想家の伝統に連なることになる。

ヨーロッパ諸国が第三世界からの人口流入からみずからを守ろうと躍起になっている時代にあって、この教説がいかに政治的に時宜にかなっているか考えてみることもできるだろう。またこの教えの道徳的正当性を問うこともできるかもしれない。レヴィ＝ストロースは人間に徳の実践の根拠をもとめることをあきらめたが、「自然道徳」がこの教説を擁護できるものとなしうるかどうかは確かではない（だがいったい生命をもつものすべてにとって良いものをどのようにしてみつけだすというのか。私たちにそれを示してくれるのは学者なのだろうか）。私の目的はこの点については若干異なる。私は何よりもまず、レヴィ＝ストロースの考え方の真実とは何か、その一貫した原理とは何なのかを問うてみたい。

コミュニケーションが均一化を生じさせ、均一化は文化の死をもたらすというのは本当だろうか。明らかにこの考えは永遠に証明されることもなければ、事実によって否認されることもないだろう。それほど観察される事象とそれを説明しようとする抽象的理論との乖離が大きいのである。確かなことは、コントがすでに認めていたように、昔に比べ今日の世界では均一性がより大きくなっており、産業社会はスピードを上げながら広がりつつあり、ヨーロッパの科学は科学そのものになり、民主主義の理念と人権は地球上津々浦々でもとめられるようになりそうな勢いである。しかしここに最終的には完全な差異消滅へと向かう冷徹に進行する不可逆の過程をみてとるべきだろうか。私はそうは思わない。全体的なコミュニケーションを発見した人間はそれを知らない人間よりも同質化するであろうが、だからといって差異がことごとく解消されるわけではない。差異の解消が起きると考えることは、差異とは人間相互が互いを知らないということにのみ由来することを暗に意味し、そうだとすれば、論破すべき相手であった科学主義者たちの主張をそれと望まないまま逆に抱え込むことになってしまうだろう。文化間の具体的接触が確かに同化への方向で起きているとしても、けっして消え去ることのない歴史の重みが、（コントがどう言おうと）逆の動きをもたらすのだ。さらには、世界国家樹立などそんなに早く実現されるはずもなく、すべての民族はその自己同一性（イダンティテ）を認識するためだけであろうと、互いにみずからを他とは異なったものとして考えることを**必要としている**のだ（カナダ人の例がすぐさま思い起こされるだろう）〔カナダのケベック地方はフランス語圏で、英語圏にとり囲まれているため、つねに自立、独立の動きがある〕。差異は移ろい変化していくが、消え去ることはない。

　さらにもうひとつ指摘しておこう。土着の民族文化消滅の大きな原因は異文化との親密な交流ではない。伝統の破壊は異なる伝統への従属がなくとも簡単に起きている。他国への移住の場合よりも、「故郷（根拠）喪失」は同じ国にあって田舎の村から都市近郊の労働者街へと移るときのほうが深刻なものである。外国にいるときほど、自分の文化を意識することはない。危険があるにしてもそれはレヴィ＝ストロースがそれをみつけだそうとした小低木の茂みの背後などに隠れてはいないのである。

　レヴィ＝ストロースの議論はもうひとつ別の問題にぶつかる。彼が恐れるのは単一の世界秩序の確立であるが、実際に彼がおこなっていることは、全体がひとつになった社会の機能について能書きを書き連ねることでしかない。移民、異民族集団間の接触は各国政府によって決定されるものでも、ましてや国際機関によって決められるものでもない。もしレヴィ＝ストロースの考えが実現されるべく、人類が接触の加速を押しとどめようとするなら、それは逆に国際社会の協調、すなわちほとんど望まれていない世界国家への第一歩を意味しはしないだろうか。自由放任というリベラルな対応よりも国家の干渉をというレヴィ＝ストロースの選択は、彼が恐れながらもなした普遍主義的決断のもっともよい例証ではないだろうか。

結局のところ、レヴィ＝ストロースが世界の画一化は人間主義がたどる不可避の成りゆき（「普遍主義的教説を語る者は『一党独裁』を考えることになるだろう」）であると考えることは正しいのかどうか問うてみなければならない。レヴィ＝ストロースにはふたつの異なる普遍主義の痕跡が見いだされる。ひとつは彼が何のためらいもなく受け入れた、人類の生物学的・心理学的単一性であり、これはある意味では「出発点にある」普遍主義であり、反駁の余地のないものであり、いかなる選択をも含まない性質のものである。「人間において遺伝が決定するのは、何らかの文化を獲得しようとする一般的な能力である。しかしその文化が何になるかは誕生時の偶然と教育を受ける社会に左右されることになるだろう」（『はるかなる視線』四〇頁）。それはまた、レヴィ＝ストロースが、少なくともいくつかのテキストで無意識と呼んでいるものである。すなわち無時間的で普遍的な構造法則であり、あるいは「すべての人間にあって同じ法則にしたがって働く」象徴機能である。もちろんそれらは内容をともなわない純粋な形式である。「無意識はつねに空虚である、より正確に言うなら、胃を通る食物にとって胃が無縁であるように、無意識はそこで生起するイメージとは無縁なものである」（『構造人類学』二二四頁）。他方にはもうひとつ悪しき普遍主義、むしろ正確に言えばあやまった普遍主義が見いだされるのだ。差異をいっさい認めようとしない主意主義的な、したがって必然的に統合主義的な企図としてある普遍主義である。

そしてさらに近づいてみると、なんとふたつではなく（少なくとも！）三つの普遍主義がある。すでに示した最初の普遍主義に並ぶようにしてふたつめの「到達点にある」と言いうるような普遍主義が存在している。これはコンドルセなど幾人かの百科全書派やその後継者である科学主義者たちの書いたものに見いだされる、均一な住民による世界国家（エタ・ユニヴェルセル）の構想である。これらふたつのほかに、「出発」点とか「到達」点と呼ぶことのできない「過程」（方法論）的とも呼ぶべき普遍主義が存在しているのだ。つまり、この私が他者と首尾よくコミュニケートできるとすれば、他者の世界と私の世界の**双方**の世界を包括する準拠枠を想定しなければならない。自分との差異がしだいに大きくなる「他者」と次々にコミュニケーションをしたいと願うのであれば、相互理解の探究の果てに唯一の普遍的地平を仮定しなければならないだろう。しかし実践において私が普遍的カテゴリーに出会うことなどけっしてないだろう。私が出会えるのは、他のものと比べて初めて、**それよりは普遍的**であると言えるものでしかない。

　レヴィ＝ストロースは一度も「到達点にある」普遍主義と「過程」にある普遍主義を峻別しようとしたことはない。そのため「到達点にある」普遍主義に向けたときには正当化されうる非難が、「過程」にある普遍主義に対しても当てはまりそうに思えるのだが、実際にはレヴィ＝ストロースの全業績が示すとおり、そんなことはまったくない。乗客にはいかんともしがたい、おのおの違う方向に向かっている列車というイメージでは人間の置かれたこの状況をうまく描くことはできない。レヴィ＝ストロースが詩的に語っているように、人間は孤立した島ではなく大陸の一断片である。文化は気の狂った転轍手によって混乱に陥れられた列車の群れではない。相互作用さらには合流までもが可能であり、さらに言えば不可避なのである。

主体の排除

構造人類学は、レヴィ＝ストロースが好んで言うように、人間主義的哲学の対極にある。社会間の相違に興味を抱く民族学者は本能的に啓蒙主義哲学から生まれた普遍的枠組みを拒否する。人類学者が誕生するためには「普遍的で伝達可能な一般的諸能力の全体を含意する文明概念が、新たな意味で考え直された文化にその場を譲らなければならなかった。その場合文化とは特殊で伝達不可能な生活様式を表わしている」（『はるかなる視線』五〇頁）。文化は伝達されず他の文化との混交も許さない。レヴィ＝ストロースの言うことを信じるなら、民族学にはふたつの知的源泉があり、そのいずれもが人間主義に敵対するものである。ひとつはドイツでヘルダー〔一七四四－一八〇三。ドイツの思想家・聖職者〕やフィヒテ〔一七六二－一七九七。ドイツの哲学者〕によって練り上げられた国家主義哲学であり、もうひとつはバーク〔一七二九－一七九七。イギリスの政治家、著述家、フランス革命に対し批判的立場をとる〕やボナルドの保守的経験論である。いずれも人間の単一性よりも、人間の間の差異（国家、階級、階層）に注目する教説である。

さらに別にもうひとつ人間主義との対立があるが、それはもはや人類学全体に関係するものというよりは、レヴィ＝ストロースがみずからのものと認めている、人類学の構造主義版に関わる。人間主義は人間を称え、人間のうちに人間をして人間たらしめているもの、すなわち主観性を称える。それとは逆に、「構造主義は人間を自然の中に置き直し、〈人間〉主体なるものを排除することを可能にする。主体は長きにわたって哲学の中心に居坐り続け、自分に格別の配慮を払うことを要求することであらゆる真面目な仕事をことごとく妨げてきた手におえない甘えん坊なのである（『裸の人間』六一四―六一五頁）。人間を他のすべての生物種とならべてみようとすれば、人間からその特殊性、別の言い方をすれば主観性を奪うことから始めねばならない。ここでレヴィ＝ストロースが排除しようとしているのは学者の主観性ではなく（そんなことをすれば彼が「自然をもう一度組み込む」などと言うことはないだろう）、学者が研究する諸存在の主観性である。構造主義とは、レヴィ＝ストロース的な受け取り方では、人間存在の主観性を考慮に入れずになされる人間存在の研究なのだ。

レヴィ＝ストロースが主観性が人間存在の根幹をなす要素であることを知らないはずはない。「社会科学が置かれた特殊な状況はまったく別の性質のものであり、その性質は、（研究）対象に内在する、対象であると同時にそれ自体主体でもあるという性質に由来している」（「マルセル・モース著作集への序文」、XXVII頁）。これはすなわち以下のことを意味する。人間存在は存在論的には主体としてあるが、社会科学にあっては（したがって認識論的には）認識の対象となる。さて、存在論的地平と認識論的地平を混同する理由はいささかもない。認識論の主体と認識論の対象とは純粋に相対的な概念であり、観察者―被観察対象と同義である。存在論的には主体と対象は別個のものであり、主体すなわち人間存在、対象すなわちものである。レヴィ＝ストロースは観察対象が「主体」からなっているという社会科学の特殊性から、自然科学の専門家には適用されない道徳的掟が生じることを十分承知している。「われわれの科学が成熟の段階に達したのは、地球上で一種族あるいは一民族であろうとヨーロッパ人によって観察対象として扱われ続けるうちは、ヨーロッパ人自身も理解されることはないだろうことをヨーロッパ人が理解し始めたときであった」（『構造人類学二』四四頁）。

しかし人間主義と決別することを望むなら、研究対象からあらゆる主観性の痕跡を取り除かなければならない。レヴィ＝ストロースが到達した結論はこのようなものである。サルトルが「人間をアリであるかのようにみて研究」しようとする者たちを「耽美主義者」と呼んだときのレヴィ＝ストロースの反論はこうだった。「よろしい、この耽美主義者なる形容を甘んじて受けようではないか。われわれは人文科学の最終目標は人間なるものの構築ではなく、それを解体することであると信じるのだから」(『野生の思考』三二六頁)。この若干謎めいている命題がもちうるふたつの意味のどちらかを選ぶほかはない。レヴィ＝ストロースは、科学は分割できない実体を分割できないものとしてそのまま受け入れるのではなくそれを分析しなければならないと言おうとしているのだろうか。だがこれは単なる自明の理であって、それだけではなぜ科学が人間をまるでアリのようにみなして扱うことを私たちに強いるのかよく理解できない。あるいは、たぶんそうなのだろうが、人文科学の実践とは人間を化学物質のように溶解させることによって分解することを暗黙のうちに前提としているとほのめかしているのだろうか。レヴィ＝ストロースが人文科学の使命を「文化を自然に再び組み込み、ついには生をその物理的・化学的条件のうちに再び組み込むこと」(三二七頁) と定義しているのをみれば、後者の解釈のほうが首肯されるだろう。

その神話研究において、レヴィ＝ストロースはたえず私たちに主体の概念を持ち込む誘惑をはねつけるよう注意を促している。「主体の消去は方法論上のと言っていいような絶対的要請である」(『裸の人間』五六一頁)。神話はそれ自身によって説明されなければならず、それを伝達する主体の意志といっさい関わりをもってはならない。精神分析でさえこの点を十分警戒しているとは言えない。精神分析は主体を「他者」という概念と欲望の形而上学によって再構築しかねないところがあるからである。「新しい装いを凝らして、こっそりと主体を再導入することなどあってはならない」(五六三頁)。ただし、この主体の排除に方法論上の問題したがって原理上の問題をみてとる必要はない。神話の研究は言説の産出者としての個別の主体とは無縁である。それは神話がまさしく集団によって担われた言説だからである。個人的なものは定義からして神話ではない。レヴィ＝ストロースはこのことを完全に理解している。彼は同じ頁で次のように語っているのである。「神話の状態に移行するためには創造が個人的なものにとどまっていてはならない」（五六〇頁）。人間が神話において思考するのではなく、「人間において、そして人間に知られることなく、神話がみずからを思考する」、あるいは「**神話どうし**が思考し合う」（『生なものと焼いたもの』二〇頁）のだとする定式が存在理由を保ちつづけるのもこの意味においてである。もちろん個別の作家が問題になるときは、その逆が真であることになる。ルソーの思想を説明しようとすれば、主体としてのルソーの意図を問わないわけにはいかない（レヴィ＝ストロースがそのルソー研究においてもともとのルソーとはほとんど似ていないルソーの像を描き出してしまったのはこのことを忘れてしまったからであろう）。主体の排除は方法に由来するのでもなく、また何らかの特定の哲学的選択を迫るものでもない、研究素材からくる当然の帰結なのだ。神話には主体はなく、個人による著作にはあるということだ。

ときにはレヴィ＝ストロースはさらに過激になって、人間的なものの排除の必要性に、構造論的方法の帰結のみならず、科学的企図自体の帰結をみようとする。彼は書いている。「人文科学が真に科学的な成果を将来もたらすことができるようになれば、人間的なものと物質的なものとの区別は消え去るだろう。そして人文科学が真正な意味で科学となったあかつきには他の科学からみずからを区別することを止めるだろう」（『構造人類学二』三四五頁）。とりあえず、生じるかもしれない誤解を回避しておこう。「人間的なもの」が対立するのは「物質的なもの」とではなく、単に「非‐人間的なもの」とである。ひとは唯物論者であっても、人間的なものと非人間的なものとの区別を認めることができる、もちろんそれは身体の物理的・化学的な構成においてではなく、行動と諸構造においてである。このことを確認してみると、研究対象の弁別特徴を無視することになるこのような「真正な科学」に共感をおぼえることは難しい。しかし人文科学の使命は、たとえ学者の方針がどうであれ、人間を人間たらしめるものは何かの説明以外ありえないはずである。そのようなものが存在しないことを証明することで人文科学を「真正科学」に近づけることにはなるだろうが、あいかわらず鉱物とは違った行動を執拗に続けるであろう人間存在についてたいしたことは教えてくれないだろう。

いかなる論理にも反することだが、レヴィ＝ストロースの目には、人間の主観性を排除することは科学を実践するという事実そのものからくる必然的要請なのである。だが、すでにみたように、他者を対象としてのみ扱うことによって生じる恐れのある道徳上のそして政治的な危険についても彼は十分意識していた。そしてそこに悲劇的な矛盾のようなものをみてもいる。「民族学は人間にまつわる現象についてかつてないまでの客観的視線で捉えられるようになったが、この認識論的な進歩も、実は人類の一部がその他の者を対象として扱う権能を獲得したことに負っているのである。」レヴィ＝ストロースの学問も「われわれが単なるものとして扱っている異国の（エグゾティック）文化が結果としてものとして研究されえた」（六九頁）ことにその存立基盤を置いているはずだと考えられるだろう。この見方からすれば、民族学は悪であり消滅すべきものであるかもしれない。

私には、レヴィ＝ストロースと彼の懸念を共有するひとたちを安心させることができるように思われる。問題とされているこの不幸な宿命は幻想にすぎない。つまり人間が認識の対象（オブジェ）になったからといって人間存在が単なるもの（オブジェ）になるわけがないのだ。人文科学も社会科学も内的必然としてそんなことを要求していない。構造人類学の構想が主体を対象（オブジェ）に還元すること、したがって人間的なものを排除する（私には信じかねるが）ことにあるとしても、非難されるべきは「構造」であって「人類学」のほうではない。この学問は十九世紀のヨーロッパ諸国の植民地政策の強い推進力を受けており、「人類学は暴力の時代の申し子である」（同所）ことは確かである。しかし親の欠陥が必ずしも子供において繰り返されるわけではない。

生成は構造の同義語でもない。人間存在を理解しようとする企図にいささかも反道徳的なところはない。反道徳的になりうるもの、それはたとえば人格をものへと還元してしまうような、獲得された知識の活用の仕方であろう。

学者はその認識活動の過程で自分の主観性を棚上げしておきたいと願うものである。研究中の学者は「主体のみずからをたえず客体化する能力（けっして主体としての自己を廃棄することはできないのだが）、すなわち自己のつねに縮小していく諸断片を外部に投影する能力」（「マルセル・モース著作集への序文」XXIX頁）を頼みとする。だからといって学者は主体であることを止めはしない。事物がどのように**存在するの**かを明らかにするや、その**あるべき**状態について意見を述べるのも同じ個人なのである（すでにみたようにレヴィ＝ストロースもやはりそのようにしている）。民族学者も同じである。「いかなる社会ともつながりをもたず、すべての社会を材料として、異国の社会の慣習だけではなくわれわれ自身の慣習を改革するのに適用しうる社会生活の原理を抽出する」（『悲しき熱帯』三五三頁）ことが彼にはできるだろう。この最後の限定は脇に置いておくとして（確かに民族学者が現地調査をおこなっているときに、彼にある程度の慎み深さを要求することは称賛すべきことだろう。しかし原則的に民族学者が自分たちを受け入れてくれた国をその専門家としての生活から得た知識の適用対象から除外することが本当に必要なのだろうか）、レヴィ＝ストロースがめざすのは、認識と価値判断との間、構造と主体との間に必ずつながりがあると主張することであるように思われる。しかしどうすればこの目的と、随所で明言されている反人間主義的構想を両立させることができるのだろうか。

距離(ディスタンシアシオン)か離脱(デタッシュマン)か

社会科学の中での民族学の独自な立場について問いながら、レヴィ゠ストロースは次のような定義に惹かれていたようだ。すなわち、民族学とはそこに属さない者によっておこなわれる一社会の研究であるとする定義である。民族学の独自性は研究対象（未開社会がたとえ質的に他の社会と異なることを認めるとしても、それが民族学の唯一の研究対象ではない）にあるのでも、それが用いる技術にあるのでもない。そうした技術は他のあらゆる人文社会科学のそれと同じものである。独自性は観察者と被観察者との間に成立する特殊な関係にある。実際いくどとなくレヴィ゠ストロースは民族学の固有性をそのようなものとして定義している。彼は「人類学は外部から見られた文化を対象とする科学である」（『構造人類学二』七〇頁）と簡潔に記している。だが続いて彼はこの点についてさらに説明を加える。それによると、民族学的方法を基本的に構成するのは（観察者と被観察者との間の）差異そのものというよりはその両者の間の**距離**である。ここから論集『はるかなる視線』というタイトルが生まれたのだ。彼は「私の目から見て、民族誌学的アプローチの本質と独創性を表わしている（中略）タイトル」（『はるかなる視線』一二頁）と記している。また天文学との頻繁な比較もやはりこのことに由来している。たとえば「人間という星座を見るという宇宙飛行士としての任務」（「マルセル・モース著作集への序文」、LI頁）とか「人類学者は社会科学の宇宙飛行士である」（『構造人類学』四一五頁）あるいは「宇宙飛行士に比せられるべき立場」（『構造人類学二』八〇頁）といった具合である。

その他「距離を置くこと(ディスタンシアシオン)」（『構造人類学』四一五頁）とか「異化作用(デペイズマン)」（『構造人類学二』三二〇頁）とい

った言葉で表現される民族学の立場は、レヴィ＝ストロースにとっては特権的なものである。「この距離をとることによる特権的な観察」（三九頁）、「特権的な事例のこの特徴」（八〇頁）といった言葉からもわかるように、ふたつの社会間の隔たりが非常に大きいことにこの特権は由来する。「民族誌学的認識の特権的な特徴は（中略）きわめて大きく隔たった対象に適用されるときに起こる認識のあり方に作用する相対的単純化によって（中略）説明されるだろう」（六〇―六一頁）。

レヴィ＝ストロースの雄弁がその主張に自明の理であるかのような印象を与えている。しかしその見かけをあえて超えようとしてみると、ある困惑を覚えざるをえない。すなわち、このはるかなる視線の特権は正確には何に存するのかという疑問が湧いてくるのだ。異国人がその観察対象であるひとびとと偏見を共有するとは限らないが、だからといって自分がそもそもっていた偏見から自由であるわけでもない。この偏見が先の偏見と同様にあやまりであることもまれではない。遠い異国について、せいぜいが有給休暇の間だけ訪れたたまさかの旅行者に聞いた場合（この場合観察者と観察対象の間には相当な距離、あるいは最大の懸隔があるだろう）と、その国についてすべてを知り尽くしているその国自体の住人に質問した場合、どちらがその国についてより多くのことを知ることができるだろうか。昔のヨーロッパ人の旅行記は確かに面白いが、彼らが報告していることは、ほとんどの場合、誤解にもとづいたものでしかないのではないか。「相対的単純化」を特権化することで複合的な事象を見逃したり、表層的なものにとどまってしまう危険性はないのだろうか。レヴィ＝ストロースとは異なり、たとえばレオ・シュトラウスのようなひとは、つねにひとつの文化を理解するにはまずその文化が自己を理解するのと同じ仕方で理解する必要性を主張した（彼が厳密な意味で「解釈（アンテルプレタシオン）（相互提供）」と呼ぶもので、あらゆる認識が歩むべき第一歩だとされる）。そして素朴な良識に従えばレオ・シュトラウスの主張のほうが正しいと判断されるだろう。

この最初の疑義（距離をおいた認識は誤ったものでない場合でも皮相なものではないか？）に次いでさらに別の疑問が湧いてくる。民族学的認識を定義するのが観察者の外在性であるなら、ある社会について観察者の数だけ異なった記述があることになる。たとえばオーストラリアのある部族について中国人、インド人そしてヨーロッパ人による記述がもたらされ、それらのことごとくが互いに違っていることが容易に想像される。するとここまでくれば観察者をさらに分類することをやめる理由もなく、北部中国人と南部中国人、フランス人とドイツ人、さらにはデュモンの弟子とレヴィ＝ストロースの弟子の記述の相違があることになり、こうして列挙は無限に続いていくだろう。ここでは認識の相対主義が先にみた倫理的相対主義に重なってくる。このような散逸は、極端に推し進められれば明らかにばかげたものになってしまう。しかしそうした散逸は、民族学の、観察者の視点の相違だけに基づいた定義の中にも見いだされる。レヴィ＝ストロース自身もそのことをちゃんと指摘している。「互いに根本的に隔たった主体と対象を選ぶ際に、人類学は危険を冒している。対象について得られた知識が内的な特性にまで達しておらず、対象に対して主体がとるつねに変化する相対的立場を説明するだけに終わってしまう可能性がある」（三八頁）。

しかしながら、認識の相対主義というこの「危険」を人類学が冒したというにとどまらない。人類学はそれを自己の美点として主張しさえしたのである。そしてこの主張は、二度にわたって次のようなほとんど同じ文章を書いているレヴィ＝ストロース自身の筆によってもなされている。「最終目標はわれわれの研究する社会が、それぞれそれ自体としてどんなものであるかを知ることではなく、それらが互いに異なるのは何においてであるかを明らかにすることであることを認めれば十分である。言語学におけるのと同様に、**示差的隔たり**の探求が人類学の目標となる」（八一頁、および『構造人類学』三五八頁参照）。レヴィ＝ストロースはここで、反独断論的発想にもとづく、現代的独断論を結局は選んでしまっている。それによれば（自己同一性、本質、「内的特性」などといった）真理は存在せず、あるのはただ解釈だけである。すべては解釈であり、なにごとも「視点」次第であるというのだ。これもまた相対主義のひとつのヴァリアントでしかない。言語学への言及は重要である。なぜなら記号を純粋な示差的隔たりとして定義しようとしたのはソシュール〔一八五七－一九一三。スイスの言語学者〕だったからである。だが、まず第一に、ソシュールのこの言い方は必ずしも言語活動の実際の働きを説明しているとは言いがたい（ソシュールが『一般言語学講義』の頁が変ったところで考えを変えたのもおそらくこのためであろう）。ソシュールのこの言い方がいかなる点で、記号の他の記号に対する関係に対応しているかがわかっても、それは逆に記号と指示対象とを結び付ける関係を記述するにはふさわしくないということになってしまう。さらに、このような拡大解釈はそれ自体問題である。言語には差異しか存在しないと仮定しても、なぜ学者の記述が言語のようにシステムを作らず、ましてや目的をまったく同じくしないにもかかわらず、なぜこのモデルに正確に従う必要があるのかよくわからない。「認めれば十分である」とレヴィ＝ストロースは言っている。しかしこのような態度は民族学の科学的野心をまったくだいなしにし、不条理へと導いてしまう。

　民族学を「はるかなる視線」と同一視することに対する第三の反駁がある。これは民族学を研究するひとたちの実践について考えればすぐに浮かんでくる。民族学者の唯一の特権がこの同一視にあるのだとすれば、民族学者が「はるかなる視線」を丹精し、その隔たりをできる限り大きく保つように全力を尽くすことが期待されるだろう。彼は観察対象の異社会との物理的なものであれ書物によるものであれ長い接触はなんとしても避けようとするはずだと考えられる。接触は隔たりを縮めてしまう恐れがあるからだ。もちろん言うまでもなく、実際に専門家がつねにおこなっているのはこの逆であり、異国の社会の記述をおこなう前に、民族学者は比較的長期間現地のひとたちと生活をともにして（これこそが「フィールドワーク」である)、その社会に完全に身を沈めると考えられている。また扱う主題に関する既存の文献をなんとしても知らないままでいるようにと彼が要求されることなどない。距離を育むどころか、民族学者は正反対の立場へと向かう。距離をできるだけ縮め、研究対象である他者と同じように見たり感じたり考えられるまでになろうとする。つまり他者に**同化しよう**と努めるのである。レヴィ=ストロースもこのことについては異議をはさまないだろう。他者との同化に「人文科学の真の原理」(『構造人類学二』五五頁)を認め、みずから進んで「生活をともにする集団への民族学者の同化」(三二一頁)について語っているのだから。「異文化のためにすべての民族学者がなそうとしているのは、そこに生きるひとびとの立場に立つこと、彼らの意図をその固有の原理そしてその固有のリズムに合わせて理解することである」(『野生の思考』三三一頁)。その固有の原理は、はるかなる視線というよりも近い眼差しということになろう。「人類学は(中略)異質で遠く隔たった社会を記述することにより現地のひとの視点に到達することをめざす」(『構造人類学』三九七頁)。こうして私たちはレオ・シュトラウスへと立ち返る。

レヴィ=ストロースは矛盾しているのだと結論したくなるかもしれない。同化と距離をとることという相対立する言葉が同時に肯定されているのみならず、認識の相対主義が受け入れられたかと思えば断罪され、ついには民族学者は表層にとどまると同時に深層に立ち入らなければならないと言うのであるから。この矛盾の印象は思考の発展としても説明されえないことも付け加えておこう。こうした矛盾した言明が同じテキストの中でなされているからである。しかしこのような証明の仕方は単なる修辞学の訓練に終始し、真の問題を見逃してしまうおそれがある。そこで私はこれまでと同様、若干違った説明を試みることにした。問題になっていることがら——普遍的なものと相対的なもの——それ自体複雑であり、単純な解決はなしえない。主体についてのさまざまな角度からの考察において、レヴィ=ストロースは主体が示すさまざまな側面について検討している。各側面に対する彼の主張はそれぞれその時点では正しいのかもしれない。レヴィ＝ストロースの一貫しない表現が、遠まわしにではあれ示しているのは、叙述すべき事象の複雑さである。彼に対して非難しうることは、言っていることのひとつひとつに真理が欠けていることではなく、はっきりと一貫した論理を構築しようとする（つまり矛盾した印象を拭おうとする）努力がみられないことであろうが、これはおそらく彼がむしろ断定的なもの言いを好んだためであろう。

この困難を乗り越えるために、『悲しき熱帯』に見いだされるような民族学者の像を出発点にすることができるだろう。この書でレヴィ＝ストロースが強調しているのは、（観察される社会に対する態度として）距離を置くことでもなければ同化することでもなく、観察者自身が属する社会からの離脱（デタッシュマン）である。自分の天職が民族学にあると思うにはすでに「離脱の初歩的な状態」（三四四頁）を知っている必要がある。また民族学を学ぶ過程で得られる異社会との親密さはそれ自体「われわれ自身の社会からの離脱の手段」（三五三頁）となる。したがって民族学者の離脱は二度にわたっておこなわれ、離脱にはそもそも生まれながらに備わった能力と研究の過程で得られた能力とのふたつが関係する。しかし異社会との関係もまた単純なものではない。レヴィ＝ストロースも別の著作で書いている。「他者に受け入れられるようになることが、民族学者が人間の認識に割り当てた目的でもあるが、そのためにはみずからのうちでみずからを拒むのでなければならない」（『構造人類学二』四八頁）。また他者もまた一個の私であることに気づくためにはそれ以前に「私とは一個の他者である」ことを認めなければならない（四九頁参照）。これは、民族学の記述の目的は、普遍的に人間的なものを、われわれからもっとも遠く離れた人類の代表者の中にも見いだすことであるが、しかしこの目的に達するためには民族学者も自分が属する文化から離脱するのでなければならないという意味で理解するべきだろう。したがって民族学者とはレヴィ＝ストロースが別の場所では一刀両断に切って捨てたかにみえた文化間の仲介者なのである。そしてここで称えられるのはもはや伝統的価値への忠実さなどではなく、まさにその逆に離脱なのだ。そしてこの離脱は、先にみたようにその準備段階として、他者とのある種の親密さを要求する離脱なのである。

ここで問題になっているのは、無限後退でも悪循環でもない。自分自身が属する社会から遠ざかり、異社会に接近するというふたつの運動がそれぞれ二重化していかねばならないと言えば、直前に述べたことを、明瞭にすることができるかもしれない。まず遠ざかり**その一**として、他者に対して魅力を感じなければ幸せな民族学者は存在しえないが、それを感じるためには自分が属する社会と自分との間に軽い齟齬をすでに感じている必要がある。この齟齬こそが私に一歩を踏み出させるものである。しかしそれだけではまだ自分が属する社会に対して透徹した見方ができるようになってはいない。なぜなら本質的な要素がひとつ欠けているからである。それは外部にある比較項である。接近**その一**、異社会をその構成員と同じように内側から理解したいと願いそこに深く入り込む。構成員に同化しようとするのである。しかしこの同化に完全に成功することはけっしてない（もし完全な同化がおこなわれれば、その時点で民族学の学問的企図そのものを放棄してしまっているはずだ）。たとえ他者のあいだに暮らし、言語と習俗をともにしたとしても、私は異質なままであるしかない（なまりは残るものだ）。なぜなら私は私の過去を消し去ることはできないし、やはり自分が慣れ親しんできた諸範疇を用いて思考し続けるからである。遠ざかり**その二**、私は帰還する（単に精神的なものでもありうるし、実際におこなわれるものでもありうる）が、「故郷」はかつてのように近しいものとはならない。私は「故郷」に対していまや異邦人の視線を投げかけることができるが、その視線は私が異社会に向けていた視線と類似のものである。ではこのことは私が分裂した、すなわちパリでは半ばペルシャ人、ペルシャでは半ばパリ人といった存在になったことを意味するのだろうか。精神分裂に陥っていない限りは否である。私のこのふたつの側面は互いに連絡を取り合いながら、相互理解の場をもとめ、互いに理解し合えるようになるまで互いに翻訳し合っているのだ。民族学者は精神分裂の妄想に沈むことはない。なぜなら**共通の**意味を、究極的には普遍的な意味の探求を続けるのであるから。

そして最終段階がやってくる。接近**その**二である。精神の普遍的な諸範疇をもはや自分に固有の範疇にも、他者において私が観察したそれとも同化することなく、だからといって普遍性の地平を見失うこともなく、私は異社会を研究できるようになる。もちろん私自身の社会についても同じで、というのもサン・ヴィクトールのフーゴー〔生年不詳－一一四一。フランスの神学者〕の美しい言い方を借りれば、このとき世界全体が私にとって亡命地になっているだろうから。レヴィ＝ストロースによれば、民族学研究で得られた経験は「他者の慣習については何も知らない——あるいは部分的で偏った知識しかもたない——というだけで彼らに自分たちの慣習を押しつけるに十分だとする思いこみをわれわれの習慣から拭い去ってくれる」（『悲しき熱帯』三四九頁）。他者を知ることは単に自己を知る手がかりのひとつなのではない。それは唯一の方法なのだ。「比較項として用いることのできる異文化をもたなければ、いかなる文化もみずからについて考えることはできない」（『構造人類学二』三一九－三二〇頁）。個人についても同様である。

したがってこの民族学の教育課程で重要な瞬間は（他者との関係における）遠ざかりではなく、自分自身からの離脱となる。他者との付き合いを深め、その習俗に精通することは離脱へといたる良き手段のひとつであり、この地点に一度到達したならば（もちろんこれは永遠に繰り返されるべき作業なのだが）自分の視線が他者に向かっているのか（この場合距離は縮められるべきものであるが）、それとも自分たちに向けられているのか（ここでは遠ざかりが必要となるが、その遠ざかりは離脱の同義語になる）を知ることはそれほど重要なことではなくなる。これが一見したところの逆説であり、レヴィ゠ストロースの矛盾したもの言いの原因でもあったものである。外在性が利点になるのは当事者が同時に完全に内側にいる場合のみなのである。

普遍性の地平

レヴィ゠ストロースの言うように民族学が実際このようなものであるなら、私たちは以前にその欠落を嘆いた「過程」としての普遍主義からもはや遠からぬ地点にいることになる。なぜなら、異文化間の対話の地平、他者と自己との間の行き来こそ相互理解であり、究極においては普遍性ということになるからだ。その普遍性はドグマとして定立された原理から出発した演繹ではなく、試行錯誤を繰り返す中から生まれる比較と歩み寄りによって獲得される普遍性である。別の言い方をすれば、できる限り具体性から離れない普遍なるものである。レヴィ゠ストロースの相対主義の表明がそう思わせているのとは逆に、ある社会の記述は対象とする文化の、そしてまた記述する側つまり私たちの文化の単なる反映であってはならない。別のところでレヴィ゠ストロース自身語っているように、「われわれが、われわれの学問にそれを補完する重要な要請として取り込みたいと望んでいるのは、人間が自分自身の社会についてもっている諸観念の背後に、「真実(ヴレ)」という思考装置(システム)を動かす原動力を見いだすことである」(『構造人類学二』八五頁)。また認識の究極の規則とは「真理の非妥協的な追求」(『裸の人間』五七二頁)であり続ける。この野望は、消極的な形では、こうして生み出された思考装置(システム)は研究対象の社会の思考体系(システム)とも研究者が属する社会の思考体系(システム)とも一致しないと表現できるものであり、逆に実際の形では、この思考装置(システム)は単に個々の観察者だけではなく「すべての考えられうる観察者」（『構造人類学』三九八頁）の、それも単にすべての観察者というだけではなく、「もっとも遠く離れた現地の住民たち」（三九七頁）の賛同が得られるものでなければならないと表現できるだろう。レヴィ＝ストロースは、民族学者による記述は他者の特殊性を減じてしまうおそれがあるとする、民族学者に対する非難を耳にして憤激し、「過程」としての普遍主義を奉ずる者なら誰もがうらやむような口調で次のように言っている。「それが個人であれ集団であれ、他者の体験が本質的に伝達不可能であり、また時間的、空間的にもっとも隔たった人間どうしがその経験を部分的にではあれ相互に伝え合えるような言語を練り上げることを望むことは永久に不可能であり犯罪的でさえあると主張するひとびとは、単に新たな形の蒙昧主義に逃げ込んでいるにすぎない」（『自己同一性(イダンティテ)』一〇頁）。他の箇所でなされている信条告白がいかなるものであろうと、ここに引いた数語は民族学の仕事、当然レヴィ＝ストロース自身の仕事の唯一可能な根拠が何であるかを表明してもいるのだということを言っておかねばならない。さらに付け加えるならば、これはとくにレヴィ＝ストロースの仕事の根拠の表明なのである。レヴィ＝ストロースの仕事について、他の人類学者たちがつねづね非難しているのは、まさに人間精神の普遍構造ばかりに目を向け、差異を無視しているということなのである。

民族学的研究の普遍主義的地平はある重要な結果を引き起こすが、それを一部のひとびとは望ましくないと判断するかもしれない。現存する数多くの社会の中で、普遍性をめざすこのような言説のための場をすでに用意した社会がひとつある。それは西欧の社会であり、まさにその中で**科学**が発展してきたのである。だからといって他の社会ではこの種の思考が欠如しているとか、禁止されているわけではない。単に科学的思考がヨーロッパと同じ仕方では制度化されていないだけのことである。さらに言えば、ある時代をとってみてそこに見いだされるヨーロッパ的科学の諸範疇が真に普遍的有効性をもつと考えてはならない。おそらく逆の場合のほうが多いのではないだろうか。ヨーロッパで科学が発展してきたのは、単にヨーロッパの伝統の中ででき上がってきた形の科学的思考の形式は、それ自身の内容の改良を可能にするものであったからであり、そのことが可能になったのは批判的議論の規則への服従がなされてきたからである。この批判的議論の基準、すなわち論理的一貫性と経験による証明は万人にとって同じものであった。したがってふたつの社会の間には観察者と被観察者という差異が存在するだけでなく、ある不均衡も存在している。「真実(ヴレ)という思考装置(システム)を動かす原動力を見いだそう」とする記述は近代科学と類似した形をとらざるをえないのである。

レヴィ＝ストロースは、彼自身が完全にはっきりそれとわかるような形で提示することはないものの、この不均衡をしっかりと見据えていた。「内的な理解（現地人に関する理解、あるいは少なくとも現地人の経験を追体験する観察者に関する理解）は外的理解の用語に変換されなければならない」とし、さらに「そうした外的理解の用語は、有効であるためには体系的で整合的な仕方で現れるような一個の全体の諸要素をもたらす」（「マルセル・モース著作集への序文」XXVIII頁）とも記している。この「体系的で整合的な」という用語法はヨーロッパ文化が整えてきた科学的言説の諸制約への服従の必要性以外の何かを意味しているだろうか。科学あるいはレヴィ＝ストロースが「構造的解釈」と呼んだものは、やはりそれを他の諸言説から区別させる固有の特質を備えている。「構造的解釈のみがみずからと他者の言説を同時に説明することができる。（中略）構造的解釈は他の種類の解釈が説明することなく体現しているだけの諸関係の体系を明るみに出すものである」（『裸の人間』五六一頁）。したがってレヴィ＝ストロースは科学的知を「その応用が引き起こした害悪がいかなるものであれ、また今日予測されているさらにひどい害悪がいかなるものであれ、やはりその絶対的優位を否定できそうにもない認識方法である」（五六九頁）として擁護するのを当然と感じてもいる。もちろんこの優位性を肯定することが、他者を排除しつつ、ある個別の文化から派生した諸範疇に閉じこもることを意味するわけではない。なぜなら科学の諸範疇はけっして最終的なものではなく、他の文化からもたらされる範疇との接触により変更されうるからである。

だがレヴィ＝ストロースはほとんどつねにその立場をこれほどまで明らかにしようとはしなかったし、それには理由がある。そうすれば、彼の反人間主義全体を揺るがすおそれがある。とくに『生なものと焼いたもの』の序で彼は数回にわたって、彼の神話分析と神話自体、つまりロゴスとミュトスとのあいだには質的な差はないと主張している。「神話的思考の自然発生的運動を模倣しようと望んだことにより、われわれの試みは（中略）神話の制約に従わざるをえず、また神話のリズムを尊重するほかなかった。こうして神話を扱う本書は独自の仕方ではあれ、これまたひとつの神話なのである」（一四頁）。研究対象が、それを記述する言説に、両者の区別がなくなってしまうほどの影響を及ぼしたというのだろうか。レヴィ＝ストロースの言うことを信じるならばその通りである。「人類学の最終目標が客体化された思考とそのメカニズムのよりよき理解に貢献することであるなら、それは本書において、南アメリカ原住民の思考が私の思考の働きの下で具体化し、私の思考が彼らの思考の作用を受けて具体化しているということと同じことになる。重要なことは、人間精神が、偶然にそのメッセンジャーとなった者たちの身元に関係なく、互いに作用しあうふたつの思考の相互反映が進展するにつれて、その構造をよりわかりやすい形で明らかにすることであり、ふたつの思考はそれぞれが互いの接近の導火線や火薬となり、その接近によりふたつの思考がともに明るく照らし出されるのである」（二二頁）。この時期のレヴィ＝ストロースのワグナー風の文体を割り引いてみても、民族学はその対象に対していささかも特権をもたないという考え方は残る。これは別の箇所で肯定された科学的言説の特殊性を否定し、当然その優位性をも否定する方法であるとも言える。

　レヴィ゠ストロースが実行する接近法は危ういものであると同時に示唆的である。まずそれは危ういものである。明白な差異を無視しているからである。レヴィ゠ストロースの言説はインディオの神話を対象としているが、誰もが気づくように、神話はレヴィ゠ストロースの分析について語りなどしない、神話はインディオたちが生活する世界とその世界を理解させる諸範疇について語るだけなのだ。レヴィ゠ストロースの分析は、論理的一貫性とか演繹法や帰納法、含意とかアナロジーといったいくつかの規則を前提としているが、これらは人文科学の言説を特徴づけるものであり、それに対して反駁をおこなうことを可能にしているものでもある（認識論の優位性はここに由来する）。インディオの物語はまったく別の語りの規則、象徴の規則に従っている。誰でも本能的にこのふたつの**ジャンル**の差を感じるだろう。ふたつの言説はその対象も「方法」も異にしている。それでもやはりレヴィ゠ストロースの言い方にはどこか正しいところがある。直接的な対象の差異を超えて、ふたつの言説は同じひとつの現実、すなわちインディオの精神世界の表現をめざしている。異なった種類の制約に縛られながらも、ふたつの言説には共通した特徴がある。両者とも世界をよりわかりやすくしたいと願っているのである。そのどちらがより成功するかを前もって知ることはできない。バルザックについての解釈よりはバルザックの作品自体を読むことのほうが通常好まれるように、インディオの神話を読むことのほうが最終的にはその分析を読むよりは実り多いことだろう。結局のところ、ここで主張されているのは、ふたつながら世界の真実を追求するという理由で、芸術と科学が一致しているということである。

　レヴィ゠ストロースの逡巡の究極的例証を、民族学の調査に対する、最近脱植民地化した民族の態度を検証した論考に見いだすことができるだろう。彼らの拒絶の理由を明晰に分析する前に、「これらの民族は自分たちが民族学的調査の対象になることを、だんだんと許容しなくなっている」(『構造人類学二』六七頁)と彼は慨嘆しながら指摘している。脱植民地化したばかりの民族が拒否しているのは民族学それ自体ではなく、民族学に往々にしてつきものの相対主義のイデオロギーである(逆説的なことに、このイデオロギーは民族学者においては異文化の特質を尊重しようとする配慮によって培われたものであり、しかもこのイデオロギーが異文化理解に貢献してきたことは疑いえない。しかしこのように結果がその結果をもらたした原因に背いてしまうことはまれではない)。「民族学者は自分の研究対象となるひとびとの精神的利益のために文化の相対主義を採用したと思っていたのだが、文化の相対主義の教説は、まさにそのひとびとによって問題視されるようになる」(『はるかなる視線』五二頁)。あるいは「さらに、これらの民族は直線的進歩という古びた説に賛同するのだが、それはまるで産業化の恩恵により早く浴するために、自分たちを一時的に遅れているとみなすほうを、自分たちを永遠に異質なものとみなす見方より好んでいるかのようである」(『構造人類学二』六八頁)。

レヴィ゠ストロースが語っていないこと、それは、すべてを考え合わせた上で、ふたつの悪、すなわち文化の相対主義と直線的進歩主義のうちどちらかを選ばなければならないとしたら、認識論的にみても倫理的にみても、後者のほうがましだということである。人類の単一性という考え方の放棄が二十世紀において、「アパルトヘイト」とか「究極の解決法(゠ユダヤ人大量虐殺)」とか名づけられたような極端な行動にまでいたらしめたことを知らずにいることはできないだろう。だがとくに拒絶すべきは、相対主義か進歩主義かという二の不毛な二者択一をせまられることである。テクノロジーという限られた分野を別にして、不可逆的で全人類に共通したプロセスとしての進歩というものは、たとえ「進歩への信念」がいたるところで消え去ってしまったわけではないにしても、明らかに幻想である。それでも一党支配体制にも進歩主義のアポリアにも行きつくことのない普遍なるものの観念が存在する。

民族学的認識はそれ自体普遍性への参照なくしては考ええないものであり、ここで問題になる普遍性は現代科学でおこなわれている種類の普遍性である。ヨーロッパ社会を対象として他の伝統的な社会の構成員の手になる「さかさまの民族学」の可能性を示唆しながら、レヴィ＝ストロースはこの思いつきが「体系的な仕方で実現される」（六九頁）のは「難しい」だろうと述べるにとどまっている。しかし一番の困難は理論上のものである。観察者の数だけ民族学があるわけではない。古くからの「現地人」がヨーロッパ人を「民族誌的に記述する」ことはもちろん可能であろう。しかしその結果は自分の社会から**離脱**したのちに当のヨーロッパ人が達しうるだろう結果とそれほど違わないだろう。民族学ははるかなる視線と近くへの視線とが対立するような仕方で、他のすべての人文社会科学に対立し孤立するような学問ではない。これこそ民族学の方法論に関する議論が必ず民族学者の経験の記述に向かわざるをえない理由である。われわれのものとは異なる文化を知ることは、歴史的探求と並んで、比較という方法のふたつの大きなあり方のひとつとして現れてくる。そしてこの比較という方法はあまたある方法のひとつではなく、自己からの不可欠の離脱に導き、いかなる性質をもつ社会的事象であれ、それらの社会的事象の正しい認識へと導く唯一の方途なのである。

第二章　人種

人種と人種差別

人種差別、人種理論

さてここで一時、普遍的判断と相対的判断の問題設定を離れて、本書の考究の開始に当たって提起しておいた第二番目の問題群に目を転じたい。すなわち人類における単一性(ユニテ)と多様性(ディヴェルシテ)に関わる諸問題である。人間はみな互いに似ていると同時に互いに異なっている。これは日常のできごとを省みれば誰にも簡単に認められることである。生活様式は場所が変れば変るものの、（生物学的意味での）種としてはただひとつなのである。つまり、同一性の領域がどこまでなのか、差異の領域がどこから始まるのか、そしてこのふたつの領域の関係は正確にはどのようなものか、問題のすべてはこれらの点の究明にかかっている。過去数世紀にわたってこれらの問題についての省察は**人種**をめぐる教説として現れてきた。

まずは用語の確定から始めなければならない。「人種差別(ラシスム)」という語は、現用の意味では、現実のきわめて相異なるふたつの側面を表わしている。ひとつには自分たちとは異なる、はっきりとそれとわかる肉体的特徴を備えたひとたちに対する憎悪や軽蔑からもっぱら引き起こされる**ふるまい**のことであり、もうひとつは人種に関する**イデオロギー**あるいは教説である。このふたつは必ずしも同時にみられるものではない。通常、人種差別主義者は理論家ではなく、「科学的」理論でそのふるまいを正当化する能力をもたない。逆に人種のイデオロギーを述べるひとは必ずしもいわゆる「人種差別主義者」である必要はなく、その理論的見解はその行為にいかなる影響も及ぼすことなく、それとは無関係でありうる。というよりはむしろ理論は本来的に他人種より劣る人種が存在するという命題を含む必要はないのである。このふたつの意味を区別するために本書では適宜ふるまいとしての**人種差別**（ラシスム）と教説としての**人種理論**（ラシアリスム）とを区別して用いることにしよう。ただし人種理論にもとづく人種差別が、とりわけ破滅的な結果を引き起こすことは言っておかねばならない。ナチズムがまさにその典型である。さて人種差別は古くから、おそらく全世界でみられるものだろう。しかし人種理論は西欧で生まれた思想であり、その最盛期は十八世紀中葉から二十世紀にかけてである。

　私たちがここで扱おうとする人種理論の教説は、首尾一貫した一連の命題として提示されうる。それらの命題は「理想型（ティップ・イデアル）」あるいは古典的人種理論にはすべて含まれているが、主流からはずれた個別の理論あるいは「修正主義的」理論ではいくつかの命題は欠落している場合もある。さてこの命題群は五つに集約することができる。

　一　**人種の存在**。第一の命題は当然ながら人種、すなわち共通の肉体的特徴を備えた人間集団が実際に存在するという主張である。差異は明白である以上、存在の主張と言うよりは、人種概念の有効性と重要性の主張であると言ったほうがよい。ここでは人種は動物の種になぞらえられ、ふたつの人種を隔てる距離は馬とろばとのそれに等しいものとされる。交配の可能性を否定するまでのものではないが、ひと目でそれとわかる境界を設けるには十分であるとされるのである。人種理論家は、普通、この事実の確認では満足せず、さらにこの区別が維持されることを望む。したがって彼らは人種間の交配には反対する。

この点を人種の理論の敵対者たちはさかんに取り上げてきた。まずは、はるか太古より人間集団間で混交がおこなわれてきたことを指摘する。であるなら、肉体的特徴は言われているほど実際には大きくないのではないかと考えてよいだろう。この歴史にもとづく議論にさらにふたつの生物学上の事実が追い打ちをかける。ひとつめは次のようなものである。確かに人間はその肉体的特徴において互いに大きくかけ離れてはいる。しかしそれらの相違は、はっきりと区別される複数の集団を作り出すためには互いに一致していなければならないはずである。ところが実際にはそうではない。遺伝的諸特徴を計測すれば、ひとつの「人種」地図ができるだろうが、血液分析を基準にした「人種」地図はそれとは異なるし、骨相を基準にした地図、さらには皮膚の相違をもとにした地図も考えられるだろう。ふたつめの事実は次のようなものである。このようにして構成された人間集団の内部においてさえ、集団間にみられる以上に大きな個人間の差異というものが存在している。こうした理由から、現代生物学は、地球上に生存する人間間の相違の研究は止めないものの、もはや人種という概念に頼りはしない。

しかし、こうした科学的議論も人種理論の教説を根絶するために真に有効ではない。社会心理に起因する問題に生物学の所与によって回答を出そうとするものだからである。学者にとって「人種」が存在しようがしまいが、そのことは個人の知覚にはそれが誰であろうと、いささかも影響を与えることはない。その個人にとっては差異が歴然としてあるからである。この見地からすると、即座にそれとわかる特徴だけが問題となる。たとえば皮膚の色、体毛、顔立ちなどである。さらにふたつの人種の交配から生まれた個人あるいは集団の存在は、人種概念を消滅させるどころかかえって強めるだけである。各人種の典型的特徴を認めることができるからこそ混血を正確に同定しうるのである。

二　**肉体と精神の連続性**。だが人種とは、似た外貌をもつ個人を単に集めただけのものではない（もしそうであれば、問題はたいしたことはないだろう）。人種理論家は、第二に、肉体的特徴と精神的特徴との密接な連関を主張する。言い換えれば、世界の人種による分割は、これまたくっきりと区別される文化による分割と一致するというのである。確かにひとつの人種にいくつもの文化が存在することもある。しかし人種が変ればほとんどつねに文化の変化が存在する。人種と文化との連関という考えは、なぜ人種はお互いに争い合う傾向をもつのかを説明してくれるだろう。

　ほとんどつねに主張されてきたことは、ふたつの分類が併存することだけでなく、それらの間に因果関係も存在する、すなわち肉体的差異が文化的差異を**決定づける**ということである。私たちは誰でも自分の周囲に肉体と精神というそれぞれ多様な個体を含む二系列のものを観察することができるが、ふたつの系列はそれぞれ別個に説明されうる。またそのふたつの説明が互いに関係をもつようになる必然性など別段ない。あるいは変化はむろん観察されるが、だからといって説明に及ぶ必要もないだろう。しかし人種理論家はこのふたつの系列がまるでひとつの同じ系列の原因と結果でしかないかのように語る。この主張は今度は精神的なものの遺伝的な継承を、そして教育によるその変化の不可能を含意する。二系列を統一しようとするこの試み、生の体験の多様性への秩序の導入は、明らかに人種理論家の態度を一般的な意味での学者の態度に似たものにみせる。学者は混乱のうちに秩序を導入しようとし、学者の構築する仮説は現象世界では相互に異質なものの間の類縁関係を確認させるからである。付け加えておかなければならないが、今日にいたるまで、この人種理論の決定論、すなわち肉体的特徴と精神的特徴との連関について、いかなる証明ももたらされてはいない。確かにだからといって永久に証明がなされないだろうとか、証明の探求それ自体有害だということにはならない。ただこの仮説がいまのところ不毛なものだとされていることだけは確認しておこう。

もっと最近になってからのことだが、全体は保ちながら原因結果の関係を逆転させてはどうかという提起がなされたことも付け加えておこう。精神的なものを決定するのが肉体的なものではなく、文化が自然に影響を及ぼすのではないかという考え方である。ある民族において、背の低い者よりも高い者を、あるいは褐色の髪の者よりも金髪の者を優遇すると、民族全体がこの好ましい肉体的特色へと向けて変化するだろう、すなわち価値体系が遺伝的フィルターのような作用をもつだろうというのである。また、知的機転よりは肉体の強さが好まれる場合、あるいはその逆を想像することもできる。この場合でもやはり好ましいとされた特徴を伸ばすことが良しとされるようになるだろう。このような視点の逆転は肉体と精神の相互作用の研究に新たな可能性を開く。

三　**集団の個人に対する働きかけ**。同じ決定論が別の方面でも働くようになる。個人の行動は大きな捉え方をすれば、彼が属する人種的・文化的（あるいは「エスニック」）集団に規定される。この命題はつねに明示されるとは限らない。自明のことだからである。個人が道徳的にいっさいの制約を免れ、帰属するところとは無関係に、その自由な意志の活動に従って動いているのであれば、人種や文化を区別したところでいったい何の役に立つだろう。それゆえ人種理論は集団心理学的教説であり、本質的に個人主義のイデオロギーに敵対するものなのである。

四　**価値の唯一の階梯（イエラルシー）**。人種理論家は人種が互いに異なることを主張するだけでは満足しない。彼はさらに人種の間に優劣の関係があると信じている。このことは人種理論家は価値の唯一の階梯を、すなわち普遍的な判断を下す根拠となる評価基準をもっていることを含意する。これはおどろくに値する。というのもこの一元的基準を有する人種理論家は人類の単一性という考え方を放棄してしまった者にほかならないからである。この価値体系はたいていの場合自民族中心主義から発している。事実、当の人種理論家の属する民族（エトニー）が階梯の頂上に位置していない場合はきわめてまれである。肉体的特徴についても、好意的な判断は簡単に美的評価として表われる。すなわち、わが人種は美しく、他の人種は多かれ少なかれ醜いということになる。精神面について言えば、判断は知的特徴（ある人種は愚かで、ある人種は賢い）、道徳的特徴（ある人種は高貴で、ある人種は下劣である）に関わる。

五　**知にもとづく政治。**以上の一から四までの命題は世界の記述として、また事実の確認として提示される。そしてそこからただちに導かれるのが教説の五番目のそして最後の命題である。すなわち政治は、世界の先の記述と調和するものでなければならず、それをめざすものでなければならない。「事実」を定立した人種理論家はその事実から道徳的判断と政治的理想とを引き出す。結果として、劣等人種の優等人種への帰順、さらには彼らの淘汰が、人種について積み重ねられた知識によって正当化されうることになる。ここにおいて人種理論は人種差別と合流し、理論が実践に道を開く。

　この最後の結論に対する反駁はもはや学者の手に負えるものではなく、哲学者が扱うべき問題である。科学は一から三までの命題については無効を宣告できるだろうが、今日の生物学者の目には明白な真理にみえることが明日には誤りとされることもありうる。しかしもしそのようなことが仮に起きたとしても、それゆえに、他の理由からも弾劾されるべきことを正当化することはできないであろう。遺伝学者は人種差別と戦う者としてとくに資格を備えているわけではない。政治を科学に従属させること、権利を事実に従属させることは、誤った科学ではなく誤った哲学である。人間主義（ユマニスム）の理想を人種差別主義（ラシスム）の理想に対して擁護することはできる。ただしそれは人間主義の理想がより真（どんなものであれ理想についてそれがより真であるかどうかということは問題となりえない）であるからではなく、人類の普遍性に根差しているがゆえに、倫理的により優れているからである。

以上述べてきた特色の集合が人種理論の教説を形づくっている。数えあげられた特色のひとつひとつを取り上げてみると、どれも人種理論独特のものではない。もしこれらの特色のひとつでも欠けてしまえば、見かけは似ているが、人種理論とは区別された別の学説が生まれてくるだろう。たとえば、十九世紀以来人種の存在という第一の命題は放棄され、その結果人種主義ととてもよく似た「文化主義」が現れた。二十世紀には第四の一元的な価値の階梯が頻繁に断念されるようになり、判断を義務とする（この命題が唯一人種理論と普遍的人間主義の共通点である）よりは相対主義的中立性のほうが好まれるようになった。また彼らの教説からすれば当然出てくる政策にまったく関心をもたない人種理論家もいる（これがもっとも有名な人種理論家ゴビノーの場合である）。それでも今日なお、これら五つの命題の組み合わせが人種理論の古典的な典型として考えられるべきものであることには変りがない。人種理論にみられるこの五つの命題以外の要素についてもすでに本書で触れたが、それらは任意的なものでしかない。それはたとえば人種混交への恐怖、精神的なものの遺伝あるいは人種間戦争といった要素である。

いくつかの共通点が人種理論の精神的家族が科学主義であることを示す。事実、科学主義が全面的決定論（精神と肉体との関係もそして個人と集団の関係も含んで）を主張すること、そして科学に対して社会の目的を定式化し、それに到達するための正当な手段を示すよう要求することにより特徴づけられることを私たちはすでにみた。科学主義は、こう言ってよければ、氷山のようなもので、海面に出ている部分が人種理論なのである。今日では人種理論はもはやはやらない。しかし科学主義の教説はかつてないほど栄えている。だからこそ私は平行する形で、本来の意味での人種理論の思想とそれらが属する一般的な科学主義の文脈とを分析してみたいと思うようになったのである。

ここでは、たとえ図式的にであれ、人種間の関係の歴史をたどることはまったく問題とはなりえない。理由としては、もっとも流布している分類法が白人、黄色人種そして黒人という三つの人種概念によっているものであることを述べておくだけで十分である。ただしありきたりの人種理論家はすでに貧困としか言いようのないこの図式をさらに単純化する。彼にとっては真の人種はふたつしかない。あるいはふたつの極があり、他のすべての人種はこの二極間に位置するのである。ふたつの極とは白人と黒人である（黄色人種は両者の中間にあるとされる）。関心がこの二極の対立に絞られるのは、普遍的な象徴性に関係してくるからかもしれない。たとえば白と黒、明と暗、昼と夜といった組み合わせはあらゆる文化において見受けられ、しかもたいていの場合前者のほうが好まれているように思われる。人類の歴史はよく知られている通りのものであり、典型的な人種差別、これぞという人種差別は黒人に対して白人がおこなったものである。

以下の頁で、私は人種理論について語ることになるので、ここで人種差別についてもうひと言費やしておくべきだと思われる。みなが、あるいはほとんどの者が一致してそう望んでいるように、近い将来人種差別は消滅する定めにあるのだろうか。どうもそれは疑わしい。あらゆる社会は複数の階層からなり、その階層構造の中で不均等な価値づけを受けたさまざまな場を占める不均質な複数の人間集団からなっている。ただし現代社会にあってはこれらの場は固定されたものではなくなっている。ピーナッツ売りが大統領になりうるのだ。唯一現実に消せないものとして残る差異が肉体的差異である。「人種」とか性別と言われているものである。社会的差異と肉体的差異とがかなり長い間重なり合った状態にあると、社会的なものと肉体的なものをない混ぜにする人種差別と性差別という態度が生じてくる。もちろんこのような平行関係をさらに延長することはできない。男性との関係における女性の状況はますます限りなく複雑な様相を呈してきているからである。「人種」、すなわち一見してそれと分かる肉体的特徴をもった人間集団の分類についていては、それぞれ肉体的に大きく異なる特徴をもった多数派と少数派との共存が大きな問題を引き起こしてきたことを認めなければならない。互いにかなり異なったものではあるが、アメリカ合衆国と南アフリカの例がこのことを例証する。このふたつの国とて膨大なリストの一番よく知られたものにすぎない。よく主張されるのとは逆に、一国の内部に複数の文化が存在しても必ずしも軋轢を生じるわけではない（複数の文化をもたない国などあるだろうか）。これに対し複数の人種が一国内にいる場合——たいていの場合そうなのだが——、それがきわめて明瞭な社会階層分化と重なった場合にはたちまちにして重大な軋轢を引き起こしてしまう。問題の解決は混血、すなわち肉体的差異の消滅によることになる。

反ユダヤ主義はまた独特の問題を引き起こす。一方で「ユダヤ人」は黒人と異なり目にみえる共通した特徴をもっていない（それゆえ、ナチス体制下では、黄色い星印を付けさせざるをえなかった。そうでもしなければユダヤ人をどうやって識別できただろう）。したがって、それは純粋に文化的な（宗教や慣習等による）差別であり、伝統的な人種差別の中に反ユダヤ主義を加えるのは誤りかもしれない。しかし、また一方で、人種差別主義者は「ユダヤ人」という人種概念を作り上げ、（たとえばユダヤ教徒嫌いになるよりも）反ユダヤ主義者になることをみずから望んだのである。人種理論の歴史からみれば、この「ユダヤ人」のケースはもっとも重要な問題のひとつであり、われわれは人種理論の検証においてこの問題を考慮に入れざるをえない。

人種理論の登場

近代の歴史家の業績のおかげで、人種理論の歴史は今日広く知られるようになった。フランソワ・ベルニエ〔一六二〇－一六八八。フランスの探検家で医師〕は、一六八四年に、初めて近代的な意味で「人種」という言葉を用いたが、その後この問題を掘り下げて取り扱うことはしなかった。フランス国外では、リンネ〔一七〇七－一七七八。スウェーデンの植物学者、植物分類法の創始者〕が人間の類（種）別についてじっくりと思索を巡らしていた。フランスでも、フランク人とガリア人の差について、それぞれ貴族と平民の祖先ではないかという意見をめぐって論争が起きた（オーギュスタン・ティエリーは十九世紀の初頭この理論をふたたび取り上げている）。しかし私たちにとってもっとも適当な出発点は、ビュフォンの『博物誌』の冒頭、人間にあてられた部分であることは明らかである。なぜならそれは十七世紀および十八世紀のおびただしい旅行記を総合したものであり、またこの著作自体が、その文体の質の高さにより、そしてその科学的権威によって、のちの文学に決定的な影響を及ぼしたからである。

人類の単一性という考え方が『博物誌』の構成の根底にある。ビュフォンが多様性を知らないはずはないだけに、彼の結論はなおさら重みをもっている。「すべてが一致して人類が互いに本質的に異なる種からなってはおらず、逆にもともとただひとつの種から出発していることを証明している」（『人間について』三二〇頁）。ビュフォンが人類単一起源論の擁護者となったのは神学的理由からではなく、事実によらざるをえない博物学者の立場を貫き、白人と黒人は一緒になって子供をつくることができることを知っていたからである。この事実だけですでに白人と黒人は同じひとつの種に属していることが証明されているのだ。

人類の単一性は当然の帰結として人間と動物とを峻別させることになる。ビュフォンの博物誌の全体は結局人間への賛歌であり、彼は倦むことなく人間と動物との差異を強調するが、その差異はそのまま人間の優越性なのである。「人間の能力ともっとも完成された動物の能力との間には限りなく大きな開きがある。このことは人間が他の動物とはまったく異なる性質を有し、単独で別な種を形成していることを証明している。人間から下って動物にいたるには無限ともいえる隔たりを越えなければならない」(四七頁)。この懸隔を一語に凝縮すれば、理性の有無ということになるだろう。「人間は理性的な存在であり、動物は理性をもたない存在である。肯定と否定との間に中間点が存在しないと同様に、理性的存在と理性をもたない存在との中間的存在もありえず、したがって人間が動物とはまったく異なる性質のものであることは明白である」(同所)。次に、この理性の有無は意図的な記号の使用によって確かめられる。「人間は記号を用いて内面で起きていることを表出し、言葉によって考えていることを伝達する。この記号は人類に共通したものである。未開人も文明人と同じように話し、両者とも自然に話すが、それは他人に自分の言いたいことを理解してもらうためである。いかなる動物もこの思惟を表わす記号をもたない。(中略) すなわち動物は思惟というものをいかに低級なものであれもっていないのである」(四四—四五頁)。

ビュフォンによる人類の単一性の主張は階層秩序(イエラルシー)についての鋭い感覚をともなったものである。このことはテキスト内部に緊張を与えずにはいない。つまり機会があればビュフォンは画然とした人間と動物の間の分離に例外を認める用意があるようなのである。それはまさに問題となっている階層秩序を知らない人間たちに対してである。人間は「動物に比べればはるかに優れた性質をもっているが、この両者を混同するには、動物と同じ程度の貧弱な知性しかもっていないのでなければならない」(四三頁)。理性や言葉の欠如以外にも、階層秩序の認識の欠如が動物界の明確な特徴となっている。「他よりも強く器用な動物が仲間に命令したり自分たちに仕えさせるということは聞いたことがない。（中略）すべての動物についてみても、この主従関係の存在を示す兆候は認められないし、その性質において自分が他よりも優れていることを自覚したり感じたりする個体がいる様子もない」（四四頁）。

したがって、人類の単一性と同時にビュフォンが人類内部での階層化の存在を主張するのを目にしてもおどろくことはない。この階層秩序の認識こそ人間の基本的な特徴なのである。つまりすべての人間は同じ種に属しているのだから、同じ基準にもとづいて判断できることになり、そうなればある者は他の者よりも優れているので、彼らが互いに異なっていることが認められることになる。ビュフォンにとって人類の種としての単一性と価値判断の絶対的権威との間には連関がある。種の単一性はあらゆる組み合わせでの妊娠可能性によって証明されるが、階層秩序のほうは人間の別の特徴の観察に立脚している。すなわち、合理性のほかに、その程度に差はあるものの、人間は共通した特徴をもうひとつもっている。実は階層秩序の認識はこの特徴がもたらした結果のひとつにすぎない。その特徴とは人間の社会性（ソシアビリテ）である。「人間は（中略）強くもなければ、大きくもない。人間が世界を牛耳ることができるのは、ひとえにみずからに命じることができ、自制し、他人に従い、法を遵守することができるからにほかならない。一言で言えば、人間とは他の人間とつながり合うことができるがゆえに人間たりうるのである」（『博物誌』第一〇巻、一七九―一八〇頁）。「規則も法律も支配者もあたりまえの社会ももたない国民は、国民というより自分たちの個人的情念にしか従おうとしない野蛮で独立した（アンデパンダン）人間の騒々しい集まりである」（『人間について』二九六頁）。すなわちビュフォンにとって「野蛮な」という語は「独立した」という語と結びつき、非社会的（アソシアル）であることを意味することがわかる。

したがって社会性は、法律や社会秩序、恒常的慣習や固定した習俗の存在を前提としているのはもちろんだが、服従する能力をも含意する。さらに、社会性（どんな場合においても社会性のひとつの形態）は種の増殖にとって不可欠であり、住民の数だけをとってみてもその社会性の程度の高さ、すなわちその優越性を判断することができる。量は質を含意するのである。「人間はその生存条件や気候などいかなる状況にあっても等しく社会を作ろうとする。これは必然的原因がつねに生み出す結果である。なぜならその原因は、種の本質そのもの、すなわち増殖に起因するものだからである」（『博物誌』、第一一巻、九三頁）。だが言語や文字（合理性につながる）といった知的道具を含め、技術や道具の進歩も人間は社会の存在に負っている。

したがって、すべての人類に共通したものであり、互いに連関をもったものである合理性と社会性は民族によって多く存在したり少なく存在したりしている。そうであればこそ、ビュフォンは「文明」あるいは「都市生活（ポリス）」を「野蛮」や「未開」に対置できるのである。頂点から底辺の間に、一連の中間的状態のすべてが位置づけられる。「もっとも啓蒙されもっとも礼節に満ちた国民から彼らほど巧妙ではない民族へ、この民族からさらに遅れてはいるが王と法には従う民族へ、さらに未開へと階梯は下っていく」（九一頁）。「人類の多様性」（これが章の題名である）についてのビュフォンの論説の全体はこの階層づけに関係している。頂点には北ヨーロッパの諸国民、そのすぐ後に他のヨーロッパ諸国民、続いてアジアやアフリカの諸民族、そして階梯のもっとも下に位置するアメリカの未開人ということになる。

理性の用い方のちがいとともに、すべての社会的な差異（習俗、技術など）がただちに諸民族についての価値判断をビュフォンにさせる。たとえば、ある民族が弱小であることはその社会の発展が不十分であることの証しである。これがビュフォンがアメリカ人を低く評価する一大論拠となる。「アメリカ大陸のこの地域には文明化された国民がまったくみられなかったのであるから、アメリカ原住民は社会としてまとまることの必要や有利さを感じることができるためには、人数があまりに少なすぎ、また彼らがその地に住みついたのも最近のことであるためと推測すべきである」(『人間について』二九六頁)。ビュフォンは文明の欠如(本当にそうか私たちは疑問に思うが)を人口の少なさをそこから演繹すべきはっきりとした事実として出発しているが、少人口という事実は演繹ではなくむしろ観察から得られるものであろう。

「恒常的慣習」についても同様である。「ペルシャ人、トルコ人、ムーア人らはある程度まで文明化しているが、アラブ人は(中略)タタール人と同じように規則も警察もしたがってほとんど社会らしきものなしで生きている」(二五六頁)。技術の進歩についてはこうである。「彼らの家屋は丈が低く粗雑な造りであり、土地もほとんど耕されないままである」(二七二頁)。言語については次のように言われる。「言語もきわめて単純で、ほとんどどこでも変りがない。また観念の数もごく少ないため、表現も同様に貧弱である」(二九七頁)。宗教的観念については次のように書かれる。「これもまったく粗野で迷信に満ち愚かしい」(二二五頁)。そしてまたもやビュフォンは観察よりは演繹をおこなっていることを私たちに示す。「何も考えていないのに、すべての未開人は夢をみているような様子をしている」(二九九頁)。

だんだんとすべての文明を構成する要素がビュフォンの価値判断によって規定されるようになる。ビュフォンにおいては相対主義は何の役割も果たしていない。日本の北部の住人に関する次の記述をみてみよう。「ここの住民たちは未開人と同じような生活をしていて、しかも鯨脂や魚油を食料としている」(二三六頁)(「しかも鯨脂」の「しかも」はふたつの述部の関連を示している。だが海生生物種の肉を食べたからと言って肉を食べる者よりも未開ということになるだろうか)。「女性は身を飾る手段としては眉や唇を青く塗ることしかしない」(ここにも軽蔑的な言い回しが認められる。眉は黒く唇は赤いほうが青よりも本来的にまさっていると信じなければならないのだろうか)。「男性の娯楽と言えばトドや熊やヘラジカやトナカイを狩りに行くことか鯨を捕りに行くことだけである」(ここで問題になっているのが娯楽のことだとしても、キジやヤマウズラを狩ることのほうが本当にはるかに高貴なことなのだろうか)。「だがこぶしを利かせた声で歌うことを始めとするいくつかの日本の習慣を身につけた者もいることはいる」(声の調子がこれまた文明の指標となっている)。

ビュフォンによると、文明のもっとも遅れた段階では——人類は単一であるという原則を彼自身表明しているにもかかわらず——、人間は動物に近づいてくる。オーストラリア人は「人間のうちでもっとも野獣に近い者たち」(二四七—二四八頁)で、その地位は「これまた最上位の動物でしかない」(『博物誌』第一一巻、三七〇頁)アメリカインディアンとの間で競われるべきものである。アジア人も「ブタの小さな目」(『人間について』二六二頁)をしているが、ホッテントットたちは「動物のような」(『博物誌』第一四巻、三〇頁)としか形容されない目をしており、社会的仕組みをもたないために野獣に近い。こうして階層秩序を際立たせようとして、ビュフォンはついには当初人間と動物との間に設けた断絶を緩和してしまい、そうすることによって出発点であった人類の単一性を疑問に付してしまう。せめて黒人と白人との間で「子供をつくる」ことができさえしなければ「明らかにふたつの人種が存在するということになったであろう。黒人と人間の関係はロバと馬の関係に等しい。あるいはむしろ白人が人間であるなら、黒人はもはや人間ではなく、猿と同様人間とは別の動物ということになろう」(第一〇巻、二七一頁)。しかしビュフォンは生物学上の明証性に屈服せざるをえない。

この点についてビュフォンとヴォルテールを比較してみることは面白いだろう。ヴォルテールは劣等人種のほとんど動物的な性質に関してはビュフォンと同意見である。黒人について語るとき、ヴォルテールは必ず彼らの頭は髪の毛と言うよりは（羊のそれような）羊毛に覆われていることに言及し、また眉をひそめることもなく次のように書いている。「黒人の男性と女性とは、もっとも寒い国に連れていかれても、自分たちに似た動物たちを必ず産み落とす」（『習俗論』六頁）。さらにアフリカ人の動物性についてはすっかりできあがった説明を用意している。「暑い国々では人間の娘が猿に惹かれてしまうということはありそうにないことでもない」（八頁）。ヴォルテールは理性と社会性が全人類に共通する特徴であることを認めはするが、ビュフォンと違って彼は人類多元起源論者である。人種間の差異がこれほど大きいのだから、人類が地球上のいろいろな場所で自然発生したと考えるほうが、そして結局は全人類が同じ種に属するのではないと考えるほうが論理的ではないだろうか。宗教的「偏見」から解放されたヴォルテールは恐れもなく次のような結論を引き出す。「白人、黒人、白変種、ホッテントット、ラップランド人、中国人、アメリカインディアンがそれぞれまったく異なる人種であることを疑うなど盲人にしかできないことであろう」（六頁）。盲人だけが太陽が**昇り沈む**ことを疑いうるだろうが、事実は事実であり、人種についても当然同じことが言えるのではないか。けだしヴォルテールにとって人種は相互に動物の種や植物の種がそれぞれ異なるのと同じ程度に異なっている。もっと単純な言い方をするなら人種のひとつひとつがまさに種なの**である**。「私はしっかりした根拠にもとづいて次のように考えている。さまざまな樹木が存在するようにに人間も存在しているのだと。ポプラや樅、樫や杏などがけっして同じ種類の木から派生したのではないのと同様に、髭のある白人、羊毛の髪をした黒人、剛毛の黄色人種そして髭の生えない人間などが同じ人間から生じはしない」（『形而上学』第一章、一九二―一九三頁）。ヴォルテールは価値の唯一の階梯に手を加えることをせず、人類の単一性（ユニテ）の概念を放棄することを選ぶ。こうしてその人類多元起源論はビュフォンによる人種の描写ともっともよく合致するのであり、彼はその描写をビュフォンと共有するのである。

またそれゆえに十九世紀の人種理論家たちはヴォルテールの人類多元起源論を論拠として採用したのである。

ヨーロッパ文明をその頂点とする価値の厳密な階梯への信仰は百科全書派の多くに共通している。ただしそこではまだ人種理論が存在しているとは言えない。私たちはそこではまだ文化の分類にとどまっており、肉体の分類にはいたっていない。ところでビュフォンは教育の効果について懐疑論者であったことでも有名である。人間存在は確かに変えられうるものだが、この変化には長い年月を要する。奴隷に関する考察にすでにビュフォンのこの教説の結論がみられる。彼によれば、黒人は劣った人間であり、したがって結局のところ奴隷の境遇に貶められても当然なのである。ビュフォンはこの点についての彼の所説を、労働能力による、また黒人たちが発汗するときに発する臭いの程度による奴隷の形態論をふたたびおこないつつ始めている。ともかくそこには価値判断はまったく入り込んでこない。次に、ビュフォン自身も言っていることだが、黒人たちの運命に同情し涙する。ただし黒人が奴隷であるからという理由からではなく、主人の奴隷に対する扱いがひどく、食事を与えなかったり、殴打したりするからである。こうした行き過ぎは避けられるであろう。奴隷制自体を廃止することはまったく問題にならないのだ。

まさにこのビュフォンの「学者的」態度に助けられて、人種理論固有の教説は必要な補完物を得ることになる。ビュフォンは人類の多様性を構成するものは何かを問うて、分類項目を三つ数え上げている。肌の色、体型とその大きさ、そして彼が「自然なもの」(『人間について』二二三頁)と呼んでいる習俗の三つである。そしてこの三つの変数を一括して説明しようとする。ここでビュフォンにおける科学的言説のレトリックのはっきりした特徴を指摘しておこう。肉体的なものと精神的なものの間に連続性があると私たちに**言明する**以前に、間接的な言い方でそれについて**ほのめかして**おくのだ。ビュフォンが実践する一元論的決定論の主だったレトリックとはまさしくこの種の**併置**である。句点や接続詞あるいは列挙によって、著者は言明することなくほのめかす。ところで読者は「明示されている」ものよりも「前提とされる」ものをはるかに警戒することなく受け入れる。同じ頁で肉体的相違と文化的相違の**双方**を扱うと約束しながら、ビュフォンはまるで両者の連関があらかじめでき上がっているかのように語る。命題として彼が連関を明言する段になると、読者はもはや同意するほかはないのだ。実際これ以前にもみられたビュフォンの叙述における併置の頻繁な使用のために私たちもすでにこの同一視のレトリックを受け入れる準備ができてしまっていたとも言えるだろう。彼はついでにとばかりに「その容貌が習俗と同じように粗野な(ソヴァージュ)ある人種」とも記している(二二三頁)。あるいは「これらの民族はきわめて色が黒く、未開で粗暴である」(二四六頁)とも言う。いったい誰が主要な断言がたったひとつの句点によってもたらされていることに気づくだろう。さらには「また」という言葉によっても同様のことがなされる。「彼らははるかに黒いその肌の色によって他の民族と区別されるだろうし、また彼らははるかに愚かで間が抜けている」(二五三頁)と言い放つ。逆に別の地域では「ひとびとはまたかなり美しい。彼らは当然才気を備えている」(二六二頁)。ここまでくると精神と物質の相関関係は自然なものになってしまっている。

しかしビュフォンはほのめかしで満足はしない。肌の色と生活様式すなわち文化程度との間に関連性があるとおおっぴらに主張する。「肌の色は気候におおいに左右される」が、ほかの原因にも左右されると彼は書いている。「とりわけ重要なのものものひとつが食物である(中略)もうひとつ必ずその影響を現わすのが、習俗あるいは生活様式である」。肌の色と習俗の相関関係とはどのようなものだろうか。文明化された諸民族は貧困を免れるが、一方未開国の民は飢餓や天候不順の被害をこうむる。そしてそこからビュフォンは結論を導きだしてこう語る。「そのため往々にして人間と言うよりは動物として」(二七〇頁)

生きる羽目におちいってしまう。ここでも人種間の階梯が人類の単一性という考え方を試練にさらすことになる。したがって習俗は気候と食物を媒介として影響を及ぼすが、その影響は目立つ場合もあれば目立たない場合もある。しかしそれらの相関関係は、間接的なものであってもやはり確実なものなのである。文明の欠如は確実に皮膚の黒さをもたらすのだ。「厳しく未開の生き方をしているため、それだけで彼らはヨーロッパ人よりも肌の白さで劣る。ヨーロッパ人にとって生活を穏やかにするもので欠けているものは何もない」（三二八頁）。顔の黒さ、気候の厳しさそして文明の欠如の三つがここでは完全に一体化させられている。

だがたとえ習俗のちがいが気候や食物によって説明されるとしても、習俗は独立したものとして働く。ビュフォンは人為的に同じ条件下に置かれた一方は文明化され一方は野蛮なふたつの相異なる民族を想像してみる。ちがいはけっして消えることはない。少なくともたちまちのうちに消えたりはしない。「同じ気候のもとにこれらふたつの民族を置いてみるとする。未開民族の人間たちは文明化された民族に比べより顔が黒く、より醜く矮小にそしていっそうしわが深いだろうと考えられる」（二七〇頁）。肉体的なものと精神的なものは永遠に結びついたままなのだ。ところが肌の色と気候あるいは食物との間の関係が、物理的諸事実を相互に結びつけているがゆえに、はっきりとはしないまでも本当らしくみえてくるとしても、肌の色と習俗の関係は同じようなわけにはまったくいかない。ふたつはひと目みただけで出自をまったく異にする事象として立ち現われ、ふたつを結びつけるのがまさに学者なのである。ここまでくると人種理論のすべてがビュフォンの書いたものの中に見いだされると言ってかまわないだろう。彼は諸人種の存在を自明の理とみなし、肉体的なものと精神的なものとの連関を主張し、集団による個の規定を暗黙のうちに認めている。声高に価値の唯一の体系を言明し、最後には自分の教説から実践的にして政治的な結論

（奴隷制度はまったく違法ではない）を導き出しているのである。

肉体的なものと精神的なものの連関が認められてしまうと、美学はもはや倫理から切り離されえなくなってしまう。さらに、美的判断が決定的役割を果たさなければならなくなる。もっとも美的判断の領域は単一性と階梯を重んじるビュフォンの精神とはなじまないだろうと思われたかもしれない。当時の誰もがそうであったように、ビュフォンも審美観は時代と場所に応じて変化することを知っていたし、著作でも彼自身そう言っている。「異なる民族が美について抱く理念はそれぞれきわめて独自であり、相対立するため、自然の賜物である美よりも男性に欲せられる技巧にたけた女性のほうが勝利を収めるのではないか。それほど男性の女性の天性の美に対する判断はまちまちなのだ。（中略）古代人はわれわれとは異なる審美観をもっていた」（一三三頁）。あるいは「各国民は美についてはさまざまに異なる偏見をもっており、ひとりひとりをとってもそれについては自分の考え方、独自の趣味をもっている」（一三四頁）。

これこそ良識に満ちた自明の理と考えられるかもしれない。しかしビュフォンは実際には人間の判断のこれほどの部分が文化的相対主義あるいは個人の恣意によることなど認めることはできなかった。実際にビュフォンがどのようにしてその相対主義的知見を普遍主義的確信へとすりかえるのかを、アフリカ人の描き方にみることができる。「アフリカ人たちはまた美についてわれわれと同じ考え方をしている」（ここまでは美は、私たちのそれと近かろうが遠かろうが、民族それぞれがもつ観念である）「なぜならアフリカ人たちは美しい目と、小さい口と均整のとれた唇そしてみごとな形の鼻を欲するからである」（二二七頁）。だがいったい「小さい」と「美しい」という表現を同じレベルに置くことができるのだろうか。美についての私たちの観念は、それが**唯一絶対の**美であるという特殊性をもっているのである。

事実、「醜い」という語について、ビュフォンは民族によってその意味内容が同じでないことは承知しているはずなのだが、この語は著作のこの部分ではもっとも頻出する語のひとつである。そして醜さは美と同様に顔の形よりもはるかに強くその色でもって定義される。次の「併置」語法の一覧をみて判断していただきたい。まずは肯定的な併置で、「醜くなくなり色がより白くなった」（二三一頁）、「もっとも美しくもっとも色の白い男たち」（二六二頁）、「すばらしく美人ですばらしく色白の」（二六三頁）、「女性たちは（中略）色白で美人」（二六六頁）、「女性はみなやや色白で、均整がとれていてかなり美人である」（二七一頁）等。一方否定的な併置では、「より褐色の肌をし、いっそう醜い」（二三七頁）、「より醜く、より肌が黄色い」（二五一頁）、「黒く不格好な」（二五二頁）、「均整がとれているわけでもなく、より色の黒い」（二五二頁）などである。そしておどろきを（あるいは例外を）表わす際に用いられる反意的併置である。「肌が黒いにもかかわらず均整のとれた」（二五〇頁）、「つやのないくすんだ顔色をしていながら、美しく均整のとれた男たち」（二五〇頁）、「そこでは一般的に男性は褐色や銅色をしているが、そうでありながらもかなり美しい」（二六二頁）、「美しい顔立ちをしていながら、（中略）顔色は黄色や銅色である」（二六七頁）等々。

ビュフォンの美的理想はしたがってその倫理的および文化的理想と同じようにきわめて自民族中心主義的であるが、後ろのふたつに比べると頼りとする根拠には欠ける。彼にとってヨーロッパ人は比較のための基準点の役割を果たしており、結果として他の民族を完璧な状態から遠ざけている距離を明確に示す。最初の人間は白かった。すべて色の変化は退化なのだ。生後に獲得される文明とは逆に、身体の美は起源において与えられたものである。「北極圏からわずかにヨーロッパに入った所で人類のもっとも美しい種族が見いだされる」（三四〇頁）。「できる限り完璧な状態の自然が白人たちをつくった」（三〇三―三〇四頁）。

ビュフォンの言説が、そのばかばかしさにもかかわらず、大きな影響力をもちえたのは、科学の威信で飾り立てられた姿で読者のところへやってきたからである。ここでも一方では博物学者ビュフォンの名声が、人類学者ビュフォンの主張を保証するものとして役立った。ビュフォン自身も一方の分野での自分の考え方をうまく定着させるために得意な分野での自分の能力から論拠を引き出さずにはいなかった。たとえば「例証が必要ならば、動物の世界からひとつとってくることができるだろう」（二九〇頁）とか「動物の世界からとってきた例が、筆者がいま述べたことを確認させてくれる」（三一五頁）等々。ひとつの分野でのビュフォンの権威を認める読者は他の領域においても彼のやり方に従おうとする。だが動物についての観察は人間に関する主張を本当に確認させてくれるのだろうか。他方でビュフォンは他の著作家たちを批判することで自分の権威を高めようとする。彼は批判において自分の学者としての廉直さ、真理に対する並々ならぬ関心を強調する。その結果彼が書くことはいよいよ信頼性を増すというわけである。彼の説と矛盾する旅行者の話が出てくるたびに、信頼するに足りないといって彼らの話をしりぞけるのだが、それは別の事実をもってそうするのではなく、自分自身の教説の名において断じているだけなのである。アメリカ原住民は少数であるはずなのだが、旅行者たちはこぞってそうではないと言う。「これらの報告が誇張であることはたやすく見抜ける」（三〇九頁）。また、ビュフォンとしてはアメリカ原住民は法も慣習ももたないと考えたいのに対して、旅行記作家たちはそうではないと言い張る。「それについて語った著者たちはみな注意を払っていない」（二九六頁）。「こうした主張はかなり典拠に乏しい」（二九九頁）等々。こうして、博物学者の名声と熱心な批判精神に支えられた権威のおかげで、ビュフォンは単なる「併置」のレトリックだけで、その人種差別主義的理論を検証を経た科学理論であるかのようにみせかけることができたのである。

ここで大事なのは人種理論の錯誤の原因が原理原則にあるのではなく、その逸脱した拡大適用にあることに注目することである。価値の唯一のしたがって普遍的な階梯を希求することはできるし、文明と未開を区別することもできる。しかしだからといって文明概念を拡張して食料や衣服あるいは衛生観念をまで含むような仕方で拡大してはならない。あらゆる差異が必然的に価値判断を導くわけではない。現象世界をより理解可能なものにしたり、混沌の背後に秩序を見いだそうとするのもかまわないが、だからといって変化を生じさせる起源はひとつであるとか、とりわけ身体的差異が精神的・文化的差異の原因（あるいは逆）であると考えてはならない。もちろん、空間的にそして時間的に相互に隔てられている文化どうしの差異を観察することは正しい。だがそこから人類という種における断絶の存在を結論すること（ビュフォンは暗黙裡に、ヴォルテールはあからさまにこれを認めているが）は認められない。なぜならこの結論が偏りのない知見から得られる結果と矛盾するからであり、また同時にそれが潜在的に人類のもっとも高度な倫理的な諸価値の侵犯となっているからである。倫理的な価値の確立は人間が何であるのかの定義そのものに関わる問題なのである。

卑俗な人種理論

人種理論の教説はビュフォンによってはっきりと姿を現したわけだが、続く二百年間、独自性の程度はまちまちの思想家たちの影響を受けて多くの変化をこうむった。こうした思想家たちそれぞれの貢献を検証する前に、ビュフォン没後百年から百五十年の時期にあたる十九世紀後半に観察される一般的な意見をみておくことが有益だろう。私はここではルナンとル・ボンのふたりを代表的思想家として取り上げる。

ルナンは十九世紀の思想的指導者のひとりであり、ル・ボンは才能豊かな一般向け普及家であり、その著作は十ほどの言語に翻訳され、何十万部も発行された。とりわけ『民族進化の心理法則』の成功はめざましかった。ルナンとル・ボンは人種についてそれぞれ彼ら独自の独創的考え方をもっている。しかしそれについてはとりあえずわきに置き、ふたりの著作のなかから当時広く無名のひとびとによって共有されていた人種理論的イデオロギー、人種に関する常識といったようなものを指摘してみようと思う。つまり当時『紋切り型辞典』〔フローベールの一九一一年の没後刊行作品。当時流布していた紋切り型の考え方を収集した辞典〕があったとしたなら載っていただろうような考え方である。

ルナンの独創的な貢献は、後でみるように、アーリア「人種」とセム語族を対立させたことである。これに対し、独創的ではなく、彼自身まともにそれにとりくむことなく、前代から引き継いだものを伝えるだけで満足したのは人類の白人種、黄色人種そして黒人種への大別である。そしてそこに優劣の階梯を持ち込んだことである。この三つの人種は起源を異にするとされる。この点について、ルナンはビュフォンよりはヴォルテールの側に立っている。彼は文献学によりすべての白人の共通の起源（「イマウスあるいはベルールタグ」）を確定することができたと信じたが、そこから他の人種が派生したと考えるなどもってのほかであった。「文献学はこれほどのことを中国人についてはもちろん、ましてやそれ以下の人種（すなわち黒人）についておこなうなど断固拒否する」（『セム語族言語一般史』五八七頁）。

ル・ボンはおおむねルナン、ゴビノー、テーヌといったひとびとの所説の要約と体系化で満足しているが、彼らと同様、人類多元起源論の立場に立っており、人種を動物の種と同一視している（当然ながらビュフォンはこの同一視を認めていない）。「きわめてはっきりした解剖学的基準、すなわち皮膚の色、頭蓋骨の形状と容積などにもとづいて、人類が画然と異なるいくつかの種を含んでいること、そしておそらくそれらの種の起源は異なるであろうという認識が確立されるようになった」(『民族進化の心理法則』八頁)。「種(エスペス)」という語よりも「人種(ラース)」という語を用いていることは、ル・ボン自身もほのめかしているように、すべての人間は同じ種に属するのだとするキリスト教徒たちの感情を刺激するのを避けるためである。ここでは科学が宗教的偏見と対置されているのである。

さて三つの人種に帰せられている特徴をざっとみておこう。

ルナンでは、劣等人種はアフリカ黒人とオーストラリア原住民そしてアメリカインディアンからなる(もちろんここでは肉体上の共通点ではなく、文化的な劣等性によってこれらの人種がひとくくりにされている)。ルナンはもともと地球にはこれらの人種から発生した人間だけが居たのだが、徐々に他の新しい人種の人間たちによって放逐されていったのだと考えている。「事実、アーリア人とセム語族が彼らの国をつくるためにやって来る途上、なかば野蛮状態にあった人種たちと遭遇しては排除していった」(『セム語族言語一般史』五八五頁)。この排除が何らの価値判断をともなわずに報告されていることに注目してほしい。劣等人種に固有なのは単に原始的である、あるいは文明化されていない(劣等、原始的、文明化されていないは同義語である)というだけにとどまらず、文明化できない、あるいは進歩できないということである。これが人類多元起源論を正当化する根拠となる。「組織形成と進歩というふたつの能力の絶対的欠如」(五八六頁)。「加えて、文明の域にまで進歩しえた未開部族は一例たりとも存在していない」(五八一頁)。さらにルナンは「自己改善能力のないこれらの人種の永遠の幼児状態」(『科学の未来』八五九頁)や「不動を運命づけられた民族」(八六一頁)について語っている。人間主義の理想との決裂はここでは明白なものである。ルソーによって人類の弁別的特徴として掲げられたもの、すなわち自己改善能力が人類の一部に対して拒絶されているのである。したがって人類に種としての統一性はなくなってしまい、つねに新しい目的をもち、それに到達しようとする意志の可能性に対する信頼も失われてしまう。啓蒙思想の主意主義（人為主義）に代わって神の摂理へのある種の服従（「運命づけられた」）が登場してくるのである。

ル・ボンが提案している大人種の分類（当面私はル・ボンが新たに言いだした「歴史的人種」については考慮に入れないことにする）は、ルナンのそれと同様、これまたビュフォンの見解のひとつの焼き直しでしかない。ル・ボンは四つの（三つではなくなる）段階を区別する。もっとも低い段階にはオーストラリア原住民によって代表される「未開人種」が位置する。この未開人は「動物に近い状態」（『民族進化の心理法則』二五頁）にとどまったままで「いささかも文化をもたない」。その運命はすでにルナンが語っていた通りのものである。「経験からして優秀な民族の前に立たされた劣等民族はことごとくやがて消え去る定めを負わされている」（四四頁）。明らかにここでは自然のプロセスが問題となっているが、このプロセスの進展は若干速めたとしても誤りを犯すことにはならないようだ。ル・ボンはこの民族「消滅」が実行される方法については述べていない。

そのすぐ上の、階段の踊り場のような位置に黒人種が中心となる「劣等人種」がいる。これもルナンがすでに表明したことだが、これらは自己改善能力をもたない人種である。彼らは「文明の初歩段階に到達することはできるが、それは本当にまったくの初歩である」（二五頁）。彼らは「野蛮人で、脳が劣っているためけっして野蛮状態から抜け出すことはできない」（八二頁）。ル・ボンはルナンの文章を引き写すだけで満足してしまうことがままある。「古代あるいは近代の歴史において黒人の部族で、どんな段階であれ文明へ足を踏み入れた例などひとつとしてない」（同所）。

それに続く人種が、ルナンに言わせると、「中間的」人種すなわち黄色人種であり、中国人や日本人、タタール人やモンゴル人などがそうである。ここでもやはり、人種としての特徴はその名（黄色）に由来する。この人種は文明化される可能性をもっているが、ある程度までしか進むことはできない。基本的に不完全な人種であって、幼年期段階を経験した上で現在老年期を生きているのだが、けっして本当の成熟というものを知らない。「中国、このしなびた老いた赤ん坊」（『イスラエル民族史』三三頁）。中国人もまた人類の非人間的な部分に合流させられる。「中国というのはある意味で自己改善不能なヨーロッパのようなものである」「中国における公教育の歴史」五七七頁）。中国語さえもが「非組織的で不完全な構造を有しており」（『言語活動の起源』九九頁）、「中国文明は不完全で欠陥のあるものだと認められる」（『セム語族言語一般史』五八八頁）。したがって下される価値判断は疑いもなく次のようなものとなる。「中国は（中略）つねにわれわれ西欧より、その最悪の時期に比しても劣っていた」（「近代社会の宗教の未来」一二三三頁）。明らかにここではある言語とその文化が別のある言語と文化を基準にして判定されている。その結果、あらゆるちがいが不足として感じられるようになるのである。だが規範としてひとつを選びとることを正当化するものは何だろう。ルナンはその点ではあっさりしたもので、だんまりを決め込んだままそれを明白なものとし、それ以上議論を展開しようとはしない。これら中間的人種は単に非生産的なだけではない。それらは優等人種にとって潜在的な脅威を隠しもっている。「タタール人は（中略）他の人種が作り出したものを破壊する天災のようなものとしてしか行動してこなかった」（『文明史におけるセム諸民族の寄与』三二二頁）。

ル・ボンが「中間人種」と呼ぶ人種はル・ボンの人種階梯では第三段階に位置する。「中国人、日本人、モンゴル人そしてセム語諸族」（『民族進化の心理法則』二五頁）がこれにあたる。ここでも日本人とアラブ人が同じ集団に入れられるのは文明という基準の名においてである。ル・ボンはルナンによって提案された白人種のアーリア人とセム語族への下位区分およびセム語族の劣等性から結論を導き出し、セム語族を黄色人種を代表するものと並べることになったのである。

ルナンでは頂点に「優等」人種あるいは白人種が座る。この人種には持分として美が与えられ、すでにビュフォンにおいてそうであったように、美は絶対的判断として与えられている。「[アーリア人とセム語族の]ふたつの民族は、ともに、そして彼らのみ、美という崇高な特質を備えている」(『セム語族言語一般史』五七六頁)。これら白人種は一度も未開状態を経験したことはなく、その血の中にすでに文明が見いだされる。「このふたつの人種はどこにあっても一定程度の文化を携えているようだ。(中略)したがって文明化された諸人種は未開状態を経験したことがなく、初めから未来の進歩の胚種をもっていたと考えざるをえない」(五八一頁)。文明はある人種には生得のものであり、他の人種には吸収できないものなのである。これ以上はっきりと種の単一性を断念し、神慮による審判に従うことはできない。ルナンにとっては歴史がそれを証明してくれる。白人種のさまざまな代表的民族だけが世界的な文明の確立に貢献してきたからである。「ユダヤ人の次はシリア人そしてアラブ人と順番に世界文明の構築へと参加し、自己改善能力をもつ偉大な人種の不可欠な構成要素としての役割を演じた。黒人種やタタール人種はもちろん、中国人種についてさえこのようなことがあったとは誰も言うことはできない。中国人種が創り出したのはまた別の文明であった」(五七七頁)。つまり劣等人種は亜人類という分類に追いやられてしまったのである。

ル・ボンにあっては、人類の階梯の頂上にはただひとつの人間集団しかいない。「優等人種のうちでもインド＝ヨーロッパ語族の諸民族しか浮かび上がってこない」(二六頁)。このクラス分けを確立することを可能にする基準は、ビュフォンにおけるのと同様、理性とそれがもたらした結果、すなわち技術的発明である。「原始的な劣等人種においては(中略)、思考することについて少なからず大きな能力の欠如がつねに見いだされる」（二六―二七頁）。優等人種においては逆に「芸術や科学そして産業における偉大な発明（中略）、蒸気と電気が彼らの手から生まれた」（二六頁）のである。階段の上と下では大ちがいである。ルナンは「劣等人種について言えば、（中略）、彼らと先に述べたばかりの偉大な人種集団との間に深淵が横たわっている」（『セム語族言語一般史』五八〇―五八一頁）とすでに語っていたが、ル・ボンも「両者を隔てる心理的な深淵が明らかに存在する」（二六頁）と繰り返している。

人種間の不平等という考え方は、つねに本人は十分な注意を払っているわけではないが、ルナンの思想における不変の要素のひとつである。ルナンにとってはこれこそ自明の理だからである。「人間は平等ではない、人種も平等ではありえない。たとえば黒人は白人によって欲せられ考え出された偉大なことがらに奉仕するために作られたのだ」（『哲学的対話』五五六頁）。そして彼とは反対の立場に立って考えたときに生じる光景を想像してぞっとする。「人種の不平等についての健全な考えがなくなれば人類全体が崩壊してしまうだろう。（中略）この地球に黒人だけが住み、凡庸さが支配するただなかにあって何もかも個人的満足に向けられる状態の光景を思い描いてみたまえ」（五九一頁）。

これがゴビノーの本に対するルナンの態度の説明になる。後でまた取り上げることになるが、いくつかの重大な留保にもかかわらず、また礼儀であることを差し引いて考えても、ルナンはゴビノーに示唆的な賛辞に満ちた書簡を送っている。「あなたは厳密さと知的独創性にあふれたもっとも注目すべきものに数えられる本を出されました」（「ゴビノー宛書簡」二〇三頁）。「ためらうことなくすばらしいと言うほかない、力強さと高貴さとそして論理。最後の数頁には本当におどろくべき正確さと活気があり、私も引用させていただくことになるでありましょう」（二〇四―二〇五頁）。最後の約束はルナンにしてみれば最大限の称賛であったにちがいないが、結局果たされることはなかった。そして公衆の面前ではゴビノーの著作への言及はいっさい控えているが、たぶん自分自身の栄光に水を差すのを避けるためであろう（だからと言ってルナンがゴビノーを剽窃したということにはならない。ふたりとも同じ時期に著作活動をおこない、じっさい同じ「良識」に囲まれ、そこからさまざまなものを引き出してきている。ゴビノーはルナンにとってライバル、それも文献学者としてはいいかげんであるがゆえに、典拠となるというよりもむしろ害を及ぼされかねないライバルだったのである）。

一八九〇年にルナンが一八四八年にまとめた『科学の未来』への序文を書いた際、この自分の青年期の作品に対しておこなった主な批判のひとつに、いくつもの人間社会によって形成される階梯の重要性を十分に強調しなかったことがある。「私は人種間の不平等について十分に明晰な考えをもっていなかった」（七二三頁）。だが彼がこの「序文」を書いている段階ではもはやそうではない。「文明化の過程はその一般的法則において認められる。人種間の不平等は確認されている」（七二四頁）。しかし私たちからみれば、この不平等の概念は『科学の未来』、『言語活動の起源』そして『セム語族言語一般史』など一八四八年当時書かれたテキストに本当に存在していなかったわけではない。もしルナンがその当時啓蒙されていたなら、いったい何をみつけただろう。一八四八年と九〇年の間にも、ルナンは自分の諸原則を忘れたりしていない。「根本的な事実誤認として、人間個人間の平等そして人種間の平等という考え方を退けよう。人類の高く進歩した側が低くとどまった側を当然規定しなければならない」（「シュトラウス氏宛の新たな書簡」四五五頁）。ルナンがそうするように、ここまで言っておいて、自分を相対主義者だと自己規定し、あらゆる価値は社会および歴史によって決定されるとなお主張できるだろうか。相対主義の看板の裏に単に自民族中心主義の建造物が隠されているだけなのである。

この人種観からは当然のこととして実践上のいくつかの帰結がもたらされる。『科学の未来』においてルナンは教育計画を構想しているが、この構想にはいまだ啓蒙主義精神（すなわちエルヴェシウスあるいはコンドルセ）の痕跡が残っている。「**未開人種の教育**に関する科学的および実験的な研究はヨーロッパの知性に対して提起されるすばらしい課題のひとつになるだろう」（一〇三三頁）。しかし同じ時期『言語活動の起源』ではまた別の計画が立てられているが、これは帝国主義的計画とみなされなければならないものである。「アーリア人種とセム語族は（中略）世界征服を成し遂げ人類を統一するよう運命づけられており、この二人種を前にしては他のいっさいは小手調べの対象、邪魔者あるいは手下であるしかない」（一一五頁）。明らかにここにおいても地球上の互いに異なる民に対して割り振られる役回りを決定するのは神慮である。白人種がただひとり人間主体としての尊厳を担い、他の人種は道具としての機能にとどまっていなければならない。白人以外の人種は自立して存在することはできず、ただ白人種に使命として定められた帝国主義的拡張計画との関連においてのみ存在するのである。

ルナンはこの見方を「フランスの知的・道徳的改革」においてもう少し明確に述べている。「自然は労働者としての人種を作った、それが中国人である（中略）。大地を耕す人種が、黒人である（中略）。主人そして兵士としての人種、それがヨーロッパ人種である」（三九〇頁）。ルナンは世界国家（エタ・モンディアル）まで考えに入れている（「人類を統一に導くこと」）が、そこでは階級に人種がとって代わる。この見方は彼が発想のヒントを得たと思われるオーギュスト・コントの構想に比べるとかなり寛容さに欠ける。すべては自然のなせるわざであるから、それに逆らうことは無駄だというのである。人類に共通の理想というものは存在せず、あるのは人種の数にみあった数の幸福の形だけなのである。「ヨーロッパ人の労働者を怒らせる生活も中国人や**北アフリカ人**なら幸福になれる。彼らはまったく軍人の素質をもたないからである。各人がその本分に従えば万事うまくいくだろう」（三九一頁）。いったいひとつの民族全体があるひとつの職分にのみ運命づけられるにはどのようにすればよいのか疑問に思われるのだが、ルナンはそれを証明するための証拠のことなど心配しない。彼が考えるときには、自分に必要なものを勝手に思い描いてそれでよしとするのだ。「われわれのところでは、民衆に属する人間も、ほとんどの場合格下げになった貴族である」(三九〇頁)。明らかにフランスあるいは全ヨーロッパはその起源においては貴族だけからなっていたらしい。一部は貴族として残り、それ以外が没落して民衆が誕生することになったというのである。

主人、軍人そして征服者の職分が本分としてあるのであれば、侵略戦争は、「主人」どうしの間で勃発することなく労働人種および農民人種の征服を可能にする限りでは、完全に正当なものである。言い換えれば、完全な戦争とはすなわち植民地戦争である。植民地戦争はさらにルナンにとってはとりわけ大事な効用を付随的にもたらしてくれる。平定された民族を落ち着いて調べることを可能にしてくれるのだ。「アルジェリアの科学的な探検は十九世紀フランスにとって冠たる栄光のひとつとなるであろうし、この征服を正当化する最良の根拠ともなるであろう」(「ベルベル人の社会」五五〇頁)。

過去における劣等人種の抹殺がルナンに衝撃を与えなかったのと同様、未来における劣等人種の征服も彼に眉をひそめさせることはない。「劣等人種の国が優等人種によって征服され、優等人種が支配者として乗り込むことは何もひどいことではない」(「フランスの知的・道徳的改革」三九〇頁)。ルナンは、後にみるように、科学の成果は政治的な決定に結びつくべきではないと口にすることを好んだ。ところが、ここではまさにその科学すなわち文献学あるいは民族学が、人種の優劣を決定している。したがってある行為が「ひどい」とか逆に「受け入れられる」すなわち(自然の成りゆきあるいは進歩という方向に向かうものとして)「望ましい」などと判断させているのは当然科学なのである。結局は、「自然の法則」あるいは「科学」という語が「摂理」とか「宿命」の現代における同義語になっていることが理解できるだろう。

一方に優越的な人種と国が存在し、その宿命は外国へと領土を拡張していくことであり、他方には労働者と農民からなる劣等人種とその国が存在し、前者が勝つに決まっている戦争を甘んじて受け入れるという補完的な役割を果たすべく定められているというのである。したがってルナンはある種の普遍的調和をめざしており、その意味では摂理を持ち出すことは正しい。「対等な人種間の征服戦争は非難されるべきである（ドイツがフランスを打ち負かしたのは誤りである）のと同じ程度に、優等人種による劣等人種あるいは退化した人種の刷新は人類に課せられた摂理に属することがらである」（同所）。

　ルナンは他人種の社会生活を改造することを考えるだけでは満足せず、折りにふれては優等人種の血の助けを借りた身体の改造さえ示唆している。すなわち優生学的な計画が帝国主義的計画に重なっていくのである。ルナンはゴビノーのペシミズムの逆手をとって、ゴビノーにこう書き送っている。「大衆の血の循環に高貴な血のわずか一滴でも入ったならそれだけで大衆を気高くすることができる」（二〇四頁）。「フランスの知的・道徳的改革」における劣等人種の刷新の必要性についての彼の主張はダーウィンの従弟ガルトン〔一八二二―一九一一。イギリスの遺伝学者。優生学の創始者〕による優生学の形成と同時期に当たっている。ゴビノーに宛てた書簡で、ルナンは自分が視野に入れているのは、その置かれた状況が絶望的で、私たちもすでに知っているように、絶滅が運命づけられているもっとも下層の人種（黒人など）ではなく、むしろ中間的人種あるいは白人種自体のうちの劣等部分であると言っている。これほどまでに摂理に重きを置いてしまって、人間の意志に残された余地などあるのだろうか。だがルナンは人間の意志を賞揚することをおおいに好んでいるのである。

　ル・ボンの立場は人種の階梯を性や階級のそれと同一視する傾向にその特徴をみることができる（階級との同一視はすでにルナンにおいておこなわれていることを先にみた）。劣等人種を観察するためにアフリカまで出かける必要はなく、私たちの国の労働者たちに目を向けるだけで充分だと言うのである。「ヨーロッパ社会の最下層は未開人種と同等のものである」(『民族進化の心理法則』二七頁)。「国民の上層階級と下層階級との知的な開きが、白人と黒人、あるいはその黒人と猿との間の懸隔と同じ程度であることを理解するには、そこに時間を介在させるだけで(中略)充分であろう」(三七頁)。つまり各国の内部において、民の一部は文明には向かないのである。これこそル・ボンがアメリカ合衆国の将来に立ち込める暗雲としてみていたものである。合衆国は労働力移入のために劣等人種出身者をあまりに大量に抱え込んでしまったからである。

さらに、未開人種の心性の動き方を観察するためには工場や農場におもむくことさえ必要ではなく、台所に行き、あなたたちの妻(ル・ボンの読者は男と決まっているようだ)という劣った存在にしばし目をとめるだけで充分である。すると観察者と被観察者との間に「おおいなる心理上の懸隔」が存在するだろう。「ふたりは共通の利害をもち、感情をともにすることができるが、けっして相似た思考をすることはない。(中略)それぞれが用いる論理のちがいただそれだけで乗り越えがたい溝が両者の間に生じるのだ」(三二頁)。ル・ボンの目には文明化された白人男性はこのように多くの深淵に取り囲まれて危険な生活をおくっているように映っていることがわかる。女性が劣っていることおよび女性と黒人が互いに近いものであることの証明は、ル・ボン博士のもうひとつの専門分野である頭蓋学によってもたらされる。白人の頭蓋骨は黒人のそれよりも大きいが、これは男性についてのみ言える。男性の頭蓋骨は女性のそれよりも大きいが、これは白人についてのみそうである。「パリの女性の頭蓋骨の平均的なサイズは観察された頭蓋骨のもっとも小さなものに分類され、それはほとんど中国人の水準に近く、ニューカレドニアの女性の頭蓋骨よりもかろうじて大きい」(四二頁)。もうこれ以上何も述べる必要はないだろう。

人種理論の教説は、みてきたように、その出発から諸科学の出現、あるいはより正確に言えば科学主義、すなわち科学をイデオロギーの基礎づけに利用しようとする考え方と結びついている。『百科全書』の執筆者としてビュフォンとディドロが並んでいるのは偶然ではない。私たちは人種理論と科学主義の教説が十九世紀後半における人種理論の絶頂期といえる第二期にもいよいよ複雑に絡まり合っているのをみていくことになるだろう。したがってテーヌ、ルナン、ゴビノーというもっとも熱心な唱導者となる三人の人種の理論の科学的前提を吟味しておくことが必要となる。

すでにみたように、科学主義はふたつの公準の上に成り立っている。全面的な決定論と倫理の科学への服従のふたつである。十九世紀後半における決定論の偉大な予言者はまたもっとも影響力をもった人種理論家のひとりである。それはほかならぬイポリット・テーヌであった。テーヌの言葉を信じるならば、原因無しにはなにごとも起こらない。行動様式は言うまでもなく、私たちの考え方や感じ方さえも、完全にそれと同定できるしかもきわめて安定した原因によって私たちに吹き込まれる。この決定論は全面的で、まずは現象のひとつひとつのごく些細な要素にまで関わるという意味でそうである。「すべてにおいてそうではあるが、ここでは機械的な働きだけが問題である。全体としての結果もそれをもたらす諸力の大きさとその方向によって全面的に規定される合成物なのだ」(『イギリス文学史』XXIX頁)。さらにあらゆる形態の運動に関わるという意味でも全面的である。「人間の生産活動のどの種類についても、すなわち文学、音楽、意匠芸術、哲学、諸科学、国家、産業をはじめその他すべてについて同じことが言える。これらの活動は精神的なさまざまな素質の共働を原因としている。この原因が与えられるとそれぞれが出現し、原因が除かれると消滅するのである」(XXXVIII頁)。

この決定論のメカニズムを私たちに明らかにできるかどうかは科学の力にかかっている。「ここ〔心理学〕でも他の分野と同様、原因の探求が事象の収集のあとに当然おこなわれなければならない。事象は、それが物質的なものであれ精神的なものであれどちらにせよ、つねに原因をもっている。野望や、勇気、忠誠といったものにも消化作用や筋肉の運動、動物の体温と同じように原因がある。悪徳と美徳も濃硫酸や砂糖と変わらぬ産物であり、すべての複合的与件はそれが依存するより単純で別な与件の結合から生じているのである」(XV頁)。科学とはこれらの原因の認識以外のなにものでもないのだから、道徳も他から切り離された一分野を形成しているのではない。こうしてエルヴェシウスの「私は道徳を他のすべての科学と同様に扱い、道徳を実験諸科学のようなものにするべきだと信じている」(『精神論』「序文」第一巻、九七頁)という命題に立ち返ることになる。

こうまであらかじめ決定された世界において、自由を行使する余地などあるのだろうか。テーヌはそうであると信じたがっているらしい。「〔自然諸科学における法則の発見と〕同じような発見がなされ、歴史上のできごとについて未来を予測したりある程度まで変更できる手段を人間にもたらしてくれるはずである」(『イギリス文学史』XXIII頁)。だがどの程度までだろうか。テーヌは一方で「精神の諸傾向」を個人の活動の源泉として(この場合、その諸傾向は例外となる心配をする必要はなくなる)、また他方で「歴史の諸力」を多くの個人の行為の結果として、互いに離れたふたつの時期に導入することで困難を逃れようとする。後者の場合には、歴史の諸力に影響を及ぼすことが可能になる。

しかしそれでも個人は何も決定することはできないままであり、自律的道徳の成立する余地はいささかもない。原因の認識がなされるや、個人的な選択をしさえすれば良いことになる。「人間の信念を調整する権利はことごとく経験の側に移ってしまい、（中略）道徳的教えや原理は、観察を許可するのではなく、経験や観察から評価を受けるようになってしまった」（『批評と歴史、随想』第二版「序文」XXI頁）。ここで明らかなのは、テーヌにとっての知識と道徳との関係が啓蒙主義時代以前に支配的であったものを単にそのままひっくり返しただけのものにすぎないということである。つまり、かつては経験の吟味を可能にしたのは原理原則であったが、それがいまやこの吟味こそが道徳的教えを威信でもって支えるか、あるいは実効性をまったく認めないかを決定する。社会的ダーウィン主義（適者生存）の系列に属するテオドール・リボ〔一八三九－一九一六。フランスの哲学者・心理学者〕の『遺伝』についてコメントしつつ、テーヌは「科学は真実のみをもとめることで道徳へと結実する」（『批評と歴史、最後の随想』一一〇頁）と結論している。道徳は真実を粘り強くもとめ続ける者に無償で与えられる付随的な果実でしかない。

テーヌにとって自然の世界と人間世界とのあいだに差異は存在しないことにはすでに気づかれただろうが、この論理がここかしこで働いており、場合によっては濃硫酸を、場合によっては悪徳をまきちらしている。テーヌは人間世界を描くために比喩を好んで植物界からもってくる。たとえば、芸術作品はある大地に落ちた種子であり、風に吹き飛ばされたり霜に痛めつけられることだろうが、ともかく芽を出し、枝を伸ばし、そして花を咲かせる。「精神世界にも物質世界と同様に、互いに緊密に結ばれ合い全世界に広まった好一対が存在する。この組み合わせのひとつにおいて片方の項を生み出し、変化させたり消し去ってしまうものすべては、その反動でもう一方の項をも生み出し、変化させたり消し去ってしまうのである」（『イギリス文学史』XXXVIII－XXXIX頁）。

したがって自然諸科学と人間諸科学とのあいだには目立ったちがいは存在しないし、それは多くの文章において心理学が化学と、歴史が生理学と並列させられていることが示す通りである。このことにおどろいてはいけない。「自然科学の歩んできた道が精神科学にも開かれている。（中略）最後にやってきた歴史も他の精神科学と同じように数々の法則を発見するであろう。（中略）歴史はやはり他の精神科学と同じで、自分の分野において概念を統御し人間の努力を導くことができるだろう」（『批評と歴史、随想』XXⅧ頁）。つまり科学はその副次的な産物として人類の目標を見いだすことに満足することなく、さらに社会を先導する役割を直接引き受けるというのだ。自然科学と人文科学との間にちがいがあるとすれば、それは互いの扱う材料の特質や働きにあるのではなく、両者における観察の精確さと容易さにあるのである。

科学の諸分野をこのように一体化する理由は明らかに世界の一体性に見いだされる。テーヌはその決定論と同様にやはり全面的な唯物主義をも表明している。「博物学と人類史との間でさらに多くの類似を列挙することができるだろう。それは両分野の扱う材料が似ているためである」（『批評と歴史、随想』、XXⅦ頁）。この公準はいくつかの例を用いてさらに詳述されるが、だからといって賛同を得られるものではない。諸科学のここかしこで、事象は自然に個、種そして類に分化するというのだ。同じように対象もつねに変化し、そして遺伝により分子は伝えられ、環境の影響を受けてゆっくりとしか変化しない。自然科学と人文科学とに共通しているのは、明らかに、テーヌが用いることにした**語彙**だけなのだ。したがってテーヌは周囲の人間が物質世界と精神世界の間に似たような相関関係を作り出すのをみると非常に満足する。われわれの祖先の頭蓋骨はわれわれのに比べると四十分の一小さかった。その思考もわれわれに比べて明晰ではなかった。「この器につけ加えられる四十分の一が内容の完成を示す」（『批評と歴史、最後の随想』一〇八頁）。

こうしてみると、テーヌは多少大仰なところが目につくが、サドの弟子であると同じく、エルヴェシウスとディドロというふたりの啓蒙主義思想家の唯物主義と科学主義の忠実な弟子であるようにみえる。しかしテーヌは実際には、断固たる反啓蒙主義者である。テーヌは啓蒙主義思想に、その著『現代フランスの起源』で激しく攻撃したフランス大革命を招来することになる「古典主義精神」の開花しかみていない。これはどのように説明されるのだろうか。すなわちテーヌは暗にある分離をおこなっていたのである。啓蒙思想から受け継いだもの、それは決定論とそこから導かれるものを信じることであり、彼が退けようとしたもの、それは普遍主義、人類の根本的な一体性したがって理想としての平等を信じることであった。テーヌは唯物主義を自分のものとし、人間主義を拒んだ。以下に、同じ頁でどのようにして彼が普遍主義の信仰箇条を放棄するかをみることができる。「前世紀においては、人間はどんな人種でもどの時代でもほとんど同じようなものとして表現されていた。ギリシャ人、蛮族、ヒンズー教徒、ルネサンス人そして十八世紀の人間が、みな同じ鋳型から作り出されたかのように、すべての人間に適用できるある抽象的理念にもとづいて描かれていた。抽象的理念としての人間が知られていたのであって、実際に存在する人間は知られていなかったのである。（中略）ある民族のある時代の精神構造がひとつの科に属する植物や動物の具体的構造と同じようにはっきりと個別的で他と区別されるものであることが知られていなかった」（『イギリス文学史』XII—XIII頁）。

ルソーは人間をよりよく知るためにも人間がその多様性において認識されることを望んでいた。しかしルソー自身その基礎固めにあまり多くの時間を割かなかったことも事実である。テーヌはというとその次の段階を端折ってしまい結論に飛びついてしまったのだ。抽象的理念としての人間など存在しない、あるのは歴史的および地理的多様性の中で存在する**個別の人間だけ**である。人間集団は、動物や植物の種が互いに異なるようにそれぞれ互いに異なっている。ここまでくるとテーヌはルソーと袂をわかつだけでなく、まだ人間の普遍的本質を信じていたディドロとも決別し、人類多元起源論者のヴォルテールと結びつくことになる。私たちはすでにその枠内で科学主義哲学が形成された普遍主義の領域を離れた。したがって科学主義は普遍主義の必要条件ではなく、両者の結びつきは単に偶然のものでしかなかったのだ。なぜならこの科学主義（決定論信仰、倫理を下位に置くこと）は、相対主義や人類の一体性という考え方の放棄とまた人種理論やナショナリスムの理論と結びつくことがあり、とくに十九世紀においては実際それらとしばしば結びついたからである。そしてこれらの思想はテーヌにその発想の源を見いだすのだ。

科学の支配

テーヌは何よりもまずディドロの徹底した決定論にくみするのだが、人種理論の歴史において決定的な影響力をもったもう一方の雄であるルナンは科学信仰の大司祭となり、しかも同時に個人を超える諸原因のかたわらに自由意志が機能していることを喜んで認めようとしている。ルナンは一八四八年に書かれた『科学の未来』の科学賛歌によって文筆家として出発する。同書が公刊されるのは一八九〇年になってからのことであるが、ルナンはそこで説いている教説の大筋をずっと守り通し、このふたつの日付の間に出版された著作においてもこの書から例証や議論を多く引用している。科学は人間のもっとも気高い特質であり、栄誉への最高の資格である。「実証研究の進歩は人類のもっとも明白な獲得物である。（中略）科学のない世界は、すなわち奴隷状態、物質に服従させられた臼を回す人間の世界であり、総じてみれば家畜と大差ない状態である」（「フランスにおける高等教育」七〇頁）。もし科学がなければ、人類はわれわれの尊敬に値しない。「われわれが人類を愛するのは、科学を生み出したからである。われわれが道徳性にこだわるのは、誠実な人種だけが科学をもつ人種になれるからである」(「哲学的意識の検証」一一七九頁)。科学がこれほどの地位を占めるのは、科学だけがわれわれを人間の謎の解決に導いてくれるからである。その役目は「人間に対して決定的な形で事物が何であるかを言うことであり、人間にそれを説明することである」(『科学の未来』七四六頁)。言い換えれば、われわれに真実を明らかにしてくれるのが科学であり、科学だけにそれができるのである。ヨーロッパがアジアやアメリカに対して優れていることの指標、またそうなることの原因も、ヨーロッパに科学が存在し、アジアやアメリカにそれが存在しないということなのである。「文明化された国民の根底をなすもの、それが科学なのだ」(「コレージュ・ド・フランスにおける講演」八七六頁)。

では科学がこれだけ名誉ある地位に高められると、道徳はどうなってしまうのだろうか。真理との関係において善はどのように位置づけられるのだろうか。一見したところ、ルナンはディドロというよりはむしろルソーの系譜に属しているようにみえる。確かに、ルナンは自然が道徳と無関係であると考える点ではディドロと同じである。「太陽は明々白々な数々の不公正をみても姿を隠したりしなかったし、このうえない大犯罪に対しても微笑みかけてきたのである」。ルナンはそのことに自然からまた別の道徳(ある意味での「無道徳」)を引き出してくるための理由を見いだしたりしない。そのことはむしろ逆にルナンに現実に対する理想の自律を、現実の存在に対するあるべき存在の自律を主張させることになる。「だがしかし、意識の中にある声が立ち上ってくる、その聖なる声は人間にまったく別の世界、理想の世界、真実と善意とそして正義からなる世界について語る」(「ゲロー氏宛書簡」六七七頁)。

その結果、科学と倫理はそれぞれ自律したままでいなければならなくなる。アレクサンドル・フォン・

フンボルト〔一七六七―一八三五。ドイツの言語学者、政治家〕の一節を取り上げて（フンボルト自身長い哲学的伝統にもとづいてそう言っているのだが）、ルナンはその初期の著作のひとつ『セム語族言語一般史』において、「科学は独立してあるためには、いかなる独断にもいっさいわずらわされてはならない。それは道徳や宗教的信仰が科学が演繹によって到達するような結果とは無縁であることが根本的に重要であるのと同じである」（五六三頁）と記している。ルナンはここでは必然的な自律を超えたところで科学と道徳が共通の基盤を見いだすことができないのかどうか知ろうとして自問することはなく、両者の安易な結びつけがはらむ危険性を指摘することで満足している。「哲学と宗教が犯してしまいかねないもっとも大きな誤りはそれらに固有の真理を何らかの科学的あるいは歴史的理論に依存させてしまうことである」（「アカデミー・フランセーズ入会演説」七四七頁）。自律はまた科学の利益にも適う。「科学を歪めてしまわないために、あまりにも現実の利害が関わるこれらの問題について科学に対し判断をもとめることをやめようではないか。もしも科学に外交についてその材料を提供することをもとめるならば、何度となく気を使って軽いミスの段階で現行犯逮捕してやらなくてはならなくなることは確かである。科学にはもっとふさわしいことがある。科学には真実をもとめようではないか」（「国民とは何か」八九九頁）。真実と善は厳格にわかたれたままである。

しかしこの状態にはどこか逆説的なところがある。科学が人間の価値体系の頂上に位置すると主張すること、同時に他方個人の行動も共同体の行動も科学の手から逃れ、科学とはまったく独立した道徳あるいは政治にのみ従うと主張することがどうしてできるのだろうか。第二段階として、このふたつの領域が原則的に分離していながら相互補完的な関係ももつことを認めながらも、ルナンはこの点について（価値判断をおこなうことをせずに）次のことを動かしがたい事実として**確認しようとする**。今日、科学が勝ち誇り、宗教や哲学は精神の領域で支配するとみなされながらも衰えるばかりである。「私には歴史科学の未来がみえる。そしてそれは広大である（中略）。自然科学の未来もみえる。それは計測不可能である（中略）。だが言葉の古い意味における哲学の未来はみえてこない」（「形而上学とその未来」六八二―六八三頁）。このため哲学という語の新しい意味へと移行しようとする誘惑が生じる。「真の哲学者は文献学者、化学者、生理学者となった。（中略）いまや自然と歴史に関する一連の忍耐強い探査が古びた普遍的説明の試みにとって代わっている」（六八三―六八四頁）。人間の問題については、哲学の地位を占めつつあるのがとくに人間についての諸科学である。「とくに歴史科学が学校の抽象的哲学にとって代わって人間の精神をもっとも強く引きつける問題を解決するよう要請されているように思われる（中略）。歴史が、私は人間精神の歴史のつもりで言っているのだが、この意味では現代の真の哲学となっている」（「クザン氏」七三―七四頁、『科学の未来』九四四頁参照）。

科学が事実そのとおり哲学にとって代わったならば、人間に関することがらについて忠告をもとめるには、昔その場所を占めていた者にではなく、科学のほうに向かわねばならないのではないだろうか。実際ルナンはためらうことなくこの方向に進んでいく。彼は書いている。「哲学にとって唯一興味深い問題とは、世界がどちらに向かうのかを知ること、言い換えれば、すでに起きてしまった事実が暗に示しているこれからの成りゆきをはっきりと見定めることである」（「近代社会の宗教の未来」二七三頁）。事実からこれからの未来が間違いなく派生し、また哲学者にはせいぜいのところ世界がどちらに向かって進んでいるのかを知ることしかできないのであれば、どうして哲学者が学者にその席を譲らないのか実際よくわからなくなる。学者は哲学者よりも世界を観察する作業においてははるかによく装備を整えているのである。その場合倫理は科学によって統べられる狭い一領域にすぎなくなる。こうしてルナンは科学主義の一番大事な公準を自分のものとする（表向きにはルナンはオーギュスト・コントとその教説とに距離を置いている）。

しかし探求の最終局面でルナンはある問題に直面することになる。彼がくみする哲学、道徳そして宗教の三つが人類の単一性とすべての人間が平等の権利をもつことを公準としていることである。ところが科学（ルナンの科学）は人種間の不平等を「明らかに」した。どうするべきか。「人間という種に関する宗教および道徳における単一性の確信、このすべての人間は神の子にして互いに兄弟だとする信仰はわれわれがここで問題にしている科学とはまったく関係がない」（『セム語族言語一般史』五六三頁）。このように一応道徳に敬意を表したあとで、科学者ルナンは一体性の欠如、平等の実現不可能性を**確認する**のに何らの遠慮もいらないと考える。すでにみたように、（白人種、黄色人種、黒人種の）三大人種の間ではもちろんのこと、白人種の内部においても単一性は認められず、平等もないのである。「すべての人種を平等なものとすること、人間の本性はつねに美しいという口実のもと、多様な構成の中に同じ充溢と同じ豊かさを探しもとめようとすることは歴史において過度に汎神論を推し進めることになりはしないだろうか。ゆえに私は先頭を切ってセム語族がインド＝ヨーロッパ語族と比べたとき、やはり人類のうちの劣った構成物であることを如実に示していることを認めるものである」（一四五―一四六頁）。

ルナンがさかんに奨めた科学と倫理の分離は、実際ひとつの方向にしか向かわない。道徳的ドグマが（この場合人間どうしの平等というドグマであるが）科学がその仕事を正しく成し遂げるのを妨げてはならないということである。だがそのためには科学と倫理が「まったく無関係である」と宣言するだけでは不十分である。一方が人種は平等でないと言えば、他方はいや平等だと言う。ここまで対立する両者を並置することが何も問題を起こさないと言い張ることができるだろうか。実際はルナンも両者の間に橋を架け直そうとしないわけではないのだが、橋をこれまでとは逆方向に進もうとするだけなのである。科学が人間を導き、人間の行動を正当化するとし、結局倫理にとって代わってしまう。そうでなければ、「セム的なものの破壊」(「文明史におけるセム諸民族の寄与」三三三頁)をみたいという彼の願望を何が正当化できるだろうか。またそうでなければどうして同時にアーリア人がはるか古代よりその「深い道徳性」(『セム語族言語一般史』五八四頁)によって他と区別されるということ、そして同じアーリア人が発展の途上で遭遇したなかば未開の人種をことごとく抹殺したこと(五八五頁)を主張できるだろうか。科学が判断を下すところでは倫理は荷物をまとめて退場するほかはないとする公準以外の何がルナンをして優等人種による劣等人種の征服はひどいことではないと確言させるのか。道徳性の価値は、誠実な人種のみが科学的成果をもたらすことができることからくるとルナンは私たちに言っていなかっただろうか。徳への賛辞は、善の真理(あるいはそう信じられているもの)への服従、したがって倫理の科学への服従をほとんど隠しえていない。彼によって主張される自律性も実は新たな従属関係、以前科学が宗教の後見のもとに置かれていたのとは逆の関係を隠蔽しているのである。

科学によりどころを見いだすのは、単に個人的なあれこれの具体的判断だけではなく、政治全体が科学によりどころをもとめるのである。この点でも、ルナンはルソー主義的原理とみえるものから出発している。一般意志に従わなくてはならないが、全員の意志に従う必要はない。言い換えれば、理性に適うものには従うが、影響されやすい多数派の意志には従わないということだ。「人類にとっての最大の善は当然すべての政府の目標であるから、多数派の意見がひとを従わせる権利をもつのはそれが理性ともっとも開明的な意見を代表する場合に限られるという結論になる。(中略)神聖な権利を担う唯一の主権者、それが理性である。多数派が権力を掌握できるのはそれが理性を代表しているとみなされる限りにおいてである」(『科学の未来』一〇〇一頁)。一七八九年にまさにそうしたことが起きたのだとルナンは考える。「コンドルセ、ミラボー、ロベスピエールは実際に現実の状況の進行の方向に干渉し、人類を理性的で科学的な方法で統治しようとした最初の理論家たちである。（中略）その原則は異議申立ての余地のないものである。すなわち精神のみが支配せねばならない。精神つまり理性のみが世界を統治すべきである」（七四八頁）。社会が動いていく方向、したがってその目的を決定するのは理性の役割なのだ。「何としても守らなければならないドグマがある。理性はその原理に従って社会を改革してゆく任務を帯びているというものである」（七五二頁）。

しかしいまや私たちはルナンにとって理性は科学によってもっともよく体現されることを知っている。つまりこの文脈においては、理性と科学というふたつの語は置き換え可能な関係にある。「私はつねづね理性すなわち科学はもう一度全人類のうちに力を、つまり政府を創造しうるだろうと思っている」（「若返りの水」序文、四四一頁）。これは単に理性が強くなるということではなく、政府は科学に依って立たねばならないということでもある。別の機会にルナンはこの考えをさらに詳しく述べている。「科学は社会の魂である。なぜなら科学は理性だからである。科学はより高次の軍隊を、より高次の産業を創り出す。科学はいつの日か一段次元の高い社会、すなわち宇宙の本質と適合しうる量の正義がもたらされる社会状態を創り出すだろう。科学はそのもてる力を理性のために役立てるのである」（「イスラム教と科学」九六〇頁）。

だが真実は逆で、科学は力のために理性を役立てるのだとしたら、どうなってしまうのだろう。哲学あるいは宗教のあらゆる監視から解放され、みずから「宇宙（ユニヴェール）の本質」を発見し、主権者然として注入すべき正義の処方を決断しようとし、科学だけが測る基準を唯一もつ有効性（高次の軍隊、産業、社会といった）について腐心する科学は、本当に信頼に足る導き手なのだろうか。真理をもとめる以上、ときには、またしばしば間違えることもあるというのは科学の特性そのものではないのか。ルナンの科学によって「証明された」人種の不平等にもとづいて政治をおこなうというのは賢明なことなのだろうか。ロベスピエールの「科学」はつねに良き助言者であっただろうか。さらに言うなら、科学を真理の唯一の主人とみなすことは正当だろうか。理性を科学に還元し哲学を宗教のほうへ追いやること、また英知を非理性（デレゾン）というゴミ箱に捨て去ることは正しいことなのだろうか。理性はむしろ科学的精神にも普遍的倫理にも共通する要素ではないだろうか。そしてそのような資格で科学のもたらす結果について判断を下す権利をもつのではなかろうか。どんなものであれ科学の成果が私たちの上に君臨するがままにさせるなど理性のとるべき道ではないだろう。

ルナン以降一世紀が経る間に人類が経験したことはいまあげた疑問に対しルナンが下した回答を疑問に付させるものであった。ただルナン自身はのちにみるように科学の支配が破滅的な結果を引き起こす可能性をもつことをすでに思い描いていた。

より高次の道徳性

多くの点からみて、ゴビノーの歩みは、彼の同時代人であるテーヌとルナンのそれと平行している。テーヌと同様啓蒙思想の人間主義、フランス大革命の理想とそこから登場した民主主義のもろもろの形態に敵対し（この点ではルナンに近い）、近代を一刀両断に批判するゴビノーだが、やはりこの啓蒙思想から生じた決定論と唯物論に全面的に同意しているし、科学（あるいは彼が科学だと信じたもの）を徹底して信頼している。だがこの科学は近代を構成する不可欠の要素なのである。

ゴビノーによると、人間の行動は、その属する人種によって規定され、しかも人種は血によって受け継がれていく。個人の意志など何の力ももたない。社会が「その住人に生活様式を課す。社会は住人をその境界線の中に閉じ込め、盲目の奴隷となった住人はその境界線を越えてみたいという漠然とした欲求にかられることもなければ、思ったところで実際に越える力をもたないだろう。社会が法律の根幹を住人に押し付け、意志さえも吹き込むのだ。愛も社会が描いてみせ、さらには憎悪をあおり、軽蔑を誘うのである」（『人種不平等論』一一五一頁）。個人は自分が動いていると思っているが、実際は個人を超越した諸力によって動かされている。「個人から発するものであるにしろあるいは複数の人間に発するものであるにしろ、ひとの意志によるはかない行為の上に、ものごとを引きおこす根本の諸原理が展開し、なにものも揺るがすことのできない独立性と平静さをもって仕事を成し遂げていく」（一一四九頁）。

　このような状況にあって、個人にいったい何ができるのだろうか。ほとんど何もできない。「社会の本質を変えてゆくのは、君主の意志でもその臣下たちの意志でもない。その同じ諸法則に従って、人種の混交こそがそれを変えてゆくのだ」（一一五一頁）。「人間のうちでもっとも力ある者、もっとも啓蒙された者、もっとも活力ある者を想像してみよ。そうした者にあってさえ、その力の及ぶ範囲はごく狭いものにとどまる。（中略）同時代人にとってはたいしたものであっても、歴史にとってはほとんど目につかない結果しか生まないのである」（一一四五頁）。ひとができる最良のことといえば、歴史の流れを観察し、それを理解して受け入れることである。偉人たちの経歴をみてみると、「何か新しいことを成し遂げることではなく、理解することで成りたっていること」に気づくだろう。「発展するのにもっとも好都合な環境で活動している人間でも、その歴史的力はそれ以上のものではない」（一一四六頁）。

　この点に関してはゴビノーにとってもテーヌにとっても、自然の世界と人間の世界との間にちがいはない。ゴビノーの著作を通して見られる生命体を用いた比喩は私たちに彼のこうした考え方を示唆してくれている。すべて文明は男性か女性かのどちらかである。文明には誕生があり、生涯がありそして死がある。文明は芽と根をもつ。文明は接ぎ木されることもありうる。「もっと明晰でわかりやすい方法で私の考えを理解させるために、まずひとつ国民(ナシオン)を、その国民全体を、人間の身体と比較してみよう」(一六三頁)。するとたちまち、自然の科学と人間の科学の間に質的な差がなくなってしまう(あってはならないものである)。「歴史を自然科学に属させるということが大事なのだ」(一一五二頁)。「民族学も代数学やキュヴィエ〔一七六九―一八三二。フランスの動物学者、古生物学者〕やボーモン〔一七〇三―一七八一。フランスの生物学者〕といったひとの科学(すなわち生物学)も同じことである」(一一五三頁)。

個人の精神的特質もことごとくその身体的素質によって決定されている。したがって教育の効果にどんなに期待しようと無駄である。この点でもテーヌはゴビノーに従っている。テーヌは次のような逸話を好んで語ったという。三歳になるフィリピンの黒人の子がアメリカに養子としてもらわれていった。最高の学校で教育を受け、みたところでは他のアメリカ人と区別できるものは何もなくなっていた。ところがある日旅行中に偶然のできごとが重なってマニラに行くことになってしまった。するとこの子はひと知れずマニラの街に消えてしまった。数年後ある博物学者によって発見されたが、その時にはすでに田舎の黒人の子どもにもどってしまっていた。つまり「もともとあった本能が、われわれの文明によってニスを塗られたように隠されていたのだが、溢れ出したのだ」(『歴史と批評、最後の随想』一〇六頁)。ヨーロッパ人は前もって文明化されている。理性は彼らにおいては獲得されるものではなく、生来のものである。テーヌはゴビノーと同様この点で百科全書派と対立する。百科全書派のひとたちは教育の力を信じ、人間は種としても個人としても進化する可能性をもつと信じていた。

事実ゴビノーは（コンドルセの理論のような）進歩の理論には激しく反対している。「人類は無限に進歩しはしない」というのは第一三章の表題でもある（第一部、二八七頁）。白人種も、他の人種より優れているとはいっても、この点について例外ではない。他の人種と同様、白人種も科学においても、哲学あるいは詩においても、持続的な進歩を経験したことはない。確かに成功もあったが、同時に、忘却や失敗もあった。「要するに、われわれは別のやり方をしている。われわれは自分たちの精神を他の文明化された人間集団とは違う目的、異なる探求のために用いている。しかし領域をかえたときに、それまで他の集団がすでに耕した領域を、その豊かさを損なうことなくわれわれが維持できたことなどなかったのである」（二九〇頁）。社会の進化についても同様である。奴隷制は確かに廃止された。しかし代わりに近代の奴隷であるプロレタリアートが登場する。いつもなら、価値の唯一の階梯に言及するゴビノーだが、進歩が可能だとする思想を打ち負かそうとするあまり、ここでは相対主義の側に立ってしまっている。ゴビノーは、これが自分の著作が拒絶され叩かれた原因のひとつであったと考えている。時代は無限の進歩の思想を福音とする十九世紀であった。

歴史のこれほどまでに決定論的な見方は当然ながら道徳をそれほど重視しない。ゴビノーは、その初期において、自分の研究は道徳に関する省察などではないと、ふたつをはっきり区別することにとくに気を使っている。しかしこの区別は彼の著作の中にあるというだけでなく、ゴビノーが研究する世界に固有のものである。「まず最初に、ひとつの社会が存在するということは、それを生み出すこともそれを妨げることも人間とは無関係なひとつの事実としてあるので、人間が責任を負うべき結果を何ももたらさない。つまり社会は道徳を含まないのである。社会はそれ自体では善でも悪でもない。賢いものでも狂ったものでもない。ただ存在するだけである」（一一五〇頁）。ゴビノーのここでの立場はディドロのそれと同じものである。歴史に対して倫理的判断を下すことは妥当性を欠くという立場である。

しかし、これほどまで徹底した区別はゴビノーを多少困惑させることになる。ゴビノーはキリスト教あるいは旧体制（アンシャン・レジーム）の諸制度が体現している価値基準のうちいくつかは擁護したいと望んでいるからである。そこでゴビノーは少しばかりの道徳的空間の余地が社会のうちに留保されてあるべきだと言うことにした。彼は言う。すべての社会は個人に対し「これが大変重要なことなのだが、いっさい留保条件をつけることなく、道徳的功績を認めなければならない。とはいえ道徳の諸規範はやはり社会が定める」（一一五一頁）。どういう意味なのだろうか。ひとたび民族学すなわち人種の認識に根拠づけられた歴史は「正義が扱うべきことと科学が確認することとしかできないこととを区別するようになる。歴史の崇高な玉座から善良な個人の意識に、最終決定としての判断と救いとなる教えとが降ってくるようになる。（中略）その命令は（中略）個々人の自由意志に対してそのあらゆる行為の価値についてきびしく責任を問うようになるのだ」（一一五二―一一五三頁）。調子は荘重だが、あいかわらず何を言おうとしているのかがはっきりしない。実はゴビノーにとって必要なのは、ロベスピエールが「無類の極悪人」（一一五三頁）であると正当性の外見を失うことなく言えることなのである。だが倫理的判断のない世界ではそう言ってみたところで何の意味ももちえないであろう。

トクヴィルにまさにこの点について批判されて、ゴビノーは、その書簡で、さらに極端な立場をとることになる。それはすでにテーヌにおいても認められ、またルナンにも無縁ではなかった立場である。社会そのものはおそらく道徳とは無縁であるが、社会の認識についてはそうではない。善は真実から生じ、科学は誰もが従うべき倫理を担っている。「もし真理がより高次の道徳性をそれ自身のうちにもたないのであれば、私はまっさきに自分の本にも道徳性がないと認めよう。だがそうすれば、逆のものも私の本にはなくなるということになる。地質学、医学、考古学以上に私の本が不道徳ということにはならない。私の本は事実の調査であり、その結果を提示し、抽出したものであるとしか言えない。そこに書かれた事実は存在するかあるいは存在しないかであり、それ以上何も言うべきことはない」（「トクヴィル宛書簡」二六一頁）。ここでもふたたび民族学が地質学と同一視されている。石ころにとって科学のもたらす結果などどうでもよいことだが、人間にとってはそうではないことをゴビノーは忘れている。それは彼が結局のところ、科学の産物にはより高次の道徳性があると信じているためである。ちょうど同じ頃ルナンが芸術作品にその道徳性を発見できたと信じていたのと同様である。

ここにも自分の著作が受けた悪評の原因があるとゴビノーは思った。彼を誹謗する者たちはありのままの姿の真理、すなわち科学の真理を直視できない者たちであり、「いつの時代にもいた、つねに科学に関して誰よりも臆病な」（二六三頁）者たちなのである。なぜなら、忘れてはならないことだが、ゴビノーが自分の著作に対して要求した地位は科学の地位だったのである。「私が間違っているのであれば、私の四巻の著書からは何も残るものはない。私が正しければ、この四巻に含まれる諸事実は、それらを物質に関わる諸法則が作り上げたままのものとは異なったものとしてみようとするどんな願望の餌食になることも免れることができるだろう」（二六〇頁）。ここでもゴビノーは誤っている。彼の四巻の著作には数多くの誤りがあるが、それでも何か残るものがあるからである。これこそ彼のしたことが科学には属さないことの証拠である。つねにゴビノーは科学と倫理を対置し、前者を選ぶ。そして彼の論敵のひとりのやり方を自分のものとは違うものとして例示する。「彼はものごとの真理を知りそれを語ろうとはせず、博愛主義を安心させようとするのだ」（『人種不平等論』一、一六九頁）。ゴビノーはこれと逆のことをやっていると信じているが、実際は論敵と同じことをやっているのだ。しかも博愛主義の代わりに別のイデオロギーをもってきてしまっている。

トクヴィルはそのゴビノーへの書簡で、ルソーがディドロに対しておこなったように、科学と道徳のふたつの面についてゴビノーを批判する。トクヴィルは書く。これらの教説は「ほとんど誤っているものとしかみえないし、きわめて高い確率で有害なものだと私は思っている」(「ゴビノー宛書簡」二〇二頁)。このトクヴィルの議論の詳細については後でみることにして、ここでは、ゴビノーの徹底した唯物論と決定論の立場は「人間の自由を完全に廃棄してしまうとまでは言わないにせよ、それをおおいに縮小させてしまう」(二〇二頁)というトクヴィルの指摘を押さえておこう。トクヴィルはこれとは逆のことを確信している。彼は自由の存在を、したがって教育の可能性を主張する。「私はあなたと同じくわれわれの同時代人たちはかなり悪い育てられ方をしていると思う。これが彼らの不幸と弱さの第一の原因である。しかし私はより良い教育が悪しき教育がもたらした害悪を取り除いてくれるだろうと信じる。そしてこのような改革の企てをあきらめてはならないとも思う。(中略)私の眼には、人間社会も個人も自由の行使によってのみ何か意味あるものになるようにみえる」(二八〇頁)。トクヴィルの立場はルソーの立場とほとんどそっくりそのままである。

たとえゴビノーの見方が正しいと仮定してみても、人間社会についての専門家が、自分は真理を語るのみだと言い張ったときには、とんだ思い違いに陥るだけである。その「発見」を広く公開することで、彼はある**行為**をすることになるが、この行為はほかのあらゆる行為と同様善悪の尺度でもって判断されてしまうだろう。科学は博愛主義と混同されてはならない。科学を導く唯一のものは真実の追究である。しかし科学の成果については、私たちが人間のおこなう他の行為に対して向ける要求から奇跡によってでもあるかのように逃れることはない。ところでゴビノーが導いた結論は「有害」なものでしかありえなかった。

トクヴィルはさらに続ける。「野蛮状態や、無気力、あるいは隷属のうちに生きている意気地のない民族に対して、そのような状態にあるのも自分たちの人種の本性(ナテュール)によるのであるから、生活条件を改善し習俗を変えたり政体を変更しようとしたりしてもどうしようもないと説得して何の利益があるというのか」(二〇三頁)。「現世の人間は自分の**成り立ち**(コンスティテュシオン)に従うしかなく、自分の意志でみずからの運命をどうにもできないとわれわれに証明しようとする著作とは、病人に処方されるアヘンのようなもので、病人の血液はみずから流れを止めてしまうことになる」(二四五頁)。認識について語った後で、トクヴィルは利害について問うているのである。もし学者が到達した科学の成果が社会に害を及ぼすものであったなら、むしろそれを秘匿したほうがよいであろう。

実を言うと、たとえ彼の議論の残りの部分を受け入れるとしても、この最後の点についてはトクヴィルに従う必要はない。倫理が私たちに科学の成果を秘匿するように命じることができるとすることはいくつかの不都合を確実に引きおこすからである。私たちは今日、核反応や遺伝子操作など科学のいくつかの成果が危険を潜在的にはらんでいることを知っているが、この発見を隠すことはできもしないしその必要もない。トクヴィルが何を知っていたかを思い出すだけで十分である。すなわち科学主義の公準は誤っているということであり、その公準によればあるべき存在が現実の存在から帰結することになるのである。人種はそれぞれ能力において不平等であることを認めるとしても、それらが同じ権利をもたないということにはならない(それはちょうど、それ自体としては異論をはさむ余地のない肉体的な力の差異についてと同様である)。たとえ人間の行為を統御している決定要因が今日考えられている以上にはるかに広く存在しているとしても、だからといって人間を奴隷状態に押しこめることが合法化されるわけではない。また他方、トクヴィルは科学のふたつの面を区別していない。自然に関する認識と自然の変形のふたつである。このふたつめの局面が（最終兵器や種の突然変異といった）危険を生み出すものなのである。自然の改変を統御しているのはもはや真理の探究ではなく効率性の追究であり、そして効率性を全面的に規定しているのは私たちの価値判断なのである。トクヴィルによって定式化された規制が適用されるべきなのは科学的営為のこの部分にであって、すでに存在するものの認識という科学の最初の局面に対してではない。

いずれにせよトクヴィルはゴビノーがたどる運命については判断を誤ることはなかった。ゴビノーの存命中にも、その著作は合衆国で翻訳されると一定の成功を収めた。これは著者をおどろかせた。というのもゴビノーはこの民主主義と人種混交の国についてあまりかんばしくない発言をしていたからであり、また彼のどの点がアメリカ合衆国で気に入られるのか理解できなかったからである。トクヴィルはその点について彼に次のように説明している。「あなたが私に話してくださったアメリカ人、あなたの著作を翻訳したアメリカ人たちは奴隷制廃止反対の党派の非常に熱心なリーダーで、私は彼らをよく存じております。彼らはあなたの著作中の自分たちの情熱と折り合いのつく部分を訳しています。つまり黒人たちが異なった劣った人種に属することを証明しようとなさっている部分です」（二六七―二六八頁）。（私たちのものである）次の世紀になると、ゴビノーの著作はよく知られているようにナチスにもてはやされた。トクヴィルはここでも慧眼を発揮して、すでにこのことをゴビノーに予言していた。「あなたの本の栄光は外国経由でフランスにもどってくることでしょう。とくにドイツ経由で。ドイツ人は（中略）ヨーロッパで唯一、彼らが抽象的真理とみなすものに夢中になるという特徴をもったひとたちなのです。しかもそれがどんな具体的結果をひきおこすかには無頓着にです」（二六七頁）。こうして奴隷制を擁護したわけでも、劣等人種の抹殺を推奨したわけでもないゴビノーが、その著作によって、このふたつの主張を援護することになってしまうのである。その原因はゴビノーが、自分が真理とみなすものを、それをもとめる情熱がどんな政治的および道徳的結果をもたらすかについて考えることなしに情熱をもとめてよいのだと素朴に考えてしまったことにある。やはりこの点でもトクヴィルはゴビノーと対照的である。トクヴィルは、彼自身語っているように、「哲学のさまざまな教説の実践的影響」（二〇二頁）の観点に立つことを、すなわち科学の道徳について問うほうを選んだのである。

ゴビノー

卑俗な人種理論

いまや人種の理論へのゴビノー独自の貢献を検討せねばならない。最初に気がつくのは、彼がある種精神の寛容さを示しているということであり、この寛容さは人種理論家（ラシアリスト）という彼の評判とは相容れないものである。偏狭な盲目的愛国主義を奉じていると彼を非難することはできないし、植民地主義的戦争への扇動、ましてや劣等人種の絶滅への扇動をおこなっていると非難することもできない。おそらくは彼の外交官という職業のゆえに、ゴビノーは外国文化を正当に評価するすべを心得ている。盲目的自民族中心主義への彼の批判はエルヴェシウスの系列に位置している。彼は皮肉を込めて書いている。「もっとも高貴な形で発展を遂げた人間とは、それぞれにとって、政府と国民（スュジェ）の各々の義務について、自分と同じ考え方をする人間ということになり、他方自分とは異なったものの見方をする不幸な徒輩は野蛮人であり未開人であるということになるだろう」（『人種不平等論』二一六頁）。外国人嫌いは彼の目には気品を欠いたものと映る。「彼らの文明の外観がわれわれの文明の対応する部分に似ていないということから、われわれはしばしば性急に彼らは野蛮人であるとか彼らは値打ちにおいてわれわれより劣るとか結論しがちである。これ以上に皮相なこと、したがって疑わしいことはない」（二二四頁）。

しかしながら他方ゴビノーのうちにはビュフォン、ヴォルテールからルナン、ル・ボンにいたる人種についての思想の大きな流れに忠実な人種理論も見いだされる。ビュフォンと同様、ゴビノーは人間と動物の間に質的な差異をみており、その差異は理性を備えているか否かということである（ゴビノーの表現では「知性の光を備えている」二八八頁）。しかしこの原則表明が一旦なされてしまうと、今度は彼はさまざまな人間集団の間にやはり根底的な差異をみるのであり、「人間」という観念に生物学的内容以外の内容を与えることを拒否するのである。こうして彼はド・メストルの有名な言い回しを自分用に取り上げ直すのだが、その意味は変化させている。「理念的な人間というものはない。**人間**は存在しないのだ。（中略）地上で私が知っているのはフィンランド語を話す者であり、アーリア人の身体をもった者であり、ユダヤ人の特徴を備えた者である。しかし絶対的な意味での**人間**などというものを私は知らない」（三一六―三一七頁）。この人間の間の不均等の意識は、彼にある種の人種は向上することができ、他の人種は向上する可能性をもたないと主張させることになる。「すべての人間が、等しい程度に、その知的発展において無限に進歩する能力をもっているのだろうか。（中略）私は否と答える」（二八八―二八九頁）。たとえば「何人かのタヒチ人が捕鯨船の修理に貢献したからといって、かの国民が文明化しうるものであるということにはならない。トンガタプー島〔南太平洋、トンガ諸島最大の島〕のある男が外国人に対し善意をみせたからといって、彼があらゆる進歩に到達しうるということにもならない」（二八八頁）。すなわち人間には真の意味での単一性（ユニテ）などないのであり、ゴビノーが自分ではキリスト教の人類単一起源論を尊重したいと考えていたとしても、実際上彼はヴォルテール流儀の人類多元起源論にくみしているのである。彼は「諸人種間の永遠の分離」

（二七四頁）を意識せずにはいられないのである。

諸人種は相互に異なっているというばかりではない。諸人種はその上ただひとつの階梯に従って序列をつけられている。ここでもやはり、ゴビノーは何も新しいものを生み出していない。彼は既存の分類、特徴を長々と並べ立てるだけで満足する。黒人（あるいはメラネシア人種）、黄色人種（フィンランド人種）、白人の三大人種は肌の色、毛系、頭骨の形態、顔つき等の身体的特徴によって同定され、美しさ、体力、知的能力の三つの大きな基準によって評価される。そしてその結論はつねに同じである。まず**美しさ**についてみてみよう。モンテスキュー、エルヴェシウスといった十八世紀の「相対主義者」とは異なり（だがここでもゴビノーはビュフォンとは同意見なのだが）、ゴビノーは「美とは絶対的で必然的な観念であり、選択的な適用を許すものではない」（二八六頁）と考えている。そして人間の美は白人種によって体現されているのである。彼が引用するある別の著者は、これはマイネルス〔一七四七－一八一〇。ドイツの歴史家、哲学者。黒人を劣等人種とみなす所論で知られる〕のことだが、諸人種を大きくふたつに分けることで満足していた。「**美しい人種**、すなわち白人種、**醜い人種**、こちらには他のあらゆる人種が包含されるだろう」（二四二頁）。ゴビノーはこの説があまりに単純すぎるとみなしている。だが実際のところ、彼自身の説もさほどこれとかけ離れたものではない。彼の説は、何の議論も経ずに、「美」と「ヨーロッパ人」を等号で結び、この理想からの隔たりの大小を測るにとどまっている。「あらゆる人間集団のうちで、ヨーロッパ諸国民に属しているもの、ヨーロッパ諸国民の子孫に属するものがもっとも美しいことをすでに私は確認した。」（二八五頁）。だがこの「確認」は習慣以外の何にもとづくものなのだろう。他の人種について言うならば「彼らが互いに異なるのは、彼らと比べられる理想のモデルと彼らがどれだけ近いか遠いかによってである」（二八六頁）。

体力について——黄色人種はまったく虚弱であり、「明らかに創造主は作りかけでやめてしまわれた」

（五五九頁）のである。またこれに劣らずおどろくべきことだが、白人種と比べれば「黒人種もやはり筋力において劣っている」とされる。したがって勝利の栄冠は「われわれ白人種に帰する」（二八六頁）ことになる。最後に**知的能力**（精神はしたがって肉体と歩みをともにする）についてみてみよう。黒人種においては「思考能力は平板なものであり、皆無といってもいいほどだ」（三四〇頁）。黄色人種においては「あらゆることがらにおいて、平板さへの傾きがみられる」（三四一頁）。したがってすべてはあいまって「知性の領域全般において白人種の圧倒的優位」（三四二頁）を証明する方向に向かう。そしてゴビノーは次のような皮肉に満ちた議論によって、人種平等主義を標榜する彼の敵たちをみなまとめて批判する。「もしそうならヒューロン族のちっぽけな脳味噌にも、イギリス人やフランス人の精神に似通った精神が萌芽として含まれていることになってしまう」（一七四頁）。ひと言で言えば「白人種はそもそもの起源から美、知性、体力を独占的に所有していたのである」（三四四頁）。

人種と文明

こうしたことすべては平凡きわまりないものであり、ゴビノーがもし多くのひとびとがすでに用いた決まり文句を繰り返すことに執着していただけなら、とりたてて彼をあらためて取り上げ直す価値はないだろう。彼の思索が抱かせる興味は別のところにある。それは彼の人種についての考え方のうちにではなく、彼が文明と呼ぶもの（もっともそれは人種との関係からみた文明ではある）のうちにある。しかしここでも前もって用心しておくべきことがいくつかある。ゴビノーはこの「文明」という語を新しい、彼独自の意味で用いている。純粋に物質的なそして技術的な進歩に対してゴビノーが投げつける猛烈な批判が想像させるのとは異なり、ゴビノーは啓蒙哲学から発した思想的潮流のうちでこの語がもっていた意味を完全に放棄することはけっしてない。彼はこの主題を白人種の優位性を確立するために用いることをいとわない。哀れなヒューロン族は実際「印刷術も蒸気機関も」発明しなかったし、「カエサルやシャルルマーニュ大帝のような人物」を提供することもなく、「ホメロスやヒポクラテスのような人物」も生まなかった（二七四頁）。別のところでもゴビノーは、ふたたびやはり同じ目的で、「印刷術」「われらの諸科学」「われわれのなしたさまざまな発見」「われわれの生み出した諸哲学」「政治体制、文学、諸芸術、書籍、彫像そして絵画」について語っている（二一〇頁）。もしこれらの列挙から一時的に軍人をわきによけてみるなら（実は軍人こそゴビノーにとっては本質的なものなのだが）ひとはゴビノーを科学、技術、芸術の進歩の擁護者と取り違えてしまうかもしれない。だが事態はまったく逆なのである。

　そこで彼の作品中で文明という概念がもつ特殊な意味をもう少し間近から検討してみよう。それには彼が人間社会がとる諸形態の間に設けている複数の階梯から出発する必要があるだろう。それらの階梯には二種類あるが、互いに似通ったものである。第一の階梯によれば社会には三つの段階がある。小部族（トリビュ）であり、部族（ププラッド）であり、国民（ナシオン）である。小部族とは自給自足体制のうちに生活する人間集団であり、完全に他から独立しており、自分たちのかたわらにいる他の人間集団をまったく知らずにいる。部族はふたつの小部族の激しい接触の結果である。一方の小部族が他方の小部族を打ち負かし、それを奴隷状態に落とすのである。「水平的な」分離（領土的分離）は「垂直的」分離（階級的分離）になった。しかし分離は分離なのである。社会のふたつの階級は、それぞれの階級がそこから生じた小部族間にコミュニケーションがなかったのと同様の状態にある。最後に国民は、先には完全に孤立していたあまたの小部族が真に融合した結果である。それぞれの領土は合わさってひとつのものとなり、ひとびともみな混じりあう。したがって、人間の発展のこれらの局面を互いに区別することを可能にするものは、他者との関係である。他者を知らない状態がもっとも低い段階であり、他者との間に相互的な働きかけがある状態がもっとも高い段階である（一六四―一六六頁）。

第二の階梯はある社会の生活において理想が占める位置、理想の果たす役割に関係する。もっとも低い段階では、理想は現実から分離されるにはいたらないか、あるいは分離されていたとしても現実に働きかける力をもつにいたらない。したがってそこに生きるひとびとは、停滞を運命づけられている。第二の段階においては、ひとびとは理想をもっており、その理想は彼らがその時点で置かれている状態を変えることを可能にする。最後に、第三の段階においては、その理想はそれを生んだ社会のひとびとに働きかけるだけでなく、他の社会のひとびとにも働きかける力をもつ。こうして「広大な地域の上に、多少とも相互によく関係づけられた諸観念と諸事実の一体系の疑いえない優位性が、ひと言で言えば**文明**と呼ばれうるものが確立される」（二二〇頁）。こうしてもともと相互に分離していたひとびとを統合する能力そのものが「文明」という語の定義をも与えることになる。

文明の諸形態を区別し、それぞれの特徴を記述せねばならなくなった時、ゴビノーはまたもや混交を価値あるものとするいくつかの基準に助けをもとめる。ここで注意すべきことは、ゴビノーが持ち出す諸範疇はそれ自体としては価値をもっていないということである。それらはむしろ連続体の諸極として提示されており、高い段階は、それらの極のひとつが他を排斥して存在するということではなく、それらの極が良好な均衡を示す状態である。たとえば不動性と可動性、永遠と変化という対立についてもそのように言える。ゴビノーが提案する文明の定義は次の語で始まる。「相対的不動性の状態」（二二四―二二五頁）。「東洋の」諸文明はあまりに不動のものである。しかしわれわれの文明は動きが激しすぎる。そして利点はたやすく不都合に変形する。「こうして自分自身に対するしっかりした信頼の念をもつことができなくなったわれわれの文明には、〔本来の文明の〕主要な特徴のひとつであるあの不動性が欠けている。それこそあれらの〔東洋の〕諸文明がわれわれの文明にまさっている点である。彼の地では、政治上のことがらについて何を信じるべきかという点についてはみなの意見が一致している」（二三七頁）。したがって穏やかな可動性こそ望ましい。穏やかではあっても可動性は可動性である。持続的成功をみずからに保障するには、新しいものを吸収する能力をもたねばならない。

ゴビノーがその分析に用いるもうひとつの範疇である男性‐女性軸もやはり単純な価値序列に還元できる性質のものではない。これらの語が通常どのような観念と結びつけられているかをよく承知しているゴビノーは、わざわざ次のように言っている。それらの概念が操作的なものでありうるのは、「このふたつの語のひとつをほめたたえたり、他のひとつを非難したりすることなく、その両者があいまって生じる生殖力という観念をのみ理解する」（二二二頁）という条件においてであり、「これらの項の一方が他方に対して優位をもつといういかなる考え方にもくみしない」（二五〇頁）という条件においてである。男性的なもの、あるいは男性の原理は、物質的なもの、有用なもの、客観的なものの優位であり、女性的なもの、あるいは女性の原理は心理的なもの、瞑想的なもの、主観的なものの優位である（これは**陰**と**陽**を対立させる考えとさほど遠くない考え方である。むろんそれがどのような他の要素と関係をもつかという結びつきのあり方は異なっている）。このふたつの極のいずれかが他の極を排除して一方的に存在することは不吉なことである。だがこの両極が完全に平等な状態にあることもやはり望ましくない。最良の解決法は一方の極が支配的でありつつも他の極が完全に不在ではない状態である。「このふたつの要素のひとつに豊富に恵まれてはいるものの、誰ひとりとしてもうひとつの要素を完全には奪われてはいない人種においてのみ、社会は文化の満足すべき段階、したがって文明の満足すべき段階に到達できるのである」(二二二頁)。

こうした語り方がいかに曖昧なものであるにせよ(だがゴビノーにおいては生物学的比喩が担わされている意味は大きい)、先に区別された社会の三つの段階とここで述べられたことを近づけることを可能にする共通点があることに気がつかずにはいられない。それは単純で純粋な状態より混交が好ましいとする点である。国民もまた文明も、他者性(エテロジェネイテ)を自己のうちに吸収することに存する。不動性と可動性、男性的なものと女性的なものは同時に存在するのでなければならない。そして、よく知られているように人間という種の到達点である白人種自体、実際、「ちょうど真ん中」のものであり、黒人種(少しばかり「女性的」にすぎる)と黄色人種(あまりに「男性的」)の行き過ぎを避けることができる。白人種は、少なくとも観念の上では、混交である。ゴビノーは彼の議論のこの含意をはっきりと強調している。文明は幸福な混交以外のものではない。だがあらゆる民族がそれに向いているわけではない。だが民族のうち最良のものが認められるのはまさにこの点においてなのである。つねに「人種交配(クロワズマン)に対する密かな嫌悪」が存在した。だがその嫌悪感を乗り越えたひとびとは「人間というわれわれの種のうちの文明化しうる部分を構成する」(一六七頁)。「ある個別の体制が[他の体制に]自分を受け入れさせることに成功した瞬間から、文明が生まれつつある」(二二三頁)。白人種の力はここにある。このエリートの人種の他者を文明化しようとする傾向は、つねにこの人種に他の人種と混じりあうようにと促してきた」(二八三頁)。要するに世界史を要約しようとすれば次のようになる。「このように、いたるところに、つねに、混交があった。これこそ偉大な諸社会、強力な諸文明がなしたもっとも明瞭な、もっとも確かな、もっとも長続きする仕事であり、それらの社会、文明の寿命よりもさらに長く続く仕事である」(一一五九頁)。

混交が重要である。それは確かだ。しかしいかなる条件のもとにおいてもというわけではない。真に文明化する力をもつのは、他の体制に「自分を受け入れさせる」ことに成功し、その「疑いえない優位性」を認めさせる体制である。これで、なぜカエサルとシャルルマーニュがヨーロッパ文明の代表者として、学者や芸術家と並んで先の列挙の中によい位置を占めつつその名をみせていたのかがよりよく理解できる。先の列挙にその名をあげられていたひとびとの共通点は、他者をその身体において、あるいはその精神において屈従させるすべを知っていたことなのである。文明化する力における優越性、「凝集させる仕事」のもっとも最近の偉大な実現であるゲルマン人種の伸長もまたこのようなものである。「われわれはゲルマン人種が、ほとんど現在と言ってもいいほど最近に、アメリカを発見するのを、そこで原住民たちと合体したり、彼らを無に帰するのをみた。またわれわれは現在ゲルマン人種が、ロシアを後押しして、スラブ人たちを中央アジアのあわれな小部族たちのところまで押し戻すのをみている。さらにわれわれは彼らがインド人、中国人のさなかで戦い、日本人の扉をたたきに行き、アフリカの全海岸線においてこの大大陸の原住民たちと同盟するのをみている」（二一六二頁）。だが他者を無に帰し、彼らを遠くへ追いやり、彼らの上に襲いかかり、彼らの扉をたたきに行くこのようなやり方は軍事的征服、ヨーロッパの帝国主義的拡張以外の何であろうか。ゴビノーは軍事的力はつねに精神的優越性と結びついているかのようにものごとを好んで提示する。だがこれに対する反証はただちにいくつも思い浮かべることができる。軍がいつもキリスト教の伸長に先だって進んでいたわけではない。逆に「蛮族」の侵攻はしばしばおこなわれたが、その侵攻が成功したからといって彼らが優越した文明を所有していたということが言えるだろうか。もしこれに肯定的に答えることができるとすれば、それは問いに先立って文明と力が等号で結ばれている場合のみである。そうであるならば、ゴビノーの主張はもはやトートロジーにすぎない。彼が言っているのは、もっとも強い者がもっとも文明化された者であるということでも、またもっとも文明化された者がもっとも強い者であるということでもない。彼は単に、もっとも強い者がもっとも強い者であると言っているのである。

したがって、ゴビノーがその著作の最初から最後まで「文明」について語ることができるのは、この用語をねじまげて用いているからである（このねじまげがなかなかそうとはっきり見分けられないのは、彼が間欠的にこの語をその通常の意味で用いているからである）。そこここで、ゴビノーは彼の関心を引くのは文明でないとほのめかしている。たとえば彼は次のように書いている。「相当の力をもった人種、すでに文明化されている諸人種と最良の人種の新たな結婚から生じた人種の介入が必要であった」（一一六〇頁）。だが「最良のもの」が「文明化されたもの」と結婚しなければならないとすれば、そもそも優越性は文明の中にはないということである。また別の文が、事態をよりはっきりと示してくれる。ゴビノーはそこでオーストリアが優れていることを「文明の尺度によってではなく、この本で唯一問題にされている生命力の尺度によって」（一〇九八頁）主張している。これは重みをもった告白である。ゴビノーの言説は、この著作の対象が諸文明ではなく、諸社会であることを、また「文明」は彼にとって生命力の同義語であることに気がつくならば、ずっと理解しやすくなる。したがって、啓蒙の普遍主義とは異なり、ゴビノーは、諸民族が**唯一の**文明への道程で成し遂げた「さまざまの進歩」をそれぞれ他の進歩との関係で位置づけることを可能にするような共通の枠組みを探求することをあきらめる。時としてゴビノーは、精神的優越性の名のもとにわれわれ自身の社会に価値の上での優位をあたえることをすら放棄するのである。「われわれ以前に使われていた方法をわれわれは変えたが、やはり秘密の周囲をめぐる結果になっただけだと私には思われる。われわれは秘密の暗闇の中へ一歩でも前進したわけではない」（二一九〇頁）。ゴビノーは近代を批判するが、ゴビノーは相対主義者である。それは力への賞賛と両立可能な唯一の立場である。

ゴビノーが提案するのは社会史の理論であり、彼の論理の出発点は社会の質は他の社会をみずからのうちに統合する能力、他の社会を吸収して屈従させる能力によって測られるというものである。この第一の主張のかたわらに第二の主張がやってくる。すなわち文明は人種によってもたらされるものであり、人種のみによってもたらされるものだというのである。他のあらゆる要素はたとえ文明に影響を与えることができたとしても、表面にしか働きかけない。実際は、ある民族の質は「どの人種にその民族が属するかによって決まる」（一一六八頁）のである。これと相関的に、諸文明間の階梯は諸人種間の階梯に厳密に平行なものである。「諸人種間に上下関係があること（中略）だけで、諸民族の運命のあらゆる展開を説明するには十分である」（一一三八頁）。これこそゴビノーが彼の「公理」と呼ぶものである。「混交が大きければ大きいほど［血の混交、人種の混交］、この混交から生まれた人種の価値は増す」（一一七〇頁）。人種の価値が諸文明の価値を評価する基準と密接に結びついた基準を用いて測られていることに気づくならば、このような物言いにおどろくこともないだろう。その基準とはここでもやはり力であり、それはしばしばまた「エネルギー」あるいは「生命力」と呼ばれている。こうして「アーリア人はとくに知性において、またエネルギーにおいて他の人種に優越している」（九八一頁）ことになり、「ゲルマン人種はアーリア人種のエネルギーのすべてを備えていた」（一一六一頁）ことになるのである。

人種と歴史

ゴビノーの第二の主張はしたがってこのようなものであり、それは文明と人種の間の密接な関係を主張するものである。ところで人種もまたそれ自体発展する。そしてその発展の理由は、通常述べたてられるものとは異なっている。制度も気候もこの発展には影響をもたない（ゴビノーはこの点ではビュフォンにもモンテスキューにも反対である）。全般的な地理的状況（領土）もまた影響をもたない。歴史上の人種、すなわち私たちがそれについて情報をもっている時代に属する人種はすでに血の混交がなされた後の人種である。しかしそれは安定した混交物なのである。人種の改変は（私たちはここでまたもやトートロジーに出会うのだが）このカクテルの改変から、すなわち新たな血の混交からしか生じない。「現在の諸人種がその主要な諸特徴を失うのは混血によって、また混血の結果としてでしかない」（二六八頁）。

このゴビノーの第二の主張はいくつもの反対意見を呼びおこす。『人種不平等論』の著者に宛てた書簡の中でトクヴィルはすでにゴビノーの議論の弱点を指摘していた。それは証拠の性格に関わるものである。ゴビノーには、つねに既知のものを未知のものによって、文明に関する実際に観察可能な諸事実を昔あったと仮定された混血によって説明する傾向がある。ところで「どのようにしてみたところで、もはやその起源の目にみえる痕跡をまったくとどめない人間たちが、いつ、どのように、どんな割合で混血したかを、歴史や伝承によって知ろうとするほど不確実なことがあるだろうか」（「ゴビノー宛書簡」二〇三頁）。実際にはゴビノーは自分の仮定をもとにして「事実」をでっちあげることをいつも余儀なくされているのである。証拠を探さなければならなくなると、彼は自分の主張に都合が悪いあらゆる資料を疑わしいと宣告し、本来観察によって示さなければならないものを、真実と主張する。ただ白人種のみが、他の人種に自分の生活様式を押しつけることができたとする主張もまたそのようにしてなされた。彼の主張の反証となるような事実に直面すると（ある黒人種が他の人種を従わせた）、ゴビノーは何の根拠もないのに、それ以前に白人種との接触があったということを主張せざるをえない羽目に陥る。「それは遠い過去における白人種との結びつきの結果であるにすぎない」(一一五六頁)。だがこの結びつきの事実を裏づけるものは何も提示されない。したがって、「血の混交」という観念にたとえ意味があるとしても、それは過去の説明としては使用不可能なものにとどまる。自分の主張を証明しようと望むあまり、ゴビノーはまったくそれを「反証不可能なもの」にしてしまった。彼に向けられる数々のこのような反対意見をかわす唯一の方法は、「血の臭いのする」、肉体にまつわるすべての比喩は、ゴビノーにとって本質的な役割を果たしているものではあるが、これをいったんわきにしりぞけて、「文明」と「人種」が同じ基準の助けを借りて判断されていることだけでなく、その基準が最終的には同じひとつの対象、すなわち社会に対して適用されていることを認めることであろう。「人種」が「文明」を規定するのは、ゴビノーにおいてはこのふたつの語が同義語になっているからにすぎない。いずれの場合においても、「力」「エネルギー」「生命力」の面から考察された社会が問題とされているのである。

しかし、ことが複雑になるのはまさにここにおいてである。実際人種という観点に立てば、あらゆる混交は堕落である。いやそれにとどまらない。あらゆる堕落は血の混交の結果なのである。これこそゴビノーが彼の「基本的な主張」と呼ぶものである。「諸民族が頽廃するのは、それがこうむった混交の結果としてであり、その混交の度合いに応じてなのである」(三四五頁)。そもそも「頽廃する」(この語に私たちはすでにビュフォンにおいて出会っている)とは何を意味するのだろうか。「**頽廃する**という語はある民族について用いられた場合、相次ぐ婚姻によってしだいに血の価値が変更をこうむり、もはや血管中に以前と同じ血をもたないがゆえに、その民族がかつてもっていた固有の価値を失うということを意味しなければならないし、実際意味してもいる」(一六二頁)。もし「頽廃した者」が「血の構成を変えた者」を意味するとすれば、あらゆる(新たな)混交は頽廃であるということにならないだろうか。まさしくそれこそゴビノーが主張して止まないことである。「混交が止まらないことは不幸である」(三四四頁)。なぜなら混交は「社会をなにものをもってしても癒すことができない虚無へと導く」(三四五頁)からである。ある民族の誕生から滅亡までは「無限の混交から、したがって無限の衰退」(一一六三頁)からなっている。

いまやゴビノーの主張の逆説的な性格がみてとれるだろう。「人種」と「文明」は彼によれば、相互にこれ以上ないほど緊密に結びついたふたつの単位である。それはおそらく、実は唯一の単位である社会のふたつの側面にしかすぎない。だが文明としてみた場合には、ある社会は、それとは異なった他の諸社会を同化できればできただけ強力である。ところが人種という観点からみた場合、社会は混交を経ていればいるほど、弱いとされる。思い出そう。混血に対する嫌悪を乗り越えるにいたる者こそ人類のうちで文明化可能な者である。だが人種にとっては、あらゆる混交は衰退であり、頽廃なのである。このことはゴビノーにあっては矛盾ではなく、むしろ人類にのしかかっている悲劇的な逆説なのである。ある社会が強くなれば、その社会は他の社会を自分に従わせようとする傾向を示す。だがそれがなされれば、その社会は自己同一性を脅かされ、もはや強いものではなくなる。悪の源は善の存在にある。そして結局のところ、諸民族の前にあるのはどのような手段を用いて滅びるかという選択だけなのである。弱者は強者に従わせられることによって滅ぶ。強者は、彼らの力の避けられない結果である弱者との接触を通じて、弱者に腐敗させられることによって滅ぶのである。

ゴビノーは書いている。「ある民族が永遠に同じ国民的諸要素から構成されたままでとどまることができるなら、その民族はけっして滅びないだろう」(一七〇頁)。けっして検証しえない主張である。だがこの主張には次のように応答することが重要である。永遠に同じ諸要素から構成され、絶対的な固定状態のうちにある民族というものがあるとして、その民族は国民にも、文明にもなることはないだろう。そのような民族が生存するということすらないだろう。こんな言い方をしてよければ、選択は死と非‐生の間にある。力の証拠はどんなものであれ、弱さをもつことの証であり、あらゆる成功は失敗への一歩なのである。「国民が、武力によって、あるいは条約によって大きくなるに従って、その民族的性格はどんどん変質していく」（二六八頁）。だが民族的性格は国民と切り離しえないものである。

おわかりのように、ゴビノーの歴史哲学は深く悲観主義的なものである。人類の良き時代は過ぎてしまった。諸人種は今日もはや復旧不可能なまでに混交されてしまっており、人類の最終的滅亡はたかだか数千年後にはやってくる。ゴビノーによれば、この世界の終焉は、接触の頻度の急速な増加、混交の増大の結果として、全体に広がったエントロピー、もはやすべてのものが互いに区別のつかない状態という形をとる。「人類というわれわれの種が経験する疲労、苦痛、快楽、勝利の行きつく先は究極の単一性（ユニテ）である」（二一六二—二一六三頁）。これは起源にあった諸人種の単一性の対極にある単一性である。内部的には均質だが互いに異なった諸単位が併存するかわりに、世界は単調な非均質性（エテロジェネイテ）の溶岩となるであろう。それは「あらゆるものにおける凡庸さの最終的な到達点であり（中略）それはほとんど虚無ということができる」（二一六三頁）。平等の敵であり差異の擁護者、旧体制（アンシャン・レジーム）に固有の階級制にくみする者であり、民主制の蔑視者であるゴビノーは、それでも、この虚無の到来が避けがたいと信じている。それは彼にとって憎むべき展望であり、したがって彼は私たちを待つ終末を描写するだけにとどめるのである。

ゴビノーのこの見方は科学的仮説ではないが、もしそうであると考えるなら、彼に対し二系列の反論をすることができるだろう。まず第一に事態の進行はゴビノーが予想していた方向に向かっているようには思われないことである。ゴビノーが毛嫌いしているアメリカ合衆国の例をみてみよう。合衆国は民主国家であるだけでなく、諸民族の絶望的なまでの混交でもある。「他に優越した、あるいは少なくとも他と異なった新しい文明の創出について言えば（中略）、それは比較的純粋で若い人種の存在によってしか生み出されない現象である。この条件はアメリカには存在していない」（一一四二頁）。ところが、文明という語を一般的な意味にとっても、またゴビノー固有の意味（他の民族を支配する能力）ととっても、アメリカ合衆国は、一八五五年以来他の多くの国々にまさる「生命力」の印をみせ続けてきている。今日の超大国は多民族国家なのである。このことがとりわけこれらの国の足枷になっているようには思えない。ゴビノーの言うところを信ずるならば、地球の人口はつねに減少し続けるのでなければならないだろう（生命原理の消耗）。「中国の人口が今日ほど減少したことはかつてない。中央アジアはかつてアリの巣のようであった。だが今日ではそこでは誰ひとりにも出会うことはない」（一一六四頁）。誰ひとりにも出会わない？　本当だろうか。

第二にゴビノーの論証の形態自体にどこか脆弱なところがある。そのことに最初に気がついたのはやはりトクヴィルである。現在を説明するために、ゴビノーはもはや手の届かない過去に助けをもとめるだけでなく、未来全体にも助けをもとめる。「だがこうした諸傾向、諸適応能力が打ち負かし難いものであるということは、ただ単にこれまで一度も証明されたことがないだけでなく、それ自体証明不可能である。なぜならそれができるためには、過去だけでなく未来のこともわかっていなければならないからだ」（「ゴビノー宛書簡」、二〇二頁）。ここでトクヴィルの批判の対象になっているのは、ある種のタイプの歴史哲学であり、ゴビノーのそれはあまたの例のひとつにすぎない。それは人類の全未来を予想し、その哲学にとっての真理、価値を確立するために、その未来についての予想を必要とするような歴史哲学である。

だが、明らかに、ゴビノーのテキストが影響力をふるったのは、科学的仮説としてではない。もしそのテキストが誤ったものだということが証明されうるならば、それはとっくになされていたことだろう（そして実際、証明されてもいる)。だがそこにあるのは反証不可能なテキストであり、そしてこの点において、むしろ神話やSFに近いものなのである。神話として、そして世界観として、ゴビノーのテキストは強力な影響力をもったし、またふたたび影響力をもち始めるかもしれない。好意的な読者が、そこに歴史について、また人類の運命についての夢想の出発点を見いだすのに十分な程度に彼の諸概念は曖昧なものであり、彼の野心は広大なものである。世界はゴビノーが考えるように——また私たちにより近い時代にはセガレンやレヴィ゠ストロースが考えたように——コミュニケーションと交換の過剰により滅びるのだろうか。この疑問はついに解答を与えられないままとどまることを運命づけられているように思える。ゴビノーの著作の十九世紀ドイツ流の解釈、二十世紀のナチス流の解釈は、こうした夢想がもたらすかもしれない危険を例証している。全体的にみれば、こうした解釈が非常識なものであることは確かである。悲観主義者、運命論者のゴビノーが、劣等諸人種を世界から抹殺しようとする政治的行動主義を鼓吹するなどということがあるはずは本来なかった。また彼の「ゲルマン民族」への賞賛は国家としてのプロシャに栄光を与えようとするものでもない。「卑俗な人種理論」について言うなら、それはルナンや他のゴビノーの同時代人においても、ゴビノーにおけるのと同じほど、あるいはそれ以上に見いだされるものである。結局のところ、ゴビノーは彼自身の文学的才能の犠牲者であり、その才能が彼を人種理論のもっとも有名な代表者にしたのである。

ルナン

諸言語人種

先にみたように、人類を三つの人種にわけるということを考えるかぎりにおいて、ルナンは卑俗な人種理論の意識的な実践者であった。だが優等人種（白人種とその下位区分である諸人種）を対象として見始めると、彼の態度は変わる。彼自身、質的な差異の存在を認めている。彼の言によれば、彼の議論は「まったく劣等な諸人種、偉大な諸人種へのそれらの干渉が人類にとっての害毒でしかないような劣等人種を議論のわきにはずこと」から始まった（「ゴビノー宛書簡」二〇四頁）。彼のなす個別の諸分析において彼はいつもこうしたやり方をする。たとえば、宗教を研究することができるようになるためには、まず人類の半数以上を「わきにはずす」ことから始めなければならない。「インド、中国、日本およびまったく未開の諸民族を別にすれば、全世界がセム語族の宗教を採用した。文明社会に存在するのはユダヤ教徒、キリスト教徒、イスラム教徒だけである」（「文明史におけるセム諸民族の寄与」三二八頁）。文明化された諸民族は、ここにみられるように、他から切り離された一個の種を形づくっているのである。

こうして一旦優等人種を取り扱い始めると、ルナンは別の道に踏み出す。彼の出発点となる観察は次のものである。諸人種のそれまでの非常に多くの混交の結果として、もはや純粋な人種は存在しない（ここで用いられている「人種」という語は、明らかに三つの大きな人種という場合の人種と意味が異なっている。それはむしろヨーロッパ各国の国民という意味に相当する）。純粋な人種というのは夢物語である。ヨーロッパのありとあらゆる国民は混交の産物である。さらには次のような観察さえ可能である。「もっとも高貴な諸国、イギリス、フランス、イタリアは血の混交がもっとも進んだ場所である」（同所）（ここではルナンはミシュレと同じことを言っている。またある意味ではゴビノーにも近いと言える）。

この混交の結果として、諸人種は相互に中性化される。そしてこれにより、現在では、その影響は皆無である。ルナンがゴビノーと決定的に離れるのはここにおいてである。両者のちがいは、歴史過程を再構成する仮説の立て方にあるのではなく——両者とも諸人種はその起源においてはそれぞれが純粋のものであって、その終着点においては混交が全体的なものになると考えている——、その再構成された仮説をどのように評価するかという点に関わっている。ゴビノーにとって人種とは力である。人種の衰退はしたがって頽廃に等しいということになる。ルナンにとっては、ミシュレにとってと同様に、人種とは純粋に肉体的なものである。人種の影響力の低下とは物質的決定論からの人類の解放である。ルナンはゴビノーに書き送っている。「人種の影響は起源においてはたいへん大きいが、徐々にその重要性を失っていく。そして時としては、フランスにおけるように、完全に消え去ってしまうこともある。（中略）私は将来、均質な人類が現れるだろうと思っている。その未来の人類においては、起源にあった数多くの小川はひとつの大河のうちに混じりあってしまい、さまざまな由来の記憶は失われてしまっているだろう」（二〇四頁）。血によってよりも、近代の人間は「人種よりも強く、地方的な固有性を破壊する、文明と呼ばれるこの力によって」より強力に動かされている(『セム語族言語一般史』一三九頁。「ベルベル人の社会」五七〇頁をも参照)。そこにこそ動物と人間(すべての場合において問題になっているのは白人である)との間の大きな断絶がある。人間は生物学的決定論を免れている。「人類の歴史は本質的に動物学とは異なる。齧歯類や猫科の動物の場合とは異なり、そこでは種がすべてではない」(「国民とは何か」八九八頁)。

諸人種の混交だけでなく、それぞれに固有の歴史によって形づくられた、イギリス、フランス、あるいはイタリアといったこれらの単位が、**国民**とは別のものだなどということを信ずることができるだろうか。ルナンが彼の同時代人たちのうちに暴いてみせる共通の誤りは、本来国民に属すべきことを、人種に帰すことである。近代においては、人種はもはや存在しない。存在するのは国民である。もし人種の決定論(生物学的・物質的)がわれわれを動物に近づけるとすれば、国民の決定論(精神的・歴史的)は生物世界におけるわれわれの優位性の指標である。だから後者を擁護し、前者を打倒せねばならない。「国民という原理が正当で道理にかなったものであるのに対し、諸人種の力を第一のものとする原理は偏狭で真の進歩にとってはおおいに危険なものである」(八九五頁)。

ルナンが人種という概念に加える批判的分析の最初の部分は以上のようなものである。だがミシュレから引き継がれた、人種と国民のこの根本的な分離は、ルナンを完全には満足させなかった。彼は人種という概念に再検討を加えることにより、その欠落を埋めようとする。だがそれは、逆説的にも、彼に人種という概念がなお有効であることをふたたび主張させることになる。ただもはや語の意味は同じではない。ルナンは語にふたつの意味があること、そしてその一方の意味を彼は拒否し、残りの一方にしか興味を抱いていないことを私たちにわざわざ告げている。一方には肉体的な意味での人種があり、他方には文化的な意味での人種がある。そして文化を形づくるにあたっては、言語が支配的な役割を果たす。このふたつの意味の人種を混同しないようにしなければならない。「比較文献学によってわれわれが導かれた分類は、狭義の人類学がそこへと導く分類とは一致しない」(『言語活動の起源』一〇二頁)。「人種という語は、比較文献学を駆使する歴史学者にとってと、肉体的特徴を利用する人類学者にとっては、まったく異なるふたつの意味に解されている。(中略)短頭、長頭という語は歴史においても文献学においても何の役にも立たない」(「国民とは何か」、八九七頁)。問題になっているのは語の意味の根底的な改変である。「言語がこのようにしてほとんど完全に、人類の諸集団の分類において、人種に入れ替わったのである。あるいは「人種」という語が、意味を変えたのだと言ったほうが正確かもしれない。人種は血によってよりもむしろ、言語・宗教・法・習俗によってつくられたのである」(『イスラエル民族史』三二頁)。結局のところ、語のこうした用法にみられるのは単なる同形異義語である。「人類学的にみた諸人種にとって何らかの有益な結論を言語科学から引き出すことはできない。こんな表現を許してもらえるなら、諸言語人種が存在し、それらの言語人種は人類学的に規定された諸人種とは何の関係もないものである」(「文献学が歴史学に対してなした貢献」一二二四頁)。

セム語族とインド＝ヨーロッパ語族、このふたつの人種は長い間ルナンの注意を引きつけるものであるが、これらはしたがって肉体的特徴によって規定された人種ではなく言語人種である。「たとえば、セム語族とインド＝ヨーロッパ語族の分割は生理学によってなされたものではなく、文献学によってなされたものである」(『言語活動の起源』一〇二頁)。「のちに習俗・文学・宗教の分析によって同じ特性が再確認される(血液や、頭蓋骨の分析によってではない)ものの、セム語族の個別的特性がわれわれに明らかになったのは言語の分析によってであり、この人種はいわば文献学によって創造されたものであるのだから、セム語族をそれと同定するための基準はひとつしかない。それは言語である(『セム語族言語一般史』一八〇頁)。ユダヤ教とは宗教に関わる問題であり、人種に関わる問題ではないと、ルナンは別のところで言っている(「人種としてのユダヤ、宗教としてのユダヤ」、九二五―九四四頁)。これらの大人種の下位区分についても同様である。「文献学的に、また歴史学的にゲルマン人種と呼ばれるものは、確かに人間という種のうちにおけるはっきりと他と区別された血族(ファミーユ)である。しかし本当に人類学的な意味でいう血族なのだろうか。確かに答えは否である」(「国民とは何か」八九七頁)「人種とは血の問題であるよりは、道徳教育の鋳型である」(「ベルベル人の社会」五七一頁)。

言語人種は肉体的な意味で規定された人種ではない。それはまた正確に言えば国民でもない。スイスにおけるように、複数の言語が一個の同一の国民のうちで話されることもあるし、英語のように複数の国民が同一の言語を話す場合もある。しかしそれは古い意味での「人種」よりはよほど国民に近い。言語人種の輪郭をさらに正確にとらえようとして、ルナンは次のように書く。「歴史科学的な観点からすると、五つのことがらが人種の本質的特性を構成し、人間という種のうちにおける個体としてそれについて語ることを許す。これら五つの資料は、やはり人種というものがそれのもつ過去によって生きることを証するものだが、独自の言語であり、特殊な表情を刻み込まれた文学であり、宗教であり、歴史であり、文明である」(五五三頁)。ルナンが、彼を困惑から助け出すであろう「文化」という語を見いだしていないことに、私たちはほとんどおどろきを感じる。「文化」は、肉体的に規定された「人種」とは完全に切り離され、「国民」の領分に近いとはいうものの(歴史的に)、それとは区別されるものだが(文化的なものと政治的なものは同じものではない)、文化は言語と文学と宗教と習俗の共通の働きなのである。

だがルナンはまさしく肉体的な意味で規定された人種との関係をすっかり消し去られた用語を用いたくなかったのだということもありうることだ。逆にルナンには語のふたつの意味の目にみえない部分でのつながりが必要であったのかもしれない。そのふたつの意味の間の断絶は、共時態においても通時態においても、一見そうみえるほどには完全なものではない。彼が『言語活動の起源』において「サンスクリット語を話す人種は、貴族的な、征服者の人種であり、［インドの］原住民の色のついた肌とはその白さによって区別される人種である」（二〇九―一一〇頁）と述べるとき、貴族的な征服を好む精神は文化に帰することができるとしても、白い肌、有色の肌についてそうすることができるだろうか。

歴史についても同様である。国民の精神をつくるのは言語である、とルナンはウィルヘルム・フォン・フンボルトに続いて言明する。「それぞれの民族の精神とその言語は緊密な関連をもっている。精神が言語をつくり、翻って言語が精神の形式、境界としての役割を果たす」（九六頁）。だが言語の産物たる精神は言語を本当に形成できるのだろうか。言語のみが精神を形成するのだろうか。同じ一節で次のように言うルナンによればそうではない。「諸言語の多様性を生んだもっとも大きな原因を探すべきは、人種の多様性のうちにである」（同所）。次に述べるふたつにひとつが言えるのでなければならない。まずここで「人種」という語が「言語学的」な意味で用いられているとする。この場合、ルナンの文は純粋なトートロジーとなる（諸言語の多様性が諸言語の多様性を引き起こす）。だがルナンがそのことに気がつかなかったとは考えにくい。あるいはルナンがこの語に、肉体的に規定された人種という意味を保存しているとする。その場合には、この文はふたつの意味の間、（人類学的な意味での）人種と言語の間に関与的な関係があることを肯定していることになる。さらにルナンが「われわれがしばしば言明した公理、すなわち宗教の価値はそれを説いた人種の価値に等しいという公理」（「イスラム教と科学」九六一頁）を思い出させようとするとき、彼が「人種」という語を彼が使用すると言っている意味で、すなわち言語、文学と並んで宗教を含むものとして用いているということはもはやありえない。

彼の文筆家としての経歴の始め、『科学の未来』でルナンは書いていた。「すべての文法的方法はそれぞれの人種が思考を扱ったその扱い方から直接的に由来している」(九四三頁)。もし人種が文法の起源であるとすれば、人種は文法ではないということである。そして彼の最後の大著である『イスラエル民族史』には次の文が見いだされる。「言語は人種にとって思考の形態そのものであるのだから、同じ言語の使用は、何世紀もの間続けられれば、その言語のうちに閉じこもった血族にとっては、いわば鋳型、コルセットになってしまう」(三二頁)。この文がはっきりと示しているのは、言語による決定論(文化的決定論)のみでなく、言語と人種の間の関係である。その関係はまず言語と人種が同一のものでないこと、しかしふたつが密接な関連をもつことを示している。

白人種とその下位区分のことしか問題にしないとしても、ルナンの「人種」という概念の扱い方は、こうしてみてくると、彼が言っていたよりは複雑なもののように思える。言語(および文化)を「人種」と分離するどころか、ルナンはこの語を曖昧に使用することで、「諸言語人種」というものを生み出すことを正当化している。彼が言うように、それは確かに文献学の産物かもしれないが、だからといって(肉体的な意味で規定された)「人種」でないというわけではない。「言語人種」は彼に「人種」と言語を通底させることを可能にする回転扉なのである。「人種」という概念を追放するどころか、ルナンの著作はそれが新たな出発をすることを可能にする。というのも、「アーリア〔インド゠ヨーロッパ〕」「セム」という語が語族を名指すのに使われる用語であることを止め、「諸人種」にすなわち人間に適用されることになるのは、ルナン(および何人かの彼の同時代人)に始まることだからである。のちにみるように、イポリット・テーヌやギュスターヴ・ル・ボンといった、ルナンの同時代人、後継者たちの仕事が導いてくるのも、これと同じ結果である。人種は血のちがいにもとづくとするゴビノーのほうが十九世紀後半においては例外をなす。だがこの概念の変化はルナンや、先にみたようにル・ボンが人種理論家であることをいささかも妨げない（テーヌの場合は異なる）。彼らは単に一般的には人種に結びついていたさまざまの偏見を文化のレベルへ移植しただけなのである。

肉体的なものであるというより文化的なものであるからといって、彼らが主張する決定論がより柔軟なものであるというわけではない。ルナンの言によれば、ひとつの人種の構成員は、けっしてその人種の影響力を免れられない。教育はたいして役には立たない。「近代科学のあらゆる進歩は、これまで言われてきたのとは反対に、それぞれの人種はそれが実現できる型、あるいは実現するにはいたらないがそこから逃れられない型のうちに閉じこめられているとみなすように促す」（「砂漠とスーダン」五四一頁）。カントとゲーテはすでに古代チュートン人たちのうちに存在していた。アフリカ人たちはと言えば、彼らはけっして文明の頂点にいたりつくことはないだろう。このように人類を相互に浸透しあうことのない複数の文化に分離してしまうことは、ルナンの相対主義によく合致している。何を価値あるものとするかということは文化の部分である。ただ説明すべきこととして残るのは、どのような奇跡によって、科学はその分離を免れるのかという点である。インド゠ヨーロッパ語族のみが生み出した科学は、論理的には彼らにとってしか価値をもつはずがないだろう。どのようにして個別の文化が、科学のような真に普遍的なものを生み出しうるのか。

このように、諸文化間の差異についてのルナンの思索は、大部分の場合、彼がもつさまざまの「偏見」の直接的な表明でしかない。実際、ほとんどすべての相対主義者たちと同様に、ルナンは自己の教説内で、自分および自分が代表するものを例外としている。一般的な法則の例証に用いられるのはもっぱら他者である。たとえば、もしひとりの現代ユダヤ作家がある主張を展開したとしよう。その主張はセム語族の諸特性に由来するものとされてしまう。サルバドール氏とかいう人物の宗教についての意見はルナンをおどろかさない。「われわれは次のように言うことができはしまいか。すなわち彼は彼の人種特有の才をそこで発揮したのだと。その才とは、偉大な宗教を生み出すことをセム語族だけに可能にしたあの政治的眼差しである」(「近代社会の宗教の未来」二三六―二三七頁)。これとは逆に、ひとが幸運にも「インド＝ヨーロッパ語」を話す場合、インド＝ヨーロッパ語族のもつあらゆる良い資質の恩恵に浴すことになる。彼の作になる劇、『キャリバン』の中で、ルナンは支配に服した未開人に対し、アリエルに次のように言わせている。「プロスペロはおまえにアーリア人の言葉を教えた。この神聖な言語と一緒に、それに必ずついてまわる大量の理性がおまえのうちに入り込んだ」(三八二頁)。

さらに、もし用いられる言語が**フランス語**であるならば、奨励されることになるのはある特殊な精神であり、この奨励はここでもまた話し手の意志とは関係なくなされるのである。「フランス語は多くのことを言うだろうが、だがリベラルなことをしか言わないだろう。(中略)それはけっして反動的な言語であることはないだろう。(中略)この言語は向上させる。それは学校である。それは自然さ、善良さをもち、笑うすべを知っており、善良さが混じりあった愛すべき懐疑主義をうちに秘めている。(中略)フランス語では狂信は不可能である。(中略)フランス語を話せるイスラム教徒は危険なイスラム教徒であることはないだろう」(「フランス語の普及のためにアリアンス・フランセーズでなされた講演」一〇九〇―一〇九一頁)。ルナン自身によって描かれた彼の肖像を読んでいるような気がしてこないだろうか。彼がこのように言うのをみれば、愛国心がひきおこすさまざまの幻影を警戒していたと自分では言っていたルナンが、最後には世界中でフランス語を用いるようすすめるのを聞いてもおどろく必要はない。どうしてフランス人以外のひとびとから世界で最良のものを奪う必要があるだろうか。「フランス語を保存し、普及することは文明の全体的秩序にとって重要なことである」(一〇八八頁)。

科学対宗教

ルナンは、生涯を「セム語族の」言語、宗教、歴史の記述に捧げた。そしてそうするとき、彼はつねにこの人種を、陰に陽にもうひとつの大「白人種」、インド＝ヨーロッパ語族、別名を用いればアーリア人種に対置しているが、この最後のものはルナン自身が属する語族(あるいは文化的に規定された人種)である。アーリア人種とセム語族を比較しつつ描かれた両者の肖像のうちでこそ、ルナンがどのように「言語人種」という概念を用いているかをもっともよく観察できる。

両者の対照的な面の提示のいくつかをみれば、ルナンはもちあわせの階層的な価値評価をともなう諸範疇を「三大人種」の記述にすべて使いきってしまい、「セム語族」「インド＝ヨーロッパ語族」の記述においては、そのような価値評価をおこなわないで両者の差異を数え上げるだけで満足していると思われるかもしれない。彼が数え上げるあまたの対照は、実際のところ、すべてひとつの対照に帰することができる。それは論理と信仰、真実と啓示、哲学(あるいは科学)と宗教の間の対照である。「真実の、思慮に富んだ、独立した、厳しい、勇気ある探求、一言にして言えば哲学的な探求は、このインド＝ヨーロッパ語族の分け前であったように思われる」(『言語活動の起源』九八頁。『セム語族言語一般史』一四五頁、『科学の未来』九五五頁をも参照のこと。この文は非常にルナンの気にいったらしく、彼は同じ文を三度も用いている)。逆に、セム語族については次のように言う。「それはすぐれて宗教の民であり宗教を生み出し、宣伝するよう運命づけられている」(『言語活動の起源』九七頁)。この対照が、たとえば複数性(アーリア人種)と単一性（セム語族）の対照を初めとするあまたの他の対照を支配している（『セム語族言語一般史』一四六頁を参照）。ところでこのふたつの資質はいずれも人間精神にとって等しく必要なものではないだろうか。

だが、均衡、平等――一方のひとびとには宗教、他方のひとびとには哲学――という幻想は長く続きはしない。ルナンがおこなう比較は、つねに断罪でもあるからである。まず、複数性と単一性が対称的にみえるのは、見かけにおいてでしかない。相対主義にくみする人間から当然期待されるように、複数性、多様性のみが望ましいものとして提示されている。政治における単一性、それはローマである――そしてローマはその単一性のゆえに死に絶えた。多様性、それはギリシャであり、近代ヨーロッパはその遺産相続者である。「画一性、それは専制主義である」（「現代史の哲学」三七頁）。逆に「分割は自由の条件である」（「近代社会の宗教の未来」二四一頁）。「もしキリスト教を奉じる諸国民がローマ国家のような単一世界を形づくっていたとしたら頽廃は避けがたいだろう。なぜならこの閉じられた円の外にいかなる再生のための要素も存在しないことになるからである。だがヨーロッパにおいてあらゆる全体的な支配に対する打ち勝ちがたい障害を生み出した多様性と生命力の原理は、近代社会の救いとなることだろう」（「サシ氏とリベラルな学校」五三頁）。希望を担う度合いがこれほどまで違っているふたつの選択肢の間で迷う理由はない。

あるいは、（人種の基礎たる）諸言語を取り上げてみよう。「アーリア人種の言語は、非常に優れていたが、それはとくに動詞変化について著しかった。原始人の本能によって作られたこの素晴らしい道具は、後にヒンドゥーの精神、ギリシャの精神、ドイツの精神が発展させることになる形而上学の全体を萌芽の形で含んでいた。セム語族の言語はこれに対し、動詞について言うならば、その発展の当初において、欠陥に満ちた選択をしてしまった。この人種の犯した最大の誤りは（というのもこの誤りは修復不可能なものであったからだが）、動詞を扱うのに非常に貧相な仕組みを採用したことであり、そのためこの人種にとっては時制・法の表現がつねに不完全な、ぎくしゃくしたものになってしまった。今日でもなお、アラブ人たちは、彼らの祖先が一万年か一万五千年前に犯した言語学的誤りと空しい戦いを続けている」(『イスラエル民族史』三五頁)。次のふたつのことが、ここでみてとれる。ひとつは、ルナンが不完全、誤り、そして貧相な精神ということをすら言っているということ、もうひとつは、彼がその硬直性においてゴビノーの生物学的決定論にまったくひけをとらない文化的決定論を実践しているということである。今日アラブがあわれな状態にあり、ドイツが栄えているとすれば、その原因は、それぞれの人種の言語の創造者たち(?)である一万五千年前の彼らの先祖にあるというのだから。そうしてみるならば、個人の自由について、あるいは別の角度から言うなら、諸民族間の平等について語るのは、笑うべきことでしかない。なぜなら、すべては言語に依存しており、しかも諸言語の間に平等は存在しないのだから。

諸言語についてこのように言えるとすれば、このことは文化それ自体についてさらによく当てはまる。セム語族の諸民族はいつも否定的に、すなわちインド=ヨーロッパ語族に比して彼らに欠けているものを用いて記述されている。非難の身ぶりさえ除けば、モンテーニュによる黄金時代の記述(これについては後でもう一度触れる)を読んでいるような気にすらなるだろう。その記述もまた、観察された諸特徴を転倒させることによって演繹されたものであり、この別の社会を記述するのにその社会自体の経験にもとづく用語を用いようとはまったく試みられていない。「このようにセム語族はほとんどつねに否定的な諸特徴によってそれと認められる。この人種は神話をもたず、叙事詩をもたず、科学をもたず、哲学をもたず、虚構をもたず、造形芸術をもたず、市民生活をもたない。すべてにおいて複雑さ、ニュアンスが欠如し、単一性(ユニテ)という感情だけがある」(『セム語族言語一般史』一五五頁)。「みてきたように、すべてのことがらにおいて、セム語族はわれわれにはその単純性のゆえに、不完全な人種にみえる。あえて言うなら、セム語族とインド＝ヨーロッパ語族の関係はグリザイユ〔単色画。灰色の濃淡のみで立体感を出す画法〕と油絵の関係、カントゥス・プラーヌス〔単旋聖歌。グレゴリオ聖歌〕と近代音楽の関係に等しい」（一五六頁）。さらに一般的に言えば、「東洋は、われわれが作りだしたものと同じほど良いものは何も生み出したことはない」（「近代社会の宗教の未来」二四二頁）。

このような劣った装備しか備えていないセム語族が、文明の歴史に対してささやかなしかも時期的に限られた貢献しかできなかったことはおどろくべきことではない。その貢献とは、一神教の諸宗教の導入である。「彼らがヨーロッパの科学にヘブライの聖書を伝えて以後、（中略）彼らにはなすべき重要なことは何も残っていない」（「近代社会の宗教の未来」二三九頁）。この瞬間が過ぎ去ってしまえば、セム語族には、滅ぶべき運命にあるのでなければ、従属的な役割を果たすという運命しか残されていない。「この使命が一旦果たされてしまうと、セム語族は急速に身を落とし、アーリア人種が人類の運命の先頭を進んでいくのを阻むことができない」（『セム語族言語一般史』五八七頁）。現代においては、セム語族的文化から遠ざかろうとするすべての行為は良きことである。「現在では、ヨーロッパ文明がより広く普及するための本質的条件は、すぐれてセム語族的なものの破壊である」（「文明史におけるセム諸民族の寄与」三三二―三三三頁）。「すべての面において、インド＝ヨーロッパ語族に属する諸民族にとっての進歩とは、どんどんセム語族の精神から遠ざかることであるだろう」（三三三頁）。そして、このことはとりわけキリスト教の展開についてみる場合に真実である。「キリスト教の継起的完成の過程は、その教えにおいてインド＝ヨーロッパ語族の精神を支配的なものにするために、ユダヤ教からしだいに遠ざかっていくことでなければならない」（「近代社会の宗教の未来」二四〇頁）。

一見したところでは、ルナンのさまざまな予言、あるいは忠告は、偏見に抗して理性を称揚するという啓蒙のプログラムの反復以外のものではない。「ユダヤ教もキリスト教も消え失せるだろう。ユダヤの産物はその終末を迎えるだろう。ギリシャの産物、すなわち科学、理性的で実験科学的で、いかさまを含まず啓示も必要とせず、理性と自由に基礎づけられた文明は、それとは逆に、終末を迎えることなく続いていくだろう。そして地球がその義務に反するような事態が生じたような場合でも、あらゆる生命のプログラムを強力に押し進める他の力が見いだされるだろう。その力とは啓蒙の光、理性、真理である」（『イスラエル民族史』、一五一七頁）。だがルナンにあってかつての啓蒙に存在しなかったものがある。それは人類の中の一部分だけ（ギリシャ人、インド＝ヨーロッパ語族）を**文明そのもの**と同一視し、他の一部分を迷信そのものと同一視することである。ルナンにとっては、つまるところ、理性の勝利とはインド＝ヨーロッパ語族の勝利にほかならない。「偉大なインド＝ヨーロッパ語族は、明らかに、他のすべての人種を吸収するよう運命づけられている」（『セム語族言語一般史』五八七頁）とルナンは書いているが、そうしながら、彼は神の摂理を歴史の中に導入し、またそれだけ個々の主体の行動の自由の度合いを小さなものにしている。したがってルナンは、「アーリア人種が何千年もの努力の末に、自分たちの住む惑星の主人になる」（『言語活動の起源』一一五頁）瞬間をみるだろうと予期しているのである。

このように、アーリア人種のセム語族に対する優越は、白人種の他の人種に対する優越とまったく平行した用語法で記述されている――問題になっているのが一方の場合は肉体的に規定された人種であり、他方の場合は言語人種であるにもかかわらずである。アーリア人種は他の白人種（すなわちセム語族。つまりアラブ人、ユダヤ人）に対し、白人種が他のふたつの人種に対して占めるのと同じ位置に立つ。世界の主人たるべく運命づけられているひとびとというわけだ。ここでもまた、ルナンが科学と倫理を分離しようとしたのには深い動機があったことに気がつく。普遍的な平等という倫理的な教え、人類の単一性というキリスト教の教えが、現実として諸人間集団間に存在する不平等を「科学」が確立する妨げとなってはならないのだ。だがここで問題になっているのは、本当に「言語人種」なのだろうか。

理性への信仰

ルナンの著作の読者が抱くひとつの謎がある。なぜ彼は尊敬するアーリア人種と科学の研究ではなく、軽蔑するセム語族と宗教（このふたつは彼にとってはひとつのものである）の研究にその人生を捧げたのか。その晩年にルナンは次のように書いている。「もし私がもう一度人生を生きられるなら、私はきっとその人生をギリシャの歴史の研究に捧げるだろう。ギリシャの歴史はいくつかの点で、ユダヤの歴史よりなお美しい」（「人種としてのユダヤ、宗教としてのユダヤ」九三七頁）。だがこれは後悔を表明した文ではない。ルナンはこの言明と矛盾することなく次のようにも言っているからだ。「もし私が、そこに修正を加える権利をもって、自分の人生をやりなおさねばならないとしても、何も変えはしないだろう」（『幼年時代・青年時代の思い出』九〇一頁）。ユダヤの歴史を**書く代わりに**ギリシャの歴史を書くのではなく、第二の人生において、ユダヤの歴史の**続きとして**ギリシャの歴史を書くことを彼は望んでいるのだ――彼にとっては、一度目の人生でセム語族の問題を片づけるに十分だったのだ。だから、ここにあるのは、しっかりとした継続性である。なぜなら、やろうとしたことは、ルナンの最後の大きな著作である『イスラエル民族史』によってしっかりなされたのだし、その計画は彼の最初の著作である『科学の未来』において四〇年も前に予告されていたからだ。

実際、ルナンが自分が生涯を捧げることになるいくつかの考えを初めて定式化したのは、早くも『科学の未来』においてであった。彼はまず、広く興味を引くに値する仕事、個人的利害を離れた、高貴な計画を提示する。「ひとりの批評家が、原資料にもとづいて『キリスト教の起源』の歴史を書くような著作は、確かに哲学的重要性をもった著作となるだろう」（八七六頁）。彼のもの言いの調子は数頁後にはさらに高くなる。「十九世紀のもっとも重要な本のタイトルは『キリスト教の諸起源についての批判的歴史』であるにちがいない。それはすばらしい著作であり、それを実際に書く著者を私は羨ましく思う」。そしてここで突然、彼はそれまでよりずっと自分に引きつけた話し方になる。「そしてこれを、私は成熟の年齢に達したら書くつもりだ」（九五〇頁）。だが、このように書く同じ頁で、ルナンは彼の著作の原資料となるだろう文書に対し批判的な批評を遠慮なく加えている。そうした資料のあるものは「精神の衰弱と常識はずれの奇妙な記念物」であり、他のものはおおかた、凡庸な精神を示す「非常に魅力の薄い稚拙な作文」（八七四頁）である。「これらの本には、良識をしめすものなど一行としてない。それは野蛮で、解読不可能な文体で書かれた錯乱である」（八七五頁）。それらは「まったくとるに足らない本である」（八七六頁）。どうやって、これ以上ないほどつまらない素材から、もっとも重要な著作ができるのだろうか。

この点についてルナンが与える説明は以下のようなものである。どのようなものであれ完璧であるとは、その完璧を構成する諸要素の均衡である。だがこの均衡の状態、中庸の状態は、それらの構成要素をひとしなみに知覚するのが非常に難しいものに、したがって理解するのが非常に難しいものにしてしまう。不完全とは、これとは逆に、あるひとつの要素だけが他の諸要素を犠牲にして過剰に勢力をふるうことである。だがこのことによって、その要素を認識することはたやすいこととなる。もし人類を研究し、理解したいと望むなら、人類が所有するもっとも完璧なもの――ギリシャ人、科学、理性――に執着してはならない。「したがって科学の生み出したものはどのような仕方においても人間の独自性についても、人間固有の性格についても、教えるところはない」（九四八頁）。逆に「もっともとるに足りないものが、ものごとの一面だけを強烈に示すということで、しばしばもっとも重要なものである」(八七四頁)。認識の法則とはこのようなものである。「自然のさまざまな事象についても、それを正常な状態で研究するよりも、それの危機の状態で研究するほうがやさしい。通常の状態での生命は、表面をしかうかがわせず、内奥深く秘められた仕組みをその奥の奥まではみせてくれない。逆に沸騰状態においては、すべてのものは代わる代わる表面に浮かび上がってくる」(八七五頁)。心理学がそのもっとも大きな成果を狂気の研究から引き出してくるように、歴史学は、その最良の対象を宗教に見いだす。「このように、宗教は人間の本性のもっとも純粋で、もっとも完全な表現なのである」(九四八頁)。

ルナンが非常に年若くしてキリスト教と袂をわかち科学を選択したことはよく知られている(そして彼が科学に対してどれほど極端な賛辞を呈しているかは、すでにみた)。ルナンはアテネを生涯で初めて見た日に、彼のその選択は正しかったと再確認した。彼にとっては科学の精神を体現しているこの場所は、ルナンに完璧と接触しているという感情を与えた。それと比べれば、その余のものはすべて野蛮にすぎない。だが彼は科学であれば何でも価値あるものとするわけではない。彼が価値を認めるのは、自然についての科学でも、ギリシャ人についての科学でも、理性についての科学でもない。ルナンは自分の科学的探求の対象としてまさに宗教とセム語族を選ぶのである。まるで彼の探求が進んでいくことによって、彼が当初になした選択の正しさが証明されなければならないかのようである。ルナンによる、アーリア人種のセム語族に対する優越という主張は、やはり彼による科学の宗教に対する優越という主張を別のレベルにまったく同じ形で移したものにほかならない。そして宗教を、対象の位置に貶め、科学を主人の地位に置きつつ、科学が宗教に対して優越するとルナンは強迫観念に近い執拗さで主張するが、このようにすることによって彼は自分の運命をかつて決めた身ぶりを、絶え間なく反復しているのである。

だが、宗教は絶えずいけにえにされ続けなければならない（したがってセム語族は絶えず侮辱され続けなければならない）としても、ルナンの科学それ自体も、それがこれほどまでにたやすく宗教と対置されるために必要なほどには、宗教と異なったものとは思えない。ルナンは科学との関係を、他の人間たちが神との関係を生きるように生きている。すなわち理性的にというよりは情熱的に生きている。彼自身このふたつの経験を比較せずにはいられず、自分と科学との関係を、一般に宗教的実践に割り当てられているレベルより優越するものとして描いている。「私は、少年時代、青年時代にキリスト教信仰者の純粋な喜びの数々を味わった。だがこれは心より言うのだが、これらの喜びは、美の純粋な観照、真実の情熱的な探求がもたらした喜びの前ではなにものでもなかった」（九八二頁）。

ルナンが学者としての自分の経験を物語るとき、彼は絶えず宗教的用語法を用いる。彼が最初の著作、『科学の未来』でめざしたのは、「理性に信仰」を教え込む（一〇七四頁）ことであった。問題になっているのは、理性に抗する信仰でも、アーリア人種に抗するセム語族でもない。それは理性**への**信仰であり、科学の実践の内部に組み込まれた宗教的経験である。ルナンはなお次のように書いている。「古い信仰はもはや不可能である。したがって残っているのは科学による信仰、批判的信仰である」（一〇八三頁）。科学が与える唯一の結果は、人間に「人間の本性（ナテュール）の全体という唯一正当な権威の名において、かつて諸宗教がすっかりできあがっている形で与えていた、しかし現在では受け入れることができない象徴」（七四六頁）を与え直すことであるとルナンは結論する。ルナンはその人生を通じて一貫して、俗界の人間としての彼の理想を神聖な用語法に翻訳することのようなイメージを用い続けるだろう。友人ベルトロのことを語りながら彼は主張する。「われわれは（中略）同じ宗教を奉じていた。その宗教とは真理への信仰であった」（「『スキエンティア』講演会での演説」八五九頁）。また別の機会には次のようにも言っている。「私が、私と彼という無二の友人のふたり組をひとに示そうとする時には、祭服を着て腕を組み合ったふたりの司祭を想像してみる」(『幼年時代・青年時代の思い出』八九〇頁)。ルナンは先述のベルトロに宛てて次のようにも書きおくっている。「最終的な復活は科学によってなされるだろう」(「自然諸科学と歴史諸科学」六五〇頁)。だが、新たな宗教は真実であると言い募ることによって、真実を新たな宗教に仕立て上げてしまう危険はないだろうか。科学と理性の目的は本当に信仰に導くことであるのか。このように、宗教の靴にみずからの足を滑り込ませ、かつてその場所を占めていたものをこれほどたやすく退けたことを喜ぶことによって、科学は宗教からその特徴の多くを借り受ける羽目に陥ってしまうのではないだろうか。

実のところ、ルナンの理想は、理性が信仰に打ち勝つのをみることではなく、その両者を最終的な和解に導くことである。そのためには、宗教からあまたの迷信という道具一式を奪い去ってしまえばことは足りる。「このように考えられた宗教にとって、科学的精神は警戒すべき敵ではない。それは宗教自体の部分である。そして科学的精神なしには、ひとは宗教の真の崇拝者ではありえないだろう。(中略)私は純粋に科学的な方針に沿いつつ、真の宗教の大義に奉仕しようと考えている」(「コレージュ・ド・フランスヘブライ学教授就任演説」一七〇頁)。科学の方法を用いて、宗教の目的を果たすと言うのである。「科学によって改良された世界は、精神の王国となり、神の息子の支配する場所となるであろう」(「フランスの高等教育」七〇頁)。

いまや、ルナンが自己の天職として、なぜ単に科学でなく、宗教についての学問を選んだかがよりよく理解できる。「私は聖スュルピス教団〔一六四五年オリエによりパリに創設された修道会〕は脱会したものの、可能な限り聖スュルピス教団の精神をもち続けようと努力した。(中略)ひとつの仕事が私の人生を捧げるのにふさわしいと思われた。その仕事とは、キリスト教についての私の批判的研究を、俗界の科学が提供するずっと幅の広い諸方法によって継続することであった」(『幼年時代・青年時代の思い出』八九二頁)。ルナンは『幼年時代・青年時代の思い出』の中で執拗なまでに繰り返し言う。司祭としての経歴を断念したからといって、彼は宗教者という天職をあきらめたわけではなく、時代遅れのものとなったその外的な表徴を捨てただけなのである。「長い間私がしようとしていたのは、キリスト教から捨て去る部分を最小にして、超自然への信仰なしにも実践しうる部分のすべてを保存するということであった」(同所)。この選択は彼の生来の深い傾向に合致する。「私は他の多くのひとびとが軍人として、行政官として生まれついているように、そもそも司祭として生まれついているのだ」(七九八頁)。だがルナンの教育の力に対する信頼はどこへいってしまったのか。彼は過去を回顧して、自分の聖スュルピス教団への加入を、人生の決定的事件と判断し、そこで抱いた理想をけっして裏切らなかったと思っている。「すべてをよく検討してみると、私は僧侶としての誓言に対してほとんどまったく違背しなかった。(中略)一見したところ、非常に規則にかなった多くの僧侶たちよりも、私は自分の誓言をよく守った」(九〇一頁)。こうしてルナンは科学の大僧侶になったのである。

このように、宗教は――ルナンは宗教を道徳と同一視、時としては社会主義の場合がそうであるように政治的主義とすら同一視する――けっして真の意味で自立的なものとして提示されることはない。宗教の領域であるはずの信仰の領域においてすら、宗教は科学によって打撃を与えられる――と同時に科学のほうはなにがしか宗教、道徳の色合いを帯び、人間社会にとっての目標を設定し始めたり、その目標に達するためにたどるべき道筋を推奨し始めたりする。おそらくこのことは、彼が自身尊重するところが非常に少ないと言っているもの、すなわち宗教、宗教の発明者たち、セム語族に彼が割いた努力を、彼自身が与えた説明以上によく説明する。ルナンは一生の間、科学が宗教より価値があることを自分自身納得しようとして倦むことがなかったが、彼の科学が宗教と化していることには気がつかなかった。まさしくこの点においてて、ルナンはサン゠シモンやオーギュスト・コントといった彼自身が軽蔑すると公言していた著作者のうちに私たちが先に観察した、科学主義の大きな流れに属している。この教説は人間の自由を否定し、また倫理を科学に従属させる（ルナンはこの態度を自分のものと公然と認めている）といったように、決定論の十全な支配を宣言する（ルナンはこのようにしていることを認めようとしないが、実際彼はそうしている）のみでなく、科学が導き出す諸結果に宗教的態度をもって臨むことを要求する。科学は教会と化す。理性が信仰の対象になることは、科学主義的哲学の論理的な帰結である。しかし、それは同時に、科学主義的哲学に科学に対して決定的に背を向けさせる一歩でもある。

人種理論の道

歴史的諸人種

十九世紀終わりに人種の概念がこうむったもっとも重要な変形は、その概念を肉体的なレベルから文化的レベルへと移動した変形である。この変形はルナン、テーヌ、ル・ボンといった著作家が推進者となってなされた。ルナンの「言語人種」についてはすでにみたとおりである。今度はテーヌ、ル・ボンに共通の「歴史的」な諸人種に目を転じよう。

人種理論の歴史におけるテーヌの位置は正確に定めるのが比較的難しい。彼の影響は非常に大きい。だが彼がはっきりと人種の問題に割いた頁となると数頁に限られてしまう。その上、彼がなそうとすることをプログラムとして述べている部分と彼の実践の間には、困惑を感じさせずにはいない不一致がある。同時代人ルナンと同じように、テーヌは「人種」という語のふたつの解釈、すなわち肉体的なそれと文化的なそれの間で揺れ動いている。その結果、彼の弟子たちは彼の著作中に、相互に矛盾しあうさまざまな主張のそれぞれに好都合な議論を見いだすことができた。

自分の原則を述べているところでは、テーヌは、すでにみたように、欠けるところのない決定論にくみする（彼の実践についてはこのようには言えない）。『イギリス文学史』序文の大綱を述べている箇所では、人間の行動を支配する諸要素は三つに還元されている。人種、環境、時代である。言い換えれば、人間が自己のうちに抱えているもの、人間に彼を取り巻く外部が押しつけるもの、そしてこのふたつの力の相互作用の諸結果である。ここで言う「時代」とは、ひとがそこで生きている特定の時代が生み出したものという意味ではなく、それぞれの人間集団に固有の内的発展の一局面の生み出したもの、言い換えれば先に述べたふたつの要素の組み合わせであり、ただそれ自体が人間がどのようなものになるかを決定する要素のひとつになるということである。「内部の力、外部の力のほかに、このふたつが共同して生み出したものがあり、その生み出されたもの自体、それに続いて生み出されるものを生み出すのに貢献する」（XXVII頁）。だが「人種」と呼ばれる内部からの貢献は何から構成され、またその性質、外延はいかなるものなのだろう。

「オランダの芸術哲学」では、テーヌは人種と国民（あるいは民族）を厳密に区別しようとしている。だが彼はそれをするのに、ある程度自由な解釈の余地を残す隠喩を用いている。彼は書いている。「まず最初に種子を、すなわち人種を、その基本的な消えることのない諸性質とともに示そう。それらの性質はあらゆる状況、あらゆる風土を超えて持続するものである。次に植物を、すなわち民族をその原始の諸性質とともに示そう。それらの性質は増幅されたり、限定されたりしており、いずれの場合においても、環境、歴史によって適応させられ、変形されている」（『芸術哲学』一七一頁）。だがこの植物的イメージは、一旦人間に適用されるとどのような結果をもたらすだろう。

『イギリス文学史』において、テーヌが人種の作用を明示しようと望むとき、彼は先の区別を確認させるようなひとつの例に助けを求める。「古いアーリア人種のような人種は、ガンジス川からヘブリディーズ諸島〔イギリス・スコットランド北西部、ウェスタン・アイルズ州の諸島〕にいたる地域に分散して、あらゆる風土のもとで生活しており、また文明のあらゆる階梯に散らばっており、三〇世紀の変転によって変形されてはいるものの、その各々の言語、宗教、文学、哲学において、今日でもなおそのあらゆる末裔を互いに結びつける血の、また精神の共同体の存在を示している」（XXIII頁）。テーヌは「血の、また精神の」とは言っているものの、彼の列挙の中には言語、文学、宗教、哲学といった精神の産物しか含まれていないことに気がつかれるだろう。これら多様な活動の共通項は貧しいものでしかありえないのではないか。ともあれ、人種は国民を超えた単位として提示されている。

しかし上の一節から遠くない頁には、人種と国民（ナシオン）を同一視するような主張もまた見いだされる。テーヌの言うところでは「人種は民族によって異なる」（XXII頁）。ではなぜひとつの用語ではなくふたつの用語を用いなければならないのか。上の言明に引き続いてテーヌが与える「各人種のうちに植え込まれた調整の本能、また諸能力」（XXVI頁）の例はゲルマン人種、ギリシャ人種、ラテン人種に、さらにはスペイン、イギリス、フランスに、つまりは国民に関わるものであり、人種に関わるものではない。人間のふるまいを統御する「根本的諸原因」のテーヌによる列挙はさらに明確に次のように述べる。「私が言いたいのは、国民性（ナショナリテ）、風土、そして気質である」（XLI頁）。ここでも「国民性」はまたもや「人種」の同義語として姿をみせている。同じ文章の中で、テーヌはモンテスキューが自分の仕事と考えていたものを取り上げ直し、決着をつけたいと望んでいると言う。その仕事とは「個別の人間集団の特殊な心理」（XL頁）、すなわち各国民の精神の描写である。そしてこのことは言っておかねばならないが、彼が実際におこなう分析においては、肉体的諸特徴はわずかな役割しか果たしていない。彼のいう人種は、したがって、彼自身がおこなっている区別の含意とは逆に、「文化」の意味に解された国民である。

同じ曖昧さが「人種」についての記述自体にも見いだされる。人種は生得のものである。だがこの生得のものは変形しうるのだろうか。それは生後に獲得されるものとは根底的に切り離されたものなのだろうか。一方でテーヌは、そこで問題にされているのは固定的な要素であると思いこませようとしている。「世代から世代へと受け継がれる、各人種に固有の特徴、精神というものがある。それは文化の変遷、社会組織の多様性、生産物の多様性があったとしても不易のものである」(『批評と歴史、随想』第二版への序文、XVIII-XIX頁)。それは「いかなる瞬間にも、またいかなる場合にも現れている普遍的で、永続的な諸原因であり、どこでもつねに働いており、破壊できないものであり、最終的には間違いなく支配的なものである」(『イギリス文学史』XVII頁)。以上が変化しないものについてである。

しかし、テーヌは同時にこれと逆の言明もおこなっている。『イギリス文学史』のわずか四頁が、「人種」という単位を記述しているが、これらの頁は興味深いことに人種の**起源**の探求にあてられている。そしてこの起源とはまさに環境への適応だとされているのである。外部に対立すべきものとされている内部は、それよりわずかに古い外部にすぎないのである。「動物は、生命を得るや否や環境に適合していかねばならない。空気、食料、気温が異なれば、その動物の呼吸の仕方、生殖の仕方が変わり、彼が外界から受ける刺激のあり方も変わる。気候、状況が変わるとその動物のうちにそれまでとは異なったさまざまの欲求が生まれ、引き続いてそれまでとは異なる一連の行動が、さらには一連の習慣が、そして最後にはそれまでとは異なる一連の適応、本能が生まれる」(XXIV頁)。もはや対立しているのは種と環境ではなく、長い期間と短い期間なのである。「かつてのアーリア人種にみられたように、人種は移動し、気候の変化が人種のうちで知性の機構の全体を変質させ、社会の組織の全体を変質させたのである」(XXI頁)。テーヌはまた別の比較をも持ち出すのだが、今度の比較においては種子と植物の間にあった質的な差異すらもはや見受けられない。人種は「一種の湖であり、何世紀にもわたっていくつもの異なった源泉からの水流が流れ込んだ貯水池のごときものである」(XXV頁)。いくつかの水流がそこから流れ出ており、またいくつかの水流がそこに流れ込んでいる。だがその水流間に質的な差異はない。

「環境」の研究のほうに目を転じると、テーヌは人間に働きかけるもっとも強力な諸要素として次のものを数え上げる。すなわち気候、地理的諸要素、政治的諸状況、社会的諸条件である。これらが全体として、「延長された諸状況」、「人間を取り巻く諸情勢」を構成して、「調整のためのさまざまな本能、人種のうちに埋め込まれた諸能力、要するに人種が今日それに従って考え、行動する精神の様相」(XXVI頁)を生み出す。したがってここでは人種が歴史を生みだすのではなく、歴史のほうが人種(あるいは国民の精神)を生みだすのである。そして諸制度や社会生活の諸形態を変形することによって、人種を変形することができることになる。このような働きかけと「国民の関係は、教育、職業、生活条件、生活の場所と個人の関係」(XXVII頁)に等しい。ここで示唆されている教育の可能性は人種理論的思考の対極に位置するものであり、テーヌの思想がどれほど曖昧なものであるかを測ることを可能にしてくれる(もっともここには、正確な意味での矛盾はないし、テーヌ自身一見したところの一貫性の欠如にはおそらく気がついている)。

彼のさまざまな著作中(『芸術哲学』、『批評と歴史、随想』)で、テーヌはふんだんに「国民精神」について語っている。「人種」という語が用いられてはいるが、その用いられ方をみると、あるときは国民の、あるときは本質的要素の、また主導的能力の同意語でしかないような印象を受ける。しかしテーヌ以後、「人種」という語は新たな活力を得て使い続けられることになる。

ルナンとテーヌまたル・ボンのもとで人種理論の教説がこうむった変形のうちに、その主張の現代における進展の予兆をみることができる。当時、すでに役立たずとなっていた「人種」という語は、それに比べてずっと適切な「文化」という語によって置き換えられるだろう。普遍主義的枠組みへの執着の残存物である優越性／劣等性の主張は遠ざけられ、差異が賞賛されることになる（ある個別の差異がそれ自体として価値あるものとされるのではない）。これとは逆に無変化のまま残されるのは決定論の厳格さであり（もはや肉体による決定論ではなく文化による決定論だが）、効果的な形では互いに意思疎通ができないし、またすべきでもない複数の文化に分断された、人類の非連続性である。ナチス・ドイツのユダヤ人政策に対してなされた全世界的な断罪の結果、古典的人種理論の時代は決定的に過ぎ去ったように思われる。したがってその時代は思想史においては非常にまれな仕方で年代画定することができる。それは一七四九年（ビュフォン）から一九四五年（ヒトラー）までである。現代の人種理論、これはより適切には「文化主義」と呼ぶべきものだが、その起源はルナン、テーヌ、ル・ボンの著作中にある。それは肉体的人種を言語的、歴史的、心理的人種に置き換えた。それはその先祖の特徴のいくつかを受け継いだが、特徴のすべてを受け継いだわけではない。その結果、信用を傷つけかねない「人種」という語を（したがって古典的人種理論の第一の「提案」を）打ち捨てることが可能になった。しかしながらそれは今日、かつて人種理論が引き受けていた役割を果たし続けている。今日、人種差別的ふるまいが姿を消したわけではもちろんないし、またそうしたふるまいが変化したわけですらない。だがそうしたふるまいの正当化のための言説はもはやかつてのものと同じではない。人種理論よりは、ナショナリズム的な、あるいは文化主義的な主張が、さらには「差異への権利」が引き合いに出されることが多くなったのだ。

ここでの議論の当初から観察してきたように、人種理論は科学の影のもとで栄えた。人種理論は科学から決定論的精神を借り、それを極端なまでに押し進めた。人種による容赦のない決定論、これこそゴビノー、ルナン、テーヌのそれのように互いに多くの点で異なっている諸人種理論によって共有されている特徴である。個人は人種を前にして無力であり、個人の運命はその先祖たちによってあらかじめ決定されており、教育者たちの努力は空しいものである。この「科学的」確信から、人種理論家は実生活にかかわる一群の戒律を導き出す。というのも道徳は科学に従わねばならないからである——科学がより高次な道徳性を生み出すのでなければ。そしてこれらの戒律は結局のところ、宗教の教義のように崇められることになる。ここでもまた、一群の考えが一般大衆のために咀嚼され、広められるが、それをおこなったのはギュスターヴ・ル・ボン博士の『民族進化の心理法則』である。

ル・ボンはテーヌに負けず劣らずの決定論者である。だが彼はテーヌが考えた諸原因の階梯を変更する。実際のところ、テーヌにおいては生得のもの（人種）と獲得されたもの（環境）は一定の均衡を保っており、先にみたように互いに分離不可能なほどに相互浸透しあってもいた。この点において、よりゴビノーに近いル・ボンは、環境の影響はまったく表面的なものであり、人種あるいは遺伝がすべてを決定すると考えている（もっともテーヌも時によってはほとんど同じように言うことは先にみたとおりである）。したがってル・ボンの議論にはふたつの側面がある。ひとつは心性の変形を可能だとする考えの論者たちに対して批判的、否定的側面であり、もうひとつは積極的に遺伝的諸要素の実効性を主張する側面である。

ル・ボンに特徴的なのは、諸制度を変えることによってある民族の習俗に働きかけることができるとする十八世紀の中頃からおおいに広まった考えを信じていないことである。「トクヴィルやその他の著名な思索者たちは諸民族のもっているさまざまな制度のうちに、彼らの進化の原因を見いだすことができると考えた。私はこれとは逆に諸制度は諸文明の進化にとってきわめて小さな重要性をしかもっていないことを確信している（後略）」（四頁）。これはル・ボンが科学的に確立されたと考えている意見である。「重要な社会的変化が政令によってなされうるなどという考えをいまだにもち続けることができるのは、頭の鈍い大衆と狭量な思考しかできない数人の狂信的なひとびとしかいないと私は思う」（七一頁）。エルヴェシウスの時代には（またトクヴィルの時代にも？）許されていたことが、ル・ボンの時代にはもはや許されるべきことではなくなっている。事実の明白さを認める時期がやって来たのである。エルヴェシウスは断固として宣言していた。「自然と教育のわれわれに対する影響を調べてみて、私はわれわれを今日のわれわれにしたのは教育であることに気がついた」（『精神論』第三編三〇章、第二巻、二七五―二七六頁）。ル・ボンは教育によって人間を変えようという意見に激しく異議を唱える。それは「純粋理性の理論家たちがかつて抱いたもっとも不吉な幻想のひとつ」（『民族進化の心理法則』三二―三三頁）だと言うのである。だが、注意しなければならないが、彼がそうするのは、まさに十八世紀哲学の唯物論に、したがってエルヴェシウスからも由来する決定論に依拠してであるという点である。エルヴェシウスはル・ボンそのひとに劣らず決定論者であったが、生得のものの力よりも、獲得されたものの力を信じていたのである。

とくに注意すべきは、国境を越えるや否や、教育は不可能になるとされていることである。テーヌの言によれば、ヨーロッパ人たちが非ヨーロッパ人たちに与えることのできるのは、文明の釉薬でしかない。ル・ボンもまた同じ隠喩を用いる。「黒人、日本人を大学入学資格取得者、弁護士にすることはたやすいことである。だが彼らに与えられるのは、彼らの心的組成には影響のない、まったく表面的な釉薬でしかない。（中略）この黒人、日本人はあらゆる免状を手に入れるだろうが、けっして普通のヨーロッパ人のレベルにも達しないだろう」（『民族進化の心理法則』三三頁）。それは教育が思考の形態にも、性格にもまったく働きかけるすべをもたないからである。「ヨーロッパ式に黒人の軍隊を整え、彼らに小銃や大砲の扱い方を教えることは可能であるが、そうしたからといって、彼らの精神的劣等性やこの劣等性から派生する諸性質を変化させたことにはならないだろう」（六七頁）。ここで問題にされているのも、やはり文明だと言えるだろうか。次のように続けるル・ボンに従えば然りである。「今日日本を覆っている文明の釉薬はこの人種の精神の状態には適合していない。それは哀れな借り物の衣装であり、まもなく激しい革命によって切り裂かれることになるだろう」（同所）。ル・ボンの予言はいまだなお実現されてはいないようである。

ヨーロッパ式の教育は非ヨーロッパ人の諸民族に対し肯定的な効果を生まないのみならず、さらに彼らを腐敗させる。というのも、それはその教育以前にあったものを、それに入れ替わるべきなにものも与えずに破壊してしまうからである。後代の植民地主義の擁護者たちの表現を用いるならば、ヨーロッパ式教育はこれらの幼年期にある諸民族を「浅瀬の真ん中に」置き去りにしてしまう。「もし教育を手段として、これらの諸段階を彼ら［原始的民族］に跳び越えさせようとしても、彼らの道徳と知性を混乱させ、結局は彼らが彼ら自身で到達していた段階よりもさらに低い段階に連れ戻す結果にしかならない」（六五頁）。

歴史と社会的活動についてのこうした誤った考え方を、ル・ボンは、ゴビノーも支持していた別の考え方で置き換えようと意図している。すなわちすべてを決めるのは人種であるとする考え方である。ただしル・ボンの人種というものについての観念はルナン、テーヌに依拠している。問題になるのは血というよりも文化的伝統である。これこそル・ボンの著作中で飽くことなく繰り返される主たる主張であり、付け加えておけばけっして十分に論証されることのない主張である。「そのことをいくつかの例によって証明することはわれわれにとってたやすいことであろう」（一〇〇頁）とル・ボンは言う。例というものはむしろんなにごとをも証明したことはない。それらはせいぜいのところ、例によって読者を誘惑することができるだけである。テーヌの語る「未開」に還ったフィリピン人の子供の逸話にどれほどの価値があろう。それは本当にあったことだろうか。それは適確な逸話と言えるのか。その正確な状況はどのようなものであったのか。私たちは知らないし、知ることができない。そして、著者は私たちが知ることができないことを知っているのである。ル・ボンの言うことが反駁できないものであるのは、それが意味のないトートロジーに還元されてしまっている場合だけである。「諸人種の世界観、人生観は、それぞれの人種の精神の構成に由来する」（三二頁）。だが「精神の構成」を「世界観」と言い換えて繰り返してみても、どこに前進があるというのか。

このように強く、集団による決定を主張する場合（個人はその属する人種を代表するものでしかない）、個人の自由に残された余地はまったくない。この結論を前にしてル・ボンはいささかも後退しない。人間は、「自由と呼んできたものが、実は彼を服従させていたさまざまの原因についての無知にしかすぎなかったこと、またあらゆる存在を導くさまざまな必然性の絡まりのうちにおいて、それらの存在の自然な状態は、服従することであることを理解した」（一六二頁）。これ以上はっきりと述べることはできないだろう。人種、言い換えれば私たちの家系で私たちに先行したひとびとが、私たちに代わって決定をおこなうのだ。「生きている者たちよりも数え切れないほどずっと多数である死者たちは、生きている者たちよりはるかに強力なのである」（一三頁）。というのも死者たちは私たちの（人種的）集団的無意識を通じて働きかけるからである。無意識が人間を支配する。これこそフロイトがル・ボンに賞賛を惜しまなかった理由である。

またもや（ル・ボンにおいても）科学は倫理を余計なものとする。ル・ボンの考えでは、科学は「自然によって与えられた不平等という揺るがしがたい岩盤」（六頁）を明らかにした。それは「平等主義的諸理論の空しさ」（二頁）を証明した。であれば、こうした前提に立ってわれわれのふるまいを決めなければならない。「諸民族の心理的構成」を「深く研究する」ことが「政治と教育の基礎」（一〇五頁）にならなければならない。これとは異なったいかなる態度も、またもや宗教に服従することに帰着してしまうだろう。一七八九年の「不滅の諸原理」も、「今日まで生き延びた最後の神々」（二頁）でしかないというのである。

科学主義と全体主義

今日私たちがおこなう人種理論の読解は、不可避的に、人種理論に割り当てられていた歴史的運命（ドレフュス事件からアパルトヘイトまで）について、またとりわけ人種理論がナチスの主張に与えた影響について私たちがもっている知識によって方向づけられている。ナチスの主張の行きついた先は何百万もの人間の抹殺であり、これは人類史上最大の人種理論的犯罪のひとつである。『わが闘争』の著者は、実際、フランスの十九世紀の人種理論家たちの主張とそれほど違ったふうにはみえない主張をしていたのである。そもそも彼がこれらの著者の読者であったことは知られている。ヒトラーにとってもまた、自然は全能なものであり、その諸法則に従うしかないものであった。ところで自然の諸法則の教えるところでは、生命とは争いであり、また戦いであり、生き残るのはもっとも適合したもの、すなわち最強のものである。ゴビノーにおいてと同様に、文明は軍事力と同一視されている。この力はといえば、やはり人種に由来する。ヒトラーがここではまったくル・ボンに声をあわせて主張するところでは、善においても、悪においても、このことを全歴史が証明している。ただしここでヒトラーは人種という概念をゴビノーの意味、すなわち文化の問題ではなく血の問題として理解している。すなわち諸人種の間で力は不均等な仕方で配分されており、アーリア人種が頂点にあり、黒人種とユダヤ人は下位に置かれている。ここまでみてきた諸理論との関係でみれば、セム語族をこれほどまでにおとしめるという点に新味がみられるとはいうものの、ヒトラーによるセム語族の肖像はその大きな部分をルナンに負っている。ヒトラーはこうした「科学的」基礎の上に政策を決定した。ル・ボン、バレスも望んでいたように、混血を避けること、厳密な選抜と最劣等の諸個人を除外することによって人種を純粋化すること（ルナンにおいてすでに優生学の企画が生まれていることは先にみた）がそれである。こうしてヒトラーは特徴的な仕方で、自然の不可避の諸法則への信仰、したがって一種の運命論と、これ以上ないほど激しい行動主義を組み合わせる。国家、政党、統領は絶えずこの理想に到達するために戦わなければならないというわけである。

このように最近の歴史を過去の歴史の上に投影してみることは、正しいことでもあり誤りでもある。正しいというのは、ある一個のイデオロギーが実際もたらした諸結果をないがしろにはできないからであり（問題のイデオロギーが果たした正確な役割を決定できるか否かについてはためらいがあるとしても、それが非常に重要なものであったことには疑いはない）、誤りというのは、ビュフォンもゴビノーもルナンもテーヌも劣等諸人種をガス室で皆殺しにしようなどとはさすがにけっして考えなかったからである。だがふたつの歴史を重ね合わせることはなお正当なことである。それはナチスがおこなった忌むべきことどもをヒトラーの思想によって、そしてヒトラーの思想を彼に先立つ時代の諸人種理論によって**説明する**というより、それらの諸理論をナチスのイデオロギー、行動に移された場合どのような等価物を生み出したかを私たちが知っているナチスのイデオロギーに照らして**評価する**ということなのである。二十世紀に生じることがらを十九世紀の著作家たちの責任だと言うつもりはないが、彼らの教説の不吉な含意がフランスの人種理論家たちの頭をいささかもかすめなかったわけではないことも確認しておかなければならない。その証拠はまたもやルナンに見いだされる。彼はこの問題に二〇頁ほどを費やしているが、それはおどろくべきものである。それは彼の『哲学的対話』第三編である。

テオクシストという名の人物を主要な話し手とするこの対話は、もとめるべき理想の性質についてのもの、宇宙(ユニヴェール)の完成はどのようなものでありうるかという問題についてのものである。宇宙であって人類ではない。この最初の点は重要であり、テオクシストによって明瞭に強調されている。問題になっているのは「ひと言で言えば宇宙に人類を超える目的を与えること」(第一巻、六〇二頁)である。言い換えれば、そこでは人間をより幸せにするものや、人間にとって都合がよいものを探ろうとするのではなく、のちのレヴィ＝ストロースにおけるのと同様に、何らかの人間を超える企図を探ろうとし、引き続いてその企図に一致していこうとするのである。問題をこのように立ててしまえば、この理想について当時もっとも一般的であった回答、個人主義の哲学的、思想的潮流に結びついた回答は、たちまち遠ざけられてしまう。実際、宇宙全体が目的とするものが個人のささやかな幸福であるなどと考えることはばかげたことである。「社会がそれを構成する諸個人の安寧と自由のためにしか存在していないとする原則は、自然の有する諸企図(プラン)とは一致しない。自然の諸企図においては種だけが考慮されるのであり、個体は犠牲にされるように思われる」(六〇八頁)。したがって、まず最初に、「われわれの底の浅い個人主義」(六二三頁)を厄介払いしなければならない。テオクシストはこの身ぶりを二種類の仕方で正当化している。第一の正当化は、小さいものの大きなものへの従属、個体の全体への従属は自然の成りゆきだというものである。そのことを確認するには周囲を眺めるだけでよい。「国民、教会、都市は個人よりも強力に存在する。なぜなら、粗野なリアリズムが純粋な抽象物とみなすこれらの諸単位のために個人がみずからを犠牲にするのだから」（六〇四頁）。第二の正当化は事実ではなく権利に関わるものである。このような従属はいたる所に見いだされるばかりでなく正しいものである。「自然によって望まれた目的のために一個の生物体を犠牲にすることは正当なことである」（六二三頁）。その理由は、全体の利益は個体を害することを正当化するというものである。

国民、都市、あるいは国家、王国は、現在存在するそのままの形で、個人を超えた諸単位であり、諸個人の意思はそれに現に屈服しているし、また屈服せねばならない。だがそれは非常に不完全な状態である。理想はわれわれがこの同じ道をさらに遠くまで行くことを要求する。そこにいたりつくためにはひとつの方法がおのずから要請される。——もっともこの方法をテオクシストは方法としてではなく、むしろ目的それ自体の不可欠の部分として提示している——その方法とはもっとも優れたる者たちによる支配である。全員が同時に完璧になれるわけではない。したがってすでに完璧である者たちが優遇されねばならないし、彼らが他の者たちを導くのでなければならない。「重要なのは、偉大な文化が打ち立てられ、それが文明の進歩の遅れた部分にみずからの有益な影響を感じさせることによって、世界の主人になることである」（六〇七頁）。「大衆は労働する。そして数人のひとびとが彼らのために指導的な役割を果たしてやる。これこそ人類である」（六二四頁）。したがって、宇宙の視点から人間の視点に目を移せば、「宇宙の完成」は「もっとも優れたる者たちによる支配」と翻訳することができる。「世界によって追求される目的は、高峰を平地にすることではなく、逆に神々、優れたる存在を生み出し、他の知性ある存在はこれをほめたたえ、これに仕え、仕えることに幸福であることでなければならない」(六〇九頁)。「結局のところ、人類の目的は、偉人たちを生み出すことである」(六一〇頁)。

「宇宙の完成」と「もっとも優れたる者たちによる支配」との間に等式を立てると、テオクシストは自問する――実際のところこの自問はいささか偽善の臭いがする。この等式を実現することを可能にする統治の形態はどのようなものだろうか。そして三つの可能性が検討される。唯一者の統治、すなわち王政、数人の統治、すなわち寡頭政治、そして全員による統治、すなわち民主制である。王政という解決策は多少他のものから離れたものであり、また私たちが扱っている主題には直接関わりをもたない。重要な対立は寡頭政治と民主制の間にある。ところで、この競合関係が結局どのような結果になるかということは、前もって決められてしまっている。なぜならその一方は人類のエリート主義的理想に合致するのに、もう一方はそうではないからだ。だがそれでもテオクシストの民主制に対する批判、また彼が寡頭政治がもたらすとしているものを検討していくことは興味深い。

民主制という解決に対する批判は実のところ二重のものである。まず民主制の理想である平等は追求されている目的、すなわちもっとも優れたる者たちによる支配と両立不可能である。したがって機能と形態の間に齟齬が生じることになる。だがこの権利に関する議論のかたわらにまたもや現実に関する議論が現れる。民主制によって理想に到達しようと努力しても、そうすることはできないと言うのである。民主制とは無力のことである。「人類の一部が偉大な文化を享受することは、人類の残りの部分がその偉大な文化に仕え、また下位の者としてその文化に参加するのでなければ、考ええないことである」(六〇七頁)。「ひとりの賢人が生まれるためには二世代、三世代の自己放棄、勤勉、犠牲が必要である。ひとりの賢人のうちには多量の生命と力が凝縮されているのだ。（中略）賢人がそこから生え育つ腐植土が必要なのである」（六〇九―六一〇頁）。選ばなければならない。頂上にいたりつくか、あるいはみなで不足をわけ合うかである。人間の全体が完成にいたりつけると考えるのは幻想である。「大衆の無知がその条件であるならば仕方がない」（六一〇頁）。「理性と科学は人類が生み出したものである。だが直接的に、民衆のために、また民衆によって理性を望むことは夢物語である」（六〇八頁）。実のところ、民主制という解決はそもそも最初からハンディキャップを負っている。なぜならテオクシストは民主制がその政治的表現である人間主義、個人主義の視点に立っておらず、一種の自然主義（ナチュラリズム）の視点に立っているからである。

理想への歩みにもっとも適した形態として現れるのは当然寡頭政治である。もっとも優れたる者たちによる支配とはテオクシストにとっては賢人たちの支配を意味する。「知性ある存在のエリート、現実のもっとも重要な秘密の数々を知るひとびとが、活動のために彼らが用いることのできるさまざまな強力な方法を用いて世界を支配し、できるかぎり多くの理性の支配を実現するだろう」（六一一頁）。エリートの、それ以外のひとびとに対する支配が正当化されるのはまさにこの瞬間からである。「そうすれば、精神的権力、すなわち知的優越を基礎とする権力が現実のものとなるだろう」（六一二頁）。すべてのひとびとの努力がこのような知的に優越したひとびとを生み出すことに貢献しなければならないのは、この理由による。したがって科学は政治的に無色透明なものではない。科学は「実証主義的専制者たち」（六一四頁）の側にある。そしてそれは普通投票の支配に反対する。「大事業は民主制によってではなく科学によって成し遂げられるだろう」（六一〇頁）。科学が世界の主人になるのでなければならない。なぜなら賢人たちこそ人類の高次の原理、すなわち理性を体現しているからである。

テオクシストは、またこの人物を通じてルナンは、知と権力が最終的に合体することを夢みている。

「真実はいつか力となるだろう」（六一五頁）。このことが意味するのは、先にみたように権力が賢人たちのものになるということだけでなく、科学は、みずからがいたるところで支配することができるようにする力を生み出すということでもある。「理論はそのさまざまな適用によって確かめられるだろう。理論はさまざまの恐ろしい機械を生み出し、すべてを飼い慣らし、服従させ、その真実を反駁不可能な仕方で証明するだろう」（同所）。真実が力を与えるだけでなく、力が真実を証明する。勝った者は誤っていることなどありえない。この点においてもやはり寡頭政治が民主制より望ましい。民主制が世界を変形するために用いることのできる手段、すなわち議論と説得は非常に効果が薄いものであることが明らかになる。「信仰心」（六〇九頁）をもってすればずっと速く前進することができる。ルナンにおいては、ここでもまたほかのところでそうであったように、科学がそれ自身の原理のひとつを放棄して宗教に近づいていることに注意しよう。

賢人たちからなるエリートがその独裁をまず自分たちの同国人に、次いで世界の他の部分に押しつけるための方法は具体的にはいかなるものであろう。三つの方法を区別することができる。第一は恐怖政治である。かつて諸宗教は、地獄の火で脅すことで信じやすいひとびとに恐怖を抱かせようとした。だが、彼らの迷信を一旦振り払ってしまうと、人間はもはや恐れを抱かなくなってしまった。科学による政府はもっと上手にふるまうことができる。「権力はいつか地獄を手段としてもつことができるようになるだろう。それはなにごともその存在を証明しない夢想された地獄ではなく、現実の地獄である」（六一三頁）。このような場所――このような牢獄、収容所――の存在は、ひとびとの心に真の恐怖を引き起こすだろう。「科学を所有する者は、際限のない恐怖政治を真実に奉仕させるだろう」（六一五頁）。実際、それは強力な方法であり、たちまちのうちに「反抗という観念すら消え失せてしまうだろう」（同所）。しかしそれでも服従することを拒否するひとびとがいたとしても、彼らはただ単に抹殺されてしまうだろう。「それに抵抗するひと、すなわち科学の支配を認めないひとは誰でもたちまちのうちに息絶えることになるだろう。（中略）理性の力を評価しなければ、即時の死によって罰せられることになるだろう」（六一五―六一六頁）。これらの任務を遂行するために、科学の政府は特別の部隊を用いることができるだろう（トルコ帝国の近衛兵、全ロシア非常委員〔一九一七年設立の反革命容疑者取り締まりのための特別警察〕、SS〔ナチスの親衛隊〕のような部隊）。それは「絶対服従を守る機械のようなひとびとであり、道徳的嫌悪感などいっさいもたず、どのような残虐行為をもおこなう用意のあるひとびと」（六一四頁）である。

社会に働きかけるための二番目の方法は優生学、あるいは種の改良である（テオクシストはこの点でルナンに似通っている）。「生理学の諸発見と選択の原則を広範囲に適用すれば現在いる人種より優れた人種を生み出すことができるだろう。こうしてできあがった優れた人種は、彼らがもつ科学によってのみでなく、その血、脳、その神経の優越性によっても統治する権利をもつことになるだろう」（六一六頁）。力と科学が互いが互いの奉仕者となる。科学は力を与えるが、だが力もまたそれをもつ者を他人に対してさらに有利な状態にする。そのことによって、彼らの支配はさらに安泰なものとなる。その優越性がまったく虚構のものである現在の貴族に代わって、科学によって生み出されたひとびとからなる真の貴族が到来する。彼らは人間が動物と異なっているのと同じくらい地球の他の住民たちとは異なっているだろう。この点においては、植物学、動物学を模倣しつつ、人間を対象とする生物学は、欠陥をもったあらゆる個体を排除し、人体組織の枢要な諸点の発展を促すことによって、より完璧に近い種を作り出すことに貢献するだろう。「脳のすべての神経的力を凝縮し、いわば他の部分をすべて萎縮させて、すべてを脳に変形してしまう方法がいつかみつかるということもありうることである」（六一七頁）。このような変形はただちに「実証主義的専制者たち」のために役立てられることになるだろう。

最後に、三番目の方法は最終兵器である。真実の支配が保障されるためには、真実は目的によくかなった技術的方法を用いることができるのでなければならない。「精神的権力は、それが武装したときにしか、それにのみ属する物質的力を所有したときにしか、真の強さをもったことにはならないだろう」（六一二頁）。ところで支配を保障する武器を作る能力をもちうるのは科学である。「科学を軍備にどんどん広範に適用したあかつきには、全世界はそれをもつ国に従わざるをえないだろう。そしてこの支配はこのような武器を所有していくことにより、全世界を支配することが可能になるだろう。科学がその武器を作り出したりするひとびとによっておこなわれるだろう」（六一一頁）。「理性に恵まれた何人かの特権者たちが地球を破壊する方法をもったまさにその日に、彼らの主権は確立されるだろう。この特権者たちは絶対的な恐怖政治によって統治するだろう。というのも彼らは全員の生命を手中にしていることになるからだ」（六一五頁）。そうなれば、科学がもつ統治権に抗議するひとびとはたちどころに滅ぼされる脅威にさらされることになるだろう。

プラトンの『国家』の現代におけるそして死臭に満ちた改訂版であるこの夢の実現は、明日にでもなされるものではないことはテオクシストも認めている。だが、すでにこの時点で、世界をその可能な未来、望ましい未来との関係で分析し、未来において実現されるべきことどもを正確に予想することを許すいくつかの要素を突きとめることはできる。このようにしてテオクシストは、トクヴィルやゴビノーが提示していた理由と似た理由で、科学の支配はまずドイツに現れるだろうと想像する。「理性による世界の統治は、もしこれが本当に現実のものとなるとすれば、ドイツの国民性（ジェニー）により適合したものだと思える。ドイツは平等そして諸個人の尊厳ということにすらあまり顧慮を払わないし、何よりも種の知的能力の増大を目的としている」（六一九頁）。

このような企図が正当化されるのは、先にみたようにそれが自然と調和を保っているからである。「自然は、そのすべての階梯において、劣った諸個体を犠牲にしてより良い結果を獲得しようとするのみである」（六二三頁）。自然は、犠牲になるもののことなど気にかけない。「自然はそのような心配事の前で立ち止まったりしない。自然は他の種が生命の本質的な条件を見いだすためならばある種のすべてを犠牲にする」（六一〇頁）。したがって自然はそれ自体寡頭政治的であり、反民主的である。ところで自然の意図にかなうすべてのものは正当なのだから、それに対し道徳的非難を加える理由などまったくない。とにかく、あるものが存在するということは、それが存在せねばならないことを証明するのだし、「存在しようという欲望」は「われわれのしきたり」や「われわれの法」（六〇五頁）に優越するのである。自然の諸法則は言うまでもなく賢人たちによって発見されるのだが、彼らは自然による実現がおとなしすぎると判断した場合には、その諸法則から離れることをためらわない。「自然が仕事を放棄した地点から、その仕事を引き継ぐべきは科学である」（六一七頁）。ある種の植物、ある種の動物は人間たち（賢人たち）の意志的な介入がなかったとすればもはや存在していなかったことだろう。だがそうして保存された動植物は、あらゆるもののうちでもっとも有益なものなのである。科学が作り出さなければならない、優越したひとびとの人種は、自然のうちには存在しない。それは「自然に反した存在」（同所）ですらある。しかしそれでもその人種は「自然」から引き出された諸原則によって正当化されるのである。

いまや、テオクシストの「夢」がいかなる点でユートピアであるのか、あるいは「反-ユートピア（ディストピア）」（裏返しのユートピア）であるのかを検討しなければならない。あるいは別の視点に立って言うならば、ルナンがどこまでそこで述べられている理想を自分自身の理想としているのかを検討しなければならない。

『哲学的対話』の序文では彼は距離をとっている――ただし単に自分の作品中で展開されたいかなる思想も個人的に背負い込むことを彼は望まないという意味においてである。彼はまたそれらの思想を断罪することをも控えている。「これらの登場人物たちのそれぞれは、ひとつの自由な思考の継起的発展の諸状態を代表している。（中略）その誰ひとりの名も、私が私自身のものとして選択することはないだろう」（五五二頁）。『哲学的対話』それ自体の中でもルナンはテオクシストの立場をすべてのひとびとが考えていることの誇張、一貫性をもった誇張ではあるがとにかく誇張として提示している。それがテオクシストから時として「理性の光が湧き出る」（六〇一頁）理由である。テオクシストの言うことを聞いた後で、他の対話者がテオクシストを誰もアメリカの存在を知らなかった時代にその存在に気がついたコロンブスに比較している。この同じ人物は、さまざまの夢を近づけてみれば、将来そこから真実が湧き出してくるだろうと言っている。ルナンのこのテキストはこの意味でP・ジョリ〔十九世紀後半のフランスの著述家、歴史上の人物の架空対話を手がける〕の『地獄におけるマキャベリとモンテスキューの対話』に比較しうる。だがそこで述べられているさまざまの思想に対するルナン自身の態度についてのもっとも示唆に富む解釈は、ルナンのもうひとつ別の著作に見いだされる。こちらの作品は対話形式ではないが、『哲学的対話』とまったく同時期に書かれている。それは「フランスの知的・道徳的改革」である。テオクシストによって示唆されている道は、多少の変更を加えれば、彼の同時代のドイツがたどっている道のようにルナンにはみえる（先の、夢の実現がドイツに位置づけられているのはこの理由による）。この道をフランスもとることができるかどうかルナンは自問し、否定的な結論を出している。フランスの住民たちの性格、またフランスがたどってきた歴史の変遷からみて、フランスがたどるべき道はこの理想と歴史的現実、すなわちルナンの生きたフランスにおいては民主制の間の妥協とならざるをえないだろう。普通投票を維持することは仕方がないが、それを間接的なものとすることはできるだろう。ヨーロッパにおける戦争は放棄しなければならないが、植民地戦争は良い結果をもたらすものである。教育を保障しなければならないが、その役割を国家に委ねてはならない等々。こうした立場をルナンはすでに戦前において「フランスの立憲王政」で主張していた。そして彼は死ぬまで同じ政治的選択を唱え続けるだろう。彼をその友ベルトロとわかつ唯一の点は、彼が民主制より学識ある専制者の支配を好むことであるとルナンは『幼年時代・青年時代の思い出』の中で述べるだろう。

ルナンがわずかな頁で、二十世紀の読者には馴染みのものとなった問題の多くを取り上げえているということは認めなければならない。すなわち全体主義国家、警察権力を用いた恐怖政治、核武装、ナチスの優生学的政策等がそれである。私たちは（いまだ？）私たちより高次の存在を科学的に作り出すことはできないでいる（このテーマは相変わらずＳＦのそれである）。だがおそらくもっと密かな形で私たちは遺伝学的操作や人間の生殖の過程への他の技術の介入の正当性という観念を受け入れ始めている。私たちは不完全な胎児を取り除こうと望んだり、また私たちの子供たちの性や、知性の型までも選ぼうと望んだりする地点から、さほど遠くにいるわけではない。科学がもっとも高い権威の体現となった時代においては、テオクシストの夢想はまったく現実的な問題となった。もし科学と技術が外部からの枷がない状態で、人間の幸福への配慮によってではなく、それらの発展への配慮のみによって導かれるとすれば、またさらに困ったことに、それらが人類の一部の生命を危険に陥れるような政治的あるいは個人的目的のために奉仕させられるとすれば、ルナンによって予測されている結末には本当らしくないものは何もない。そしてルナン自身はその結末をまったく平静な気持ちで述べているにしても、私たちがそれに恐怖をいだくのは当然のことなのだ。

この未来の、あるいは現在の不幸の責任は科学に帰するべきであろうか。テオクシストの議論は二重の前提の上になされている。科学自体は誤りをおかすことがない。科学を代表するひとびと、すなわち王となった賢人たち、実証主義的専制者たちは自分の利害を考えない、調和に満ちた宇宙（ユニヴェール）という彼らの理想の追求のみに専心するひとびとである。テオクシストが対話の相手たちに次のように言えるのはこれらの前提があるからである。「私が自分を位置させている思想群は、現在のところ地球という惑星には不完全にしか適用されない」（六一六頁）。そして彼はさらに付け加える。「人類のある部分が、残りのひとびとを絶対的に支配することは、支配する側が個人的エゴイズムや階級のエゴイズムによってしか動いていないならば忌まわしいものである」（六一四頁）。だがテオクシストは彼の仮定がそのようなものではないとだけ述べて、それ以上は言わない。

これらのふたつの危険は、テオクシスト、さらにはルナンが言おうとしているよりはるかに現実的なものである。ルナン自身には、疑うことのできない事実へと導くと思われた彼自身の人種学説も非常に脆弱なものであることが明らかになった。今日の科学の視点からするならば、それは占星術や錬金術のかたわらに置くべきものである。それが私たちに教えるのはその学説を唱える主体、賢人についてであり、その対象である諸民族について教えるところは少ない。科学はつねに完全であるわけではないのみならず、それとは反対に科学はけっして完全なものではないとすら言いたくなる。科学のもたらす結論のどれひとつとして決定的なものと考えられてはならないということは、科学的知識の本性そのものである。科学的とみなされる政策を体現する諸個人について言うなら、彼らがあらゆる疑いの圏外にとどまるということは難しい。このような政策を遂行していると考えられていた全体主義国家の官僚たちは、人類の幸福より、いやそれどころか彼らの祖国の幸福よりも、自分たちの個人的利益のことをより多く考えていたのである。だがたとえテオクシストとともに、これらふたつの障害が取り除かれたと仮定してみても——したがって抽象的に考えてみても——、科学の責任が明確に打ち立てられているとは思えない。「悪」は生まれるのに科学を待ちはしなかった。二十世紀に固有なのは、悪が現れたということではなく、悪が非常に効率的な死体焼却炉から原子爆弾にいたる科学技術を、また歴史的唯物論にもとづく国家の組織のような偽装された科学技術を用いることができるという点である。言い換えれば非難されるべきは科学そのものではなく、科学の使用法であり、それが本来の目的から完全に逸脱してしまうということである。意志の行使や自由にいかなる余地も残さず、政治や倫理を科学に従属させてしまおうと主張するのは科学ではなく科学主義である。そのような主張を始めるや否や、先にルナンについてみたように、科学的言説は信仰の言説と化してしまい、本来そうあるべきとみなされていたものとは逆のものになってしまう。全体主義国家においては科学が政治と倫理を指導していたというのは正しくない（そう思いこむならばそれは扇動の議論に欺かれているのだ）。そこでもある種の政治とある種の倫理が科学を従わせているのだ。だが科学的な装いが、もしその装いがないならば人類の幸福に逆行するものとみなされかねない目的を追求することをその政治と倫理にとって可能にするのである。

この点についてまだなお疑いがあるならば、全体主義国家において科学がどのような運命をこうむったかを観察すれば十分であろう。科学はイデオロギーの専制的諸決定や権威主義的な議論に従属させられた。哀れにも有名な「ルイセンコ事件」〔ルイセンコはソヴィエトの農学者、生物学者、スターリンの政治路線に沿った発育理論を提唱、スターリンの死後失脚した〕のことを思い出していただきたい。科学が前進するためには、あらゆる枷から解き放たれなければならない（もっとも、一旦この原則を認めた後でも、科学が生み出した諸結果を倫理的観点から判断することは理由のあることである）。科学が合意に達するのは、理性的な議論と対話によってでしかない。ところが全体主義国家においてはひとは「考えの違う人間たち」とは議論をせず、彼らの仕事を奪い、精神病院に閉じこめたり、刑務所、強制収容所に放り込んでしまうのでしょう。最良の場合でも、彼らを国外へ追放してしまうのである。そして科学的形式をもった発言ですら、信仰箇条のようになってしまう。ところで新たな教条にすぎないものを科学と呼び、科学を全体主義の到来に責任あるものとするのは不当なことである。これについての最終的な証拠は、理性と科学の諸要請に従うと唱えていたあれらの国家の最高位にいたスターリンとヒトラーが、精神病者と正常人の境界で生きていたひとびとであるという事実そのもののうちにないであろうか。

科学主義は科学ではない。そしてつけ加えておかなければならないが科学主義は人間主義ではない。人間主義と科学主義が啓蒙の哲学者(フィロゾフ)たちの数人において共存していることは確かだが、それらが混じりあったものだと考えるにはよほど近視眼的であるか、あるいはまったく悪意に満ちているのでなければならない。そもそもルナンはこのことをよく理解していた。というのも彼はテオクシストの夢を、人道主義的理想を打ち捨てることから始めて、その代わりに宇宙を完成させるという企図、自然の意図に従うという企図を置いているからである。科学主義と人間主義を区別しないということは、ルソーとディドロの間の論争、トクヴィルとゴビノーの間の論争、また同じ種類の数多くの他の論争を存在しなかったものとみなすということである。全体主義の基礎を打ち立てるのに貢献したのは人間主義ではなく科学主義である。すでにみてきたように、ヒトラーの反ユダヤ的狂気を準備しヨーロッパ諸民族がその狂気を受け入れるような条件を整えたのは諸人種理論——ゴビノー、ルナン、ル・ボン、その他のひとびとの理論——である。非人間的政治を正当化したのは科学主義的原理なのである。これらの理論によって主張された決定論が、私たちの生物学的性質をわきに置いて、社会の形態だけを問題にしたとしても、やはりそれは危険である。そのことは歴史の諸法則にもとづくと称する全体主義(スターリニズムとその亜流)の存在が証明した。人間の間の差異が肉体的なものでなく、社会的なものだと主張してみても、それがゆえに他者を抹殺する決意が鈍るわけではない。科学主義と全体主義の関係は、科学的必然（生物学的あるいは歴史学的）と僭称されたものによって行為が正当化されるということに限られるのではなく、社会が完全に透明なものであると信ずるためには、さらには社会をその理想にしたがって革命によって変形できると信じるためには、たとえ「素朴な」ものであっても、科学主義を実践しているのでなければならない。ユートピア主義は（このユートピア主義から派生したいくつかの亜種が全体主義的仕組みを生み出したのだが）、それ自体科学主義的観点を共有することを前提としているのである。

しかし科学主義が必然的に全体主義を導いてくるわけではない。だがそのことは科学主義の危険を減らすものではなく、それをさらに危険なものとする。教会の精神的権威の崩壊の結果、民主主義的諸国家においても、教会が占めていた地位を科学が占める傾向がある。コントとルナンの夢がまったくみごとに実現されたのである。諸政府と議会によっておこなわれるさまざまの決定が現在見いだすことのできる最良の正当化は、「科学の進歩」あるいは「技術的効率性」という規範に由来するものでしかありえないと思われる。私たちはいまのところ、まだ実験室流儀で管理された世界には住んでいない。だがその誘惑はほど遠からぬところにある。もし私たちがそうなることを免れたいのであれば、全体主義的体制において機能しているのが観察されるような、科学主義のもっともはっきりとした諸形態と戦うだけでなく、民主主義の世界の生活を浸しているような科学主義のひそかな諸形態とも戦わねばならない。そしてこの戦いが意味するのは、倫理が科学主義的イデオロギーによって簒奪された地位を取り戻すということである。

第三章　国　民

国民とナショナリズム

区別と定義

人種、あるいは肉体的近似性にもとづいた集団の話はこのあたりでわきに置いて、普遍的判断と相対的判断の問題に戻れば、まず人間はただ個人としてのみ存在するのではないというあたりまえの事実を思い起こすことができる。人間はさらにさまざまの大きさの**社会的**集団に属している。私たちの観点からすると中でも二種類の集団が他の集団より大きな重要性をもつ。民族的それと政治的それである。私たちはみな一方では同じ言語を話し、同じ領土に住み、ある一定の共通の記憶をもち、同じ習慣を共有する（人類学者たちは「文化」という語をこのような意味で用いており、そうすることによってこの語を「民族」の同義語のひとつとしている）共同体に属しており、他方では私たちに私たちの諸権利を保証し、私たちに義務を押しつける共同体——私たちはその共同体の市民である——に属しているが、この後者の共同体は武器をとって共同体どうし戦闘に入ることもある。一方には文化があり、他方には国家がある。

国民は**同時に**文化的単位でもあり政治的単位でもある。だがさまざまの文化的単位、政治的単位はつねに存在していたとはいうものの、国民は近代になってからヨーロッパにおいて導入された新しいものである。そうした区別をした人間はめずらしいが、アントナン・アルトーは国民のこのふたつの側面に根拠をもつ二種類のナショナリズムを明確に区別し、さらにそのふたつのうちの一方をより好むと表明していた。「文化的ナショナリズムというものがあり、そこでは一個の国民の特異な資質、またその国民の作品の特異な資質が主張される。この資質こそその国民およびその作品を他者およびその作品と区別するものなのだ。また市民のナショナリズムとでも呼べるナショナリズムがあり、それはエゴイズム的形態をとった場合排外的愛国心となり、それが全面的戦争という形で表現されない場合でも関税をめぐる争い、経済戦争という形をとって現れる」(『革命のメッセージ』一〇六頁)。国民のこのふたつの側面のそれぞれに根拠をもつふたつのナショナリズムは単に互いに異なっているのみならず、少なくともいくつかの点についていうなら対立するものですらある。文化的ナショナリズム、すなわち自己の文化に対する愛着は普遍的なものへと導く通路である――それは各人がその中で生きている個別のものの特異性を深化することによってなされる。アルトーが言うような市民のナショナリズムは他の国々より自分の国を好むという選択であり、したがって普遍性をめざすことに反対する選択である。

モンテスキューについてはのちほどふたたび子細に検討するが、ここで簡単に彼に触れておけば、彼は国民を文化的単位として解釈しようとした。『法の精神』という巨大な構築物においては、彼が国民の「一般精神」と呼んでいるものがきわめて重要な役割を果たしている(これの分析はほぼ作品全体の二分の一を占めている)。この一般精神はきわめてさまざまの要因の帰結として現れるものである。政府の形態、伝統、習俗、地理的条件等々がその要因である。この国民の一般精神が普遍なるものへ導くとはいったいいかなる意味においてなのであろうか。その『私の考え』の中でモンテスキューは宗教について、国民の問題にも適応しうるであろう一個の解答を示唆している。「神とはいくつかの国民を己が帝国のもとに治めるあの君主のごときものである。それらの国民はみな彼に貢ぎものを捧げにやってくる。そしてそれぞれの国民はその国語で彼に語りかける」（二二一七）。この箴言は三系列の項を平行関係に置いている。神は唯一にして普遍的なものであり、宗教は複数のものであり多様なものである。しかしここに矛盾はない。それぞれの宗教は同じひとつの地点へ向かって進むための異なった道なのである。——確かに複数の言語がある。だが複数の言語を知っている者にとっては同じ意味が複数の言語のそれぞれを通して明かされうるのである。——複数の国民が同一の王をもち、それぞれが彼にさまざまの貢ぎものを捧げるかもしれない。それぞれものとしての様態は異なっていても、これらの貢ぎものはその君主にとっては同じ価値をもつ（ちょうど金銭がすべてのものの価値を同一の尺度で示すように）。——ところで宗教、国語、政治制度はすべて等しく国民の一般精神の（そしてその文化の）要素である。したがって当然そこには同じ関係が見いだされると考えることができる。文化もまた一国の国語と同じように普遍的なものへと到達することを許すのである。あるひとつの文化はアプリオリには、他の文化より優れたものでも劣ったものでもない。「諸国民のさまざまな特徴はなべて美徳と悪徳、長所と欠点がないまぜになったものである」（『法の精神』一九編第一〇章）。だが文化をひとつはぜひとももたねばならない。言語をもつことなしに意味に到達することはできないのである。

ナショナリズムという語の市民的な語義、あるいは政治的な語義はまったく違ったものである。まずおおざっぱな言い方だが、このナショナリズムはおおっぴらにあらゆる「他者」をないがしろにして「身内」を好むという態度から生じると言うことができる。このことは、古代以来あらゆる人間集団の特性として認知されてきたように思われる。それは人間集団がもつ愛国心とも呼べるものだろう。ヘロドトス

〔前四八四頃 - 前四二五頃。ギリシャの歴史家〕はその『歴史』の中でペルシャ人を次のように描いている。「自民族以外の民族のうち、彼らが彼ら自身に次いで評価するのは彼らの直接の隣人たちであり、次いで隣人の隣人たちである。そのあとも同様に彼らと当該の民族の距離に応じて評価がなされることになる。彼らの国からもっとも離れている民族は彼らからもっとも低い評価を与えられる。彼らはみずからをあらゆる点においてもっとも高貴な民族と考えるので、他の諸民族の価値は、彼らにとっては、いま述べた規則に従って異なってくる。もっとも離れたところにいる国民が彼らにはもっとも卑しむべきものに思われる」（第一編、一三四）。だがこのようなことなら、私たちのうち誰がペルシャ人でないと言えるだろうか。このような愛国心は、個人のレベルにおける自己中心主義が集団のレベルへ置き換えられたものにすぎないだろう。そして自己中心主義は普遍的とは言わないまでも、少なくとも成長のある一定時期（幼年期）には不可避の特徴であるように、「他者」をないがしろにして「身内」を特権的に取り扱うことは少なくとも諸民族の歴史のある一定段階においてよくみられることである。結局のところ、それは自然発生的な反応であり、あらゆる教化に先立つものである。ここで私たちは「ヘロドトスの法則」とでも呼ぶべきものを参照できるかもしれない。だがここで問題になっているのは、まだ近代的なナショナリズムではない。

だがこのような意味において理解された愛国心をどのように判断すべきだろうか。つまるところかなりの程度自己中心的である態度を誇ることはないとも言えるかもしれない。だがまた個人のレベルから集団のレベルに移る際に、その自己中心主義が無傷のままではいられなかったということにも注意しなければならない。「己を気づかう」ことと「自分の仲間を気づかう」こととの差異は根底的なものである。それは自己中心主義をまさしくその対蹠物である自己犠牲とわかつ差異なのである。集団に価値を付与するということにはふたつの側面がある。それはそれより下位の単位（自己）の忘却のみでなく、それより上位の単位（他の諸集団、人類全体）の忘却をも含意する。集団への執着は連帯の行為であると同時に排除の行為なのである。

連帯を学ぶための真の学校は、国民より小さい集団のうちに見いだされる。すなわち家族、氏族、村、町の地区等がそれである。子供が生まれながらもつ自己中心主義を克服するすべを学ぶのはそこにおいてである。この場合他者の排除はまったく相対的なものである。子供は自分の家族以外にも家族が存在していることを知っているし、それらの家族がいない生活など想像できない。だがまた、より高次の絆が自分を自分の家族に結びつけていることをも学ぶ。それは援助を受ける権利であると同時に援助を与える義務でもある。したがってここには道徳のもっとも基礎的な諸概念の獲得がみられるのであり、さらにはまたこれこそ継続し発展することができるほどにしっかりとした獲得の唯一の形態ではないかと考えることもできる。いずれにせよオーギュスト・コントの意見はまさしくそのようなものであり、彼は家族間の愛情は「自己中心的本能から万人（ユニヴェルセル）への共感への唯一の現実的な移行段階」（『実証政治体系』第一巻、三九六頁）を構成すると判断し、また道徳へと導く道としてはその他のどんな道も幻想でしかないことは遅かれ早かれ明らかになると考えていた。「道徳教育を、この中間段階を飛び越して、道徳の直接の発現へと導こうとするいかなる試みも、まったくの夢想であり非常に危険なものと判断されねばならない」（第一巻、九四頁）。人類への愛はまずそれが近親者への愛でないならば価値あるものではない。したがって近親者への愛は非難さるべきものではない。それどころか、自己への働きかけが、近いところから徐々に遠くへと拡大して、道徳の諸原則が望むように人類全体にまで広がるためには、この近親者への愛がつねに存在していなくてはならないのである。

だが国民はそのような自然に形成された集団ではない。まず何より、それは家族や町の地区などよりずっと大きい。このことから次のふたつのことが生じる。まず、それは成員全員（同国人）を知るためには大きすぎるし、彼らと共通の利害をもつためにも大きすぎる。他方それは個人に無限という幻想を与える程度の（したがって、彼がその「成員のすべてに対する共感」をもつ道をふさいでしまう程度の）大きさをもつ。それは連帯を学ぶための真の学校でもなければ（それはそのうえ家族に対する絆を放棄することを要求する）、人類に対するあらゆる形態の敬愛への適切な移行段階でもない。これこそ家族への献身と外国人に対する寛容が共存する例が歴史に数多くみられるのに対し、ナショナリズムがけっして普遍的なものへと導いてはくれない理由である。

「ナショナリズム」という語のふたつの意味を区別することが重要である。というのは、すでにアルトーもそうしたように、このふたつの意味に異なった判断を下さねばならないだろうからである。しかしそれは単にふたつの異なったことがらが同じ名で呼ばれているということなのだろうか。そしてこのふたつの意味の間には何ら重要な関係はないのだろうか。むろん関係は存在する。だがそれは対象のうちにあり、その対象を把える概念のうちにはない。文化としての国民、すなわちいくつかの特徴を共有する諸個人の全体は、政治的国家としての国家、すなわち政治的国境によって他の国とわかたれている国と部分的に**合致している**。そして現実には、このふたつはしばしば結びつけられている。国レベルで文化意識が存在しているから、政治的自律という観念がその道を切り開くことができるのである。逆に政治的国家(nation)のほうが、文化(nation)が己を明確なものとし、花開くことを許す。それでもやはりこのふたつの概念それ自体は相互に独立したものであり、ある意味では対立するものですらあることに変わりはない。普遍的なものは個別的なものの反対物だからである。そのうえ、複数の人間に共有される文化は必ずしも国レベルのものではない（一般にそれはより小さな範囲のものだが、またそれは国境を越えたものでもありうる）。そして自律した政治的国家の存在は、個別の文化が生き延びるための十分な条件でもまた必須の条件でもない。しかし論理的観点のみからみれば文化と政治的国家が随伴することは恒常のものではないにせよ、ある特定の歴史状況においてはそれは避けえないことになる。

次に「国民」という語のふたつの意味の間に別の区別を導入しなければならないが、今度はそのふたつの意味ともに政治的なものである。一方を「内的」な、他方を「外的」な意味と呼ぶことができるだろう。最初の意味はフランス革命の直前、またその初期において相当の重要性をもったにちがいない意味である。国民は正当化（レジティマシオン）のための空間であり、権力の源泉として、王権あるいは神あるいは王に従うのではなく、国民の名において行動するのである。「王様万歳」と叫ぶ代わりに「国民万歳」と叫ぶのである。この空間はしたがって平等の空間として知覚されている。確かにすべての住民の平等ではないが、すべての市民（女性と貧民は除外されている）の平等の空間として知覚されているのである。階級による特権や地域主義を打ち倒すために「国民」が引き合いにだされる。「国民」という語の二番目の、すなわち「外的」な意味はこれとはまったく異なったものである。一個の国民はもはや王、貴族、あるいは地域に対立するのではなく、この意味においては、別の国民と対立させられる。フランス人は一個の国民であり、イギリス人はそれとは別の国民である。

ここにおいてもふたつの意味の間には関係がある。だがまたもやその関係は対象が同一であること（ありうること）に限定される。大革命前の旧体制下においては個人は自分の国に強く自己同一化したりはしない。ルナンが言うように、「当時、地方の割譲はある君主から別の君主への不動産財産の移動にすぎず、民衆はそのことには多くの場合まったく関心を示さなかった」（「フランスの知的・道徳的改革」四五三頁）。王家の婚儀がひとつ執りおこなわれれば国籍が変わってしまうなら、どうして自分がある国より別のある国に属していると認めることを好むだろう。また戦争がある君主の気まぐれの結果にすぎないなら、どうしてその戦争があなたに個人的に関係のあることだなどと考えるだろう。逆に市民の集合という意味での国民が権力の場となるや否や、その構成員ひとりひとりは国家を**自分の**国家とみなすことができる。まさしくこのようにして近代の「外的」ナショナリズムが導入されてくるのである。ヴォルテールはすでにこのことをよく見抜いていた。彼は言っていた。「共和国の市民は、王国の臣下以上に自分の祖国に愛着を抱いている。なぜならひとは自分の主人の財産よりも自分の財産を好むものだからだ」(『政府についての考察』五二七頁)。しかしこのふたつの概念の底流にある意図はここでもやはり異なっているし、そのうえ対立してさえいる。なぜなら「内的」国民は平等の観念に由来するのに対して、「外的」国民は逆にある国を他のすべての国をないがしろにして選択するということ、したがって不平等を含意するからである。

国民、ナショナリズムという**近代**特有の産物を生み出したのは、まさに内的・外的、文化的・政治的なこれらのさまざまな意味の出会いである。それらは私がここで区別しようと努力したものの融合によって特徴づけられる。神による正当化より国民による正当化を好むということは、普遍的原則を犠牲にして自分の国を好むということと関連していると考えられた。ある文化に属するということ(このことは疑いがないことであり、不可避のことである)が、文化的単位と政治的単位の一致を要求する根拠となったのである。だがここで私たちの当面の問題は近代のナショナリズムをそのすべての広がりにおいてとらえることよりも、愛国的感情(この感情自体は太古から存在している)をその最近の現れにおいてみることである。

愛国心は諸価値との関係でみた場合、絶対主義なのだろうか、それとも相対主義なのだろうか。愛国者は、議論の余地なく、ある種の価値を他の価値よりも好む。だがそれは何らかの絶対的体系の名においてそうするのではない。首尾一貫した愛国者なら、各人が自分の国によって選ばれた諸価値を他の価値より好む権利を認めねばならないだろう。愛国心は相対主義である。だが和らげられた相対主義なのである。徹底的な相対主義は価値判断をおこなうことを全面的に放棄する。愛国者は絶対的で普遍的な基準を参照することを拒絶するという点ではそのような相対主義に同意する。だが彼は判断のために別の根拠を導入する。それをパスカルの言葉をもじって次のように言えるだろう。ピレネー山脈のこちら側で生まれたなら、フランスの諸価値に絶対的忠誠心をもたねばならず、ピレネー山脈のあちら側で生まれたならスペインの諸価値に絶対的忠誠心をもたねばならない〔ピレネー山脈がフランス、スペイン間の国境となっている〕。フランスにおけるナショナリズムのもっとも高名な理論家のひとりであるシャルル・モラスが正しく指摘したように、このような見方においても善を追求することは必要だが、「その善は絶対というようなものではなく、フランスの国民にとっての善であるだろう」(「フランスのナショナリズムの未来」五三〇頁)。愛国心はこの点で**異国趣味**(エグゾティスム)と完全に対称をなしておりその反対物である。異国趣味もまた絶対的な参照枠を放棄しはするが価値判断を放棄することはない。というのも異国趣味は、この点では愛国心とは逆だが、自分の生まれた国に属さないものを優遇するからである。抽象においては、愛国者はあらゆる相対主義者と同様に、諸国民間の平等を宣言することができる(ブーガンヴィルの『航海記』について省察をめぐらすディドロの登場人物やラ・ブリュイエールが言うように、どの国民でもみずからの国を他の国よりも好む権利をもつ）が、実践においてはそれでも愛国者はほとんどつねに自国民中心主義者である。私の相対主義的判断が下されるや否や私はそれを絶対のものとするというわけである。フランス人として私はフランスがあらゆる国にまさることを宣言する。それも私ひとりにとってそうであるとするのではなく他のあらゆるひとびとにとってそうだとするのである。

国民的な価値は普遍的であると自称する価値と一致しうる。多くの場合愛国心は普遍主義と対立しない。それでもこの両者が対立状態に入り、普遍的価値と国民的な価値との間、人類への愛と祖国への愛との間の選択を余儀なくされるような場合がやはりありうる。たとえば戦争状態はとくにこのような種類の対立に多くの機会を与える。その場合ふたつの問題を考えねばならない。愛国心と世界市民主義（コスモポリティズム）、国民的価値への愛着と人類への愛を両立させることは可能だろうか。もしそれが不可能だとするなら、そのどちらをより好まねばならないだろう。

十八世紀において、この最初の問いはエルヴェシウス、ヴォルテール、ルソーの作品の中で否定的な回答を与えられる。エルヴェシウスは自然法の存在を否定する。なぜなら正義とはある集団（ある国家）にとってもっとも適切なものにすぎないからである。「どんな世紀においても、またどんな国においても、誠実さとは自分が属する国民にとって有益な行為の習慣でしかありえない」（『精神論』第二編一三章、第一巻、二七五頁）。したがって普遍的誠実さというのは用語法における矛盾である。すべての諸国民にとって同様に有益である行為などは想像すらできない。人類全体に共通の美徳などというのは、他のもろもろの一般概念と同様に「プラトン的な夢物語にすぎない」（『精神論』第二編二五章、第一巻、四一四頁）。したがって愛国心と万人（ユニヴェルセル）への愛は両立できない。「愛国心という情熱、市民がこれをもつということは非常に望ましいことであり、美徳にあふれたことであり、尊敬すべきことであるこの情熱は、ギリシャ人やローマ人の例が示すように、万人への愛を絶対的に排除するものである。（中略）諸国民それぞれの利益がより一般的な利益に従わされ、祖国愛が消えてひとびとの心に万人への愛が灯されるのでなくてはならないだろう。ここ当分実現しそうもない仮定である」（同所）。

このふたつの情熱のうちどちらがより好ましいものだろうか。このふたつのうちひとつは不可能なものとされている以上エルヴェシウスの答えは疑いもなく次のようになる。個人的幻想にすぎない人類全体への情愛を市民としての美徳のために犠牲にせねばならない。「公共の安寧のためにはあらゆることが美徳に満ちたものとなり、正当なものにすらなる」（第二編六章、第一巻、二一三頁）。たとえば、漂流した船の上では、他の乗員が生き延びることができるように、ひとりの乗員を食べることが必要になることもある。これは残酷なことのようにみえるが、だからと言って正当化されないわけではない。ある国々ではひとびとが食べることのできる食糧の量が限られている。それで、若者たちは「六〇歳に達した老人たちを樫の木に上らせ、その樫を筋骨たくましい腕で揺すぶらせる。大部分の老人は落下し、落ちたその瞬間に殺されてしまう」（第二編一三章、第一巻、二八〇頁）。ここでもあらためて言うべきことは何もない。若者たちはこうしてその両親たちに緩慢な死の苦痛を免れさせ、同時に集団の生き残りを確かなものとするのである。

ヴォルテールはこの点についてはまったく反対の立場をとる。彼もまた祖国愛と人類への愛は両立できないと考えるが、そのことは彼を恐怖させる。「良き愛国者であるために、人類の他の部分の敵になるとは悲しいことだ。（中略）人間の条件がこうしたものであるからには、自分の国が偉大であることを望むということはその隣人たちに不幸を望むことになってしまう。世界市民（普遍的なものの市民）とは、自分の国が他の国より大きくもなく小さくもなく、またより豊かでもなく貧しくもないことを望むような人間ということになってしまうだろう」（『哲学辞典』一八五—一八六頁）。しかしこのふたつの項のうちヴォルテールがより高く評価するのは普遍的なものである。とはいえ、彼も、人間はとくに老いるにつれて自分の祖国に心を動かされること、外国で食べるビスケットよりも自分の国で食べるパンのほうを好むことを知らないわけではない。

ルソーはと言えば、彼はエルヴェシウスのテキストを読み、それについて省察をおこなったのだが、彼についてはもう少し詳しく検討するに値する。彼の書いたものの中では、「市民」という語と「人間」という語のまわりに対立が組織される。後者は、ときとして曖昧な仕方で、世界（ユニヴェール）の住民を指示することもあれば個別の個人を指示することもある。市民と人間が従う道筋は一致しない。それには明白ないくつかの理由がある。両者の努力の目的は同一ではない。一方は集団の幸福をめざし、他方は個人の幸福をめざす。差異をより明確にとらえるためにルソーはそれぞれの道筋を具現する、ふたりながらに称賛すべき人物を選ぶ。『学問芸術論』に付された「ボルド氏への最後の回答」において、市民の役割を果たすのはブルトゥス〔前六世紀。ローマ共和制期の最高行政官。国家転覆の陰謀に加わった自分の息子ふたりを死刑に処した〕である。「彼は国家に対して陰謀を働いたみずからの子供たちを死なせるのである」（八八頁）。他方の役割は特定の人物には割り当てられていない。だが別の機会にもう一度ブルトゥスを引き合いに出した際、ルソーは彼に対立するものとしてキリスト教の精神について語り教父聖アウグスチヌス〔三五四‐四三〇。初期キリスト教会の教父、哲学者〕がブルトゥスに対しておこなった非難を思い出している（『政治的断章』第五章、五〇六頁）。両者の対照は「政治経済」についての論説でさらに詳細に展開されている。両極を具現する人物は今度はカトー〔前二三四‐一四九。ローマの政治家〕とソクラテスである。両者とも範とするに足る人物だが、その理由は異なっている。ソクラテスは自分のまわりに人間をしか見ない。彼は自分の同国人とそれ以外のひとびとの間に区別を設けない。彼が望むのは自分が美徳をもつこと、賢者になることである。カトーは自分のことはまったく心配しないが、自分と同じポリスの市民のことを気にかける。彼は自分の幸福のためにではなく、市民全体の幸福のために働く。

ルソーは『社会契約論』の「市民的宗教」を扱った章でこの区別をふたたび取り上げている。今度は固有名を与えられていないのは市民のほうである。人間について言えば、それはもはやソクラテスではなくキリストである。そして差異は「人間の宗教と市民の宗教」（第四編八章、四六四頁）の間のそれである。だが各項の実質は相変わらず同じものである。このふたつの宗教の一方の普遍主義が他方の愛国心に対立させられている。その普遍主義によって、キリスト教は国民的（ナショナル）企図とは両立しえない。「市民の心を国家に結びつけるどころか、キリスト教はそれが市民の心を地上のあらゆるものから引き離すのと同様国家からも引き離す」（四六五頁）。「福音書は国民宗教を打ち立てていない以上、キリスト教徒間で聖戦がおこなわれることは不可能である」（四六七頁）。

ここで一方の項に他方の項を犠牲にして価値が与えられていると言うことはできない。むしろここにはそれぞれ独立したふたつの価値体系があるのであり、その一方を単純に排斥することはできないだろう。もし国籍という考えを放棄するならもはや法の適用を確保することはできないだろう（世界（ユニヴェール）は国家ではない）。もし人類という考え方を忘れるとするなら、われわれはわれわれのもっとも内心にある感情と矛盾をきたしてしまうことになるだろう、とルソーは示唆する。この感情は、われわれに、他の人間を見た際に、それがどんな人間であれ、自分とその人間は同じ種に属することを教えてくれるのである。キリスト教の普遍性がすでにふたつの体系の区別をおこなうこと、「神学の体系と政治の体系」を分離することに貢献していた（四六二頁）。この普遍的なものとなった神学とは倫理以外のものではないことを言っておかねばならない。政治と倫理はしたがって混同されえないことになるだろう。（ルソーがしばしば異なった現実を指すのに同じ用語を用いたことは認めねばならない。たとえば、**市民的**美徳は必ずしも**人道的**美徳とは合致しないのに、彼はその双方にこの「美徳」という語を用いている。また彼が「正義」について語るとき、それが国家の法に照らして正義なのか、普遍的原則に照らして正義なのかということもはっきりさせられてはいない。後者の場合にはそれを名指すにはむしろ「公正さ（エキテ）」と呼んだほうがよいだろう）。

ルソーはこのふたつの道の間の相違を指摘するにとどまらない。彼はこのふたつの道が根底的に両立不能であると断言する。少なくとも『エミール』の時期に彼はそう考えていた。「自然を打ち倒すか、あるいは社会制度を打ち倒すかを強いられているのだから、人間を生み出すのかあるいは市民を生み出すのかの間で選択をせねばならない。なぜなら同時にその両者を生み出すことはできないからだ」（第一編、二四八頁）。市民精神の成功は「人間主義」のそれに反比例する。「良い社会制度とは人間を自然状態からもっともよく引き離すそれである」（二四九頁）。ここで「自然状態から引き離す（デナテュレ）」という語は市民に対立するものとしての「自然人」（あるいは「人間」）に関わる。「これら［これらの美徳］をふたつながらに望む立法者はそのどちらをも得ることができないだろう。このふたつのものの一致はかつて生じたためしがないし、今後もけっして生じることはないだろう。なぜならそれは自然に反しているし、ひとは同じ情熱にふたつの目的を与えることはできないからだ」（『山からの手紙』第一の手紙、七〇六頁）。ルソーのヴィジョンはドラマチックである。他のひとびとが相違をみるところに、彼は妥協不可能な対立をみるのである。

事態をさらに重大なものにするのは、ルソーがこの矛盾を、あらゆる矛盾がそもそもそうであるのと同様に、修復できない不幸の源泉であると確信していることである（統一を失ったことに起因する懐旧の念はルソーにおいては議論の必要のない公理として提示されている）。それは人間の不幸の主たる源泉でさえある。「人間の悲惨をなすものは（中略）自然と社会制度との間、人間と市民との間の矛盾である。（中略）彼を全面的に国家に与えるか、あるいは全面的に彼自身に任せるかである。彼を国家と彼自身との間でわけようとするなら、あなたは彼の心を引き裂いてしまうことになるでしょう」（『政治的断章』第六章、五一〇頁）。複合的な存在であるわれわれはふたつの理想のいずれにも到達することができない。ふたりの主人につかえているせいで、われわれはわれわれ自身にとっても他のひとびとにとっても良いものではない。「人間をひとつのものにしなさい。そうすれば彼が幸せになれるぎりぎりのところまで彼を幸せにすることになります」（同所）。何者かであるためには、また自分自身であり、つねに分裂を免れたひとつの存在であるためには、言行を一致させねばならない。（中略）私は彼は人間であるか市民であるかを知るために、あるいは同時にその双方であるために彼がどうしているのかを知るために、こうした奇跡をみせてもらえるのを待っているのだ」（『エミール』第一編、二五〇頁）。

市民という位置から由来する特徴はどのようなものだろうか。市民は祖国という概念から出発して完全に定義される。「人間」はこれとは逆に自国民以外の人類を犠牲にして自国民を特権化しようとは望まない。市民教育の第一の機能は愛国心を教え込むことである。「子供は目を開けたとき祖国を見ねばならない。そして死ぬまでそれ以外のものを見てはならない」。市民とは愛国者である。そうでないなら彼は何者でもない。「この［祖国に対する］愛が彼の全存在をつくりあげる。彼は祖国をしか見ず、祖国のためだけに生きる。彼がひとりになるや否や、彼はまったく無価値である。彼がもはや祖国をもたなくなるや否や、彼はもはや存在しない。もしそれでも彼が死なないとするなら、彼はさらに悪い」（『ポーランド統治論』四、九六六頁）。市民教育をさらに効果的なものにするためには、それぞれの国家は、この市民的ナショナリズムに、文化的ナショナリズムによる教育を付け加えねばならない。国家は国家の諸制度、伝統的諸慣習、習慣、儀式、遊戯、祭り、見世物を保護し奨励しなければならない。これらのものはすべて——それがある国に特有のものであり、他のいずれの国にも存在しないものであるということが少しでも言えるならば——文化的なものと政治的なものを一致させることによって、市民をその祖国に結びつけるという役割を果たす社会生活上の形態なのである。このように教育された市民はみずからを人間と感じるよりもむしろポーランド人、フランス人、ロシア人と感じるだろう。そして愛国心が彼の「支配的情熱」(九六四頁)になっているのだから、彼にとっての価値はすべて国民的価値から派生することになるだろう。「要するに呪わしい格言を逆さまにしてすべてのポーランド人に心のうちで次のように言わせねばならない。『祖国ある処、ひとは幸福なり』」(九六三頁)。

祖国に固有のあらゆるものへのこの愛の反面として、祖国に属さないものへの、とくに外国人に対するある種の軽蔑がある。古代の完成されたポリスが示す例はこのようなものである。スパルタ人は自国内では平等を支配させたが、一歩祖国の国境を踏み出るや否や不公平きわまる態度をとった。同様に「ローマ人たちの人間愛は自国領の外にまでは拡大していかず」、暴力もそれが外国人に対して行使されるものならば禁じられていなかった(『社会契約論』ジュネーブ草稿、第一編二章、二八七頁)。自国内で平等を支配させるということは、国外で奴隷制度擁護論者であること、また植民地主義者であることを妨げない。愛国心の論理とはこのようなものである。「あらゆる愛国者は外国人に対し苛酷である。外国人は人間であるにすぎない。つまり愛国者にとっては何者でもないということである。この不都合は避けえないものだが、たいしたことではない。大事なのは一緒に暮らしているひとびとに対し善良であることだ」(『エミール』第一編、二四八—二四九頁)。したがってもし今日のポーランド人が古代の市民の範に倣いたいなら、彼らは「外国人と混じりあうことに対する自然な嫌悪」(『ポーランド統治論』三、九六二頁)を明確に表明しなければならない。ここにおいても論理の運びにはいささかの逆説もない。それはありふれたものであるとさえ言うことができるだろう。自分の祖国を擁護し賛美することは、祖国を他の国々より(そして人類全体より)好むということを意味する。市民の論理(そして倫理)とはこのようなものである。カトーはソクラテスよりも良い市民である。しかしルソーの意見は本当にこのようなものなのだろうか。言い換えれば、ルソーは愛国心の側にいるのだろうか。それとも「世界市民主義(コスモポリティズム)」の側にいるのだろうか。

ルソーの作品には世界市民主義へのいくつかの参照が見いだせる。そしてこの点についての彼の態度には変化があったのだとしばしば信じられてきた。だが実際にはそんなことはまったくないのである。彼が初めてこの点について態度を明らかにするのは『人間不平等起源論』においてであり、それは諸国間を隔てる国境の上にみずからを持ち上げ、「みずからの好意のうちに全人類を包みこんだ」「何人かの偉大な世界市民主義的魂の持ち主」(第二部、一七八頁)を称賛するためである。この後、「世界市民主義者」という語が同じ意味で用いられることはなくなるが、それでもルソーはこの同じ原則を守り続ける。美徳と正義は人類の側にある(もっとも次のように言うほうがより正確かもしれない。人道的美徳、公正(エキテ)さ)。

それではルソーが世界市民主義をけなしていると思われるテキストはどうなってしまうのだろう。それらのテキストをもう一度読み直してみよう。彼は実際「祖国への彼らの愛を人類への彼らの愛によって正当化することにより、結局は誰をも愛さない権利を得るために、すべてのひとを愛することを誇るあの自称世界市民主義者たち」を酷評している(『社会契約論』ジュネーブ草稿、第一編二章、二八七頁)。しかしこの引用からもわかるように、彼の弾劾が向けられるのは、自称世界市民主義者たちにであって、真の世界市民主義者たちにではない。彼が反対するのは、言うこととすることが異なるということに対してである。

これは「哲学者たち」(私たちなら知識人というところだ)の特徴であり、彼らは一般的な言明の陰に己のエゴイズムを隠すのである(イギリスにおいて保守主義者バーク、またフランスにおいてユートピア主義者コントは、ふたりながらルソーを打倒しようとしていると思い込んでいるが、この点について彼らはルソーの忠実な弟子である)。ルソーはのちに同じ告発を取り上げ直すが、その際には、「世界市民主義者」という語は、人間に対する愛のこの形態のみを指すだろう。「身近においては軽蔑して果たさない義務を遠く彼らの書籍の中に探しに行くあの世界市民主義者たちを信用しないようになさい。そういう哲学者がタタール人を愛するのは、みずからの隣人を愛さないですませるためなのです」(『エミール』第一編、二四九頁)。遠くにある高貴な大義を擁護することは、みずからが説く美徳を自分自身実践することに比べ、どれほどたやすいことだろう。遠くにあるものを愛することは近くにあるものを愛するより個人にとってははるかに安上がりなのである。このことはみずからの近くにいる者だけを愛さねばならないということを意味しない。同国人の代わりに外国人を愛するのではなく、同国人と同様に外国人を愛さねばならないということを意味するのである。

実際、ルソーは彼が普遍主義の諸原則に対してもっている愛着を否認することはけっしてない。彼は、そうするのではなく、ふたつの視点、すなわち市民のそれと個人のそれのそれぞれに次々と身を置き(繰り返しておくが、ひとはこのふたつの視点のいずれに対しても尊敬をもちうる)、その両者のもつ論理を探査し、そのさまざまの特徴を記述するのである。彼が、外国人に対する侮蔑の念について「この不都合は避けえないものだが、たいしたことではない」と言うとき、話しているのはルソーではなく市民なのであり(それはエルヴェシウスである)、また彼が(『社会契約論』ジュネーヴ草稿、第一編二章、二八七頁において)普遍主義を「健全な思想」と形容する時、話しているのは人間なのである。ここには何らの矛盾もない。

だがルソーはそれ以上のことをする。ふたつながらに首尾一貫した価値の体系、それらのうちどちらをも任意に選びうるふたつの価値体系を提示するだけでは満足せず、ルソーはこのふたつの体系の間の上下関係がどのようなものであるかについて自問する。そして彼が達した結論は市民より人間を上位に置かねばならないとするものである。「まず最初にこの信仰、この道徳を見いだそう。それはあらゆる人間に共通なものである。そしてその後で各国別の方式が必要になった時点で、その根拠、関係、適合性を検討しよう。人間に属することがらを述べた後で、市民に属することがらを述べることにしよう」(「パリ大司教クリストフ・ド・ボーモンへの手紙」九六九頁)。人間が市民に先立つ。これが理論の順序である。このことは事実の順序が逆であることの妨げにはならない。「われわれはまず市民であったのちにしか本当の意味での人間になり始めはしない」(『社会契約論』ジュネーヴ草稿、第一編二章、二八七頁)。ひとは個別のある国に生まれる。ひとが言葉の十全な意味での人間、すなわち世界の住民になるのは、意志の努力によって、すなわちみずからをみずからより上に持ち上げることによってのみである。ルソーはある自伝作品の中ではさらにぶっきらぼうな言い方をしている。「一般的に言って、党派に属するあらゆるひとは、その事実のみによって真理の敵なのだが、彼らはいつもジャン゠ジャックを憎むだろう。(中略)これらの集団には利害を離れた、正義へのいかなる愛もけっして見いだされない。自然は諸個人の心の中にだけ正義への愛を刻みこんだのである」(『ルソー、ジャン゠ジャックを裁く――対話』第三対話、九六五頁)。

愛国心に内在する欠陥とは何だろう。それは人類のある部分をその残余の部分より好むことによって、市民が道徳の基本原則、すなわち普遍性の原則を侵犯するということである。公言することはなくとも、彼は人間が平等でないということを認めてしまうのである。そのうえ、スパルタ人、ローマ人は彼らの町の内部においてさえ自分の平等に対する感覚を限定されたものにしている。なぜなら彼の平等感覚からは女性、奴隷は除外されているからである。現代のスパルタたるポーランドにおいてもまた、女性的なものはすべて避けられる。だが真の道徳、真の正義、真の美徳は普遍性を前提し、したがって権利の平等を前提するものである。ところが権利を享受するためには国家に属していなければ、したがって市民でなければならない。内部と外部をわける国境の画定によって保証される法的空間の外には権利は存在しない。したがって「人権」という表現も「世界市民（シトワイアン）」という表現も内的矛盾をはらんでいる。権利を享受するためには人間ではなく市民であらねばならない。だが——ヴォルテールを怒らせたいわけではないが——ただ国家のみが市民をもつのであり、世界は市民をもたない。権利の側に立つということは市民の側に立つということを含意する。しかしながら正義の最良の原則は普遍性の原則なのである。

ルソーの言うことを信じるなら、対立は根底的なものであり、解消できないものである。だが私たちはみな同時に人間であり市民である。もしくはそうでなければならないはずであろう。いったいどうすればよいのか。ルソーが示唆していると思われる回答はいくつかの段階にわかれて展開される。まずふたつの「情熱」の双方が同方向に向かうようなあらゆる場合を利用しなければならない。次いで、その他の場合には善意に欺かれるがままになるのではなく、このふたつの両立不可能性について明晰であらねばならない。そして最後に国民の法を人類の法の名のもとに改変することを希求しなければならない。ただしそうしながらもつねに自分はある個別の国家の市民であること、そしてその国家の法に従わねばならぬことを忘れてはならない。ルソーには革命家的なところは微塵もない。『エミール』において彼がすすめる道は、柔順な、しかし時に応じて批判的になる市民の道である。これと相関することだが、受け入れ可能であるためには、社会は『社会契約論』において記述されたようなものである必要はない。個人がそこで自由に判断がおこなえ、その判断をもとにして行動できればそれで十分なのである。ルソーにはまた「理想主義者」的なところもない。こうした相矛盾する要求を満足させることができるのは妥協だけだということを彼は完全に知っている。だが彼は幻影による陶酔より明晰さを好むのである。

ナショナリズムの理論の展開

ルソーの回答はしたがって対立を解消できない、だが避け難いものとみなすことに帰着する。われわれは不可避的に人間であると**同時に**市民である。ところでそのふたつの道において同時に成功することはできない。ここから人間の条件についてのドラマチックな、さらに言えば悲劇的なヴィジョンが由来する。だが明らかなことだが、ふたつの項のいずれかを選びもう一方のことは気にしないこともできるはずである。幸福な愛国者、幸福な世界市民主義者もまた存在するのである。

世界市民主義者の側には、まず哲学者たちが見いだせる。彼らが気にかけるのはあらゆる偏狭なエゴイズムを乗り越えること、またそこでは個人の意志にまったく場が与えられなくなってしまうような、集団によるあらゆる決定論を乗り越えることである。そしてキリスト教徒たちもまた世界市民主義者の側にいる。彼らにとっては神の前の統合は諸国民間の相違より優位にある。こうした世界市民主義者とはたとえば次の有名な警句の作者モンテスキューである。「もし私が私の国民には有益であるが他の国民にとっては破壊的であるようなことを知っていたとしても、それを自分の君主に提案したりはしないだろう。なぜなら私はフランス人である前に人間だからだ。（あるいは言い換えれば）私が人間であることは必然によるものだが、私がフランス人であるのは偶然にすぎないからだ」（『私の考え』一〇）。サン＝モールのベネディクト会士ドン・フェルリュス〔一七四八 - 一八一二。フランス革命の際、積極的に革命の原則への忠誠を宣誓し、その方向で著作をおこなった僧侶〕はと言えば、彼の断言は次のようなものである（『キリスト教的愛国心』）。「人類にとって不吉なものであるような美徳に災いあれ。もし愛国心がある国に存在すれば、その国の住民を他の国々のひとびとの敵にする結果を招き、その力を強固にするためには血の海の中でするしかないとするなら、兄弟たちよ、疑ってはいけない、愛国心などすべての心から追放せねばならぬだろう」。しかし愛国心を放棄するにはキリスト教徒であるだけでは不十分である。カプチン会士パリのイヴ神父〔一五九三 - 一六七八。フランスの神学者〕がその証言者である（『キリスト教道徳』四一九頁）。彼が断言するところによれば、「多くの外国人を自国に受け入れないようにする」ことは義務である。受け入れるとすれば「それはプラトンが言っていたように、召使いとして、もともとの住民が従事したがらない職業のためである〔この言い方は私たちのゴミを取り除くために雇用されているフランスへの移住者の到来をはっきりと予告している〕。そうでなければ、ひとびとは自分の財産をとりこにされ、私生児たちを嫡出子の代わりに置くことになってしまうだろう」。このような一節が参照しているのが『福音書』ではなく、プラトンの『国家』であることは偶然だろうか。

これらは、結局のところ、明確な選択を示している。だが多くの場合、支配的なのはこれとは異なった態度である。すなわち人間と市民の双方に課せられる要求を同時に満たそうと望むという態度である。これがつまるところ彼らがキリスト教徒であると否とにかかわらず好人物たちがより好む解決法となるだろう。その例は数え切れないほどある。たとえばそれはボシュエの願いである。彼は書いている。「人間の間での財の分割、人間が民族にそして国民にわけられていることによって人類全体の親交が悪化させられるようなことがあってはならない」。またこうも書く。「もしひとはすべての人間を愛さねばならず、真実キリスト教徒にとっては外国人などというものは存在しないとするなら、ひとは同国人をなおさらのこと愛さねばならない」(『聖書から引き出された政治』第一編六章、三三三頁)。すぐわかるように、ボシュエは、ただ単に、潜在的な対立を考慮に入れることを拒み、彼にとって必要な調和を楽しむために目をつぶるほうを選び、人間が**しなければならない**ことを言うことで満足している。だが人間は本当にそうするだろうか。この態度の世俗的な言い換えはジョクール騎士〔一七〇四―一七八〇。フランスの作家、『百科全書』の協力者〕によって書かれた『百科全書』の「愛国心」の項に見いだせる。「もっとも完璧な愛国心とは、世界のあらゆるひとびとに対して尊重すべき人類の諸権利で心が一杯になっている時にひとがもつような愛国心である」。だがこのようになってもそれはまだ愛国心であろうか。同様に、ディドロ、ドルバック〔一七二三―一七八九。フランスの哲学者、『百科全書』の執筆者のひとり〕も個別の国々がその住民であるような「全体的社会(ソシエテ・ジェネラル)」を想像する。このユートピアを念頭においていればこそ、彼らは心配することなく異なる国々の間の関係について考えることができるのである。コンドルセはこのような道徳的スキャンダル、すなわち愛国心と人間主義の対立がこの世に存在しうるということを想像してみようとも望まない。「自然がある民族の幸福をその隣人の不幸の上に基礎づけるということ、またふたつながら自然が吹き込んだふたつの美徳、すなわち祖国に対する愛と人類に対する愛を対立させるということがあったはずがない」(「アカデミー・フランセーズへの入会演説」三九九頁)。

　一七八九年にルソーをよりどころとして持ち出すひとびとも彼の教えに耳を傾けてはいない。フランス革命は人間と市民を同時に満足させようと望むだろう。この両者が同じものではないことに気づいている場合にすら、この両者間に対立があると想像してみることを拒否するのである。たとえば『第三身分とは何か』におけるシェイエス〔一七四八―一八三六。フランス革命期の政治家〕がそうである。彼は安易に自然理性、自然法をよりどころとして持ち出すが、彼の論は実際は国民の観念から出発しているのである。彼が両者を区別することはあるが、それはまったく問題を生じないような連続の中に両者をつなげるためである。「国民が何よりも先に存在する。それはすべてのものの起源である。その意志はつねに合法的であり、国民は法そのものですらある。それより前には、そしてそれより上には自然法しかない」（六七頁）。だがその両者の間に合意がないときはどうなるのか。

この疑問はシェイエスを困らせない。確かにシェイエスは何より「国民」という語の「内的」な意味を考えている。しかし彼の言い回しは語の「外的」な意味において解釈することも可能なのである。自然法への参照がつねに維持されているわけではないのでなおさらである。「国民の意志は（中略）それが現実に存在するものでありさえすればつねに合法的である。それはあらゆる合法性の起源なのである」（六八頁）。ここでシェイエスが斥けようとしているのは、神あるいは王による正当化、特権にもとづいた正当化である。だが同時に彼はナショナリズムの信条を明言している。国民はつねに正しい。「あらゆる実定法の起源であり至高の主人」であるがゆえに、国民それ自体は判断の対象にはなりえない。したがって「外的」「内的」というふたつの「国民」を区別しないことは、人類を犠牲にして国民を、世界市民主義に反対して愛国心を選択することに帰着する。

一七八九年八月に書かれた最初の人権宣言が「人間と市民の権利の宣言」と呼ばれるそれであること自体すでに、ルソーによって打ち立てられた区別と、彼によって白日のもとにさらされた両立不可能性を忘れていないひとびとにとっては、一個のパラドクスである。宣言の全一七条の条文は一度として人間の権利と市民の権利との間に対立の可能性をみることをしない。第三条は、シェイエスの考えをふたたび取り上げて言う。「すべての主権の根源は本質的に国民のうちに存する」。だがここで動員されているのは、条文の続きから察することができるように語の「内的」な意味である。「いかなる団体も、またいかなる個人も明示的にその根源から発してはいない権限を行使することはできない」（『フランス憲法集成』三三―三四頁)。一七九一年九月の憲法それ自体にも「フランス国民と諸外国の国民との関係」に当てられた「第四条」が含まれている。少なくも対立の問題はここで言及はされるが、人間主義的諸原則を好む方向で裁断を下されている。「フランス国民は、征服を目的としていかなる戦争をも企てることを放棄し、いかなる国民の自由に対してもその武力をけっして用いない」(六五頁。これは一七九〇年五月二〇日の勅令を再録したものである)。これを言い換えれば、戦争がおこなわれるべきであるか否かを決定するために、それがフランスにとって有益かどうかを検討するのではなく、それがそれ自体として正義であるかどうか、すなわち人類からみて正義であるかどうかを検討するということである。

この間、革命の諸事件を好意的にみる形で、フランスと世界の関係についてのある種の考察が発展した。フランス革命に好意的な外国人たちのクラブがいくつか結成された。外国人の愛国者のクラブ(!)というものさえ結成されたのである。ひとつの連盟が姿を現したが、それは**全地球上の真理の友**連盟であった。一七九〇年六月一九日、もう何年も前からフランスに定住していたドイツの男爵、アナカルシス・クローツによって率いられた外国人の代表団が国民公会に現れ、そこにいたひとびとに世界からの喜びに満ちた祝意を伝えた。「偉大な国民の復活を告げるトランペットは世界の四隅に鳴り響き、二五〇〇万の自由な人間の合唱の歓喜の歌は、長い間奴隷状態に埋もれていた諸民族の目を覚ました。みなさん、あなたがたの政令の賢明さ、フランスの子供たちの結束、このすばらしい眺めは専制君主たちを不安がらせ、隷属させられた諸国民に正当な希望を与えているのです」(『国民議会議事録』第二二巻、二一—二二頁)。翌日、野外での集会のさなかに「ダントン氏は(中略)愛国心は世界以外の国境をもつべきではないと言い、世界全体の健康と自由と幸福のために乾杯することを提案した」(同所)。クローツはみずからを人類の大使(あるいは人類の代弁者)と称し、手紙には発信地として「パリ、地球の首都」としたためていた。またデュラン＝マイヤーヌ〔一七二九－一八一四。教会法学者。立法議会議員、国民公会議員〕は一七九一年、彼の著作『聖職者委員会の護教的歴史』に、新しい憲法は「フランスの幸福を、そしてそれに似せてあらゆる民族の幸福を生み出さねばならない」（四八頁）と書いている。

このような言い回しは、それが私たちにはいかに空疎にあるいは素朴にみえようとも、のちにミシュレにおいてふたたびみられるような人間と市民との、また世界市民主義者と愛国者との関係についてのある種の解釈の仕方を準備している。フランスは、そしてとくにフランス革命は世界が従うべき道の模範的な具現となった（ちょうど紀元前五世紀に哲学がギリシャで具現したように）というのがその解釈の仕方である。フランス人の解放は、人類の他の残りのひとびとに従うべき道筋を示し、フランス人の政令、憲法は他のすべての国々にとって模範となる。愛国心と世界市民主義の間の対立はしたがってフランス以外の国の出身者にとってしか存在しない。なぜなら彼らは愛国者としては自分の国に忠誠をささげねばならず、人間としては人類の具現たるフランスに忠誠をささげねばならないからである。それとは異なり、フランス人は何らやましいところなく愛国者たりうる。と言うのは、フランスのために働きながら、フランス人が擁護するのは個別の国の利益ではなく世界全体のそれだからである。

同じ考えを、いつもは外国人に対し優しいとはいえないロベスピエールが一七九三年四月二一日に提案した人権宣言私案の中にまで見いだすことができる。「あらゆる国々の人間たちは兄弟であり、諸民族は、同一の国家の市民として［百科全書派にはおなじみの、誤った類推がここにふたたびみられる］、その力に応じて相互に助け合うべきである。あるひとつの国民を迫害する者はあらゆる諸国民の敵とみずからを認めたことになる」（『フランス憲法集成』七二頁）。一七九三年六月の憲法はその第一一八条において「フランス国民は当然自由な諸国民の友であり、同盟者である」（九一頁）ことを公準として仮定しているが、このことは、ロベスピエールが言っているように、これと相関する形で、抑圧者的国民はフランス国民の敵であることを推測させる。ならばフランスは全世界で自由の支配を実現するという普遍的使命を帯びているのであろうか。確かに同じ国民について第一一九条は次のように言っている。「フランス国民は他の諸国民の政府にはまったく干渉をおこなわない」。だがそれならばフランス国民に立場をはっきりさせることと中立にとどまることの双方を要求することになってしまう。しかしおそらくさまざまなふるまいを許すというのは憲法というものの特性なのだろう。

本当を言えば、フランス革命の時期そのものにおいても、ひとびとのふるまいに曖昧さがないわけではなかった。革命家たちのいくつかの言明は普遍主義的原則を干渉主義的仕方で解釈している。一七九二年一一月一九日に国民公会において採択された政令は、「自由を取り戻したいと欲するすべての諸国民に対する友愛と援助」を与えるとしており、こうしてその後における革命の「輸出」に道を開く。クローツ自身も第一一八条において喚起された政策を選ぶだろう。人権の名において、彼は革命の諸理念の最終的な勝利にいたるまで他国と戦争をしようと望むのである。「われわれの状況は軍神マルスのメスを要求している。われわれを悩ませるできものは銃剣によって突き刺されねばならない」。結果は当然唯一の国家の創設であり、そして全成員の同じ完璧な法への服従でなければならぬだろう（コンドルセの夢）。「私は絶対的な平準化、人類という家族の諸利益を横切っているあらゆる障害の全面的な転覆を提案する」とクローツは書いている（『世界共和国（レピュブリック・ユニヴェルセル）』一七頁）。「われわれの人権宣言の中にひとつでもあらゆる人間、あらゆる風土に適用できない条項があるものなら私にそれを示してもらいたい」（四〇頁）。もともと外国人でありながら、クローツはしばしばフランス人よりさらに狂信的愛国者とみえることがある。彼の普遍主義は彼のゴロワ狂いの異称にすぎない。輸出されたフランス革命はといえば、それは独裁となる。

人権はしたがってある場合には口実になりうるし戦争の武器ともなりうる。それはかつてキリスト教が十字軍の参加者にとって果たしたのと似た役割を果たす。他の場合には、革命家たちは諸国民間の抽象的平等を援用し、したがって一一八条より一一九条を好む。とくにロベスピエール、ダントンの態度はそのようなものであった。だがより意味深いのは、革命の勝利の具現である彼らの祖国を守るために、フランス人は諸外国に背を向けねばならないということである。イギリス人に対するロベスピエールの激しい悪態はよく知られている。「私はイギリス人を好まない。このイギリス人という語は私に、自由を回復した高邁な国民にあえて戦争をしかける不遜な国民という考えを、思い出させるからだ。(中略) 私はわれわれの兵士に対し、フランス人がこの国民に対してもっている深い怨念以外のものを望まない」(一七九四年一月三〇日の演説、三四八―三四九頁)。同時にフランスに住むすべての外国人が告発される。彼らは逮捕され投獄される。その論理的――そして不条理な――帰結として彼らに同調する者もまた告発される。クローツそのひともロベスピエールに攻撃される。ロベスピエールは彼が「外国人の党派」に属していること、そして「フランスの市民」という呼称より「世界の市民」という呼称を好むことを非難する(一七九三年一二月一二日の演説、二四八頁)。そしてクローツは断頭台の上でその人生を終えるだろう。

こうしてふたりながら普遍主義の思想に愛着をもつにもかかわらず、またとるべき具体的政策についての彼らの不一致(革命を輸出するかそれとも隣国の政府を味方につけるか)にもかかわらず、クローツとロベスピエールは実際他の諸国民をないがしろにしてフランス人を好むという点では一致する。ただその好みをロベスピエールは国内において実践するのに対し、クローツはその好みを外国に押しつけようと望むのである。したがって、このふたりのいずれにとっても愛国心は普遍主義に対し優位を占める。ルソーの明晰さを知らずにいることは、この瞬間以後、偽善あるいは無定見という報いを受けるのである。

ここで百年ほど時代を一気に下り、フランス革命が準備した十九世紀の末に話を移そう。この世紀の最後の数年における重大事件はドレフュス事件だが、この時期にふたつの「連盟」が結成された。ひとつは一八九八年二月に結成された「人権連盟」であり、もうひとつは一八九九年一月に結成された「祖国フランス連盟」である。この後者の連盟の目的が前者の打倒であることを付け加える必要があるだろうか。ルソーが予告していたように、そして十九世紀の共和主義者たちが願っていたのとは反対に、人間と市民、人道主義者と愛国者はバリケードのふたつの側に敵対することになったのである。ルソーをよく理解したのは、十九世紀の共和主義者たちではなく、ルソーを憎悪し次のように書くシャルル・モラスであった。「祖国とは歴史と地理によって形成された、諸家族の共同体である。その原理は個人の自由、個人間の平等という原理を排斥する」、言い換えれば人道主義的諸原則を排斥する（「私の政治思想」二六四頁）。

　愛国者と人道主義者のこの闘争においてある者は「人間」の側を選び、しばしばその選択に高い代価を支払わねばならぬだろう。たとえばジョレス〔一八五九－一九一四。政治家、社会主義者、反戦平和主義を説き、狂信者に暗殺される〕がその例である（もっともこの点についてのジョレスの思想には曖昧なところがないわけではない）。他の者は市民をより好むだろう。モラスはそうしたひとびとのうちでもっとも雄弁なひとりである。革命家たちが人間と市民をまぜこぜにしていたことを批判して彼は書いている。「確かに原理上は、すなわち日常生活からかけ離れた哲学においては、祖国は今日人類のもっとも完璧でもっとも首尾一貫した現れである。（中略）国民という観念は人類を代表し、そのうえフランス国家（ナショナリテ・フランセーズ）は人類を代表するにとくにふさわしいいくつかの資格をもつ［これはモラスとロベスピエールの数少ない一致点である］と言えるし言わねばならない。しかし、こうしたものは机上の議論にすぎない。もしこの問題について現実に効力をもつ価値を欲するなら、別のやり方を採用し、次のように言わねばならない。愛国的感情のみが存在する。人道的感情などは存在しない。後者の存在は非常に希薄なので、それは国民という観念と対立させられて初めて知覚しうるものである。国民という観念を発展させるのではなく、人道的感情はその妨げとなる」(二六四—二六五頁)。モラスが愛国心の優位性をそれが世界中にひろく広がっているという事実によって正当化する(事実が権利を基礎づけるという仕方で)のは、おそらく誤っているだろう。だがモラスはそれでもルソーに忠実なのであり(われわれは「国籍をもって」生まれるのに対し、われわれは人間になる)、偽りの連続性を告発するとき彼は正しいのである。

少なくとも第二次世界大戦以来、ナショナリズムの言説は反共和主義的運動、反民主主義的運動の専有物となった。一九四〇年の戦争が、これらの傾向を和解させることができたのも、当時打ち倒すべき相手がドイツファシズム(二重の意味で敵であった)であったからである。最近の植民地戦争はこれとは逆に対立を白日の下にさらす。モラスが「その歴史の精髄の中、その遺伝の本質の中で着想されて、愛国心は、民主主義がいつもそれに抗して立ち上がっていた諸観念に近づくことになる」(二七一頁)と言うとき、彼は言い方は強すぎるかもしれないが、けっして間違ったことを言っていない。彼の遺産相続者たる現代のナショナリストたちは民主主義を奉じる諸党派の全体に対立している。このことはむろんいかなる意味でも国家(エタ)=国民(ナシオン)という体制の衰弱を意味しない。その存在は近代社会構造の結果であって、国家と国民のいずれか一方だけが消え失せるということはない。国民はナショナリズムが滅んだとしてもたやすく生き延びる。しかし国家(エタ)=国民(ナシオン)が存在しているということは愛国的イデオロギーをもつことを強制するわけではない。だがフランス革命から第一次世界大戦までの間、ひとはこのことを認めたがらない。これから先、より詳しくみていくように、どうにかして人間主義とナショナリズムの間に連続性を打ち立てようと試みるのである。

トクヴィル

奴隷制に反対

アレクシス・ド・トクヴィルのナショナリズム的感情が現れるのは主に彼が政治家としてアルジェリア問題について書く演説や報告においてである。だがそれについて語る前に、話をもう少し前から始めなければならない。トクヴィルはアメリカに行った際、自分の目で、黒人奴隷の苦しみを観察することができた。フランスに帰国後代議士に選出され、彼は奴隷制を議論する委員会に所属し、アンティル諸島〔西インド諸島の主島群。キューバ、ジャマイカ等を含む〕を始めとする旧フランス植民地における奴隷制廃止を準備する。彼は発言する際、そのよりどころを啓蒙の哲学に由来する人道主義的諸原則に仰いでいた。奴隷制を拒否し糾弾するのは自然法の名において、とくに平等の原則の名においてである。「人間が人間を所有する権利をもったことなどけっしてない。人間を所有するということはつねに不当なことであったし、いまも不当である」(「報告」五四頁)。「この忌まわしい制度は(中略)人類がもつあらゆる自然権に抵触するものである」(「アルジェリアについての報告」三三〇頁)。したがってトクヴィルは奴隷制の廃止をおこなうべきか否かという点についてはまったく問うことはなく、ただいかなる条件のもとでそれを成し遂げることが適当かという点についてのみ問うことになるだろう。

出自や人種とかかわりなく人間は平等であるという公準は、このような文脈において明瞭にされるだろう。トクヴィルは「さまざまな人種の本能の間にあるとされるさまざまな相違」(「奴隷解放」九八頁)の存在を信じないし、この点に関してなされてきた種々の主張は実際は奴隷制支持論者によって後から考え出された正当化であることを知っている。だがそのような主張は広くおこなわれている。「この世で起こっていることによって判断すれば、ヨーロッパ人と他の諸人種との関係は、人間自体と動物との関係のようなものだと言えないだろうか」(『アメリカの民主政治』第一編二章一〇節、第一巻、四二七頁)。彼はしたがって「黒人は人間と猿の中間種に属する」のではなく「黒人は文明化しうる」(「議会発言録」一二二頁)という点については一度も疑いを抱かなかった。アメリカにおいても同様である。「チェロキー族の成功は、インディアンたちが文明化する能力をもっていることを証明している」(『アメリカの民主政治』第一編二章一〇節、第一巻、四四二頁)。この「成功」がより全体的なものでないのには、社会学的・歴史的な理由があり、それによって人間間の平等の原則はいかなる影響も受けない。

人類についてのこのような考え方の起源はどのようなものだろう。トクヴィルの意見によれば、疑いもなくその起源はキリスト教にある。「キリスト教は自由な人間の宗教である」(「報告」四五頁)。そして「人間は平等なものとして生まれるというのはキリスト教的観念」(「奴隷解放」八八頁)である。しかしキリスト教徒たちが戦いに飽きたのか、あるいは彼らは神の前の平等だけで満足してしまったのか、この平等と自由の原則はすたれてしまった。したがってそれらの原則にふたたび活気を与え、新しい躍動を吹き込み、地上におけるひとびとの関心事とそれらの原則を近づけねばならなかった。フランス革命がこれを成し遂げたのである。「人間は平等に生まれるというこのキリスト教的観念に、明瞭なそして実際的な意味を与え、またこの世の現実にそれを適用したのはわれわれフランス人である」(同所)。「すべてのひとについて身分と階級の原則を廃することによって、失われていた人間という資格をかつて言われていたような形でふたたび見いだすことによって、全世界に、かつてキリスト教が神の前でのすべての人間の平等を創りだしたように、法の前でのすべての人間の平等という観念を広げることによって、奴隷制廃止を真に担うのはわれわれフランス人であると私は主張する」(「議会発言録」一二四—一二五頁)。運動の起源にあったということにこそ、フランス人の功績があるし、またそれゆえにこそ義務も生じる。なぜなら他の場所におけるのと同様にフランスにおいても奴隷制はいまだに廃止されていないからである。

問題に関する倫理的展望はこのようなものである。しかし奴隷制は哲学者にまかせることができる抽象的問題として、それによって苦しむひとにとっての個人的問題としてとどまるものではない。それは同時に一個の社会制度であり、その経済的・政治的結果は遠くにまで及んでいる。ところで代議士に選出され、議会の委員会で報告の任を負わされたトクヴィルはみずからの立場を政治家として規定しているのであり、道徳哲学者として規定しているのではない。もちろんもっとも望ましいのは、道徳、言い換えれば一般原則への服従と、政治、言い換えれば個別利益の擁護が一致することであろう。そしてトクヴィルは彼の時代においてはそれが可能だという印象をもっている。アメリカに行っていた時期、すでに彼はそのように確信していた。「キリスト教も奴隷の権利を価値あるものとすることによって奴隷制を廃止している。今日では奴隷制は主人の名において攻撃されうるのである。この点では、利益と道徳とは一致している」(『アメリカの民主政治』第一編二章一〇節、第一巻、四六三頁)。フランスに帰っても彼の考えは変らない。「人類と道徳はしばしば奴隷制の廃止を要求したが、その要求はときとして不用意なものだったかもしれない。だが今日奴隷制の廃止は政治的必要によって要請されているのだ」(「報告」四八頁)。ここでふたつの視点がはっきりと区別されていることに注目していただきたい。さらに政治が倫理を評価するのであってその逆ではないことに、そして最後に政治的考察を怠ればひとは不用意な奴隷制廃止論者となりうるとされていることに注目していただきたい。とすれば、正当な理由があって奴隷制支持論者であることもできるとしなければならないのだろうか。

トクヴィルはおそらくそこまでは言わないだろう。しかし少なくとも彼は人道主義的原則の適用はその時その場所の政治的制約に従うようにと望んでいるようだ。彼は倦まずに、奴隷制を廃止するにあたっては、慎重を期し、元奴隷に服従と自由の中間状態を経由させるのでなくてはならないと主張する。これによって、法の前での平等という原則のいくつかの歪曲が許容されるようになる。たとえば、「一時的に黒人に土地所有者になる権利を禁じねばならない」(「奴隷解放」一〇五頁)。道徳はここでは政治に従わせられている。他方、この点がトクヴィルの立場の特徴なのだが、アンティル諸島の元奴隷に与えられた権利が、それ以外の者がすでに獲得していた他の権利を享受する妨げとなることがないように監視しなければならない。「黒人は自由になる権利をもつが、植民者が黒人の自由によって破産させられない権利をもつことも疑問の余地がない」(同所)。「破産させられない」権利とは所有の擁護である。しかし人間の自由は侵すことのできないものであり、またトクヴィルの言葉を用いれば、誰ひとりとしてけっして人間を所有する権利をもったことがないとするなら、奴隷制擁護論者の富は正当な所有物であったと主張することがそれでもできるのだろうか。金持ちであるということは留保なしの権利だろうか。「植民者に、自由にされた奴隷の市価に相当する補償金を与えるのが(中略)公正である」(一〇七頁)。奴隷制を廃止するために、国家は本当に奴隷の元の所有者に補償をせねばならぬのだろうか。言い換えれば国家が市民の一部にこうむらせた損失を市民全体に払わせねばならぬのだろうか。

ここで私たちが立ち会っているのはそれぞれ異なる起源から発するふたつの要請の間の対立である。補償金への権利は個人の安寧への考慮に基礎づけられている。個人が集団の行為によって苦しむことは妨げられねばならない。それは、トクヴィルが言うように、「保証」である。奴隷制の不当性のほうは、普遍的な理由、すなわち人間の平等に由来する。「自由に身のふり方を決める」[自由に自分を自分の意のままにする disposer librement de soi-même] ことと「その起源がどのようなものであろうとみずからの意のままに使う」[disposer de ses biens quelle qu'en soit l'origine] ことは、用いられる言葉は近いものだが、同じひとつの原則に依拠しているのではない。国家の介入を要請することによってトクヴィルが避けようとしているのはこの――しばしば潜在的なものにとどまる――対立である。ここにおいては道徳を制限するのが政治というわけではもはやない。ある権利の原則が別の権利の原則と衝突しているのである。その両者が尊重されるよう事を運ばなくてはならない。

フランスの旧植民地における奴隷制の廃止が、有害な結果（奴隷所有者の破産、工業生産のレベルの低下）をもたらすのを避けるために、個人を解放しつつも、彼らの住む領土は服従の状態にとどめねばならない。言い換えれば植民地主義が奴隷制度擁護論にとって代わらなければならない。「と言うのは、フランスは文明化された社会をつくろうとしているのであって、野蛮人の群れをつくりだそうとしているのではないからだ」（「報告」五九頁）。これが、トクヴィルが植民地主義のフランスにおける最初の理論家になる理由である。

植民地に賛成

トクヴィルはしばしば植民地主義を文明の普及という人道主義的原則の名において正当化しようとした（のちにみるようにこれはコンドルセのやり方である）。たとえば、インド占領についてイギリス人の友人に次のように書いている。「私は一度として（中略）あなたがたの勝利に疑いをもったことがない。あなたがたの勝利はキリスト教と文明の勝利である」（「ハザートン卿宛書簡」四二三頁）。また別のひとには「インドにおいてイギリスが敗れれば、それは誰の利益にもならず、ただ野蛮を益することになっていたでしょう」（「シニア宛書簡」四一九頁）と書きおくっているが、この時トクヴィルは明らかに自律的国民としてのインド人の利益を無視できる程度のものとみなしている。だがすぐさま付け加えておかねばならぬが、彼が個人的に直接知りえたいずれの場合においても、彼がこの論法を用いることはない。それどころか、彼はこうした論法の妥当性を明白に拒んでいる。北アメリカにおけるインディアンに対する支配についてみてみよう。「ヨーロッパによる圧制は、北米のインディアンたちを、彼らがかつてあったより以上に無秩序の状態に陥れたし、またより一層未開化したのである。これらの民族の道徳的状態と物質的状態はふたつながら同時にどんどん悪化していった。そして彼らはより一層不幸になるにしたがって、より野蛮になっていった」（『アメリカの民主政治』第一編二章一〇節、第一巻、四二九頁）。アルジェリアのフランスによる植民地征服の結果についても同様であろう。「われわれはイスラム社会を、その社会がわれわれを知る以前より、一層悲惨で無秩序で無知で野蛮なものにした」（「アルジェリアについての報告」三二三頁）。少なくとも表面に現れた論の運びにおいては文明化という論法は拒まれている。だがトクヴィルはそれでもアルジェリアの植民地化を一貫して支持する。いったい何の名において彼はそうするのか。それは彼の国、フランスの利益の名においてである。「植民地をもち続けることはフランスの力、フランスの偉大さのために必要である」（「奴隷解放」八四頁）。征服戦争はただひとつの視点からしか判断されていない。「われわれがアフリカの海辺に祖国の偉大な記念碑を打ち立てることができることを私は疑わない」（「アルジェリアについての書簡」一五一頁）。もし植民地を放棄するようなことがあれば、それはわれわれが凋落しつつあることの確かなしるしであろうし、他の国々は間違いなくそれにつけいろうとするだろう。もし逆に植民地を保持すれば、そしてその数を増やしていけば、「世界の全般的問題についてのわれわれの影響力はおおいに増すだろう」（「アルジェリアでなすべきこと」二一五頁）。イギリス人によるインドの征服から引き出すべき教訓はこのようなものである。その征服の栄光は「国民全体に戻ってくる」（「インド、計画」四七八頁）のである。

　一般的に言って、国民を重んじる（ナショナリスト）感情がトクヴィルからみて貴重に思えるのは、それが個人のさまざまな利害を超え、民主主義体制においても生き残る可能性がいくらかある唯一の感情だからである。トクヴィルが倦まず断言するところによれば、民主主義体制の危険は、それぞれが自分の利害にしか関心をはらわず、いかなる集団的理想をももとめなくなることである。ジョン・スチュアート・ミル（一八〇六－一八七六。イギリスの哲学者、経済学者）への書簡に彼は書いている。それは「物質的安寧への関心と心の柔弱さ」であり「習俗の段階的惰弱化、精神の劣化、趣味の平板さ」である。このような状況下では唯一の処方箋は、国民的自尊心にふたたび活気を与えることである。「このような［民主的］国民の先頭を進む者は、社会習俗のレベルを低落するがままにすることを望まないなら、誇り高い態度を持していなければならない」（「J・S・ミル宛書簡」三三五頁）。このようなひとびとが「やってきて、国民の心を盛り立て支えるような言葉を与え、日々物質的享楽とつまらぬ快楽に引きずられていくこの柔弱な趣味の中で、国民の心を引きとめようとする」(三三六頁)のでなければならなかったろう。トクヴィルの分析が正しいかどうかは疑わしい。ナショナリズムは個人主義の(あるいは工業社会の)解毒剤なのだろうか、それともその発露なのだろうか。国民はそれに先立つ共同体と近い単位なのだろうか、それともかけ離れた単位なのだろうか。だがたとえ彼が正しいとしてもなお、この処方箋はそれが癒すとみなされている病よりさらに危険なものになる恐れはないのだろうかといぶかることはできる。トクヴィルはこの点については心配している様子はない。

トクヴィルの書簡への返答において、ミルがトクヴィルよりずっとナショナリズムの危険について心配していることは印象的である。「私は近ごろしばしば、最近のイギリスとフランスの間の争いにおいて自由主義の党派がとった行動を正当化するためにあなたがあげた理由を思い出す。それは、**国民的自尊心**の感情は現在存在する感情のうちで唯一公共精神の性格を帯びたものであり、またひとびとを高貴にする効果をもつものであること、したがってそれが堕落するのを放っておいてはならなかったということである。あなたの言うことがいかに正しいかについては、毎日毎日付け加わる不快な証拠が教えてくれる。(中略)フランスにいまだに残っている公共的性格をもった、それゆえいまのところ利害にとらわれない唯一の感情が弱まるのを放っておいてはならないということについては私は心からあなたに同意する。(中略)しかしフランスと文明の名において、後世のひとびとには、あなたのようなひとに、すなわちわれわれの時代のもっとも高貴でもっとも開明的なひとびとに、同国人たちに国民の栄光、国民の重要さについて、彼らが現在もっていると思われる下劣で卑しい観念よりさらに高級な観念を教え込むことを期待する権利がある」(「トクヴィル宛書簡」三三七頁)。

ミルが敬意を失わないようにしながらしかしはっきりと指摘しているのは(これは彼が英語で書いた数

少ない手紙の一通だが、これは偶然だろうか）、純粋なナショナリズムの立場の相対主義的性格である。その内容にいかなる検討を加えることもなく、ただ単に国民的自尊心を高揚させることで満足するなら、結局諸国民の数と同じ数の理想を認めることになるだろう。ミルは唯一可能な超越性が国民の超越性であるような状況がいかに耐え難いかを指摘せずにはいられない。彼は、フランスの名においてのみ判断するのではなく、また文明の名において判断しなければならないことを忘れてはいない。要するにいくつかの国民的（ナショナル）感情は尊敬に値するが他のものはそうではないということである。そして彼は自分がトクヴィルにフランス人としてだけでなく、高貴で開明的なひととして行動することを期待していることを思い出させる。ミルは彼の立場から次のように結論する。「自国民以外の国民への悪態を自国民の集会の演壇で言い放った最初の人間を処刑するようになることを私は望む」（三四一頁）。だがこれは政治家トクヴィルがまったく聞きたくない視点である。彼は同じ書簡の続きの部分で次のように言う。「ひとが公人である場合、自国の尊敬と正義以外の報酬をもとめるのは狂気の沙汰である」（「ミル宛書簡」三四三頁）。この文にはバレスでさえ署名できただろう。

だが、植民地に話を戻そう。議会のために、アルジェリアについての長大な報告を書く際に、彼がみずからに課す問いはひとつだけである。「われわれがアルジェの旧トルコ属州でおこなっている支配はフランスにとって有益だろうか」（「報告」三二一頁）。この支配が人類の利益に合致するかどうかを自問すべき理由はないし、アルジェリアのひとびとの利害に合致するかどうかを自問すべき理由などさらにない。大事なのは国益のみである。この問いもそのうえ純粋に修辞上のものである。というのもトクヴィルはこの問いには肯定の答えが「はっきりと証明された真実」であると考えているからである。経済的有用性については議論もあるが、その政治的力の構成要素としての有用性を論じることはトートロジーに属する。勝利は力の確かなしるしなのである。ところでトクヴィルが視野においているのはまさにこのような有用性なのである。「われわれの植民地の主たる価値はその市場にあるのではなく、それが地球上に占める立場にある」（「奴隷解放」八五頁）。

個別の場合におけるトクヴィルの反応を説明するのはこの原則的立場――ナショナリズムの立場からする議論――である。アルジェリア旅行中、彼は、次のような言葉で彼がのちに報告している演説を聞く機会があるだろう。「みなさん。あの連中に対して成功するのには力と恐怖しかありません。（中略）五、六人殺した後はけだものたちを生かしておいてやりました。（中略）疑惑をもたれたアラブ人がひとり私のところに引っ張られてきました。私は奴を尋問し、それから首をはねさせました」（「アルジェリア旅行記」二一六頁）。トクヴィルはこのようなふるまいに賛同するわけではない。しかし彼がこの演説について与えている注記は以下のようなものである。「私は、悲しい思いでこれらすべてを聞きながら、こんなひとたちに委ねられた国の未来はどのようになってしまうだろうかと、またこのとめどがない暴力と不正は、原住民の反乱とヨーロッパ人の破滅以外の何ももたらさないのではないかと自問していた」（二一七頁）。トクヴィルの憂愁は一瞬としてナショナリズムの視点から彼を引き離さない。このような行為は植民者の破滅を、すなわちフランスの利益の破滅を導くだろう。しかし「原住民」の側については、彼は反乱をしかみていない。たとえば**彼らの**破滅、さらには彼らの死などは問題にならないのである。

あるいは別の機会には次のようなことがあった。一八四六年にアルジェのあるフランス語新聞があるいくつかの「人種」は「摂理の法によって破壊をこととするよう定められている」と主張する。この主張はアラブ人に適用され次の結論を導く。「この罪ある人種を消滅させることはひとつの調和である」。トクヴィルのこれについての意見は次のようなものである。「私は原住民を押さえつけることを望まない。私はとりわけ彼らを抹殺することは望まない。（中略）しかしわれわれがアフリカに残るためにただ原住民の善意をあてにするというのはまったくの幻想であり、これにくみするのはばかげたことである」（「アルジェリアでなすべきこと」二九三-二九四頁）。アルジェリアの新聞によって提案された手段には賛成しないトクヴィルはそれでも占領の計画を放棄しようとはしない。彼は両極端――一方には抹殺、他方にはアルジェリア人の自由意志――をしりぞけ、穏やかな力の立場をすすめる。

したがって「原住民の善意」を考慮に入れる理由はない。フランス人がアフリカにおいて戦っている相手は数人の族長の悪意であるとはトクヴィルは考えない。「われわれが最初に気がついたのは、われわれの前にいるのは真の意味での軍隊ではなく、民衆そのものであるということだった。（中略）問題は一個の政府に打ち勝つことではなく、ひとつの国民全体を圧迫することだったのである」（「アルジェリアについての報告」三一六-三一七頁）。この対立をトクヴィルが重要なものとはほとんどみなしていないことにいささかおどろかれるかもしれない。実際、彼は原住民と外国人の間の区別は純粋に相対的なものであることを非常によく知っている。彼にとっては、諸人種の「本能」の間に差異など存在しないということを思い出そう。ところでトクヴィルは、個人の諸権利が切り捨てられること（彼はこれらの権利の「保証」をもとめる）、とくにその政治的自由が切り捨てられることに関しては、つねにこのうえなく非妥協的姿勢でこれを拒否していた。そのうえ彼はそのことを植民地という文脈においても絶えず思い起こさせようとしていた。「われわれは、アフリカにおいてフランスにおけるのと同様、そしてフランスにおける以上に社会生活を営む人間に欠かすことのできない種々の保証を必要としている。植民地における以上に、個人の自由、所有権の尊重、あらゆる権利の保証を必要とする場所はない」（「アルジェリアについての書簡」一五〇頁）。したがって彼は「アルジェリアにおいては、市民がもつべき自由のうちもっとも重要な、個人の自由が保証されていない」(「アルジェリアでなすべきこと」二六三頁)ことを観察して絶えず憤っている。

どうして私たちはこの一見したところ矛盾とみえるものに行きついてしまったのだろうか。それは国民への所属ということを思考の準拠枠とし、国民への所属を人類全体への所属よりも高位のものとみなすことに由来している。個人の自由と平等は侵すことのできない原則である。しかし国家あるいは国民については同じようにはいかない。他者を支配するということは個人のレベルでは不当なことだが、集団が問題になるや否や受け入れられるものとなる。とはいっても、集団もやはり個人から構成されているではないか。こうしてこの迂回路を通じて結局は、ひとの間の不平等を擁護することになってしまうだろう——ひとが異なった共同体に属していさえすれば。「われわれのイスラム教徒の被支配民(スュジェ)に彼らの重要性についてあまり誇張された考えをもたせたままにしておくことには、またあらゆる状況下においてわれわれは彼らをわれわれの同国人またわれわれと同等な人間として扱う義務があるなどと彼らが確信するがままにしておくことには、何の有用性もないし、またそんなことをする義務もない[ここにおいても政治的配慮が道徳的配慮に先立つ。しかしここでは、トクヴィルの言うことを信ずるなら、このふたつの配慮は一致する]」(「アルジェリアについての報告」三二四頁)。したがってイスラム教徒の被支配民(スュジェ)は他の国民と同様な国民ではないことになり、避けねばならないような「好意の行き過ぎ」(三二一頁)が存在することになる。

こうして、たとえトクヴィルが法の前の平等を要求しているとしても、同時に彼は正義がすべてのひとにとって同一のものではないようにすることをすすめる。「原住民」については、「彼らのために軍法会議を設立することができる。これは重要な問題ではない。(中略)だが重要なのはアフリカへ招かれたヨーロッパ人に対して、彼が文明生活に必要不可欠のものとみなすことに慣れている民法上のまた刑法上のあらゆる法的保証を与えることである」(「アルジェリアでなすべきこと」二八〇頁)。文明はそれではすでにそれを保有している者にとってしかふさわしいものではないのか。土地の分配についても同様である。「いくつかの場所では、その地域でもっとも肥沃でもっとも灌漑がゆきとどきもっとも手入れがなされている土地を、ヨーロッパ人に割り当てるのではなく、原住民に与えてしまった」（「アルジェリアについての報告」三二一頁）。トクヴィルはこのことで憤慨しているが、おそらくそれらの土地を「与える」ことができるようになるその前に、まさしくその土地をその問題の原住民から力づくで取り上げたのだということは忘れているのだろう。だが平等は原住民を相手にする場合もはや通用しないのである。彼の研究の準備のためにアメリカを駆け巡っていた際には「原住民」と生活をともにしていたトクヴィルが、ここで推奨するのはそれとはまったく異なった種類の科学的態度なのである。「野蛮な民族の研究は武器を手にしてしか可能ではない」（三〇九頁）。先にみたとおり、ルナンはこの教えにきちんと従った。

これが、トクヴィルがその旅行記において、植民者がこうむった不正のみを告発する理由である。たとえばある時ひとりの文民官吏がアラブ人についての軍の決定が役に立たないものだと感じる。そこで彼は不服申し立てをすることにする。そこから時間がかかる複雑な手続きが始まり、決定はずっと後でなければ撤回されない。「その間に一カ月が経過する。その一カ月の間にアラブ人はおおいに棍棒を食らわせられる」。トクヴィルはここで彼のコメントを加える。「この逸話はわれわれを面白がらせたが、何も有益な教訓を与えてはくれない。というのも、剣を尻に突っ込まれて、フランスの傲慢さの前に立たされたこの哀れな文民官吏はどうなってしまうだろうか」（「アルジェリア旅行記」二〇四頁）。この「逸話」で唯一トクヴィルに憐憫の情を感じさせるのは文民官吏であり、叩きつけられるアラブ人については一言も発せられていない。

国家や民族はしたがって個人にのみ割り当てられている取り扱いを享受しない。そして個人は国家に居住しているという事実によって、結局のところ彼が人間として当然もつ諸権利を失ってしまう。トクヴィルは人間によって人間が所有されることを告発しつつも、ある国家が別の国家を所有することにはいかなる不都合をも認めていない。「フランスは今日多くの植民地を有している。（中略）そこでは二〇万のひとびとがわれわれの国語を話し、われわれの習俗をもち、われわれの法律に従っている」と彼は眉をひそめることもなく書いている（「奴隷解放」八七頁）。これは単に首尾一貫性を欠いているということ、原則の十分広い範囲までの適用を怠っているということ（さらに言えば多くのトクヴィルの注解者が信じているように矛盾があるということ）なのだろうか。それともはっきりと意識されたうえで引き受けられた非連続性、言ってみれば原則にもとづいた（プリンシピエル）非連続性なのだろうか。

この問いに答えることができるようになるためには、まず個人の権利が伝統的にふたつに区別されていることを思い起こす必要がある。一方には実定的あるいは実質的とも言えるような諸権利があり、これらは主に平等の原則に由来する。あらゆる市民は同一の諸特権を有する（これらの諸特権はあらゆる市民に所有されることによって特権であることをやめる）。たとえば司法の前ではみな同じ資格を有し、また投票権を有する。他方で個人はいわば非実定的（形式的）諸権利を享受する。これらの権利は、そこを越えては集団が発言権をもたないような境界（したがって個人の生活を公共の空間と私的な空間にわける境界）を画定することに存する。これらの権利は主にさまざまな自由の行使である。たとえば思想の自由、信仰の自由、発言の自由、自分の子供を自分の望むように教育する権利等々がそれである。これら二種類の権利は互いに矛盾するものではなく、相補的なものである。だが時としてこれら二種類の権利が対立状態に入ることがある。それは先に自分の一身を自分の望むようにする権利と、その起源がいかなるものであれ自分の財産から利益を得る権利についてみたとおりである。集団の成員全体に適用される実定的権利の強調が、語の広い意味における「社会主義」を特徴づける（あるいは「社会優先主義(ソシエティスム)」と言わねばならないだろうか）。これに対し成員の各人がもつ非実定的権利の強調は自由主義思想の思潮に固有のものである。

先の設問を次のように言い換えることがいまや可能だろう。個人と国家の対比は正当化されうるものだろうか。とくにそれは両者がもっているさまざまな権利に関して正当化されうるものだろうか。もしトクヴィルの思考が首尾一貫しているものと私たちが想定するなら、私たちはこの設問に彼が否定で答えただろうと想像せねばならない。彼は国家も個人もその中では自己の意志のみにもとづいて行動する空間をもつということを示唆している（非実定的権利）。しかし個人と異なり、国家はそれに実定的権利を与えるような規範に従う必要はない。その理由は単純でそのような規範が存在しないからである。実際権利が行使されうるためには、当然集団がそこにおいて法律の適用を強制するある社会的空間が存在する（これがまさに法治国家である）のでなければならない。ところで百科全書派の牧歌的夢想が想像させるのとは逆に、「全体を包含した社会(ソシエテ・ジェネラル)」、すなわち地球全体に通じる法律の適用を保証するような「憲兵」を備えた普遍的社会空間など存在しない。したがって国際間におけるふるまいの唯一の規則は自由、すなわち規則の不在（「ジャングルの掟」）である。このことは結局国家間における唯一の行動原理はナショナリズムであるということである。普遍的道徳は国際関係の閾で立ち止まってしまうのである。

個人の空間においてトクヴィルによって同定された一般的諸原則と矛盾するどころか、ナショナリズムはこの一般原則のひとつである自由主義を国家間の関係のレベルに投影したものだということになろう。自由主義の原則は、個人の生活にとって、「一般意志(ヴォロンテ・ジェネラル)」からの働きかけを緩和するものとして必要不可欠のものである。だがこのような一般意志が存在しない場合、この自由主義の原則のみが支配することになり、そうなるや否やこの原則がもつ意味は変わってしまう。自由主義は、集団によって規定されたある限界の中で個人が自分の望むようにする権利を主張する。ナショナリズムも国家についてまったく同様のことをする。しかしその場合、ナショナリズムは個人の場合にあった限界など存在しないことの確認から出発しているのである。自由主義は個人に彼がもつ能力、力から利益を得るようにと励ます。しかし個人の行動領域は集団の共通利益とみなされているものによって制約を受ける。ナショナリズムは国家に固有の力の政治、マハトポリティークであり、それをいかなる「諸国家からなる社会」(そのようなものは存在しないか、たとえ存在したとしてもほとんど効力をもたぬものである)も制約することはないのである。ナショナリズムを制約するのはただ隣国の力あるのみである。

『アメリカの民主政治』において、ある国家の国内政治と対外政治が同じ原則に根拠をもとめることはできないことを指摘した時、トクヴィルはこの問題をすでに取り扱っていた。国内政治の目標は、文明という語のもつあらゆる意味において、高い文明に達することだと言うことができるだろう。ところで文明という語のもつ意味のひとつは戦争を放棄することである。「文明化された国民においては、諸身分が平等化されるにしたがって、軍事的情熱は冷めてまれになっていくことが、一般的な恒久不変の法則として認められうるのである」(第二編三章二二節、第二巻、三二五頁)。戦争は力の政治であり権利の政治ではない。したがってそれは文明に対立するものである。しかしある国家が同じ原則を対外政治にも適用するならば、その国家は簡単に隣国の餌食になってしまうだけである。「これらの国民が平和をどのように願っていても、これらの国民は戦争を押し返す覚悟をすることが、言い換えれば軍隊をもつことが必要である」(同所)。国家の活動全般にわたって同じ諸原則を拡大してはならないというにとどまらず、互いに逆の諸原則を適用せねばならない。そうしないと内政で繰り広げられた努力が対外的な脆弱さのために無効にされてしまうかもしれないのである。「もしある国民が略奪を受け征服される危険に日々さらされているとしたら、たとえその国民が安逸の、そして自由の外観をもっているとしても、それがいったい何だろう。（中略）したがって諸国民にとってしばしば力こそ幸福の第一条件であり、また生存の第一条件であるのだ」（第一編一章八節、第一巻、二三八―二三九頁）。

個人の諸権利（とくに自由への非実定的権利）を擁護すると同時に、植民地拡張を、したがって他国を服従させることを説くトクヴィルは、少なくとも表面的には首尾一貫しているのである。国内における自由主義は――社会による管理を免れる領域においては――強者と金持ちに有利に働く。国外における自由主義はナショナリズムと化し、やはり強者と金持ちに有利に働く。自由主義はそれぞれがその諸能力を自由に行使することを保証しようとする。したがって植民者は植民地化をおこなう権利をもつ。トクヴィルの植民地主義は彼の自由主義が国際関係にまで延長されたものにすぎない。彼の見地からすれば、彼が甘受する唯一の批判は、植民地拡張はフランスの利益にならないことを証明するような批判だろう（まさしくこれが一〇〇年後レーモン・アロンがアルジェリア戦争〔一九六〇年のアルジェにおける叛乱から一九六二年のアルジェリア独立にいたる間の戦争〕について展開する議論の眼目であるだろう）。

信念と責任

したがってトクヴィルの立場にはそれなりの一貫性がある。このことはその立場に非難の余地がないということではない。もし彼の論理展開がいま私たちが再構成したようなものであるとすれば、それをあまりに単純なものとして批判することもできるし、小さいとはとても言えないさまざまな相違を無視するその傾向を批判することもできる。国際状況がある国に「戦争を押し返す」ために、あるいは征服されることを防ぐために軍隊をもつことを余儀なくさせることは認めることができる。しかし問題になるのが征服戦争であるとすれば、ただちにその議論は受け入れがたいものとなる。ナショナリズムの論理がそう望むように、私たちの国が強い国であることを私たちが願うとしても、国家拡張のためのあらゆる方策の間に等号をつけ、たとえば戦争と商業(このモンテスキューによってなされ、バンジャマン・コンスタンによってさらに明確なものにされた区別はトクヴィルには親しいもののはずである)を等しいものとみなす必要はない。最後に、戦争状況において、勝利に導くすべての方策がみな同じ程度に受け入れ可能であるわけではない。言い換えれば、効果的な「諸国家からなる社会」が存在しないことを事実として認めたとしてもなお、力の使用を管理し抑制するために、理性や理性的規範に助けをもとめ続けることはできるはずである。

トクヴィルはある断定から出発しているがそれを彼はまるで事実の確認であるかのように提示している。「原住民の助けを借り彼らの支持を受けてアフリカを所有し保持しようという考え、高貴で寛大なひとびとの夢であるこの考えは、少なくとも現時点においてはまったくの夢物語である」(「議会発言録」二九三頁)。「戦争しかない」(「アルジェリアでなすべきこと」二二六頁)。戦争はフランスがその目的に到達するための唯一の方策として提示されている。この断定は、ここで問題になっている目的に同意が得られるか否かということを別としても、批判を受けるだろう。こうした断定をするという一歩が踏み出されれば、これに次の一歩が続く。効率という見地のみに立つことを選択したのだから、当然用いられる方策がいかなるものであれ戦争をすることを受け入れることになるだろう。「われわれは征服というこの大きな**暴力**を認めた以上、この大きな暴力を確固とするために絶対に必要不可欠なとるにたりない諸暴力を前に後退してはならないと私は思う」と彼は一八四六年四月五日ラモリシエール将軍〔一八〇六－一八七六。フランスの軍人。一八三七年アルジェリアに従軍し、アブド゠アルカディールの叛乱鎮圧に功をたてる〕に書きおくっている（「ラモリシエール宛書簡」三〇四頁）。ビュジョー元帥〔一七八四－一八四九。アルジェリアを占領し総督になり、イスソでモロッコ軍をやぶる〕は、議会を前にして、彼によって用いられた諸方策に投げかけられた批判に対して反論する際、これと別の議論を展開する必要を認めなかった。「議会は私が用いた方策が野蛮すぎるとみなしているとあれらのつぶやきは私に言っているようです。みなさん、戦争は人類愛の感情をもってするものではないのです。戦争の終結を望むなら、それを可能にする諸方策を受け入れねばなりません。そして私が示唆するもの以外に方策がないならば、その方策を用いねばなりません。私はつねに、捕虜となったわれわれの兵士たち、傷ついたわれわれの兵士たちの首をはねる外国人へのばかげた人類愛よりフランスの利益を愛するでしょう」（「演説」六七－六八頁）。「人類愛」はここでは明らかに人間主義の侮蔑的な同意語である。すなわち政治をまったく理解しない道徳ということである。

　トクヴィルにおいては、用いられる「諸方策」のいくつかは政治的な、あるいは社会的なものである。たとえば、フランス人は初期段階では住民の信頼を得るために現地の習俗を採用するふりをし、第二段階でよりたやすくアラブ人をフランス化するほうが利益になるだろうと彼は言う。あるいはまたフランス人はより簡単に服従させるために、アルジェリアにいるさまざまの集団の間に不和の種を撒くべきだとも彼は言う。だが他の諸方策は純粋な弾圧に属する。たとえば例としてビュジョーとラモリシエールによって始められた「ラッツィア」をあげることができる。これはあらゆる抵抗を封じて服従させるために村々やアルジェリアのひとびとの収穫物を燃やしてしまうというものである。ビュジョーはこの「ラッツィア」の理論を次のような言葉で述べている。「山々を横切って山岳住民を二、三度やっつけてもそれは何ほどのことでもない。連中を潰滅するには連中の利益そのものを攻撃せねばならない。矢のように過ぎ去るのでは、これを成し遂げることはできない。それぞれの部族が住むまさにその土地に重くのしかからねばならない。村々を破壊し、実のなる木々を切り倒し、収穫物を燃やしあるいは奪い、穀物貯蔵庫を空にし、峡谷、岩陰、洞窟を探索しそこで女たち、子供たち、老人たち、家畜の群れを捕え家具を差し押さえるのに必要な時間そこにとどまるのに十分な量の食糧が確保できるようものごとを準備せねばならない。あの傲慢な山岳住民たちを降伏させるにはこうするしかない」（「戦略について」一一二頁）。容易に想像がつくように、このような状況下では、わざわざ「事故による」死者を数えたりはしないだろう。

この政策はフランスで満場一致の支持を集めたわけではない。したがってトクヴィルはこれを非難するひとびとを打倒するためにおおいに働くだろう。「私はフランスにおいて私が尊敬してはいるもののその意見を認めることはできないひとびとが、収穫物を燃やしたり食糧貯蔵庫を空にしたり武器をもたない男たち、また女たちや子供たちを捕えることを悪いこととみなしているのをしばしば聞いた。これらは私に言わせれば必要悪であり、どんな国民であれ、アラブ人と戦争をしようとするなら、この必要悪に従わねばならないのである」（「アルジェリアでなすべきこと」二二六―二二七頁）。

トクヴィルの反応を次にあげる個別の状況の際によく観察できるだろう。ビュジョー指揮下の軍が降伏しないアラブ人たちを追跡し、連中をダラー〔アルジェリアの地方名〕の洞窟に閉じ込め、煙で窒息させて全員を抹殺してしまった。ビュジョーの属官サンタルノー大佐〔一七九八―一八五四。のちに元帥になる〕は次のようにこの種の作戦の報告をする。「同八日、私は洞窟、あるいは洞穴に斥候を出していた。総延長二〇〇メートル、五カ所に入り口があった。われわれは銃撃で迎えられた。（中略）九日、包囲開始。包囲し地雷を敷設し空砲を撃つ。外に出て降伏するよう警告、懇願する。回答は罵り、雑言、銃撃である。交戦。（中略）一一日ひとりのアラブ人が外に出て、仲間に外に出るよう誘う。アラブ人たちはこれを拒否。一二日、ひとりのアラブ人が外に出るが、他のアラブ人たちは銃撃を続ける。そこで私はすべての出口を隙間なく密閉させ、巨大な墓場をつくる。大地が永遠にあれらの狂信者たちを覆うだろう。誰も洞穴におりて行かなかった。私以外誰ひとりとして、もはやフランス人の首を絞めることのできなくなった五〇〇人の山賊があの下にいるとは知らない。元帥に差し出された秘密の報告の中にはすべてが、恐ろしい詩も劇的なイメージもなく淡々と述べられている」（「書簡」第二巻、三七頁）。ビュジョーは大佐の簡潔さをおおいに評価したに違いない。彼はその数カ月前に以前の作戦がフランス国内で引き起こした抗議におおいに腹を立てていたのだ。彼はティエールに次のように書きおくっていた。「ウーレド・リア〔アルジェリアの村名〕の事件についてここ数日パリの新聞ばかりか議会までもが人類愛に満ちた侮辱の言葉を山と繰り広げるのをあなたはご覧になりました。われわれはこうした侮辱に深い憤りを感じています。（中略）フランスにはこの複雑極まりない戦争でおこなわれた残酷だが必要不可欠のことどもを理解できるひとはほとんどいません。（中略）まだ長い間、打ち負かされた民族はその軛を揺さぶろうとするでしょう。その試みは弾圧が人類愛に満ちたものであればなおさらしばしばなされるでしょう。洞窟の悲惨な事件は未来において多くの流血を防ぐでしょう。（中略）あの国は、あの事件のおかげで大きな利益を得るでしょう。そう考えるとわれわれに投げかけられた侮辱から慰められます」（「ティエール宛書簡」二一二―二一三頁）。

トクヴィルはここで用いられている被害を最少ですませるという論法はとらない（この論法はのちに日本に対する原爆投下の正当化に用いられるだろう）。しかし結局ビュジョーと彼のちがいは文体のちがいにすぎない。彼は言う。「私はビュジョー元帥の主たる長所が人類愛に満ちた人間であることだとは思わない。そんなことは思ってもいない。だが、ビュジョー元帥がアフリカの地で彼の祖国のためにおおいに尽くしたということを私は信じている」（「議会発言録」二九九頁）。ここで虐殺は単に許されているばかりでなく、栄光に満ちたものとして称えられているのである。人類に対する罪ともみえるかもしれぬものがここでは、それが国民のためになされたという事実によって称賛すべき行為となるのである。トクヴィルは別のところで書いている。「諸部族を意気阻喪させるためにあらゆる方策が用いられねばならない。私が認めないのは人類がそして諸国民の権利が排斥する方策だけである」(「アルジェリアでなすべきこと」二二七頁)。だがトクヴィルによって許された実例をみた後では、この最後の制限が何を意味するのかいぶからずにはいられない。これは単なる修辞以外の何かでありうるのだろうか。

このようなトクヴィルの立場は『アメリカの民主政治』の読者をいささかおどろかさずにはいない。その著者は実際アングロ‐サクソンの植民者とインディアンの関係の歴史に辛辣な一章を割いていた。インディアンについてのある公式報告に注解を加えながら、彼は次のように書いていた。「おどろいたことには、著者は冒頭の言葉からすでに、彼が抽象的、理論的諸原則と呼んでいる自然法と理性とにもとづく諸議論を気楽に、そして易々と厄介払いしている」(『アメリカの民主政治』第一編二章一〇節、第一巻、四五三頁)。しかしにべもなく尊敬すべきひとびと、高貴で寛大な心の持ち主たち、人類愛に満ちたひとびとの心配(この心配をビュジョーはもっと露骨に「おセンチなたわごと」(二一三頁)と呼んでいた)をしりぞけ、必要悪の仮借ない論理のみしか認めようとしなかったのは彼ではないか。彼は皮肉っぽく書いている。「連邦のこの部分のアメリカ人たちは、インディアンたちの所有地を嫉妬心を抱いて眺めている」(『アメリカの民主政治』第一巻、四四八頁)。だが最良の土地のいくつかがアラブ人に「与えられて」いるのをみて憤ったのは彼ではないか。インディアンたちの絶望的な運命は彼を悩まし、不快な気持ちにさせる。だがその同じ運命がアルジェリアの住民に押しつけられても彼はそこに不都合をみないのである。一般的な形で、諸国民の政治的動機について省察をめぐらす際には、彼は「しばしば個人のエゴイズムの拡張されたものにすぎない愛国心」（四八五頁）を手厳しく扱う。政治家になると、彼はその同じ愛国心を彼のふるまいの唯一の指導原理に祭り上げてしまう。アメリカ大陸を訪れているときには、彼は独立をそれぞれの民族がもつもっとも高貴な目的だと考える。「私は以前にも増して次のことを強く確信する。ある民族にとってもっとも大きくもっとも癒しがたい不幸は征服されるということである」（『アメリカ合衆国への旅』二五七頁）。フランスに帰ると、その彼が他者を征服することの熱心な弁明者となるのである。

しかし、ここでもまた、首尾一貫性の欠如が問題となっているのではないかもしれない。トクヴィルのそのつどの言説はその性質が異なり、したがって同じ原則に根拠をおいてはいないのである。哲学者にして学者である彼がアメリカ、すなわち外国に赴く。彼はそれを分析し、それを彼の「信念にもとづく倫理」の名において判断する。そしてその場合その倫理は人間主義的なそれである。すなわち人間存在の平等への権利にもとづく「自然」権、合理的権利である。議員にして政治家たる彼が語るのは政治的言説である。彼は報告、書簡、議会での発言を書き、これらのものは国家の政治路線に影響を与える。したがって彼がよりどころとするのは「責任の倫理」である。彼は自分の国にとっての利益を追求するのであり、抽象的諸原則に合致することを追求しているわけではない。政治は道徳ではない。これがトクヴィルのさまざまな著作をすべて並べてみたときに得られる教訓である。道徳は普遍的なものでなくてはならない。政治は普遍的なものではありえない。マックス・ウェーバー以来言われるように、「責任の倫理」とは倫理ではなく政治である。ところで、人道主義的政治とは、言ってみれば、その言葉自体のなかに矛盾を含んでいる。確かにそうだろう。だがこのことは、政治と道徳のどちらかを実践しだすや否や他方のことをすっかり忘れてしまわねばならぬということを意味するのだろうか。道徳と政治を根底的に分離させた時、トクヴィルは彼のいつもの明晰さが彼にすでに感じさせていたこと、彼が次のような言葉で（またもや）

予言の形で言い表わしていたことをないがしろにしていたように思われる。「もし（中略）われわれにとってはアルジェリアの昔からの住民は遠ざけるべき、あるいは踏みにじるべき障害にすぎないことを示すような仕方でわれわれが行動するなら、もしわれわれがアルジェリアのひとびとを取り込むのが、彼らをわれわれの腕の中で安寧と文明にまで引き上げるためではなく、彼らを締めつけ窒息させるためだとするなら、ふたつの種族のどちらかが死なねばならぬような事態に立ちいたるだろう。信じて欲しいのだが、アルジェリアは遅かれ早かれ、そこでふたつの民族が容赦ない戦いを交え、どちらかが死なねばならないような、閉じられた戦場、密閉された闘技場になってしまうだろう」（「アルジェリアについての報告」三二九頁）。この警告にトクヴィル自身も彼の同時代人同様注意を払わなかった。一〇〇年後容赦ない戦いが勃発する。

ミシュレ

フランスと世界（ユニヴェール）

ジュール・ミシュレは革命的・人道主義的理想の継承者である。彼は生涯、正義、平等、自由、万人（ユニヴェルセル）への愛の諸原則を主張し続けた。同時に彼はナショナリズム思想の断固とした同調者である。このふたつの矛盾した要請を彼はどのようにして両立させることができたのだろうか。

ミシュレはひとつの事実確認から出発しているように思われる。それは国民（ナシオン）の原則は、衰弱するどころか（フランス革命期の数人のユートピア主義者はそうなると想像していた）、この十九世紀中葉には、これまでかつてないほどに強力であるということである。彼は人道主義者＝世界市民主義者たちに言い放つ。「あなたがたが消滅したと信じた国民間の障壁は、まったく無傷でそのまま残っている」（『民衆』七四頁）。障壁はむしろ強化されさえしている。「諸国民（ナシヨナリテ）が消え失せるどころか、私はそれが日々その精神的性格をより明確にしてくるのを、また単にひとびとの集合でしかなかったものが一個の人格になるのを目撃している」（二一八頁）。そしてこれより数十年後、普仏戦争の結果への直後の反応たる『ヨーロッパを前にしたフランス』においてミシュレは自分の診断を確認する。「諸国民間にあった壁、垣根、障害が低くなったと考えるとは、人道主義者たちは狂人なのだ。この種の古い偏見のいくつかは消え失せた。しかし近代の国民間の競争関係から新たな偏見が生じてきた。だがそうした偏見が考えているのとは逆に、国民間においても個人間においても、それぞれの**人格が増大して**、諸国民間、個人間の距離は広がっているのである」（五六七頁）。

ミシュレはこのような状態を残念に思っていると考えられるかもしれない。まったくそんなことはないのである。少なくとも『民衆』の時期にはそんなことはない。世界が複数の国民にわけられていることは天佑なのである。「はっきりした個性を生じさせ増大させるために神がもっているもっとも強力な手段は、世界が諸国民と呼ばれるあの偉大で美しい組織に調和的に分割された状態を保つことである」（『民衆』二一九頁）。ミシュレは自分自身を国民精神の産物とみなしている。「われわれのさまざまな仕事はひとつの生き生きした根から芽生えた。その根とはフランスの感情であり、祖国の観念である」（五七頁）。そして彼は自分の発想の源を祖国への愛に見いだすと強調する。「（略）私にとって誤らせることのない導きの光りはフランスである。フランスの感情、祖国に対する市民の献身は、あれらのひとびと、あれらの階級を判断するための私の物差しである」（一四〇頁）。最終的価値は国民的なものであって普遍的なものではないのである。

ミシュレの『民衆』はしたがって国民のあらゆる敵対者に照準をあてている。現実においては、この敵対者には二種類ある。（フランス）国民より小さな集団への関心をもち続けるひとびとと、自分の出身国より外国を好むひとびと（いわば前者は内部の敵であり後者は外敵である）である。前者——地方主義者——に対しては、ミシュレはあらためて事実を、すなわち歴史の仮借ない運動を思い起こさせる。「確実に衰弱したもの、それはそれぞれの国民内部の分離主義的傾向である。われわれのフランスにおいても地方の区別は急速に消えつつある」（二一七頁）。そう言いつつ彼は、たとえば真の意味で国民全員に共通の教育を課すことによって、歴史の仮借ない進行を手助けするようにとすすめることを厭わない。「［われわれの国民］を生かし長く栄えさせることのできる第一の制度は、国民**全員**に（中略）祖国を子供の心自体の中に根付かせるあの調和ある教育を与えることである」（二三〇頁）。後者については、ミシュレは彼らに、とくに数人のフランス作家を攻撃する（彼が考えているのはジョルジュ・サンド、ウージェーヌ・スュー、バルザックである）ことによって、激しい非難を浴びせかける。問題のフランス作家たちはフランスに対して厳しく、外国人をしか称賛しない。「あれらのフランス小説において滑稽な人間は誰か。フランス人、つねにフランス人である。イギリス人はすばらしい人間であり、不可視だがつねに必要な場合にいてすべてを救う摂理である」（二二五頁）。そしてミシュレはこれらの本に対して下すべき制裁について自問する。「ヨーロッパ中であれほどの人気を博し、あれほどに権威をもつあれらのフランスの本が本当にフランスを表現しているかどうか、あれらの本は例外的な、フランスを貶めるような側面だけを示したのではないかどうか、そこにはわれわれの悪徳とわれわれの醜さしかみられないあれらの描写は、外国の国民においてわれわれの国におおいに損害を与えたのではないかどうかを吟味することが重要だろう」（六〇頁）。

しかしこれらの敵、より適切に言うならライヴァルたちは、愛国心に敵対する世界観に比べればまだしも罪が軽い。その世界観とは世界市民主義あるいは人道主義である。哲学者たちは万人(ユニヴェルセル)への愛を説く。「農民だけが救いをもたらす伝統を保持した。彼にとってはプロシャ人はプロシャ人でありイギリス人はイギリス人である。彼の良識は正しかったのだ。あなたがた人道主義者全員に対して！」（七四頁）。ひとが成し遂げられるもっとも恐ろしい行為とは何だろう。「フランス人から世界市民主義者へ、すなわちどうでもよい人間へ、そして人間から意気地無しへと堕落することだ！」（一四二頁）。この最後の移行が何を意味するものであるにせよ、ミシュレは自分の歩みを『民衆』において次のように要約している。「もうひとつの宗教とも言える哲学者たちの人道主義的夢物語は市民を破壊し諸国民を否定し祖国を捨てることによって個人を救えると信じている。私はこの夢物語をも葬り去った。祖国、私の祖国だけが世界を救いうるのだ」（二四六頁）。

ミシュレの説明によれば、人道主義者たちの誤りは人間の社会的側面を過小評価するところにある。したがってミシュレは人間主義を個人主義と同一視している。「国民（ナショナリテ）という花が萎れる」や否や「祖国をもたぬ打算家の純粋なエゴイズムが現れる」（一四一頁）。そして「個人主義の無味乾燥さ」（二一一頁）は、金持ちになろうとする欲望だけを導いてくる（この主題はすでにトクヴィルにもあった）。そこでミシュレは「世界市民主義者たちの物質的享楽しかないユートピア」（二二三頁）を非難できる。ところで人間は社会的存在である。個人主義は単に不道徳なのではなく自然に反している。「私が［人間を］まさにその誕生時に少しでも観察すると、彼がその時点ですでに社交（ソシエテ）に適していることがわかる。目を開くそれ以前に、彼は社交を好んでいる。ひとりにされるや否や彼は泣き出す。どうしておどろく必要があろう。出生第一日と言われる日に、彼はすでに非常に古いものである穏やかな交際（ソシエテ）を離れるのだ」（二〇〇頁）。ミシュレに対して、このような同一視をおこなうすべてのひとびとに対するのと同様の反駁をおこなうことは当然可能である（フランス革命の賛美者ミシュレの論法はここでは反革命論者ボナルドの論法といささかも違わない）。まず個人主義は、物質的財の心配ばかりするという意味での物質主義（マテリアリスム）には還元できない（個人主義者も禁欲的でありうる）。さらに人間主義はここで言われている意味での個人主義の偽装の一形態ではない。すべての人間存在を尊重するということは自分のことだけを配慮するということと同じではない。そして人間存在がつねに社会的であるということは真実だとしても、国民が可能な唯一の共同体の形式であるというのは正しくない。国民の下位にある単位（家族、地域、地方）が存在するし、国家を超える単位（西ヨーロッパやマグレブ諸国〔アフリカ北西部、エジプトから西の地域。モロッコ、アルジェリア、チュニジアの総称でリビアを含むこともある〕のような国の集合体）も存在する。これらもまた何らかの社会体に属すという人間の必要を満足させることができるのである。

ここまでみてきた限りでは、ミシュレは愛国心と人道主義の潜在的な対立を意識していたが、単純に前者を選んだのであり、彼の著作中のこの部分を、彼が万人への愛（ユニヴェルセル）を弁護する他の部分と整合的なものにする配慮をわざわざしなかったのだと思われたかもしれない。だが実際は事態はそれより複雑である。彼はまさに彼の「愛国的」文章の内部に、人道主義をあらためて導入しようと試みているのである。彼の最初の重要な作品『世界史入門』においてすでにミシュレはフランスと世界（ユニヴェール）を等しいものとみなす（したがって潜在的には彼の愛国心のような**フランスの**愛国心と人道主義が等しいものとみなす）ことによって、この力わざを準備している。彼は最初の文から次のように言っている。「この小さな著作は『フランス史入門』と題することもできるだろう。この著作はフランスに到達するのである」（二二七頁）。フランスは「人類という船の水先案内人」（同所）たるべく運命づけられており、近代の世界を「未来の神秘的な道へ」（二五八頁）と導いていく。

フランスと世界のこの同一性とはいったい何なのだろうか。ミシュレはこれを『民衆』の中でより詳しく説明している。フランス革命以来（そして実際にはそれよりずっと以前から）、フランスはその同一性を自由、平等、友愛の諸原則の上に打ち立ててきた。ところでこれらはすぐれて普遍的な価値である。これがフランスの法律もフランスの伝説も「理性の法律、理性の伝説以外のものではない」(二二八頁)理由である。というのもフランス革命の銘文こそ世界最良のものであることを私たちに教えるのは理性だからである。『フランス史』で彼がさらに付け加えるところによれば、それはすでにゴロワ人の時代に始まっていたことである。ゴロワ人という人種の特徴はその移動性、柔軟さ、すなわち自由であり、あるいはさらに言えば自己改善能力である。それは「諸人種中もっとも感じのいい、もっとも自己改善能力に富む（ペルフェクティブル）人種である」(第一編、一〇九頁)。もっとも感じのいいのはもっとも自己改善能力に富む**から**である。ルソーが人間という種の特徴とみなしていたもの——知識を獲得し自己を改善する能力——がここではフランスに特有の特徴になってしまう。フランスは人類を、人間がもっとも人間的なものにおいて具現する。フランスは言葉で表わせば次のような矛盾したもの、すなわち「世界の（ユニヴェルセル）祖国」(『世界史入門』二二九頁)なのである。したがって、ミシュレは他人が唱える人道主義より自分の愛国心を好む。しかし自分のほうが優れていることを示すために、彼は人道主義の教義から引き出された論法によりかかるのである。このようにすれば、フランス国民のあらゆる特徴に普遍性（ユニヴェルサリテ）のあらわれ、したがって価値を見いだすことができる。この同一性が「フランスの歴史を人類の歴史とする」。この歴史は同時に「世界の道徳的理想」(二二八頁)であり、「未来における世界共通の権利」(二一七―二一八頁)を宣言したのである。フランスは「自己の利益と自己の運命を世界の利益、世界の運命ともっとも緊密に結びつけた国」(二二九頁)である。したがって「世界を解放する」(七五頁)のは、また「あらゆる国民を自由のもとに生み出す」(二一七頁)のはフランスが天から与えられた使命である。フランスは産婆なのである。

個別的なものと普遍的なものを同時に生きる可能性は当然フランス人にしか開かれていない。なぜなら他の国民は、愛国心の方向に向かえば、普遍主義を強めるのではなくそれとぶつかることになってしまうからである。ただこれら他の国民もそれほど愚かではないので、そのことに気がつき、ひそかにフランスを第二の祖国として選んだのであり、時としては自分の本当の祖国よりフランスをより愛したのである。「フランスの聖人は、彼がどんな人間であっても、諸国民のすべてにとって聖人である。彼は人類全体に受け入れられ、崇められ、感涙をもって迎えられる。あるアメリカの哲学者が非常に公平にも言っていた。あらゆる人間にとって、一番大事な国はその祖国だ。二番目に大事な国はフランスである」（二一八頁）。他の諸国民は「フランス精神に共感を覚え、彼らはフランスになる。彼らは少なくとも沈黙のままフランスを真似ることによって、フランスに新文明の教皇冠を授与するのである」（『世界史入門』二五七頁）。これがミシュレが自分は不公平だという批判から免れていると思い込んでいる理由である。もし彼がフランスを擁護しているとしても、それはフランスが彼の国だからではなく、彼が善と真理を愛しているからである。「そこには狂信はない。それは長い研究にもとづいた真面目な判断が、あまりに短い形で表現されたものなのである」（『民衆』、二二九頁）。

ミシュレの論の運びには明白な逆説がある。フランスの功績は平等の原則を擁護したことである。だがこの原則が正しいものだとすれば、それは他の諸国民をないがしろにして、あるひとつの国民に好意を示すことを禁ずる。断言の内容自体がミシュレが彼の発言から引き出そうと望む意味を裏切るのである。このことはミシュレを非常にあぶなっかしい論理展開に導いていかざるをえない。彼は書く。「おそらくあらゆる偉大な国民はそれぞれ人類にとって重要な観念を代表している。だがこのことは、神かけて、フランスについてより真実なのだ」（二二二頁）。問題になっている観念がまさしく平等の観念であることを思うなら、この断定がはらむ危険の程度がわかっていただけるだろう。ミシュレの論理に従えば、ある国民は他の国民に比べより平等でなければならないことになってしまう。たとえ普遍的善とフランスの政策が歴史のある時点で合致したということを仮定しても、このことはフランスにいかなる特権も与えない。なぜならフランスはいつでもその政策を変更しうるからである（そして実際変更があったことはよく知られている）。ただ普遍主義のみがもろもろの国民的情熱が、ある特定の時期において、称賛に値した（そしてある別の時期には値しなかった）と判断することができる。あるいは、ミシュレの言い回し（一四〇頁）をひっくりかえして用いれば、「祖国への市民の献身」を判断する物差しは人道主義的感情なのである。

なおミシュレが世界（ユニヴェール）と言うとき彼が考えているのは実際のところ西ヨーロッパであることを付け加えておかねばならない。同一の基準をヨーロッパ人以外の諸民族に適用するのをミシュレが拒むわけではない。しかしヨーロッパ諸国民のみが、それらの理想に近づいたのであり、その果実を受けるに値するというのである。『ヨーロッパを前にしたフランス』において彼は叫ぶ。「つねに創造し続けて止まぬ、労働を愛する偉大な諸国民よ。一個の国民となるべく結集せよ。世界のために世界のすべての富を生み出すこの中心を守れ。（中略）私はイギリス人、フランス人、ベルギー人、オランダ人に呼びかける。私はドイツ人に［そして北アメリカに］呼びかける。文明化された西欧に緊密に結びついた人間の進歩の全体的利益に身をささげるようにと」（五〇七頁）。文明化された西欧の外には救いはまったくない。ミシュレは恐怖をもって「地平線に現れる大きな黒い塊」（六一八頁）のことを語っている。ここで「黒い塊」とはロシア人のことである。

フランスがこの名誉ある地位につくことができたことをどのように説明すべきだろうか。ミシュレはこの問いにひとつの解答をもっている。そしてそれを『世界史入門』で開陳し、『フランス史』で、とくにその最初の数巻で、この答えにもとづく叙述をしている。

自分の諸断定を正当化するために、ミシュレは社会の発展の理論を作り上げる必要があると考えた。彼が打ち出す最初の公準は、進歩とは、身体の内部においても外部においても、自然が人間の上にのしかからせる種々の決定要因（デテルミニスム）を乗り越えることであるというものである。「人間の意志は人種や風土の影響に毅然として立ち向かうだろう」（二二九頁）。したがって、啓蒙思想主流の思潮に近い考え方をもって、ミシュレは人類の発展を一方では生物学的あるいは地理学的決定要因を弱めることにより自由を増大させることとして、他方では社会的なもの、人工的なもの、複雑なものを、自然の推定された単純さに対する勝利として着想している。のちになって彼が言うところによれば、この著作は「世界史（イストワール・ユニヴェルセル）を自由への戦い、宿命的な世界に対する自由の絶え間ない勝利として」（『フランス史』「一八六九年の序文」一五頁）提示していたのである。

したがって、ある国はそれが起源の状態に近ければ近いほど文明化されていないということになる。というのは、物理的諸決定要因がまだ無効にされていないのだから。これがヨーロッパのいくつかの国の場合である。「ドイツやイタリアにおいては（中略）道徳的自由は人種・風土による種々の地方的影響によって阻まれ、抑圧されている。そこでは人間はその身体的特徴にさえ宿命の刻印を帯びている」（『世界史入門』二四六頁)。そこにおいては人間は大地・自然と混じりあっており、彼は孤立し、したがって野蛮状態のままである。「大地と力の人間は(中略)、土地に根付き、生まれた封土を離れることなく、そしてそのこと自体によって、ばらばらに居住し、孤立しがちであり、また野蛮であることが多い」(二五〇頁)。記号を逆転させるだけで、ここに描かれた構図からほとんどバレスの全体を演繹することもできるだろう。

混血がおこなわれていない住民、あるいは純粋な人種はしたがってその発展のより原始的な状態にあることになる。これがイギリスの場合から得ることのできる教訓である。「イギリスのあの矯めることのできない誇りが、諸人種の融合にとってもまた異なる諸階級の接近にとっても永遠の障害となった」(二五二頁)。というのは、「諸人種」が隣接しあうだけでは不十分だからである。さらに真の融合がなくてはならない。ところが「このような地域では、さまざまな人種の併存はあるもののけっして親密な融合はない」(二四七頁)。

反対に、諸人種の混淆は進歩に等しい。「諸人種の交配、相対した諸文明の混合は(中略)自由にとってもっとも強力な助けとなる。諸人種、諸文明がこの混合の中にもたらす宿命は互いに打ち消しあい、互いによって中和される」。フランスの優越性の理由が把握されるのはまさにこの点においてである。というのは、フランスはまさしくこの幸福な混合、この物理的理由による決定の不在、起源の単純さからのあたうかぎりのこの遠ざかりにほかならないからである。「この世でもっとも単純でなくもっとも自然でなくもっとも人工的なもの、すなわちもっともよく宿命を免れ、もっとも人間的でもっとも自由なもの、それはヨーロッパである。この世でもっともヨーロッパ的なもの、それは我が祖国フランスである」(二四七頁)。他のひとびとが特徴の欠如と考えるものが実際はこの国の独自性(イダンティテ)なのである。「フランス固有の特性とはまさに、外国人ばかりでなくフランスの地方に住むひとびとでさえもが無意味、無特徴と呼ぶものである。だがむしろそれは万物に開かれた（ユニヴェルセル）順応性、受容能力、感受性と呼ぶべきものである。（中略）ここにこそ中央フランスの地方に対する、そしてフランスのヨーロッパに対する優位性がある。この諸人種の親密な融合こそわれわれの国民の同一性、すなわちその人格を構成するものである」（二四八頁）。

　このような例外的な位置を占めるのはただフランスのみなのではない。過去においてすでに二度にわたって、ある国民が類似の役割を果たしたことがある。選ばれた国民と他の諸国民との関係という観点からみるならば、古代ギリシャの例がすぐ思い浮かべられる。「諸国民のもつ孤立した思想はフランスによって明らかにされる。フランスはヨーロッパの言葉を語る。かつてギリシャがアジアの言葉を語っていたように」（二五七頁）。宗教に目を向ければ、キリスト教の誕生との比較がおのずとなされる。「人類から、神の言葉（ヴェルブ）と呼ばれるあの天の光が湧きでたのは、諸人種が接触する地点において、諸人種の互いに対立する運命の衝突において、知性と自由の突然の爆発のうちにおいてである」。フランス革命によって啓示された人間の宗教は近代にとって、古代にとってのキリスト教にあたる。「東洋の諸人種のもっとも完全な混合がおこなわれた時、シナイの上に閃光が走った。（中略）ヨーロッパの諸人種のもっとも完全な混合がおこなわれた時、自由のうちにおける平等という形のもと、社会的閃光が走る。（中略）この新たな啓示を輝かせ、それを説明する役目を担うのはフランスである」（二五七頁）。ここに引いた文章によって、フランスがなぜ以後新たな宗教と考えられうるようになるのか、またなぜフランス革命が**啓示**なのかということをみてとることができる。「この神がその第二の時代をもち、八九年に体現されて地上に現れることが必要だった」（『民衆』二一六―二一七頁）。「フランスは一個の宗教である」（二二七頁）。

　このように原初的諸限定を乗り越えた結果、フランスでは、ミシュレが「社会精神（ジェニー・ソシアル）」と呼ぶものが花開く。フランス国内においては、この精神は「平等のうちにおける自由」に等しく、それはミシュレの理想である。諸国間の関係においては、この同じ精神は「三つの一見したところ互いに矛盾する特徴をともなって」現れる。その特徴とは「外国の諸思想をたやすく受容すること、自国の諸思想を国外に広める熱心な勧誘、流入する諸思想、流出する諸思想の双方を要約し体系化する強力な組織化」(『世界史入門』二四九頁)である。ミシュレの言説はここで単なる賛美たることを止め、フランスの文化的諸特性の適切な描写となっている。フランス人は地球上でもっとも普遍的な国民ではおそらく**ない**。しかし彼らが自分たちをそのような国民と**考えている**ことは確かである。「フランス人は敗者に自己の人格を押しつけようと望む。しかもそれを自分の人格としてではなく、善なるもの、美なるものの典型として押しつけようと望むのである。これは彼の素朴な信仰である。彼は、世界の役に立つには、世界に自分の諸思想、自分の習俗、自分のやり方を与えること以上のことができるはずがないと考えている。彼は他の諸国民を剣を片手に自分のやり方に改宗させ、戦いがすんだ後には、半ば自惚れ、半ば敗者に対する共感を示しつつ、彼らにフランス人になればどのようないいことがあるか説明してみせるだろう」(二四九頁)。ここでミシュレが、彼自身がいつもおこなっているのと同じ、個別的なものを一般的なものの上に投影する仕方を「素朴な信仰」「自惚れ」と形容していることは、注目すべきことである。

ミシュレがこの数年後(一八三三年)に、彼の記念碑的著作『フランス史』を構築するのは、このようにして打ち立てられた諸原則にのっとってのことである。ミシュレ自身、(一八六九年の)「序文」の中で、彼の企ての主要な目的のひとつは当時、オーギュスタン・ティエリの著作が代表していた歴史認識を打倒することであったと説明している。ティエリはフランスの歴史をまさしくふたつの人種、フランク人とゴロワ人が両者とも生存し続けていること、[そして戦い続けていること]によって説明しようとしていた。ティエリによればこのふたつの人種はのちにふたつの階級、すなわち貴族階級と農民階級へと変化していくことになる（この仮説はすでに十八世紀に広くおこなわれていた）。ミシュレは「この人種という要素に執着し続け、近代においてもそれを誇張するひとびとに対抗」（一三頁）しようと決心した。ティエリに反対して、ミシュレは諸人種は起源において影響力をもったものの、諸人種が混合された後、互いに中性化されたと断言する。ところで、どんな仕方であれ物理的限定が減少するということは人間にとっての勝利であり、人間が優れていることの証である。「その人種がより孤立していればいるほど、それはその原初の独自性をよりよく保存し、またより凋落し堕落した。独自であり続けること、外国の影響からみずからを守ること、他者の思想を排斥することは、不完全な弱い者にとどまることである。（中略）ひとりっきりでいたいと望み、世界の共同体に入ることを拒否する個人に災いあれ」（第一編、第四章、一八八頁）。国民が原初的な血縁にもとづく氏族にまさるのは、まさにこの外国人を同化する能力によってである。

　理想的国民が満たすべき諸要請を定式化してみるならば、間違いなくフランスがそれらの要請を他のいかなる国よりもよく満足させることが確認されるだろうとミシュレは考える。「われわれの祖国が外国からの影響に多くを負っていることは疑いない。このパンドーラ〔ギリシャ神話、人類最初の女性、神々からあらゆる贈りもの（能力）を授けられ、人界に遣わされる〕の嫁資を整えるためあらゆる人種が貢献したのである」（一八〇頁）。「諸人種に諸人種が重なり合い、諸民族に諸民族が重なり合う」（一八二頁）。ミシュレはこの後もフランス人は選ばれた国民であるという確信を守り続けるが、物質より精神を、また決定論より自由を好むという姿勢をつねに保ち続けるわけではない。彼のフランス国民への共感は、一時フランスの歴史を中断させ、フランス革命の歴史にとりかからせる。そしてフランス革命史に続く『民衆』においてミシュレは以前の彼の立場の多くを否認することになる。実際、『民衆』において、彼は以前彼が重んじていたのとはまったく異なる諸価値を奉じていることを宣言する。以前に彼を魅きつけていた人工的なもの、知的なもの、文明化されたものは、本能的で、自発的で、反省をしない民衆――とはいってもこのような民衆はサロンの哲学者たちよりどれほど優れていることだろう――への称賛とはうまくおりあえない。以前は、非常に慎ましい役割しか果たしていなかった地理的決定論が、いまや諸国民間の相違を説明するために用いられる。最後に、かつては進歩の源とみなされていた交配は、もはやミシュレの尊敬を保ち続けてはいないように思われる。彼はこれ以後一貫性をもったすべてのナショナリストと同様に、「自己であり続けることは、おおいなる力であり、独自性への機会であり、運命が変わるのはけっこうだが、本性はそのまま残らねばならない」（一六五頁）と考えるようになる。このように考えられるや否や、相互影響や借用は断罪される。「隣の国民から彼らのところにおいては生命力をもったあるものを自分のところにとってくるとしよう。それに適合するようにはできていない生体組織が嫌うにもかかわらず、ようようのことでそれを自分のものとする。しかしそのようにすることによってあなたが自分の肉体に取り込むものは異物なのである。それは生気を失った死んだものである。あなたが受け入れるのは死なのである」（二二四頁）。ここではロマン主義者が、啓蒙の世紀の遺産相続者を覆ってしまったのである。

だが、ミシュレの意見の変遷、またテキスト相互の間の対立を超えて、ひとつの問題が『世界史入門』で展開された理論そのものの内部にまだ残っている。フランスがほめたたえられるのは、この国が原初の物理的諸限定から遠ざかったという限りにおいてである。ミシュレ自身が言うように、「フランスはドイツのように一個の人種ではない。それは一個の国民である」（『世界史入門』二五三頁）。私たちはいまやここで言われていることの意味は、自由と意志がそこにおいては自然的諸原因による運命に打ち勝っているということであると知っている。国民というものの特性は［そしてフランスはまさにこの国民という名にもっともふさわしいのだが］、みずからをみずからの力で、「みずからのみずからへの働きかけによって」、すなわちみずからを生み出す努力によって、創り上げたということである。「フランスがフランスを創った。(中略)フランスはフランスの自由の娘である」(『フランス史』「一八六九年の序文」一三頁)。最初の原料など何でもない。すべては、その原料に加えられる働きかけの中に、すなわち国民の歴史のうちにある。「どんぐりは、それから出て来た巨大な樫の木と比べれば、何ほどのものでもない。みずからをすでに生み出し育み、さらに生み出しつつある生ける樫の木はよろしくみずからを誇るべし!」(第一編、第四章、一八二頁)。この点において、フランスはまさに模範的に人類の運命を具現している。「人間はみずからのプロメテウスである」(『フランス史』「一八六九年の序文」一三頁)。だが、もろもろの決定要因から解放されてあることがフランス人の特徴であることを認めるにしても、それはフランス人がある仕方よりは別のある仕方によって行動するということの保証とはまったくならない。なぜなら彼らはまさしく自由だから——あるいはとにかく他のひとびとよりも自由だから——である。ところが、ミシュレがこのような結果を認めようとは望んでいないことは明白である。もしミシュレの論理展開に従うなら、フランス人がどんなものであれ共通の特徴をもつことを否定せねばならぬだろう。自由というのは真の意味での特徴ではない。なぜならそれはまさにあらゆる制約の不在であるからだ。ミシュレはこれとは逆に国民に属することによる決定的な限定の存在を信じている。あらゆるフランス人はフランスに固有なもろもろの利点の恩恵に浴する。言い換えれば、たとえ国民はその内容において人種とは同一でないにしても(人種は生物学的単位であり、国民は歴史的単位である)、両者はその役割についてみれば混同されている。その役割とは個人のふるまいを限定することである。以前平等によって優位性を証明しよう望んでいたのとまったく同様に、ミシュレは今度は自由自体から出発して決定論を生み出そうとしている。

ミシュレは人道主義的・平等主義的ナショナリズムを主張しようと望んでいるらしいが、これはすでに用語法のうちに矛盾を含むものである。彼の実践はナショナリズムあるいは人道主義・平等主義のいずれかを彼に裏切らせる危険があると推測することができるだろう。だがどちらを彼は裏切ることになるのだろうか。

ミシュレがフランスに与えたがっているらしいイメージは自民族中心主義のもっとも純粋な伝統の特徴を帯びていることがはっきりする。その伝統とは、そうすることの正当化をおこないもせずに、みずからに最上級の形容を与えることに存する。すでにみたように、そしてミシュレが『民衆』の中で繰り返すように、「この国民は、他のどの国民と比べても、言葉の最良のそしてもっとも強い意味で、**真の社会**である」（六二頁）。「一度は**有機的な統**一が何であるか学ぶべく努めてごらんなさい。ただひとつの国民がそれをもっています。フランスです」（『ヨーロッパを前にしたフランス』六〇五頁）。だがそれはまた例外的な国民でもある。「なぜなら、真夜中に、他のいかなる国民も見ることができなくなっても、フランスは見ることができるからである」（『民衆』二二七頁）。実を言えば、フランスは実際あらゆる点において類例をみないものである。「誰が現在なおヨーロッパ思想を支配し続けている文学をもっているのだろうか。われわれはすっかり弱くなってしまったとはいうものの、それはわれわれである。誰が軍隊をもっているのか。われわれだけである」（七四頁）。国の歴史についても同様である。「他のいかなる国民もわれわれの歴史のような歴史をもっていない。（中略）他のどの歴史も半端なものであり、われわれの歴史だけが完全なものである」（二二八頁）。伝説についてみれば、やはりフランスにおいてのみ質の良いものがある。「他の国民は世界全体が受けとったものではない、特殊な伝説をしかもっていないことを示すことは、私にとってあまりに容易なことだろう」（二二九頁）。それでは最後に、諸国民のうちもっとも高邁なのはどの国民であろう。当ててみよう。「私は数多くの歴史を読んだ。だが私は一度としてかくも勇敢でありながらかくも人間的な、野蛮な敵（敵は必然的に野蛮である）に対しかくも寛容であり、裏切りに対してさえかくも温和な革命をみたことがない」（『ヨーロッパを前にしたフランス』四九四頁）。国民的自尊心より以上に、愚かな言動をかほどまでに撒き散らすことを許したものはない。

自国以外の諸国民の表象についてみれば、いたるところに見いだせる外国人嫌いの決まり文句から大きく隔たってはいない。ロシア人は「野蛮な人塊」（四九六頁）であり、おどろく必要もないが、「野蛮な逆上」（四九五頁）にとらえられている。そして彼らが聞かせるのは「野獣たちの合唱」（四九七頁）である。要するにロシアは一個の「怪物」（五九四頁）にすぎない。ドイツ人については、ミシュレは『民衆』で次のように言っていた。「ドイツの本について言えば、ドイツ以外の誰がそんなものを読むものか」（六〇頁）。普仏戦争の後にも知的尊大さはなお根強く、ミシュレは「北方人の脳みそを鍋とタバコとビールとともに満たしている不明瞭な思想」（『ヨーロッパを前にしたフランス』五三五頁）について語っている。だがそこには憎しみも加わっている。「［ドイツ人の特徴である］この絶対的忠実さは野蛮人の美徳である」（五四〇頁）。「人種の眠っていた野蛮さが爆発した」（五七六頁。ここに『世界史入門』への遠いこだまを聞くことができる）。要するに「いまは野蛮の時代である」（五七七頁）。つまるところドイツ人とロシア人の間にたいした相違はありはしない。普仏戦争〔ナポレオン三世のフランスとビスマルクのプロシャの間の戦争。一八七〇－一八七一。フランスの敗戦でナポレオン三世は退位する〕を始めることによって誤りを犯したのはフランス人だなどとミシュレに言いに行かないでいただきたい。その戦争は、別のもうひとつの戦争、こちらのほうはドイツ人によって始められた別のもうひとつの戦争に対する応酬にすぎなかったのだ。

他の諸国民の分け前もけっしてこれ以上のものではない。「われわれは、神の恵みにより、イタリアではない」(『民衆』六二頁)。イギリス人は弱い、身体ばかり膨れ上がった大男である(七四頁)。ユダヤ人は土地をもたぬ民族だが、彼らは銀行と高利によっていたるところに恐怖を撒いて歩く永遠の脅威である(ここでミシュレはフーリエ主義者トゥスネル〔一八〇三－一八八五。フランスの作家〕の反ユダヤ主義的パンフレットに連帯する)。「ひとが何と言おうと、ユダヤ人にはひとつの祖国がある。ロンドンの証券市場である。彼らはいたるところで動き回る。だが彼らの根は黄金の国にある」(一四一頁)。そしてそれでもフランスに何らかの災いがふりかかってくるとしたならば、その責任は間違いなく外国出身の大臣たちにある(八二頁)。

その実践についてみるならば、ミシュレのナショナリズムは彼の理論が想像させるよりずっと平凡なものである。彼がナショナリズムについて明敏になるのは、それが他国のナショナリズムについてである場合のみである。しかし彼が描いているドイツのナショナリズムはその企てにおいてフランスのナショナリズムとさほど違っているわけではない。いずれの場合も、自己の個別的諸特性(パルティキュラリスム)を普遍化しようという願望である。「どの民族もこのような瞬間をもつ。だがその場合その民族には何もみえていない。(中略)このような瞬間に望まれているのは、祖国の一体性のうちに世界の一体性を包含することだ。たとえばイタリア、ドイツはローマによって、また神聖ローマ帝国によって、彼らの夢想のうちにすべてを飲み込もうと望んだ」(『ヨーロッパを前にしたフランス』五一七頁)。だが他国についての場合なら、ミシュレはこのような夢想が盲目から生じていること、そして災いに満ちたさまざまな結果をもたらすことを知っている。「酩酊はしばしば悪酔いをもたらす」(五一八頁)。そして激化したナショナリズムが最終的に生み出すのは諸国民の間の永遠の憎しみでしかありえない。「ド・ビスマルク氏は（中略）ふたつの国民の間には永遠の憎しみが存在し続けねばならず、あらゆる良き政治はこの原則にもとづき決められねばならぬという考えから出発した」（五一九頁）。

彼自身の夢想においては、ミシュレは祖国への愛が人類への愛の跳躍台となることを望み、この両者の間にあるのは程度の差ではなく両立不可能性であることを理解するのを拒否していた。歴史の現実においては、彼はナショナリズムが戦争、憎しみ、苦しみへと導いていくことを発見した。だが彼はこの悲しむべき結果のいくぶんかは彼自身の教えによるものだということを理解しただろうか。彼の言葉からそれをうかがい知ることはできない。

ルナンとバレス

自由対決定論

国民についてのルナンの思想は一見したところ、たとえばルソーにおいてみることができるような人間主義的哲学を、単に実際の現実に適合させたもののようにみえる。実際には、ルナンにあってはいつでもそうであるように、その思想は進行の過程で数多くの屈折をこうむり、その結果その意味も大きく変ってしまっている。

ルナンは国民による全面的な決定論の存在を信じないと宣言する。問題について彼自身が真剣に省察をめぐらす以前（一八七一年の戦争以前）には、確かに彼はより伝統的な観点に執着している。「諸民族が存在するのは、それらが人種と言語をほぼ共有する共同体、歴史の共同体、利益の共同体によって形成される自然な集団である限りにおいてである」（『現代の諸問題』の「序文」二頁）。したがって一八七八年に講演「文献学が歴史学に対してなした貢献」において、彼は自分自身が以前もっていた諸思想、そして彼の同時代人たちの諸思想に抗して立ち上がっているのである。その講演において、彼は人間の行動を、人間に圧力をかけるさまざまな外部的原因に還元しようとするあらゆる試みに反対している。「言語と人種の上、地理の上、自然国境の上、宗教的なまた信仰上のちがいからくる分割の上に、王朝の問題の上にわれわれが位置づけるものがある。それは道徳的存在としての人間に対する尊敬の念である」（一一三一頁）。個人の意志はそれ以外のものより重要である。「みなさん、人間はその言語にも、その人種にも属していません。人間はまず何よりも人間自身に属しているのです。というのも人間はまず何よりも自由で道徳的な存在であるからです」（一一三二頁）。したがって意志は必然性の支配を失効させる原則なのである。

ルナンが啓蒙の哲学の非常に忠実な弟子である以上、彼が人間と市民、人間主義と愛国心の間に対立を認めているのをみてもおどろくことはないだろう。「偉大な国民と呼ばれるものを形づくるさまざまな性質を集めたら、これ以上ないほどに憎むべき個人ができあがるだろう」と彼の「哲学劇」、『ネミの司祭』の登場人物のひとりが言う（五六八頁）。もうひとりの登場人物が、これ以上ないほど確かな例、すなわち戦争の例によってこの考えを例証する。「戦争においては、真の美徳は欠点となる。戦士の美徳と呼ばれるものはいずれも欠点、あるいは悪徳である」（五七五頁）。その「シュトラウス氏宛書簡」にルナンはすでに次のように書いていた。「戦争は罪の織物であり、自然に反した状態である。そこでは他の時ならばつねに悪徳あるいは欠点として避けるべきものとされる行為が美しい行為として推奨される」（四四七頁）。こうした考えにもとづいて、愛国心を顧みずに、ルナンはためらわずに人間主義を価値あるものとみなす。彼は近代哲学の特徴を――ここでは彼がそうするのはもっともなことだが――普遍的人間という観念を前面に押し出すことのうちに見いだす。「人類という観念が古代の哲学と近代哲学をわける大まかな境界線である」（『科学の未来』、八六六頁）。

したがって、彼はジョゼフ・ド・メストルの有名な格言――「私が知っているのはフランス人、イギリス人、ドイツ人である。私は**人間**など知らない」――を、それを人類という抽象観念に対する攻撃と解釈し、怒りとともに打ち捨てる。「われわれとしては、自然の目的とは啓蒙された人間であると考える。それがフランス人であろうと、イギリス人、ドイツ人であろうとどうでもよいことだ」（一一三四頁。ド・メストルの格言は『フランスについての考察』第六編、六四頁から引かれているが、この格言については後でもう一度触れる）。人間に共通のもの、それはさまざまに異なる物理的条件を超えて、まさに同一の道徳意識をもつということである。「あらゆる人間は自分自身のうちに同じ道徳原則をもっている」（九九九頁）。「人類学的諸特徴は異なっていても、みなにとって共通の理性、正義、真実、美がある」（「国民とは何か」八九八頁）。ナショナリストの誇りは、これとは逆に、自民族中心主義からくる偏見、観点の誤りにすぎない。「世界の愛国者のすべてがそれぞれ彼らの国も同じ特権を有すると考えているのに、あなたの祖国がとくにすばらしいとあなたが考えることなどできるだろうか。あなたはこうした態度を他国民にあっては偏見、狂信と呼ぶ。他の国民があなたについて同じ判断を下していることを理解しないためにはもぐらでなくてはならない」（『キャリバン』三九一頁）。

したがって、もしフランス人であることと人間であることの間で選択をおこなわねばならないとしたら迷う余地はない。自分自身について語りながら、ルナンは「誇張された愛国心」と彼が呼ぶものを拒否し、ルソーの言によれば、首尾一貫したナショナリストなら誰でも拒否するはずのスローガンを自分のものとして採用する。「私が善、美、真を認める場所、そこが私の祖国だ」（「シュトラウス氏への書簡」、四四三頁）。この選択の理由ははっきりしている。「これこれしかじかの言語に閉じ込められる以前に、これこれしかじかの人種の成員、これこれしかじかの文化の所属員である以前に、人間は理性的で道徳的な存在である。フランス文化、ドイツ文化、イタリア文化以前に人間文化がある」（「国民とは何か」、九〇〇―九〇一頁）。ナショナリズムは、それがさらに高度のものをもとめる願望と一致した際に、一時的有用性をもつことができるだけである。われわれが民族自決の原則に訴えるのは、抑圧を受けている国民の精神が、抑圧を加えている国民にまさっている場合だけである。国籍をいずれのものより上位におく者は偏狭な精神の持ち主である。人道主義的完璧こそ目的である」（『科学の未来』七八六頁）。

国民は相対的、歴史的な価値をしか有しない。それは、自由にとって役立つものであるときには良いものだが、専制を促すときには悪いものである。これに対し、道徳の諸原則は絶対的なものである（ここではルナンは彼の相対主義を忘れる用意がある）。「重要な共通の利益とは（中略）結局のところ理性と文明のそれである」（「シュトラウス氏宛書簡」四四六頁）。ナショナリズムの情熱は十九世紀に大きな役割を演じた。だがそれは一時的な現象にすぎない。ルナンはすでにナショナリズムの凋落の前兆を嗅ぎ出したと考えている。彼がそう考える理由は、人間を世界（ユニヴェール）の中心に置くまさにあの哲学が広範に広がったことである。「国民は諸個人がおこなう犠牲によって生き続ける。絶えず増大し続けているエゴイズムは、ある特定の個人ではない形而上的単位からの諸要求、ひとつならずの偏見、誤りを含む愛国心からの諸要求を耐え難いものとみなすようになるだろう。こうしてわれわれは、八〇年前にあれほど強い力をもってこの世に出現してきた国民精神がヨーロッパ全域にわたって弱体化するのに立ち会っているのである」（『歴史・旅行雑稿』「序文」三一四頁）。「かつての王制国家が個人から犠牲を獲得するために用いた方策の恐ろしいほどの厳しさは自由な国家のもとでは不可能になるだろう。（中略）実際のところ、個人の幸福は、彼が属する国民の偉大さに比例するものではないことはあまりに明白となった」（「科学の未来」「序文」七二五頁）。ルナンはここではまったく個人主義者として議論をしているが、その彼にとって社会という単位は足枷でしかない。そして彼は近代人はただ快感の原則にのみ従うと想像している。この点については、ルナンは個人の安寧をもとめる嗜好は国民精神に対立するとするトクヴィルに近づく。しかしこの先駆者とは異なり、国民精神を捨てて個人主義を採用することにルナンは何らの後悔も覚えない。

意志としての国民

以上に示したのが理想主義者たちにとってのルナンである。

だが一八七一年フランスはプロシャとの戦争で手痛い敗北を喫し、アルザス・ロレーヌ地方を失う。不偏不党の賢者たらんと望んではいても、ルナンはやはりフランス人である。彼はすぐさま『フランスの知的・道徳的改革』で事態に反応を示し、敗北の責任をフランスを覆っている民主主義・個人主義の精神に帰する。しかしこうしても問題はその一部しか解消されない。この点についての彼の省察は、まず戦争の間に、シュトラウスにあてた数通の書簡において素描がなされ、引き続いて何度かにわたって練り直され、一八八二年の有名な講演「国民とは何か」にいたってそのもっとも完成された表現に達した。悲痛な時期をすごしつつある自分の国を裏切ることなしに、啓蒙の諸価値、したがって意志と自由の優越性を守る態度を保持し続けるために、ルナンが選ぶ道は、ひとはその自由意志の努力のみによってある国民に属すると断定することである。この断定から出発すれば、心安らかに、同時にナショナリストであり、人道主義者でありうる。国民への愛着は意志が——したがって人類の単一性(ユニテ)、その固有性(イダンティテ)をなすものが——物理的諸制約に打ち勝つことの証拠である。国民は「明白な事実、すなわち共同生活を続けるという同意、はっきりと表明された願望」によって要約される。「ある国民が存在するということは（中略）日々繰り返しおこなわれる国民投票なのである」（「国民とは何か」九〇四頁）。植民地化をルナンによって約束された国々についてはどう言うべきだろうか。彼がこの文脈でそのことに思いをいたしている様子はない。のちに、フランスの帝国主義については何も言うべきことをもたない彼の支持者たちもまたそのようなことを気にとめはしないだろう。だが私たちはいまやルナンにとって諸人種間に平等はないということを知っている。

フランスにおいて国民にこのような定義を与えたのはルナンが最初ではない。フランス革命の思想的指導者(イデオローグ)たちにとって人間は白紙状態のものであり、意志は全能のものであったが、彼らがルナンに先駆けてこの道をとっていた。シェイエスは国民を「合法的な、すなわち意志的で自由な共同体」(『第三身分とは何か』九頁)として考えていた。彼によれば、合法性とは意志の自由な行使にしか由来しえないからだ。国民はしたがってここでは政治的単位として(文化的なそれではなく)構想されているが、だからといってそれが愛国心の新しい形態、他者をかえりみず身内を好む態度の新しい形態には必ずしも導かない。ここで私たちはアルトーによって示された二者択一、すなわち政治的ナショナリズムと文化的ナショナリズムの間の二者択一を離れてしまったように思われる。しかしこの見方は実際の現実に即しているだろうか。国民は何人かの個人の共同の行為から誕生するだろうか。シェイエスはそのように考えていたと思われる。そして彼は他のひとびとが問題をはっきりと理解しないと非難さえしている。彼は人間たちが最初地上を孤立した状態でさまよっていたが、ある日、国民をつくろうと決意したと想像する。「最初の時期には、ある程度の数の孤立した人間がいて、集団をつくろうと望んだと考えられる。ただこの事実だけによって、彼らはすでに国民を形成している。彼らは国民がもつべきすべての権利を有している」(五頁)。もともとは非社交的であった人間という像(これはルソーの戯画だろうか)については見過ごしてもいい。だがどのような共同体でも国民に等しいということができるだろうか。これに対してはジョゼフ・ド・メストルが正当な反駁を加えていた。「人間の集団であればそれがどんなものであれ国民を構成するということはない」(『フランスについての考察』第六編、六三頁)。

しかしルナンが採用するのはまさに、すでに反駁されていたこの考えなのである。ミシュレと同様、ルナンは国民と人種を分離し——前者との後者の関係は自由と決定論のそれである——、さらに前者を好むと明瞭に言っていた。ところで、国民を人種に基礎づけることはできないし(複数の人種を包含する国家が存在する)、またその他の身体的要素、あるいはいまさっきみたように単に意志から独立した要素に基礎づけることもできない。ルナンの宣言によれば、「国民とは精神的原理である」(「国民とは何か」九〇三頁)。これはどういうことだろう。この原理とは、ひとびとの自由意志の表現、彼らのともに生きることへの同意にほかならない。「諸国民の願い、これこそ最終的に唯一合法的基準であり、つねにそこに立ち戻らねばならない」(九〇五頁)。もしみずからを過去の上に基礎づけようとすれば無限に過去にさかのぼらざるをえず、ついには不条理に達してしまう。「この歴史にもとづく哲学をもってしては、世界に合法的なものは、文明人の不実によって所有を侵されたオランウータンの権利しかないということになってしまうだろう」(「シュトラウス氏宛の新たな書簡」四五四頁)。「自由意志による参加というこの貴重な原理」(『演説と講演』序文、七二〇頁)を打ち捨てるや否や、最悪の事態を招き寄せかねない。ここからルナンはいとも軽やかに次の新たな一歩を踏み出す。それぞれの個人が自由にその国を選ばねばならないというだけでなく、国民それ自体、このような自由な決定が生み出したものにほかならず、国民は「民衆がもつ自分の運命を決める権利」(七二一頁)に由来するというのである。ルナンにとっては国民の自決の権利は、個人の自由意志への権利から生じる。

このようにものごとをずらしていくことは新たな問題を生み出す。私が住む場所の選択は確かに私の自由の行使の範囲内にあると考えられ、したがって人間主義的哲学と合致するとしても――ヴォルテールは『帝国年代記』に「あらゆる人間は自分の祖国を選ぶ生まれながらの権利をもっている」と書いていた――そのことから国民とは単にそのような願いを表明した複数の個人の集合であるということにはならないし、また個人の願望が合法的なものであってもそれが集合的なものになったときになお合法的であるということにもならない。個人は自分の出生した国にとどまる権利、またそこから移住する権利をもつ（あるいはもつべきであろう）。しかし個人が国家をつくりだす権利をもつと言うことにどんな意味があるだろうか。新しい国民というものは、自分の祖国を選ぶという個人的願望が複数集まり、それを機械的に増大させてゆくことによってはけっして誕生しない。それは文化的に均質なある集団の行為によって誕生する。そのような集団はすでに存在している国家においては従属的な位置をしか占めていないが、彼らが主導的位置を占めることを決意するのである。国民は諸個人の自由な選択が奇跡的に一致したものなどとはほど遠い。それはある国家の内部における権力の分配という問題であり、時としては国家の組み替えということも含意するのである。

民衆が自分の運命を決める権利をもつということ、したがって時としては新しい国家を創設する権利をもつということはもうひとつ別の問題を引き起こす。これを認めるということは、実際、絶対的な確実性をもって問題の「民衆」あるいは「人民」の輪郭を規定しうるということを前提とする。したがって次のふたつのうちひとつが成り立つのでなければならない。まずこれらの語は「国民」の多少ともまわりくどい同義語であるとしよう。その場合先の断定はいささかトートロジー的に国民は国民として生きる権利をもつということになる。しかしこのやり方は解決しようとしている問題がじつはすでに解決されていると想定することである。国民とは文化的**にして**政治的単位である。政治的単位――国家――が存在しない限り「国民」は存在しない。もうひとつのやり方はこれらの語を「均質な文化的単位」という意味に解することである。このような単位は当然国民に先立って存在する。しかし文化的に均質なあらゆる集団は新しい国家を創設する**権利**をもつと宣言することははばかげている。文化は実際さまざまな大きさをもった単位である。ひとがある文化について語るとは、共通な特徴を複数の人間に認め、同時にそれらの人間に共通でない特徴を無視するということである。だがどのレベルで一般化をおこなうかという選択は自動的になされるものではまったくない。複数の文化が互いに入れ子状になっているのであり、しばしば交差しあうのである。西洋文化もあれば、ヨーロッパ文化もあり、ラテン文化もあればフランス文化、オック語文化もある。そしてこの最後のオック語文化内部にさらにそのいくつかの少数派がおり、さらにそのそれぞれの少数派はさらに小さくさらに均質的な小集団から成り立っている。あらゆる文化は国家となって自決する権利をもつと言うことには、あらかじめ国家の適当な大きさを固定しておくのでなければ意味がない。その場合それを決定するのは文化的な考慮ではなく政治的考慮ということになろう。

しかし、ルナンが自分の諸原則を放棄することなしに、アルザス・ロレーヌ地方を要求しえたのは上に示したようなやり方によってでしかない。他のあらゆる基準——この基準はいまやルナンによって捨てさられてしまっている——に従えば、アルザス人、ロレーヌ人はドイツにより近いかもしれない。だが彼らの意志はフランス人であり続けることなのだ。このようにすることによって人間がもっているもっとも人間的なものを価値あるものとすることになる。さまざまな決定論の上に、あるいは歴史の上にみずからを基礎づけることは、人間が動物と共有するものを特権化することになってしまう。つまるところルナンによれば国民についてのふたつの考え方がある。ひとつは国民を動物の一種、したがって人種を考えるような仕方で考えるものである。その場合諸国民は互いに情け容赦ない戦い、「齧歯目や食肉獣のさまざまな種が生き延びるためにおこなう戦いに似た（中略）全面殺戮戦争」（「シュトラウス氏宛の新たな書簡」四五六頁）をすべく運命づけられる。ところで、社会的ダーウィニスムから派生した、このような人間と動物の同一視は単に非道徳的であるというにとどまらない。それはそのうえ誤っている。たとえばそのことは「動物はけっして異なる種どうしで同盟を結ぶことがない」（『仏独戦争』四三四―四三五頁）という事実によって証明される。もうひとつの考え方においては、国民は、その構成員（スュジェ）の自発的な同意として規定される。こうして新たな国際関係の地平が現れる。それはもはや戦争という地平ではなく、互いに近しく、互いに補いあう諸国民間の連盟という地平である。ルナンはすでにアメリカ、ロシアという二巨大国家に抵抗できるヨーロッパ合衆国を夢みている。それはまた同時に理性の勝利でもあるだろう。

　このような企画に対しては、もしそれが単なる机上の空論に終わらないとするならば、あらためて何を言う必要もないだろう。個人的意志の表明から集団的意志の表明への移行によって生じる論理的また倫理的困難のことは語らないでおくにしても、けっして一個の国民が単なる討議によって創設されたことはないということは確認しておかねばならない。シェイエスと同様に、ルナンは問題を解決するというより、それを無視してしまう。しかし彼とても、個人的決定だけでは、言葉の十全な意味でのフランス人にある日突然なるには十分でないこと、ましてフランス国民を創設するには十分でないことを知っているのである。そこで彼は最初の基準にもうひとつ別の基準、すなわち、逆説的だが国民の成員に共通の過去――まさにルナンがそれまでは有効でないものとして提示しようとしていたあの過去――が存在するという基準を付け加えるのである。「皆さん、人間というものは自然に生まれてくるものではないのです。国民は個人と同様に努力、犠牲、献身からなる長い過去の到達点なのです。祖先を崇拝するということは、あらゆることがらのうちでもっとも正当なことです。祖先たちこそがわれわれを現在あるようにつくりあげたのです。英雄的な過去、偉大なひとびと、栄光（私は本当の栄光について語っているのです）、これらのものこそ、そのうえに国民という観念が打ち立てられる社会資本なのです」。われわれの判断自体われわれの過去によって規定されている。「ひとがあるものを愛する度合いは、それを獲得するために払うことに同意した犠牲、耐え忍んだ苦しみに比例します。自分で建て、子々孫々に引き継がれる家をひとは愛するものです」（「国民とは何か」九〇四頁）。そして自分自身を描き出そうとするときにも、ルナンは彼を通して語っているみずからの祖先のことを思わずにはいられない。「彼らはそこで一三〇〇年間、思想、感覚の蓄積をしながら世に知られないいま暮らしてきた。彼らが蓄えたその資本が私の代で満期になり現金化されたのです。私は彼らに代わって思考し、彼らは私のうちに生きていると私は感じています」（『幼年時代・青年時代の思い出』七六七頁）。

しかしこのふたつの基準が同時に存在していることから当然問題が生じてくる。もし人間というものが自然に発生するものではなく、人間は過去に規定され、そして人間を通して意見表明をおこなうのはその祖先であるとするなら、それでもなお人間が国民へと加入することを自由な加入、意志の行使と言えるだろうか。もしわれわれを現在あるようにしたのは祖先たちであるとするなら、それでもなお個人をその行為の責任者とすること、彼に対し道徳的要求をなすことができるだろうか。そしてもし私が家を、それが良い家であるがゆえに愛するのではなく、それが私のものであるがゆえに愛するのだとしたら、それでも私は愛国心が普遍主義に従っているのだと言い張ることができるだろうか。こうして教説に必要な調整を加えることによって、ルナンは科学主義的立場を採用することになる。もっとも、彼はこの立場をもはや個人の自由にも倫理にも占めるべき場を残さないことによって、すでに擁護してはいたのである。政治的基準（自由意志）は愛国心という危険を免れる。だが文化的基準（共通の過去）のほうは、これとは逆に、自己中心主義的な、ディドロの登場人物に多少とも似た仕方で解釈されている。つまり、我が家こそ最良の家だというわけである。しかしそれでもルナンは国民のこのふたつの「基準」を調和的に一体化されているものとして提示しようとする。彼の書くところに従えば、国民は「過去において偉大なことをみなでなしとげたという、そして未来においてもなお偉大なことをみなでなしとげたいという意志をもっているという感情」（『文献学が歴史学に対してなした貢献』一二三二頁）によって構成されている。ところで過去とは決定論であり、未来とは自由である。それをひとつの同じことがらであると言い張ることは可能だろうか。その両者が対立の関係に入ったとき、どちらが優位に立つべきなのだろうか。彼自身が言うように、ルナンは死者を犠牲にして生きている人間を特権化したい（後でみるようにバレスはこれとは反対の立場をとる）らしいことはわかる。だが、彼の「現実主義」が、首尾一貫した見方をとることをルナンに妨げる。

しかしルナンのふたつの断定のそれぞれにはいくぶんかの真実がある。討議の過程では、共通の過去も、また未来における意志も有効である。正確には、論理展開の破綻はどこにあるのだろうか。それぞれの「基準」がそれ自体正当化されるのになおかつ矛盾があるとすれば、それは「市民的」ナショナリズムを愛国心に還元することを避けたルナンが、国民のもうひとつの側面を見抜けなかったことによる。彼は国民のふたつの要素、政治的それと文化的それを区別せず、「文化的」要素を愛国的仕方で解釈している。

政治的にみた国民と文化的にみた国民

同様の混乱はすでにミシュレにおいても観察できた。先にみたように、もっぱら「国民」という語の政治的意味を扱っていながら、ミシュレは文化という意味に解された国民にしか適用不可能な指摘をいくつかおこなっていた。彼の言うところでは、国民はある地理的な枠組みのうちに、いくつかの河川、いくつかの丘に自分の姿を認める必要がある。彼の考えでは、彼に先立つひとびとはこの要素を十分考慮に入れていない。『フランス史』に彼は書いている。大地は「単に行動の舞台であるのではない。食物、気候等々によって、それはいくつもの仕方で影響を与えるのだ。この巣にしてこの鳥あり。この祖国にしてこの人間あり」(「一八六九年の序文」一三頁)。あるいはまた「この土地にして、この人種」(第一編第四章、一八七頁)とも彼は書いている。同様に、国民はそれに固有の過去にも関係させられねばならない。というのもその場所、その過去はあらゆる住民にとって共通の特色となり、彼らの国民としての自己同一性を形づくるからである。この言い回しをあまりに決定論的な意味に受けとってはならない。国民には「みずからの境界を定めること、空間、時間のうちにみずからに属する何かを切り出すこと、差異を認めず、差異を溶解する、つねに混沌を現出させようとする自然のただ中に、みずからのものである部分を噛みとってくること」(『民衆』二一九頁)が必要であると考えればそれで足りる。精神はみずからを深化させるためめに、みずからを限定する。国民とは「生きた教育」である。国民はわれわれに、世界にみずからを関係づけるための特別な道を教えてくれる。思考が一個の言語を必要とするように、そのような道がつねにひとつは必要なのである(ここにみられるのはモンテスキューの伝統である)。

このように、政治的な意味に解された国民への愛が人類への愛へと通じることはきわめてまれであるのに対して、個別のものを認識することは普遍的なものへの認識へと導く。あるいはむしろ、普遍的なものへと到達するには、個別的なものを通過する以外に実り豊かな接近の方法はないと言ったほうがいい。「人間が前進すればするほど、彼はみずからの祖国の精髄のうちに入り込んでいき、地球の調和に貢献することになる」(二一九—二二〇頁)。世界のほうはといえば、それが存在できるのはそれを構成する複数の文化のおかげである。多様な文化の相互摩擦がなければ、世界は動きを失ってしまうであろう。「もし万が一、多様性が姿を消し単一性の時代が来たなら、すべての国民は同じ歌を歌うようになって、合奏は終わってしまうだろう。(中略)単調で野蛮なものとなった世界が死に絶えても、誰も後悔さえしないだろう」(二二〇頁)。ミシュレがここでみずからを対立させているのは科学主義的普遍主義者たち(コンドルセの伝統)に対してであるが、だからといって愛国心の高揚にふたたび陥っているわけではない。

ミシュレの愛読者であったルナンには、このような思想が変形されたものが見いだせる。彼が次のように書くとき、彼が考えているのはもはや政治的単位としての国民ではなく文化としての国民である。「独自の寺院、神々、詩、英雄的伝承、不思議な信仰、法、制度をもつそれぞれの国民は、一個の統一体、一個の人生観、人類がもつさまざまな調子のうちのひとつの調子、おおいなる魂の諸能力のうちのひとつの能力を代表している」(『科学の未来』八六八頁)。そしてミシュレと同様に、彼も差異が存在しないことは死に等しいと考えている。「いまや画一性は人類の消滅であろう」(一〇五三頁)。そのうえ彼はミシュレの合奏という隠喩まで用いている。「それぞれがもつ多様な、しばしば互いに対立する能力によって諸国民は文明という共同の事業の役に立つ。それぞれが人類というこの巨大な合奏にひとつの音を提供する。そして結局のところこの人類こそがわれわれが到達したもっとも高度の理念的現実なのである」(「国民とは何か」九〇五頁)。

ルナンが国民とは意志の問題であると言う時、彼は政治の領域にみずからを位置させている。そして、この言い方で彼が個人だけを扱い、それを集団にまで適用させようとしないなら彼は正しい。実際、抽象的な意味でなら、私が自分の故国を捨て、別の国を故国として選ぶのを妨げるものは何もない。そのために私に対し、新たな同国人たちと同じ土地に育ったこと、彼らと思い出を共有していることが要求されることはないだろう。しかし、政治的レベルにおいては、国籍（ナショナリテ）は一片の政令によって獲得されるのに対し、文化的レベルにおいて国民としての性質（ナショナリテ）を獲得するには長年の学習を要求される。文化としての国民の観点からすれば、実際、過去を共有すること、あるいはむしろこの過去についての――そして場所についての――共通の知識が不可欠である（このことはルナンが指摘するように、共通の忘却が必要であるということでもある）。文化は言語と同様習得されるものである。ルナンのように、フランス文化あるいはドイツ文化**以前に**「人間文化」が存在すると言うことは、「文化」という語が二重の意味、記述的意味と規定的意味、人類学的意味と教育的意味をもつことにつけこむことである。文化（ルナンにとって親しいものである、身体的特徴ともろもろのふるまいの総体という意味での）はつねに個別的なものである。もっとも人間という種に共通の特性が人間に自分の文化以外の文化を獲得する能力を与えてはいるのだが。

だがいまや私たちは諸文化（あるいは「言語的人種」「歴史的人種」）についてのルナンの考え方を知っているし、またあるひとつの文化に属していることがどれほど意志の自由な行使の足枷になるかを知っている。同じ身ぶりがあちらでもこちらでも繰り返されている。思い出していただきたいが、その人種の理論においても、ルナンは人種（身体的）と国民は根底的に異なるということから出発し、次いで後悔にとらわれでもしたかのように、「言語的人種」という概念、すなわちほぼ文化の概念に等しいものを媒介項として導入した。ルナンは一方の手で私たちに与えたもの（国民における自由）をもう一方の手で取り上げる（文化における決定論）。文化と政治の混合から生じた結果はこのようなものである。

このあたりで、ナショナリズムのもっとも有名なスポークスマンのひとり、モーリス・バレスについて一言しておいたほうがいいだろう。彼は生涯の一時期この情熱にすっかり身を委ねてしまった。「私についていえば、ただひとつのことにしか興味をもっていない。それはナショナリズムの教義である」と、彼は『ナショナリズムの情景と教義』（第一巻、七一頁）で書いている。だがバレスのナショナリズムが重要なのは、彼の思想の独自性によるというよりは、彼が及ぼした影響によるところがよほど大きい。実際彼は、ルナンの、そしてとくにテーヌの、従順でありまた偏向した弟子である。

ミシュレやルナン同様、バレスも人種はもはや存在しないこと、そしてフランスは国民であることを承知している。「われわれは人種ではなく国民である」（第一巻、二〇頁）。だが先駆者たちとは異なり、彼は事態のこの状態を嘆く。「残念なことだ。フランスという人種はなく、存在するのはフランスの民衆、フランスという国民なのだ」（第一巻、八五頁）。一八八二年にルナンは、国民とは何か、と自問し、そして次のように答えていた。祖先たちへの崇拝と「不分割のものとして祖先から受け継いだ遺産を引き続き価値あるものたらしめようとする意志」（「国民とは何か」九〇三―九〇四頁）である。国民とは何か、とバレスも自問する。そして彼は忠実な弟子として（しかし引用符を用いることなく）次のように答える。「国民とは、昔からの墓地を共有することであり、またこの不分割の遺産を引き続き価値あるものたらしめようとする意志である」（『ナショナリズムの情景と教義』第一巻、二一四頁）。しかし、ルナンとは異なり、バレスの断言が強調するのは、この断言のうちにある決定論的側面、すなわち共通の過去である。

バレスが好んだ決まり文句に従えば、国民にとって重要なもの、それは「大地」と「死者」である。あるいは、隠喩的表現を避ければ次のようになる。「現在のわれわれはすべて、われわれの国の歴史的、地理的条件から生じている」（第一巻、一三二頁）。この二重の決定はテーヌに由来している。テーヌは人種と環境が果たす役割を強調していたのだった。バレスが書くところによれば、テーヌは「自然と歴史がわれわれのために建てた国民という家の性格を探求した」（第一巻、八四頁）のである。自然、歴史というのもまた「大地」と「死者」の翻訳である。実際にはバレスは地理的環境の影響には非常に弱い関心しかはらわず、過去がもつ規定的役割にもっぱら関心を向けることになる。この歴史による規定自体が、今度はさらに、自然なものでもあり、文化的なものでもあると考えられるようになる。それはわれわれの血管を流れる血を通して働き、また「われわれが柔らかな臘と同じほど可塑性をもった少年期」に受ける教育を通して働く（第一巻、四五頁）。そこでバレスは明言する。「教壇と墓地さえあれば、祖国の主要要素はそろったことになる」（第一巻、一一八頁）。「同じひとつの言語、共有の伝説、これらこそ国民性（ナショナリテ）を構成するものだ」（第二巻、二〇三頁）ともバレスは断言している。ところで言語も伝説も幼年期に学ばれるものである。しかし、むろん、自然は文化より強力であり、国民性（ナショナリテ）を意のままに代えるというわけにはいかない。「たとえ私が中国の法が命ずるところに注意深く従って中国に帰化したとしても、私はやはりフランス的な諸思想を練り続けるだろうし、それらをフランス人として相互に組み合わせ続けるだろう」（第一巻、四三―四四頁）。このようにバレスはいつも血の隠喩を用いている。彼の言う「国民」は、彼の同時代人たちが「人種」と呼ぶものとほとんど違わないのである。

バレスがテーヌに借りたものは「大地」と「死者」という下位区分にとどまらない。決定論という原理そのものもまたテーヌに負っているのである。「この歴史的感覚、この高度の自然主義的感情、この決定論の是認、これこそわれわれがナショナリズムという語で意味するものである」（第二巻、五二頁）。したがってナショナリズムの感情とは、個人はその行為において完全に彼が所属する国民によって規定されているということである。植物界との頻繁な対比、飽きるほど繰り返される根付き―根こぎの引喩もまたここから由来する。土壌が植物を決定し、国民が個人を決定する。根こぎにされた植物は死に、祖国をもたぬ個人は枯れる。「私という弱い葉をこれほどまで高くに持ち上げてくれる文化を私の木に与え続けてもらうことが私には必要である」（第一巻、一三二頁）。しかし人間とプラタナスの間には本当にいかなる相違もないのだろうか。数人の個人のふるまいについてのバレスの解釈から判断するに、バレスはちがいはないという答えに傾いている。「ドレフュスなら裏切りかねないということを私は彼が属する人種から結論する」（第一巻、一六一頁）。「エミール・ゾラ氏〔一八四〇―一九〇二。フランスの小説家。ドレフュス事件ではドレフュス擁護の論陣を張る〕とは何だろう。私は彼をその根においてみる。この男はフランス人ではない」（第一巻、四三頁）。「反対意見などガリエニ〔一八四九―一九一六、元帥。植民地経営に深く関わり、セネガル、トンキン、マダガスカルで勤務する。第一次大戦期パリ軍事総督となりマルヌの戦いを勝利に導く〕にとってものの数ではない。奴はイタリア人だ。打算的なのだ」（第二巻、一一一頁）。

個人はその外にある諸要因によって完全に支配されている。生きている者たちを通して活動しているのは死者たちである。バレスはこの主題をルナンに、そしてさらにルナンを越えて、コントのように「進歩主義者」であれ、ド・メストルのように保守主義者であれ、フランスにおいて、社会的なものが個人的なものに優越すると信じてきたすべてのひとびとに借りている。「思考の自由というものすらありはしない。私は私の死者たちに従ってしか生きることができない」（第一巻、一二頁）。個人という観念自体、盲目に源を発している。「個人というものにどんどん嫌気がさしてきて、私はわれわれは自動人形だと考えたくなってきている」（第一巻、一一八頁）。

集団の諸力が個人を支配する。典型的集団、それは国民である。しかしそれだけが集団なのではない。これが、ミシュレとは異なり、バレスがそのナショナリズムの原理をより下位の階梯に適用したものとして地域主義を歓迎する理由である。「国民的感情に地域感情を付け加えることを恐れることはない。（中略）ひとが国を愛する度合いがもっとも大きいのは、それと直接的接触をもつ時、ひとつの地域に、ひとつの町に、ひとつの集団に属する時である」（第一巻、七九頁）。だが国民と地域が闘争状態に入った場合どうなるのか。バレスはこの問いを立てることをせず、両者は必ず調和すると断定する。「フランスの国民性（ナショナリテ）は諸地方の地方色（ナショナリテ）からできている」（第一巻、八〇頁）。彼は逆説的な観念さえ発案している。地方分権化された中央集権主義がそれである。「われわれは国土全体に中央集権の拠点をいくつもつくっていくだろう」（同所）。このようにするのでは論理は無傷ではいられない。だがバレスは、彼と同様決定論者であり保守主義者である地域主義者たちの支持をぜひとも得たいと考えている。彼は、ミシュレがはっきりと指摘している国民と下位の諸集団、家族、ギルド、地域との闘争を知らないふりをすることにする。

以上のことから、バレスにあってはつねに個人主義が批判される。彼にとって、個人主義はまず人間についての誤った考え方であり、さらに歴史の自然な流れを妨げるがゆえに有害な考え方である。「われわれの根底的な悪は、数多くの個人的想像によって（中略）ばらばらにされていることである。われわれは四散させられている」（第一巻、八五頁）。これに対する処方は、当然、社会的紐帯を強化すること、「現在の個人主義による無秩序に代えて**社会的に**労働を組織化することである」（第二巻、一五九頁）。ここでもまた、バレスは――おそらくそれと気がつかずに――社会的なものに優位性を認めるフランスの思想家たちの伝統の線上にいる。彼は進んでみずからを**社会主義者**だと明言する（だがトクヴィルについてみたように、**社会優先主義者**（ソシエティスト）と呼ぶほうがより適切だろう。問題になっているのは集団の個人に対する優位性なのだから)。したがってバレスにとっては時として社会主義とナショナリズムは同義語となる。「社会主義的観念とナショナリズム的観念の結合を強調することを私はけっして怖れない」(第二巻、五三頁)。この国民的集団の保護を要求する「社会優先主義」は、「自由放任」と「自由入国許可(フリーパス)」にもとづく「絶対的自由主義」(第二巻、一五八頁)に対立する。

知識人たちは、バレスからみると、個人主義のイデオロギーの体現者である。一般的に言って、知識人は実人生から切り離された存在であり、彼らは理性の法則についてよりはむしろ歴史の変遷に関する問題について論理家として理屈をこねる(これもまた古典主義精神、ジャコバン主義に対するテーヌの攻撃のこだまである)。しかし、より特徴的なことを言えば、知識人とは個人の自由の存在を信じるひとびとである。バレスはと言えば、その決定論を非常に遠くまで推し進め、現実を変えようという願望を推進する役割を果たすような、現実とは区別された理想という観念すら避けるべきだと考えるにいたる。「われわれは、自分の出発点を、頭で考え出された理想などにではなく、現実に存在するものにとるべく決心している」(第一巻、八七頁)。彼自身の行動指針に内在する矛盾に彼が気づいている様子はない。彼によれば、現実に存在するものは、存在すべきものであるのだから、革命家、主意主義者(ヴォロンタリスト)、直接的行動主義者を打ち倒すということは非論理的である。そうしたひとびとも運命論者同様存在しているのである。「行動指針」について、「政治的行動」について語る者(そしてバレスは行動指針をいくつも執筆した政治活動家だが)は、そのこと自体によってすでに、理想をめざして世界を変形する可能性を認めているのである。

決定論を実践した結果、バレスは純粋な保守主義に達してしまう。あらゆる変化は災いをもたらすものである。「われわれの国民の性格(これこそ私にとって非常に大事なものである)は、われわれが将来にわたって生きていく生活条件が、われわれの祖先たちを生み出した生活条件に等しいものであれば、それだけよく保存されるだろう」（第一巻、一二九頁）。バレスにとっては、あるものがあるべきものであると結論するには、それが現実に存在することを確認するだけで十分なのである。保守主義の論理とはそのようなものである。したがって国民を弁護するために彼が持ち出す主な論拠のひとつは、それが彼の時代において重要性をもっているということである。古代および中世は国際主義的であった。近代はナショナリズムを奉じる。このことが近代がナショナリズムを奉じ続けるべきだということを証明する。「何世紀もかかってナショナリズムへ向けて進化がなされてきた」（第二巻、一七三頁）。ヨーロッパのいたるところでナショナリズムの力が強まりつつあることに気づくには自分のまわりを見渡すだけでいい。「ナショナリズムは近代の諸民族の組織を支配する法則である。ご存じの通り、現在ヨーロッパのどこでも国民を守るための措置が講じられている」（第二巻、二〇四頁）。この保護をさらに強化するよう要求するために、これより優れたどんな論拠がみつかるだろう。実際はバレスはここで「ナショナリズム」の二重の意味につけいっている。確かに、文化的単位と政治的単位を融合させようという熱望としてのナショナリズムは近代特有の現象である。しかしそのことは「われわれ」が特権化され、「他者」が冷遇されることを望む原理をいささかも正当化しない。

　バレスはしたがって革命家は言うに及ばずどんな改革主義者にも反対する。こうして彼は「左翼の」すなわちジョレスと社会主義者たちの直接的行動主義ばかりでなく、これは重要なことだが、モラスとアクスィオン・フランセーズ〔ドレフュス事件の時に、同名の新聞のまわりに結成された国粋主義、王政主義の団体。指導者はモラスとレオン・ドーデ〕によって代表される「右翼の」直接的行動主義をも忌避するまでになる。ジョレスを怒鳴りつけながらバレスは次のように叫ぶだろう。「あなたは遺伝が存在しないこと、人間の血、祖国の大地がまったく作用しないこと、諸種族（エスペース）が互いに一致すること、国境が消え失せることをより好むのだろう。あなたの好みなど必然性の前ではいったい何だろう」（第二巻、一七四頁）。バレスはジョレスの理想の価値については論じもしない。それは理想であり、そのことだけでそれの信用をなくさせるには十分なのだ。しかし彼のモラスに対する反駁もこれと結局のところあまり違ったものではない。モラスがバレスに、フランスに王制を復活させるための戦いに加わるように提案した時、バレスの答えは、フランスには王制支持者は非常に数が少ないし、フランスには真の貴族はいない、フランス革命と共和国は既成事実だというものであった。理想の名のもとに現実を変えるよりは、むしろ理想を現実に適合させねばならない——すなわち理想を消えうせさせねばならない。「あなたにとってもっともだと思われることをみなに受け入れさせることができないのなら、どうして大多数のひとびとが受け入れていることをもっともなことだと思うように努力しないのか」（「モラス宛書簡」一三五頁）。バレスは、結局モラスは首尾一貫していないと示唆している。モラスは保守主義を革命によって押しつけようとしている。これに対しジョレスにおいては目的と手段の間には断絶がない。だがこのふたりとも、意志主義、直接行動主義、人為主義においては変わらない。そのいずれもバレスが激しく忌避するものなのである。

バレスのナショナリズムの諸特徴のすべては彼の世紀の他の思想家たちから借用したものである。彼の決定論はテーヌから受け継いだものだし、その「社会優位論」はコントあるいはド・メストルから、その保守主義はまたもやテーヌとド・メストルから受け継いだものである。ルナンの論述もまたすっかり忘れさられてしまうことはけっしてない。だがこれらのものを組み合わせるということは新しいことである。こうして彼は保守主義的ナショナリズムの最初の重要なスポークスマンとなる——だがそれにもかかわらず、彼はシャルル・モラスがアクスィオン・フランセーズの先頭に立ってそうするように、フランス革命を断罪したり、王制の復活のために戦うことはない。

ペギー

正義と戦争

第一次世界大戦直前の数年間、ペギーは彼のナショナリズムを打ち立てようと努力する。彼がとくに努力を傾注したのは、アルザス・ロレーヌ地方に対する領土要求を人権の原理をもとにしておこなうことであった。どのようにしてそんなことが可能になるのだろうか。ペギーが自分が読むテキストに対して要求していることが次のようなことであるのを知れば、右のような疑問がわいてくる。「私がさまざまの原理、体系、党派に要求するのは、つねに一定であること、自分をつねに自分自身と一致させることである」(『続金銭』、一三七―一三八頁)。先の問いに対する最初の答えはこうだ。ある倫理的原則と世界史の分析(あるいはむしろ人間的事象の性質についてのある仮説)によってである。

ペギーの出発点となる倫理的原則が働いているのをみるには、平和主義に対する彼の弾劾をみるのがもっともよい。彼の断言によれば、平和主義は、平和を他のあらゆる価値より上位に置くことであり、正義にもとづく思考方式とは対極にある。平和を擁護することは、生命をまっとうすることだけに執着することにほかならない。「これはよく知られた方式であり、つねにどんな代価をはらっても平和をもとめる方式と呼ばれてきた。この価値基準においては名誉は生命より低い値しかもたない」(一四三頁)。したがってペギーは、彼が**平和**方式、**人権**方式とよぶふたつの「方式」の間の対立について詳細に語る。「どんな代価をはらっても平和をもとめるべきだという観念は(中略)平和主義の中心的観念だが(中略)、平和は一個の絶対物であり、(中略)不正のうちにおける平和のほうが正義のための戦争より価値があるとするものである。これは不正における平和より正義のための戦争を価値ありとする人権方式のまったくの反対である」(一五〇頁)。したがって人権の名のもとに平和を要求するなど不当なことである。「共和国に、フランス革命に、そして人権に平和主義を結びつけようなどということは狂気の沙汰だ。これ以上に相反するものはない」(一四五頁)。

ペギーには同じひとつの名のもとに実際は複数の異なったものを混同する傾向がある。一方で彼は「人権」と「名誉」という表現を、まるでそれらが同義語のようにして用いている。だが前者が意味をもったのはフランス革命の時でしかないのに、後者はまず何よりも旧体制(アンシャン・レジーム)の価値体系を思い起こさせる。他方彼は「どんな代価をはらってでも平和をもとめる」というのは一義的意味をしかもたない表現であると信ずる風を装っているが、少なくともこの表現のうちにふたつの異なった意味が読みとれるだろう。ひとつは「怪我をしても死ぬよりはましだ」という言い回しに相当する意味であり、もうひとつは「ひとを殺してはいけない」という言い回しに相当する意味である(シモーヌ・ヴェイユの用語で言うなら、死ぬことへの嫌悪と殺すことへの嫌悪である)。実際私の命は侵すべからざるものであると宣言することと、他者の命は侵すべからざるものであると宣言すること、死を**忍従する**ことを拒むことと、死を**与える**ことを拒むことは同じではない。もちろんペギーは第一の解釈、命を危険にさらすよりはあらゆる譲歩をおこなうという第一の解釈しか存在しないかのようにふるまう。彼はけっして第二の解釈を考慮に入れない。しかし平和主義の哲学により合致するのはむしろこちらの解釈である。この哲学によれば、私はある大義の名のもとに自分自身の生命を危険にさらすこともありうる（よく知られているように、平和主義活動家が殺されることもある）が、この大義に仕えるためにひとを殺すことは放棄するのである。

したがってペギーによる非難は、一方で名誉と人権を混同し、他方で「ひとを殺してはいけない」を「怪我をしても死ぬよりはましだ」と同一視するのでなければ、正当化されない。「**平和**方式においては、秩序（私は物の秩序の話しをしている）には無限の価値がある。**人権**方式において無限の価値をもつのは権利である」（一五二頁）。しかしこの場合においても、ペギーは正しい主張からすぐさま極端な結論を引き出してくる。平和は至上の価値ではないということから、彼はその反対のものである戦争こそ至上の価値であるということを演繹しているようにみえる。したがってペギーは、平和ならざるものはすべて戦争であることを公準として提起することによって、反対ということと矛盾ということを混同していることになる。より正確に言うならば、彼は、正義を好めば必然的に戦争に導かれる（なぜならこの正義を押しつけようとするだろうから）と考えることによって、戦争と正義を等号で結ぶのである。「礼儀正しくあろうと望むなら愚か者と呼ばれざるをえないし、何の心配もなく、どんなものであれ権利を、地上に権利の一点を導入しうると思うなら、そうすることによって、そのこと自体のうちに、そのこと自体によって、戦争の一点を生じさせることなく、提示し、導入しうると思うなら、愚者と呼ばれざるをえない」（一四六頁）。「権利は平和を生み出しはしない。それは戦争を生み出す。また権利が戦争によって生じるということはたびたびあることではないが、権利が平和によって生じるということはさらに少ない」（一六四頁）。

とりわけ人権宣言は戦争準備の証書にほかならない。ペギーはこの点においてアナカルシス・クローツの忠実な弟子である。「人権宣言に平和の宣言を結びつけようと望むなど何という狂気の沙汰だろう。まるで正義の宣言はそれ自体即時に戦争の宣言ではないかのようではないか」（二四七頁）。「人権宣言のうちには（中略）すべてのひとびとに対し、彼らが生きてある限り、戦争を仕掛け続けさせるものがある」（二四九頁）。

だが本当にあらゆる権利要求は戦争なのだろうか。言葉を換えて言えば、いかなる代価を払っても平和をもとめるということといかなる代価を払っても戦争をもとめるということの間に別の途はないのだろうか。理想に達するのに戦争のほかにいかなる方法もないのだろうか。実際ペギーは「世俗のことは本質的に軍事的」（九二頁）であり、他のあらゆることがらはそれに還元されると明言している。彼は「金銭をさえ軍事的力として」（九三頁）理解する。しかしこうしたやり方は、もちろん、目的を達するためのさまざまな行為形態の間に存在しうるあらゆるニュアンスを、とりわけ商業と戦争の間のそれを低く見積もることである（このことはすでにトクヴィルについてみた）。ペギーによれば、ある行為がどのようなものであるかを見極めるには、その行為の目的がわかればよいのであり、そのために用いられる方法は関係がない。これに対して、「平和方式」の外にあるのは闘争であり、あらゆる闘争が武力による戦争であるわけではないし、あらゆる変化は暴力であるわけではないと反論することはできるだろう。すぐに思い浮かぶのはガンディー〔一八六九―一九四八。インド独立運動の指導者、非暴力主義で知られる〕の例（たとえペギーはそれを知らなかったとしても）だが、この例はそのような混同を防いでくれる。ガンディーは他人の生命を危険にさらすことは拒否していたが、自分自身の生命をかけることはためらわなかった。また同じ文脈でまさにペギーと同時代の、選挙権を獲得するための女性たち（「婦人参政権論者」たち）の闘争を思い起こすこともできよう。それは間違いなく闘争であったが、そのためにただひとりの生命も失われることはなかった。大義が正しいものであるということと、その大義をまっとうするためにはどんな方法も許されるということとは、まったく異なったふたつのことがらである。そんなことはあたりまえのことだが、ペギーはそのことを忘れているように思われる。人類はその歴史において、あまりにも多くの高尚な大義が、その勝利を確実とするための手段によってだいなしにされるのをみてきたのである。

ペギーは、平和主義者であり人権連盟〔一八九八年トラリューによって創立された人権擁護団体で、共和主義的、平和主義的傾向を示す〕の会長プレサンセ〔一八五三―一九一四。フランスの政治家、人権連盟第二代の会長〕との論争において手段と目的の問題に言及している。プレサンセは、正義がおこなわれるようにと望むが、それによって戦争が引き起こされないことを条件とする。このプレサンセの姿勢をペギーは鋭く、むろん曲意をもって次のように紹介している。「プレサンセは自分に対抗する力が強くない場合にのみ、力に対し権利を擁護する」（一四三頁）。言い換えれば、プレサンセは悪者たちを恐れており、自分より力の強い者の前に出るや否や自分の原則を放棄するということである。だがこれは問題の行き過ぎた図式化である。まず、ペギーそして逆説的だがペギーとその前提を共有する極端な平和主義者は、攻撃的戦争と防御的戦争の区別をまったくしようとしないが、そのようなことはできない（ペギーの演説が狙い撃っている社会主義者たちはこの区別をし続ける。もっとも彼らによるその区別の実践は、その理論が言うほど高級なものではないが）。攻撃的戦争はその原理自体において非難されるべきものである。戦争を始めるために持ち出された大義が正しいものであると明言してもそれはあまり意味をもたない。個々の利害関心は非常に強いものであり、完全な明断さを期待することはできない。ヨーロッパの諸国によっておこなわれた植民地戦争の大部分は、それを始めたひとびとからみれば、優れた正当化の理由を有していた。あらゆる宗教のうち当然最良のものであるキリスト教を普及させ、文明**そのもの**である西欧文明を広げるというのがその理由である。輸出された諸革命についても同様である。正しいものとみなされていたフランス革命の大義は、ナポレオンによっておこなわれたいくつもの戦争を正当化するだろうか。ロシア革命のそれは、ソヴィエトの拡張主義を正当化するだろうか。

善を他人に押しつけようとする企てより以上に犠牲者を多く生み出すいかなる企てもないということは間違う心配なしに断言してもよいだろう。戦争を起こすひとびとが誠実であり、彼らが唱える大義が実際立派なものであったとしても、戦争は一般的に言って、結果としては、その大義を押しつけることに成功せず、むしろその大義自体を無効にしてしまう。友愛は確かに奴隷制度より優れている。だが、主人と奴隷の双方を殲滅してしまうことは、それでもなお友愛に属することだろうか。ペギーの示唆するところでは、解放をおこなうためには、殺人をおこなう覚悟も必要だということである。しかし、ひとびとを善に導くためにまず彼らを殺さねばならぬとすれば、それでは善に導いたことにはならぬであろう。死体はあまり自由を享受できない。もしアルザス・ロレーヌ地方を「解放」するために（したがってこの地方はいやいやながら屈服しており、フランスが支配するならば自由が統治することになると仮定するとして）この地方の大半の住民の生命を犠牲にせねばならないとするなら、戦争をしないほうがましだろう。攻撃的戦争は、たとえその目的が高貴なものであったとしても、それにいたる手段が目的を無効にしてしまう行為の代表例である。

さらに防御戦争自体も単純ではない。というのはなにも防御が正当なものではないからではなく——防御は正当であり、原則としては男性の市民の、そして女性の市民の義務である（女性たちは自分を市民として認めさせることに成功したのだから）——、「防御」という概念がどこまで広がりをもつのかを画定するのが困難だからである。最近の歴史がこれについていくつものモデルケースを提供してくれるが、それらの例はまたすべて簡単に割り切れない難しい問題をはらんでいる。第二次世界大戦末期のアメリカ軍のフランス上陸はどう言おうと他国の領土を侵犯するものである。もし私たちがそれを正当なものだと言うなら、それは正当防衛とは別の原則の名においてである。あの戦争期間中にドイツの侵略者に抵抗することは、その数年後に、かつてのドイツの侵略者たちが設立した政府〔ヴィシー政府のこと。第二次大戦中ドイツに降伏したフランスで、ドイツの占領地域以外を治める政権としてペタンを首班としてヴィシーに成立した政権。ナチスの傀儡的性格をもっていた〕を攻撃することと同じことだったろうか。敗北の後どれぐらいの期間正当防衛ということが言えるのだろうか。第二次世界大戦末期にドイツの東側のこれこれの地方を離れることを余儀なくされたドイツ人たちは、今日戦闘を始めるとしたらこの原則を引き合いにだすことができるだろうか。イスラエルとなった領土から追放されたパレスチナ人たちはどうだろう。これらいずれの問題にも単に防御の原則だけに準拠するのでは回答することはできない。それぞれの国の体制、人口の移動の有無、敗戦国民の地位、占領期間等が考慮に入れられねばならぬのである。

　こうしたことを考慮に入れてみると、ペギーがするような仕方で、正しい大義の名において遂行されるあらゆる戦争を良いものと宣言し、その時の状況を勘定に入れずに、問題を割り切ることはできないことがわかる（そして同じように、平和主義者たちのようにあらゆる戦争をおしなべて非難することもすべきではない）。判断の誤りを防ぐためには、攻撃的戦争と防御的戦争のこのような区別をするだけでは十分ではない（もしその証拠が必要なら、第一次世界大戦を前にしての社会主義者たちの失敗がその証拠となるだろう）。だがこの区別さえしないなら危険はさらに大きい。ここで私たちはペギーのナショナリズムの主張の第二の前提にたどりついた。それはもはや単に倫理的準則（生命に対する正義の優越）であるばかりでなく、人間の条件についての仮定でもある。したがってこの前提は真か偽かの領域に属すると同時に善か悪かの領域にも属している。ペギーの論理展開を三つの命題に分解することができるだろう。彼はその三つの命題を厳密な仕方で互いに結びつけている。一、精神的豊かさはこの世でもっとも貴重なものである。二、ところで精神的なものが認められるためには世俗のことも認められねばならない。三、そして世俗のことは本質的に軍事的である。だがこの三つの断言のそれぞれが正しいかどうか疑ってみることができる。

まず最後の断言から検討を始めよう。ペギーは実質的に、人生の真実は戦争である、と言っている。そしてそのように考えるのはむろん彼のみではない。「世俗のことがらを測る物差しをもっているのは兵士である」(九三頁)。しかし彼はその断言を支えるためのいかなる論証をも提示しているとは言えない。なぜなら彼が『われらの祖国』において提示している論証は真面目なそれとは考えることができないからだ。その論証とは、民衆は軍事に関することなら何でも好きだというものである。そのことは証明されたというにはほど遠く、もしたとえそうだとしてもそのことは要求の正当性を確立するものではない(民衆が死刑に賛成であることは、死刑をより正当なものにするものではない)。闘争や戦争がつねに存在していたということは確かだが、それのみが世俗のことがらの規矩なのだろうか、それのみが世俗のことがらの本質を規定するだろうか。もし「政治」という語を、集団(国民を含む)の利益の擁護と解するなら、闘争は政治活動の本性自体のうちにあると言えるだろう。私がある集団のためにする配慮が、私にその集団以外の集団の利益に反する行為をとらせうるからだ。しかし政治は人間生活の全領域を覆い尽くすものではない。集団の利益のための配慮のかたわらに、そしてしばしばそれに代わって、人間は、ひとつには内的・私的な生活を営み、もうひとつには他人を自分と同じ集団に属するか否かによって判断するのではなく、自分も他人も人類に共通して属すという点を重視して判断するということがある。そこにこそ道徳的生活の原則がある。そして私的生活、道徳的生活は政治生活と同様に現実のものなのである。

ペギーが続けるところによれば、精神的なものは世俗の裏づけなしにはみずからをひとに認めさせることはできない。「軍事的支えこそ世俗のことがらの第一のものであり、習俗、法、諸芸術、そして宗教自体、また言語、人種といったものは、これがあった後に初めて、そしてこれがあった時にのみ、そのうえに発展できるのである」（『続金銭』九二頁）。「世俗における支配領域の広さを決めるのは兵士であり、この支配領域の広さは、精神におけるそして知性における支配領域の広さと**同じ**ものである」（九三頁）。「世俗的なことがらがいつも精神的なものを守り、いつも精神的なものに命令を与える。精神的なものはつねに世俗の領域の寝台に横たわっているのである」（一〇一頁）。ペギーが用いる引喩は彼の発する断言の内容に沿って選ばれている。彼は当然いくつかの例を列挙している――だが彼が例証しようと思う反対の方向を指し示す例もたやすく想像できる。彼自身そうした反対例をひとつ――ユダヤ教――あげているが、それもその例をすぐさま遠ざけるためである（「それはつねに、そしてすべての点において例外をなす民族である」、九八頁）。ローマ法王は、自前の軍隊をもたなくなって以来本当に無力になってしまったのだろうか。知的なもろもろの発見は普及するのに軍隊の助けを必要としただろうか。私たちがたどり着いた地点は次のように言ったボシュエとは掛け離れたものである。「空に向かって上げられた手は、槍をもった手より数多くの大隊を打ち破る。」

　精神的なものは世俗的なものの裏づけがなければ、自分をひとに認めさせることができないということ、そして世俗的なものとは主に軍事的なことであるということがたとえ真実だとしても、問題はあいかわらず残る。もし精神的なものを広げるために払わねばならぬ代価が戦争であったとしても、なおそれはやってみる価値があるのだろうか。精神性が勝利するのを助けるためにはすべてを犠牲にせねばならないのだろうか。不滅の一頁はヴェルダン〔第一次大戦末期におこなわれた激戦の地。多くの人命が失われた〕を正当化するだろうか。ペギーは言っている。「フランス語が話される地域の広さを決めてきたのは、そして現在でも決め続けているのは、フランスの兵士であり、七五ミリ砲である。すなわち世俗の力なのである」(一〇一頁)。そのことは認めてもよい。フランスの作家たちは、九千万人ではなくて、わずか四千万人のフランス語使用者にしか語りかけられないことで欲求不満を感じていることは確かである。だがこのふたつの数字の差をなす数のフランス語使用者が増えたところで、他の言語にとってはそれだけの数の減少になるのであり、したがって人類全体にとっては何の利益にもならない(だがペギーはそんなことは気にしないだろう)。また精神性に到達するのに、本当にフランス語を聞くこと、そしてフランスの作家たちを読むことが不可欠なのだろうか。ペギーに語りかける神は、すべての言葉を用いることができるのではなかっただろうか。十六世紀の中頃にラス・カサスが言っていたように、「子供に洗礼を受けさせ、その魂を救うために、子供が死んでしまうにもかかわらずその子供を井戸の中に投げ込むことは、おおいに誤った行為であり、死にも値する罪であろう」。生命をもち続ける権利は、おそらく諸価値の第一のものではないかもしれない。だがそれだからといって、どのような精神的獲得であっても、それが幾人もの人間の生命を犠牲にするに値するという結論を引き出せるだろうか。それにそもそもペギーが精神がつくりだしたものにそれほど愛着をもっているかどうかは疑わしい。ペギーが、陸軍大臣に任命されたばかりの友人ミルランにあてた手紙に次のような一節を読むことができる。「あなたの任期中に、一九〇五年以来われわれの唯一の関心事であるあの戦争を見ることができますように。戦争を見ると言うだけでなく、われわれ自身が戦争をおこなうことができますように。私は、優秀な小隊の先頭に立ってワイマールに入城するためなら、私の過去、現在、未来の全作品、そして私の四肢をひとに与えてもかまわない」。

諸民族の権利と領土の一体性

ペギーの論理展開の基礎となっているものはしたがって、彼が私たちにそう思わせようと望んでいるよりずっと脆弱なものである。彼はほとんどいつも急進的な思考が陥る落とし穴にはまりこんでいる。ところで彼はそのような基礎の上に彼のナショナリズムの教義を打ち立てるのであり、その教義を正当化するための論拠をふたつ提示している。アルザス・ロレーヌを例にみてみよう。アルザス・ロレーヌがフランスに属するのにはふたつの理由があるとペギーは言う。アルザス・ロレーヌ人の観点からすれば、諸民族がもつ民族自決権がそれであり、フランス人の観点からすれば、唯一にして不可分の共和国の実現の要求がそれである。だがこのふたつの理由は、それ自体正当なものだろうか。そしてこのふたつの理由は、ペギーが他のひとびとの言説にもとめるような一貫性を、このふたつを全体としてみたときにも保持し続けるだろうか。諸民族がもつ民族自決権についてペギーは、それはその根拠を人権にもつと主張する。「もしそれぞれの民族が自分の行く末について自分で決めるという権利を絶対的なもの、第一のもの、即時に与えられる所与とする体系があるとすれば、それはまさしく人権宣言の体系である」(一二三頁)。したがって人権連盟の会長でありつつ、アルザス・ロレーヌを放棄するなどということは礼儀にはずれたことである。これはまさしくペギーの敵対者プレサンセの場合である。ここにみられるのは結局のところルナンと同じ議論である。意志は曲げられないものであり、決定の自由は人間の自然権である。そして民族自決はそれを国民レベルまで拡張したものにすぎない。だがすでにみたようにこの拡張こそが問題を引き起こすのである。人権とは個人の諸権利である。民族の権利とはいったい何を意味するのだろう。諸民族がつねにすでに存在していて、それらは忍耐強く彼らの独立を待っているというように想像せねばならないのだろうか。文化的に規定されるあらゆる集団が自決権をもつなどということがあるだろうか。そうだとすれば、それぞれの村、そしてさらにはそれぞれの家族――どうしてそれでいけないわけがあろうか――が分離独立を望むこともできるだろう。

また他方、どのようにして一民族全体の意志を知ることなどできるだろうか。もしその全体の意志なるものが多数派のそれだとするなら、少数派は屈服せざるをえないだろう。そうすることによって少数派の成員は自由に自分の意志を行使するどころか、その意志を放棄することを余儀なくされるだろう。実際においては、民族自決の要求はけっして一民族全体の要求などではなく（ある住民の集合の全体がこのように抽象的な大義に情熱を抱くということはまれである）、その時点で実際存在するような形の国の中では従属的役割しか演じられずにおり、それとは異なった、支配的な役割を演じられるようになりたいと望む政治集団の要求であるにすぎない。ここで真に問題とすべきは、支配される少数派にたまたま属する羽目におちいった個人、諸個人の権利を守るということである。その解決法は国民国家ではなく法治国家である。法治国家こそ個人がその文化的所属のちがいのゆえに罰を受けることを防ぐのである。国家をある個別の文化的集団と同一視することは、はっきりと他の集団（少数派）への抑圧を意味する。「民族」をただ意志のみによって定義することは、すでにみたように恐ろしいいくつかの困難を引き起こす。このように「諸民族の権利」に対する呼びかけをおこなうことは、デマゴギー以外のなにごとでもないのではないかと問うてみることもできる。ともかくトクヴィルの考えはそのようなものだった。「国民の意志というのはあらゆる時代のいかさま師たち、あらゆる時代の専制君主たちがもっとも濫用した言葉のひとつである」（『アメリカの民主政治』第一編一章四節、第一巻、一一七頁）。

人権宣言は諸民族の権利については語っていない。人権宣言の精神のうちにあるのは、正義と自由のほどよい均衡の要請、すなわちいくつかの普遍的原則の適用であり、そのような計画にのちに張りつけられることになる「フランス」、「ドイツ」といったレッテルではない。だがあたかも人間と市民が一致することは自明であるかのように、つねに「人間と市民」というセットに言及することによって、人権宣言は混同をすでに助長していたのである。ところが国民の利益は人類のそれとも、個人のそれとも一致しない。ペギーが当時の人道主義者たちに対し、いくつかの民族の主張に民族自決の原則をたてにとって同意しながら、それをあらゆる場合に、とくにアルザス・ロレーヌ「民族」に適用することを拒否するという一貫性の欠如を告発するのは正しい。だがこの民族自決の原則の全般的な適用を、人権宣言のより完全な適用の名において要求するとき彼は誤っている。もし人道主義がある大義を支援する場合には、正義と自由の名においてそうするのであり、シェイエスが望んでいたように個人の集団はどんなものであれ国家を創設する**権利**をもつゆえではない。「フランスのアルジェリア」でもなく「アルジェリアのアルジェリア」でもない。民主的なアルジェリア、これこそ人権の擁護者がくみすることのできる計画である。

個人の諸権利が共同体の権利によって侵害される危険があるという現実をペギーが知らなかったわけではない。だがそのことはペギーに一向気詰まりを与えない。むしろその逆である。ペギーにロベスピエールおよび公安委員会への賛美の念を抱かせるのは、彼らが危機的状況にあって、不協和音を発するひとびとや「外国の党派」（可哀想なクローツ）を厳しく弾圧するすべを知っていたことである。「内部の敵を滅ぼさぬ党派に災いあれ」（一一六頁）。「戦時においては唯一の政策しかない。国民公会の政策である」（一二七頁）。すなわち裏切り者たちの処刑である。「戦時における体制はひとつしかない。それはジャコバン体制である。（中略）戦時においてはもはや国家しかない。それは**国民万歳**のことである」（一三一頁）。みごとな観察である。だがこうした見方はなお人権と関係があるのだろうか。この言葉のうちに自分の利益を見いだしうるのは祖国であって、人類ではない。したがってペギーが一気に次のように言ってのけるとき彼は誤っている。「それは人権の体系（この点においてその体系を私は自分の体系とするのだが）のうちにおける、諸民族がもつ自己の行く末を決める権利である」（一五二―一五三頁）。ペギーは人権を認めるが、それは人権にその本来の意味と反対の意味を与えつつのことでしかない。

そしてペギーはさらにすでにビュジョーにおいて私たちがみた議論を付け加える。「惰弱と怯懦ほどに致命的なものはない。厳格さほどに人間的なものはない。文字どおり人間的なのはリシュリュー〔一五八五―一六四二。十七世紀フランスの政治家。ルイ十三世のもと宰相をつとめ辣腕をふるった〕であり、ロベスピエールである」（一二九頁）。だがこのような議論は、啓蒙の世紀以来人類の特徴とみなすことにみなが同意してきた、諸個人による主体としての自由な意志の行使よりも、むしろ神聖な目的のために自分の臣下の命を自由にする、神から支配権を授かった君主の絶対権力を思わせる。もし私が自分の国を守らねばならぬとすれば、わたしは人間としてそうするのではなく、市民としてそうするのである。私は集団の意志がまっとうされることを目的として、自分の個人的意志を放棄する。たとえ人道主義の諸原則がある戦争を良しとし、また他のある戦争を悪しきものと私に判断させることがあったとしても、戦争を遂行すること自体は人道主義の諸原則とはまったく関係がない。

諸民族がもつ自己の行く末を決める権利の要求をペギーが引き合いにだすのは、彼がアルザス・ロレーヌの住民の観点を採用する時であった。もし観点をフランスに置くなら議論は異なってくる。このとき前景に出てくるのは領土の一体性の要求である。ペギーは言う。「人間と市民の宣言から出てきたもの、それは**唯一にして不可分の共和国である**」（二四五頁）。ペギーは正しい。この言い回しは一七九二年の宣言の中にあり、その宣言は一七九三年の憲法の冒頭に置かれている。だがいくつか発せられた人権宣言、またいくつか発布された憲法の中にあるものはすべて人権の思想に由来するものだろうか。そもそも一七九三年の憲法に先立つ一七九一年の憲法はその第一条において次のように言っていた。「唯一にして不可分の王国」(『フランス憲法集成』三七頁)。ふたつの命題の間に決定的なちがいはないということは感じとっていただけるだろう。ペギー自身そのことを認めている。「この言い回しほど君主的で、王政的で、古きフランスを感じさせるものはない」(『続金銭』一四五頁)。だがならば、なぜ人権宣言の精神を引き合いに出さなければならないのか。

旧体制(アンシャン・レジーム)と新体制の間の継続性というのはペギーにとってはおなじみのものであるが(それは『金銭』と題された著作の主題である)、人道主義的な価値以外の価値に根拠をもつものである。それは労働への信仰、尊厳、名誉、正直さ、英雄主義、勇気といった価値である。これらの諸価値はフランス革命によって代表される断絶によって冒されることはなかったと言うのである。ここでもペギーはミシュレに近いところにいる。ミシュレはジャンヌ・ダルクとロベスピエールの間に継続性をみていたのである。「場所を譲ることをしない者は、共和主義者であってかまわないし、非キリスト者であってかまわない。(中略)それでも彼はやはりジャンヌ・ダルクの年少の従弟なのである。そして場所を譲り渡す者は、たとえ彼が教区の教会管理人であっても、卑怯者でしかない。(それはたとえ彼があらゆる美徳の持ち主であったとしてもそうである。戦士に要求されるのは美徳などではない)」(一三五頁)。いまやペギーは問題のふたつのものが両立不可能なものであるという点についてはルナンと同意見である。ただペギーは年上のルナンとは異なり、美徳ではなく戦争を選ぶのである。

どんな犠牲を払ってでも「唯一にして不可分」の共和国(あるいは王国)を守れという要求は、また別の問題、今度は論理的一貫性に関わる問題を引き起こす。この原則は果たして諸民族の民族自決という原則と両立可能だろうか。それが両立できるのは、アルザス・ロレーヌのひとびとの願いが実際にフランス領にとどまるということである場合のみである。もし彼らが逆に自律の獲得を望もうなどと思いつき、バスク人、ブルターニュ人、コルシカ人の分離主義者たちの列に加わって新たな国家の創設などということを思いついたなら、ふたつの原則は相矛盾することになり、ペギーはふたつのうちひとつを選ばねばならなくなるだろう（彼はたぶん自由な意志の行使よりフランスの国家理性を選ぶだろう）。国家の全体的一体性をなんとしても保持するということは、諸個人の意志を上位の抽象的単位の利益に従わせるということを含意する。もし人権宣言が領土の一体性という原理（この原理を宣言は明言している）と民族自決という原理（こちらのほうは明言されていない）を同時に明言するとしたら、それは自己矛盾に陥ってしまうだろう。そしてそもそも、このふたつの原理とも、人権の原理に矛盾するものとは言わないまでも、それとは無縁のものなのである。

ヒロイズムと憐憫

ペギーは自分が人間主義と愛国心の二律背反を乗り越えたと信じたいらしい。彼は自分の文筆家としての出発の時期のことを語りながら書いている。「われわれの社会主義は、いささかも反フランス的なものでも、非愛国的なものでも、**反**国民的なものでもなかった。（中略）国民を弱体化したり柔弱化したりするどころか、また国民を消し去るどころか、われわれの社会主義は国民を高揚させ、健康なものにしていたのである」（『われらの青春』一三二頁）。「われわれの社会主義は諸国民の正当な諸権利をまったく侵さなかったというだけではない。（中略）それは諸民族のもっとも本質的な諸利益、もっとも正当な諸権利のために奉仕し、救ったのである」(一四四頁)。ペギーの「国際主義」は国民に害を与えるものではなく、諸国民の権利を確かなものにするのに貢献すると言う。だがいったいいかなる点においてそれは国際主義でありなおかつ人間主義であると言えるのだろうか。ここで言われる継続性は論点先取の虚偽以外のなにごとかであるのだろうか。もしそうでないとするなら、ペギーは次にみるような、レーニンの筆にこそ似合いのソフィスト的な区別に助けをもとめる必要などあっただろうか。彼は書いている。「政治的・社会的平等、現世における正義と諸民族間の相互的自由の体系であった**国際主義**は、彼らの手〔ジョレスのような社会主義者たちの手〕に入ると、一種の、悪徳に満ちたブルジョワ的な曖昧な世界市民主義になった」(『続金銭』一六一頁)。世界市民主義と国際主義は**同じもの**である。ただペギーはそれが自分のナショナリズムに抵触すると思うときには最初の単語を用い、そう思わないときには二番目の単語を用いるのである。

ペギーには、それぞれの民族がナショナリズムを奉ずるのはその民族がもつ権利であることを認める用意がある。これが彼のナショナリズムがもつ唯一国際主義的な面である。彼の敵はドイツのナショナリストというより――結局彼らは自分の義務を果たしているだけである――国民の大義に対する裏切り者たるフランスの人道主義者たちである。「プロシャ人たちは兵士、勝利者、征服者でしかなかった。彼らは力、戦争の、勝利の、征服の力を発揮しただけである。だが私は平和を得るためにいくつかの地方を売り渡したあの軽蔑すべきフランス人たちを蔑み、憎み、恨む」(一二六頁)。ここにみられるのは価値の相対性――国民によって異なる――を引き受ける首尾一貫したナショナリズムに属する言葉である。このようなナショナリズムはまれなものである。

だがこのような形のナショナリズムを主張することと、選ばれた民族の存在を信じることは両立するだろうか。ペギーはこの力業を遂行しようと望んでいるらしい。「値打ちをもった、価値ある、歴史のために選ばれた民族がいくつか存在すること、（中略）そして他の民族、大多数の民族は逆に沈黙に、影に甘んじねばならぬ運命にあること、（中略）そして地上で選ばれた民族であり、おそらくそれ以上のものである民族がいくつか存在すること、これこそ確かにおそらく事件のもっとも大きな謎であり、歴史のもっとも感動的な問題である」（『われらの青春』三─四頁）。ペギーには問題が存在することを認める用意はあるものの、選ばれた民族という考え方自体を疑問に付すということは微塵も考えていない。ところで、いまさらおどろく必要もないことだが、第一の地位を占めるのはフランスである。ミシュレの主張をさらに過激化して、ペギーはフランスを俗界の歴史においても、キリスト教の歴史においても第一位の例とみなす（そして選民思想自体がキリスト教と深く異質のものであることはペギーにとっては何ら重要性をもたない）。フランスは今日「そのキリスト者としての使命と、自由という使命に」心を向けねばならない。「フランスは単に教会の長女であるばかりではなく（中略）、俗界においてもこれと平行する特別の使命を負っている。フランスがこの世界において一種、自由の保護者であり、証人であること（そしてしばしばその殉教者であること）は否定できない」（『続金銭』一六六頁）。自由という、問題とされている理想の内容を別にして考えるならば、ここまでくると、ペギーのナショナリズムがいったいいかなる点で、どんなものでもいいが自民族中心主義的、排外主義的ナショナリズムと異なっているのかよくわからなくなる。彼が自分の言説の一貫性を放棄し、したがって完全な相対主義の立場を捨て去るや否や、ペギーのナショナリズムには他のナショナリズムとのちがいなどなくなってしまう。

人間主義は個人のある種の自由を原則として立てる。価値の頂点に国民の利益を置くことにより、ペギーはこの自由を否定し、人間主義の諸原則と手を切る。それは彼が信じているものが個人の自由ではなく、個別の国民への所属にもとづく決定論であるからである。「ひとりの人間は彼がなすことによって規定されるものではないし、まして彼が言うことによって規定されるものではない。そうではなくもっとも深いところにおいてはひとはそれぞれがそうであるところのものによって規定されるのである」(『金銭』一九一三年、四〇頁)。だがひとりの人間が**〜である**とはどういうことなのか。「ひとりの人間はその出自に由来する。ひとりの人間は彼がそうであるところのものに由来する。彼は彼が他人のためになすことに由来しない」(四一頁)。しかし人間が**何をなすか**はその意志によるが、彼が**何者であるか**は彼がどこから出て来たかによる。もし出身が行為に比べかくも重要ならば、自由意志にできることはほとんどないと言わねばならない。

有名なある頁でペギーはカントの道徳に咬みついている。彼によればカントは道徳はある行為の価値はそれが普遍化できる可能性をもつか否かにかかっているとするらしい。「カント主義の手は汚れていない。**だがカント主義には手がない**」(『ヴィクトル゠マリー、ユゴー伯爵』二四六頁)。「普遍的な法として**立てられない**ようなわれわれの行為がどれほどたくさんあることだろう。普遍的な法にとってはこのように行為が己に**関係させられること**には何の意味もない。そしてそれらの行為はわれわれがそれにもっとも執着するものであり、おそらくはわれわれが執着したのはただそれらの行為にだけだったのだ。それは震えをともなった、熱に浮かされたような、震撼させる行為であり、まったくカント的なところはない。それは死ぬほどの不安をともなった行為であり、おそらくはわれわれにとってただそれらだけが良き行為なのだ」(二四七頁)。ペギーが、倫理が示す、普遍化をめざす諸原則はわれわれの存在の大きな部分を説明できないと言うとき、彼は確かに正しい——われわれの存在のこの大きな部分を放棄してはならないし、むしろこの部分を愛さねばならない。なぜならそれこそわれわれがもっとも激しく、熱に浮かされて、震撼をもって生きる部分なのだから。汚れない手をもつことなど、もしそのことによって生とのあらゆる接触が失われるとしたなら、どうして気にかける必要があるだろう。しかし確かにひとを熱狂させるこれらの行為について、それ以上のこと、ここでは「良き」という形容詞を要求することができるだろうか。人生には倫理以外のものがあるということは、倫理にはいかなる場所もないということも、またこの倫理以外ものが、それが何であれ、倫理に置き換わらねばならないということも意味しない。語の意味を根底的に変えるのでない限り——そんなことをしてもどんな利益があるのか理解に苦しむ——激しさは良きことを意味しない。むしろ良きことは（また別の状況ではこれは正義ということになるだろう）、激しさだけでは都会の生活を規制できないゆえに、その激しさを囲いこむため、激しさに限界を与えるために役立つと言ったほうがよいだろう。

生の体系と正義の体系——ペギーの用語を真似てみた——の間のこの大きな対立において、ペギーは、またもや自分の前言に反することながら、結局生の体系を選ぶ。そしてこの生の体系においては激しさ（震え）が頂点を占めるのである。これは、権利を生命よりも低くみる価値秩序であり、そこにおいては、英雄主義、戦争、熱狂はもはや良きことも、正しきことも気にかける必要はない。ペギーのエクリチュールはこの選択をそのまま反映している。情熱的で、熱に浮かされ、震えるようなそれ——矛盾に満ち、不公平で、不正なそれである。その生においても、その死においても、ペギーは理性ではなく激しさを選ぶ。「争いは英雄たちと聖人たちの間でなされているのではない。戦いは知識人に対するものである。英雄も聖人もともに軽蔑しているひとびとに対するものである」（『われらの青春』三二頁）。これより一五〇年前、『法の精神』においてモンテスキューはすでに武人と聖人を互いに近いものとし、彼らに知識人ではなく、中庸（モデラシオン）の精神を対立させていた。そして彼はこの中庸（モデラシオン）の精神をより好んだのである。「非常に幸福なひとびとも、また非常に不幸なひとびともともに他人に対し厳しくなりがちである。その証人として僧侶と征服者をあげておこう。穏やかさ、哀れみの情を与えるのは、平凡さ、運の良さと運の悪さの混合しかない」（第六編九章）。ペギーの体系は本質的に、穏やかさには熱気に認めるほどの価値を認めない体系である。

ナショナリズムがもたらしたもの

ナショナリズム対人道主義

いかにナショナリズムが人道主義的理想から遠ざかってしまったかという点についてはここでもまたモーリス・バレスの例によって観察することができる。『外国人たちに抗して』というのが彼が一八九三年に出版するパンフレットのタイトルである（そしてこのパンフレットはのちに『ナショナリズムの情景と教義』に収められる）。彼の出発点は人騒がせな断定である。すなわち彼は声高に「われわれの人種を呑みこまんとしている波の高さ」を確認するのである（第二巻、一八九頁）。フランスには外国人が多すぎる。ところでナショナリズムを信奉する者にとって外国人（イタリアに住むイタリア人ではなくフランスに住むイタリア人）を弾劾することはトートロジーの領域に属する。「外国人は、寄生者のようにわれわれを蝕む」（第二巻、一六一頁）。というのも、外国人は、われわれをわれわれの伝統が運命づけていた道からそらせるからである。このような状況を前にしては、当然ふたつの反応が起きてくる。まず外国人に対してはより厳しくあらねばならない。こうしてバレスは「社会保険の負担になっているあらゆる外国人の国外追放」(第二巻、一九八頁)をすすめる。つねに健康でありフランスに残れる者もフランス国籍をとることは妨げられねばならない。そしてフランス国籍をとるにいたる者も彼ら自身が市民としての権利を享受することがあってはならないだろう。それができるのはようやく彼らの子や孫からである。ひと言で言えば「祖国という観念は不平等の観念を含意するが、しかし差別されるのは外国人であるべきであり、今日のようにそもそもの国民が差別を受けるべきではない」(第二巻、一九三頁)。したがって、またこれがバレスの示す計画の積極的部分だが、そもそもの国民を優遇せねばならない。「心地よい接遇をおこなうフランス、美しい言葉だ。だがまずわれわれの同国人を接遇しようではないか」(第二巻、一八八頁)。

バレスの出発点自体には、何らけしからぬところはない。ある国家がその市民にはいくつかの義務を課し、またいくつかの権利を認めているのに、外国人に対してはそうしたことがない以上、その国家は市民と外国人を区別しないわけにはいかない。しかしこの行政上の区別は、外国人たちがフランスの血を毒するということも、また彼らは寄生者であるということも意味しない。だがバレスに人道主義的原則の名のもとに彼の外国人嫌いを放棄するように要求することはできない。外国人嫌いは存在する。ところですべての存在しているものは存在すべくして存在しているのである。「われわれが、**外国人に抗して**いましがた述べた諸観念は、この国の深い感情に合致している」(第二巻、二〇五頁)。

バレスのユダヤ人嫌いはさらに非合理である。彼には遠くからでもユダヤ人の身体的特徴を識別することができるように思われる。彼らの道徳的特徴は、フランス人のそれの対極にあるものであり、単に卑しいものである。ユダヤ人たちの罪は国民に融け込もうとしないことであり、あらゆる国において世界市民であるにとどまろうとすることである。彼らにとって、外国人であることはもはや一時的な状態などではなく、その本質である。彼らは単にイタリア人移民やポーランド人移民のように、彼らの家にいないというのではない。彼らは家というものをもたないのである。それは祖国をもたない存在である。だが、ひとは祖国がつくるものでしかない。したがって彼らは何者でもない（トゥスネルやミシュレがしていたように、ユダヤ人たちの祖国はロンドンの株式市場であると考えるのでなければ）。「ユダヤ人たちはわれわれが用いている意味における祖国というものをもたない。われわれにとって祖国とは大地であり祖先である。それはわれわれの死者たちの土地である。彼らにとってそれは彼らがもっとも大きな利益を見いだす場所である」（第一巻、六七頁）。もしその必要があれば、バレスは彼のユダヤ人嫌いを、やはりフランスの民衆のうちにこの「情熱」が存在するということによって正当化できるだろう。裁判所で繰り広げられたある場面をバレスは報告している。「マルテル夫人は（中略）フランス的な愛想の良さと自然さの完全な典型である。〈裁判長〉あなたの職業は？〈答え〉反ユダヤ主義者です」（第一巻、二六八頁）。

外国人嫌いもユダヤ人嫌いも、バレスのナショナリズムから由来する。しかし彼は、彼の教義が一七八九年の人道主義的諸原則と合致することを証明しようと望んでいるらしい。彼はそれをどのようにやってのけようというのだろう。バレスは一七八九年の諸原則が普遍主義を擁護していることをよく知っている。「十八世紀の哲学とフランス革命の役割は、社会を自然権の、すなわち論理の基礎の上に置くことだった。哲学者たちと立法者たちは、あらゆる人間はいたるところで同じであり、人間として諸権利を保持しているると宣言した。ここから『人権宣言』が由来する」（第二巻、一七一頁）。この原則をバレスは認めているのだが、彼の考えではこの原則は各民族が彼らの生活を組織する仕方については何ら憶断を下していない。ところで歴史が示すところによれば、フランス革命に引き続いて、そしてその影響のもとに、いくつもの国家（ナショナリテ）（そしていくつものナショナリズム）が花開いた。この事実をいかにして説明すべきだろうか。このことはフランス革命によって「諸民族が、自分たち自身を治める権利が原則として打ち立てられた」

（第二巻、五三頁）ということである。ここにみられるのは、すでにルナンとペギーにおいてより詳しくみた議論であり、私たちはそれが個人と民族の間のまことしやかなアナロジーに依拠していることをいまでは知っている。しかしたとえこの議論が正しいとしても、それはナショナリズムの原理を他者への軽蔑、あるいは他者の拒否の意味に解することを正当化するものではないだろう。ナショナリズムと人間主義との関係は、ナショナリズムと外国人嫌いの間の関係と同一のものではない。

　ナショナリズムは人種差別主義と、他者に対する敵対的な態度を共有する。だがそれでも両者の間のちがいには大きな意味がある。ナショナリズムが外国人嫌いに導くのは自然のことである（バレスのパンフレットの『外国人に抗して』という題名自体、そしてそのパンフレットがナショナリズムについての本に収められたことがその明瞭な証である）。しかし外国人という概念自体は非難される個人の身体的諸特徴についていかなる含意ももっていない。単に**市民**でないあらゆるひとびとが外国人なのである。人種差別主義者はこれに対し市民ではなく**人間**をみる。アメリカの黒人とユダヤ人は3K団（アメリカの人種差別団体。白人至上主義とその暴力的活動で知られる）のメンバーと同じ国民に属しているが、同じ「人種」には属していない。国籍は変えられるが「人種」を変えることはできない（前者の概念は精神的なものだが後者の概念は身体的なものである）。ナショナリズムを信奉する者は、たとえ扱う対象領域を代えたとしてもただひとつの平面の上で動いている。彼は精神的諸判断を、政治的資格と文化的所属の相違に結びつける。人種差別主義者のほうはといえば、精神的なものと身体的なものを同一視することによって、彼はふたつの平面を関係づける。たとえナショナリズムと人種差別主義が感情的レベルや評価のレベルにおいてしばしば手を携えることがあるとしても、概念についての両者間のこの相違は重要である。バレスはナショナリズムの信奉者だが、だからといって彼は人種差別主義者たることをやめない。そして彼がこのような唯一の例ではない。同じような例がいくつもあるのだ。

シェイエスに始まる一連の系譜の最後の例であるバレスの例は、愛国心と人間主義の原理的両立不可能性を示している——もっともこの双方のスポークスマンともその逆をわれわれに信じさせるべく努力してはいるのだが。シェイエスは何の根拠もなく国民の要請は自然権と合致すると決め込んでいる。革命家たちは国家利益が脅かされるや否や、彼ら得意の人道主義的修辞法を捨て去らねばならないと思い込む。「外国の党派」との接近の試みは短い間しか続かない。トクヴィルは愛国心には不都合な点はないと考えている。その理由の第一はそれが民主主義における個人の過剰な自己中心主義とは反対のものだと考えるからであり、第二には彼が、個人においては「一般意志」というものはないことを考慮にいれずに、個人の自由の原則を集団間の関係に移しかえるからである。この結果彼は『アメリカの民主政治』の理論を彼のアルジェリアへの介入によって裏切ることとなる。ミシュレはフランスは普遍的な諸価値の具現そのものであると宣言する。ルナンは愛国心を打ち捨てるが国民の政治的側面と文化的側面とを切り離すことをせず、その結果あるひとつの国民の成員に対し、未来において共同で行動することのみならず、共通の過去をもつことをも要求するにいたってしまう。ペギーは、不当にも人権から民族の自決権を演繹する。そしてペギーはこれにさらに「一にして不可分」の共和国の要求を付け加える。この「一にして不可分」の共和国は先の、民族自決権と矛盾するものであるが、これとても自決権以上に人権から演繹されるものではない。そして最後にバレスは、彼もまた文化的要素と政治的要素を混同し、それ自体問題を含んでいる民族自決権ともっとも不寛容な愛国心を等しいものとみなす。この愛国心は人種差別主義、外国人嫌いに等しいものである。フランスのナショナリズムの教説のもっとも説得力に富む理論家たちを検討したいま、これまで人道主義的諸原則から愛国心が正当な形で演繹されたことはないとわれわれは結論することができる。

だが愛国心は、人間主義による正当化とは関係なく、それ自体として尊重されねばならないのではなかろうか。だがもしこの愛国心という言葉で、自己の文化に対する関心でも、ある国に生きその法に従うというはっきりと表明された意志を意味するのではなく、自国民を他者より好む（「自国民への好み」）を意味するならば、言葉を換えれば「国民」という語がもつさまざまの意味を互いに切り離すことに同意するならば、この尊重自体問題をはらんだものとなってくる。というのも、この同じ時期にフランスによっておこなわれたすべての戦争の源にあったのが、ナショナリズムの情熱であったことを忘れることはできないからである。ペギーの例（彼がおこなうたびたびの断言というよりは）が示すように、愛国的宣言というものはたやすく宣戦布告に道を開くものなのである。観察の領域をドイツにまで広げてみても、ナショナリズムが第二次世界大戦を導いてきたイデオロギーの主要要素のひとつであることを確認せねばならない。だがフランスにとどまろう。ナポレオン戦役から第一次世界大戦の終結まで血腥い一世紀が過ぎた。これらの戦争はフランス革命の威光と人道主義的理想によって飾られていただけに、いっそうたやすく受け入れられたのである。イデオロギーが戦争をおこなうのではないかもしれないが、それによって戦争が民衆の支持をかちえ、みなに受け入れられるのである。

ここで「人道主義的」愛国者たちの責任はとくに重いということを付け加えておかねばならぬだろう。愛国者にすぎない愛国者は、行動する際に自分の正体を隠さない。前もって彼に何を期待すればよいかがわかるのである。共和主義的美徳と人道主義的原理が尊敬されている国で、これらの価値の覆いをかぶって進む愛国者は二重の断罪に値する。祖国への愛が他者の拒否を意味する以上、それは潜在的に争いの源となる。ミシュレとモラスは理想の政治体制についての見方においては対立している（一方は共和政体を、他方は君主政体を理想とする）。だがふたりのナショナリズムは似たようなものである。だが倫理的観点からすれば、相違が再び明確になる。そのちがいは両者における明晰さ（あるいは誠実さ）の程度のちがいから由来する。そしてこのことは重要なのである。

しかし多くのひとびと、その中でもアルトーが言っていたように、「祖国愛」について真実であることは必ずしも自国の文化への愛着にも適用されるわけではない。モンテスキューやテーヌを忘れるわけではないが、フランスの伝統においては文化の役割についての省察はあまりなされてこなかった。その理由はおそらくこの伝統がみずからを普遍的なものの直接的な（したがって特権的な）具現と考えることを好んだということだろう。だが、愛国的情熱はむしろこの自国の文化を認識するため、そしてそれを豊かにするために用いられたほうがよかったであろう。もし個人の精神がまったくの白紙状態であったなら、その個人は、世界の同時にかつ継起的に生起する無限の多様性のうちで、みずからの方向を定めることも、概念化をおこなう彼の努力を遠くまで押し進めることもけっしてできないだろう。彼にとっては好運なことに、彼は世界に直接入っていくのではない。彼が入っていくのは一個の文化の中へ、すなわち一個の世界解釈の中へであり、したがって彼は一個の秩序のうちに入っていくのである。こうして彼を待ち受けていたはずの仕事の大きな部分はすでに成し遂げられていることになる。文化とは一個の世界分類であり、これによって私たちはその中でよりたやすくみずからの方向を定めることができる。それはある共同体に固有の過去の記憶であり、それは現在におけるふるまいのコード、未来のための戦略の一全体を含んでいる。「万人への（ユニヴェルセル）」愛を学ぶためにはまず身近なものを愛さねばならぬように、普遍的（ユニヴェルセル）精神に到達するためには個別の文化を知らねばならない。愛情について真実なことは認識についても真実なのである。

したがってある文化をより深く所有している者がそれを知らぬ者より有利であるということは明白であ

る。また豊かな文化的伝統は個人にとっての切札となることも明白である。これはその伝統に従順に従わねばならないということも、またその規範を侵犯してはならないということもまったく意味しない。そもそも規範から逃れようとする欲望自体、規範が存在するという意識にしか由来しえないものである。この点については詩人の例が雄弁である。彼が関わりをもつ文化の部分は国語である。彼が国語のもつすべての資源をよく知れば知るほど彼はその任務の成就に向けて進むことができる。この個別的なものへの沈潜はそれ自体目的となりうるだろう（珍しい表現の、イディオム的言い回しの収集）。だが偉大な詩人においては、個別的なものへのこの沈潜が、そしてそれのみが普遍性へと導くものなのである。これ以上ないほどに豊かな英語語彙をもち、これ以上ないほどに精密な英語についての知識をもってはいても、シェークスピアは文学の歴史においてもっとも普遍的な作家のひとりなのである。

したがって文化を失うということは不幸なことである。人間界を植物界に投影して「根の喪失――デラシヌマン」について語ったバレスは（彼のそれよりずっと心の寛い議論のなかでこの用語を用いたシモーヌ・ヴェイユと同じように）誤っていた。だが**文化喪失**の問題は確かに存在している。それは必ずしも国民レベルの問題ではない。なぜなら先にみたように文化自体は国民というレベルよりしばしば下位のあるいは上位のものであるからだ。それゆえ文化喪失の原因は、よく断定されるのとは異なり、必ずしも現代世界を特徴づける情報伝達の容易さと結びついたものではない。いずれにせよ、人間がそもそも単一の文化をもつものであると想像するならばそれは誤りであろう。地理的にみれば文化は互いに入れ子状になっている。それだけではない。社会的にみれば複数の文化が交差しあって、私たちはそれぞれかならず複数の下位集合文化に――それぞれの出自によって、職業によって、年齢によって――属している。文化の複数性はわれわれをおどろかせもしないし、堕落させもしないだろう。これが今日しばしば話題にされる複数文化国家という**企て**が多少とも空しいことの理由である。複数文化主義というのは万能薬でも、またそもそも脅威でもない。それは単に現在存在するあらゆる国家の現実なのである。文化的所属というものは、愛国心によって要求される忠誠とは異なり、いくつも同時に集積できるものなのである。移民がしばしば自分の文化を激しい仕方でもち続けようとするのは、彼がその文化から遠ざけられているからである。また旅行者は、他者の習慣を知っても必ずしも自分の習慣を捨てたりはしない。シモーヌ・ヴェイユが言ったように、価値ある画家は美術館に行くと独創性を増してそこから出てくる。文化は他者との接触によって豊かになるものなのである。工業化にともなう、一国内部における人口流動はこれとは逆に地方文化を破壊することに力を貸す。確かに郊外のベッドタウンには新しい文化、新しい伝統が姿をみせる。だがそれらは少なくとも現れ始めたその当初は、それがとって替わったものよりずっと貧しいものなのである。

異文化受容は常態であり、例外ではない。ひとはフランス人（語のこのような意味においては）として生まれるのではなくフランス人となるのだ。確かに〇歳から二〇歳の間にひとつの文化を修得するほうがよりやさしいかもしれないが、二〇歳から四〇歳の間でもそれはできる。個人は、新たに獲得した文化の中でも、そもそもの文化の中でと同様、困難を覚えることはない。あるいは、参加者と観察者という二重の資格を活用して、より居心地のよい状態にあることもある。ただこの可能性も、人生の長さによって制限を受ける。文化の修得は言語の学習より時間がかかる。一度の人生でふたつ、もしかすると三つの文化までは獲得できるかもしれないが、それ以上は無理である。ふたつの文化のいずれにおいても居心地よく過ごせる異文化受容を果たした者と、そもそもの自分の言語を忘れてしまったのに、新たに自分が選んだ国の言語を学習していない文化喪失者のちがいはわかってもらえるだろう。第二の文化を獲得することは、当初の状況を根底的に変えるものではない。これに対し、私にひとつしか持ち合わせのない文化を失うことは、私の世界の貧困化、さらに言えばその消滅に導く。

ここまでくれば、「文化ナショナリズム」がどのような方向に向かっていくかもしれないかをかいまみることができる。だが、もう少し、「市民のナショナリズム」をみておこう。

植民地主義の正当化

愛国心はおそらく十九世紀以来ヨーロッパにおける諸戦争の源であった。だがそれはまた植民地戦争というあの特殊な種類の闘争の源でもあっただろうか。よく知られているようにフランスはこの点についてはとくに際だっていた（エジプトの占領、ルクレール〔一七七二－一八〇二。ナポレオンの妹ポーリーヌ・ボナパルトの夫、ハイチに遠征し黄熱病で死亡〕によるハイチへの死臭ただよう遠征から、北アフリカ、ブラックアフリカ、インドシナにおける戦争、さらにはモロッコの「和平」まで）。まず確認できるのは植民地化の推進者たちが何でもやってのける準備があるということであり、一貫性などというものにはまったく顧慮をはらうことなしに手元にあるイデオロギーを用いる準備があるということである。『近代の諸国民における植民地政策について』の著者であり、フランスの拡張政策の有力な理論家であるポール・ルロワ゠ボーリューの著作が、どのように考えてみても互いに相容れない議論の折衷的な集積の見本を提供してくれる（ルロワ゠ボーリューはその最初の発想を「フランスの知的・道徳的改革」におけるルナンの帝国主義的征服への呼びかけから引き出している）。だがいまはボーリューよりも、それらの議論をひとつずつ、植民地政策の首尾一貫した支持者において観察していこう。
まず植民地政策の**普遍主義的**イデオロギーが存在していることを確認せねばならない。それはすでに直接に啓蒙の哲学の性格を帯びている著者たち――ナポレオン戦役以前の――においてそれと認めることができる。たとえばコンドルセであり、観念学派（イデオローグ）のひとりド・ジェランドである。コンドルセは諸文明を階梯づけるただひとつの尺度が存在すること、そしてその頂点には「もっとも啓蒙された、もっとも自由な、もっとも偏見から解放された諸国民、すなわちフランス人、イギリス人、アメリカ人がたどり着いた文明の状態」が見いだされることを確信している。そして他方「これらの国民とインディアンの隷属、アフリカの小種族の野蛮、野蛮人の無知を隔てる巨大な距離」が存在するというのである（『人間精神の進歩に関する歴史的展望の素描』二五四頁）。コンドルセにとって進歩とは、偏見からの段階的な解放であり、この道をもっとも遠くまでいったのは彼と同じ時代の同国人たちなのである。

一八〇〇年に、遠方の国への旅行者たちのために書いた論文『未開民族の観察においてとるべきさまざまの方法に関する考察』の中で、ジョセフ＝マリー・ド・ジェランドもやはり、観念学派（イデオローグ）が百科全書派の遺産から引き継いだことを述べている。彼にとっては「それぞれ、文明あるいは野蛮の非常に異なったさまざまの段階に属する諸国民」（一二八頁）が存在することは明白なことである。そして彼は「文明の多様な階梯を測る正確な尺度をつくる」（一三一頁）ことを提案する。それによって始まりに近い諸国民と完成に近い諸国民が区別されるだろう。基準はまたしても理性と社会性である。したがってまた技術の発展である。火を知らないことは、「おそらく文明からもっとも離れた段階の証拠となる」（一六二頁）。

ド・ジェランドは野蛮人たちが文明を欠いているからといって彼らを軽蔑しない。だが彼は彼らに対して、まるでひとが自分たちと同じ種に属するが自分たちより劣った先祖に対するのと同じように、見下した態度をとるのである。野蛮人と先祖とのこの同一視は（これは少なくともトゥキジデス〔前四六五頃－前三九五。ギリシャの歴史家〕までさかのぼれる態度だが）ここではまったく新たな力強さを獲得している。野蛮人たちを訪れることによって、「われわれはいわばわれわれ自身の歴史の最初期におけるわれわれを見いだす。（中略）大地の最果てへ向けて航海する哲学者＝旅行者は、実際はいくつもの時代を横切っていくのである。彼は過去へ旅するのだ。彼が進む一歩は彼が越える一世紀である」。これこそ野蛮人を研究することに執心しなければならない理由である。彼らにおいてこそ、われわれの特徴が「ずっとわかりやすい形で浮かび上がってくるはずなのである」（一三二頁）。

だが、コンドルセとド・ジェランドは、首尾一貫した啓蒙哲学の徒としてすべての人間の間の平等を確立する必要性を信じている。したがって彼らは「主意主義者（ヴォロンタリスト）」、より明確にいえば改革論者、教育者であり、ヨーロッパ文明を輸出し、それを世界のあらゆる地域に広めようとするのである。黒人たちに向かってコンドルセは言明する。「自然はあなたたちを、白人たちと同じ精神、同じ理性、同じ徳をもつように形づくった」（「黒人の奴隷化についての考察」六三頁）。さらに『素描』においては「どこに住んでいる人間も、自然の約束によって、平等であり兄弟である」（第八章、一八三頁）と宣言する。これは「各国民間の不平等の廃絶」を含意する（第一〇章、二五二頁）。

コンドルセの夢は先にもみたように、世界の段階的統一、法の画一化、人類の均質化である。この普遍的にして均質な国家に到達するための手段は啓蒙の光を広くひろげることである。「人類の運命をよりよいものにする手段について長いこと思いを巡らしてきた私は、そのような手段はたったひとつしかないと考えざるをえなかった。それは啓蒙の進歩を促進することである」とコンドルセは書いている（「アメリカ革命のヨーロッパへの影響」三〇頁）。このようにして、近代の植民地主義のプランが誕生したのである。これは十六世紀の、コンキスタドール〔十六世紀初め新大陸を征服し、アステカ文明やインカ文明を滅したスペイン人。コルテス、ピサロなど〕たちがおこなったことよりは、むしろ福音伝道師たちの夢に近いもので、そのめざすところは征服、服従ではなく、植民地化された国々を普遍主義の計画のうちに統合し、これによってその国々をヨーロッパの段階にまで引き上げることなのである。この計画はコンドルセにおいては、彼のいる場所にユートピアが実現するのをみたいという願望と肩を並べて進む。そしてこのふたつは、ふたつながら社会構造は透明なものであり、したがってそれに働きかけることはたやすいという彼の確信に由来する。ひとつの原因にはひとつの結果が、そしてひとつの結果だけが対応するというわけである。

地球の表面から野蛮を除去するのはヨーロッパ諸国民にとっての高貴な使命である。「ヨーロッパの住民は（中略）、いまだに広大な地域を占めている野蛮な諸国民を文明化するか、あるいはたとえ征服によるのでなくともそれを消滅させねばならぬのではなかろうか（『人間精神の進歩に関する歴史的展望の素描』二五五―二五六頁）。文明化するか消滅させるかとはよく言ったものだ。だがこの企てはコンキスタドールたちによって実践された大量虐殺とも、当時まだ支持者がいた奴隷制度とも混同されるべきではない。ここで問題になっているのはこの野蛮な諸国民をわれわれの国民に近づけるということなのである。その実行は、「活動的なひとびと」である植民地開拓者によって立派に成し遂げられるだろう。そうなれば現在あるような「強盗どもの海外支店はまともな市民たちの植民地となり、彼らはアフリカ、アジアに自由の諸原則と実例、ヨーロッパの啓蒙の光と理性を広げるだろう」。そしてこのようにすることは、明らかに、問題にされている住民たちの願望と利益を満たす方向に向かうだろう。これらの「国民は訓育さえ与えられれば、文明化されるように思われる」（二五七頁）のだから。

ド・ジェランドにとっても、「彼らがより幸福な状態までみずからを高めることができるように彼らに手を差し延べる」ことは、「博愛」によるふるまいであり、このことは「全社会の厳かな結びつきを回復する」（『未開民族の観察においてとるべきさまざまの方法に関する考察』一三二頁）ことに貢献するだろう。というのも、彼らにとっては他に進歩に到達する方法はないからである。「われわれの助けなくしては、彼らは文明化はほとんどできない」(一六三頁)。あの野蛮人たちに農業技術を教え、彼らの国を自由貿易へと開かねばならない。そうすれば「ヨーロッパの諸国民が(中略)意のままに、もっともすばらしい地域を得ようとも」(一六八頁)それを彼らが残念に思うこともないだろう。なぜならド・ジェランドは植民者たちに次のような言葉を語っているからである。「あなたたち[植民者たち]は、すべてのひとびとの幸福、ひとの役に立つという栄光をしか望んでいない」(一六九頁)。ここでもまた植民地建設は「強欲な征服者たち」によって遂行された戦争とは区別されている。植民地建設は新たな「平和建設者であり友であるひとびと」(一六九頁)による事業である。それは用いられる方法自体も戦争の場合とまったく異なっているからである。もはや、破壊したり、奴隷状態におとしめたりしようとするのではなく、「これらの見捨てられた民族に、穏やかで有益な影響を与えよう」(一六三頁)とするのである。そのうえ、彼らの側からもきっとわれわれの介入をもとめてくるだろう。「われわれの優越性を知って(中略)、彼らはわれわれに自分たちのところにきて、彼らをわれわれのいる状態まで導いていく道を教えてくれと頼むだろう」(一六三頁)。

これらの言葉は近代植民地主義の全盛期以前に書かれており、いま現在においてその企図の素朴さを皮肉るのは余りに安直な仕方であろう。なぜ植民地建設はコンドルセやド・ジェランドの牧歌的見方に沿って展開しなかったのであろうか。いくつも理由はあるだろうが、ここでは三つ述べておこう。まず第一にわれらの哲学者たちは人間と市民の間の争いについて無知であり、諸国の政府は普遍的な利益にかなう政策をとるだろう——そんなことは、いわばものごとの定義からしてありえない——と想像していたことである。第二に彼らにおいては普遍的なものの像が自民族中心主義によって相当に汚されていた。他者の文化は何よりも自分たちの文化からの隔たりとして知覚され、その文化自体の内的一貫性において知覚されたのではなかった。そしてこれは先のふたつの理由から結果することだが第三に、それぞれの文化はいくつかの相互に孤立した特徴を単に加えていったにすぎないものとして提示され、一個の構造として提示されたのではなかった。ひとつの特徴に変更を加えても（農業技術をもたらす）他の特徴に変化を及ぼさずに済むと想像したのである。あるいは、植民者が道路を建設することができるように彼らに権力を与えても、彼らがその権力を他の目的のために用いるのではないかと心配することはないと想像したのである。「彼らにわれわれの技術をもっていき、われわれの悪徳をもっていかないようになさい。われわれの科学をもっていき、われわれの懐疑主義をもっていかないようになさい」（一三二頁）とド・ジェランドは未来の植民者たちに忠告する。だが一方が他方の避けがたい随伴物だとしたらどうなるのか。さまざまの社会事象は、完全に均質な一個の全体を形づくらないまでも、互いに連関しあっており、ひとつの変化は必ず複数の変化を引き起こす。それらは予測不可能なものであり、また望ましくないものである場合もある。コンドルセとド・ジェランドの意図が善意に満ちたものであることは疑いえないが、それはこうして結局のところ非常に不毛なものであることがはっきりする。

　このような、植民地建設の「人間主義的」正当化のかたわらにまだ別の正当化の仕方がある。**科学主義**は人間主義と混同されてはならないということは先にみた。ところで植民地建設の理論家であり、実践者であるJ・M・ラヌサン〔一八四三‐一九一九。フランスの博物学者、医師、政治家〕という男が持ち出す議論は科学主義的なものである（彼はインドシナの総督になる男だが、同時に植物学者でありパリ大学医学部の教授でもある）。彼は非常に遠くまで、すなわち人間の本性にまでさかのぼる。「人間が自分が生まれた土地の境界を越え、世界の残りの部分を探検するために出かけていくよう仕向けるのは生まれながらの自然な好奇心である。それはまたそれぞれの民族がもつ、己の影響圏を拡大しようという欲望である。そして最後にそれは、勝利と征服、さらに人間が己の支配欲と栄光への欲求を満足させるためにおこなう力の濫用がもたらしてくれる肉体的・精神的喜びの追求である」(『植民地建設の諸原則』一一二頁)。

自然の欲望・欲求しか問題にされていない場では、あらゆる価値判断は明らかに場違いであろう。「どんな時代においても、人間は人種どうしで絶えることのない争いのなかで押しあい、倒しあってきた。そしてその争いはつねにより古い、完成により遠い人種の破滅、より若くより完成された人種の勝利に終わる。私は議論をしているわけではない。生命の法則を確認しているのだ」(『仏領インドシナ』五三頁)。人種差別主義の理論だけでなく、また社会的ダーウィニスムにも影響されたこの描写においては、もっとも環境に適応したものだけが生き延びることができる。自然の侵すべからざる掟に反抗しても空しいとされるだけだろう。それは「ことの必然的成りゆき」(『フランスの植民地拡大』XXI頁)であり、「これらの国家の生命の運命的であり不可避の現れ」(XXIII頁)であるとされているのである。

この観点からみるならば、人類の歴史は植民地化の歴史、すなわち移住と交換の歴史とわかちがたいものである。現代の、新しい市場をもとめる争い、一次資源をもとめる争いは、人間に彼の家の敷居を越えさせるあの第一歩の必然的結果――その起源が自然の中にあるので非攻撃的なものにはなっているが――にすぎない。もっとも完成に近づいた人種が必ず勝つのである。なぜなら完成の度合はまさにその人種が戦いに勝つ能力をもつかどうかによって認められるのだから(この議論の詳細についてはすでにゴビノーについてみた)。ラヌサンの言によれば「人種というものは完成されればされるほど、外へ広がって行く傾向がある。また劣っていればいるほど自分たちのいるところに閉じ籠る傾向がある」(『植民地建設の諸原則』六頁)。「世界はいつか世界の表面の上にもっともひろく広がった人種に属することになるだろう。

そして人類の全歴史はこの人種こそかつて大地が養ったすべての人種のうち必然的にもっとも完成された人種であることを証言することになるだろう」（四八頁）。

諸人種をこのように階層づけしようとすればひとつの逆説に行きついてしまう。この逆説もゴビノーにおいてすでにみられるものであり（そして先にみたようにレヴィ＝ストロースによって明らかにされたものだが）、それは人種間の交配を優越性の指標として価値あるものとする一方、同時にそれを退廃の脅威として断罪するというものである。ラヌサンはこの逆説を、「人種の生命力を保つために必要な」（一二九頁）、自分より優越した人種との交配である良き混血と、自分より劣った人種との交配である悪しき混血を区別することによって逃れようと望んでいる。最初のほうの混血だけが奨励されていることは言うまでもない。ところで、どの人種が優越しているかは周知のことである。「人類学的観点からみて、また疑いの余地なく（中略）、あらゆる人種のうちもっとも完成された人種であるヨーロッパ人種は、地球上のあらゆる場所に例外なくすでに広がった」（一六頁）。だがヨーロッパ人種が最良のものであるとするなら、あらゆる混血はそれにとって不吉なものとなるのではなかろうか。悲観論をとったゴビノーは、この点、より一貫していたと言えるだろう。それでもやはりここで植民地政策は人間主義的思潮とは対立する科学主義的・人種差別主義的教義の上に立てられている。

最後に非常に奇妙にみえるかもしれないが、**相対主義者たち**の主張もまた植民地政策と調和させうる。バレスの例をみてみよう。彼を特徴づけるのは一方では「根付き」への、過去の保持への、保守主義への賛辞であり、他方ではフランスを始めとする植民地主義国の帝国主義政策への支持である。この政策は議論の余地なく国家の栄光には貢献をなすかもしれないが同時に他者を根無し草にするものである。「われわれは、われわれと異なった国民（ナショナリテ）、文明の上にどのような影響力をもちえるだろうか」と彼は『レバントでの調査』の中で自問している（四六九頁）。「われわれとともに働くことのできる知的エリートをどのようにしてわれわれは育成していけば良いのだろう。根無し草ではなく、彼らの規範にしたがって判断し、彼らの父祖伝来の伝統を保持し、こうしてわれわれと原地住民大衆の間の連結符となる東洋人をどのように育成できるだろう」（四七〇頁）。まさしく難問である。このエリートが、彼らのそもそもの規範にとどまりつつ、われわれの規範をも教え込まれるということなどどのようにして可能だろう。あらゆる意味において、根こぎを拒否することと、他者に根を失わせる植民地建設のための征服への賞賛をどのようにして折り合わせることができるのだろうか。

バレスがしばしば体現する首尾一貫したナショナリズムの信奉者は、本当に首尾一貫しているならば相対主義者であり、したがってたとえそれがフランスによる吸収のためであっても、根こぎには反対のはずである。だが、ナショナリズムの典型的信奉者の特徴は首尾一貫していないことである。彼の自国民中心主義は彼を盲目にし、彼の体系のなかに少量の絶対主義を持ち込む。これによって彼は諸価値の全般的相対性から自国を除外することができる。レバノンへの旅行の際、具体的状況を前にして、バレスは、上にみたようないくらかの心遣いはみせはするものの結局ありきたりのナショナリズムの道を選ぶだろう。彼がその場所へ観察しに、また励ましにやってきたのは、「そこで西洋文明を普及させている教師たち」（一〇二頁）なのである。ところでこの普及は、ほとんどの場合狩りの、あるいは戦闘の用語で描写されている。「われわれがアレクサンドリアの若者たちに投げかける投網」（一一四頁）、「なんとさまざまな連隊！なんという多様な、そして共同作業による活動！」（これは宗派によって運営されている学校についての記述である。一一六頁）といった具合いである。そしてバレスは――ペギーが見いだしたと思った法則とは逆に――精神的なものがその航跡のうちに世俗のことを引きずっていくのだということをよく知っている。

出発するに当たって彼は「私は近東にわれわれの精神の力の状態を確かめにいく」と宣言している（一〇七頁）。だがその直後にすぐ次のように付け加えている。「それら［諸修道会］はわれわれの精神の威光を確かなものとし、われわれの工業のために顧客を創出し、われわれの企ての協力者を供給してくれる」（四五四頁）。アジアにおいてであれ、アフリカにおいてであれ、こうした国々を植民地化することこそフランスの使命とされるのである。

植民地主義とナショナリズム

したがって植民地主義は互いに矛盾した、また共存不可能なイデオロギーを、大筋においていつも一定の政策を正当化するのに用いていることになる。だがこう言ってみても問題が解決されたわけではない。ここでひとつの区別を導入しなければならない。普遍主義的主張をするひとびとが通常擁護する型の植民地政策は**同化**（アシミラシオン）と呼ばれるものであり、フランスを普遍的諸価値の完全な体現と考えた上で、原住民の「諸人種」をフランスの像にあわせて変形しようと望むものである。この政策に敵対するレオポルド・ソシュールは、あるフランスの共和派の指導者の雄弁な一例を紹介している。「トンキンについたポール・ベール〔一八三三―一八八六。フランスの生理学者・政治家〕は、彼もまた安南人たちをわれわれの政治的信条に引き付けるために、まずハノイに人権宣言を貼り出させるという配慮を示した」（『フランスの植民地政策の心理』八頁）。これはバレスが皮肉っぽく「カント的精神の遠いこだま」（『ナショナリズムの情景と教義』第二巻、一〇九頁）と呼ぶものである。相対主義者たち、したがってナショナリズムの信奉者たちは、彼らが首尾一貫している場合、別の型の植民地政策のほうをより好む。そして彼らはそれを**協同**（アソシアシオン）と呼ぶ。これはラヌサンとガリエニ将軍によって実践され、先出のソシュールによって擁護され、リオテ〔一八五四－一九三四。元帥。モロッコ総督をつとめるなど生涯の過半を植民地でおくり、陸相となる〕によってモロッコで大規模に適用された政策である。この政策がめざすのは保護領化である。保護領とは、本国によって軍事的・経済的管理を受けるが、地生えの、原住民による権力が、もっとも適した諸制度を選び、日常的問題の処理を任される型の植民地である。

ここで強調しておかねばならないのは、これらの議論はすべて本国の世論を安心させ（たまたま世論が植民地政策に異を唱えた場合に）、また投資を引き付けるためのものだということである。植民地戦争をおこなうことを決定したフランスの統治者たちの実際の行動について言うなら、それは実際ただひとつの原則に従っていた。その原則とはやはりナショナリズムの原則である。他の問題について共和主義者であろうが人間主義者であろうが事態はまったく変わらない。アナカルシス・クローツは先にみたように普遍主義の諸原則の熱狂的支持者であるが、彼が自分の祖国として選んだ国、フランスの国益を考慮に入れるや否や、その意見を変え、——ナショナリズムによって——自分は奴隷制度廃止に反対であると宣言する。「急いでことを運べばフランスを破滅させてしまうことになるだろう。そして五〇万人の黒人を自由にしようとして二千五百万人の白人を奴隷にしてしまうことになるだろう」（『あるドイツの太守への書簡』二七頁）。ナポレオンはサント・ドミンゴ植民地〔現在は、ハイチおよびドミニカ共和国のあるサント・ドミンゴ島。当時はフランスの植民地であった〕の主、トゥサン・ルヴェルチュール〔一七四三－一八〇三。ハイチ独立運動指導者。捕えられフランスに送られて獄死〕に対し遠征軍を差し向けることをためらわない。だがルヴェルチュールもまた革命思想を旗印にしていたのである。ナポレオンは先に廃止された奴隷制度の擁護者となってしまったのである。同じことをトクヴィルとアルジェリアについてすでにみた。確信に満ちた人道主義者でも、もし彼が植民地戦争を支持しようと欲するなら自己の諸原則を棚上げせねばならない。そして議員、大臣であった間、トクヴィルはそうすることをためらいはしなかった。だがその同じ行為を、社会学者、哲学者として『アメリカの民主政治』を書いている限りにおいては、トクヴィルは糾弾していたのである。彼の思想の内容は、大臣の職務自体によって規定されていたように思える。

この点についてもうひとつの意味深い例を、チュニジアの征服の直接の実行者（このように言うのは、この征服が彼が首相であった時期に完了したからだ）であり、またフランスの植民地政策全体の擁護者であり推進者、しかも確信に満ちた共和主義者でもあるジュール・フェリーにおいて観察することができる。急進主義者たち（クレマンソー〔一八四一－一九二九。フランスの政治家。内相、首相を歴任〕）から政府の植民地政策への攻撃を受けて、ジュール・フェリーはその政策を正当化するために三つの論拠、経済的・人道的・政治的論拠を押し出している。だが政治的論拠、経済的論拠は同じナショナリズムの原則のふたつの面にすぎない。それによれば自分の属する国がより大きな力をもてるように最善を尽くさねばならぬのである。そもそもこのふたつの面は緊密に結ばれている。「政治的な優位があるところにこそ、生産物の優位、経済の優位があるのだ」（一八八五年七月二八日の「演説」一九六頁）。経済面について言えば、「余剰資本」あるいは「過剰生産物」は当然その振り向け先を植民地において見いださねばならない。政治面について言えば、「フランスは（中略）ただ単に自由な一国家にとどまることはできない。（中略）フランスはまたヨーロッパの運命の上に、当然フランスがもつべき影響力を行使する大国であらねばならない。（中略）フランスはこの影響力を世界に広げねばならず、そしてそれが可能なところならどこへでもその国語、その習俗、その国旗、その軍隊、その精神を広げねばならない」（二二〇頁）。未来における戦争は、それに先立つ戦争のうちにその正当化の根拠を見いだす。力は、それ自体から権利を生み出すかのようである。「百五十万の銃剣からなる組織された軍隊を、ヨーロッパの中心においてもつ国民は、世界の諸問題に無関心でいることはできない」（『トンキンと母なる祖国』序文、五五四頁）。「われわれは地球の表面に多くの権利を有している。フランスは（中略）地球有数の海軍を無駄に所有しているわけではない」（「演説」一九〇頁）。

ジュール・フェリーの地球観は全面的にフランスの利益によって規定されている。彼は国会において叫んでいる。「世界地図を見たまえ。その上で、インドシナ、マダガスカル、チュニジアというこれらの寄港地がわれわれの船舶の安全にとってぜひとも必要な寄港地でないかどうかを私に言って欲しい」（二一六頁）。こうして外国はフランスの船舶にとっての「寄港地」と化してしまい、いたるところにフランスの利益が見いだされるようになる。「エジプトの問題は、多くの点においてまさしくフランスの問題である」（二二五頁）。厳密に言えば、ジュール・フェリーは、いくつかのヨーロッパの国々が、世界の他のすべての国々の運命を決めるこの特権集団に加わることを認めないわけではない。その集団の構成国間では一種の相互主義が支配する。フランスがトンキンを占領したのは、それに先だってイギリスがエジプトを占領したからであり、イギリスがキプロスを占領した以上、フランスはチュニジアを占領することができる。こうして連鎖は無限に続くのである。

ジュール・フェリーは、諸国民を唯一の世界帝国の構成要素に変えてしまうような、自然のあるいは摂理の意図を想像する。「かくも豊かな自然資源［鉱石］の傍らに、自然は中国、安南のかくも安価な労働力と、何にでも使える豊かな土地を置いたのである」（『トンキンと母なる祖国』序文五四九頁）。植民地化の過程は人間の自然な願望の延長としかみえず、もっとも成功した植民地主義者はスポーツのチャンピオンのようなものである。「あらがい難い運動がヨーロッパの大国を新しい土地の征服に駆り立てている。それは未知をめざす障害物競走のごときものである」（五五五頁）。これが近代の植民地主義者たちがたとえかつてのコンキスタドールたちと同じ方法を用いざるをえなくなったとしても、彼らに対して道徳的糾弾がなされてはならない理由である（この点についてのジュール・フェリーの意見はラヌサンと同じである）。それどころか近代の植民地主義者もコンキスタドールも人類がなした最良のことがらを代表するのだ。賛嘆惜しまざるべきは「科学者、兵士みなをひっくるめて、安南の地でフェルナンド・コルテス、ピサロ〔一四七五－一五四一。スペインのインカ帝国征服者〕の大胆不敵とおどろくべき成果を再現している若き英雄たち」（五四八頁）である。

ナショナリズム的議論のかたわらに、それでも人道主義的議論も姿をみせる。そしてこの両者の共存は単純ではない。ジュール・フェリーによって遂行された教育政策――無償のそしてすべての国民にとって強制的な教育、すなわちすべての国民を同じ文化水準にまで高めること――と、彼の植民地政策の間には確かに連続性がある。後者もまた同じ「教育的な、文明普及的な使命」という性質を帯びているのである。諸文明国は若く無教養な野蛮国の師匠となるというのである。問題になっているのはまさに「教育の方法」であるというわけだ。目的は搾取ではなく、文明化すること、自分のところまで「他の人種」を引き上げること、われわれが委託を受けている文明の光を普及させることなのである。これがジュール・フェリーが望む「人類と文明の進歩」の意味である。

だが、人道主義の理想は彼の著作の中では奇妙な解釈をされている。まず第一に、ジュール・フェリーは、文明化する義務は介入の権利を導き寄せると考えているらしいことだ。「優越した人種は、劣った人種に対して一個の権利を有している（中略）なぜなら優越した人種には義務があるから。優越した人種は劣った人種を文明化するという義務をもつ」（「演説」二一〇―二一一頁）。したがって、戦争と占領はこの権利によって正当化されるだろう。だがこれらの行為は、いささかも優越した文明を証拠だてるものではない。目的は（たとえそれがそもそもの初めに存在したと仮定してみたところで）手段によって覆い隠されてしまっており、その手段たるや目的とは異なっているというだけでなく、はっきりそれと矛盾するものである。さらに言えば、当初の義務はフランス人がそこにいるというだけで、別に彼らが何も特別なことをする必要がなくとも果たされているらしいのである。「フランスが北アフリカを占領して以来、それ以前に比べそこにより多くの正義、より多くの実際的・道徳的秩序、より多くの公正、より多くの社会道徳が存在することをあなたは、あるいはなんぴとであろうが、否定できるだろうか」(二一一頁)。トクヴィルは、フランスの植民地政策を疑問に付したことはなかったが、すでにこうした考えを否定していたのである。だがジュール・フェリーはそうではない。彼の人道主義は奇妙なことに人種差別主義に色づけられているのである。彼にとっては問題の義務はすでに果たされている。したがって彼はその義務から生じる権利にしか注意をはらわない。あらゆる抵抗は屈服させられねばならない。というのも、そうしなければ「文明全体が脅かされる」(一八五頁)からである。

議会におけるジュール・フェリーの反対者たちは当然彼の立場が矛盾したものであることを彼に指摘せずにはおかない。というのも、彼が文明の名で野蛮な行為を正当化せざるをえなくなってしまったからであり、彼が「提案することと押し付けることとは相当に異なったことである」(二一〇頁)ことを忘れてしまっているからである。このような論難を受けてジュール・フェリーは、別の抗弁戦略に頼る。その戦略とは政治と道徳を対立的なものとみなすというものである(先にみたようにトクヴィルも同じことをしていた)。彼の言うところによれば反対者たちの議論は、「政治でもなければ歴史でもない。それは政治的形而上学である」。そして彼は叫ぶ。「劣等人種の平等、自由、独立にもとづくあなたがたの主張を最後まで一貫して支えられるものならやってごらんなさい」(二〇九頁)。彼の言うとおりである。ナショナリズムにもとづく政策は人道主義的議論とは相容れない。だがそれならなぜそのような議論を政治的討論のなかに持ち込んだのか。

植民地問題についてのジュール・フェリーの演説や著作を読んでみると、彼の人道主義的なそして法律尊重主義的な議論の誠実さを疑わずにはいられない。彼の言うことを素直に聞くならば、次のような想像をしてしまうだろう。すなわちヨーロッパ人は遠方の大陸の住民によって、ヨーロッパ人と現地住民の双方にとって利益となる物資および思想の交換のために、呼ばれたのであり、その後はっきりとした条約を破棄することによって原住民たちは条約違反の立場に身を置いたことになり当然罰せられるべきであると。「われわれが領土拡張をおこなったのは、われわれの権利が無視されたこと、また非常にはっきりとした条約が破られたことによって、武力によって介入することがわれわれにとって義務となった場所においてのみである」（一八三頁）。彼自身自分の言っていることをいったい信じているのだろうか。彼は「条約の末尾に記された彼らの代表の署名」（一八九頁）の意味するものを本当に知らないのだろうか。すべては、一編の喜劇を演じるかのようにすぎてゆく。その喜劇を誰も信じてはいないものの、それは善良な神から許しを買うことに等しいような喜劇なのだ。

このようにみてくると、ナショナリズムは、フランス革命から第一次世界大戦にいたるヨーロッパにおける戦争、および同時期そしてそれ以後の時期における植民地戦争の、まさにイデオロギー上の責任者として立ち現れてくる。確かに戦争にはイデオロギー上の理由以外のさまざまの理由があるとしても、これらのナショナリズム的教説に、何百万もの人間の死と、いまだに解決のめどが立たない政治状況の責任を帰したとしても、間違いを犯すおそれはないだろう。

第四章　異国的なもの

他者の正しい使用法

異国趣味(エグゾティスム)と原始主義

　理念的に言えば、異国趣味はナショナリズムと同じように相対主義であるが、ナショナリズムが相対主義である仕方とはまったく反対の仕方でそうなのである。どちらの場合においても、価値あるものとされるのは恒常的な内容ではなく、観察者との関係によってのみ規定されたある国、ある文化である。どんな価値であれもっとも高い価値を保持しているのは自分が属している国である、とナショナリズムを奉じているひとは言う。いや、唯一の取り上げるべき特徴が、自分の国ではないことであるような国こそ高い価値をもつ、と異国趣味を主張するひとは言う。すなわちどちらの場合にも、相対主義なのであり、ただ最後の瞬間に価値判断が介入してくる（われわれのほうが他者より優れている。他者のほうがわれわれより優れている）。だがそこで比較される単位、すなわち「われわれ」と「他者」の定義は純粋に相対的なものにとどまる。

したがって、異国趣味に属する態度とは、まず第一に、他者が自己（ル・メーム）よりつねに好まれるということであるだろう。だが抽象的に異国趣味を定義しようとする際にとらざるをえないやり方をみるならば、異国趣味において大事なのは他者に価値付与をおこなうことであるよりはむしろ自己批判であり、現実の描写であるよりはむしろある理想を述べることであることがわかる。何者も、本質的な性質として他者性をもつことはない。ある者が他者であるとすれば、それはその他者が私でないからにすぎない。それについて、それが他者であると言ってみたところで、私はそれについては真になにごとをも述べていない。いや事態はそれ以上に悪い。私はそれについて何も知らないし、また知りたいとも思わないのだ。というのも、現実にそれがもつ性質を数え上げていった場合、それを他者性というこの純粋に相対的な項目に分類し続けることは難しくなるだろうからである。異国趣味は、したがって、われわれが先にナショナリズムについて語っていた際に「ヘロドトスの法則」と呼んでいたものを無力なものとする。だが異国趣味にもまたその高貴な出自を証明するものがある。なぜなら「異国趣味を奉じた者」のうち有名な最初のひとはホメロスそのひとであったからだ。実際『イリアス』の第一三歌でホメロスは当時ギリシャ人たちが知っていた中で一番遠くに住んでいた民であるアビオイ人に触れ、彼らを「人間のうちでもっとも正義に満ちたひとびと」であると言っている。そして『オデュッセイア』の第四歌においては「大地の果てにおいては（中略）人間にとって人生はただただ甘美なものである」と想像している。言い換えれば、一世紀にすでにストラボン〔前五八頃－後二三頃。ローマ時代のギリシャ人地理学者、歴史家〕が指摘していたように、ホメロスにとってはもっとも遠くにある国こそが最良の国なのである。これが「ヘロドトスの法則」を正確に転倒した「ホメロスの法則」である。この法則においては遠方は遠方なるがゆえに愛すべきものとされる。誰も自分がよく知っている隣人を理想化しようなどとは思わないだろう（十八―十九世紀のイギリス礼賛は異国趣味ではない）。異国趣味にとっての理想の役割を果たすのにもっとも適した候補者はもっとも遠くにあって、もっとも知られることの少ない民であり、文化である。ところで他者についての無知、他者をあるがままのものとしてみることの拒否を、価値付与と同一視することはきわめて難しい。他者をそれが自分と異なっているというだけの理由で賞賛しても、それはうさん臭い賛辞である。他者をよく知るということは異国趣味とは両立不可能である。だが一方他者についての無知は他者をほめたたえることと相容れない。ところが、異国趣味はまさしくそのようなものであろうと望むのである。つまり無知でありつつほめたたえようと望むのである。これが異国趣味を構成する逆説である。

黄金時代の、そしてこのような表現を用いてよければ黄金の土地の古典的な描写は、したがって主として、われわれ自身の世界の特徴を転倒することによって得られるのである――そして他者を観察することから得られるものはずっと少ない。モンテーニュによる「食人種」の有名な肖像を思い出そう。「私はプラトンに言ってやりたい。この国には、いかなる種類の取引もない。文字の知識も、数の観念もない。役人という名も、統治者という名もない。奉仕の習慣も、貧富の差別もない。契約も、相続も、分配もない。無為よりほかに仕事はない。共通の尊敬以外に、親族内の尊敬はない。着物も、農業も、金属もない。ワインも麦も用いない。嘘、裏切り、隠しごと、けち、嫉妬、悪口、容赦などを意味する言葉はいまだ聞かれたことがない」(『エセー』第一巻三一章、二〇四頁)。その住民は彼が他の箇所で言うところによれば「文字も、法律も、王も、いかなる宗教ももたない」(第二巻一二章、四七一頁)ひとびとである。こうして私たちは「食人種」がどのようなひとびとではないかについて、彼らが何をもたないかについては教えられる。だが彼らが実際にもっている特徴をもって彼らを記述するとすれば、彼らはどのようなひとびとなのだろう。モンテーニュがそれについて私たちに語るところは、実際に「食人種」を見たひとびとの証言にもとづいてその肖像を描いたと得意になるにしては非常に貧しいものである。これらの彼らが備えていない特徴の列挙はどこに由来するのだろう。というのは、これは当然実際の観察に起源をもつものではありえないのだから。それはわれわれ自身の社会から来ているのではないだろうか。実際のところここでモンテーニュはレトリックの常套的やり方に従っている。黄金時代の記述は伝統的に否定的言辞を用いてなされる。その理由は、まさに、それがわれわれ自身が生きる時代の描写の転倒物にすぎないからである。

だがここで、純粋な異国趣味は首尾一貫したナショナリズムと同様きわめてまれなものであることを言っておかねばならない。実際におこなわれる場合には、異国趣味によるあるものへの偏愛は、ほとんどつねに、他の要素を無視したある一定の要素への執着をともなう。相対主義はしばしば問題への導入の役割を果たすにすぎない。それらの一定の要素は通常、単純さを複雑さに、自然を人工に、起源を進歩に、野蛮を社会性（ソシアリテ）に、自発性を啓蒙に対立させる軸に沿って選択される。したがって、理論的には、完全に対称的なふたつの種類の異国趣味があることになる。その区別は、価値付与の対象となる民族、あるいは文化がわれわれより単純とみなされているか、それとももより複雑とみなされているか、より自然とみなされているか、それとももより人工的とみなされているか等々による。だが実際は事態はこれとは少しばかり違った形で経過する。大まかにいって十八世紀末までの西ヨーロッパに属する著作家たちは自分たちを他のいかなる文化より複雑で人工的な文化を保持するものとみなしている。彼らが他者に価値付与をおこなったとしても、それは反対の極を具現するものとしてでしかありえない。確かに中国はこの規則の例外となりうるが、それは孤立したケースである。言い換えれば、最近にいたるまで異国趣味はつねに原始主義（語の文化的な意味においてである。必ずしも原始時代を良しとするということではない）につきまとわれていたのである。十九世紀以来、これとは逆の形の異国趣味が強くなってきた。それはまず第一に、「東洋の再生」と呼ばれたもの以来、いくつかの非ヨーロッパの古い伝統（アラブ、インド、中国、日本等）により大きな価値付与がおこなわれるようになったからであり、第二により私たちの時代に近づいて、西ヨーロッパが、みずからを他の大都市圏、ニューヨーク、香港、東京に対して「遅れをとっている」とみなし始めた（つまり摩天楼とエレクトロニクスの異国趣味である）からである。とはいうものの、原始主義的異国趣味こそヨーロッパの異国趣味のもっとも特徴的形態のひとつであり、「善良な野蛮人」という形象およびその数多い派生物の責任者であることに変りはない。

異国趣味の原始主義的解釈は歴史それ自体と同じほど古い。だがこの解釈に大きな推進力が与えられるのは十六世紀の数々の偉大な発見の旅の時期からである。というのも、とくにヨーロッパ人によるアメリカ発見によって、われわれのところではすでに過ぎ去ったものである黄金時代についての手持ちのイメージをそこに投影できる巨大な領域が手に入ったからである。実際この発見に引き続いてただちに、アメリカで観察される「野蛮人たち」の習俗とわれわれ自身の先祖の習俗の同一視がおこなわれるようになる。異国趣味はしたがって原始時代を良しとするという意味での原始主義とも溶けあう。ところであらゆる文化は（現代ヨーロッパ文化は部分的に例外をなすが）自分自身の過去に価値付与をおこなおうと望んだように思われる。そこに充溢と調和の瞬間をみようとするのである。現在はつねに転落として生きられた。野蛮人の理想化はすでに最初期の旅行記述によって始められた。より正確に言えば、クリストフ・コロンブスとアメリゴ・ヴェスプッチ〔一四五四－一五一二。イタリアの航海者、商人。何回かにわたって中南米へ航海し、コロンブスが発見した土地が新大陸であるという見解を残す〕というふたりの有名な旅行記の著者は、原始主義のふたつの異なった、そしていわば相補的な形態を示している。多くの点で中世的な人物であるコロンブスはとくに野蛮人に価値付与をおこなうわけではない。彼はむしろ南アメリカ大陸のどこかに自分は地上の楽園そのものを発見するだろうと考えている。それに比べよりルネサンスのひとであるアメリゴは、そのような迷信に信をおかない。だが同時にアメリゴは同じ南アメリカ大陸におけるインディオたちの生活を、楽園で展開するはずの生活により近いものとして描き出すのである。このイメージはアメリゴの一五〇三年の『新世界』と題された、その上質の文学性によって十六世紀の旅行文学のベストセラーとなる運命の、有名な手紙において決定的な役割を果たしている。

アメリゴによるインディオの習俗の描写は引用に値する。それほどにこの描写は正確にきたるべき善良な野蛮人の肖像を予告しているのである。「彼らは服もウールも、麻も綿ももっていない。彼らはそんなものをまったく必要としないのだ。彼らのところには財産などというものはない。すべてのものはすべてのひとによって共有されている。彼らは王も総督もいない状態で暮らしている。それぞれが自分自身の主人なのだ。彼らはもちたい数だけの妻をもつ。そして息子は母と暮らし、兄は妹と暮らし、従兄は従妹と暮らし、それぞれの男が目の前に現れた最初の女と暮らしている。彼らは自分が望む回数だけ結婚を破棄し、この点に関していかなる法に従うこともない。彼らは寺院も宗教ももたず、偶像崇拝もしない。彼らについてこれ以上何が言えるだろう。彼らは自然に従って生きているのだ。」

アメリゴによれば、野蛮人の社会は五つの特色によって特徴づけられる。すなわち、衣服をもたない、私有財産が存在しない、階級も従属もない、性に関する禁忌がない、宗教がない、以上の五点である。そしてこれらすべてが「自然に従って生きる」という言い回しによって要約されている。これらの野蛮人たちがすばらしい肉体的性質に恵まれていることをも付け加えておかねばならない。男たちは背丈が二メートル半もあり、また彼らは一五〇歳まで生きることもままある。モンテーニュによる「食人種」の肖像が、以上の描写におおいに想を得ていることは知られている。モンテーニュは宗教がないとは言っていないが、他のすべての特色は彼の描いた肖像中にも見いだされる。彼はそれに彼らの無為と彼らのところには道徳的欠陥が存在しないこと、そして文字も科学も存在しないことを付け加えるだけで満足する。モンテーニュ以前にも、トーマス・モア〔一四七八－一五三五。イギリスの政治家、作家〕がすでにアメリゴのこの描写のうちに、彼の非常に影響力をもった著作『ユートピア』のためのヒントを見いだしていた（むろん、これだけがモアの発想源ではなかったが）。モアがこの著作を書こうと思い立ったのは、一五一五年にアントワープでアメリゴと一緒に旅をした人間に会った後のことであり、この本の中ではユートピア島に関する物語はこの人物が語ったこととされている。実際のところ、たとえユートピアが原始主義的夢想とは対照的なものであるとみえても、それは単に見かけだけのことである。一方は未来をみつめ、他方は過去をみつめてはいても、その内容はおおよそ共通のものである。サン＝シモンの有名な言葉――「黄金時代はわれわれの後ろにあるのではなく、われわれの前方にあるのだ」（『ヨーロッパ社会の再組織について』「結論」三二八頁）――は、そのことを彼流のやり方で示唆している。というのもこの言葉は時間的転倒を指摘しているだけだからである。さらに、われわれの過去が他者の現在に見いだされると決めた以上、モアの『ユートピア』、カンパネッラ〔一五六八－一六三九。イタリアの哲学者、ドミニコ会士〕の『太陽の都市』（インド洋にあるとされる）からわれわれの時代にいたるまで、ユートピアを建設しようとする企図と異国趣味的イメージはほとんどつねに結びつけられることになる。善良な野蛮人はわれわれの過去であるのみならず、またわれわれの未来でもあるのだ。トーマス・モアとモンテーニュは、数えきれないほどの著作家たちに、今度は彼ら自身が影響を与えることになる。

フランスにおいて、最初に異国趣味的題材を読者の目に一五五七年に提供するのは、『南極フランス異聞』のアンドレ・テヴェ〔一五〇三頃－一五九二。フランシスコ会士、旅行家〕である。この本の中で語られる話に、テヴェには部分的にしか責任がないことが今日では知られている。確かに彼はフランス人をリオデジャネイロの湾に導いたヴィルガニョン〔一五一〇頃－一五七一。フランスの海軍軍人〕の探検に参加はしたものの、病にかかってその直後にフランスに戻ったのである。彼が語る話を構成する素材はむしろ――もっともそのことによって話の価値は増すのだが――「媒介者」すなわち通訳たちから得たものであり、彼らのほうがテヴェよりインディオたちの生活をよほどよく知っているのである。著作の執筆行為の反対の端においても、テヴェの役割はそれ以上に重要なものではない。本を直接執筆したのは彼ではなく、フランスの岸辺を一度も離れたことのない、しかしユマニスムの伝統をよく知っているある文筆家である。ここでもまた独創性の欠如がこの著作を一層意味深いものとする。そしてテヴェの本には、彼の旅行についての物語のかたわらに、典型的な食人種であるブラジルのインディオの習俗についての相当に長い描写が含まれている。この描写が彼の同時代人たちにとっての異国趣味的夢想の出発点として役立つこととなる。

テヴェの語る話自体には善良な野蛮人の神話という特徴がないということをみておくことは興味深い。まさにその話が本物の証言にもとづいているがゆえに、そこでは理想化はおこなわれず、賞賛と非難が混じりあっている。しかしそれはたいした支障とはならない。彼の同時代人たちには、彼らの黄金時代についての夢想を投影できるようなある国、ある民が必要なだけである。アメリゴに照らしてテヴェの語る話を読めば、彼の同時代人たちは、その夢想に必要不可欠な諸要素を見いだすことができるだろう。プレイヤッド派〔十六世紀フランスで、フランス語による詩の刷新を唱えた詩人集団。中心的メンバーにロンサール、デュ＝ベレーなど〕の詩人たちはそのような態度で際だっている。ジヨデル〔一五三二－一五七三。詩人。プレイヤッド派のひとり〕はまさに『南極フランス異聞』についてのオードの中で、食人種をわれわれより野蛮でない者として描き出している。ロンサール〔一五二四－一五八五。フランスルネサンス期最大の詩人。プレイヤッド派の中心人物〕は「運命に抗して」を書いているが、そこにはアメリゴによって提起されたイメージがラテン文学の思い出と混じりあった形で見いだされる。

おまえのアメリカ、まだ知られざる民が
荒々しく無邪気にさすらう地、身に何もまとわず
またその裸形に似て悪意を帯びることなく、
徳もまた悪にまつわる所業の名も知ることなし。

土地を刻んで煩いの種とすることなく
そのみなに属すること空気のごとし。
さらに流れの水のごとく富もまたみなのもの、
わがもの汝がものと称して争いを起こすことなし。

善良な野蛮人のイメージは、ジャン・ド・レリ〔一五三四－一六一三。フランスの宣教師〕とモンテーニュの散文作品によって補強され発展させられるだろう。レリの『ブラジル旅行記』は手放しの賞賛ではない。だがレリは自分のまわりにいる悪しきキリスト教徒より野蛮人のほうを好んでいる。テヴェの著作、レリの著作、そしてスペイン、ポルトガル、イタリアの著作を知っているモンテーニュの立場もこれとそう違ったものではない。一方で彼は食人種のイメージをわれわれ自身の社会を批判するために用いており、したがって彼らを理想化する必要に迫られる。「われわれがそれらの民族（ナシオン）に実際みるものは、詩が黄金時代をたたえるときのあらゆる描写、詩が人間の幸福な状態を想像するときのあらゆる創意を、はるかに超えているばかりでなく、哲学が考え、哲学が願うものをさえ、はるかに超えているように思われる」（第一巻三一章、二〇四頁）。黄金時代などというものはおそらく神話だったのだろう。だがこれらの民は現実であり、しかも彼らはこ

れまで想像されたいかなるものより優れているのである。この判断を説明することはたやすい。起源において人間は自然であった。歴史を経るにしたがって人間はだんだん人工的になった。ところで「技巧のほうが、われわれの偉大で力づよい母なる自然よりも名誉を得ているのは道理に合わない」（二〇三頁）。したがって最初の時代こそ「もっともすばらしい、もっとも幸福な」（第二巻三七章、七四五頁）時代であった。現在の野蛮人は最初の時代の人間の同類である。つまり彼らはわれわれより自然の近くにいる。「彼らは（中略）豊かな自然を享受している。（中略）彼らはいまなお、自然の必要が命じるだけしか欲求しないということの幸福な状態にある」（第一巻三一章、二〇八頁）。したがって彼らはわれわれより優れている。このようにして善良な野蛮人の神話が形づくられるのである。

だが他方、モンテーニュは彼のギリシャ・ローマ文明への好みを失うわけではない（レリがキリスト教的価値のほうを好むのをやめないと同様に）。したがってモンテーニュが食人種を尊重するのは彼らがギリシャ人、そしてローマ人に似ている限りにおいてでしかない。だからこそ彼は彼らの戦士としての勇気、彼らが女性に対して示す敬意、彼らの「アナクレオン風」の詩をほめそやすことができるのである。両者の類似が十分でないと考える場合、モンテーニュは植民地化を支持する――もっとも、それが彼の野蛮な同時代人（あるいはスペイン人、ポルトガル人等）によってではなく、高貴なギリシャ人、ローマ人によってなされるという条件で。こうして、彼の理想が単純に原始主義的ではないがゆえに、一定の距離を保ちつつも、モンテーニュもやはり善良な野蛮人の神話がはびこっていくのに一役かっているのである。

善良な野蛮人のイメージは十六世紀から十八世紀にかけて重要な役割を果たしはするが、遠方の諸民族についての唯一のイメージでもなければ、支配的なイメージでもない。このイメージはとくに旅行記に顕著に見いだされるものであるが、これは当時非常に流行していた文学ジャンルであった。旅行が高くつきしかも危険であるような時代には、旅行者は自然と自分たちが見たものをほめそやす傾向をもつのではないかと問うてみることができる。でなければどのようにして危険、疲労、浪費を正当化できるだろう。当時の旅行者の野蛮人に対するこの「自然」な好意は、おそらく旅行に先立ち旅行を準備する彼自身の世界に対する批判精神と対になったものである。というのも、もし自分の身のまわりにみえているものすべてに満足しているなら、どうして出発する必要などあるだろう。逆に自分の人生に不満でそれを変えたいと望む場合、もっともたやすく変形しうるものに働きかけることになる。つまり自分がいる場所を変えるのである（その場所を離れればそれで足りる）。実際、時間旅行は今日までのところまだ可能となってはいない。自分たちがいる場所の生活それ自体を変えるためには長期にわたる努力と多くの忍耐を要する。生活を変えたい者、人生を変化させたい者にとって、旅行はもっとも容易な方法なのである。

したがって善良な野蛮人のイメージと、それの必然的な写しであるわれわれ自身の世界に対する批判が旅行記に豊富にみられることにおどろくことはない。このような選択には自動的なところがある。その証拠として、フランス人旅行者にとってあらゆる「野蛮人」は互いに似通っているという事実をあげることができる。問題の野蛮人がアメリカに住んでいるかアジアに住んでいるか、また彼らがインド洋からやってきたか太平洋からやってきたかということはどうでもいいのだ。実際重要なのは、彼らがフランスとは対照的であるということなのだ。善良な野蛮人のもっとも純粋な例はおそらくこれもまた旅行記である十八世紀初頭に出版されたある著作の中に見いだされる。一七〇三年に初めて出版されたラオンタン男爵の著作である。この著作は三つあるが、それぞれ『新しい旅行』、『北アメリカ回想録』、『著者とある野蛮人の興味深い対話』という題がついている。

三つの題が存在すること自体示唆的である。実際のところこの複数の著作は同じ旅行のことを扱っており、大まかに言えば、ヒューロン族に関わる同じ素材を含んでいる。ちがいは扱われる対象にあるのではなく、その対象に対して著者がとる態度にある。最初の著作は一連の書簡によって形づくられており、これらの書簡が旅行の過程自体を物語る。ここでは旅行者の直接的な印象のもっとも近くに私たちはいる。二番目の著作もまた書簡の体裁をとって提示されてはいるものの、むしろ体系的な論文に似ている。そこでは互いに切り離された章が、世界のこの部分の植物誌、動物誌、建築に、そして野蛮人の信仰、恋愛、病、戦争等々にあてられている。巻末には彼らの言葉の簡単な語彙表が付けられている。つまりここではすでに少しばかり個人的経験からは遠ざかりかけている。最後の著作はまたもやジャンルを代える。物語でも論文でもなく、アダリオという名の、かつてフランスを訪れたことのある思慮深い野蛮人とラオンタン自身の間に交わされる哲学的対話である。したがってここでも用いられているのは、「民族誌学的にみれば」同じ素材であるが、その素材の果たす役割はどんどん重要性を失ってゆき、ここではいくつかの主張を確立するための複数の論拠のうちのひとつにすぎなくなってしまっている。ラオンタンによる三つのジャンルの利用の仕方は原始主義的異国趣味の諸要請をよく例証している。もしある社会を理想化してみようとするなら、それをあまり近くから描き出してはならない。逆に多少とも細かい描写は、理想化とはなじみにくい。ラオンタンは自分の当初の描写のいくつかの細部は省略せねばならなかった。そうして初めてヒューロン族を真正の善良な野蛮人とすることができたのである。

ラオンタンの本はただちに大きな成功を収めた。それは何度も印刷し直され、さらにとくに哲学的な部分において最初のものとはだいぶ異なる新しい版（一七〇五年）まで出された（したがってこの新しい版は民族誌学的な素材からはさらに自立性を強めている）。この変更はグードヴィル〔一六五〇－一七二〇。フランスの文学者〕なる人物によってなされたと考えられている。この著作は十八世紀を通じてひろく知られ続けており、シャトーブリアンが彼のアメリカ叙事詩のためにそれから多くの細部を借用していることからもその名声を知ることができる。ひとつひとつみていけば、ラオンタンが述べていることにさしたる独創性はない。それらは十六世紀、十七世紀の他の旅行記に分散した形でみられるものばかりである。だが彼の著作には、それを一堂に集め、こう言ってよければそれを極限まで押し進めたという長所がある。

ラオンタンが採用する全体的な思想的立場は平等主義的であり、普遍主義的である。「人間は同じ泥土からつくられた。人間の間に身分や従属があるはずがない」と彼は『北アメリカ回想録』の中で主張している（九六頁）。そしてグードヴィルもまた同じ主張をさらに強く述べている。「自然は人間という同じ種に属する個人をつくるに当たって、そこに身分を設けたり、特定の者に優位を与えたりするはずがない。したがってわれわれはみな平等なのだ」（二五七頁）。そのグードヴィルはこの著作の出版を、他者を知ることは有益だという理由のみによって正当化している。「われわれの国と他の国を切り離す広大な空間の彼方で自然が何を生み出し何をしているのかわれわれは知りたいと思う。われわれが自分たちとはまったく似ていないと思い込んでいる数多くのひとびとと、非常に遠くにいるのでほとんど自分たちと同じ種に属する個人とはみなしがたい数多くのひとびとのものの考え方、宗教、法律、習俗、慣習等をわれわれは知りたいと思う」（「序文」八五―八六頁）。

だが、実際には、ラオンタンがヒューロン族をわれわれにとっての理想とすることを決めるや否や、知ることは後景に退いてゆく。そしてグードヴィルの別の指摘が、『対話』の真の構成と、『北アメリカ回想録』の大部分のそれについてよほどよく理解させてくれる。ヒューロン族のアダリオがその対話相手に言う。「あなたがたは、習俗に関してはわれわれと正反対なので、私は自分たちの無垢を検証しようとすると、あなたがたの腐敗について思いを巡らさずにはいられない」（二五八頁）。むしろ次のように言うほうが正確だろう。ヒューロン族のものとされている無垢な生活は、ヨーロッパの「腐敗」についての比較的写実的描写を、対称的に転倒させたものであり、その完全な反対物なのである。いわば『対話』におけるヒューロン族の肖像は他者の現在についてはわれわれになにごとをも教えず、われわれ自身の社会の（望ましい）未来について多くを教えているのである。ラオンタンの異国趣味は彼のユートピアをもとめる心情がかぶる仮面にすぎない。

だがそれでも『対話』は注目に値する。そこに他者の肖像画を見いだせないことは確かだが、普通善良な野蛮人のイメージに結びつけられることになる主題が凝縮された形で見いだされるからである。このイメージはラオンタンにおいては互いに還元不可能な三つの特色によって構成される。平等主義の原則、最少主義の原則、自然主義の原則である。

彼の明瞭な信条であり、また彼がヒューロン族を好むことを正当化する主要な理由であるラオンタンの平等主義にはふたつの面がある。ひとつは経済的な面であり、もうひとつは政治的な面である。経済的な面については、それはユートピア主義のもっとも純粋な伝統に即した、私有財産の断罪に帰する。ラオンタンはその序文から高らかに述べている。「財産の私有（私は女性の私有とは言っていない）こそヨーロッパ人の社会を乱すあらゆる無秩序の唯一の源泉であることを理解しないためには盲目でなければならない」(八二頁)。である以上、ヨーロッパ人の正反対であるヒューロン族を特徴づけるものが彼らのところには「**私のもの**も**君のもの**もない」(八一頁)ことであることにおどろく必要はないだろう。この表現はむろんラオンタンが考え出したものではないが、絶えず繰り返される。私有財産の抹消こそわれわれのあらゆる悪の根本的な解決法だというのである。アダリオは言う。「そうすれば財産上の平等が少しずつ実現され、最後にはヨーロッパにおけるあらゆる悪の原因である金銭上の利益というものをあなたがたも憎むようになると私は期待します。そうなれば**君のもの**、**私のもの**がなくなって、あなたがたもヒューロン族と同じ至福のうちに生きることになるでしょう」(二九八頁)。

経済的平等はラオンタンの考えの中では政治的平等に緊密に結びつけられている。いかなる階級区分、いかなる従属も存在しないことが、彼の言うことを信ずるなら野蛮人社会のもうひとつの特色である(このような主張をみれば、これらの社会の現実と、ラオンタンがそれについて描く肖像がどれだけかけ離れたものであるかがわかる。が、肖像の他の部分についてもむろん事情は同様である)。「これらのひとびとは軍事的な意味における従属を知らないし、市民としての生活における従属も知らない」(一四五頁)。ふたつの平等は連関したものであり、ラオンタンは野蛮人を「**君のもの**、**私のもの**をもたず、優越も従属ももたず、自然の感情に合致した一種の平等のうちに生きている」(一一七頁)ものとして描いている。この第二の平等の結果は、いかなる服従もなくそして最終的にはいかなる法律もないという意味に解された自由である。ラオンタンのヒューロン族は無政府状態の社会に生きている。「私は自分の身体の主人であり、自分を好きなようにすることができる。私は何でもしたいことをする。私の民(ナシオン)のうちに私の上に立つ人間もいなければ私の下にいる人間もいない。私は誰も恐れないいし、神に依存するのみである」(一八四一一八五頁）とアダリオは言っている。そしてラオンタン自身「誰にも膝を屈しないでいいように」（八三頁）野蛮人になりたいと望んでいるらしい。フランスをこの理想に似たものにするためにラオンタンによって示唆されている方法はほかならぬ民衆蜂起である。奇妙なことに一七八九年の革命の精神がこれらの頁には存在しているのだ。

善良な野蛮人の生活を規定しているふたつめの原則はある種の最少主義であるが、これにもまた経済的な面と社会的な面がある。経済的面についてみると、ヒューロン族は生存に必要なものを生産するだけで満足するが、これはヨーロッパ人たちをして無益な努力に精力を浪費させる彼らの贅沢趣味の対極にあるものである。野蛮人の生活はみずからを制限する。結果として彼らは無為の生活をおくることができる。「野蛮人たちは必要不可欠なものにみずからを制限する」（二〇三頁）。フランスにおいては「幸福であるためにはつねに何かを望まねばならない。みずからの望みを抑えることができるひとはヒューロン族になれるだろうに」（二〇五頁）。文化面についても事情は同じである。彼らは芸術も科学もなしで済ませている。必要を認めないからである。彼らは学問もしないが、それでも深い意味を秘めた会話をおこなうことの妨げとはならない。彼らは文字も知らない。それは「われわれの役にはまったく立たない」（二一二頁）というのである。

最後に、ヒューロン族の行動が従う三つめの大原則は、自然への合致である。この要請は、すでに、平等と自由への好みの基礎となっていたが、あらゆる領域において見いだされるものである。「自然なもの」とはある時は理性にかなったもの、「自然の光」と調和したものである。こうして、法律についてみれば、ヒューロン族は成文法をもたない。というのも彼らは、普遍的理性に由来する自然法にのみ従うからである。「法律を守るとはすなわち正しい、理性にかなったことがらを守るということである」（一八三頁）。

これによって、実定法はなくても済む。アダリオは言う。「あなたがたもいつかわれわれのように法律なしで生きられるようになる」ように私は期待しています（一九六頁）。ラオンタンが熱中するもうひとつの主題、宗教についても同様である。キリスト教を自然宗教、すなわち理性にかなった宗教に置き換えねばならないが、それはヒューロン族の宗教なのである。「彼らは人間は理性という特権をけっして失ってはならないと主張する。というのも、これこそ神が人間に与えたもっとも高貴な能力だからだ」（一〇八頁）。ところで彼らにとっては「キリスト教の信仰は理性とは反対のものである」（一一〇頁）。福音書に書かれていることがすべて誤りだというわけではない。そこにはすばらしい教訓さえ見いだせる。だが忘れてはならないのは、そうした教訓なら他の宗教にも見いだせるということだ。そのうえ、そのような教訓がキリスト教の教えにあっては、多くの無益な迷信とない混ぜになっている。

だが自然のこのような理性主義的解釈のかたわらに、もうひとつ別の、より「自然主義的」解釈（すなわち生物学的解釈）がある。自然なものとは、社会によって課されたいかなる規則にも従わない自然発生的行動である。自然なものとは、人間という種の肉体的諸特性にのみ起源をもつものである。アダリオが礼儀作法を非難するのはこれゆえである。「礼儀作法とは不躾なことをおこなわず、愛想を良くするということに尽きるのではないか。不躾なことをしないとはどのようなことか。いつも窮屈な思いをし、くたびれ果てながら見てくれをつくろうことではないか。（中略）どうして困惑のもとになるものを好む必要があるだろう。（中略）どうして、何につけても嘘をつき、思っていることとは反対のことを言う必要があるだろう」（二〇七―二〇八頁）。

自然な行動のもっとも重要な例は性行動に関わる。ここでもまた本能に従わねばならず、本能を法律で抑えるようなことをしようとしてはならない。恋人たちの出会いは非常に簡単なものである。若い男は、夜の早い時間に、彼の好みの若い娘をたいまつを手にして訪れる。もしその娘が彼を受け入れるなら、娘は炎を吹き消す。娘にその気がなければ彼女は寝具の中に身を隠し、男は引き下がる。この出会いは何度もおこなわれ、うまくいったりそうでなかったりするが、そこには互いにひかれるものがあるか否か以外の規則はない。「男も女も、自分がそうしたいと思ったときに相手と別れることができる」(一一〇頁)。貞淑であるか否かも本人の意志次第である。それに対し、嫉妬は存在しない。彼らからみればヨーロッパ人の結婚は狂気の沙汰である。いったい何の名において自然に反した貞淑さを強制しようとするのだろう。その上この強制は女性にのみ押し付けられ男性はそれに服さないではないか。衣服を着けないということはあらゆる善良な野蛮人の特徴であるが、これについても、ここに補助的な根拠が見いだされる(衣服を用いないということの動機は、また余分なものを軽蔑する、階級差別の印が存在しない、礼儀作法を拒否するといった点にも見いだしうる)。これらの態度からラオンタンは結論する。「彼らはまったく自分の気質にみずからを委ねきっており、彼らの社会はまったく機械的である」(九八頁)。そして彼のアダリオも次のようにラオンタンの言うことを裏書する。「われわれは単に本能の法則のままに、賢明な自然がわれわれがゆりかごにいるときにすでにわれわれに刻みつけた無垢な行動様式に従って生きている」(一八八頁)。本能としての自然、あるいは気質としての自然は、理性としての自然と混同しうるものでないことは明らかである。

もしこれらの原則と調和する生活を選べば、ヒューロン族の完全さに到達できるだろう。この完全さは肉体的なものでもあり、精神的なものでもある。野蛮人はなるほどヨーロッパ人がかかる病気の大半を免れている。そして彼らのところにわずかに残っている病も発汗作用によって克服される。彼らはわれわれより頑健であり、またわれわれより長生きする。さらに彼らはわれわれより優れた道徳性をもちあわせている。彼らはまさしく、気前がよく、無私で、互いに連帯している。これらの資質がラオンタンをして彼らが楽園への途上にあると考えさせるのだ。

善良な野蛮人のこのような肖像は、その完全さには多少のちがいはあるものの、十八世紀を通じてみられるものである。この肖像のもっとも文学的に成功した表現の例はおそらくディドロがその『ブーガンヴィル航海記補遺』において与えたものであろう。そこにははっきりとラオンタンの影響のあとがみられる。タヒチの野蛮人は「無垢で穏やかな」（四六二頁）者として描かれており、彼は「幸福」でもある。これと対照的に文明人たちは「腐敗し」「卑しく」さらには「不幸」（四六六頁）である。野蛮人は気前がよい。文明人は貪欲なだけだ。文明人がひとに与えられる唯一のものは死である。「彼はおまえに彼の果実を与えていた。その妻や娘をおまえに提供していた。その小屋もおまえに譲っていた。そしておまえは彼を殺したのだ」（四七〇頁）。野蛮人は「健康で頑健」（四六八頁）である。彼らの食事すら「健康で質素」（四七五頁）である。これに対し文明人たちは病をもたらす。「おまえはわれわれの血を腐敗させた」（四六九頁）。ここで数え上げられているすべてのちがいの根底にはふたつの互いに対立する経済のモデルがある。われわれのところでは私有財産が支配をおこなっているのに対し、彼らのところではそうではない。「ここではあらゆるものがすべてのひとのものである。それなのにおまえはわれわれにわけのわからぬ**君のもの**と**私のもの**という区別を説いた」（四六六―四六七頁）。タヒチではなるほど私有財産は厳密に必要最小限に抑えられている。これに対しヨーロッパでは「女性すらもが男性の私有財産となる」（五〇七頁）。この対立はそれ自体、生活に必要なもので満足する社会と消費社会、あるいは贅沢をする社会との間の対立へと延長される。後者においては余計なものが生産され、消費のための消費がおこなわれる。「われわれに必要である良いものをすべてわれわれは所有している。それ以上に余計な必要をわれわれがもたないからといって、われわれが軽蔑される必要があるだろうか」(四六八頁)。ディドロのタヒチ人は、取り違えてもおかしくないほどにラオンタンのヒューロン族と瓜ふたつであり、彼らと同様に最少主義の原則に従っている。そしてラオンタンの向こうに、やはりアメリゴの影を認めることができる。アメリゴはしたがって、異なった気質の数多くのユートピア主義者にとって共通の発想源となったのである。それぞれは、アメリゴによって描かれた描写から自分にとって都合の良い特色を選び出す。ディドロは性行動の自由をそのままに残しておくが、この特色はモアのような道徳的厳格主義者にあってはいかなる場所も割り当てられない。

もちろんディドロにあっては、上に述べたことから、たとえ野蛮人たちのためになるという口実のもとであっても、野蛮人を占領するなどという企ては打ち捨てられることになる。ディドロは奴隷制度に反対である——「おまえは神でも悪魔でもない。ならば奴隷をつくりだそうとはおまえはいったい何者なのだ」(四六七頁)——ばかりでなく、ヨーロッパ人にありがちな、文明を普及させることを使命とする考え自体彼には無縁のものである。野蛮人たちのほうがわれわれより優れている以上、彼らはいったい何をわれわれから学ぶ必要があるだろうか。したがって、ブーガンヴィルへのタヒチの首長からのメッセージは次の短い言葉に尽きている。「われわれから離れよ」(四七二頁)。民族どうしの間で接触がある場合、それは互恵・平等の上になされねばならない。「おまえたちは自然のふたりの子供である。どうして彼がおまえに対してもたない権利をおまえは彼に対してもっているなどというのか」(四六八頁)。

本当のことを言うと、ディドロは他者の社会についてではなくわれわれの社会について書いていることを彼自身隠していない。タヒチの長老がその演説を終えるとすぐ、対話者のひとりであるAが指摘している。「名状しがたいぶっきらぼうな、そして野蛮なものの向こう側に、ヨーロッパ的な思想や言い回しが見いだせるように私には思われた」(四七二頁)。そして司祭とタヒチ人オルーの対話が終わったとき、Aはオルーの演説は「多少ヨーロッパ式になされている」(五〇三頁)ことを指摘している。そもそもブーガンヴィルの『航海記』を読んだ者なら(そして『ブーガンヴィル航海記補遺』はディドロの生存中は未刊であったとは言うものの、この著作の理想の読者とは、『航海記』を読んだ者のはずである)示唆深いいくつかの変形に気づかずにはいられなかった。『ブーガンヴィル航海記補遺』はタヒチ人を無神論者であり、いかなる病をも免れているひとびととして提示している。だが『航海記』のほうは彼らを迷信に凝り固まり、梅毒におかされたひとびととして記述していたのである。このくいちがいは、ディドロの目的がタヒチ人について現実に忠実に語ることではなく、彼らの例をアレゴリーとして用いつつ、より一般的な主題を取り扱うことであったことをはっきりと示している。その主題とは、自然に服することが必要だということであり、この主張については、ディドロはラオンタンよりもずっと熱心な支持者であり推進者であった。ラオンタンほどのユートピア主義者ではないが(ディドロはラオンタンのように平等主義的社会を夢みることはない)、ディドロはラオンタンより科学主義的であった。

自然人

伝統的にジャン゠ジャック・ルソーの思想は原始主義、善良な野蛮人の崇拝と結びつけられている。実際は——このことは注意深い注釈者たちが二十世紀初頭から証明していたことだが——ルソーはむしろそうしたものに対して警戒感を示す批判者のひとりなのである。だが、彼の初期の読者や注釈者がこのような混乱をした責任は、彼自身の概念のいくつかを不正確な仕方で用いたルソー自身にある。

伝統的な見方は、ルソーの原始主義を、自然人と共同体の中に生きる人間の間の対立、そしてルソーが前者を後者より好んでいることに見いだす。だがこの見方は単純にすぎる。それにはいくつかの理由がある。まず第一に、自然状態は（したがってこの意味における自然人は）ルソーにとっては人間の実際の歴史の、われわれから多少とも離れた、一時期に対応するものではない。彼はこの点について、『人間不平等起源論』の序文と序章において長々と、明快に説明した。この概念は精神の創作になるものであり、実在の事象の理解を容易にするための虚構であって、他の事実と比較しうるような「事実」ではない。ルソーが目的として掲げているのは「もはや存在せず、おそらく存在しなかったし、たぶん今後も存在することはけっしてなく、しかしながらわれわれの現状をよく判断するためにはそれについて正しい考えをもつ必要のある状態を知ること」（「序文」一二三頁）である。ルソーがおこなう演繹と科学としての歴史学の間には共通する何もない。「この主題についておこなえる探求は、歴史的な真実ではなく、ただ仮説的で条件的な推理であると考えねばならず、真の起源を証明するよりも、事態の本性を解明するのにふさわしく、わが物理学者が日々、世界の形成についておこなっている推理に似ている」（「序章」一三二―一三三頁）。

こうした言葉はルソーの考えをそのまま示すものではなく、人類の起源の歴史を気ままに書き直すなどということを好意的にみることはないだろう宗教的検閲の厄災からルソーを守るためのものだとする、反対意見があるかもしれない。だがたとえルソーにとってこの自然状態がかつて存在したものであったと仮定してみたところで、いかなる後退も可能ではないのである。一度「社会状態」を通過してしまえば、人間はもはや「自然状態」に戻ることはできない。ルソーはこの点についてはつねに明確に意見を表明していた。彼の文筆生活の初期、『学問芸術論』に対してなされた反論をきっかけとして書かれた「ジュネーヴのジャン＝ジャック・ルソーの意見」〔「スタニスラス王への回答」〕において彼は書いている。「一度堕落した民衆が美徳に立ち返ることはいまだみられたためしがない」（五六頁）。そして文筆生活の最末期。「人間の性質は後戻りすることはけっしてない」（『ルソー、ジャン＝ジャックを裁く——対話』第三対話、九三五頁）。原始状態への後退と人間の自己改善能力（ペルフェクティビリテ）というふたつの両立不可能な考え方の間で、ルソーははっきりと後者を選択する。

　数ある誤解の中で、ルソーは人間社会（シテ）から芸術と科学を放逐しようという企てをもっていたとするそれほど、ルソーの思想に長い間つきまとった誤解はない。ルソーは、逆に、これに答えるに、そんなことをしても何の役にも立たない、なぜなら悪はすでになされてしまったのだからと主張する。いやそれよりまだ悪い。そのような追放がおこなわれれば必ず否定的な結果をもたらさずにはいないだろう。というのは、腐敗に野蛮を付け加えるようなことになってしまうだろうからだ。芸術も科学もなるほど人間の腐敗から生じたものであるが、現在の状態にあっては、それらはさらなる堕落を防ぐ障壁となっているのである。社会生活一般についても同様である。ルソーは『人間不平等起源論』の原注九で叫んでいる。「いったい何ということであろう。社会を破壊し、君のものと私のものをなくし、森に戻って熊といっしょに生活しなければならないのであろうか。これは私の敵たちの流儀による結論だが、私はそのような結論は避けたいし、そのような結論をだす恥は彼らにお任せしたい」（二〇七頁）。したがってルソーが原始主義的主張からはっきりと区別されるということは明らかである。そのような解決は社会一般にとって考ええないことであるし、ルソー自身にとっては受け入れ難いことである。「私はどうしても自分は、自分と同じくらいに堕落したひとびとといっしょに暮らさずにはいられないのだと、心ひそかに痛感しています」（「フィロポリス氏への手紙」、『人間不平等起源論』二三五頁）。

ルソーが善良な野蛮人を賞賛したという単純な見方を拒絶するためのこの第二の理由に、さらに第三の理由が加わるが、この理由はルソーがこの自然状態と自然人についておこなう評価に関わる。ルソーがしばしばこのふたつの表現を、この状態を彼が好むということがすでに明瞭であると思われるような仕方で用いることは確かである。「純粋な自然状態とは、ひとびとが意地悪なところがほとんどなく、みな非常に幸福で、しかもひとびとが地上に数多くいるようなそれである」(「政治的断章」第二章、四七五頁)。逆に社会状態においては、「それぞれが自分の利益を他人の不幸の中に見いだす」(『人間不平等起源論』原注九、一七五頁)。どうしてこのような状況に寛容をもって接することができるだろう。

だが、『人間不平等起源論』で開陳されている、彼の純粋に人間学的理論において、ルソーの立場はより微妙なものである。観念上の人類の歴史はここではふたつ以上の段階を含んでいる。起源にはまさに自然状態がある。だがこの状態をすばらしいものと呼ぶことはできない。なぜならそこでは人間はほとんど獣とかわるところがないからだ。ルソーがその教説に関して生涯変わることがなかった点があるとすれば、まさしくこれこそそれである。自然状態においては、人間相互のコミュニケーションがないので、美徳と悪徳を区別することができない。したがってそこでは正義の感情は未知のものであり、道徳は存在しない。であってみれば人間はそこにおいてはまだ完全には人間になりきっていない。「肉体的本能しかもたず、人間は無であり、獣である」(「パリ大司教クリストフ・ド・ボーモンへの手紙」九三六頁)。相互の交際のみが理性を、また理性にもとづく道徳的感覚を発展させる。「人間が道徳的存在になるのは、ひとびとがきあいができるようになることによってのみである」(「政治的断章」第二章、四七七頁)。この点について下すべき判断に疑いの余地はない。自然状態から人間どうしの交際へのこの移行は「愚かで、偏狭な獣から、知性をもった存在、人間をつくりだした(中略)幸福な瞬間である」(『社会契約論』第一編八章、三六四頁)。

もう一方の極には、社会状態があり、これは今日われわれが知っている通りのものであるが、これとても、他の理由のゆえにではあるがやはり不十分なものである。だからこそルソーはこのいずれの極に対しても「黄金時代」という呼称を拒否するのである。「原始の時代の愚かな人間たちには感ずることができず、後代の啓蒙された人間たちからは逃れ去ってしまった、黄金時代の幸福な生活は人間にとってはつねに縁のない状態であった。人間がそれを享受できた時にはそれを認めることができなかったし、それを知ることができたであろう時にはそれをすでに失ってしまっていたのであるから」(『社会契約論』ジュネーヴ草稿、第一編二章、二八三頁)。ルソーが提示する世界観、歴史観は、同時代の原始主義者たちのそれよりもずっと悲劇的である。社会は人間を腐敗させる。だが人間が真に人間になるのは社会に入ることによってでしかない。この逆説から抜け出すことはできないであろう。だがこうした判断自体も乱暴にすぎる。というのも、(起源にある)自然状態と、(現在の)社会状態の間に三つめの中間的状態が存在するからである。そこにおいては人間はすでに獣ではなく、しかしのちのような哀れな存在にもなっていない。これが、こう呼んでもよければ、野蛮状態である。人類がもっとも大きな幸福を経験したのはこの状態においてである。「人間の諸能力の発展のこの時期、原始状態の無為とわれわれの自尊心のはやりたった活動の中間にあたるこの時期は、もっとも幸福な、もっとも持続すべき時期であったにちがいない。考えれば考えるほど、この状態こそ革命にみまわれる危険がもっとも少なく、人間にとって最良のものと思われてくるし、この状態が終わってしまったのは何か不吉な偶然によってであったにちがいないと思われてくるのである」(『人間不平等起源論』第二部、一七一頁)。自然状態への復帰が可能だとは考えていなかったのと同様、ルソーはこの野蛮状態へ戻ろうと望むことをすすめてはいない。しかし、われわれが生きている嘆くべき社会状態を何によって置き換えるべきかを自問するとき、ルソーはまたもや自然状態と社会状態との折衷を、彼の弟子にもっともよく適合するような穏健な、あるいは折衷的な理想を考えてしまう。「エミールは砂漠に流刑にするべき野蛮人ではなく、都会に住むようにできた野蛮人なのである」（『エミール』第三編、四八三―四八四頁）。ルソーについての注釈で次の事実が指摘されることはきわめてまれである。彼は仮説によって純粋な自然状態、あるいは純粋な社会状態を探求しえているが、彼が自身の理想を表明しなければならないときには、「中間」を選択するのである。このより優れた状態（それは真の意味での黄金時代とは言えない――野蛮人においてすべてが完璧であるというわけではない。それどころではないのだ）は自然状態とすっかり一致するのではなく、自然状態のいくつかの要素を取り入れるだけで満足する。

そのことを知るならば、ルソーが善良な野蛮人の神話の信奉者であったという考えがどれほど根拠のないものかがわかる。だがこの主張がルソーに帰されたのはまったくの偶然というわけでもない。まず第一に、ルソーがみずからが描き出す階梯の頂点に野蛮人たちを、アメリゴとモンテーニュ、ラオンタンとディドロの賞賛の的であった野蛮人たちを置いた（たとえルソーが野蛮人たちを人類の未来にとってのモデルとはしなかったとしても）ことを確認しておかねばならない。第二に、ルソーは時としてこの自然状態はそれでもひとつの黄金時代と考えるべきだと言うことをつねに自制し続けるわけではない（したがって彼のよその発言とは逆のことを言っていることになる）。著作活動の初期を、とりわけ『学問芸術論』のことを思い起こしながら、彼は自身におとずれた啓示を次のような言葉で記述している。「アカデミーによるひとつの設問が（中略）彼にまったく別の世界を示した。一個の黄金時代、素朴で賢く幸せなひとびとの社会を示したのである」（『ルソー、ジャン＝ジャックを裁く――対話』第二対話、八二八―八二九頁）。

そして第三に、ルソーはこの野蛮なひとびとを自然人と同一視することを拒むとはいえ、それでもあまたの旅行記にみられる彼らの描写を、彼の虚構の自然人のために自由にそこから特徴を引き出すことのできるイメージの貯蔵庫として用いている。この自然人という概念を導入するかしないかのうちに、ルソーは彼自身『学問芸術論』の原注一〇で批判することになる当の旅行記から取り出した特徴や記述でその概念の内容を豊かにしようとするのである。「旅行者たちの物語は野蛮で未開の国々（ナシオン）における人間の力強さ、生命力の例に満ちている」と彼は原注の六（一九九頁）に書いている。そして彼が野蛮人は獣を恐がらないということを証明しようとするとき、彼がただちに引き合いに出すのは黒人であり、カリブ人である（一三七頁、注）。自然人は未来のことを心配しないことを示さねばならないとしてみよう。「今日でもカリブ人たちの、将来に対する配慮は次のような程度のものである。彼は朝に綿でできた彼の寝具を売り、夕方になるとそれを買い戻すために泣きながらやってくる。夜になったらそれが必要になることを予測できなかったのだ」（一四四頁）。もっとも頻繁に証明に持ち出されるのはカリブの住民たちである。というのも彼らは「現在存在している諸民族の中で、自然状態から遠ざかることがもっとも少なかったひとびと」（一五八頁）であるからだ。原注一〇においてルソーがとりわけ彼らを研究するようにすすめているのもまたこの理由による。それは「あらゆる旅行のうちでもっとも重要な旅行であり、また細心の注意をもってなされるべき旅行である」（二一四頁）。だが自然人の名残が無傷のまま見いだされるのはこの点についてのみではない。たとえば、初期の諸言語は「さまざまな野蛮国が現在もっているようなそれ」（一六七頁）であったにちがいない。自然人は現在の野蛮な諸民族と一致するわけではないが、これらの諸民族から自然人までさかのぼることは可能なのである。

ルソーは論を始めるに当たって「野蛮人を現在われわれがみているひとびとと混同しないように注意しよう」と私たちに言っていた（一三九頁）。だがルソーは彼自身その指示には従わず、結果として哲学的虚構が現在の人間の肖像に混じりあうことになっている。このようにあっさりと言及されることは、野蛮人たちに対して有利に働くわけではないことをも付け加えておかねばならない。なぜなら、彼らには通りすがりの注意しか払われないだけにとどまらず、ルソーはその証明の必要のために野蛮人を動物と同一視するのがつねだからである。「これが動物一般の状態であり、また旅行者たちの報告によれば、野蛮人のほとんどの状態でもある」（一四〇―一四一頁）。「アメリカの野蛮人たちは、最良の犬たちと同じように、その坂でスペイン人たちの臭いをかぎわけたのだ」（一四一頁）。全般的に言って、ルソーは、ビュフォンが『動物の本性について』において動物たちに特有とした諸特徴をつねに彼の野蛮人に付与している。たとえば、彼らの時間に対する関係、彼らの幸福の観念をみられたい。人間間の平等の偉大な擁護者であるルソーが本当にカリブ人を人間と動物の中間段階にあるものと考えていたということはおそらくないだろう。しかし、人類学的所与を寓意的に用いることで、彼はそう言ってしまっているのである。

したがって私たちはルソーが提示したプログラムと、彼自身がそれに与えた実現を明確に区別し、そのプログラムを実現より好むにいたった。

シャトーブリアン

西と東への巡礼

フランソワ・ルネ・ド・シャトーブリアンは最初の近代的旅行者＝作家である。彼こそ十九世紀、二十世紀においてなされるような旅行の発明者であると言うことができるだろう。彼の旅行記は多くの模倣を生み、直接的、間接的に旅行記というジャンル全体に影響を与え、そしてこれを通してヨーロッパ人の「他者」の知覚に影響を与えることになる。

旅行は彼にとって、はっきりと限定を受けた省察の対象である。彼が私たちに想起させるように、人類の歴史のもっとも遠くまでさかのぼってみても、つねにそこにはすでに旅行への言及がある。彼自身も旅行の必要を感じ、そして出発した。だが初期作品のひとつに彼は次のような警戒の念を書きつけている。「旅行者が外国の地でおこなうことが、幻影を思い出にかえることに帰してしまうということはしばしば起こることである」（『ナチェーズ族』二〇頁）。近代になって旅行の機会はいちじるしく増えた。このことは喜ぶべきことだろうか、それとも嘆くべきことだろうか。「これほど相互の交流が容易であることはよいことだろうか。互いに知り合うことなく、祖先の習慣と伝統に宗教的忠実さを守っていってこそ、諸国民はその性格をよりよく保存することができるのではないか」（『旅行記集』LVII頁）。シャトーブリアンのこの問いに対する答えはゴビノーやレヴィ＝ストロースの場合と異なり否である。他者をよりよく知ることによって、みずからも向上しうるのである。だがそれ以上に踏み出して、コンドルセやクローツのように世界国家（エタ・ユニヴェルセル）を夢みるようなことがあってはならない。そのような国家は諸国民間の差異を消しさってしまうだろう。それどころかこの差異は貴重なものであり、これを残すようにせねばならない。「現在さかんに主張される狂気の沙汰は、諸民族を統一しよう、人間という種全体をただ一種類の人間にしてしまおうというものである。よろしい。そのようにしてみたまえ。みな同じ能力をもつようになるかもしれぬが、個々の感情などはすべて滅んでしまわないだろうか」（『墓の彼方からの回想』第二巻、九六五頁）。あるひとびと、ある習慣、ある場所をよく知っているということは豊かさである。他のことがらについてもそうであるように、ある種の混交性、ある種の中庸（モデラシオン）は、もっとも満足すべき解決法なのである。それは他者との完全な分離でも、他者との完全な融合でもない。

　シャトーブリアン自身の重要な旅行はふたつある。一七九一年のアメリカ旅行がそのひとつであり、この旅行から一編の旅行記（一八二七年刊行）と、『墓の彼方からの回想』の描写および一群のフィクションが生まれる。この最後のものが書かれたのは十八世紀末の数年の間だが、これからシャトーブリアンは一八〇一年に『アタラ』を、一八〇二年に『ルネ』を抜粋するが、このフィクション全体を見直した上で、『ナチェーズ族』の標題のもとに、ようやく一八二六年になって出版する。もうひとつの旅行は一八〇六―一八〇七年のギリシャ、パレスチナ、エジプトへのそれである。この旅行の旅行記は一八一一年に『パリ・エルサレム紀行』の標題で出版される。シャトーブリアン自身この反対方向へのふたつの移動の間の対照に一個の意味を与えようと望んでいた。アメリカの旅は若く純朴な青年のそれであり、東洋への旅は彼が成熟した時期に属する。「合衆国への旅の当時、私は幻影でいっぱいだった」。近東諸国への旅の時には「私はもはや夢想を抱いてはいなかった」（『墓の彼方からの回想』第一巻、二五七頁）。このふたつの対立した項のうち、『パリ・エルサレム紀行』の時期には、シャトーブリアンは明晰さのほうを好んでいる。「より成熟した年齢になると、精神はより堅固な趣味にたち戻る。精神はとりわけ歴史の思い出、歴史が示す模範でみずからを養おうと望む」（『パリ・エルサレム紀行』一〇七頁）。だがさらに老齢に差しかかると（『墓の彼方からの回想』の相当部分は一八二二年に書かれ、一八四六年シャトーブリアンが八〇歳に近い時期に見直された）、彼の好みは逆転する。そしてアメリカでの冒険は「今日ではボスポラス海峡〔トルコ北西部の海峡。ヨーロッパとアジアをわける海峡とされる〕の輝く光景がまったくもたない魅力をもって私の脳裏に現れてくる」（第一巻、二五七頁）。無垢と幻影を好むという点で、老年期は青年期にふたたび合流する。

だがふたつの旅行の間には、もうひとつの、より意味深い対照が存在する。西（アメリカ）は自然であり、東は文化である。むろんアメリカにも人間はいる。だがそれは全体的な自然の循環からほとんど区別されない状態で生きている野蛮人たちである。これに対し、もう一方では、まったく人間的な世界が問題なのである。「大西洋と地中海の大海原は諸国民（ナシオン）への道を開く。そしてその岸辺には多くの、そして強力な、文明化された諸民族（プープル）が、かつても現在も住み着いている。カナダの湖には裸の水しかない。そしてその裸がこれまたむきだしの大地に接するのだ。孤独が別の孤独からわかたれているだけだ」（第一巻、二四四頁）。アメリカインディアンたちは歴史をもたない。彼らには文字がないし、彼らは大地を耕さないからだ。また彼らがつくったものもすぐさま森の中に消えてしまうからだ。彼らは、それゆえに、永遠に若いままだが、同時に何らの痕跡を残すことなく消え失せてしまう危険に脅かされてもいる。これと対照的に、ギリシャ人、ヘブライ人、アラブ人、エジプト人は歴史と、文明と、諸宗教、諸芸術、諸科学と混じりあった民族なのである。

したがってアメリカへの旅行は自然への旅であり、そこで男たち、女たちに出会うが、彼らは自然状態で生きている。シャトーブリアンにとって事態はその旅に出かける以前からはっきりしている。一八〇一年の『アタラ』の序文で、彼は自分の計画を次のように記述している。「私は『自然人の叙事詩』を書こうと、あるいは野蛮人の習俗を描こうという構想をいだいた」（三九頁）。まずここで、シャトーブリアンはルソーに借りた用語法で思考しているということがみてとれる。もっとも彼も例の解釈の誤りを犯し、自然人を現代の野蛮人と同一視している。また彼がルソーの指示に従おうと心に決めたということもみてとれる。ルソーは実際、ビュフォン、モンテスキュー、ディドロのような彼と同時代の哲学者（フィロゾフ）たちが探検旅行に出かけないことは残念だと表明していた。哲学者たちは彼の忠告に従わなかったし、ルソー自身ロンドンより遠くへ踏み出したことは一度としてなかった。だが四〇年後、ルソーの若き弟子は呼びかけに応えて歩き出す。彼は「自然人」を探しにアメリカへ出発する。

自然人の共同体はどのようなものに似通っていなければならないだろう。その共同体は善良な野蛮人のなじみの諸特徴を帯びていることだろう。彼らには**私のもの**も**君のもの**もないだろう。「原始的な観念に支配された野蛮な民は、社会秩序の基礎たる私有財産からは非常にかけ離れている」（『旅行記集』二三九頁）。したがって彼らは身分差別のない状態、何でも好きなことができる完全な自由のうちに生きている。「私の心臓の鼓動の一打ちとて抑えられることはないだろう。」とアメリカに着くなり若きシャトーブリアンは叫んでいる。「私の思想のひとつたりとも鎖につながれることもなかろう。私は自然そのもののごとくに自由であるだろう。私は太陽に火をともした者以外を絶対者と認めることはないだろう」（五六―五七頁）。この自然の世界が社会の世界より好ましいものであることは自明のように思える。

だが、シャトーブリアンがニューヨークにほど近い森の中で彼のこのような確信を述べたのもつかの間、彼はおどろくべき出会いをする。森の真ただ中で彼は粗末な小屋を見いだし、その中に二〇人ほどの野蛮人を見いだす。彼らこそ「私が生まれて初めて見た野蛮人」であり、当然そうあるべきように、羽飾りをつけ、薄汚れていた。そして野蛮人たちのまん中にはひとりの小柄なフランス人、ヴィオレ氏がいた。少なくも彼の職業はおどろくべきものであった。なんとダンスの教師なのである。彼のイロコイ族の弟子たちはすでに相当よくフランスのダンスをおぼえていた。そしてヴィオレ氏は彼らを「この野蛮人の紳士淑女のみなさん」と呼んでいる。「野蛮人の生活に、このようにロシャンボー将軍〔一七二五－一八〇七。アメリカ独立戦争で軍功を経て元帥となる〕の昔の皿洗いがイロコイ族に教えたダンスで迎えられるとは、ルソーの弟子にとって耐え難いことではなかろうか。私はおおいに笑いたかったが、残酷なまでに侮辱されたと感じていた」（『墓の彼方からの回想』第一巻、二二五－二二六頁）。

したがって、彼の野蛮人たちとの最初の出会いを通じて、シャトーブリアンは、ルソーから受け継いだと信じていた企図にはどこか現実離れしたところがあるということを発見する。インディアンたちがフランス人と比べ本当により良いとは思われない。とくにシャトーブリアンがあると想像していた根底的な対立は存在しない。森の中にはダンスの教師たちがいるし、イロコイ族はうやうやしくお辞儀をするすべを知っている。自然人と社会人の階層化された対立があるはずだったところにシャトーブリアンが見いだすのは交差した世界である。

旅の過程で彼を待ち受けていた失望はこれだけではない。自分の周囲の自然を観察し続けた結果、彼はそれが完全とはほど遠いものであることを発見する。シャトーブリアンの考えでは、このことはルソーの思想に対する反証となるものである（実際には、ルソーにとっては自分のまわりで観察可能なものは社会状態に属するものであり、自然状態に属するものではない。したがってルソーとてそれを非難することには同意する）。シャトーブリアンは明確に言っている（『アタラ』の序文において）、「私はルソー氏のような、野蛮人に対する熱狂的賛美者ではない。（中略）私は**純粋の自然**こそ世界のうちでもっとも美しいものだなどとは全然思わない。私は自然を見る機会をもったあらゆる場所で、いつもそれをかなり醜いと思った」。シャトーブリアンはこれに引き続いて言う。人間において重要なのはその自然、すなわちその動物性ではなく、その精神である。「思考する人間を**堕落した動物**とする意見には私はまったくくみしない。私が思うには人間を人間たらしめるものはまさに思考である」（四二頁）。ルソーについての解釈の誤りは相変わらずだが、ここではそれは重要ではない。ここで意味深いのは、シャトーブリアンが原始主義的異国趣味を断念したことである。

政治的には、王政復古という歴史上の運動を支持するシャトーブリアンは、過去をただそれが過去に属するがゆえに愛するということはばかげていると言うことを忘れない。「良き昔にはたぶんそれなりの良さがあるだろう。しかしある政治状態が他のものより優れているのは、それが古びていて旧習を墨守しているからではないことを思い出さねばならない。もしそうしないのであれば、三千年来まったく変ることなく続いてきた中国やインドの専制政治こそこの世に存在するもっとも完全なものであるということを認めねばならなくなってしまうだろう」（『旅行記集』LVII頁）。過去をそれ自体として価値あるものとすることへのこの拒否にはひとつの事実理由がある。原始的習俗がつねに良いものではないし、第一それは現代の人間には適当ではない。また論理的理由もある。保守主義者としてとどまった場合、「ひとは人間精神が改良しうるものであることを理解したがらない」（LVIII頁）からである。ルソーと袂をわかつより、シャトーブリアンはルソーの誤った解釈を、別のよりよい解釈に置き換えるほうを選ぶ。この解釈は啓蒙哲学の企図の系譜に直接に結びつくものである。

シャトーブリアンが自然状態のうちにあれほど愛していた自由それ自体、もはや彼にはもうひとつ別の形態の、社会状態に特有の自由より望ましいものとはみえない。そして自然状態の自由を賛美する長口説（これは一七九一年に書かれたものである）を書き写すにあたって、シャトーブリアンは注記として一八二七年に次のように付け加えないではいられない。「私は若き日に書いたこれらの部分をすべてそのまま残しておく。読者はこの部分をどうぞ大目に見られたい」（『旅行記集』五七頁）。バンジャマン・コンスタンに発想の源を仰ぐと思われるこの区別において（もっとも同時に直接にルソーから由来するものでもあるが）、野蛮人の自由が文明化されたひとびとの自由に対立させられている。「人生のこの時期［アメリカ旅行の時期］において、私は古代人流の自由、誕生して間もない社会の習俗の産物である自由を知っていた。だが私は啓蒙の光から、古い文明から生まれる自由、代議政体の共和国がその実在を示した自由は知らなかった。神の恵みにより、この自由が長続きのするものでありますように」（『墓の彼方からの回想』第一巻、二二六頁）。

当然シャトーブリアンのプランは変化することになる。彼の野蛮人に対する無条件のアプリオリの賞賛はより平衡のとれた判断によって置き換えられる。まず第一に彼が認めるのは、文明人と野蛮人の対照は彼が考えていたほど明確なものではまったくないということである。「これらの言語を調べてみるだけで、われわれが**野蛮人**と呼び慣わしている諸民族が、観念の組合せをこととするあの文明において十分に進歩していることがはっきりする」（『旅行記集』一七六頁）。政治体制をみても同じ結論が引き出せる。「野蛮人の間には、専制政治から共和国にいたる、文明人が知っているすべての統治形態が見いだされる」（二二九頁)。このより陰影に富む見方によって、シャトーブリアンはヨーロッパ人とインディアンの出会いを、ルソーから引き継いだのとは異なった用語法で記述することができるようになる。「インディアンは**野蛮人**ではなかった。ヨーロッパ文明は**純粋な自然状態**に働きかけたのではない。それは**始まりつつあったアメリカ文明**の上に働きかけたのだ」(二六七頁)。したがって「さまざまな野蛮人」が一個の均質な単位を形づくるわけではない。そうではなく互いに区別される諸特徴を備えたさまざまの民族がいるのだ。「北アメリカのすべての野蛮人に同じ特徴」(一一七頁)を付与することは避けねばならない。野蛮人にも、そうでない人間たちと同様に欠点**も**あれば美点**も**ある。

結局、シャトーブリアンが計画していた著作はもはや「自然人の叙事詩」としては記述されえない。現在私たちの手に残された作品は、『アタラ』と『ルネ』を含んだ『ナチェーズ族』であるが、これは野心的であると同時に未完成の作品であり、書き直され、打ち捨てられ、最後にシャトーブリアン自身によって出版された。この作品はむしろ野蛮人と文明人、すなわちナチェーズ族とフランス人の**出会い**の叙事詩であり、その中ではシャトーブリアン自身によって生きられた彼のアメリカ行き以前の思想とアメリカ行き以後の思想との間の葛藤が描かれているのが見いだされる。

野蛮と文明

最初の計画では『ナチェーズ族』は自然状態と社会状態の対立を例証することになっており、このふたつの状態を具現するためにそれぞれの極限的代表を選ぶことになっていた。すなわちアメリカにおけるナチェーズ族とフランスにおけるルイ十四世の宮廷である。この対照の目的ははっきりしている。「社会の事物と自然のそれを、その両極において提示することで、おまえは誤りのもっとも少ない仕方で、ふたつの状態の得失を量ることができるだろう」（『ナチェーズ族』一四八頁）。ここではしたがって民族誌学的調査が道徳的・政治的検討のために用いられる。

シャトーブリアンの自然に対する、また社会に対する感情の変化を作品の中で体現するのはナチェーズ族のインディアン、シャクタスである。最初シャクタスは野蛮人の生活（すなわち彼自身のそれ）の優越性についてまったく疑いをもっていない。彼がそのように考えるのは私たちにもおなじみの理由からである。野蛮人の生活を支配するのは私有財産ではなく、平等と自由である。「イロコイ族の掘立て小屋の間にお偉方も細民もなく、金持ちも貧乏人もない。そこにあるのは心の平安と人間の自由なのだ」（一五六―一五七頁）。これにさらにふたつの利点が付け加わる。第一に野蛮人は美しい（アタラは「神々しいまでに美しい」）。第二に彼らは、非人間世界という意味に解された自然――風景、植物、動物――との直接的接触をもちながら生きているが、この自然もまた並はずれて美しい。シャトーブリアンは異国趣味的描写の完璧な例をひとつならず残したが、それは数世代の読者の心に郷愁を生まれさせるに十分なものであった。「夜は甘美なものであった。大気の精霊がその蒼い、松の香りを帯びた髪をゆすっていた。河辺のタマリンドの下で憩うワニがはきだす竜涎香のかすかな匂いをひとびとは吸い込んでいた。月は染みひとつない蒼天の真中に輝き、その真珠色がかった灰色の光が森の定かならぬ輪郭線の上に注いでいた。森の奥深くに聞こえる、何とも定かでない遠い和音のほかには、物音はいっさい聞こえなかった。まるで孤独な魂が砂漠中で嘆息をついているかのようであった」（『アタラ』八五頁）。

野蛮人の生活に対するこの賞賛に、文明生活に対する批判が対応する。一連の顚末があった後、若きシャクタスはフランスにたどり着く。そこで彼は、ラオンタンのアダリオやモンテスキューのペルシャ人と同じように、おどろきと非難の眼差しを同時代の世界に向ける。彼がそのまわりに観察するひとびとは、欲深く、けちくさく、非寛容である。プロテスタントに対する迫害は彼におぞましさの混じった困惑の思いを抱かせる。そのうえそのひとびとは心配に打ちのめされ、貧困のうちに生きている。「私は悲惨によって痴呆状態に陥っている人間をみた。彼は飢えた家族をかかえ、社会の恩恵をまったく受けることがなく、自然の恩恵を失ってしまっている」(『ナチェーズ族』一五二頁)。またもやルソーが同時代の社会に投げつけた非難を読まされているような気になるかもしれない。自称学者たちは実は無知蒙昧の輩であり、インディアンが人間と猿の中間段階にあると信じている。諸芸術は無益なものである。「諸芸術は人生の幸福にはまったく役に立たない。だがあなたがたがわれわれにまさっていると思われる唯一の点は芸術である」(一五六頁)。これがシャクタスがためらうことなしに自然状態を社会状態より好ましいとする理由である。あちらでは美徳が支配し、こちらでは悪徳が支配しているのだから。彼は故郷の森に帰ることを夢み、彼の対話者のうち共感できるひとびとにも自分と同じ運命を望まないではいられない。彼は言っている。「私は最後には私をもてなしてくれたひとに、彼も野蛮人になるようにすすめた」(一五七頁)。

ここまではまるでラオンタンの『対話』を読んでいるような気になったかもしれない。シャクタスの話はアダリオのそれを敷衍したものにすぎないようにみえるかもしれない。アダリオもやはりフランスに、しかもシャクタスと同じ時代に出かけたのだ。だがまさに名前を突き合わせてみると、警戒すべきことがここにはあることがわかる。『ナチェーズ族』という作品自体の中に、やはりインディアンの登場人物でアダリオという名前の者がいる。だがこの人物は知恵の化身などというものではまったくない。乱暴で、人間性のかけらももたない愛国者である彼は善良なシャクタスの対極でありさえする。ラオンタンを模倣するどころか、シャトーブリアンは先駆者のメッセージを、自分の著作の中に響く数多くの声のひとつにすぎないものとする。しかもその声は誤っていることがしだいにわかってくるのである。

真実の発見は徐々になされる。こうして『アタラ』の挿話において、シャクタスは、オーブリ師がこうむる拷問の過程で、自分の同国人たちの残酷さに気がつく。「怒ったインディアンたちは、彼が話すのを妨げるために彼の喉に真っ赤に溶けた鉄を流し込んだ」(一四二頁)。次にあげるふたつの命題のいずれかが正しいのでなければならない。野蛮人のところで見受けられるすべてのことが自然であるわけではない。あるいは自然なことが必ずしも良いことではない。シャクタスは彼の人類学の学習を続けることで、その命すら危うくする。「その習慣があれほど感動的であるその同じインディアンたちが(中略)いまや大声で私への拷問を要求していた」(九一頁)。他方フランスの建築、音楽、悲劇に親しみを増すにつれ、シャクタスはそれらの偉大さも認めるようになる。そして最後に、無知は良い面だけをもつわけではない。その証拠としてアタラの死、偏見によってもたらされた彼女の自殺をあげることができる。オーブリ師が瀕死の彼女にそのことを説明している。「わが娘よ、あなたの不幸のすべてはあなたの無知に由来する。あなたを滅ぼしたのは、あなたが受けた野蛮な育てられ方、必要な教育の欠如なのだ」(一二二頁)。まるでコンドルセが教育を賞賛しているのを聞く思いがする。宗教にさえ啓蒙の光が必要とされているのだ。

シャクタスが学ぶのはとりわけ次のことだ。すなわち、善と悪は、一方が野蛮人のところに、他方が文明人のところにといったように厳密に分配されているわけではない。ルイ十四世の世紀にはほむべきところも非難すべきところもある。ナチェーズ族の社会もまた同様である。また同時に、双方をより近くから観察するならば、表面の相違の下に多くの類似をも見いだせる。フランス人の会話をそれまでより注意深く聞いたシャクタスは、その会話に「ヒューロン族の言葉と同じほど繊細な言葉」(『ナチェーズ族』一四六頁)を見いだしておおいにおどろくのである。善悪の判断を放棄する必要はないが、この善悪という仕方で民族全体、文化全体の性質を規定できるという希望は捨て去らねばならない。また他の多くの場合、判断は習慣の結果か、視覚の幻想の結果にすぎない。最後に、「自然の利点」に対して感じやすいとしても、それは「芸術の優位性」（二三九頁）を軽蔑する理由とはならない。すべては周囲の状況が何を要求するかにかかっている。

こうした学習は、すべての人間の尊厳を認めるようにとひとを導いてゆく――「名もない森の住民の不幸は、他の人間の不幸よりわれわれの涙を誘う権利がないなどということがあろうか」（一一頁）――そしてこのようなひとびともまた幸福になったり、悲惨におちたりするように運命づけられているということの確認へとひとを導いてゆく。「幸福はすべての民族のところに、あらゆる風土の下にある。悲惨な生活をおくるエスキモーが、彼が生活する凍りついた岩礁の上で、玉座に座るヨーロッパの君主と同じほど幸せであるということもあるのだ。ラブラドル〔カナダ東部の半島〕の雪の中でも、セーヌ川の白鳥のにこ毛の上でも、母親たちの、また恋人たちの心臓の鼓動を速めるのは同じ本能である」（一八一頁）。これこそ黒人女奴隷グラツィルヌがインディアン女セルータの子供を保護する理由である。人種の、出身国のちがいなど、われわれが人間という同じ種に属しているということに由来する共通の特徴の前には色あせてしまう。シャトーブリアンはこのような普遍主義的、平等主義的な教えをキリスト教の伝統の中から汲み上げる。

『ナチェーズ族』の登場人物たちによって説かれる普遍主義は、愛国心を他のどんな人間よりも自分の同国人を好むという感情として理解するのでなく、ある場所、ある風景、共通の思い出、祖先の言葉への愛着という意味で理解するならば、それと矛盾するわけではない。ナチェーズ族の地に戻ったシャクタスは、涙に暮れて故郷を抱きしめる。それでもなお彼はアダリオに次のように答える。「私は君と同じほど祖国を愛している。だが私はそれ以上に美徳を愛するのだ」（五二〇頁）。アダリオはこれとは逆に盲目的愛国心の側にいる（ルソーならば、アダリオはキリストの生き方ではなく、ブルトゥスのそれを選んでいると言うだろう）。彼が自分の孫がフランス人の間で生きるのを許すよりはと、孫を殺してしまう時、彼に共感を覚えることは難しい。アダリオとは逆に、ダルタゲットとミラはある種の愛国心（ダルタゲットは「フランスのためにみずからの血を流したいと熱望している」、二五頁）と、普遍的諸価値への好みを組み合わせる可能性の、一方はフランス人にとっての、他方はインディアンにとっての例証となる。「祖国だって！　もしそれが不正なものであるとしたらそれが私にとって何だろう」とミラは叫ぶ（四一一頁）。

したがって、個人の徳が、個人が属する祖国より重要だということである。シャクタスが学んだ大きな教訓のひとつは、まさに個人の行動は、その個人が所属する文化に対して相対的独立性をもつということである。インディアンとフランス人は同じ運命をたどりうる。逆にふたつの共同体の内部においては非常な多様性が支配している。シャクタスがあるパーティーで出会った「ラ・ブリュイエール」は彼にひとびとの間の差異を知覚することを教える。「その才能、その教えもそれぞれ異なる僧侶たち、彼らの才能の対照によって際だつ文学者たち、互いに競いあう才気あるひとびと（略）」（一四五頁）。フランス人がナチェーズ族より優れているわけではなく、またその逆でもない。外国人が自国人より好ましいと考える異国崇拝（エグゾティスム）の徒は、これとまったく逆の考えをもつナショナリスト同様誤っている。シャクタスが発見するのは、自由は人間の定義の部分をなすということである。真の対立はわれわれと他者の間にあるのではなく、美徳と悪徳の間にあるのだ。

倫理的・政治的議論はシャクタスが「フェヌロン」と出会うことでその頂点に達する。シャトーブリアンは「フェヌロン」に著作全体の教訓を説く役割を負わせている。「フェヌロン」はシャクタスの言うことに注意深く耳を傾け、シャクタスが野蛮人の生活を擁護するのを聞いてもそれを一方的に切り捨てたりはしない。しかしそうしながらも「フェヌロン」はその答えの中で、原始主義に抗して諸民族間の平等という普遍主義的主張を擁護しようと努めている。だがこの主張はすべての判断を断念するという相対主義には行きつかない。「どの国の人間でも、彼らが純粋な心をもっていれば互いに似通ってくる。というのも、その際彼らにおいて語っているのは神であり、神はつねに同一であるからだ。悪徳だけがわれわれの間に醜い差異を設ける。美はただひとつしかない。醜さは千もある」（一五七頁）。特徴的な仕方でシャトーブリアンは「美徳」という語の代わりに「美」という語を用いている。彼のキリスト教には美学的色彩が濃いのである。

だが「フェヌロン」はそれだけでは満足しない。まさしく人類がひとつのものであればこそ価値判断は可能なのである。そこで彼は自然状態と社会状態のそれぞれの相対的長所を比較した上で、社会状態をより優れたものであるとする結論を下す。彼の議論の一部はルソー（彼が反駁すると信じる）に借りられている。まず社会生活への移行は人間の数が増えることとの避けられない帰結とされる。したがってこれにあらがおうとしても無駄である。次に自然人は、本能的に善であるわけだが、だからといって彼が有徳のひとであるということにはならない。美徳と悪徳の区別は社会状態に特有のものである。さらに「フェヌロン」は、人間の理想は自然（あるがままのもの）であってはならず、完璧（あるべきもの）でなくてはならないと付け加える。それゆえに諸芸術を実践することは優越性の証なのである。「諸芸術はわれわれを神に近づける。それによってわれわれは自然よりさらに上にある、そしてわれわれの知性の中にしかない完璧をかいまみることができる」（一五八頁）。自然状態で支配するのは最強者の法である。これを正義の十分な基礎と考えることはできないだろう。

したがってシャトーブリアンは『アタラ』の目的は「社会生活が野蛮人の生活に対してもつ種々の優越する点を示すこと」（「序文」四三頁）であると明言できるだろう。この新たな知恵に帰依したシャクタスは——彼はすでにオーブリ師の言に強い影響を受けていたのだが——彼自身すぐさま改宗しはしないもの の、キリスト教が優越した宗教であり哲学であることを認める（彼が改宗するのは死の床においてである）。だがここでいうキリスト教は、人間がひとつのものであり、善悪を区別する必要があるということを述べるものにすぎない。したがって『ナチェーズ族』はまず何よりも、啓蒙の精神をもってなされた、異国趣味的・原始主義的夢想への批判であると言うことができるだろう（このことは「善良な野蛮人」の神話が啓蒙の精神から直接発したものであるよりも、むしろそれを転倒させたものであることをよく示している）。

しかし、シャクタスの理想も、シャトーブリアンの理想もこれとは少し異なっているように思われる。何らの留保なしに社会生活（そしてその高次の形態であるキリスト教徒としての生活）を選ぶのではなく、むしろ自然と社会、野蛮人たちと文明人の双方のよい点だけをとって両者を総合しようと試みるのである。「フェヌロン」の話を聞いた後でもなおシャクタスは「自然」の中へと旅だってゆき（もっとも「フェヌロン」も彼にそうするようすすめていた）、フランス人からインディアンを守り、インディアンからフランス人を守って人生を過ごす。彼が抱く夢は「文明化した人間の自由」と「野蛮人の独立」を結びつけること（一六二頁）である。ルソーが歴史のもっとも幸福な瞬間は、自然状態と社会状態から等距離にある混交の瞬間であると判断していたように、シャクタスはまさにこのような中間的位置を占める民をもっとも高く評価する。「私がかつて訪れた多くの民の中でこれこそ私にもっとも幸福なものと思われた。ラブラドルの漁師のように悲惨な状況にもなく、カナダの狩人のように残酷でもなく、かつてのナチェーズ族のように奴隷でもなく、ヨーロッパ人のように堕落してもいないスー族は、野蛮人と文明人にあるすべての望ましいものを集めている」（一九一―一九二頁）。したがってこのようなことは可能なのだ。

交差の世界

アメリカについたシャトーブリアンは自然と社会の間の単純な対立ではなく、その両者が混在した世界を見いだす。アメリカ全体が彼には「自然状態と文明状態の奇妙な混交」のようにみえる。「あるイロコイ族の掘立て小屋から四つんばいで這いでた」彼はパイジェーロ〔一七四一―一八〇六。イタリアの作曲家〕とチマローザ〔一七四九―一八〇一。イタリアの作曲家〕の曲が歌われるのを聞く。「新しい教会の尖塔が太古からの森の中から突き出ている」（『墓の彼方からの回想』第一巻、二三二頁）。シャトーブリアンがしばしば「文明」という概念と「ヨーロッパ」という概念を等しいものとして扱うことがここでみてとれる。

だがこの混交のもっとも見やすい結果は否定的なものである。ヨーロッパ人たちはインディアンを追い回した。遅かれ早かれ彼らは「亡命するか皆殺しにされるかの運命を強いられるだろう」（『旅行記集』二六四頁）。いまだにもとの場所にとどまり続けている者たちは、日に日に彼らの文化、彼らの伝統を失っていく。ヨーロッパ人による通商はほとんど戦争と同じほどの厄災をもたらす。宗教の古くからの形態は滅び、祖先以来の政治の仕組みは破壊されるがそれに代わるものは何もない。「われわれの贈物、われわれの悪徳、われわれの武器は、こうしたさまざまの権力を構成していたひとびとを買収し、堕落させ、殺してしまった」（二七一頁）。そしてふたつの集団の生物学的混交から生じた混血児たちは、シャトーブリアンが願っていたような幸福な総合であるどころか、この出会いの失敗を具現している。

「その父たち［ヨーロッパ人］の言語と母たち［インディアン］の言語を話す彼らは、ふたつの人種の悪徳をともにもっている。文明化された自然と野蛮な自然のこの私生児たちは（後略）」（『墓の彼方からの回想』第一巻、二四二頁）。

シャトーブリアンが牧歌的色彩のもとに想像したがっていたふたつの世界の出会い（西と東の民族が同じ人間という名において互いに敬意を表しあう）が、むしろふたつの集団の悪い面を引き出したということは認めねばならない。「文明」の側には、軍事的占領と金儲けの心配しか見いだされない。あらゆる技術的発明はこのふたつの情熱に仕えさせられる。「自然」の側にあるのは不実、強欲、偽り、放埓である。文明人は野蛮人を軽蔑し、後者はそれに憎しみで報いる。もはや、インディアンの文明がこのようなものでないもっと良い影響を受けていたらどうなっていたろうかと、あるいはインディアンの文明がそれ自身の道に従って発展していたらどうなっていたろうかと夢想するしかない。「われわれの文明とは性質を異にする文明なら古代の人間をふたたび生み出すことができたかもしれない。またいまだ知られざる源泉から発する知られざる光をほとばしり出させたかもしれない」（『旅行記集』二六八頁）。

『ナチェーズ族』はこの夢と醒めきった現実確認の中間に位置する。この著作の登場人物たちはすべて交差の産物ではあるが、シャトーブリアンによって実際に観察されたそれよりは幸福な交差の産物である。文明社会の最良の代表者たちは、何か野蛮なものを保持している（あるいは獲得した）ひとびとである。たとえばアメリカにおいてオーブリ師はインディアンたちを改宗させるが彼自身もまた彼らのほうへ歩み寄っている。ルイ十四世の宮廷には「ラ・フォンテーヌ」や「フェヌロン」がいる。「フェヌロン」は言う。「私自身いくぶん野蛮人なのだ」（『ナチェーズ族』一五五頁）。そもそもシャトーブリアンはアメリカを好む理由を、彼自身「野蛮な教育」を受けたということによって説明している（『旅行記集』七頁）。

といっても『ナチェーズ族』においてあらゆる混交が成功しているわけではない。まずロザリー要塞司令のシェパールのように、そもそも文化のちがいにさえ気づかないひとびとがいる。「野蛮なアメリカは彼にとっては文明化されたヨーロッパの再現でしかなかった」（『ナチェーズ族』二八頁）。またこちらのほうが数は多いが、他者からその欠点をしか受けとらないひとびとがいる。たとえばインディアンの側には権力欲にとりつかれた（ルネに嫉妬している）軍団長オンドゥレがいる。彼は白人を憎みつつも、彼らに似ようと望み、彼らの悪徳のすべてを身につける。ヨーロッパ人の側をみれば、そもそもキリスト教とイスラム教の怪物的雑種であるフェブリアーノが今度はオンドゥレの悪徳だけをまねる。シャクタスは「われわれ野蛮人を文明化しようとまったくしない」そうした白人たちを公然と批判する。「彼らは自分たちがわれわれと同じような野蛮人になるほうがやさしいと考えるのだ」（一八八頁）。

だがこれらの否定的な例とは別のそれもある。そしてそのような例はよい混交もまた可能であることを示している。まずそのような例の筆頭は女性たちである。アタラはキリスト教に改宗する。セルータはルネの妻である。ミラは若い娘だがルネに恋している。いずれの女性ももともともっていた性格の力を失わず、その力に、彼女たちに白人や、インディアンの間に見受けられる白人の友人たちを愛させる開かれた精神を付け加える。またセルータの兄、ウトゥガミーズもまたそうした例である。彼はみずからをルネの兄弟であると宣言し、万難を排してルネに忠実であり続ける。だがもちろんふたつの人間集団の長所の優れた結びつきを具現すると目されるのはシャクタスそのひとである。『アタラ』の序文は彼を「天才を備えて生まれたと想像される、半分以上文明化されている野蛮人」（四三頁）として描写している。彼は『ナチェーズ族』で最初に現れた時点からすでに、野蛮状態と社会状態の間にはっきりとした分離などないことを示している。彼が話す時、ルネは「砂漠のただ中で野蛮人によって語られる文明人への賛辞」

（一八頁）を聞いているのである。シャクタスはフランスの習俗に対して批判的でありながら、フランスをほめたたえる。また自分の国を愛しているが、だからといってその欠点について盲目であるわけではない。彼がフランスを出発するに際し「フェヌロン」は彼に特別の使命を課す——「あなたの同国人の間で、フランス人の保護者になってください」（一六一頁）——、そしてルネを受け入れる挿話が示すようにシャクタスはこの使命に完全に身をささげ、自分の同国人から「外国人をあまりに愛しすぎる」（四三頁）という非難を浴びるまでになる。彼はこの役割のうちに、ふたつの世界の交差が生み出したものという自己の運命の似姿をみているのである。

最後にルネがいる。彼もまた二重の存在である。そして彼はシャクタスも言うように、シャクタスとは対称的な、反対の位置を占めている。「私がおまえにみるのはみずからを野蛮人にした文明人だ。おまえが私にみるのは偉大な神が文明化しようとお望みになった（それがなぜかはわからぬが）野蛮人だ。人生の過程に両端から入り込んだわれわれふたりは、おまえは私の場所に憩いにやってきて、私はおまえの場所に座りに行ったのだ。したがってわれわれは事物をまったく互いに違った風に見る羽目になったのだ」（『アタラ』七七頁）。この演説の結論には少しばかりおどろかされる。互いに道の半分ずつを歩んできたのだから、シャクタスが言うのとは逆に、むしろふたりがあらゆることについて互いにかなり近い見方をすると期待するところだ。だがふたつの世界の出会いは、良き意図の持ち主たちにとっても、唯一の形態しかもたぬものではない。シャクタスはアメリカにおいてもヨーロッパにおいても自分の国にいると言うことが可能だろう。ルネはどこに行っても異邦人である。

インディアンの間で生きることを選んだフランス人であるルネは、ヨーロッパ社会に批判的眼差しを投げ、インディアンたちに受け入れられたいと望む。インディアンたちは彼を受け入れる。「アメリーの弟は社会に生きる人間として眠りにつき、自然人として目覚めた」（『ナチェーズ族』三四頁）。その後におきるナチェーズ族とフランス人の争いにおいて、彼は自己の新しい祖国に忠実であり続け、ルイジアナのフランス人総督に対し、ナチェーズ族の大義を擁護する。もっとも、そのようにすることによって、ルネはフランス人よりインディアンを好んで守っているのではなく、国民的な価値を犠牲にして普遍的価値を擁護しているのである。「私はあなたに、フランス人としては罪ある者とみえるかもしれない。だが人間としては私には罪などない」（三五五頁）。

だがルネがある日自然人として目覚めたというのは本当ではない。それは私たちがいまや知っているように、対立が当初そうみえていたほどはっきりとしたものではないからではない。またシャトーブリアンが言うように結局のところ社会状態のほうが自然状態より好ましいからでもない。それはルネがけっしてこの変身を真におこなおうとはしないからである。私たちは彼の物語を、彼自身がする回顧談において知るのだが、この回顧談が『ルネ』を構成する。彼をヨーロッパから逃げ出させたのは、文明生活への非難ではなく、彼をその姉アメリーに結びつけていた不可能な情熱である。ヨーロッパとアメリカ（あるいは文明と野蛮）という対立は、いわば政治生活と個人生活、外向性と内向性というもうひとつの対立によって中和されている。この最後の対立においてルネは完全に個人生活、内向性の側に位置する。「ヨーロッパにおいて、アメリカにおいて、自然、社会に私はうんざりした」と彼はセルータへの最後の手紙に書いている（四八六頁）。ルネの内面生活は不幸である。そして彼が自分の内面生活にしかかまわないと決めている以上、ルネは彼の行くいたるところに己の不幸を持ち歩くことになる。

つまるところフランス人たちはルネを打ち捨てるが、インディアンたちとて彼を本当に受け入れるにはいたらない。そしてルネはインディアンたちがそうするのは正しいと考える。彼はけっして野蛮人になりおおせることに成功しないだろう。彼がインディアンたちの間に滞在しているのは、そうしようという積極的選択によるのではなく、ある拒否によるものである。「まもなく私は祖国において、異邦にいたとき以上に孤立している自分を見いだした」（『ルネ』一五六頁）と彼は言う。だが彼は新しい祖国により多く自分の姿を認めるわけではない。というのも彼が必要としているのはそんなことではないからだ。したがって彼は、もはや一時的な仕方ではなく永続的に異邦人という境涯にみずからを置いているのである。「地球上いたるところで異邦人であるこの男は、自分の頭をやすめることのできる一角を空しく探していた。彼の行くあらゆる場所に彼は悲惨を生み出した」（『ナチェーズ族』三七五頁）。実際シャクタスのように他人に平和と平安をもたらすのではなく、彼が引き連れて歩くのは悲嘆と悔恨である。というのも彼にはもはや愛する能力がないからだ。「彼の魂の奥底にできた空虚は、もはや満たされえなかった」（三〇四頁）。

ルネは、したがって、彼なりの仕方で、文明社会と野蛮社会の間の選択を避けていることになる――それは彼がシャクタスのように双方の良い面だけをみようとしているからではなく、彼があらゆる社会への帰属を拒否しているからである。問題の社会がどのようなものであれ、彼の社会に対する態度は一種の捨身戦術である。社会が不正であればあるほど、彼は自分の選択が正しいことを確認するのである。彼に対して起こされた訴訟の果てに彼は不正な有罪判決を受ける。だがこのことが彼を喜ばせる。というのも、これによって、彼の目には社会がその罪においてのみでなくその法においても悪いものであることが証明されるからだ。「みずからが無罪であると感じているのに法によって断罪されることは、ルネのような考え方をすれば、社会秩序に対する一種の勝利であった」（三五七頁）。シャクタスはフランスにあってはフランス人のことを考え、ナチェーズ族の地にあってはナチェーズ族のことを考える。どちらの場所にいてもルネは自分のことしか気にかけない。「みずからのうちのみで生き、彼を取り巻く世界の外で生きているようなルネは、彼のまわりで起こっていることをほとんど見ていなかった」（三二一頁）。

したがってルネは、『告白』と『孤独な散歩者の夢想』においてルソーによって描かれた自己中心主義的主体の子孫ということになろう。だがルネとその祖先の間にはちがいもある。自己中心主義はルネを世界に対して無関心にするのだが、ルソーはそのような態度をてらうことはあっても、みずからがその例証となることはけっしてない。ルネは最初の近代的ニヒリストである。そして彼はふたつの文化に属しているということをいかなる意味においても全然活用していない。彼をそのような状態に導いた理由はどうでもいい（禁じられた愛）。重要なのは、彼が善悪の彼岸へ行ってしまったことだ。スエル師がルネの告解を聞いた後で彼を厳しく断罪するのはそのためである。「人間が己ひとりで生きていけると思い込んでいる傲慢な若者よ。孤独は神とともに生きていない者にとっては悪しきものだ」（『ルネ』一七五頁）。そして『ナチェーズ族』の最終部は、ルネを神の目からみて有罪であると宣告している。だがシャトーブリアンはこの厳しい判決を支持しているのだろうか。もしシャトーブリアンが私たちがこの判決にくみすることを望んでいるなら、なぜ彼は自分の創り出した主人公に自分の名前のみならず、物語のうちでは正当化するものが何もない強い魅力をも与えたのだろうか。シャトーブリアンは実際ルネの「広大」な魂について語っている。そして物語中の善玉――シャクタス、セルータ、ウトゥガミーズ、ミラ――はみな彼に愛情を抱き、この愛情は変ることがない。これはスエル師がルネに対して抱くよりは多くの共感に彼が値することを示す手だてではないだろうか。

シャトーブリアンは普遍主義的立場に立っているが、だからといって彼の言説においては、このような立場が、純粋に自国のことのみを考える企図と共存していることを忘れてはならない。彼がアメリカに出発した理由のひとつは、アメリカと北極圏の間に、太平洋から大西洋へいたる通過路を発見したいという願望であった。これがなされればシャトーブリアンはむろん個人的な栄光を得ることができるだろうが、また自国に利益をもたらしもするだろう。「成功したなら、私はいまだ知られざる地域にフランスの地名を与えるという名誉、太平洋において私の国に新たな植民地をもたらすという名誉を得ただろうに」(『墓の彼方からの回想』第一巻、二二二頁)。この点ではトクヴィルの態度を前触れしているのだが、シャトーブリアンは、アメリカで植民地政策の弊害に対して自分がおこなった批判と、フランスのために新たな植民地を探すということが両立すると考えている。諸民族の間の平等と、ある民族の他の民族への隷従の企てを同時に主張することに問題があるとは彼は思っていない。彼はフランスが海外領土を放棄したことを絶えず残念がっているが、それらの領土を保有することはフランスの利益にかなうということを述べるのみで、そうすることがそこに住む諸民族の利益にかなうかどうかということについては一度たりとも考えてみようとしない。だがフランス人が「地上でもっとも知的で、もっとも勇敢で、もっとも優秀な国民である」(二二〇頁)ことは事実なのだ。まったくフランスのことのみを考えて企てられた旅行は、やはりフランスのことが原因で中途で打ち切られる。シャトーブリアンはある日国王逃亡を知る。「私は突然私の旅程を中断し、自分に言った。『フランスに帰るんだ』」(二五七頁)。

しかし結局のところ相当に平凡なこのような自民族中心主義だけでなく、シャトーブリアンはまた異なった形の自民族中心主義をも示しており、そちらのほうがシャトーブリアンのより重要な特徴となる。それは彼の芸術的企て自体に関わり、その企ては『アタラ』、『ルネ』によって補完される『ナチェーズ族』に結実するのである。実際、私たちはシャトーブリアンがアメリカに行ったのは地理的発見をおこなうためのみではなく、自然人の叙事詩を書くという文学的企図に衝き動かされてであったということを知っている。ところが彼は描くべき対象についての知識を欠いている。「ホメロスに倣って、私が描こうとする諸民族を訪れる必要があった」（『アタラ』の序文、三九頁）。シャトーブリアンがアメリカで発見したのは正確には自然人ではなかったことは先にみた。だが彼はアメリカにおいて確信をもって自分の詩人としての天職を発見する。ヨーロッパとアメリカの衝突は、美しい作品を生み出すというまったく個人的な企てのために役立つのである。

実際シャトーブリアンが自分のまわりのインディアンたちを観察することがある場合でも、それはほとんど彼の意図に反してそうなっているのであり、彼自身にはそのような意図はない。「私が見にきたものはアメリカ人ではなかった。私は自分がそれまでに知っていたひとびととはまったく違った何か、私の思想の習慣的秩序とより良く合致した何かを見にきたのだ」（『墓の彼方からの回想』第一巻、二二一頁）。シャトーブリアンが見たいと望むものは全面的に、彼がフランス人であるという事実によって規定されているのであり、アメリカ人がどのようなひとびとであるかということによって規定されているのではない。そんなことには彼はほとんど興味を抱いていない。つまるところ彼の本の登場人物たちは彼によってなされた観察の果実ではなく、彼の想像力の産物であり、アメリカ旅行はその想像力を目覚めさせるきっかけとなったにすぎない。「私の青年時代の砂漠において、私はその砂漠を飾るために登場人物たちを創り出さねばならなかった。その人物たちは他のところではみつからず、私のうちにあったので、私は彼らを私の存在から引き出した」（二三六頁）。

『ナチェーズ族』への序文の中でシャトーブリアンはナチェーズ族の習俗の描写と彼らの蜂起についての物語を、シャルルヴォワ師（一六八二－一七六一。フランスのイエズス会宣教師、カナダの探検者）の『ヌーヴェル・フランスの歴史』に借りたと言っている。彼はシャルルヴォワ師の記述に忠実に従ったこと、ただ詩人として「真実に若干のもの」（五九三頁）だけを付け加えたことを自慢している。したがって彼の主要な源泉は、アメリカで観察された事実であるよりはむしろフランスで彼が読んだ本なのである。詩的付加部分について、またその部分とアメリカの現実の間の関係については、『墓の彼方からの回想』の中で報告されている、アタラとセルータの原型に関するすばらしい例がある。シャトーブリアンはインディアンの一団とともに旅行をするが、そのインディアンたちの中にふたりの混血女性がいる。彼とその女性たちの間の相互理解の程度はたいしたものではない。「私は彼女たちが言う一語とて理解できなかったし、彼女たちも私の言うことを理解しなかった」（二五〇頁）。後になってシャトーブリアンは彼女たちはおそらく娼婦であったことに気がつく。「ガイドたちはまったく遠慮なく彼女たちを**厚化粧の娘たち**と呼んでいたが、そのことが私の虚栄心を傷つけた」。彼が彼女たちについて知ることはほとんどこれですべてである。そうであってみれば、彼女たちが彼の叙事詩においてこうむった変容にはまったくおどろかざるをえない。「私は彼女たちが私に与えてくれた生命を彼女たちに私が返しえたかどうかわからない。少なくも私は償いのため、彼女たちのひとりを処女とし、もうひとりを貞淑な妻とした」（二五五頁）。だがこのような乱暴な崇高化の結果、これらの登場人物たちはインディアンについてよりもシャトーブリアンについてわれわれに多くを教えることになった。このように己の必要に応じて、自分が出会ったひとびとに思いのままの形を与えることができるというのは――創造的芸術家だけに許された――暴力の一種ではなかろうか。

彼自身もそのことをよく知っており、また告白もしている。アメリカからの帰国について彼は言っている。「私は自分と一緒に北極地域のエスキモーではなく、いまだ知られざる種の野蛮人をふたり連れてきた。シャクタスとアタラである」（二七二頁）。確かにアメリカにおいては未知の種類だろう。だがヨーロッパにおいてはこの種はすでに知られている。（ラオンタンの）アダリオ、（ディドロの）オルーの部族、すなわちまあまあ善良であり、そこそこ賢い、アレゴリーとしての野蛮人の部族である。これは当時のイデオロギー上の必要が生み出したものであり、現実のインディアンやタヒチ人とは何ら特別な関係をもたないものであった。シャトーブリアンのシャクタスが伝えるメッセージは、ラオンタンのアダリオが伝えるそれより高尚なものである。だがどちらもインディアンでないことには変りがない。両者とも直接にパリのサロンから出てきている。シャトーブリアンがこれらの作りものの人物たちをその中に置く筋立てについても同様である。その暗い陰謀、その痴情犯罪は、シャトーブリアンがアメリカで観察した人間関係によりも、ルイス〔一七七五－一八一八。イギリスの小説家。ラドクリフと並ぶイギリスゴシックロマンスの代表的作家〕やアンヌ・ラドクリフ〔一七六四－一八二四。イギリスの小説家。旧来の恐怖小説に新しい手法を取り入れたゴシックロマンスの第一人者〕の暗黒小説に多くを負っている。

私たちがいま作っているシャトーブリアンの「美的」自民族中心主義の一覧表において、『ナチェーズ族』の文体については特別の言及がなされるべきである。シャトーブリアンによれば、彼は最初に『ナチェーズ族』の物語と、のちに旅行記として分離する部分を含むただひとつの手稿を書いた。ついで彼はふたつの仕事をおこなった。一方では事実を語っている部分と虚構の部分を分離し、他方ではこの虚構の部分を小説ジャンルから叙事詩ジャンルに移した。だがこの後のほうの仕事は中ほどのところで中断してしまった。この叙事詩という形態を、シャトーブリアンは彼の言い方に従えば当時聖書と並んで彼の唯一の愛読書であったホメロスに借りている。ルネがつねに「アメリーの弟」と呼ばれ、シャクタスがしばしば「ナチェーズ族のネストル〔ギリシャ神話。ピュロス王。老人ながらトロイア戦争に参加、ホメロスにより誰からも尊敬される老人として描かれる〕」と呼ばれるのはそのためである。またテキストの中に頻繁に比較がおこなわれるのもそのためであり、それらの比較はシャトーブリアン自身が私たちに教えているように「ホメロス流に、あるものは短く、あるものは長い」。『パリ・エルサレム紀行』の時期にも、彼はやはりそのような仕方をすべきだという意見である。「自然をフェヌロンの眼、ホメロスの眼で見ない者に災いあれ」（『パリ・エルサレム紀行』五八頁）。

ホメロスのようにするために、シャトーブリアンはホメロスの文体を真似る——付け加えておかねばならぬがその結果はモデルからはほど遠い。やはりホメロスを真似て、これから描こうとする諸民族に出会うために出かけたとき、シャトーブリアンの思いつきは悪いものではなかった。だがすでにみたように、この出会いは『ナチェーズ族』を書くに際してほとんど役に立たなかった。ホメロスが叙事詩人でありえたのは、その文彩のゆえではない。彼が自分の作品に集団的主題を与えたからである。「ホメロスのように」しようとするなら、詩人の**私**を民族の無名の声のうちに解消せねばならないのであり、ホメロスの比較や代称〔普通名詞で固有名詞を、固有名詞で普通名詞を表わす方法〕を真似ても無駄である。ところがシャトーブリアンは私たちにただひとつの声をしか聞かせず、ひとつの主体しか知らしめない。彼の声であり、彼という主体である。『ナチェーズ族』は失敗した叙事詩である。

シャトーブリアンはシャクタスのうちにもまたルネのうちにもみずからを描いている。シャクタスはキリスト教と啓蒙の哲学を総合する、シャトーブリアンの確信を表現している。ルネは、いたるところで異邦人であり、なにごとにも倦怠を覚え、外界の存在に無関心であり、絶えず自分自身をみつめているという、シャトーブリアンの内的経験を表わしている。ところで『ナチェーズ族』は、シャクタスというよりはルネによって、外向的な人物というよりは内省的人物によって書かれている。これが叙事詩を書こうという企図が失敗せざるをえない理由である。これに対して、のちに、『墓の彼方からの回想』はシャトーブリアンに彼の企図によりよく合致した形態を提供することになるだろう。『ナチェーズ族』の著者は自分自身にしか興味をもたず、他人に関してはいかなる好奇心ももたない。叙事詩を書くということについてはこれでは悲観的な見通ししか出てこない。シャクタス＝シャトーブリアンによって説かれる普遍主義は、ルネ＝シャトーブリアンの自己中心主義によって効力を封じられている。

旅行者から観光客へ

『ナチェーズ族』は、普遍主義と自民族中心主義、世界の描写と自己の描写が相争う複雑なテキストである。『パリ・エルサレム紀行』においては事態は比較的単純である。シャクタスは姿を消し、ルネが全体を支配する。西への旅が自然にささげられているのに対し、『墓の彼方からの回想』は東への旅を、歴史、文化への沈潜として描き出していた。『パリ・エルサレム紀行』は多少異なった組み合わせをおこなっている。というのも、そこで扱われるのはふたつの項ではなく三つの項だからである。インディアンとアラブ人は双方とも野蛮人だがそのあり方は異なっている。「手短に言えば、アメリカ人においてはすべてがいまだ文明状態に到達していない野蛮人を示しているのに対し、アラブ人においてはすべては野蛮状態に転落した文明人を示している」（『パリ・エルサレム紀行』二六八頁）。ここに現れない第三の項は、こうした判断を下すシャトーブリアン自身、フランス人、ヨーロッパ人である――そしてこの第三の項こそ当然現代文明を体現している。『パリ・エルサレム紀行』は、他者を理解するためには障害としかならなっている。

いこのふたつのあり方、すなわちフランス人の自民族中心主義と著者の自己中心主義の交替の上に成り立っている。

シャトーブリアンが訪れる国々はかつて文明化されていたが、現在では野蛮化してしまった。ギリシャ人、エジプト人もそうだが、このことはパレスチナ地域のアラブ人についてより当てはまる。「彼らが口を開かなければ、彼らを野蛮人だと思わせるものは何もない。だが彼らが話しだすや否や、やかましい、強い気音をともなった言葉が聞こえる。ジャッカルやユキヒョウのそれのような、白さで輝くような長い歯がみえる」(二六五頁)。この描写は明らかに彼らを動物に近いものとして描いている。彼らの言語自体が騒音と気音だけでできているとされているのである。われわれはここではインディアンの言語が示す知性についての寛大な指摘からは遠い地点にいる。「ラ・ブリュイエール」の教訓は忘れられたかのようである。その教訓は個人をその出身文化に還元することを禁じていたのだ。

だがもっともひどい例は、シャトーブリアンがしばしば嘲りの対象とするトルコ人である。というのもそこではトルコ人たちはインディアン同様過去にほとんど文明をもたなかったというにとどまらず、アラブ人同様、この先、文明をもつ見通しがほとんどないからである。それに加えてトルコ人たちは、少なくとも過去において文明をもっていたギリシャ人たちのような民族を服従させている。トルコ人たちはふたつの特徴をもつように思われるが、そのひとつの特徴はシャトーブリアンに憎しみを抱かせ、もうひとつの特徴は彼に軽蔑の念を抱かせる。彼らは「世界を荒し回るか、女たちと香水に囲まれて絨毯の上で眠りこけるかして彼らの日々を過ごしている」(一七五頁)。眠りこけるという点からみれば、彼らは官能の喜びのことしか頭にない能無しであり、怠け者であり、無知な者どもである。世界を荒し回るという点からみれば彼らはその残酷さによって強者となる征服者であり、行く先々ですべてを破壊するが何ひとつとして創造しない。「彼らは金への渇望に飲み込まれた専制君主であり、その渇望を満足させるためなら何の後悔もなく無辜の血を流す」（八一頁）。彼らもまた人間を測る階梯の上位には位置しないとシャトーブリアンは考える。「こんな人間よりはどんな野獣でもよりましだと私は思う」（一七六頁）。

アラブ人におけるこの退行、トルコ人におけるこの癒しがたい野蛮の深い原因は、この地域を支配する宗教、すなわちイスラム教である。コーランはその信者に文明を進捗させるようにとはすすめないし、自由を涵養することも教えない。この点においてその教義はキリスト教のそれに劣っている（シャトーブリアンはキリスト教の教義を近代の進歩主義・個人主義と同じものとみなす傾向が多少強すぎる）。これがキリスト教徒のイスラム教徒に対する戦い――十字軍――が正当化される理由である。「問題は（中略）文化の敵であり、その偏見によって無知、専制政治、奴隷制度に導く信仰と、現代人のうちに博学な古代の精神を甦らせ、隷従を廃した信仰のどちらがこの地上で打ち勝つべきかを知ることである」（三〇一頁）。シャトーブリアンはイスラム教について偏見に満ちた像を生み出しているばかりではない。彼はキリスト教の歴史の数多くの章について明らかに口をつぐんでおり、彼の時代においてすらほとんどすべてのキリスト教国――フランス領も含めて――において奴隷制度が合法的であったことへの言及を怠っているのだ。

文明はイスラムの影響がそこで止まる場所、すなわちヴェネツィアから始まる（なぜならギリシャ人はかつては文明化されていたが、いまや文明人ではない）。どこに行ってもシャトーブリアンは自分の国を愛し尊敬する補助的理由をみつけだす。それほどにフランスの成し遂げたことはどんな領域においても他国のそれよりまさっているのである。ひとつの消えうせた文明の遺跡であるピラミッドを除いて、エジプトでもっとも美しいもの、それはナポレオン戦役の時期にフランス人によって成し遂げられたことどもである。これがシャトーブリアンがつねに自分はフランス人であることを思い起こさせようとする理由であり、可能な限りフランスにいる時と同じように生活しようとする理由である。トルコへの旅行の一挿話が非常に示唆的である。喧嘩沙汰の果てにシャトーブリアンは地方司令官のもとへ赴かねばならなくなる。彼は靴を脱いで武器をはずすよう要求される。「私は通訳に、フランス人はどこへいってもフランスのやり方に従うと彼らに言わせた」（一九五頁）。ひとりの兵士が彼を臨検しようとする。旅行者は兵士に鞭の一打ちをくれ司令官の隣に座る。「私は司令官にフランス語を話していた」。彼は自分の演説の中でフランス人をほめたたえ、さらに付け加える。「フランス人の武功による栄光は東洋では広く知られており、フランス人の軍帽には十分敬意が払われた」（一九六頁）。だがなぜフランス人はどこへ行っても自国の習慣を守ることを自慢などせねばならないのだろう。これもやはり普遍主義のプログラムの帰結であるのだろうか。あるいはシャトーブリアンが別のところで言っているように「ひとが年を重ねるにつれてその心のうちに蘇ってくるふたつのものがある。祖国と宗教である」（一一二頁）ということなのだろうか。

『ナチェーズ族』は社会、文明のほうが好ましいという名目のもとになされた、善良な野蛮人の神話への批判であった。『パリ・エルサレム紀行』は、それよりずっと非寛容になっており、野蛮人の習俗に対してだけでなく、語り手の都会人的な習俗に似ていないあらゆるものに対して、あからさまに軽蔑を示している。ここでシャトーブリアンは次のように公言している。「日々を無垢のうちに過ごし、彼らの快適な閑暇を森の奥で楽しむ羊飼いの社会などというものをひとはもはや信じない。あの正直な羊飼いたちが隣人の羊を食べるために互いに戦争をしていることはみな知っている。彼らの洞窟はぶどうの葉で敷き詰められてもいないし、花の香りで満たされてもいない。そこでは煙でむせ、乳製品の臭いで息がつまりそうになるのが落ちだ」（三八〇―三八一頁）。シャトーブリアンが書いた頁にまだ残っていた異国趣味的なもののすべてがここでは断罪されている。ここには香りも、趣味も、異人種雑居ももはやない。ここで彼が嘲っている洞窟は、その一〇年前に『アタラ』の著者が私たちに語っていた洞窟と同じものではないだろうか。「洞窟の中で（中略）隠者は糸杉の苔のしとねをアタラのために広げた。（中略）私は木蓮の花を採りに行き、朝の露に濡れたその花を眠るアタラの額の上においた」（一〇八頁）。

『ナチェーズ族』におけるシャトーブリアンの姿勢と『パリ・エルサレム紀行』におけるそれの間にはニュアンスのちがい以上のものがある。すでにみたように普遍主義的見方は自民族中心主義に脅かされ続けてきた。批判精神をもたない普遍主義者が何ら努力をしないなら、彼は自分の習慣を**正常な**習慣であると主張し、**自分の**文化を**自然なもの**とするだろう。だが『ナチェーズ族』に自民族中心主義的要素があったのは確かだが、それにしてもひとつの作品からもうひとつの作品への変化はあまりに急激なものである。普遍主義的企図自体、お払い箱にされてしまっているように思われる。このことをどのように説明できるだろうか。この変化と、物語内部における著者の表象についてみられるもうひとつの変化の間に相関関係がないかどうか考えてみることができる。すでにみたように『ナチェーズ族』では、シャトーブリアンはみずから一人称で介入することはしないで、みずからをシャクタスとルネというふたりの登場人物に分配していた。『パリ・エルサレム紀行』においては、問題となるのはシャトーブリアンそのひとである。そして私たちがそこで知る人物は多くの点でルネに似ている。「悪いのは私という人間の成り立ちそのものである。私はどのような幸運がおとずれても、それを利用するすべを知らない。私は他のひとが興味をもついかなるものにも興味がもてない。（中略）私がたとえ王であったり、牧人であったりしたとしても、その王杖や羊飼い用の杖で私に何をせよというのか。私は栄光にも天才にも、仕事にも閑暇にも、繁栄にも不運にもいずれもあきあきするだろう。すべてに私は倦怠を覚える。私はどうにかこうにか日々と退屈を引きずっていく。どこにいっても私は人生に倦んでいる」（二五四頁）。ルネ同様シャトーブリアンは世界に対し無関心であり、自分自身にしか興味がない。シャクタスはただ単に消え失せてしまった。普遍主義は自己中心主義によって抹殺された。

この本では、シャトーブリアンはのっけから言い放つ。「私は永遠に自分自身のことを語る」（四二頁）。このような旅行記は伝統から明らかにかけ離れているということを彼は意識している。そしてそのことについて、序文の最初の頁から弁明をしている。彼が見たことではなく感じたことを、他者をではなく彼自身を語るだろうと彼は言う。「したがって読者にはこの紀行を旅行記というよりは、私の人生の一年間を語った回想記とみなすようお願いする。私はシャルダン〔一六四三―一七一三。フランスの旅行家。『ペルシャ・東インド旅行記』を著す〕、タヴェルニエ〔一六〇五―一六八九。フランスの商人・旅行家〕、チャンドラー〔一七三八―一八一〇。イギリスの考古学者。小アジア地域で考古学調査をおこない、その記録を公刊する〕、ムンゴ・パーク〔一七七一―一八〇六。イギリスの探検家・医師。スマトラ、ガンビア等を探検〕、フンボルトのようなひとびとのようにしようとはまったくしていない。私は諸民族を知ったなどと自惚れてはいない。彼らのところを私は通過したにすぎない」（四一頁）。実際の作品もここで述べられている企図に忠実なものである。シャトーブリアンはこの本の全編にわたって、彼の人生の一年を描いており、ギリシャ人、パレスチナ人、エジプト人の生活を描いてはいない。このような話は真実であろう（その話によって語られる世界との関係において）とするのではなく、誠実であろう（その話を語る人物との関係において）とする。「この著作の最初から最後まで誠実さを感じていただけるなら、私はみずからに課した目的を果たしたことになる」（四二頁）。そして特徴的なことだが、思い出を持ち帰ろうとするより、むしろ思い出を残そうと努めている。彼は知合いにピラミッドに彼の名を刻むよう依頼さえしている。このような状態のもとでは、シャトーブリアンが二度の旅行からたいした利益を引き出さなかったこともおどろくべきことではない。「東と西への二度の巡礼に失望した私は、北極への通路をみつけもしなかったし、ナイアガラの岸辺からはそこに探しに行った栄光も持ち帰らなかった。そしてまた私は栄光をアテネの遺跡に座り込むままに放ってきた」(『墓の彼方からの回想』第一巻、二五八頁)。しかしただ栄光をもとめることだけが問題なら、しなければならないのは旅行だろうか。

『墓の彼方からの回想』の削除された(しかしサント゠ブーヴによって保存された)一節によって、東への旅行の本当の理由が何であったかが知られている。シャトーブリアンはその旅行に「愛されるための栄光」(一八頁)をもとめていた。彼は自分の愛人の眼に、彼が乗り越えた危険、彼が駆けめぐった長途の旅の後光で包まれた姿で現れたかったのだ。他者はこの企てにはまったく関わりがない。実を言えば、彼の東への旅行には、アメリカへの旅行と同様に、いくつかの動機がある。ただ、そのすべての動機はシャトーブリアンだけに関わるものである。そして若いときに叙事詩に登場させるために、自然状態にある諸民族を見ることを必要としたように、今度は彼はキリスト教的作品『殉教者』を書きたいと考えており、彼が話すものを観察する必要があるのだ。「私はイメージを探しに行った。それだけのことだ」(四一頁)。他のひとが美しい石を持ち帰るように、シャトーブリアンは旅から言葉による表現を持ち帰ろうと望む。しかし言葉は自分自身からしか出てこない。したがって彼は自分自身にのみ耳を傾ける。

シャトーブリアンは新しい型の人物を創造した。彼の本にはかつての旅行者の代わりに現代的観光客が現れる。旅行者は遠い地域に住む諸民族に対しそもそも好意的な先入観をもっていた。そしてそうした諸民族を同時代人に描き出してみせようとした。「だが人間の習俗を研究するには数年を費やしたとて短すぎる」(四一頁)。だが現代人は忙しい。だから観光客は別の選択をする。もはや人間ではなく事物が彼の好む対象となる。すなわち「寄り道をする値打のある」あるいは「わざわざ行ってみる価値のある」景色、記念建造物、廃墟である。アテネでシャトーブリアンは彼には理想的とみえるガイド、フォーヴァル氏の忠告の恩恵に浴する。なぜ氏は理想的なガイドなのか。「私はアッチカ地方〔アテネを中心とするギリシャの地方〕の記念建造物、空、太陽、大地、海、川、森、山について明確な観念を得ることができた。いまや私は自分の描写を訂正し、これらの有名な場所を描いた私の絵画に地方色を与えることができた」（一六〇頁）。この列挙にはただひとつのものが欠けている。人間である。しかしそれはシャトーブリアンがもとめているものが間主観的経験ではなく、彼の描写のための地方色であるからである（彼に引き続いて多くの観光客がそのカメラのフィルムに映像を収集するように）。もしたまたま困ったことに人間たちが彼の目の前に現れた時には、彼は急いでその人間たちから逃げる。「生まれつき少しばかり野蛮な私が、東の国に探しに来たのは社会と呼ばれるものではない。私は一刻も早くラクダを見、象使いの叫びを聞きたかった」（一八九頁）。どんな観光客でもラクダを見に行くためなら、人間など放っておくだろう。

シャトーブリアンは意味深い挿話を語っている。彼はひとりのトルコ人と知合いになる（あらゆる人間を避けることはできない）。「彼はなぜ私が旅行しているのか知りたがった。というのも私が商人でも医者でもなかったからだ。私は旅行しているのは諸民族を見るため、とりわけすでに死に絶えたギリシャ人を見るためだと答えた」。この答えには曖昧さがないわけではない。もし最良の代表がすでに死者であるようなものを、それでも**民族**と言えるのだろうか。そもそもどのようにしたら死者を見ることができるのだろう。シャトーブリアンはこうした障害に気づいていない。だが彼の話相手はそうではない。「この返事は彼を笑わせた。私はトルコに来たのだから、トルコ語を学ぶべきであったろうと彼は返答した」。この返答をみては、特徴として愚かさと残酷さ以外のものを備えているトルコ人も存在すると言えないだろうか。だがシャトーブリアンはこの種の忠告をあまり好まない。彼はすでにアメリカにおいて自分の計画をスイフト氏とかいう人物に開陳したとき同じような忠告を受けていた。「彼は私にまず風土になじむようにと忠告し、スー語、イロコイ語、エスキモー語を学び、**森を駆ける者たち**やハドソン湾〔カナダ北部にある湾〕の漁師たちの間で生活するようにとすすめた。（中略）私は心の奥底でこれらの忠告の正しさを認めてはいたが、おおいに困惑させられた」（『墓の彼方からの回想』第一巻、二二四―二二五頁）。いまや彼はそうした忠告の正しさを認めることすらない。「私は彼に言うための、私の旅行のよりよい口実をみつけ、私は彼に自分はエルサレムへの巡礼だと言った。（中略）そのトルコ人は、私がただ好奇心を動機として祖国を離れたなどということを理解できなかったのだ」（『パリ・エルサレム紀行』八七頁）。そのトルコ人が理解できないのは――そして理解できないのはこのトルコ人に限らないだろうが――人間を対象とせずただ事物を対象とする好奇心がこのような旅行の動機たりうることである。彼が理解できないのは、個人がそれほどまでに自己充足的単位となりうること、主体が己ひとりで生きることができるということ、主体がラクダを必要としても、他者を必要としないということである。

自分以外の主体を犠牲にして事物を特権化すること（自分を唯一の主体として打ち立てること）を選択した結果、シャトーブリアンはつねに言語を犠牲にして視覚像に価値を与えることとなり、実践においては聴覚よりも視覚を好むことになる（すでにわれわれはシャトーブリアンが視覚以外の感覚をほとんど尊重しないことをみた）。もし聴覚を大事にすれば、他人が話すのを聞くことになるだろう――したがってその他者を認めることを余儀なくされるだろう。これとは異なり、視覚は必ずしも自分がみられるということを含意しない。川や山、城や教会を眺めるだけで満足しておくこともできるのだ。シャトーブリアンはより良い眺めを得ようとして大きな努力を払う。そして彼はその描写を純粋に視覚的なスペクタクルとして組み立てようとする。「もし私とともに城塞の丘の上に立てば、読者が周囲に眺めるものは以下の通りである」（一〇〇頁）。

あるいは、シャトーブリアンがどうしても人間存在と関わりをもたねばならない場合には、その人間存在は少なくとも死者たちでなければならない。過去には現在よりずっと魅力がある。過去はあの無礼なトルコ人たちのようにあなたに呼びかける心配はない。現在という時間においてシャトーブリアンが見るあらゆる場所は、彼に過去の思い出を呼び起こす。ヨルダンについた彼はそこに川を見るのではなく、「有名な古代遺跡」（二六二頁）を見る。そして彼はその場所に関わる福音書の数節を思いだそうと努める。エルサレムの町に出た彼は、現に活動している町を見ず、歴史上の逸話の舞台を見る。彼が実際目にしているエジプトも過去に属するものでしかない。エジプトは「諸科学のゆりかごであり、諸宗教の母である」（三七二頁）。シャトーブリアンが明瞭に述べている目的は次のようなものである。「これらの慣習のうちに過ぎ去った日々の痕跡を見いだしたいと、またイシマエル〔旧約聖書、アブラハムとハガルの息子。アラブ人の祖とされる〕の子孫たちのうちにアブラハム〔旧約聖書、イスラエル民族の先祖。イサクの父〕やヤコブ〔旧約聖書、イスラエル民族の祖、イサクとリベカの子。彼の十二人の子はそれぞれイスラエル十二部族の祖となる〕の記憶を再発見したいと思うのだ」（二六五頁）。

　むろん時として死者たちと旅行者の間に、現在生きている者が入り込み、旅行者の精神集中を邪魔することもある。そうした場合にはできるだけ早く彼らを遠ざけねばならない。「ここで唯一興味ある対象たるカルタゴ〔古代、地中海地域で強勢を誇った都市で、ポエニ戦争でローマと覇権を争い、敗れて滅亡する〕について語る前に、まずはチュニス〔チュニジアの都市。現在はチュニジアの首都〕を厄介払いしておかねばならない」（四〇〇頁）。だがシャトーブリアンがこれ以上ないほど悲痛な失望を経験するのは、かつてスパルタがあった場所においてである。彼は近代の家屋しかそこに見いだせない。「こうしたものの間に、慰めになる古代の小道ひとつないのだ」（九四頁）。このように現在が過去を覆い尽くしていることに意気消沈して彼は逃げ出す。「ガイドたちは私に近代になってからの廃墟をみせようとし、またトルコの武将や、軍司令官や、裁判官や収税長官の話をしようとして叫んだが、私は急いで城から降りてきた」（九五頁）。近代になってからの廃墟、そんな俗なものをみせようなどと考えるとは。それに死んだギリシャ人たちがそこにいると知っているのに、どうして生きているトルコ人たちなどに興味がもてよう。不幸なことに生きているギリシャ人たちは、トルコ人たち同様価値のない連中であり、彼の旅をついにはだいなしにしてしまう。「ギリシャで幻想に浸りきろうとしても無駄である。悲しい現実があなたを追い回す。（中略）ぼろをまとった女子供たちは、外国人やトルコ兵が近づくと逃げてゆく。（中略）こうした光景があなたを過去の思い出の魅力からむりやり引き離す」（一六九―一七〇頁）。過去の魅力をもってしても現在の醜さには打ち勝ち難い。

生きているひとびとよりも死者を好むこと、主体よりも事物を好むこと、これが近代の観光客がシャトーブリアンから受け継いだふたつの遺産である。他者を知覚するということは無に帰されたわけではないにせよ、戯画的なものになってしまった。シャトーブリアンが歩んだ行程（地理学的な意味ではなく思想的意味で）は、「個人」「個人主義」という語の曖昧さの例証のようにみえる。「フェヌロン」やシャクタスが述べていたような、シャトーブリアンの普遍主義には、個人を認知するということが含意されていたし、その場合個人はその属する集団の特徴に還元されるものではなかった。評価せねばならないのは、インド人、フランス人といったものではなく、どの風土のもとでも通用する徳であり、その徳とは、時としてそれにいたりつくためには自分の祖国の習慣を捨てねばならないとしても、誰でもそこに到達しうるものである。この意味では個人主義は人間主義の基礎であり、シャトーブリアンはルソーの良き弟子である。だがルネもまた個人主義者であり、しかもこの語のまた別の意味においてそうなのである。そしてこの意味もまたやはりルソーの他の著作（自伝的テキスト）によって準備されたものである。ルネは自分自身にしか興味がない。というのも彼こそ考慮に値する唯一の主体だからである。ここにおいて主体はその自律への道において新たな重要な一歩を踏み出したのであり、個人主義は自己中心主義へと堕してしまった。

主体はただ必要な単位というにとどまらず、それ自体で充足するある単位となったのである。他者は私と区別されるのみならず、余計なものとなる。「人間はより大きくなるために旅行をする必要などない。人間はみずからのうちに無限性を蔵している」とシャトーブリアンは『墓の彼方からの回想』の結論で明言している（第二巻、九六六頁）。

シャトーブリアンの出発点は彼が「哲学的なもの」としてよりはむしろキリスト教的なものとして考える人間主義にあった（だがこの点に関して言うなら、トクヴィルがそのことを思い起こさせていたように、啓蒙の哲学はキリスト教の精神と断絶していたわけではなかった）。彼が到達点で示す態度においては他者への無知と、他者に対するアプリオリの軽蔑が第一の地位を争っている。この他者の排斥は、同じ時期に開始される帝国主義的政策とよく適合するものである。一方からもう一方へと導く道は、個人主義の要請の誤った解釈である。十九世紀の初頭において、シャトーブリアンは今日まで続くひとつの過程に参加している。すなわち前の世紀から引き継がれた寛容を旨とするいくつかの原則を倒錯させ、それらをそもそもの目的とはまったく反対のそれに仕えさせるという過程である。したがって、ナショナリズムや科学主義といったすでにわれわれになじみの倒錯の形態に、自己中心主義をも付け加えねばならない。

ロチ

印象の収集家

十九世紀末、フランスでは異国趣味（エグゾティスム）はひとつの固有名詞をもっていた。ピエール・ロチという名前である。海軍士官であり、冗長な作家であるロチは一八七〇年代の終わりから多くの作品を出版するが、これらはフィクションと旅行記の混交物であり、非常に多くの公衆にとって、遠い異国への逃避の諸特徴を固定するものとなる。この作品群についてのイメージを得ようとすれば、ロチの処女作である『アジヤデ』、のちに『ロチの結婚』と改題される『ララユ』、そして『お菊さん』という一連の作品を検討すればいいだろう。この三つの作品は多くの点で互いに似通っている。いずれの物語も、海軍士官のロチという人物が遠い異国（それぞれトルコ、タヒチ、日本）でひとりの女と暮らすという同じ話を語っている。三作品とも、主人公によって出された、あるいは主人公が受けとった手紙を含む日記という形態をとっている。最初の二作品はそもそもは無署名で出版され、ロチという人物はそれらの物語の主人公にすぎない。だが本名ジュリアン・ヴィオというこの作家はこのロチという名をペンネームとして選び、その後の作品にはこの名で署名することになる。

一見したところロチはルネに具現されたシャトーブリアンの対極にある旅行者のようである。両者のちがいのうちもっとも大きなものはロチがそれぞれの国に対して示すシャトーブリアンよりよほど強い関心である。シャトーブリアンは彼が出会う諸民族の言語（イロコイ語、トルコ語）を学ぶようにとの示唆を軽蔑をもって退けていた。数カ月の滞在ののちにはロチは『アジヤデ』においてはトルコ語を、『ララユ』においては「タヒチ語」を、そして（この二作品におけるほどではないが）『お菊さん』においては日本語をすら話すのである。シャトーブリアンは土地の習慣が要求するままに靴を脱いだり帽子をとったりすることを拒絶していた。そしていかなる土地にあってもフランスの習俗に従いたいと公言していた。ロチはまったく逆のことをする。「トルコの習慣に従って靴を脱ぐ」と彼は『アジヤデ』に記している（六八頁）。そしてまた『お菊さん』ではこう記す。「私はこの地の習慣に従い靴を入口で脱いだ」（一〇二頁）。どこに行っても彼は自分がいる土地の習慣に従う。そしてシャトーブリアンがトルコ嫌いであったのと同じ程度にロチはトルコ好きである。ロチは二十世紀初頭の政治論議においてトルコの主張の有力な擁護者のひとりにすらなるであろう。

だがふたりの作家の嗜好のちがいに由来するこの対立を超えて、構造上の顕著な類似もまた存在する。ロチはルネの孫なのだ。シャトーブリアンが描いた人物と同じようにロチも若い日に愛情問題で「破局」を経験した。そしてその破局から息も絶えだえになって脱け出した彼は「感受性も道徳的感覚も」（『アジヤデ』五〇頁）失ってしまっていた。彼はもはや誰も愛さない。出会った女たちも、彼を愛する友人たちも。彼の心は空虚であるか、そうでなければ苦々しさでいっぱいである。彼はひとりであり、旅をしている。そして他人が彼を愛するのを妨げることはできないが、そうしたひとびとはその結果不幸になる。この「破局」（確かに愛情問題における失望であることは間違いないが）の性格ははっきりしない。だがとにかく姉に対する不可能な情熱ではない〔シャトーブリアンは姉リュシルに対し、近親相姦的な愛情を抱いていた。『ルネ』の主人公ルネも同様である〕。この場合にも姉は存在しているが、彼女は弟をもったいぶった愛情で疲れさせる。ロチは彼女に情熱のかけらもない手紙を書き、彼女からも手紙を受けとる。だがその中では自制して行動するようにと述べられているという有様なのだ。

ところでロチは自分の快楽以外、何も信じない。したがって彼の行動原理はこうなる。みずからの楽しみのためだけに行動すること。「私は自分の気に入ることは何でもしていいことであり、できるだけのことをして人生という味気ない食事に香辛料をきかせねばならないと考えるにいたった」（一七頁）。「神はなく、道徳もない。私が尊敬せよと教えられたなにものも存在してはいない。ただ過ぎ去る人生があるのみであり、したがってその人生に可能な限り最大の快楽をもとめるのは当然である」（五一頁）。神は死に、すべては許される。この時期にはこのような考え方は自明のことのように思われる。ロチはしたがって超越者の不在を補うために、ルネの自己中心主義を自分のものとする。ロチ自身はみずからの先駆者としてミュッセ〔一八一〇－一八五七。フランスの詩人・劇作家〕の名をあげている。しかし彼の友人プランケットはこうした態度の起源を、さらに古い時代にまでさかのぼって見極めようとする。彼はロチに宛てた手紙で次のように書いている。「十八世紀には唯物論的な考え方が受け入れられていた。神は偏見とされ、道徳はむろん利害関係となった。そして社会は巧妙な人間がそこから己の利益を引き出す広大な領域となったのだ」（一〇四頁）。だがディドロにとっては喜びに満ちた解放の源であったものが、いまや悲しむべき不平のリフレインとなってしまった。プランケット自身、しばらくの間、こうした人生観にある種の人間主義的信念を対置するものの、ほんの少しのちにはあきらめてしまい、ロチとそのシニスムをともにするようになる。

これ以後ロチの人生はただひとつの目的に向かうことになる。それは感覚の収集をすること、より正確に言えばできるだけ「わさびのきいた」印象の収集をすることである。ピエール・ロチの小説はこうしてなされたコレクションのガイド付き探訪となる。そして異国が介入してくるのはまさしくこの時点においてである。異国は感覚の不可欠の更新を可能にし、——**異国趣味**の——興味を印象に提供する。ロチはそのことについて自分の考えを、とくに『お菊さん』において説明している。幼年時代は彼には楽園のように思えた。というのもそこではあらゆるものが新鮮さをもち、またなにがしかの神秘性を有していたからだ。「私には自分が感覚、印象をもちえたのはあの時期においてのみであるように思える」。だが幼年時代はいつまでも続かない。そして大きくなるにつれてもはや魅力も見いだし難くなる。「そうだ。私は成長し、そしてかつて漠然とかいまみたように思ったあれらすべてのことどものひとつとして自分の道程に見いだすことはなかった」(一五二頁)。感覚は鈍くなり、印象も鮮明さを失う。そこで、感覚、印象にふたたび活気を与えるためひとは旅に出るのだ。たとえそのようにして見いだされるものが、しばしばかつて夢みたものの色あせたコピーにすぎないとしても。

その同じ本の献辞においてロチは「主要な三登場人物は**私、日本**、そしてこの国が私に与えた**効果**である」(一一頁)と明言している。まずロチが**彼の**日本こそ日本**そのもの**であるとはいささかも主張していないことに注意していただきたい。それどころか、彼は国自体とその国が彼に与える効果を区別するよう注意を払っていた。この特徴は彼のすべての作品に共通している。異国は確かに存在し、著作の誕生を促す。だがその異国自体は作品の中に入ってこない。そこでわれわれが出会うのは効果のみ、印象のみ、主観的反応のみである。ロチの作品は読者を偽っているわけではない。というのもそれらの作品は問題の国についての真理を述べているなどとは主張しないからだ。それらの作品がしようとしているのは、語り手の魂にその国が与えた**効果**を誠実に描くことである。また他方、それぞれの著作が語り手とは別の登場人物の名を題名にしているのに、「三主要人物」中唯一の人間が「私」であるということも、強い印象を与える。実際これこそ自己中心的旅行の当然の論理であり、その論理は主体たりうるという尊厳をただひとりの人間にしか、すなわち語り手そのひとにしか認めないのである。

印象の探求というこの人生態度は、作品の内部においては「印象主義的」エクリチュールによって示される。これはまず第一に著作の筋に影響を与え、それを必要最小限のものにしてしまう。最初の数頁においてロチは、新たな国に到着し、さしたる困難もなしに彼が選んだひとりの女と同棲生活を始める。最後の数頁において彼の船は出発し、彼もそれに乗ってその国を離れる――だが女はその国にとどまる（『アジヤデ』の筋は多少異なる）。物語の主要部分はこのふたつの時点の間にあるが、それはもはやこの筋とは結ばれていない。それは日常の多くのささいなできごとを述べる多くの断章からなっている。出会い、訪問、散歩、風景、習慣といったことがらである。ロチが言うには彼はいつも「何かはっきりしない夢」（『アジヤデ』九七頁）を追いもとめている。また彼はこうも言う。「私の記憶は風変りないくつもの細かなことがらでできている。さまざまな色、形、匂い、物音の微細な記述からできているのである」（『お菊さん』一九一頁）。印象の収集とはまさしくこのことである。

だがどのようにして印象を言葉に移せるだろうか。ロチはここでいくつかの困難に出会う。経験の奇妙さはフランス語の慣れ親しんだ語彙を用いたのでは消え失せてしまうだろう。これは異国趣味が逃れることができない逆説である。「フランス語のどこに、あのポリネシアの夜をいくらかでも、自然の荒涼とした物音をいくらかでも表わすことのできる語をみつけられるだろう」（『ララユ』二五五頁）。「あれらの夕べを忠実に物語るにはわれわれの言語より凝った言語が必要であるだろう」（『お菊さん』八七頁）。可能な解決法のひとつは外国語を用いることである。ロチも外国語をふんだんに用いる。だが彼はこの方法をとるのは余りに安直であるということも意識している。そこで彼は感覚を記述すると言うよりむしろそれにレッテル貼りをすることであきらめようとする。「異国的優雅さ」を特徴とする「異国情緒たっぷりの国」で彼は「異国情緒に満ちた生活」をおくる。あるいは彼が東洋に（この場合トルコに）いる場合には、すべてが彼にはまさしく東洋的に思われる。『アジヤデ』の中では「東洋の香り」「東洋的なげやり」「東洋的贅沢」「東洋的魅力」また「まったく東洋的動作」について語られている。ここからロチは「東洋は（中略）一般に考えられている以上に、東洋的なままである」（五〇頁）と結論し、さらに自分が書いたものを「幻覚にとらわれたどこかの東洋学者がでっちあげた突飛な作文」（五五頁）ではないかと自問している。ロチと同時代のあるジャーナリストは、『お菊さん』一編の中に三三回の「奇妙な」、二二回の「風変りな」、一八回の「おかしな」という語の使用を数えているが、これにさらに多数の「独特な」「突飛な」「絵画的な」「奇抜な」「想像できないような」「言い難い」といった語が付け加わるのである。

最後に、ロチが自然や人物を描くことに同意した場合には、彼は何よりも世界のそれぞれの場所でもっとも特徴的なことがらを扱おうとする。言い換えれば彼にとっては決まり文句こそがものごとについての真実を述べるのである。ここにいたるとわれわれはシャトーブリアンの創意からは遠いところにいるようだが、ここで活用されているのもシャトーブリアンの場合と同じ鉱脈なのである。トルコでは「ひとはバルサムの香りを吸い込み」「ファナティスムと暗さを宿した暗い視線」に取り囲まれている。ポリネシアでは「珊瑚で真っ白になった海岸で」「砕け散る波の単調で延々と続く音」を聞きながら、「ココヤシの細い茎」を眺めることになる。

これらの異国を前にしたロチの態度は曖昧である。一方で彼はこうした国に魅力を覚え、そこにヨーロッパの人工性と欺瞞性を批判することを可能にする比較項を見いだしている。トルコでは彼はそこの民衆と人生をともにすることを夢み、西洋に特徴的な、習慣的な義務、社会的義務から解放されて日々をその日暮らしで生きることを夢みる。タヒチでは、自分の前にいるのは原始的人種であり、彼らは「完全な怠惰と不断の夢想」（『ララユ』四七頁）を生きているのだと思い込む。この人種は黄金時代に特有の気前のいい歓待をするのである。ロチはここでシャクタスのことを思い出しているが、ディドロのオルーもラオンタンのアダリオも遠くはない。だが他方、こうした原始主義的夢想はけっして語り手の選択を問題に付すことはない。彼は滞在の最後には彼の出身地である高度の文明をもった国へと帰っていくのである。

ロチが他者との同一化の動きをもっとも遠くまでおしすすめるのは『アジヤデ』においてである。確かに最初こそ彼は仮装に参加しているような印象をもち、トルコ帽をかぶり、民族衣装に身をつつみながらもいつも彼がそうであった海軍士官のままとどまっているような印象をもつ。だが少しずつ彼はこの国に共感を覚え、イギリスからトルコ人の友人に宛てて次のように書き送るまでになる。「時として私は私が身にまとうべき衣装はあなたがたのそれであり、実は私は現在においてこそ仮装しているのだという気になる」（二二八頁）。彼はイスタンブールに居を構え、トルコの生活様式に従い、そして幸福だと感じる。このとき彼は部分的にではあるにせよ、そのエゴイズムを放棄してさえいる。彼はアジヤデに恋をしている自分を感じ、ついにはトルコ軍に志願する。そして物語の最後では戦闘のさなかに死んでしまう。

彼は『ララユ』において生き返るが今度は異国の魅力の虜とはならない。第一ここではその魅力は否定的言葉で描かれている。「少しずつゆっくりと私のまわりに、オセアニアのあらゆる魅力でできたあの説明しがたい数千もの糸が張り巡らされてきた。この糸が長い間に危険な網となり、過去、祖国、家族を覆い隠す布地を織りあげてしまうのだ」（一二四頁）。ある瞬間彼はそこに居をかまえようという誘惑を感ずるが、さほどの苦労もなくその誘惑を退けることに成功する。最後に日本では、そもそもの異国体験の始まりがあまり芳しいものではなく、多くのためらいを覚え、みずから余り強い共感を覚えないように注意している。次の段階においては、彼は少しずつ慣れて、最初この国に対して誤った見方をしていたことを認め、ほとんど自分の家にいるようなくつろぎを感ずるまでになる。「私は自分がもっていた西洋人の偏見をなくした」(『お菊さん』二五六頁)。それでも最終的な決算書は否定的なものであり、彼はまったく後悔することなくこの国を離れる。「出発の時、私はみずからのうちに、始終お辞儀ばかりしている、働き者の、勤勉な、儲けに目がない、そしてその骨身と化した甘ったるさと先祖伝来の安っぽさと猿のような救い難い身ぶりという欠点をもったこのつまらない民族への軽い侮蔑に発する微笑みしか見いだせなかった」(二九九頁)。

それは単にロチの訪れた国との同一化が徐々に弱まるということだけではない。実際のところ同一化を妨げているのは、彼がそこでそれ以前の自分の人生とははっきり区別された、しかもそれ以前の人生と影響しあうことのないふたつめの、あるいは三つめの人生をおくっていると感じていることなのである。このことは『お菊さん』にあってはおどろくべきことではない。ロチはそこでは「日本」においての彼という人間のいかなる部分も長崎湾から外に出ることはないと明示している。だが『アジヤデ』においても東洋における彼は西洋人としての彼に何の影響も与えない。彼がイスタンブールのような町を好むのはそこでは「同時に複数の人間を演じることができるから」(七九―八〇頁)である。そして彼はトルコ人になったという印象をではなく、それまでの自分の人生に、トルコ人としておくったもうひとつの人生を付け加えたという印象をもつ。そしてこれが最初彼が自分の国へ戻ることを決意した時に、さほどの困難もなく、トルコ人としての己から、西洋人としての己へと移行することができる理由である。「そしてアリフ(彼のトルコ人としての名前)は終わった。この人物は存在することをやめた。あの東洋の夢はすべて終わり、私の人生のこの段階は（中略）過ぎ去って二度と戻ることはない」（一九七頁）。

だが日本、タヒチにおけるロチ、さらにはトルコにおけるロチは、けっして日本人、タヒチ人、トルコ人ではない。それはこれらの国々によって与えられた効果がこれらの国々そのものではないのと同様である。真の意味での同一化は不可能である。というのも「人種」間の差異を乗り越えることはできないからである。ロチとララユの関係においてもこのことは言える。「われわれふたりの間にはそれでも深淵が、永遠に閉ざされた恐ろしい障害があった。（中略）同じ肉からできたわれわれふたりの間には、人種間の根底的な差異が、あらゆることがらについての考え方の根本的ちがいがあった。（中略）われわれはそれぞれ互いに切り離され、互いに異なるふたつの自然の子供であった。われわれの魂の結合は、一時的で不完全な、苦悩に満ちたものでしかありえなかった」（一七八頁）。同様に日本人という人種とロチの人種の間にも大きなちがいがある。日本は「われわれにとってはまったく閉ざされた思考法の世界」である。というのも日本人は「われわれの頭脳を裏返しにしたような頭脳」をもっているからである（『お菊さん』二二九頁および八七頁）。ロチが異なった人種間のコミュニケーションについてもっている見方は、同時代人ギュスターヴ・ル・ボンのそれと似通っている。すなわち、ある人種と別の人種を隔てる距離はわれわれを動物と隔てる距離と等しい（人種もまた動物学上の種である）。人類という統一体（ユニテ）などしたがって存在しない。「私は自分の考えと、鳥が抱く移ろいやすい観念や、猿の抱く夢想とが異なっているのと同じほど、自分の考えと彼らの考えが異なっていると感じている」（二六六頁）。むろん鳥や猿に似ているのは日本人であってわれわれではない。

だがこのようにコミュニケーションが困難であっても、ロチは一向にそれを残念なことだとは考えない。というのも、まさにこの無理解から魅力が生じるからだ。異国趣味とは、魅惑と無知のこの混合、奇妙さが残るがゆえに起こる感覚のこの更新以外のものではない。「それらはかつてみられたことがなく理解不可能なものであるがゆえに私をとらえるのだ」（二二八頁）とロチは書き、また別のところでは、彼が懐かしく思うだろうものを一気呵成に数え上げている。「習俗、地方色、魅力、奇妙さ」（『ララユ』三〇一頁）。これがロチが、ル・ボンを始めとする多くのひとびとと同じように、文化の混交に強く反対する理由である。なぜならこの混交によって、異国趣味を抱くことのできる確率が減少するからである。ロチは西洋を模倣する日本人に対しては軽蔑しか覚えない（この点ではロチは日本のナショナリストと同じ態度をとることになる）。そしてこの民族は「西洋の新しい文物に接することにより、しまいにはグロテスクに、哀れむべき道化に成り果てるだろう」（『お菊さん』二九九頁）と予言する。同様にマオリ人種は、われわれの文明、「われわれの愚かしい植民地文明」との接触によって消え失せるしかないだろう。「野生の詩は、習俗、過去の伝統とともに消え失せてしまう」（『ララユ』七頁）。異国趣味的経験から多くを引き出すためには、諸民族が互いにできるだけ離れたままとどまらねばならない。

異国趣味とエロティシズム

『アジヤデ』、『ララユ』、『お菊さん』という三冊の本は同じひとつの物語を語っているが、その物語自体はふたつの要素から成り立っている。ひとつの要素は、ひとりのヨーロッパ人が非ヨーロッパのある国を訪れるということであり、もうひとつの要素はひとりの男がひとりの女と性的関係を結ぶということである。ロチがこの小説の型を創案したのだが、そこではこのふたつの要素が必然の関係（ロチに欲望を抱かせるためには女は外国人でなければならない）によって、また同時に類似の関係（旅行者がその国を愛するように、男は女を愛する。またその逆）によって結び合わされている。ロチの創見は異国趣味とエロティシズムを一致させたところにある。女は異国的であり、外国はエロチックである。『ララユ』のみならず彼のすべての作品は『ロチの結婚』と改題することができるだろう。したがってロチと女の出身が異なるということと、ロチと女の性が異なるということが一致する。こうして女の斡旋をする人物、フランス海軍の士官たちに女を世話する女衒を、ロチは「人種の混交の仲介業者」（『お菊さん』一八頁）と呼んでいる。そもそも彼の作品には、日本人であれ、タヒチ人、トルコ人であれ男性はほとんど出てこない。それぞれの国はその女性たちに還元されてしまっている。これによってある国との出会いを純粋に個人的な関係に局限することがなおさら容易になっているのである。

男から女へ、そしてヨーロッパ人から外国人へというこの二重の関係は、対称的なものではないし、またそのようなものではありえないだろう。印象を探しもとめることだけを目的とした経験は、すでにみたように、旅行者だけが主体になりうる威厳を備えた唯一の人間存在であるということを含意する。女は彼の知覚の諸対象のうちの第一のものにすぎない。旅行者たる男性は能動的である。彼はある日到着し、またある日旅だってゆく。このふたつの時点の間で私たちが知るのは、彼の経験と彼の感覚のみである。女も異国も（女は外国人であるがゆえに、また国は性的対象とされているがゆえに）、旅行者たる男に、欲望され、鼻面を引き回され、そして捨てられるがままになっている。われわれはけっして世界を彼らの目で見ることはない。両者の関係は支配‐被支配の関係であって相互的な関係ではない。他者が欲望するに値するものであるのは、女性であるからだ。だがさらに、他者が主体たりえない事物であるのは、それが女性の宿命だからだ。男は女たちに対し、ヨーロッパ人が他の諸民族に対して享受するのと同じ種類の優越性を享受する。

男と女の出会い（主体と事物の出会い）は、まず何よりも感覚に関わる体験である。「私の感覚がこれほどまでの陶酔を味わったことはない」とロチは『アジヤデ』において明言している（三一頁）。また『ララユ』では「野生の子供たちの狂熱的情熱」（二六三頁）について語っている。官能は日本ではみられないようだが、それはお菊さんに関する物語が、実際は他の二作品のパロディーにすぎないからである。同じような細かな事件（天井裏のネズミ）が、ロチにそのつど非常に異なった反応を引き起こさせるので、しまいには彼は次のような独り言を言っている。「まったくここで俺がしていることは、あちらで俺がしたことを苦々しく嘲笑しているようなものだ」（二七二頁）。

言葉によるコミュニケーションがその重要性をあれほどまでに失うのは、官能の経験に与えられたこの非常に重要な役割のためである。ロチは確かに外国語を学ぶ。だがその外国語が役に立つのはもっぱら感覚による接触を容易にするためだ。アジヤデとの関係は、ロチと彼女がいまだどのような言葉も交わす能力をもたない時期に始まっている。ロチがトルコ語を学んだとき、彼女は満足そうな様子をみせる。「私は言葉をあなたの口から食べたい！」と彼女は叫んでいる（七七頁）。だが彼のほうはこうした交流を余計なものとみなしている。「アジヤデは彼女の思いを口よりはその目でよりよく私に伝えている。（中略）彼女の目によるパントマイムは非常に上手なもので、彼女がいまよりずっと少なく話しても、また全然話さなくとも用は足りるだろう」（七八―七九頁）。最上の女とは啞の女のことではあるまいか。同様にロチがマオリ族の言語についてもっている知識もララユとの意志疎通をより実り多いものにすることはない。「彼女は漠然と知的領域においてはロチと彼女自身の間に深淵が横たわっているにちがいないことを理解していた」（『ララユ』七四頁）。お菊さんについて言うなら、ロチが彼女を愛するのは、彼女が寝ている状態においてでしかない。「この可愛らしいお菊さんがいつも寝ている状態でいられないとはなんと残念なことだろう。彼女はとっても装飾的なのに。（中略）それに寝ていてくれれば彼女は私を退屈させることもない」（『お菊さん』一〇三頁）。ロチの日本語が完全なものでないことは確かである。しかし彼はそれ以上に言語修得の努力をすることは余計だと考えている。「この小さな頭の中で何が起きているのだろう。私が彼女の言語についてもっている知識ではそれを発見するには不十分だ。それにそもそもきっと何も起きてはいないのだ」（六〇―六一頁）。

ロチによって生きられる経験と彼の情婦たちによって生きられるそれもまたまったく異なったものである。まず関係を断つのは決まって彼のほうであり（というのも彼が配属されている艦が出航するからだが）、女のほうは泣きぬれて自分の国にとどまることになる。『アジヤデ』は一見したところこの点で例外をなすようにみえる。ロチはトルコに戻ってくる（そしてそこで死にさえする）。しかしこの帰還はアジヤデとの恋愛関係について言うなら帰還ではない。アジヤデ自身はロチの帰還の時点ですでにこの世を去っているのである。彼女は、のちの作品における彼女の分身たちと同様捨てられたのである。ロチは他の女たちに比べればまだしもアジヤデを愛しているようにみえる。だが彼は一度として彼女を固有の意志をもった一個の主体として尊敬しようとはしない。彼女が彼にとって存在するのは彼女が彼の視界に入ってくる限りにおいてでしかない。セニアの挿話がそのことをよく示している。ロチはこの魅力的な女と一夜をともにしたいと望むが、それに加えてアジヤデがそのことを知り、しかもそれに抗議しないことをも望む。ロチはこのような状況がアジヤデを苦しめるだろうことにいささかの疑いももっていないが、それでもなお「自分の快楽」に従って行動することをやめはしない（『アジヤデ』一四四頁）。最後の別れに際しても彼のふるまいは変わらない。ロチはアジヤデを危険に落とし入れることを望まぬなら、彼女が住む地区に自分が姿をみせるべきではないことを知っている。だがそれがどうだというのか。彼はその翌日出発するのではないか。そこで彼は彼女に会いに来る。アジヤデの夫はそのことを知り、彼女を閉じこめてしまう。それがもとで彼女は死ぬことになる。

ララユは自分はロチにとって「珍しい小さな被造物、通りがかりの遊び道具ですぐに忘れ去られてしまうもの」(『ララユ』七五頁)にすぎないと思っている。物語のその後の経過をみれば彼女が正しいことがわかる。お菊さんとのことについてみれば、事態はこれ以上ないほどはっきりしている。彼女は明瞭に女=もの、人形、おもちゃとして提示されている。「奇妙で魅力的なおもちゃ」(三二頁)、「私は彼女を気晴らしに買ったんだ」(六一頁)、「私の人形」(七七頁)、「私は楽しむためにおまえを買ったんだ」(二九五頁)。お菊さんはロチにはほとんど人間としては映じていない。彼女には「表情と呼んでもいいもの、思考と呼んでもいいもの」(四七頁)があった。彼は日記の一頁で、彼女をいささか滑稽な翻訳 Chrysanthème ではなく、日本名「キクサン」で呼ぼうと約束している。この約束が守られないことは意味のないことではない。ロチの愛人は人格を備えた人間と言うより娯楽の対象なのである。ここには愛の影もなく、ロチがお菊さんとともにいるのは、「よりましなものがない」(九三頁)からにすぎない。実際ふたりの間の関係ははっきりと売春のそれと同一視されている(しかしララユとてそれとたいして違っていたわけではない)。まだ日本に到着する以前の海上でロチは退屈と孤独から、日本滞在中は「結婚する」ことに、すなわち家を借りて女と暮らすことに決める。彼は誰に話をもっていけばよいかはよく知っており、そのようにしてお菊さん、「勘五郎一家が私に世話してくれた可愛い被造物」(二一四頁)を得ることになる。取引成立の際にロチはショックを覚えているが、それもお菊さんの家族たちが恥じらいをもたないということについてのみである。「彼女たちを見て私は苦痛を覚えた。結局のところ身内の子供を売りにやってきたにしては、彼女たちは(中略)まったくひとのよさそうな様子をしている」(四六頁)。だが彼は自分自身が子供を買いつつあることを見ることには何ら痛痒を覚えないのである。

視点を逆に女の側に置いてみるなら、両者の関係はまったく違ったものにみえてくる。ロチは彼女にとってすべてである。彼なしには彼女は死んでしまう。アジヤデはそのことをはっきりとロチに言っている。「あなたは私の神、私の兄弟、私の友人、私の恋人。あなたが出発してしまったらアジヤデもおしまいだわ。その両眼は閉じられ、アジヤデは死んでしまうでしょう」（八五頁）。そしてこの予言は実現される。別れの時「彼女の肉体は凍りつき」（一九六頁）、彼女はそのまま病みついてしまい、数日後には死んでしまう。『お菊さん』はこの点に関してはほとんど喜劇的と言っていいほどに対照的な場面をみせてくれる。蝶蝶夫人（プッチーニ〔一八五八－一九二四。イタリアの作曲家〕のオペラの台本は、間接的にではあるが、ロチの作品をもとにしている）が自殺するのに対し、お菊さんはその旦那の出発に際してもまったく苦しみを感じない。ロチは、彼女が彼から報酬として受けとったお金が本物かどうか確かめながら鼻歌を歌っているのさえ目にするのである。ロチはがっかりする（女はもはや彼を失って苦しむことはない）と同時に、安心しもする。彼は良心に重荷を負うことはないだろう。「彼女を悲しみのうちに打ち捨てていくことへの恐れが私を苦しませるところだった。そして私にとってはこの結婚が、その始まりにおいてそうだったように、冗談として終わるほうがずっと好ましかった」（二九二－二九三頁）と彼は言っている。だが、この結婚は冗談として始まったのでも、また終わったのでもない。女の身体が現金と引き換えに貸借される商業的取引として始まり、終わったのである。

ララユの場合がとりわけ痛ましい。ロチは自分のために田舎の若い娘を選び、パペエテ〔南太平洋、フランス領。ポリネシア、タヒチ島の中心都市〕に彼女と所帯をかまえる。彼は自分がいつかそこを出ていくこと、そしてひとり取り残されたララユがもはやその田舎へは戻れないことを知っている。だがそのことによって彼の決定はいささかも変らない。「彼女はこうして陽気に運命を決める一線を踏み越えた。森の中で育った野生の可憐な植物は、哀れにも、他の数多くの同類と同じように不健康で人工的な環境に落ち込んだところだった。その環境の中でこの植物は衰え色あせることとなる」(一一二一―一一二二頁)。ロチはしたがって彼の旅立ちの後でララユがプロの売春婦となるだろうこと、そして彼女が悲惨な境涯のうちにその人生を終えるだろうことを知っている。しかしこうした予測も彼の興を増すのみである。「私は彼女がもう救いようがないことを、その身体も魂も救いようがないことを理解していた。そのことは私にとっては魅力を付け加えることとなった。死にゆく者のもつ魅力である」(一一八六頁)。みずからの良心の呵責を和らげるために、ロチはララユから、彼女が守れるはずはないことを彼もよく知っている約束をとりつける。ララユ――彼女はロチのことだけを考えている――は彼が彼女を連れていってくれることを望んでいただろうが、むろんそんなことはけっして問題にならない。そして彼女は肺結核になる(半ばトラヴィアータ〔ヴェルディのオペラ『椿姫』の主人公〕であり半ば蝶蝶夫人)。だが彼女には死ぬ前にまだ凋落するだけの時間がある。「シーミュー号の水夫全員は、彼女がやせ細ってしまってはいたものの、彼女をたいへん愛していた。彼女のほうはと言えば、彼女は彼ら全員を欲していた」(三〇八頁)。アルコール中毒になったララユは路上で寝る境涯に落ち、数カ月後には死んでしまう。

この関係のふたつの時期――理解することのできない外国女への熱中と最後には彼女を捨ててしまうこと――は正確にロチの異国趣味の両義性を反映している。ヨーロッパの男は引き付けられ、魅惑されるが、つねに自分の故郷に戻っていく。彼はこうしてふたつの局面においていずれも利益を得ることとなる。彼は異国趣味を満足させる経験を享受し(異国そして異国の女)、しかもけっしてみずからの所属もみずからの自己同一性をも真に問い直すことはない。

ロチは異国趣味という方式を利用することだけに甘んじていたのではなかった。彼はそれとは反対の状況、すなわち意志に反して異国の地にいて、故郷に帰りたがっているという状況をも創りだした。その場合、異国趣味はナショナリズムへと、外国人びいきは外国人嫌いへと転化する。植民地という状況はとりわけこうした筋に都合がいい。というのもそれによって主要人物の異国滞在が動機づけられるからである。ロチはこうしてこの種の状況を試みるわけだが、その際彼が一人称単数を捨て去ってしまったのは意味のないことではない。この新たな作品『アフリカ騎兵』はもはや日記の体裁をとらず、三人称で書かれた小説であるが、この本もロチの他の本同様にその出版時に大きな成功をおさめ、後世数多くの模作を生み出すこととなる。

この本の主人公ジャン・ペラルは、植民地騎兵としてセネガルで植民地軍に五年の契約で志願する。当初は異国趣味の幻惑、未知のものの魅力があるが、この幻惑は間もなく消え失せ、ジャンはいまや家族のところへ、セヴェンヌ山脈〔フランス南部、マシーフ・サントラル（中央山塊）の南東縁を北東から南西に連なる山脈。フランス人にとってこの山脈は草深い田舎の代名詞であった〕の自分の村へ戻ることを夢みるようになる。彼は「故郷の村と、愛する老父母の茅屋への懐旧の念」（二五頁）に苦しめられる。これは他の三つの本における「ロチ」にはまったくみられない感情である。これこそロチが、自分にとっての特権を認めていた状況に、ここではせいぜいが非難すべきふるまいへの情状酌量の余地、口実を認めるにとどまっている理由である。つまるところ、このような不都合な状況においては、人間はどんなこともやりかねないことを理解しなければならないというわけだ。だがさらにいけないのは、まさにそのような状況におかれた男たちが苦しまなくなってしまい、その追放の地を愛し始めてしまうことである。この国はジャンを魔法にかけてしまう。「彼をゆりかごで揺すり、眠りこませるが、その眠りは重い危険なもので、不吉な夢にとりつかれている」(八八頁)。異国による幻惑はもはや魅惑ではなく呪いとなる(だがセネガルとは別のもうひとつのフランスの植民地、タヒチについても事態は多少ともすでに似通ったものであった)。

だがここにもやはり女、というより若い娘(アジヤデ、ララユ、お菊さんのように——これがロチの好みのタイプである)がいる。ファトゥ＝ゲーといい、ジャンを愛し、彼と寝床をともにしている。当初ジャンは「それよりましなものがない」(一二八頁)ので、彼女を受け入れる。だが時とともに彼女はその美しさを増し、彼は彼女に愛情、愛着を覚えるようになる。だが異国と女はつねに一致し、この場合異国は好ましいものではないのだから、女もまた少しずつその性悪な本性をあらわにしてくる。彼女と別れるのではなく、ジャンは彼女を鞭打つという習慣に染まる。「最初はあまり強くなく、だがその後にはより激しく」(一二九頁)鞭打つようになるのである。ある時ジャンがことのほか激しく怒ることがある。彼は彼女を血が出るほど強く打つ。このときロチはわれわれにその情景をファトゥ＝ゲーの目を通してみせている(これはアジヤデ、ララユ、お菊さんの場合には不可能だったことである)。ファトゥはどう思っているだろう。彼女は自分が罰されるのは当然だと思っているのである。「彼女は自分が悪いということを知っていた」(一三五頁)。さらに困ったことには、拷問は彼女にとって快楽を与えるものなのである。「彼女が彼をひきつけ、彼を抱擁し、彼によって殺されるこの最高の争いを思い浮かべることは彼女の気に入っていた」(一三六頁)。したがってファトゥのマゾ的快楽は、ジャンのサド的快楽(「彼女を打ちながら、彼の怒りは興奮に変わっていった」、一三一頁)にすべての批判を免れさせることになる。そしてロチはこの描写を牧歌的なイメージで締めくくっている。「画家は彼を貴族的な魅力と完璧な男性の理想像として描くことができただろう」(一四三頁)。したがってファトゥは、悪い嘘つきのよこしまな女である。だがロチの他のヒロインと同じように、彼女はその恋人を、恋人が彼女を愛するよりずっと強く愛している。そして別れの後にはもはや生きていくことができない。ジャンの死体をみつけた彼女は自殺してしまう(結核になるのを待ってなどいられないのである)。

だがファトゥがジャンに対してもつ影響力はどのように説明しうるだろうか。ここでもまた両性の出会いは何よりも官能の出会いである。しかも今回はその官能は、黒人に特有の度はずれた官能性によって、極限までその強度を増している。「アナマリス・フォビル! おさえのきかぬ欲望のうなり声——太陽によって過度に熱せられた黒い精気、酷熱の狂燥、黒い情欲のハレルヤ」(六二頁)。ファトゥはジャンが思ってもみなかった恍惚状態に彼を導く官能的魅力を備えている。そもそも黒人女はみな熱に浮かれたような欲望に突き動かされており、官能の喜びを覚えながら売春をおこなっている(まるでここでは売春は官能の問題であるかのように取り扱われている)、彼女たちの情熱を抑制するものは何もない。死体を前にしていても彼女たちは「卑猥な愛撫にふけり、下品な言葉をまき散らす。(中略)彼女たちはこの死者たちを不気味な道化で冒瀆する」(一八三頁)。

この羽目のはずれた官能性は黒人たちの動物性のしからしめるものであり、この動物性こそ彼ら黒人を他の人種から区別するものなのである。確かに日本人もまたロチによって動物にたとえられて描写されている。お菊さんは「キヌザルのような様子」をしており、また別の女は「飾りたてたオナガザル」である。彼女らの側には「まったく猿じみた老女たち」がいる。そして大人たちはみな「猿のよう」である(『お菊さん』二五頁、八二頁、二〇八頁、一七六頁)。だがこのような記述の仕方は黒人についてはいっそう徹底したものである。黒人たちはゴリラ顔をして、猿声を出し、キヌザルのしかめ面をして、チンパンジーの身ぶりをする（『アフリカ騎兵』一〇頁、六〇頁、七二頁、七七頁、八四頁、一二四頁、一二九頁、一七六頁、一八三頁等々）。ジャンはファトゥの手のひらをみるのが嫌いである。それは黒くはなくピンクなのだ。「それは、彼にどうしても猿の足の気味の悪い汚い印象を与えるのだった」（九一頁）。彼はこの動物性に困惑を覚え、自分のものの言い方をファトゥのそれに合わせながらそのことを彼女に言う。「おまえ、すっかり同じ、猿のよう」（九二頁）。猿と同一視されない場合、ファトゥは猫になり（お菊さんもまた猫であった）、犬になる。ジャンは「彼女をそもそも劣った存在、彼の黄色い犬ラオべとほぼ同等のものとみなしていた」。彼女のほうはといえば、ファトゥはジャンに対して、「犬が主人に対してもつ忠誠心」（九九頁）をもっている。したがってジャンは（そしてロチも）彼女を劣った存在として、奴隷として、犬として扱う。

全般的に言って、ロチはありふれた人種的偏見を示している。こうした偏見は確かに当時一般的であったものだが、「異国趣味を看板とする」作家ならこうした偏見を免れていると想像するのではないだろうか。『ララユ』は「いまわしいもの」をみたことを報告している。それは「われわれの澄んだ水で、その汚らわしい黄色い身体を洗っている素裸の老いた中国人」（五二頁）である。黄色は本質的に汚く醜いものであり、そのように汚らわしい身体をしている場合、少なくともそれを人目にさらさないだけの羞恥心をもたねばならないだろう。だがロチは日本でも、不幸なことに、黄色くそして醜いひとびとをしか目にしない。そのうえ、肌の色はその人間の他の特徴にも影響を及ぼす。黄色人種には特有の臭いがあり、日本人の「脳は黄色い」（『お菊さん』一〇五頁）。だがここでもまた、黒人以上に強烈な「人種」はない。彼らにおいてはあらゆることが肌の色によって決定されている。彼らはみな同じ（黒い）仕方でふるまい、彼ている（『アフリカ騎兵』四五頁、八三頁、九六頁、九九頁、一三五頁等々）。ところで黒に結びつけられる観念は否定的なものである。「人間たちにおいては、沸き立つ血が黒かった。植物においては昇る樹液は毒されていた。花々は危険な香りを漂わせていた。そして獣たちは毒で膨れ上がっていた」（六二頁）。

『アフリカ騎兵』が語る物語は、まさしく人種間の接触に関係がある。ジャン・ペラルは白人である。「彼は純粋の白人種に属していた」（一二頁）。彼は黒人の女に誘惑されるがままになるべきではなかっただろう。彼はそのことにファトゥと初めて性関係を結ぶその瞬間に気づいている。「彼には、自分がこれから致命的な境界を越えようとしている、この黒人種との不吉な契約に署名しようとしているように思われた」（六四頁）。だが彼はもはや後退できない。そして彼の最悪の予想が現実のものとなる。悪魔との契約とも比べうる、不純な人種とのこの契約は彼を失墜へと導いていくことになる。最後に彼はこの契約を破棄することに成功する。「この黒い肉体との接触によって汚されていた、**白人**としての尊厳を彼はふたたび見いだした」（一四二頁）。だが死が彼が故郷に戻るのを妨げる。ジャンはその軽率な冒険の罰を受けたのである。

物語を語る過程で、ロチは植民地騎兵がおくっていた、植民地での生活の概観を示している。村を通るとき彼らは「若い娘たちを抱く」とロチは書いている（五六頁）。だがこの点では戦友たちと似たくはないと思っているジャンは、この挿話をもっと直接的な言い方で表わしている。彼は「彼らのように黒人の若い娘を強姦したくない」（六〇頁）のである。彼が望むことは戦うこと、武勲をたてること（どこかの黒人の王を殺すこと）である。「時として、彼はその願望を死ぬほどに感じた」（九五頁）。本の最後で彼の望みは実現する。植民地騎兵たちは抵抗する土民たちを攻撃し、「村に火をかけ、月の光の下で藁で燃やす火刑のように村を燃え上がらせるよう」（一七三―一七四頁）命令を受ける。不幸なことに、途上で彼らは待ち伏せにあい、「三〇人の黒い悪魔」（一七六頁）に襲われてジャンはついに息絶えてしまう。

『アフリカ騎兵』は人種差別主義的、帝国主義的、女性差別的、サド的書物である。しかしそのことはアカデミー・フランセーズがこの本の出版の数年後にロチをゾラをしりぞけてまでその会員に選ぶことによって、ロチをたたえる妨げにはならなかった。彼はアカデミー・フランセーズの歴史の中で、もっとも年少の会員である（一八九一年当時四一歳である）。フランスの植民地が広がりつつあった時期に書かれたこの本において、ロチはその後百年間における（今日の『SAS』〔元イギリス陸軍特殊部隊（SAS）の隊員アンディー・マクナブが書いたルポルタージュ〕にいたるまで）植民地小説の主要特徴を決定した。このことはロチが植民地主義の意識的推進者であったということを意味するだろうか。一八八三年に彼が『フィガロ』紙に書いたいくつかの記事を読むならばそれはどうも疑わしい。これらの記事でロチはフランス軍がインドシナにおいておこなった虐殺を描写している。病的な細部、残酷な情景へのロチの嗜好がそこには読みとれるのだが、それにしてもこれらのテキストを読むと衝撃を覚える。それはフランス軍の銃弾から柳のむしろで身を守ろうと試みる数千のひとびとを、あらかじめたてられた計画に沿って皆殺しにするさまを詳細に描写している。これらの記事は当時世論の憤慨を呼び起こし、海軍士官ジュリアン・ヴィオはそのためにおおいに困った立場にたたされるところだった。『アフリカ騎兵』においても、ロチは植民地戦争においてフランス人がおこなった残虐行為を私たちに仮借なく描き出している。

より近くから検討してみるなら、ロチは植民地をめぐるいかなる論争にも加わろうとはしておらず、彼は植民地に対して賛成であるわけでも反対であるわけでもない。もし彼が誰かに敵対しているとしてもそれはインドシナやセネガルのフランス兵に対してではなく、パリの政治家や官僚に対してである。彼らは戦争を宣言し、他のひとびとを戦闘に赴かせ、そのくせあらゆる戦争は残虐行為と苦しみからなるものであることを知らぬ風を装っている。ロチはこうしたことを読者に思いださせようとしているのだが、だからといってフランスの政策に判断を加えているわけではない。彼はルナンやルロワ＝ボーリューのように帝国主義の哲学にくみするものではないが、むろん反帝国主義者でもない。『アフリカ騎兵』は抗議であるというより、ひとつの徴候である。ロチの他の小説におけるのと同様、彼はこの本で時代の雰囲気を表現しているのであり、多くの同時代人の感情を表明することに成功しているのである。

おそらく示唆的なのは、異国趣味的小説と植民地小説が同じひとりの作家において、しかも同じ時期に、かくもたやすく共存できるということである。この二種類の小説はその意図においてまったく反対物のように思われるにもかかわらずである。一方は外国をほめたたえ、もう一方は外国をさげすむのである。だが矛盾は見かけだけのものにすぎない。一旦著者が唯一の主体としてみずからを宣言し、他者はすべて事物の役割に還元されてしまえば、それらの事物を愛するか嫌うかなどということを知ることは結局二義的なことである。大事なのは、そうした事物が、十全な人間存在ではないということなのである。

セガレン

異国趣味（エグゾティスム）の再定義

　二十世紀初頭、ヴィクトール・セガレンは、フランスの誰よりも密度の濃い仕方で異国趣味について省察をおこなうだろう。彼自身この主題を、自分の全作品がそのまわりに展開される軸と考えていた。新聞向けに一九一一六年に書かれた覚書において、自分自身のことを三人称で語りながら彼は書いている。「多様（ディヴェール）の美学という意味に理解された異国趣味こそ、ヴィクトール・セガレンがこれまで書いた、そしてまたおそらくこれから書こうとしているすべての著作の中心であり、本質であり、存在理由である」（『異国趣味についての試論』七一頁）。またそれはセガレンがプランの形のまま残した、だが一九〇四年と一九一八年の間に何度も手をつけ直そうとした著作、『異国趣味についての試論』の明白な主題でもある。この著作のためにためられていたノートが雑誌に掲載されたのはようやく一九五五年のことであり、単行本の形で出版されたのは一九七八年のことである。セガレンのこの主題についての思想の主要部分が記されているのはこの著作である。

セガレンはこの問題を根底から考え直すことにした。そもそもの意味において、観察する主体の外部にあるものはすべて「異国趣味的(エグゾティック)」である。ところがこの概念は信じられないほどの矮小化をこうむり、**ある特定の何種類か**の主体の外部にある**特定のいくつか**の内容と同一視されてしまった。当時フランスにおいてはロチと彼に歩調を合わせた著者たちの影響によって、異国趣味は「熱帯趣味(トロピカリスム)」に、(本土の視点からみた)フランス植民地の描写に還元されてしまっていた。したがってまず一般的な概念とこれらのあまりに特定された内容を切り離すという予防的作業をおこなわねばならない。「まず整地をし直さねばならない。この異国趣味という語が含む、濫用され酸敗したあらゆるものを船外に投げ捨てることだ。この語からあらゆる虚飾をはぎとるのだ、椰子もラクダも、植民地で用いられる防暑用の軽ヘルメットも、そして黒い肌と黄色い太陽も」(二二頁。なお一三頁、一九頁、二三頁、五三頁、五五頁、六六頁、八三頁等も参照のこと)。セガレンが当時流通していた「異国趣味的」文学を満たしていたあらゆるものをこれほど断固として打ち捨てたのは、そこに描かれているものが(それらの著者にとって)異国趣味的でないからではない。それはラクダ、ココ椰子といったこうした決まり文句が異国趣味とつねに結びつけられることによって、異国趣味的体験をその全体において把握する妨げになるからである。したがって、必要な最初の一歩は、習慣化した観念連合、異国趣味のある**特定の型**の国や文化への還元を避けることとなる。「私は『多様』という語、そしてとりわけ『異国趣味的』という語から、その語がこれまで担わされていたあまりに実体的な概念を取り払ってしまわねばならない」(六一頁)。

このような取り払いの作業によって異国趣味の領域を無限に広げることが可能になるだろう。まず地理的な意味においてすらそのことは言える。まず熱帯地方が特権的に奇異性を独占する理由はない。ところがいまのところ「極地を扱った異国趣味はほとんど存在しない」(一三頁)とセガレンは皮肉をこめて指摘している。だがこれはあまりに明白である。実際この空間の異国趣味に、時間の異国趣味を付け加えねばならない。すでに過ぎ去った過去のすべてはわれわれにとって異国趣味的なものである。また来るべき未来とてそうでない理由はない（もっともセガレンはその同時代の未来小説には失望しているが）。「時間の異国趣味。過去にさかのぼれば歴史。軽蔑すべきけちくさい現在からの逃避。別の所、そして過去。来るべき未来」（二一八頁）。異国趣味という概念にこれまで与えられてきたもうひとつの制限は、この主題のまわりに配置される集団が、文化という観点から、またその主体が属する国民という観点から規定されていたということである。一方にはヨーロッパ人がおり、他方にはタヒチ人、インド人、中国人がいる。だが社会的観点からではなく、生物学的観点からする集団分けをすることも可能である。男性（旅行をし、観察し、書くのはいつも彼らである）は、その場合女性を対象とする異国趣味を発見し、異国趣味を「自分とは別の性」（一九頁）にまで拡大することになるだろう。この女性を対象とする異国趣味において、彼らは地球の対極まで行くのに劣らない相違を感じることだろう。これとは異なり、ただちにひとつの幻想、すなわち狂人を訪れるという異国趣味もありうるだろうという幻想を振り払わねばならない。「狂人たちのうちにわれわれがふたたび見いだすのはわれわれ自身である」（二一六頁）。

もう一歩踏み出せば、われわれ人間が周囲の自然、鉱物界、植物界、動物界に対して覚える異国趣味というものも考えうる。これにさらに感覚の異国趣味とでも言うべきものが加わる。視覚の経験は聴覚の経験とは非常に異質なものであり、聴覚の経験には臭覚の経験と通じるなにものもない等々。ここから何よりも諸芸術相互の間の異国趣味が帰結する。絵画は音楽家にとって異国趣味的なものである等々。そしてセガレンは若かったころ象徴主義者たちにはなじみの折衷主義を奉じていたことを自己批判している。彼はいまや次のように自戒する。「しばらくの間自分に異なった芸術間のあらゆる比較を禁じること」（四〇

―四一頁)。最後に、同じひとつの芸術の内部においてさえ、通常用いられない様式を採用することによってやはり異国趣味の効果、距離をとる効果を生じさせることができる。これは「形式によってなされた移動」(二七頁)である。

このように概念の枠を広げることによってセガレンは彼の言う「全般的(ユニヴェルセル)な異国趣味」(二九頁)に達する。そしてそれから出発して「本質的異国趣味」が規定される。もはや異国趣味的な経験を数多く積み重ねることが重要なのではなく、そのような経験をその一般性において捉えること、そして異国趣味の新たな定義を与えることが問題なのである。自己にとっては、自己と異なるあらゆるものは異国趣味的である。「異国趣味とはいっさいの他なるものである(『軽挙』五一三頁)。「差異の概念、多様(ディヴェール)の知覚、なにものかが自分自身とは異なるという認識」(『異国趣味についての試論』二三頁)。ある経験において、知覚する主体と知覚される対象を区別できれば、ただちに、そこに異国趣味が生じるのである。「本質的な異国趣味、主体にとっての対象のそれ」(三七頁)。したがって「異国趣味」とは「他者性(アルテリテ)」の同義語なのである。

だが現実において出会うことがあるのはつねに個別に捉えられた異国趣味のみである。セガレン自身伝統的異国趣味によって特権化された国々、タヒチ、中国等を訪れている。だが類似は表面的なものにすぎない。概念の分析をセガレンがおこなっていたことは無駄なことではなかった。「地理的」異国趣味に欺かれないように、それは他者との出会いのひとつの例にすぎないと考えねばならない。だがそのことを理解してもなお、異国趣味のある個別の形態を、その他の形態を捨てて、選択しないわけにはいかない。経験はつねに個別のものであらざるをえないからである。セガレンはこのことを『軽挙』の冒頭で説明している。「衝撃[異国趣味の衝撃]を獲得するために、旅行というもう使い古された挿話に頼る必要はなかったかもしれない。(中略)確かにその通りだ。だが旅行の挿話、旅行を舞台に乗せることは、他のどんな小細工に比べてもよりよく、迅速で激しく仮借ない身体と身体のぶつかり合いを可能にし、そのぶつかり合いをそのつどはっきりと示す」（三六六頁）。旅行は小細工にすぎない。だがそれはあらゆる小細工のうちもっとも目的にかなった小細工なのである。それはそこに目的自体をもみるのでなければ、よい方法なのである。

　この経験においてもっとも重要な点は、経験を構成する各項には相対的規定しか与ええないということである。ただそれぞれの位置だけが一方を主体として、他方を対象として同定することを可能にする。だがこの両者の差異は単に差異としてとどまらねばならず、そこにそれぞれの内容への顧慮が介在してきてはならない。セガレンは「良き旅行者への忠告」と題された「碑（ステル）」において、彼が理想とする異国趣味に詩的形態を与えている。短い六連からなるその詩において、彼は町と街道の、山と平野の、音と沈黙の、群衆と孤独の交代について語り、これらふたつづつ組み合わされた項のどちらか一方をたたえるのではなく、まさしくその一方から他方への移行の可能性をたたえている。彼は「永続する徳の功徳」（『碑帖（ステル）』〔この作品は多くの短詩からできあがっており、そのひとつひとつをセガレンは単数形で「碑」(stèle)と呼び、複数の「碑」からなるその作品全体を複数形で『碑帖』(*Stèles*)と呼んでいる〕一二九頁）などというものの存在を信じることを放棄したのである。同じテキストの、これより前の草稿はもっとはっきりしている。「ある極端を選んだりまたそれとは別の極端を選んだりしてはけっしてならない。ある長所をとり他の長所をとらないということがあってはならない。そうではなくそのどちらをもとるようになさい。だがそうするのはそれらの長所が対立物として継続して現れ、その継続を君がしっかり管理している場合だ。そうすれば君は失望させることのないただひとつの長所を、すなわち交代を享受することができ、それをしっかり把握しているということを楽しむことができるだろう」（『煉瓦と瓦』七四―七五頁）。

　ここで述べられているのは生活をしていく上での掟である。セガレンは異国趣味的体験を観察すること

（あるいはこの概念のもとに種々の経験を集めること）で満足しているわけではなく、同時にこの体験が私たちに生きるべく与えられている経験のうちもっとも貴重なものだと考えている。しかしどうしてだろう。最初のうちセガレンがこの問いに与える答えは簡単なものである。それはセガレン自身がそのことを深く確信しているからというものだ。だが彼はまた彼にそのような確信を抱かせるより一般的な理由、彼以外の人間にも適用できる理由を探しもとめてもいる。そしてそうした理由を彼に同定することを許すのは彼の同時代の哲学である。彼は考える。差異は価値あるものとされねばならない。差異のみが感覚の強度を保証することができるからだ。ところで感じることこそ生きることである。あるいは少なくともそれこそ生の主要な部分である。「強い感覚の、感覚の称揚の、したがって生自体の基本法則としての異国趣味」（七五頁）。またこれこそ異国趣味がエネルギーを生み出す理由でもある。「多様こそあらゆるエネルギーの源である」（七九頁）。

この説明がセガレンの目にそう映るほどに満足すべきものかどうかは疑わしい。感覚の強度が増加するのは主体と対象の相違が増すことによってのみなのだろうか。のちにシュルレアリストたちは隠喩の質を測るために似たような規則を作り出すだろう。ブルトンによれば、隠喩はふたつの項、すなわち字義通りの意味と比喩的意味が遠ければ遠いほど成功したものとなる。しかしこのふたつの項の間が遠く離れきってしまえばそこに生み出されるのは無理解であり、意味の絶頂ではない。そして経験もまたそれが生み出すもっとも大きな力に達するには、そこに慣れ親しみとおどろきが適度に案配されていなければならない。完全な異質性（エトランジュテ）は、感覚を自動作用に固定してしまう慣れ親しみと同様感覚を阻害する。もっとも強烈な経験がしばしば慣れ親しんだ風景によって生み出されはしないだろうか。セガレンの議論の第二の部分もまた問題をはらんだものである。セガレンが示しているように単純に「感じることすなわち生きること」

などという言い換えができるものだろうか（ここでセガレンはかなりペギーに近い）。人類をこのように動物的なものとしてとらえるなら、そこには思考の入る余地も、また内心の喜びや苦しみの入る余地も存在しない。セガレン自身、彼の言葉のこのようなあらゆる含意を受け入れたかどうかは疑わしい。

彼に生きることは感じることだということを教えた同じ哲学は、彼にもうひとつの教えをも与えた。それは生自体こそ、生にとっての最高の価値だということである。「私は先駆者たちがすでに確認したことをふたたび説明して自分をおとしめることは無益だと思う。それは生の価値ということである」（七六頁）。セガレンの直接の先駆者はここでは彼の哲学の師匠ジュール・ド・ゴーティエである。ゴーティエはまず何よりもフランスにおけるニーチェ思想の普及者であり推進者である。そしてゴーティエにわずかに先立つ先駆者は生命主義的哲学を奉ずるゴビノーである。ところで生こそ至高の価値であり、異国趣味が生の必要条件であるとするならば、結論はおのずと明らかになる。何者も純粋な他者性、あるがままの差異の至上権に異議を唱えてはならないということである。「不変の真理として確認されたこと。すなわち人間的と言われる諸価値のどのような一覧も減ずることのできない多様（ディヴェール）の快楽の獲得。（中略）あらゆること、幸福や満足、正義や秩序の彼方に次のような確信が残る。異国趣味——他なるもの——の法則は多様の美学として正当化される」（『軽挙』五一二—五一三頁）。多様の快楽は人間という観念から由来するあらゆる価値をその下に従える。異国趣味は正義の彼方、善悪の彼岸にある。

セガレンが倫理（エティック）という語でなく、美学（エステティック）という語をここで用いているのは正しい（それはまた企てられていた著作の副題でもあった）。それはそこにおいて強度という範疇が正義、不正という範疇に優先するからだけでなく、美学（エステティック）という語は語源的にみれば知覚の科学だからでもある〔この語のもとにはギリシャ語で感性や知覚を意味するアイステーシス(aisthēsis)という語がある〕。多様の美学という表現はセガレンのものの見方からすれば冗語的ですらある。「私は（中略）美学という語でこの〔多様という〕感情が発動しているということを意味している」（『異国趣味についての試論』六七頁）。美は行為の強度について語ることができるが、その正しさについて語ることはできない。

ある理論はたとえそれが本質的異国趣味についての理論であっても、他の理論以上にみずからが真理であると主張することはできないだろう——なぜならJ・ド・ゴーティエによって伝えられたニーチェの徹底的な相対主義によれば、理論というものは現実の事実に接近するものではなく、その理論の発明者の意志を表現するものだからである。当初セガレンは従順なおとなしい生徒としてこの原則をみずからの確信にも適用する。「私が私の世界認識の美学の原則として打ち立てようとしているのは、私自身の感受性の適性、多様を感じることができるという私の適性である。私はそれがどこからやってきたか知っている。私自身からだ。私はそれが他のものより真実であるとは言えないことを知っている。しかしまたそれが他のものより真実のものではないとは言えないことをも知っているのだ」（三〇頁）。

ここまでのところでは問題になっているのは個人的性格の特徴にすぎず、それをセガレンが確認しているというだけのことである。「この著作を構想したとき、私はそれはあるひとつの『見方』、つまり私のそれにすぎないと思っていた。そして私は世界はどのようにみえるとき私にはもっともすばらしいと思えるかを語ることで満足していた。つまり世界が多様性において現れることが良いのだと」（七五頁）。だが年月が経るにつれて謙遜はしだいに大きくなる確信に席を譲る。すると彼はみずからの教説を相対性という全般的法則の例外としようと試みる。さまざまな理由がセガレンにみずからの「異国趣味の理論により大きな一般性を付与させる」よう導いていく。セガレンは「あらゆる人間が異国趣味の法則に従っている」（七六頁）ことに気がついた。これ以後セガレンが異国趣味の理論の価値として要求するのは最大の強度でも、自分自身の存在との関係における真正さでもなく、より大きな真実性である。異国趣味という現象が全般的なものであるということは、彼にとっては、そこで問題になっているのが個人を超えた法則であり、人間の行動を支配するものであることを証明していることになる。セガレンはこうしてあらゆる相対主義者が陥る逆説にとらわれることになる。彼らはあらゆる真理を、自分が述べるそれを除いて、相対的なものと断言し、あらゆる価値を——それが少しでも他者のそれであれば——断念する。セガレンの異国趣味が「純粋」なものであることをやめるのはまさにこの地点においてである。

異国趣味的経験

異国趣味的経験はすべての人間に等しくしかもただちに与えられているものではあるが、同時に大多数の個人の手からは逃れ去ってしまうものである。子供の生活はまず主体と対象を徐々に区別することによって始まる。したがって当初は世界全体が彼にとっては異国趣味的なものと思われる。「彼にとっては異国趣味は外界と同時に誕生する。(中略)子供が望むあらゆるものは異国趣味的なものなのである」(四五頁)。だが彼が大きくなるにつれて異国趣味の感覚は鈍化してゆき、大人は自分のまわりの世界の存在を自明なこととみなすようになる。新たに目の前に現れる事物はそのときそのときにおどろきをもたらすが、彼はいまや新たなものを既知のものへと同化する習慣を身につけている。おどろきはたちまちのうちに「環境への適応」(二一頁)によって吸収されてしまう。さらには既視感(デジャ・ヴュ)と呼ばれる、新たな対象を知覚することができないという、特殊な欠陥が発展しさえする。

この知覚の自動化の過程を、妨げ、逆転させねばならない(セガレンが述べる異国趣味の系譜学はしたがってロチにおいてみたそれと非常に違っているわけではない）。異国趣味的経験における出発点は、あらゆる知覚のそれと同じもの、すなわち対象の同定である。しかしこれに引き続く過程においては、通常の（他者の）同化、そして（自己の）適応の過程の進行を止め、その対象を主体と異なるものとして保持し、他者の貴重な他者性（アルテリテ）を保存しなければならない。セガレンによる異国趣味の定義とは次のようなものである。「強力な個人が、彼が知覚し、その己との差異を味わう対象に対して示す、生き生きとした好奇心溢れる反応」（二五頁）。異国趣味を実践するすべ、すなわち彼自身とその知覚の対象の間の差異を楽しむすべを知っている者は**エグゾット**と名づけられる。それは「多様（ディヴェール）がもつあらゆる味わいを感じる」（二九頁）者であり、飽くことを知らぬ旅人である。この差異は客観的にみて非常に大きいものである必要はない。真のエグゾットは、収集家が彼が集めた品物の間にあるごく僅かのニュアンスのちがいを楽しむすべを知っているように、赤から緑への移行よりも、さまざまな赤の間の移行のほうを高く評価するのである。

ありきたりの経験は、奇妙さに始まって、なじみになることで終わる。エグゾットに特有の経験は通常の経験が終わるところ——なじみになるところ——に始まり奇妙さのほうへと導いてゆく。実際、良い知覚というものには、一定、対象となじみになっているところがなくてはならない（そうでなければ全体を見渡すことはできないだろう）。だが対象と一定のなじみができたらすぐさま、反対の運動を起こし、対象の主体に対する外在性を保たねばならない。他者と向かい合った私は、「まず他者を吸収せねばならない。そして次に他者から自分を引き離さねばならない。そうすることによって他者が**その対象としての**面白味を少しも失わないようにするのだ」（三六—三七頁）。対象は対象としてとどまり、主体は主体としてとどまる。両者の出会いはどちらの自由も、どちらの同一性も脅かさない。両者のどちらかが他方と比べてあまり強くてはいけない。もし主体があまり強ければ、それは他方を吸収してしまい、対象の痕跡は残らない。もし対象のほうが強ければ、主体は、みずからの存在を断念して、それに溺れてしまう危険がある。「差異を感じることができるのは強い個人性をもったひとびとのみである」(二四頁)。強固な自己同一性をもつことが異国趣味的経験のための不可欠の条件なのである。この規則からひとつのおどろくべき帰結が生じる。いつもひとりで旅するほうがよい、ということは、ふたりで旅をするということは、すでに体験を別の人間と共有するために、自己の一部を断念するということであり、そうすることによって対象に近づきすぎるという危険を冒すことになる。「地球上で見いだしうる最良のふたりの友との旅から得た結論『ひとり旅に限る!』」(『現実のものの国への旅』七三頁)。

したがって異国趣味的体験は、外国文化への沈潜の経験とは注意深く区別されねばならない。中国人の生活をその微細な部分にいたるまで中国人と共有するひとは、彼が中国人と生活しているのだということさえ忘れてしまい、それによって中国人を中国人として知覚することができなくなってしまう。セガレンはこの異国の文化に対する関係と、人間が自然との間にもつ関係の間に平行性があるとみる。「自然の感情と自然のさなかでの生活の間には奇妙な対立がある。ひとが非常に美的な喜びをもって自然を見、感じ、自然を味わうのは、そのひとが自然から多少とも離れており、自分を自然とは異なるものにしている時に限られる」(『異国趣味についての試論』三六頁)。自然を楽しめるのは都会人のみである。田舎の人間は自然との相互浸透のうちに生きているのだ。同様に、みずからを中国人と感じていない者だけが中国社会との接触を楽しむことができるのである。

異国趣味的体験のうちにふたつの過程(吸収する、身を引き離す)が存在するということは、主体の視点からみるならばあらゆる対象はふたつの部分からなるということを含意する。すなわち第一の過程の進行中には主体と（問題の体験に参画する主体の一部と）同一であるということが判明する部分、そして第二の過程においては主体が自己には還元しきれない相違を発見する部分である。「主体はしばらくの間、対象のある部分と合体しそれと混じり合う。そして多様（ディヴェール）は主体と対象の残余の部分との間で炸裂するのである。このように事態が展開するのでなければ、異国趣味は存在しない」（五九頁）。このことが重要なのだが、ふたつの動きとも不可欠のものである。同一化がなければ他者を知ることはできないし、差異が炸裂しなければひとは自己を見失ってしまう。自己を対象に投影することなしに対象を分析する学者はこの第一の過程を欠き、他者とすっかり溶けあってしまう、対象にのめりこんだひとは第二の過程をしくじってしまう。ふたつの過程を両立させることができるためにはエグゾットでなければならない。

セガレンによって分析された異国趣味的体験の概略は以上のようなものである。だがこの内心の体験を、現象学派の哲学者がするような仕方で描写するだけでは不十分である。なおこの体験を実際の世界の移り行きの中に位置づけねばならない。こうした見地に立って、セガレンはエグゾットたちを脅かすふたつの大きな危険を見いだす。最初の危険は体験の構造自体、すなわち第一の過程における同一化の必要に由来する。つねに、そこに執着して自己を見失ってしまう恐れがあるのだ。その場合、主体は「ふたたび自分自身と向き合うことになってしまう」（二九頁）。第二の危険は世界にある事物の有限性に由来する。地球に住む者にとって悲劇的なのは地球が丸いということである。「球体の上においてはある地点を離れるということはすでにその地点に**近づき**始めるということである。球体とは単調のことである」（五二頁）。最初の地球周航は勝利などではなく、恐ろしい限界の発見である。「幸いなことにマゼランは帰還前に死んだ。彼の水先案内人はといえば、自分の職業をまっとうしたというだけのことであり、この恐ろしいことがらに気づきもしなかった。もはや最果ての地などというものは存在しなくなったのだ」（七八頁）。すでにみたようにセガレンにとって、感覚を強いものにするのは差異のみである。したがって同じものへの帰還はいかなるものであれ、「既視感(デジャ・ヴュ)という嫌悪すべき味わい」(『軽挙』五〇五頁)の影響を受けた、味気ないものとなる。

エグゾットたちの幸福の上につねに重くのしかかるこれらの危険に対して、セガレンは一連の対応策を見いだす(といっても、それらの対応策には互いに矛盾することがあることは確かであるが)。これによって異国趣味的経験を開かれたものとして保存することが可能となる。まず第一に、たとえ可能な移動の数が限られ、つねにいくつかの決まりきった方向に向かうとしても、ひとがその移動で出会ったひとびととなじみになりきれることを保証するものは何もない。セガレンは結局のところ個人間でも、民族間でも、互いが互いの中に入り込むことはできないと信じている。「官能をもっとも強くわかち合っている瞬間の時——喜びが広がり、喜びがひとつに溶け合って、恋人たちが自分たちは同体になっていると言うまさにその時——においてすら、その一見したところのただひとつの喜びの調和にもかかわらず、全身感覚となっているふたりの恋人たちをわかつ、そしてその先もつねにわかち続けるだろう厳然たる障壁がどれほどのものであるかを測るならば、恋人たちは恐ろしさで震え上がるだろう」(『異国趣味についての試論』九〇頁)。もし恋人たちが互いと混じり合いたいと望むことが狂気の沙汰だとすれば、人間集団間についても事態は同様である。「諸人種が互いが互いの中に入り込むなどということはできない。それは個人でも互いが互いの中に入り込めないということが人種間へと延長されたにすぎない。言語の、そして各国語相互の裏切り」(二一七頁)。各国語は互いに裏切り合い、普遍言語は存在しない。人類の一体性(ユニテ)などというのは絵空言である。諸人種が互いに完全な出会いをするなどというのは幻想にすぎない。だがそのことを嘆くのではなく、むしろ喜ばねばならない。なぜならこうしてエグゾットの体験が保たれるのだから。

しかしセガレンはこの点についてつねに自分に理があるという自信がもてず、ふたつ目の対応策に救いをもとめる。彼は差異はあらゆる生にとって不可欠の条件であり、差異が消された場合はいつでもどこか別のところで新たな差異が出現することで埋め合せがなされると断言している。そうでなければ生は停止してしまうだろう。「**根本的な**諸差異が、縫目も継ぎ当てもない滑らかな一枚の布に実際に成り果ててしまうなどということはけっしてないと、また相互の溶解が進み、障壁が崩れさり、離れていた空間がおおいに近づけられたとしても、そうしたこと自体によってどこかで、新たな囲い、予期せざる欠落によって、埋め合せがなされているはずであると考えることができる」(六七頁)。こうした差異は、すでにみたように、大きなものである必要はない。分離がはっきりしないものであっても、それはわれわれの知覚器官がより完全なものになることによって埋め合せされる。

このふたつめの対応策についてセガレンはいくつかの例を示している。そのひとつは同一化の過程がわれわれに仕掛けるいたずらに関わる。中国に同一化するヨーロッパ人はひとつの異国趣味を喪失する。それはその通りだ。だが、彼はもともとの自分とは別のものになったのだから、いまやヨーロッパが彼の異国趣味をかきたてるものとなる。結局プラスマイナスゼロとなる。「エグゾットは父祖の地の土塊の中から、彼方を呼び、欲望し、その臭いを嗅ぎつける。だが、その彼方に住んでみると、その彼方をみずからのうちに閉じ込め、彼方を抱きしめ、彼方を味わいつつも、今度は父祖の地の土塊のほうが突然、しかも非常に強い力をもって、多様(ディヴェール)となるのである。この二重の動きが相互に働きあい、倦むことを知らない、尽きることのない多様性が生まれる」(四九頁)。ゴーギャンの死の直後に彼が住んでいた小屋を訪れたセガレンは、ゴーギャンがタヒチで描いた最後の絵は、雪の中のブルターニュの農民を描いたものだと信じていた。この時セガレンは間違っていたのだが(その絵はフランスで描かれたものだった)、この例は彼の語る転倒をよく例証するものだった。つまり芸術家は自分の国から離れたがゆえに、自分の国を再発見するというわけである。

再創造される差異の第二の例はボヴァリスムの法則の中に見いだされる。この命名はジュール・ド・ゴーティエがこの問題について書いた本（『ボヴァリスム』）に従ってなされたものである。エンマ・ボヴァリー〔フローベルの小説『ボヴァリー夫人』の主人公〕は自分をロマンチックなものとして、実際の自分とは異なるものとして夢みる。この点で、彼女は例外なのではなく、あらゆる人間の真実を示している。われわれはみな実現不可能な夢にとりつかれている。「ジュール・ド・ゴーティエの言うボヴァリスムの法則。あらゆる人間はみずからの姿を想像する、それも必ず実際の自分とは別なものとしてみずからを想像する」（二三―二四頁）。だがこれによって他者性（アルテリテ）が同一性の只中に導入されることとなり、他者性が完全に消滅してしまうことを恐れる理由などなくなってしまう。他者と私の間にある差異を私が減少させてしまっても、差異は私自身のうちに再生してくる。この慰めはセガレンにはおおいに気に入ったので、彼はゴーティエの文を彼の著作の唯一の引用として、著作の最後に置いている。「そして彼は（ふたたび獲得した）多様性のうちで楽しむ」（六〇頁）。

こうしてエグゾットの幸福の上に漂っていた危険は払い除けられる。このような対応策はあまりに理論的だと判断されるかもしれない。だがセガレンは理論を立てるだけで満足しているわけではない。彼はつねにみずからのエグゾットとしての体験に問いかけている。彼は自分の体験から出発し、それが保たれうるものだと確認しているのである。この点について言えば、実のところ彼はいくつかの段階を経てこのような地点に行きついたのだ。まず初め、彼は旅行者たちが他者を見いだすことに失敗し、世界によって彼らに残された**印象**を報告すると称して自分たちのことを語って満足していることに衝撃を受けた。セガレンは最初の著作『太古のひとびと』でこの傾向を転倒させようと試みる。言ってみれば、彼がそこでしたことは反‐シャトーブリアンであり、反‐ロチである。「もはや環境の旅行者への影響ではなく、生きた環境への旅行者の影響、私はそれをマオリ族について表現しようと試みた」(一八頁)。彼は同じ問題を二番目の著作『碑帖(ステル)』では別の様相のもとでふたたび見いだす。この本はある世界が旅行者の魂の上に与えた印象をではなく、その世界自体を再構築しようとしている(今度は反‐クローデル〔一八六八‐一九五五。フランスの詩人・劇作家・外交官。外交官として中国、日本に滞在する〕である)。「採用される態度はしたがって強く感じる**私**ではない。それとは逆に環境から旅行者への、異国趣味的なものからエグゾットへの強い呼びかけ、エグゾットを貫き、彼に襲いかかり、彼を目覚めさせ、彼の**心を乱す**強い呼びかけなのである。支配的になるのは**おまえ**である」(二一頁)。

私がいたるところにはびこっていることへの反応は、したがって**おまえ**を価値あるものとすることである。だがこのように他者のみに語らせておくならば、別の理由からではあるが、やはりふたたび他者性(アルテリテ)の経験をみずからに禁じることになる。したがってこの第二の形の相互関係をも乗り越えなければならない。セガレンはさまざまな関係を、あるひとつの例、中国の例について次のように記述している。「もっとも単純なのは、『理由もなく感覚的に』中国人を軽蔑し憎悪することである。多くの野卑なひとびと、軍人や植民者はこうした態度をとり、けっしてこの地点を超えたことがない。これに対する反動として他のひとびとは、中国人への、また**中国的なもの**への愚直なまでの賛嘆と、そうしたものへの愛好へと赴いた。このどちらの態度をとるのでもなくその彼方をめざさねばならない」(『現実のものの国への旅』三七頁)。また『軽挙』においては次のように述べる。「旅の虜にも、その国の虜にも、また絵画的な日常の虜にも己の虜にもならないこと」(三七一頁)。

他者の同化という関係、他者への埋没という関係のこの彼方はどのようにしたら描き出すことができるだろうか。他者についてのこの明晰さをどのように表現することができるだろうか。セガレンはしばしばJ・ド・ゴーティエの別の文を借りて、世界そのものの再構築についてではなく、世界観の再構築について語る——この世界観は世界によって残される印象と混同されてはならない。とにかく、セガレン自身はこの第三の型の出会いに成功したらしい。中国を熱烈に愛しながらも、彼の友人たちの言では、セガレンは中国に対して無関心のままとどまったという。セガレン自身そのことを言っている。「中国を生き生きと感じながらも、私は一度として中国人になりたいという欲望を覚えたことはない。ヴェーダの輝きを強く感じながらも、三千年前に牛飼いとして生まれなかったことを本当に後悔したことも一度もない。ありのままの現実からの出発。実際あるものから、そして現実の自分から。祖国。時代」(『異国趣味についての試論』五七—五八頁)。他者を知るためには、自己であることをやめる必要はない。そして確かに理論上の困難はひとつならずあるものの、異国趣味的経験はひとつの現実なのだ。

異国趣味的経験が現実のものであるということを示すひとつの小さな、ほとんど挿話的な例を、セガレンがその『異国趣味についての試論』というテキストの中で引用に与えている役割にみることができる。実際、引用というものは、他者の部分であり、これに対する態度はその人間が異国趣味をどのように生きているかを明かしてくれるものである。ところで、セガレンは先駆者たちの著作を知らないわけではないのに(彼はそれらの題をよく列挙する)、決定稿には引用を入れないと決めていた(ジュール・ド・ゴーティエの心慰める文を例外として)。それは、他者のテキストに自己の外側にあるものとしての位置を保ちながらも、引用は他者を現前させる、それも非常に強く現前させるからである。ところが引用はそれが引き出された全体を正しく伝えることはけっしてないのである。ではどうすればいいか。他の方法に訴えること。とくに間接的な現前であるほのめかしを用いること。「文学的ほのめかしは、相当に微妙な観念の遊戯であり、隠された形での引用をおこなうものである。(中略)私はしばしばほのめかしに助けをもとめるだろう」(六二頁)。この場合、セガレンの批判、そしてその選択が正しいかどうかは問題ではない。ここでは彼の選択した実践がどのような点において、彼が説く原則に従っているかをみればよいのである。

異国趣味擁護の戦い

異国趣味的体験は、したがってセガレン自身の証言が示すように、実現できる可能性が十分にある。しかしそれでも彼は安心だとは感じない。というのもセガレンはエグゾットにとって非常に不吉な時代に自分が生きていると思っているからである。それゆえセガレンは異国趣味の敵たちとの死闘を呼びかけることになる。

敵とは誰だろうか。大まかに言って二種類にわけることができる。第一の種類を形成するのは他者について無知なあらゆるひとびと、いかなる状況においても自分たちのことしか考えない輩である。この第一の種類自体、非常に多様なひとびとを含む大きな一団であり、その中にまたいくつかのケースが存在する。最初のケースは植民者、商人、企業家といったひとびとである。この型のひとは私利をもとめる、ということは己にしか関心がない。こうしたひとは「原住民との金銭づくの取引をしたいという欲望だけをもって登場する。彼にとっては多様(ディヴェール)とはそれが彼にとって金を巻き上げる手段として役に立つ限りでしか存在していない」(四〇頁)。「他者」とはここではよりたやすく欺かれる者、われわれの社会において通用している交換の規則について無知な者のことである。第二のケースを構成するのはセガレンに先立つ異国趣味の作家たちである。彼らは自信過剰であり、訪れた国々が彼らに与えた「印象」を報告するだけで満足する。セガレンはこうした「忙しく無駄口ばかり叩いている旅行者たち」（二二頁）には軽蔑の念しか抱かない。彼がこう言いながら思い描いているのはシャトーブリアンであり、とりわけ印象の収集家であるロチである。「ロチのようなひとびとは彼らの対象に神秘的な仕方で溺れてしまうと同時に、その対象に対して無思慮である。彼らは対象を自分自身と混ぜ合わせ、また対象に自分自身をすっかり混ぜ合わせてしまう」（三九頁）。ロチはしたがって「偽エグゾット」、「多様（ディヴェエール）の感覚の売春斡旋業者」（三四頁）の類と分類される。だが中国におけるクローデルとて、たとえ彼がより優れた詩人ではあっても、ロチより尊敬に値するわけではない。長い間中国に滞在したにもかかわらず、クローデルは中国語を学びさえしなかった。知識の普及をこととするひとたち、「携帯中国」や「中国を三〇〇頁で」（『煉瓦と瓦』九〇頁）といったガイドブックやマニュアルを出版することにより、他のひとびとの経験をよりたやすいものにしようと望むひとびともすべてこの範疇に入る。

もうひとつのケースはこれと区別して言及しておくに値する。というのもそれが私たちの時代においては、あらゆるところに見いだされ、私たちの時代を特徴づけているからである。それは観光客である。観光客とは、彼らを動物と同じように「さまよえる畜群」（『異国趣味についての試論』四六頁）としてしかみないセガレンによれば、真の厄災である。観光客の欠陥は二重のものである。まず彼らの異国に対する関心は非常に表面的なものでしかない。彼らは急いでおり、他者を理解しようとするよりは「印象」をかき集めようとする。彼らはかつての探検家たちの子孫などではなく、むしろそれとは逆にこれ以上ないほど出不精な気質のひとびとの子孫なのである。「ひどいスピードで、あちらこちらと動きまわるさなかでも、彼らは自分たちになじみのウールの靴下、節約の習慣、肘かけ椅子、昼寝の習慣と別れようとはしない」（四七頁）。他方観光客たちは彼らが訪れる民の間に嘆かわしい変化を引き起こす。それらの民は観光客が望んでいると自分たちが思い込んでいる姿に自分自身を似せようとし始める。言い換えれば、観光客たちは、自分の知らぬ間に、あらゆる地方を彼らに似せて変形してしまう。「観光は国々の異国性（エグゾティスム）を減少させてしまう」（四八頁）。

異国趣味の敵の第二の範疇は、第一のそれがもたらす結果と同じような結果を引き起こすことが多いとはいえ、それとは異なったものである。それは他者を知覚することを拒否するひとびとではなく、他者を知覚し、彼らを自分と違ったものと判断するのだが、他者を――実際は己自身の習慣の投影にすぎない幻想上の普遍性（ここに自民族中心主義を認めたひともいる）の名のもとに――変形しようと望むひとびとである。ここで、タヒチでセガレンが憎むことを学んだ宣教師たちやフランスのやり方を世界のいたるところで押しつけようとする植民地行政官を例としてあげることができるだろう。「中央集権化された行政という観念自体、万民にとって良きものであり適用**せねばならない**法律という観念自体が、彼の判断のすべてをただちに歪めてしまい、**不調和**に対して（あるいは多様（ディヴェール）の調和に対して）鈍感にしてしまう」（四〇頁）。これはまた安直な総合をおこなう著作者たち、一体化を急ぐひとびとの場合でもある。「シャトーブリアン（中略）、V・ユゴー（中略）、G・サンド（中略）は対象を一個の混合物としてしまうことによって無味乾燥なものにしてしまうことしかしない。その混合物の中ではすばらしき多様性、味わい深い多様性は消え失せてしまう」（三七頁）。それはまた、技術的進歩への愛によって（そしておそらく金銭欲によって）衝き動かされ、旅行をより速く、そしてより多くのひとびとの手に届くものにするひとびとの場合でもある。こうして彼らはそれぞれの文化の特異性を減少させるのである。「旅行をより完全にすること。またそれが原因で異国趣味の味わいの存続が危険にさらされること」（二七頁）。

ところでセガレンにとってとくに危険だと思われるのはこの第二の範疇の敵である。というのもそれは平等化、均質化という、近代に特有であり、しかも全世界的規模で進む動きに対応しているからである。同時代の諸事件、「トルコ革命、中国革命、ロシア革命、さらには戦争」を観察して、セガレンは「いかにしてさまざまな価値が互いに混じり合い、一体化し、堕落していくか」、要するに「いかにして世界の異国趣味的緊張が減少していくか」(七六頁)を理解する。実際、それまで西洋とは非常に異なっていた国々が激しい変化をこうむり、その結果ヨーロッパ的理想に近づいてゆく。そしてさらに悪いことには、そのヨーロッパ的理想は階層的秩序を排し平等を尊しとする。結果として異国趣味はそれぞれの国の内部でも、またある国から他の国へと移る場合でも同様に減少する。生の激しさと強度の名のもとに「いわゆる人間的」諸価値を打ち捨てることをためらわなかったセガレンは、諸価値の間の階層を排する民主制を攻撃せずにはいられない。

セガレンのこのような意見が、彼を彼によって軽蔑されたロチと近づけるのを確認することはおどろくべきことである。ロチもまたトルコに起こった変化をこれと違った風には理解していなかった。「立憲制のスルタンとは、スルタンというものについて私が教え込まれてきたあらゆる考えの調子を狂わせるものである。(中略) その独自性の見地からみるならば、トルコはこの新しい制度の適用によって多くを失うだろう。(中略) トルコは代議政体によって亡びるだろう。それは疑いの余地がない」(『アジヤデ』九二頁)。したがってロチは少なくともこの時期には「西洋から吹いて来る平等の風」(一五八頁) には敵意を抱いている。この点においてロチは偽エグゾットではなく、本物のエグゾットである。というのも彼にとっては差異はそれ自体価値として姿を現すからである。そしてロチはセガレンと同様の悲観論者である。「地球の端から端まですべて同じにしてしまい、退屈しのぎに旅行してみることさえできなくなれば、地球が住むには退屈な場所となるときがやってくるだろう」(『お菊さん』七頁)。

近代に特有の危険はしたがって二重のものである。国々の内部においては民主制（平等化）、国々の間では交流（一体化）である。その結果は壊滅的なものかもしれない。セガレンは物理学の本で、総エネルギーはつねに減少の状態にあり、世界はエントロピーに脅かされているということを読んだばかりである。そして彼は異国趣味の衰退をまた別の形のエネルギーの喪失と、別のエントロピーの侵略とみなす。「もし均質性というものが現実の奥深いところで優勢に働いているならば、感覚できる現実、われわれが撫で、触れ、抱きしめ、すべての歯、すべての感覚神経を動員して嚙みしめる現実においても将来均質性が勝利を収めるということを信じないわけにはいかない。その時には生温さの支配する王国が姿をみせるだろう。凹凸のない、くぼみも突起もないべとべとした粥のような瞬間、前もって民族誌学的多様の堕落によっておおよその形が示されていた瞬間が姿をみせるだろう」（六七頁）。エントロピーはわれわれを待ち受けているさまざまな運命の中でも最悪のものである。セガレンはこのような世界の将来についての黙示録的像がどれほど多くのものをゴビノーに負っているかをしっかりと意識している。彼は同じ個所で次のように記している。「異国趣味の堕落について。ゴビノー『人種不平等論』」（八八頁）。

エントロピーに抗して何をなすべきか。祈るべきだろうか。「世界の名づけえない主よ！　我に他者を与え給え！　神聖なもの、いや多様（ディヴェール）を与え給え！」（七七頁）。だがセガレンは信者ではない。彼には、ひとびとに警報を発すること、彼らに異国趣味の衰退に抗して戦うよう呼びかけるほうが時宜にかなったことと思われる。「多様は減少しつつある。ここに地球の大きな危険がある。したがってこの失墜に抗して戦い、争わねばならない――そしておそらくは美しく死なねばならないのだ。（中略）異国趣味の総量の減少への解決策。まだ残っている部分的な異国趣味的価値を称揚すること」（七八頁）。そしてこれこそセガレンが、『異国趣味についての試論』、タヒチ、中国との接触から生まれた諸テキストを含むその全著作を通じておこなうことである。

この戦いはそれぞれの国の内部と、その外部というふたつの戦線において展開されねばならない。それぞれの国の内部における敵とは不平等を減少させようとする傾向、住民のさまざまな社会階層を互いに近づけようとする傾向である。その昔、神と人間の間、王と民衆の間、英雄と下層民の間には縮めえない距離があった。そのような距離はいくつかの恵まれた国々においてはつい最近まで維持されてきた。「ロシアの皇帝と農民の間、また家父長的理論にもかかわらず中国の天子と民衆の間には大きな距離があった。またイタリアの数多くの侯国は多様を盛り立てるためのすばらしい道具だった」。こうしたものすべてが民主制の到来以来堕落してしまった。「主権者たる民衆はいたるところに同じ習慣、同じ役職をもってゆく」（七七頁）。セガレンは天子の代わりに共和国を据えようとする中国革命に対して憤慨している。彼は強力な首長によって支配される政治体制を夢みる。彼は西洋諸国においておこなわれる平等主義的運動を前にしてもやはり同じ嫌悪感を覚える。「フェミニズムは徹底的に弾劾せねばならない。それは一種の怪物的な社会的転倒である」（七八頁）。

外部においては何としても諸民族が互いに近づくのを阻止せねばならない。セガレンは混血の拒否という点ではゴビノー、ロチ、レヴィ＝ストロースと意見をともにする。諸民族が接触することが避け難いとするなら、少なくとも彼らの接触は戦争でなければならない。「諸民族を互いに向き合わせる機械的な旅行、その上身の毛のよだつことだが彼らを相争わせることもなく混ぜ合わせ混血させてしまう旅行」（七七頁）。彼の「良き旅行者への忠告」の最初の稿はまた次のようにも述べていた。「このようにして君はおぞましい平和、永遠の至福にではなく、戦争に、陶酔と数限りない多様性に満ちた衝突と激動へとたどりつくことができる」（『煉瓦と瓦』七五頁）。セガレンはペギー（彼の名が『異国趣味についての試論』の同じ頁で言及されている）と同じほど好戦的であり、第一次世界大戦が勃発したときにはやはりペギーと同様に前線へと赴いている。だが近代においては戦争ですら失望させるものと彼には思われた。「戦争の異国趣味はまったく堕落しつつある」（七九頁）。

一方における異国趣味的体験をほめあげる記述と生命主義的哲学、そして他方における社会的不平等と戦争への価値付与の間には必然的関係があるのだろうか。セガレンの思想のこの最後のふたつの要素がはっきりと打ち出されるのは最晩年において（とくに「世界の像」と題され、一九一七年の日付をもつテキストにおいて）であるということだけからにすぎなくとも、そうではないかと疑ってかかることができる。価値を生への賞賛に還元しなくとも、そして生を感覚に還元しなくとも他者性を愛することは可能である。他方セガレンの異国趣味と彼の戦いへの呼びかけの間にはまさしく関係がある。彼によって語られる他者との出会いはなるほどよく踏査され、陰影に富むものである。だがそれは出会いの一部分をしか語っていない。なぜなら差異の役割は強調されているものの、同一性の役割が過小評価されているからだ。その結果、純粋な差異の擁護者となったセガレンは、諸個人は互いに異なったものであることを続けながらも同じ権利をもちうるという考え、諸民族は戦争をしあわなくとも互いに異なったものとしてとどまりうるという考えは拒否することとなる。セガレンの過激な思考法（これは彼の名誉となることである。彼はみずからの考えに徹頭徹尾忠実であり、自分の確信をその確信に由来する最後の結果まで引き受けている）は、逆説的なことだが彼を、出生地にのみ愛情を抱くといって彼がからかっていたバレスに近づける。バレスは自分をしか愛さないし、セガレンは他者をしか愛さない。それは確かにそうだ。だが彼らがふたりながら奉じる差異の哲学において、両者で用いるレッテルは違うものの、その徹底的な相対主義において、諸民族が互いに近づくことへの憎悪において、このふたりは合致するのである。

近代の旅行者たち

メキシコにおけるアルトー

現代に近づくにつれてこれらの異国趣味の形象はどのようになってくるのだろうか。そうした形象をアントナン・アルトーという「革命的」な詩人の例を通して観察してみよう。アルトーは一九三六年メキシコに赴きそこに数カ月滞在する。彼は何度か講演をし、新聞にいくつか記事を書き、とくにインディオ、タラユマラ族の儀式に関心を示す。彼がメキシコで書いた文章は（彼の死後）『革命のメッセージ』と『タラユマラ族』と題された二冊の小冊子にまとめられた。

アルトーの考えではメキシコはフランスに対立させられている。実を言えばアルトーが問題にしているのは両国独特の文化ではない。フランスは西ヨーロッパの中でアルトーにとって一番なじみのある部分にすぎないし、メキシコは西ヨーロッパを除いた世界の中でアルトーに一番なじみの部分にすぎない。このふたつの全体のそれぞれはその内部において均質であるようにアルトーにはみえるのである。ひとつのメキシコがあるのではなく複数のメキシコがある（アズテカのメキシコ、トルテカのメキシコ、マヤのメキシコ、トトナカのメキシコ等）のだと反対する意見には、アルトーはそういうことを言うひとは「文化というものを知らないのだ。彼は形態がたくさんあるということを、総合された思想と混同している」と非難することだろう。これらの文化がすべてただひとつの同じ文化であるというばかりではなく、この大メキシコ文化は、イスラムの、バラモンの、ユダヤの秘教とも区別のつかないものである。「これらの秘教がみな同じものであり、その精神においてはみな同じことを言おうとしているのだということを理解しない者などいるだろうか」（『革命のメッセージ』三四頁）。というのも実際のところ、アルトーにとって文化とは観察可能なさまざまの形態（習慣、習俗、儀式等）からできているものではなく、生、自然、人間に対する態度からなるものだからである。ところでこのような態度として、考えられるものをアルトーはふたつしか見いださない。ひとつの態度はフランス人たちによって例証され、もうひとつは古代メキシコ人たちによって例証される。

これらふたつの態度をどのようにして描写すればよいだろうか。第一の態度を特徴づけるためにアルトーがもっともしばしば用いる語は、「合理主義的」というものである。ヨーロッパの文化とは理性の文化である。卑俗な人種理論家とこの点では一致するアルトーは「ヨーロッパ的能力たる理性」（二五頁）について語っている。人種理論家とのちがいはそのうえでなされる価値判断のみである。この基底にある合理主義からさまざまの結果がもたらされる。身体と精神の分離、進歩への信仰、「民主主義的諸観念」（一〇六頁）等がそれである。敵（というのもここで問題にされているのはまさしく敵だからだが）はデカルトとコンドルセの一種の混合物である。しかしアルトーは十六世紀のユマニスムをも罵倒し、それに代わるまったく別の「人間主義（ユマニスム）」に対する待望の念を表明している。十六世紀のユマニスムに対して彼が投げかける批判はのちにレヴィ＝ストロースがする批判にかなり似通ったものである。つまりヨーロッパの人間主義はあまりに偏狭なものであり、人間を宇宙の中心に置き、自然からそれに与えられるべき場を奪ったというのである。「ルネサンスのユマニスムは人間を偉大にしたのではなく矮小化した。なぜなら人間が自然にまで高まることをやめ、自然を人間の背丈までひきずりおろしたし、人間に関することばかりを重視して、自然に関することを失墜させたのだから」(『タラユマラ族』七三―七四頁)。

ヨーロッパの合理主義的文化には、論理の当然の帰結として、メキシコ人と他の非ヨーロッパ人特有の「魔術的文化」が対立する(『革命のメッセージ』二三頁)。アルトーの非常に隠喩的な言い方から、この魔術的文化には集団意識の利益になるような形で排除された「個人の意識の破壊」(八〇頁)が含意されていることが結論できる。魂と身体の相互貫入、人間とそれを取り巻く世界との、すなわち大地および星々との連続性の確立、普遍的なアナロジーの法則への世界の従属。「超越的代数学から引き出された非常に正確な天文学的データを用いて、事件を予測しそれに働きかけることが可能である」(一〇八頁)。

メキシコで公刊されたテキストの中でアルトーは時々、パリの公衆を皮肉る。彼らはことメキシコについては、「まったくの幻想のうちに」(七九頁)生きているというのである。だがアルトー自身がこの国とその文化についてもっているイメージも現実とそれほど多くの接触があるわけではない。彼の書いたものを読むメキシコ人は、彼らの国の「微妙な政治的構造は、深いところではモクテスマの時代以来変化していない」(九九頁)ことを知っていささかおどろいたにちがいない。どのようにしてアルトーはこのことを知ったのだろうか。同時代のメキシコ人を観察する必要などはなかった。彼はメキシコ人をみる以前にそれを知っていたのだ。「私は長いことコデックス〔メソアメリカの原住民が作成していた古絵文書〕でメキシコの神々を眺めた。すると私には(中略)ということがみえてきた」(四三頁)。したがってここで語られているのは直感の、想像力の努力であり、詩的な再創造である――もっともそれが認識の役割を果たすのだとアルトーは主張している。彼の言によれば、アルトーは「語の本当の意味での賢者として」（六九頁）ふるまっているのである。

アルトーの態度におどろくことはない。というのもアルトー自身絶えず読者に用心するように言っているからだ。彼はメキシコに見知らぬ国を発見するために来たのではない。彼はそれ以前から自分がそこに探しに来たものを知っているのだ。それはヨーロッパ文明の否定、彼が夢みるアニミズム的世界である。彼は次のようにさえ言っている。「私がメキシコの高地にまで出かけたのは、ただイエス・キリストを厄介払いするためである。同様に私はいつかチベットに神とその聖霊を私の中から追い払うために行くつもりである」（『タラユマラ族』五九―六〇頁）。世界のさまざまの国々は――このけっして実現されることのない計画において――アルトーに彼自身の宗教、彼自身の文化との関係を精算することを許すはずなのである。アルトーは旅行をするが、それはけっして世界を知るためではない。

彼がメキシコに探しに来たもの、それはそこにあるヨーロッパとは異なったものである。これがアルトーがヨーロッパとの接触によって汚された同時代のメキシコに見向きもせず、より彼の夢想に似ている可能性の高い古代メキシコの痕跡を再発見することだけを願う理由である。「私は近代のメキシコにこれらの観念の生き残りを探すために、あるいはそれらの復活を待つためにやってきた」（『革命のメッセージ』一一〇頁）。この時間をさかのぼろうとする原始主義はアルトーをあらゆる年経りたもの、古いもの、もともとメキシコにあるもの、真正のもの、混交以前のメキシコ（もしそんなものがかつて存在したとしての話だが）へと導いてゆく。「私の探求は、ヨーロッパの精神のあらゆる影響を免れて純粋なものとしてとどまっているメキシコの魂にしか関係しない」（一〇五頁）。本当の文化とは、混交以前のそれ、外からの影響の上にではなく「人種と血の上に基礎づけられた」（一二二頁）文化である。残念なことにそのメキシコの魂の層はアルトーが期待していたよりははるかに薄いものであった。「私はここで文化の生命に満ちた形を見いだせると期待していた。ところが私がみつけたものはヨーロッパ文化の死体でしかなかった」(一三〇頁)。

したがって、アルトーの他者に対する、この場合はメキシコ人たちに対する態度には独創的なところはまったくない。形式的な面で言えば、彼はあらゆる「寓意家たち」と同じ精神の系譜に属する。寓意家とは他者を、まったく寓意的に利用するひとのことである。この寓意的利用は、他者の同一性と彼らについてもちうる知見によってではなく、まったく実例、例証として用いるためにのみ持ち出された当の国民との接触の外側で考え出されたイデオロギー的目的によって要請されている。この点においてアルトーはラオンタンからディドロにいたる十八世紀の原始主義者たちと近い。彼らは結局のところ現実のヒューロン族やタヒチ人にほとんど関心はなく、ヨーロッパ、フランスにのみ関わる論争における論拠としてそれらを必要としていたのである。したがってアルトーは、その原始主義の内容は特異であるとはいえ、やはり原始主義者である。彼はメキシコ人を誤解している(つまるところ彼はメキシコ人にほとんど関心はない)。彼が探しに来たのは、自分の主張の論拠なのである。この点において作家＝寓意家は、旅行者＝印象主義者の身ぶりを繰り返している。旅行者＝印象主義者もまた他者を自分の必要との関係でしか理解せず、他者を主体の地位に昇らせることはない。

アルトーの思想について言うなら、それはロマン派の、反人間主義的な、反民主主義的な伝統に属している。バレスはアルトーの人種と血についての文に署名をためらわなかっただろうし、ゴビノーは諸文化間の交差の望ましからざる性質についての文に署名をためらわなかっただろう。アルトーは人種間に減少させることの不可能な差異が存在することを信じており(理性はヨーロッパに特有の能力である)、人間はみな同じという考えには反対する。彼は一体化の方向へと向かうあらゆる動きに反対である。アントナン・アルトーは疑いもなく因習的なところがほとんどない人物ではあったが、他者に対する態度について言うなら、彼独自のものはそのスタイルしかない。

旅行者たちの肖像

これまでのところでは、私たちみなが旅行と出会いの世界についてもっている直感的知識を用いて作家＝旅行者の思想を解釈してきた。今度は展望を転倒し、これまで明らかにされてきた異国趣味の作家たちの範疇の助けを借りてこの知識自体を検討してみることができるだろう。われわれ自身の旅行の経験は、過去の著作者たちのおかげでよりよく理解できるようになるだろうか。この問いに対する答えは読者それぞれが見いだしていただきたい。だがみなで一緒に個々の旅行者の肖像のギャラリーをではなく、セガレンのやり方に多少倣って、典型的な旅行者の型のギャラリーを巡ってみることもできるだろう。形態論というよりは肖像のギャラリーと言っておくべきだろう。形態論ともなればそれぞれの肖像を形成する諸特徴がひとつの体系をなさねばならないが、私たちがここで取り扱おうとする人物群は旅行のさまざまな側面、さまざまな相における諸特徴をもとにして規定されている。私は一〇の型を数え上げた。なぜ五や一五ではなく一〇なのか。これから述べる旅行者の肖像は、演繹的な体系の産物ではなく、経験的な観察の結果である。ここ一世紀に書かれた旅行文学、または逃避の文学において、そうした旅行者の姿が他の型の旅行者より頻繁に現れるということにすぎない。むろん実際のそれぞれの旅行者は、ある時はこれから述べるいささか抽象的な旅行者の型のあるものの皮膚に中に滑り込み、また別の時には別の型に滑り込む。

したがってここで問題になるのはもはや他者に対し肯定的な判断を下すか否定的な判断を下すか、他者を排斥するか賞賛するかといったことではない。ここでの展望においては、問題の旅行者たちが相対主義者であるか普遍主義者であるかということ、人種差別主義者であるかナショナリストであるかということ、原始主義者か異国趣味を称揚する者かということもほとんど重要ではない。ここで分類の基準として機能するのは、旅行の過程で旅行者たちが他者と結ぶ関係の形である。またここでは表象の関係（他者をどのように考えるか）ではなく、隣接の、共存の関係（他者とどのように生きるか）が問題となる。このことは言うまでもないが相互関係が存在するということを前提とする。異国をそこにとどまることもなく横切る旅行者、また異国を訪れながらその地の住民とまったく接触をもとうとしない旅行者はこれから描かれるギャラリーには姿を現さないだろう。

一、**同化推進者**。ルソー、セガレンによって目録にあげられたこの種は現代においてはまれであるように思われる。それはこの種が存在するためには前提としてある種の十字軍精神、メシア信仰が必要だからである。だがこのような精神がよりどころとする信仰そのものがもはや私たちの間に広くひろがってはいない。同化推進者とは他者を自己に似せるために他者を変形しようと欲するひとである。それは原則として普遍主義者である（彼は人類の単一性（ユニテ）を信じている）が、他者の自己との差異を、通常は、彼自身の理想と比べて何かが欠けているものとして解釈する。同化推進者の古典的形象はキリスト教の宣教師である。彼は他者を彼自身の宗教に改宗させようと望む。この改宗は必ずしも宗教に関わりのない習俗の変形をともなうものではない（中国におけるイエズス会士たちはこの点とくに妥協的であった）。

キリスト教へのこの熱心な勧誘は時期的には最初の植民地化の波、十六世紀のそれと一致する。十九世紀の二度目の植民地化の波の過程で輸出されたのは、キリスト教ではなく、ヨーロッパ文明という観念であった。すでにわれわれはその計画をコンドルセに、その実践をジュール・フェリーにみた。思いだしていただきたいのだが、セガレンはタヒチにおける宣教師も、インドシナやその他の地における植民地行政官も等しく敵視していた。セガレンが彼らを非難していたのは、他者を誤解していること、そして同時に他者を自分に似させることによって他者を変えようと望んでいることであった。一般に同化推進者の普遍主義とは、ほとんど変装を施されていない自民族中心主義なのである。今日二十世紀に特有の第三のメシア信仰の波について語ることができる。これは世界革命を輸出し、マルクス主義イデオロギーのあれこれの普及版に諸国民を改宗させるというものである。したがってこれは新しい型の植民地である。ここに述べた大きな波の他にも、より小さなものが数えられないほど多く存在する。それらの波がもたらしたのは地域的なレベルでの同化であった。この同化という過程は同化推進者の物理的優位性を前提とし、その優位性は軍事力、警察力にもとづいたものである。

二、**利益追求者**。通常利益追求者は僧侶でも、兵士でも、思想宣伝者でもない。それは実業家、たとえば商人であり、工業家である。彼の他者に対する態度は、他者を自己の利益のために用いるということである。彼らは他者の他者性（アルテリテ）に投資することで、セガレンの表現に従えば、よりうまく彼らから「金を巻き上げよう」とする。同化推進者とは異なり、利益追求者はどんな環境にも適応し、どんなイデオロギーにも支えをもとめる必要がない。異国の商品の価値を知らない原住民に、彼は高く売りつけ安く買う。彼は「他者」を安価な労働力として用い、現地で搾取したり、自国に（時としては非合法に）輸入する。他者について彼は自分に役立たせるために不可欠の部分をしか知らない。彼は他者に話すすべ、彼らを説得するすべを学ぶ。他者は実利的な関係において把握される。他者それ自体が関係の目的であることはけっしてない。今日、昔風の植民者はもはやほとんど存在しない。だが新たな形、経済・文化協力のための海外派遣員という新たな形が姿を現した。海外派遣員が自分のために利用する（もっとも、つねにそういうわけではないことは言うまでもない）のはもはや他者そのものではなく、彼らの間において自分がもつ例外的な状況である。彼が他者に興味をもつのは、彼らが彼にいくつかの特権を享受することを許す限りにおいてである。よりよい収入、より高度の仕事、より多くの尊敬、安価な召使い、これらすべてを貧しい国々特有の太陽がさんさんと降り注ぐ風土の中で享受できるのである。

三、**観光客**。観光客とは遺跡、風光を人間より好むせわしい訪問者である。彼がせわしいのは近代に生きる人間が一般にそうであるからばかりではなく、訪問が彼の職業生活の一部ではなく、彼の休暇の一部だからでもある。彼の異国への移動は彼に与えられた有給休暇の範囲内におさめられている。速く旅行しなければならないということがすでに彼が生きたものより非生物を好むひとつの理由でもある。シャトーブリアンが言っていたように、人間の習俗を知るには時間がかかる。しかしこの選択にはまた別の理由もある。他の主体との出会いがないことはより心が休まる。というのも私たちの同一性が疑問に付されることがないからだ。ラクダを見ていたほうが人間に会うより危険は少ない。見るべきものは自然の風光でも、文化的記念物でもどちらでもいい。自然においては、山の頂上から間欠泉までとにかくあたりまえでないあらゆるもの、人間の創り出したものではあらゆる古いもの、または芸術の領域に属するものである。観光客は旅行中できるだけ多くの風光、記念物をかき集めようとする。これが彼が言語ではなく視覚的イメージを重要視する理由である。カメラが彼の象徴的な道具となる。それは風光、記念物のコレクションを客観物とすること、永遠のものにすることを彼に許すのである。

観光客は訪れた国の住民にはあまり興味を抱かない。だがすでにセガレンが指摘していたように、彼は自分の知らぬ間に住民たちに影響を与える。観光客はお金を消費する態勢にあるから、現地の住民は観光客が彼に要求するもの（あるいは観光客が要求するだろうと現地の住民が思い込んでいるもの）を提供しようとする。こうして、望んでそうしているわけではないが、観光客は現地の住民が「典型的なもの」に価値を与えるようにと仕向けることになる。その国でみつかるはずだと思い込まれている産物の生産がおこなわれ、「現地風の」建築物、見所、祭りが整えられる。少しずつ地域の活動はおみやげ（しかも採算性のために第三国で生産されたおみやげ）の販売にとって代わられる。こうして地方色を羽目をはずして追いもとめることが逆説的なことに均質化を招くのである。

セガレンは観光客たちを非常に軽蔑しており、彼らが「群れをなす」ことを滑稽だとしている。そのことは彼のようなエリート主義的精神の持ち主にあってはおどろくべきことではない。そして彼の時代以来団体観光旅行はますます発展してきた。だが観光の欠陥はそれが集団的なものであることに由来するものではない。たったひとりで「観光をする」こともできるのである。また他方、異国との最初の接触は表面的なものであらざるをえない。観光による訪問であってもそれが興味を目覚めさせるなら、より深くその国を知るための最初のステップにはなりうる。観光することそれ自体は軽蔑すべきことでもない。ただ他の文化の代表との出会いという展望においては、観光はどちらかと言えば貧弱な結果しかもたらさないのである。

四、**印象主義者**。ここで印象主義者というのは非常に洗練された観光客のことである。まず彼は休暇を利用して旅行する観光客よりずっと多くの時間を自由にできる。さらに彼はみずからの地平線を人間にまで拡大する。そして彼はもはや定型化された写真や言葉ではなく、言ってみれば絵画による、また文章による素描を持ち帰る。それでも彼は経験の唯一の主体であり続けるという点で観光客と共通している。なぜ彼は旅立つのだろう。ある場合はロチがそうであるように、もはや自分の国にいては生を感じることができず、異国という環境が生の味わいを再発見することを可能にしてくれるからである。「できるだけのことをして人生という味気ない食事に香辛料をきかせねばならない」。また別の場合には、ボードレールが「旅への誘い」で示唆しているように、印象主義者は彼が生きる経験により適合した環境、彼がすでに出会った存在により適合した環境を希求するからである。「君は、君のアナロジーに取り囲まれないだろうか？　そして神秘主義者たちのような物言いをすれば、君は自分自身の**照応**に自分の姿を映しはしないだろうか？」（三〇三頁）。私がヴェネツィアに行くことにするのは私がメランコリックな気質のせいであり、カプリに行くのは陽気な気質のせいということになる。

もとめられる経験の性質はさまざまでありうる。音を、味を、異様な視覚的イメージを知覚すること、他者の習俗を主観的仕方で観察すること、あるいはエロチックな出会い（水夫たちのように港々に女がいてもいいし、またそうした出会いを専門に扱う旅行社のやり方のようでもいいだろう）でもかまわない。たったひとつのことが、また別の場合には冒険家や瞑想家をも含むそれら多様な旅行者をひとつの集団にまとめあげる。それはこうしたすべての場合において、彼らの興味の本当の対象は、その国々、ひとびとが彼らに残す印象であって、その国々自体、ひとびと自体ではないということである。あるいはミショー〔一八九九－一九八四。フランスの詩人・画家〕が、その旅行記の一編で言っている言葉を借りてもいいだろう。「ここではっきりさせておこう。こうだ。私が自分を完全なものにする手助けをしないひとびとは無である」（『エクアドル』九八頁）。この点において印象主義的態度は私たちの時代において支配的な個人主義とよく調和している。必ずしも他者を軽蔑するわけではないが（誰もが同じ権利をもつ）、私が他者に興味をもつのは、他者が私固有の企図に介在してくる限りにおいてでしかない。

印象主義的態度が初めて体系化されたのはロチによってであるが、彼には多くの後継者が輩出した。アジアにおけるミショー、日本におけるバルト〔一九一五－一九八〇。フランスの批評家・文芸理論家。日本滞在をきっかけに書かれた『記号の帝国』がある〕といったさまざまのひともやはり「印象主義者」である（バルトはロチに対して負うところがあることを認めている）。だがミショー、バルトはロチを盲目的に真似たわけではない。彼らにおいては恋愛は筋から遠ざけられ黙らされるし、問題の国についての知見はより深いものとなっている。そして何より旅行者は私たちにその経験を語りながら、ひとつの世界を開示すると主張したりはしない。ミショー、バルトがみずからに向ける皮肉は、ロチにおいてそうであったように印象主義がナルシシズムに転化することを妨げている。これをみれば、印象主義的態度がそれ自体として否定的なものでないことはわかる。個人には、彼独自の経験をする権利があるのだし、異国の変らぬ本質を私たちに示すと称する学者の傲慢に比べれば、イメージを報告しているだけだということを認める印象主義者の謙遜にはどこか魅力的なところがある。しかしそれでもふたつの危険が依然として残っている。他者の像は、はっきりと間違ったものとは言わないまでも表面的なものにとどまるおそれがある（ミショーはこの危険をつねに回避できたわけではない）。そして経験は他者を道具化するならば、また、他者が苦しむことを認めるならば、無垢であることをやめる。

五、**被同化者**。この範疇に属するのは、まず非常に多くの場合片道旅行しかしないひと、すなわち移住者である。彼は他者を知ろうとする。なぜなら他者の間で生きなければならないからだ。彼は他者に似ようとする。なぜなら彼は他者に受け入れられたいからだ。彼のふるまいはしたがって同化推進者のそれの反対である。彼は他者のもとに赴くがそれは他者を自分の同類にするためではなく、他者のようになるため（たとえば「アメリカの夢」にみずからも参加するため）である。彼はこの点において利益追求者のまわりに姿をみせる外国への出稼ぎ労働者とは区別される。出稼ぎ労働者は期限を限って国外へ赴き、自分の文化を放棄するつもりなどさらさらない。他者を知り、同一化する過程が十分に進行すると、移住者は被同化者となる。彼は他者と「同じよう」である。

この態度にはひとつ変種がある。その場合には同化は生活の全側面には及ばず、職業生活だけに関係する。これはあるひとつの異国の専門家の場合である。このような専門家は自分の扱う国にしばしば滞在し、少なくとも最初の時期には、その国のひとびとを彼ら自身が自分を理解するのと同じように理解しようとする。つまり同じ程度に、同じ仕方で理解しようとするのである。この専門家が民族学者であろうが歴史家であろうがその時問題として浮かび上がってくるのは、彼の知見がその国の住民が自分自身についてもっているそれの単なるコピーになってしまう危険があることである。ところでセガレンも言っていたように、**私**の支配を単に**君**の支配に代えること、自民族中心主義的変形を現地で用いられている定型表現に置き換えること以上のことをめざせるはずなのである。
六、**エグゾット**。これが、先にみたようにセガレンが新しい態度が必要だとする理由である——この態度にはセガレンが作った用語をあてることにしよう。私たちの日常生活では、生の習慣的進行が私たちを盲目にしてしまう。因習にすぎないものを自然なものと取り違え、習慣は数多くの身ぶりを知覚できないものにしてしまう。外国人はこのハンディキャップを負わされていない。私たちの習慣を共有していない彼らは、習慣に一方的に従わせられるのではなく、それらを知覚する。彼にとっては私たちの行動はあたりまえのものではない。というのも彼はつねに暗黙裡に彼自身の国との比較によってものを見るからであり、このことが彼に私たちに欠落しているもの、すなわち見えないものを発見するという特権を与える。この特殊な明晰さはずっと昔から指摘されていた（後でもう一度触れるが、これがモンテスキューのペルシャ人たちの明晰さである）。この明晰さはミショーにあっては次のように言い表される。「新しいものをたくさんみせながら、しかも人生を生き直すという喜びをもたらしながら、あなたの目の前に現れる国について書かないなどということがどうしてあろうか。そして退屈に、矛盾に、けちくさい心配事に、失敗に、決まりきった日常生活に縛りつけられて三〇年もそこで暮らした国、もはやそれについて知っていることは何もないような国についてどうして書いたりするだろうか。（中略）知見というものは時とともに進むものではない。さまざまな差異は見過ごされるようになる。差異と折り合いをつけるようになるのだ。ひとは互いに受け入れ合うが、もはや自分も他者も位置づけることはない。（中略）素朴な見方をする通過者がしばしば問題の中心を指摘するものだ」（『アジアにおける一野蛮人』九九頁、一〇一頁）。

しかしここで言われているのは、完全な素朴さでも、まったくの無知でもないことはレヴィ＝ストロースについてすでにみた通りである。むしろそれはおどろきと親しみの間の、距離をとることと同一化することの間の安定を欠いた平衡である。エグゾットの幸福は脆いものである。彼が十分よく他者を知るにいたらないならば、彼は他者を理解できない。またあまりによく知りすぎれば、もはや他者はみえなくなる。エグゾットは平穏のうちに落ち着くことができない。彼の経験は実現されたかと思うとすぐに鋭さを失ってしまう。着いたかと思うと彼はすぐにふたたび旅立つ用意をしなければならない。セガレンが言っていたように、エグゾットはただ交代だけに励まなければならない。それゆえにこそ異国趣味の規則は非常にしばしば人生の戒律から芸術の方法へと転換させられたのである。それはシクロフスキー〔一八九三―一九八四。ソヴィエトの作家・文芸理論家〕言うところの異化作用（*ostranenie*）であり、ブレヒト〔一八九八―一九五六。ドイツの劇作家・詩人〕言うところの異化作用（*Verfremdung*）である（フランス語では distanciation〔距離をとること〕）。

七、**亡命者**。この型はある面では移住者に似ているし、また別の面ではエグゾットに似ている。移住者と同様に彼は自分の母国ではない国に住みつく。だがエグゾットと同様に彼は同化を避ける。だがエグゾットとは異なり、彼は自分の経験を更新しようともしなければ、異者性（エトランジュテ）をより過激なものにしようともしない。そして専門家とも異なり、自分がその間で暮らしている国民にとくに関心を抱いてもいない。亡命者とは何者だろうか。それは異国での生活を自分を取り巻く環境への非所属の経験として解釈し、まさにそれゆえにこそその経験を愛するひとである。亡命者は自分自身の生、さらには自国民に関心をもつ。だがこの関心を助長するためには、異国に、自分がそこに「属していない」場所に住んだほうがよいということに気がついたのである。彼は一時的な仕方で異邦人であるのではなく、永続的にそうなのである。あるひとびとが大都会に住みたがるよう仕向けるのも、これほどはっきりしたものではないものの同じ感情である。そこでは無名性が共同体への完全な一体化、吸収を妨げるのである。

　フランス文学の歴史において最初の重要な亡命者はデカルトであったように思われる。彼がオランダで生きることにしたのはよく言われるようにフランスで発禁になったかもしれないものを自由に公刊するためではなく（デカルトは検閲に引っかかる心配はなかった）、彼がオランダ文化に入れあげていたからでもなかった（オランダ文化にデカルトはとくに興味を抱いてはいなかった）。彼がそうしたのはその選択が彼が自分で設定した哲学上の、また科学上の仕事を完成させるためにもっとも適当なものであったからである。異邦人であるということは、デカルトにとって自由であること、すなわち誰にも依存しないことと等しかった。「いまそうしているように、一方の足をある国に、もう一方の足を別の国に置いていると、私は自分の生活条件はそれが自由なものであるという点でたいへん幸福なものだと思う」（『著作集』一三〇五頁）。デカルトはこのように言った最初の著作家だが、その後同じようなことを言う著作家が出てこないわけではない。もうひとりの大旅行家、リーニュ公（一七三五‐一八一四。オーストリアの元帥。教養、財産、そして各国へのたび重なる滞在によって十八世紀のコスモポリタニズムを代表する人物）の言うことを聞いてみよう。「私はいたるところで異邦人であるという私の状態が好きである。オーストリアではフランス人、フランスではオーストリア人、ロシアではオーストリア人でありフランス人というわけだが、これはいたるところでひとの気に入られ、また誰にも依存しないで済ますための方法である」（『ロシアからの手紙』六八頁）。二十世紀においても作家たちはしばしばデカルトの例に従い、作品を生み出すために亡命を選んでいる。ジョイス〔一八八二‐一九四一。アイルランドの小説家。ほとんど故国に帰らず、フランス、イタリアなどですごす〕とベケット〔一九〇六‐一九八九。アイルランド出身のフランスの小説家、劇作家。フランスに定住しフランス語で作家活動をおこなう〕はアイルランドを離れ、リルケ〔一八七五‐一九二六。ドイツの詩人、パリに移住、生涯ヨーロッパ各地を旅行する〕はドイツの外に出ないと書くことができない。ガルシア・マルケス〔一九二八‐、コロンビアの作家。キューバ、アンゴラで特派員として働き、メキシコでも亡命生活をおくる〕とギュンター・グラス〔一九二七‐。現代ドイツの代表的作家〕は『百年の孤独』、『ブリキの太鼓』という「国民」小説をパリで執筆する。

（ここで用いている特殊な意味での）亡命者という状況において不都合なのは、亡命者がその亡命という状況のゆえに彼がその間で暮らしている他者と親密な関係をもつことを断念していることである。世界の他の場所よりアムステルダムを好む理由をデカルトは（ゲ・ド・バルザック宛の書簡で）次のように説明している。「私は毎日、あなたがあなたの住む街の通りを行くのと同じくらい自由に、大群衆の混雑の中を散歩に出かけている。そしてそこで見る人間たちを、あなたの森でみられる木々や、そこで草をはむ家畜たちを眺めるのとまったく同じように眺めている」（『著作集』九四二頁）。亡命によってリルケは『ドゥイノの悲歌』を書くことができた。だが亡命は亡命先で出会ったひとびとを木々や家畜たちより濃密な仕方で彼に知覚させただろうか。この亡命はおそらく幸せな経験だろう。だがそれは他者の発見でないことは確かである。

八、**寓意家**。寓意（アレゴリー）とはあることを言い、それによって別のことを意味することである。寓意家はある（異）民族について語りながら、実はその民族とは別のことがらについて――寓意家自身に、また彼自身の文化に関係する問題について――議論する。こうしてラオンタンはフランスには自由、平等がないということを言うためにヒューロン族を利用し、ヒューロン族そのものの運命を心配することはほとんどない。ディドロがわれわれの性の形を告発するためにタヒチ人について語る場合も同様だし、アルトーもメキシコ人を自分自身の世界観を表現するために利用している。ここで個人的にその国を実際知っているかどうかは、根底的には、寓意家のふるまいを変えるものではないということをみておこう。ディドロはタヒチに実際行っていないのに対し、アルトーはメキシコに赴いた。しかし彼らはふたりとも他者を等しく寓意的な仕方で用いている。それに加えこれらの著作家たちはいずれも原始主義者であり、異民族をそろってほめたたえている。だが否定的な寓意もまた存在する。この場合自分たちとは異なる民族は、醜さの代表として用いられることになる。だが判断の内容が肯定的なものであるか否定的なものであるかは結局あまり重要ではない。重要なのは他者が著者の必要に従属させられていることである。この意味で、寓意家は、物質的なレベルではなく象徴的なレベルで彼が活動しているという点を除けば、利益追求者と同じなのである。

寓意家における他者の像は観察によってもたらされるのではなく、彼が自国で見いだす諸特徴の転倒によってもたらされる。すでにそのことは古典時代における黄金郷の異国の民への投影についてみた。だが現代においてもそのあり方が変化したわけではない。ニザン〔一九〇五－一九四〇。フランスの作家〕は言っている。「われわれは東洋を西洋の反対物として考える習慣をつけられた。したがって西洋の没落と腐敗がまったく疑いようのない、はっきりとした、明瞭な事実である以上、東洋の復活と開花はやはり明白な事実に属することであった」（『アデン・アラビア』六九頁）。同様に今日の盲目的な第三世界主義者は彼らの夢をよく知られていない国々に投影し、自分たちのまわりで観察した社会の特徴を転倒させている。そのようにしながら、彼らは原始主義的寓意の新たな形を実践しているのである。

九、**覚醒者**。出不精者は自分の国を、さらには自分の家をけっして離れず、そのことを後悔しない。だが、世界を経巡ってきた後で、結局出不精者と意見を同じくして自分の家を称揚する旅行者たちがいる。遠隔の地まで出かけながら、彼らは、旅行は必要でないこと、自分の身近のものに集中しても旅行に出かけるのと同じほどまたそれ以上に学ぶことができることに気がついた。旅路へ踏み出しながら、帰路につくや否や彼らが抱くこの失望の理由とされるものには、個人的なものもあれば、集団的なものもある。西洋では、外部への旅を断念し、内部への旅へと集中することをすすめる議論は、通常ストア派の伝統の中に見いだされる。思いだしていただきたいのだが、シャトーブリアンが次のように言っていたのもこのような考えにもとづいてのことであった。「人間はより大きくなるために旅行をする必要などない。人間はみずからのうちに無限性を蔵している」。東洋では、旅を嫌いみずからの内部への沈潜を好む同じ考え方は道教の、また仏教の哲学にもとづいている。ミショーは『エクアドル』で「旅が人間の幅を広げるといってもせいぜいが世故にたけた、いわゆる『事情に通じた』人間、面白い部分だけを丸のみにする、ほめるべきことはあまりない人間をつくるといったところである。（中略）彼が提示する程度の真理なら、四八時間ばかり壁掛けのタピスリーを眺めていればみつかるものだ」（一二〇頁）と言明したのち、『アジアにおける一野蛮人』を東洋の英知を強調して次のように締めくくっている。

仏陀は死にあたって弟子たちに言った。

「そろそろだ。これからはおまえたち自身がおまえたちの光となり避難所となりなさい。

他の避難所をもとめてはならない。

おまえたち自身のところだけに避難所を探すのだ。

（中略）
他人がどう考えるかなどということにかまうな。
おまえたち自身の島にとどまるのだ。
瞑想にふけるのだ」（一三三頁）。

いったん自分の探しているものが、自分にとっての真理であり、自分の考え方であると決めてしまえば、旅行は余計なものになるように思われる。東洋にまで赴いてそこで自分自身に対する興味が、その余のものに対する興味より強いことに気がついたシャトーブリアンは、もはや旅には出ないことを決めた。だが彼自身偉大な旅行家であった人物によって与えられたこの忠告を信頼することができるだろうか。旅行が空しいものであるということを自分自身で発見するにはやはり旅立つ必要があるのではなかろうか。そして自分を理解するためには、自分以外のものを知らねばならぬのではなかろうか。

旅行の放棄の第二の形態は、遠い地方まで出かけていき、そこで内部の探求をするのではなく、自分の同国人との交際を好むというものである。そうする理由はナショナリズムの徒が考えがちなように、同国人が異国のひとびとより優れているからではない。それは他者との間の相互作用は、その他者がなじみの者である場合のほうが深いものとなるからである。これはニザンがアラビアへの旅行記で述べている教訓である。「しっかりした種類の旅はひとつしかない。それは人間たちへと向かう歩みである。（中略）ひとは自分が知っているひとびとにしか喜びを与えられない。そして愛はひとを知るというこの行為の完成されたものである」（『アデン・アラビア』一三四頁、一三六頁）。ここにあるのは明らかに、ミショーのそれに比べれば個人主義的なところの少ない計画である。もっともニザンの最後の等式には議論の余地がないわけではない。

一〇、**哲学者**。他の旅行とは異なった哲学的旅行というものがおこなわれた例がはたしてあるかどうかは疑わしい（哲学者とてやはり他のひとびとと変わらぬ人間であり、印象主義者であることも、寓意家であることも、デカルトのように亡命者であることもある）。だがルソー（彼自身は異世界への旅に出たことはない）がしたように、それがどのようなものであるか想像してみることはできる。この哲学的旅行をルソーは、特性を発見するために差異を観察するものと言い表わしている。したがって哲学的旅行には謙譲と高慢というふたつの面、教訓を受けるという動きと教訓を与えるというふたつの動きがあることになるだろう。差異を観察するということからみていこう。これは学習の、人間の多様性の認識の作業である。モンテーニュによればこれこそが旅行の効用である。旅はわれわれに「われわれの頭脳を他人のそれに擦りつけ磨きあげる」（『エセー』第一巻二六章、一五二頁）最良の機会を与えてくれる。のちのミショーにとってもそうであるようにモンテーニュにとっても目的は自分自身を知ることだが、そうであっても旅はやはり不可欠のものである。自分のもっとも奥底にいたりつくことができるのは、世界を探検することによってなのである。「この多くのひとびと（中略）、それはわれわれ自身をよい角度から知るために、そこに自分自身を映してみねばならぬ鏡なのである」（一五七頁）。結果がどうであれ、他者へと向かうこの動きには、自己の忘却がある。このことが哲学者をいくばくかの間、被同化者に近づける。

だが差異の観察が最終的な目的なのではない。それは――事物の、あるいは人間の、また状況のあるいは制度の――特性を発見するための手段でしかない。しばしば異国を訪れるおかげで、哲学者は普遍の地平線（もっともそれはけっして完全な普遍性にたどりつくことはないが）を見いだし、これによってただ学習するのではなく、判断することができるようになる。私の国の国境の外でそれがおこなわれているからという理由のみで、私が不正を告発することをやめるということがあってよいものだろうか。シャトーブリアンはよく誤りを犯すが、彼がトルコの専制政治を弾劾するとき誤ってはいない。そしてミショーがインドのカースト制度が引き起こしている人間への侮辱に対して怒り、「宗教と地上の財産を独占している悪賢いひとびとによって違った風に説明され、名づけられている、巧妙な偽善によって偽装された怪物的な不平等、不正、残酷、冷酷、腐敗」(『アジアにおける一野蛮人』一〇三頁)を前にした嫌悪感について語るとき、彼もまた間違ってはいない。哲学者は普遍主義者である——この点哲学者は同化推進者に似ている。ただし彼は差異を注意深く観察するので、彼の普遍主義は単なる自民族中心主義たることを免れている。そして通常は彼は判断を下すだけで満足し、実際に行動しあやまちを正し不当な運命を改善するという仕事は他人に任す。

だがそろそろ私たちの肖像ギャラリーを離れてもよい頃だろう。

第五章　中庸（モデラシオン）

『ペルシャ人の手紙』

異化作用(ディスタンシアシオン)

私はモンテスキューの例を最後までとっておいた。というのはモンテスキューには、諸民族の多様性と人類の単一性(ユニテ)を同時に考えようとする、フランスの歴史上もっとも徹底した努力が見いだされると思われるからである。この後に続く頁の範囲内でモンテスキューの思想全体の解釈を提示することも、彼の全作品のそれぞれの分析を提示することもできるはずはない。これまで私たちの関心を集めてきた主題についての彼の考えを探ってみることで満足せねばならないだろう。そうした諸問題についてモンテスキューは生涯を通じて省察を続けた。そしてその省察の結果は彼の**最大の作品**である『法の精神』に書き込まれている。だがその作品を検討する前に、その控え室ともいえる彼の最初の重要な作品『ペルシャ人の手紙』をしばしみていこう。

この著作はふたりのペルシャ人のパリ訪問を物語る。彼らの西欧世界を見る見方は表面的であり、偏ったものであると思われるかもしれない。だが実際に起きるのはそれとは反対の事態である。彼らはフランス人自身より、フランス人の現実をはっきりと見抜く。ペルシャ人のおかげでフランス人読者は自分たちにとってあまりに身近なものゆえに自分たちには知覚できなくなっていたものを発見する。ペルシャ人によってなされる描写がその効果を発揮するのは、事物の名を知らぬふりをすることによって――その名前が習慣的なものと化すことによって事物を知覚できないものにしていたのである――、またその名前をそれに相当する隠喩的表現、換喩的表現に置き換えることによってである。司祭は「イスラムの修道僧」になり、ロザリオは「木でできた小さな玉の集まり」となる。モンテスキューはしたがって意識的で一貫した仕方で、「エグゾット」について語っていた際話題になった異化(ディスタンシアシオン)の方法を用いていたのである。

これはペルシャ人が明敏な国民であり、フランス人は盲目であるということだろうか。まったくそんなことはない。この本の中ほどでふたりのペルシャ人のひとり、リカはスペインに住むあるフランス人の手紙を書き写している(書簡七八)。これはスペイン人の性格の洞察に満ちた肖像であり、このフランス人はそのようなものを書くすばらしい能力をもつことを示している。異国を眺めるときのほうがものがよくみえるというこの仕組みを理解したリカはこの手紙につけた注釈に次のように書き加えている。「ウズベク、フランスを旅しているスペイン人がマドリッドに宛てて書いた手紙を見られれば面白いだろう。きっと彼は自分の国民の仇を立派にうつだろうと思う。」このスペイン人はペルシャ人、リカ、ウズベクと同様に明敏であるだろう。彼らは三人とも異邦人であるという認識論上の特権を有しているからだ。異邦人の知覚を特徴づける「さまざまの関係についての無知」(『ペルシャ人の手紙』についての二、三の考え)は、むしろ利点であることが判明する。さまざまの関係、正当化、習慣は事物をありきたりのものにしてしまい、そのことによって事物を批判的検討の対象からはずしてしまう。異邦人は逆につねにおどろいている。ウズベクはパリでの経験を描写しながら「僕はものごとを検討することだけに時間を費やしている。

すべてのものが僕の興味をかきたて、すべてのものが僕をおどろかす」（書簡四八）と言い、さらに付け加える。「僕は異邦人なので、僕がすることといって、そこに次から次へとやってくる多くのひとびと、僕につねに新しい何かをみせてくれる多くのひとびとを研究する以上によいことはなかった」。リカの対話者のひとりは、それゆえに彼を次のように描写することができる。「異邦人であり、ものごとを知りたいと、それもあるがままの姿を知りたいと望むあなた」（書簡一三四）。

したがって知ることに成功するための条件は、描かれる社会に属していないことである。言い換えれば、ひとは言葉の強い意味においてある社会に生き、なおかつその社会を知ることはできないということである。知ることへの情熱は生を、その快適さをも含めて、ある程度断念するということを含意する。そしてウズベクはそのことを彼の冒険の当初から意識している。ペルシャを離れるということは彼が世界を生きることよりはむしろ世界を知ることを選んだということを意味する。「リカと僕はおそらく、知りたいという欲求によって祖国を出、苦労をして知恵を探しに行くために静かな生活の穏やかさを断念した最初のペルシャ人である」（書簡一）。

祖国を離れることは必要条件ではあるが十分条件ではない。ひとは異国に赴きながらも、その国を知るにいたらないということもある。『ペルシャ人の手紙』ではひとりのフランス人がその証明をするための犠牲にされている。リカはある男に出会うが、その男は一度もペルシャに行ったことがないのに、リカにリカの国について何でも教えることができる。「僕は彼にペルシャについて話した。だが僕が彼に三言も言わないのに、彼は僕の言ったことに対して、タヴェルニエ、シャルダンの両氏の権威に裏づけられたふたつの反証をあげた」（書簡七二。このふたりの著者がモンテスキュー自身の主たる情報源であったということも面白い）。ここでも問題になっているのはある国民固有の性格であるわけではない。やはりペルシャに行ったことのない別のフランス人はペルシャについて的確な分析をしている（書簡三四）。これに対し、この作品に登場する別のペルシャ人、レディはヴェネチアに赴きながらそこに沐浴をすることの困難さをしか見ない（書簡三一）。異邦人の特権が機能するのはそれが真の「知りたいという欲求」と組み合わされた場合のみなのである。

だがなぜリカはフランス人たちに彼らについての真実を言うためにスペイン人を持ち出す必要があるのか。なぜそうするためにフランス人を登場させるのではいけないのか。『ペルシャ人の手紙』の筋全体がそうすることはできないということを例証している。西洋世界をあれほど深く理解するウズベクが、自分自身に関わる現実となると盲目なのである。ここで問題になるのは彼の後宮、そして彼が自分の妻たちと結ぶ関係である。彼はロクサーヌが抵抗するのは彼女が非常に恥ずかしがりだからなのだろうと想像する（書簡二六）。ところが私たちは本の最後の部分で、その抵抗は彼女がウズベクを拒絶していること、彼女が別の男を愛していることの結果であると知らされるのである。「あなたは、私には愛で夢中になっている様子がみられないのでおどろいていた。もしあなたが私をよく知ったならば、私が激しくあなたを憎んでいたことがおわかりでしたろうに」（書簡一六一）。なぜウズベクはフランスを知るのにあれほどの成功を示し、一方自分の現実を知るのにこれほど惨めな失敗をするのだろう。どうして彼は自分の家を離れればフランスにおいてもペルシャにおいても専制を分析し批判するすべを知っているのに、個人的生活においては自分の妻たちに対する専制者としてとどまるのだろう。

モンテスキューは、ラ・ロシュフーコーがある社会の中に生きる諸個人間の関係について明らかにしたことを、複数の社会の間の関係に移しかえたように思われる。ひとは自己については盲目であり、ひとが知ることができるのは他者のみである。社会のレベルでは、個人のレベルでみられる自尊心は、**偏見**となる。この偏見は『法の精神』の序文でモンテスキューによって「ひとをして自分自身について無知たらしめるもの」と定義されている。個人的無意識ではなく集団的無意識であり、だからといって普遍的なものではない偏見は、ある社会がもつイデオロギーの無意識的部分である。知るための装置は主体を完全に把らえることはできない。というのはその装置自体主体の一部だからである。知と生の理想的な分離は例外的な状況においてしか可能ではない。なぜなら知るということも生きるということだからである。事物を「ありのままに」客観的に知るということは、理想の、まったく利害関係を超越した異邦人にしかおそらく到達できないことである。自己認識においては、それが個人に関わる場合も、社会集団に関わる場合も、認識のための道具が認識の対象とあまりに接近しすぎており、完全な明敏さということは不可能である。目は自分自身を見ることはできないと言っていたのはやはりラ・ロシュフーコーであった。

だが本当にそれがモンテスキューの言いたいことなのだろうか。そうだと認めるためには、リカ、ウズベクが現実に存在し手紙を書いたのであり、モンテスキューは翻訳し多少の手直しをしたにすぎないというのでなければならないだろう。だが実際はそんなことはまったくなく、モンテスキュー自身そのことを隠そうとしないのだから——「私をしばしばおどろかせたことがある。それはこのペルシャ人たちが私に負けぬぐらい、わが国民の習俗、習慣に通じていることである」(「序文」)——彼が言いたいことはそれとは違っているはずである。異邦人ウズベクがフランスについて洞察、明敏を示しているのではなく、自分自身の社会を洞察、明敏をもって示しているのは紛れもないフランス人であるモンテスキューなのである。しかし彼がそうすることができたのは、自分から身を引き離し、ペルシャという迂回路を経たのちなのである。彼が描く登場人物同様、しかしより大きな「知りたいという欲求」をもつて、モンテスキューはシャルダン、タヴェルニエを読んだ。この他者への沈潜が彼をして自己についても明敏にしたのである。

これが『ペルシャ人の手紙』にペルシャ人（あるいはフランス人）に関わる情報のみでなくロシア人、タタール人、中国人、スペイン人についての情報が多く見いだされる理由である。人口減少の原因についての一連の手紙（書簡一一二―一二二）、本の世界についての一連の手紙（書簡一三三―一三七）では、あらゆる国、あらゆる大陸が考慮されている。ダランベールが「モンテスキュー賛」において、『法の精神』の準備の過程を描きながら言っているように、「まず彼は自分自身の国においてみずからを異邦人としたのであるが、それは自分の国をよりよく知るためだった」（八二頁）。

自己認識は可能であるがそれはまず他者を知ることを前提とする。比較という方法が唯一目的へとたどりつかせてくれる道なのである。ラ・ブリュイエールは自分自身の属する環境、自分を直接に囲む周囲、すなわちフランスの宮廷を観察し、分析するだけで満足しつつ、普遍性に到達しようと望んでいた。モンテスキューはこの順序を逆転する。すなわち自分自身が属する共同体を知ろうとするなら、まず全世界を知ることから始めなければならない。個別のものが、一般的なものへと導くのではなく、普遍が個別のものを知るための道具となるのである。他者を知らないならば、結局自分自身をも知ることはない。たとえばモスクワのひとびとがその例である。「他の国民から国法によって切り離されて、彼らは自分たちの古い習慣を保存した。その習慣への愛着は、それとは違った習慣をもちうるなどと彼らが考えることがなかっただけに、ますます強かった」（書簡五一）。またもっと恐ろしい例をあげれば、ひとはウズベクの妻ファトメのように次のように明言することさえある。「あなたという人間の魔法のような魅力以上にうっとりとさせる観念を私は想像することができません」と彼女は自分の選択を無邪気に説明しながら言うのである。「私があなたと結婚したとき、私はそれまで男というものをただひとりも見たことがありませんでした。そしてあなたはいまにいたるも私が見ることを許されたただひとりの男性なのです」（書簡七）。

だがこのことは、モンテスキューが自分自身の社会について、語の絶対的な意味で、明敏であったということを意味しない。彼は自分自身の社会以外の世界を迂回してきたおかげで、単に他のひとびとほど盲目ではないということであり、さらに、彼には自分の知の限界を知っているといる大きな長所がある。『ペルシャ人の手紙』で、彼は私たちにその限界を間接的な仕方で示唆している。一七五八年の版は、モンテスキューの死後に出たものだが、彼自身によって準備されたものである。この版には索引がついているが、そこには次のような項目がある。「モンテスキュー（M・ド）、登場人物ウズベクの中に描かれる」。だがウズベクは他者について明敏であり、自分について盲目な人間の典型なのである。これは私たちに『ペルシャ人の手紙』にも盲目からくる欠陥があり、著者はそれが存在することは知っているが、それがどこにあるかわからないということを知らせるためのひとつのやり方なのだろうか。また『ペルシャ人の手紙』を読んで自分は完全な明敏さを得たと思いかねない読者も、また自分自身のもつ「偏見」を問い直さねばならないと言いたいのだろうか。モンテスキューはその「『ペルシャ人の手紙』についての二、三の考え」（これは一七五四年、彼の死の前年に『ペルシャ人の手紙』に付け加えられた）を、信じやすいひとを安心させかねない次のような文で結んでいる。「ペルシャ人たちの手紙の性格、意図は非常にあらわなものだから、これを間違ってとるひとは、自分自身間違いたいと思っているひとだけだろう」。だが私たちはいまや、私たちはみな間違いたいと望んでいるのだということを知っている。モンテスキューがその棺の中で高笑いをする声が聞こえてきそうである。

観察の質は観察者の位置に左右される。この依存関係を認識の諸価値以外の価値にまで拡大することはできるだろうか。モンテスキューはモンテーニュの信条表明の中で述べられているそれのような相対主義の党派にくみする者なのだろうか。そう思いたくなるかもしれない。とにかくモンテスキューが彼の周囲で観察しているのは、判断というものは個人的な諸価値に根をもっていること、世界への自己の投影であることである。「フランスには三つの支配階級がある。教会、帯剣貴族、法服貴族である。そのそれぞれが残りふたつの階級にこのうえない侮蔑の念を抱いている」(書簡四四)。「哲学者は、頭が事実でいっぱいになった男に対しこのうえない侮蔑の念を抱いている。そして彼のほうも、よい記憶力をもったひとに幻想家とみなされている」(書簡一四五)。スペイン人たちは他の諸国民をすべて軽蔑すべきものとみなし(書簡七八)、フランス人たちは彼らの国の外側にも人間が生きていることにおどろき(書簡四八)、「異国のものをすべて軽蔑している」(書簡一〇〇)。宦官の長はウズベクに書き送っている。「あなたの妻たちのうち、その生まれ、美しさ、富、才知、あなたの愛等によって、他の者より自分が優れていないと思わない者はひとりもいません」(書簡六四)。しかしウズベク自身も、やはり近視眼的であり、自国の結婚習俗を誇り、ヨーロッパ人のそれを非難している(書簡二六)。要するにひとは「他者の滑稽さ」(書簡五二)しか知覚できないのである。このように人間の自己中心主義を観察してみると、ひとはつねに己のみを基準として判断をするのであり、善悪の普遍的尺度など存在しないと結論せねばならないのだろうか。

倫理の領域について事態がこのようなものであるとすれば、美の領域においても各人が自分自身の習慣を理想として祭り上げているのだということを証明することはさらにたやすい。リカはその手紙の一通で述べている。「ウズベク、僕には、僕らがものごとについて判断を下す際には、かならずひそかな形で自分自身への回帰がおこなわれているような気がする。黒人たちが彼らの悪魔を輝くような白で描き、彼らの神を石炭のように真っ黒に描いても僕はおどろかない。(中略) 三角形たちが神を作るとしたら神に三辺を与えるだろうといったひとがいるが、うまく言ったものだ」(書簡五九)。

最後に政治秩序も地域ごとに、その文化の、自然の条件に応じて変化するのであり、法がその国の習俗に適合したものとなることを要求することは理にかなっている。ウズベクの考えでは、唯一普遍的原則は法が場所に合わせて相対的な形で適合させられるべきだということである。「僕は理性にもっともかなった統治の形態とはどういうものかとしばしば探求をおこなった。僕が思うには、もっとも完全な統治形態とは、目的に一番手っとり早く到達するそれだ。したがってひとびとを彼らの好み、彼らの性向にもっとも合う仕方で導くそれがもっとも完全ということになる」(書簡八〇)。理性にかなうということは、その国その国の習俗にかなうということであることが明らかになる。普遍的なものはただ相対的なものを保証するだけである。そして哲学者はある目的が好ましいものかそうでないかを問うことはなく、ただどんな目的であってもそれにもっとも直接的に連れていってくれる道はどれかということのみを問題とする。

モンテスキューが書いた本の形式自体が、真実そのものとしての真実は存在せず、真実についての複数の視点があるのみだとする考えを彼がとっていることを確認しているように思われる。書簡集は、ルナンあるいはディドロにおける対話がそうであったように、非常に多様な立場を、それぞれその立場の人間の視点から表明することを許す。非常に多くの手紙にしみとおっている皮肉な調子は、否定されていることがらが何かを知ることは許しても、何が肯定されているのかを知らせてはくれない。そしてフィクションという形式自体、立場をとることを忌避するひとつの方法である。表明されたすべての意見は、たとえそのうちのいくつかが他の意見よりもモンテスキューの共感を呼ぶようにみえるとしても、それぞれ虚構の人物のものなのである。

モンテスキューが純粋な相対主義者であるかどうかを決定するためには、人間の諸制度のひとつについて、『ペルシャ人の手紙』から演繹される判断をより詳しく検討してみなければならないだろう。宗教以上にこのような検討の対象として適したものはない。この本全体を通じて、モンテスキューは異化（ディスタンシアシオン）という方法を用いて、カトリック教会のあれこれの実践を滑稽なものとして描き出している（というのも、そうした実践がイスラム教徒の観察者の目を通してみられるからである）。教皇の富裕、司教の役割、宗教裁判、僧侶の独身、離婚が存在しないこと、神学の著作の退屈さ等がその観察の対象である。しかし、これらを観察するだけでなく、モンテスキューはまたそれぞれが自分を最良のものと信ずる複数の宗教が存在しているという事態から生じる問題についても検討している。

ウズベクによって（そしておそらくはモンテスキュー自身によっても）擁護される立場は寛容の立場である。さまざまの宗派の信者たちは、この点については、不幸なことに他の人間集団と変らない。ユダヤ教徒も、キリスト教徒、イスラム教徒も、いずれも自分たちを他の宗教の信者たちよりも優れていると思い込み、他の宗教の信者たちを異端者だと思っている。それゆえに他の宗教の信者を迫害するということが起きたりもする。これがゾロアスターの信奉者であり、それゆえにイスラム教徒たちから追い回された徳高きアフェリドンがこうむった災難の長い物語が例証していることである（書簡六七）。「（ひとつの宗教を）愛し、その教えを護るからといって、その教えを奉じない者たちを憎み、迫害する必要はない」とウズベクは考える（書簡六〇）。逆に、宗教の複数性を認める国家は、すべての面にわたって利益を得ることになるだろう。「あらゆる宗教には社会にとって有益な教えが含まれているから、それらの宗教が熱意をもって奉じられることは良いことである。ところでこの熱意をかきたてるのに、複数の宗教が存在していること以上のことがあるだろうか」（書簡八五）。さまざまの宗教が共存することは宗教戦争が起きるもとになる危険があるなどという反対はしないで欲しい。この嘆かわしい反応について非難すべきは複数の宗教の共存ではなく、「非寛容の精神」なのである。

他の宗教の代表者たちを迫害すべきでないだけでなく、彼らを改宗させようともすべきではない。ウズベクの考えでは、ある宗教の単なる信者とその宗教を広めようとするひとびとの間に厳密な区別を立てることが可能である。「自分の宗教を広めようとする熱意と、その宗教に対する愛着とは異なるものであることにひとは気がついた」（書簡六〇）。彼はこの考えを二度にわたって述べている。「他のひとびとをわれわれの意見に引き寄せたいという願望がいつもわれわれを苦しめており、これが言ってみれば、われわれの職業に特有のこととなっている（ここで引かれているのは僧職者の言葉である）。これはたとえば人間の本性（ナテュール）を向上させるためにヨーロッパ人がアフリカ人を白くしようとすることがあるとすれば、それを見るのと同じほどばかげたことである」（書簡六一）。書簡八五においては、改宗運動に携わる精神は「人間理性のまったくの消滅」とみなされている。「そんなことをしようとするには狂人でなければならないだろう。僕に改宗させようと望むひとは、おそらく誰かが彼にそうさせようとしても自分にはそうするつもりがないという理由だけから、僕に改宗させようとするのだ。だから、彼はおそらく自分自身が世界の帝国と引き換えにでもしたがらないことを僕がしないことを奇妙だと思っているということになる」。

この寛容への信仰告白はしたがってふたつの議論にもとづいている。その最初のものは検討すればすぐ誤りだとわかる。肌の色とは異なり、宗教を変えることは可能である。そして次のようにさえ言える。宗教を広めるのに改宗によってする以外にどんな方法があるというのか。美を絶対的な言葉で判断することはばかげているかもしれないが、宗教の価値についてはそうではない。美の領域において真実であることも倫理の領域においては真実ではない。ふたつめの議論は相互性を持ち出すものである。他人にされたくないことはするな、というのがそれである。ラ・ロシュフーコーも社会と正義の基礎をここに置いていた。だがこの規則を文字通り受けとっても、それで不正を防止するには十分ではない。裁判官は、自分が不幸にして被告席に立つ羽目に陥ったときにそうして欲しいという理由から、殺人犯を許してはならない（このことはルソーが指摘していた）。そしてこの考察は対峙している力の間に均衡がない場合には適用できない。その場合、多数派は罰せられる恐れなく少数派を迫害できる。ウズベクが指摘しているように、これがフランスの新教徒、スペインのユダヤ教徒、ペルシャのゾロアスター教徒に起こったことである。

しかし宗教について相対主義的寛容の態度をとるかたわら、ウズベクはまた別の態度をもとっている。それは宗教間のあらゆる比較を断念するというよりは、宗教間に共通のものを探し、宗教のそれ以上還元不可能な核を構成しようという態度である。この核はもちろん、さまざまな信仰に特有の個別の祭儀から抽出された抽象的な原則の集合でしかありえない。ウズベクはこれに数度にわたって取り組み（書簡三五、九三）、次のように彼の結論を言い表わしている。「どの宗教のもとで生きていようが、法の遵守、人間への愛、両親への敬愛は、つねに宗教のもっとも重要な行為である」（書簡四六）。これらの諸原則はもはや相対的なものではない。もしある宗派がこれを受け入れないとすれば、その宗派は宗教の名に値しないだろう。そして逆に、これらの絶対的諸原則には、たとえそれが宗教の威光で装われていなくとも、従わねばならない。「もし神が存在するなら、それは必然的に正しいものであるはずである。（中略）このように、もし神が存在しないとしても、われわれはつねに正義を愛さねばならないだろう。言い換えれば、われわれがそれについてかくも美しい観念を抱いているこの存在、そして存在するとすれば必然的に正しいものであるはずのこの存在に、われわれ自身を似せるために努力をせねばならないだろう。われわれがたとえ宗教の軛から自由であるとしても、われわれが公正さの軛からも自由となることがあってはならない」（書簡八三）。

宗教は相対的なものであるかもしれない。だが公正さ、すなわち真の正義はそうではない。これは倫理的相対主義、単なる寛容の立場とは矛盾するものである。ウズベクの立場（ましてモンテスキューの立場）は、一見したところそうみえるほど単純なものではない。人間は自民族中心主義的なものである。彼らはすべてをみずからの習慣を通して判断する。これに対する最初の、そしてただちにとれる対策は、彼らに他者の存在を感じられるようにすること、そして彼らに寛容の基本を教えることである。だがこれに続く段階では、事態のもっと奥深くへ踏み込んで正義の普遍的諸原則を探求せねばならない。

このふたつの段階は『ペルシャ人の手紙』では、明瞭に区別されて提示されているわけではない。だが、このふたつを区別しないこともできない。本全体を通じて、寛容への呼びかけのかたわらで、その呼びかけほど明瞭な形ではないにせよ、絶対的な諸価値への参照がおこなわれている。ウズベクは「すべての諸国民に共通のある種の礼儀」の存在を信じており（書簡四八）、また人間の普遍的平等を信じている（書簡七五）。絶対的権利というものが少なくとも過去に存在した。というのもウズベクは「現代のさまざまの要因が、その絶対的権利のあらゆる原則を腐敗させてしまった」（書簡九四）と言うことができるのだから。ウズベクがとりわけこの点について明瞭なのは書簡八三においてである。「正義は永遠のものであり、人間の慣行には左右されない」。別の場所でも彼は「自然に与えられている公正さ」（書簡一二九）に言及している。リカの対話者のひとりもまた、野蛮ということを歴史的な意味ではなく、倫理的な意味で理解している。「これらの諸国民はけっして野蛮ではなかった。なぜなら彼らは自由だったからだ。だが彼らは大部分絶対権力に従属させられ、理性、人類、自然にかくも適合するこの甘美な自由を失って以来野蛮になったのだ」（書簡一三六）。そしてロクサーヌはウズベクに抗して立ち上がりながら言う。「私はあなたが決めた法を自然の法に照らして改めたのです」（書簡一六一）。自然の法とはすなわち自由であるという権利を要求する法である。

自由と専制

自由は実際『ペルシャ人の手紙』でもっともしばしば要求される価値である。そして専制はもっとも強く嫌われる悪である。モンテスキューの分析はここではふたつの側面において展開される。彼は一方で標的として東洋の政治的専制、ペルシャ、トルコ、ロシアを支配する政治的専制を設定する。専制はそもそも効率の悪いものであり、誰ひとり幸福にしない。確実に人口を減らしていく民も、つねに自分の命の心配をしなければならない暴君もいずれも幸福ではない。実際のところ専制的状況は、極限にある両者を彼らがそう望まないにもかかわらず近づけるのである。主人以上にその奴隷に似ているものはない。「われわれの君主たちがその臣下にふるう巨大な権力以上に、君主たちを臣下の身分に近づけるものはない」（書簡一〇二）。

だが専制はまた権利上も弾劾されるべきものである。それはまさしく専制が譲渡不可能な財産である人間の自由をあざ笑うものであるからだ。もし個人の自由が権利であるならば、ある人間が別の人間の上にふるう権力は権利ではありえない。権力の源とはいったい何だろう。ただ力あるのみである。ところで力は権利ではない。モンテスキューはイギリス人が語ったとされる挿話を引合いに出している。ふたりの王子が王位の継承をめぐって戦った。ふたりのうち勝利をおさめた王子が他方の王子を裏切り者として処刑しようとする。不運な王子が言う。「われわれふたりのうちどちらが裏切り者であるかは先ほど決まったばかりだ」（書簡一〇四）。勝利者は自分の側に力ばかりでなく権利もあると主張する。戦争に勝っただけでは満足せず、さらに敵対者を犯罪人として処罰するのである。だがあらゆる権力の源がただ力のみであるならば、正当な権力というものはありえない。権力を正当なものとしうるのは、逆説的だが、その権力を部分的に放棄することのみである。正当性は権力を保持している者がそれを他の者とわかちあうことに同意し、みずからに限界を課すことに同意したという事実によって、事後的に得られることになる。「限界なきあらゆる権力は正当なものではありえない。なぜならそれが正当な起源をもったということがありえないからである」（同所）。

また一方、より詳しい形で、モンテスキューは家族の中の専制、すなわち女性の抑圧を描いている。ここでも例証として持ち出されるのは東洋である。後宮の女たちは自由を奪われているだけではない。彼女たちは殴られ、辱められ、動物のように扱われている。時には命を失う危険さえある。そのうえ、こうした苦しみのすべてはまったく何の役にも立たない。苦しめることでウズベクが幸福になるわけではない。そうしても彼の欲望が増すわけではなく、嫉妬が増すのみである。ところが何をもってしても、ウズベクを嫉妬から守ることはできないのである。そもそもウズベクとその宦官たちの努力はすべて失敗せざるをえない。というのは自然が最後には打ち勝つからである。独裁の論理的帰結は死であり、後宮全体が死に絶えることになる。

専制の不条理をもっともよく体現するのは、『ペルシャ人の手紙』において重要な人物である宦官である。彼にあっては、権力の行使は、通常それにともなう利益を剝奪されている。それは自分自身から切り離された存在であり（書簡九）、実際の事物のうちにではなくイメージの中で生きている（書簡六三）。男女の関係から、彼は性の関係を取り除けてしまっており、彼には権力の関係しか残っていない。「彼女たちに命令を下す機会があると、私はふたたび男になったような気がする」（書簡九）。宦官が生きながらえているのは、ただ彼が行使している権威、彼が引き起こす服従のおかげである。彼は主人から「限界のない権力」を授かる（書簡一四八）が、その権力については、主人自身が別のところで、それはけっして正当なものではありえないと述べている。そして宦官は「命令するという困難な技術」（書簡六四）の修得をして人生をおくる。罰を与えることが彼の唯一の行動手段であり、彼の統治の原理は「不安と恐怖」（書簡一四八）である。彼の理想は、いたるところ、死の一歩手前のものたる深い沈黙が支配することである（書簡六四）。彼が快楽を感ずることがあっても、それは権力そのものの行使に内在するものであり、他者との関係はそこにまったく関与していない。「従わせるという快楽は私にひそかな喜びを与える」（書簡九）とウズベクの最初の宦官は告白している。そしてこの宦官と最後に交代するソリムもまた自分が流させる血を見てかきたてられる「ひそかな喜び」について語っている（書簡一六〇）。だが彼の身分は奴隷たちのそれに比べてけっして羨むべきものではない。というのは隷属関係はふたりの隷属者を生み出すだけだからである。宦官になった奴隷は、「つねに従わなければならないという束縛を抜け出して、つねに命じなければならないという束縛へ入る」だけだからである（書簡一五）。ウズベク自身も結局自分を卑しい奴隷と変らない者として知覚するにいたるのである（書簡一五六）。

宦官という登場人物は主人と奴隷の関係、暴君と従わされた民の関係の真実を表わしている。男でも女でもない彼は、文字通り同時に主人であり奴隷である。支配の位置に内在しているサディズムだけが彼がもちうる唯一の喜びである。なぜなら権力を外側から正当化する可能性はすべて排除されているからである。圧制は残酷なだけではない。それは不毛なものであり、圧制をおこなう者の品位を損なうものである。

モンテスキューによる専制の弾劾は留保なしのものである。だが、モンテスキューが専制に打ち勝つ可能性を本当に信じているか、言い換えれば彼は歴史に対する楽観的見方にくみするかとなるとそれほどはっきりとはしていない。

権力は力から生じ、権利は理性から生じる。だが力が理性より強かったらどうなるのか。リカの一通の手紙は男女の間の不平等について、「非常に粋な哲学者」(フォントネルか)の言葉を引いている。「自然がこのような法を命じたことはない。われわれが彼女たちに及ぼす支配はまさに圧制である。われわれの圧制を彼女たちが甘受しているのは、彼女たちがわれわれより優しさを多く備えているから、したがってより多くの人間性、理性を備えているからにすぎない。もしわれわれがもっと理性的であったならば疑いなく彼女たちに優越性を与えていたはずのこのような長所が、彼女たちから優越性を失わせたのだ。なぜならわれわれは少しも理性的ではないのだ」(書簡三八)。そしてモンテスキューは同じ考えを『法の精神』においてさらに展開させている。女性は「より多くの優しさと穏やかさをもつ。これは峻厳で苛烈な徳などよりは、よい統治をおこなうことを可能にする」(第七編一七章)。これは悲劇的な逆説である。われわれが理性、人間性を多く備えれば備えるほど、われわれは他者に圧制を加えることを望まなくなり、そうすれば他者にとってはわれわれに圧制を加えることがより容易になるのである。優越性が弱さの原因そのものとなるのである。

他者を自分の宗教に改宗させようとすることはおそらくばかげたことである。だがあらゆるひとびとが良識をわきまえているわけではない。もし自分がそうせず、他者がそうするとするなら、こちら側が弱者の位置を占めることになり、ついには改宗してしまうことになる。自分が他のすべての教説よりも優れているると思っている教説を守りたいというのに、力による防御を放棄する権利がひとにはあるだろうか。力を放棄するということは、みながそうすることに同意するのでなければ意味がない。でなければ、それは単に、警察がいないので犯罪者が主人として支配するということ、また国境の外側においては軍隊がいないので攻撃者は、しかもその攻撃者がさらに暴君であるということもありうるわけだが、われわれを従わせるのにたっぷり時間をかけうるということを意味することになる（これが平和主義の逆説である）。ルソーは指摘していた。「悪人は正義のひとの誠実さ、自分自身の不正から利益を引き出す。彼は自分を除いてみなが正義を重んじることにたいへん満足している」（『エミール』第四編、五二三頁）。理性的であるということは弱いということを含意しているのだろうか。

ウズベクは社会間の関係も、ひとつの社会の中で諸個人間に適用されるのと同じ法の原則によって管理されうると想像している。「司法官が市民間における正義を与えねばならない。それぞれの国民は正義を自分自身で自分と他の国民の間に与えねばならない。ふたつめの正義の分配においても、用いられる行動基準は第一の分配におけるものと異なったものではありえない」（書簡九五）。『法の精神』の時期においてもモンテスキューの考え方は変らない。「諸国民の全世界に対する関係は諸個人の国家に対する関係に当たる。個人と同様に、国民は自然法と国民が自分のために制定した法律とによって統治される」（第二一編二一章）。ウズベクはまた、もし最終兵器が発明されるにいたれば、「諸国民は全員一致でこの発見を葬るだろう」（書簡一〇六）と想像している。だがウズベク自身このふたつの正義を平行させて考えることはひとを誤らせるということに気がついていた。なぜなら国際関係においては誰も司法官の位置を占める者がいないのである。ひとつの社会の中で個人間のいさかいが力によってではなく公法によって解決されているとすれば、それは個人が彼らの司法権を自分たちより上位の審級に委譲しており、その審級によってなされる決定を認めるからである。「第三者が当事者たちの貪欲が不明瞭にしようとしていることがらを解きほぐすことが必要である」(書簡九五)。だがふたつの国の間でどのような第三者がこの役割を果たすのだろう。国際的審級が自国の運命を決めることに同意する国などあるだろうか。いかなる社会も他の社会がどこかに存在することなど「受け入れる」必要はなかった。またいかなる社会もみずからの武装を捨て去ることを望んでいるとは思われない。とくにその武器が「諸民族、諸国民の全体を滅ぼす」(書簡一〇五)ことのできるものの場合には。どのような国際的審級もこのような武装を放棄するよう強いることはできないだろう。その社会は最終兵器を保持し、武器は力なのだから。この点については、やはりモンテスキューではなくルソーが正しいように思われる。「個人間の関係については、われわれは社会状態の中で生き、法に従っている。国民と国民の関係については、それぞれが自然状態の自由を行使している」(「サン・ピエール師について」(「戦争状態は社会状態から生まれる」」六一〇頁)。

ウズベクは言う。「われわれは自分より強いひとびとに取り囲まれている。彼らはわれわれに千もの異なった仕方で害を与えることができる。その場合の四分の三は、彼らはみずからは罰せられることなくそうできる」。これは恐ろしい確認である。われわれの希望はどこにあるのか。「すべての人間の心には、われわれを安んじるように戦い、われわれを彼らの企てから守ってくれる内的原理が存在するということはわれわれにとって何と心休まることだろう」(書簡八三)。ウズベクがそれぞれの人間の心の中に置かれた自然に与えられた公正さの存在を信じていることを私たちは知っている。だが彼はそのことを本当に確かだと思っているのだろうか。もしそうだとしたら、なぜ彼はあのように何度もその反対の可能性について語るのだろうか。「もしそうでないとすれば、われわれは絶え間のないおびえの中で生きなければならないだろう。われわれが人間の前に出るのもライオンの前に出るのも同じこととなってしまうだろう。そしてわれわれは一瞬たりとも自分の財産、自分の名誉、自分の命を保証されていないということになるだろう」。モンテスキューはその『私の考え』に——そのことは意味がないわけではないが——条件法で次のように書いていた。「人間とともに生きることを強いられている以上、彼らの心の中に彼らとの関係で私を安心させるような内的原理が存在するなら、私はおおいに安心したことであろう」(六一五)。あるいはわれわれは、自然によって与えられ、人間の習慣や欲望からは独立した正義が存在していることを、**まるであたかも**信じているかのようにふるまわねばならないと考えねばならないのだろうか。「もし正義が習慣、欲望に左右されるものならば、それは恐ろしい真実であろうし、そんな真実は自分にも隠しておくべきだろう」(書簡八三)。

こうしてモンテスキュー自身も理性の無力と力の勝利を私たちにみせている。そして秘密を大声で言うというのは秘密を守るための良い方法ではおそらくないだろう。モンテスキューの時代以来、この恐ろしい真実は全地球上に広まってしまった。

『法の精神』

諸国民の精神

『ペルシャ人の手紙』から三〇年ほどのち、一七四八年に出版された『法の精神』は、膨大で複雑な書物である。その対象は人間社会の法によって構成されている——しかもあらゆる国のあらゆる時代の人間社会の法である。モンテスキューは法が無限に多様であることを観察し、この多様性の理由は何であるかと自問している。法ができるに際しては三つの力が働いている。自然法、統治の性格、「物理的道徳的原因」（風土、商業の形態、そして数多くの他の要因）である。したがって『法の精神』は一見したところ二種類の価値を考慮に入れているように思われる。そのひとつは普遍的な諸価値であり、もうひとつはその地域地域の状況に左右される、したがって相対的な諸価値である。だがそのそれぞれによって果たされる役割は正確にはどのようなものなのだろうか。可変的な所与と恒常的な原理の間の相互作用はどのようにしておこなわれるのだろうか。

国々の多様性、その特徴の多様性は物理的道徳的原因の結果である。このことはモンテスキューが初めて大きな重要性を与えて考慮に入れた事実上の所与である。だが彼はそのような諸特徴を集めて併記するだけで満足したのではない。彼はさらにそうした諸特徴は一貫性をもった構造を形成していると主張したのであり、その構造はここでは一国民の「一般精神」と名づけられている。一国民の精神とは同時にこの構造の、住民の心性への反映である。より近代的な用語で言えば、ここでは国民的イデオロギーと言ってもいいかもしれない。その第一の特徴はまさしく内部的一貫性である。「すべては極度に結び合わされている」(第一九編一五章)とモンテスキューは主張する。また次のようにも言われている。「これらの慣例のひとつを排除してみたまえ、諸君は国家全体を揺るがすことになる」(第一九編一九章)。「各国民の中で、これらの原因のひとつがより大きな力で作用するにつれて、他の原因はそれだけこのひとつの原因に譲歩する」(第一九編四章)。一般精神のさまざまな構成要素の間で調整された相互作用の例は数えきれない。第二に一国民の一般精神は遍在している。それは個別の事実のそれぞれの上にその痕跡を残す。そして次いでその個別の事実の影響を受ける。最後にこの一般精神はゆっくりとした変化しか受け入れない。それを乱暴に変化させようとするあらゆる試みは破壊的な結果をもたらす。もっともそうは言うものの、一般精神が不動のものだというわけではない。

社会についてのこの研究は構造分析の先駆けであるばかりでなく(全体の内的一貫性という仮説によって)、社会科学そのものの先駆けでもある(これらすべての要因を考慮に入れることによって)。『ペルシャ人の手紙』においてすでにモンテスキューは彼に先立つモラリストたちの知らなかった社会生活のレベルに対し自分が鈍感でないことを示していた。一般的に把握された人間でも、心理的な類型でもなく、社会集団(裁判官、高等法院評定官、宗教者、作家、学者、社交界のひとびと等)を取り上げたのである。『ペルシャ人の手紙』のフランスを舞台とする部分には固有名詞はひとつも出てこない。『法の精神』においてこの探求は全面的なものとなる。モンテスキューは、モンテーニュやパスカルがしたように習慣というものが多様であり数も多いことを指摘するだけでは満足せず、その多様な習慣の研究を企てる。つまり習慣の多様性の原因と限界を探そうとするのである。混沌に類型論がとって代わるのである。

彼の仕事のこの非常に革新的な部分は同時に現在でもなおもっとも古びていない部分でもある。その時代としては巨大なものであった彼の学識は、今日ではもはや通用しなくなっている（だが彼がひとりでとりかかったものに、今日では何人もの人間が同時にとりかかっているのである）。だが決定的なのはあれこれの個別の社会の描写の内容ではなく、研究対象を確立するということ自体であるのは明らかなことである。

ある国の諸特徴はその国の法を規定する。だがここで問題になっているのは融通のまったくきかない決定論ではない。モンテスキューはそのような決定論を機械的に適用しようとするのではなく、蓋然性の関係、漠然とした相互作用の関係、彼の言葉を用いるならば「しきたり（コンヴナンス）」の関係を視野に入れているはずである。彼は「よりしばしば」「より自由な」「より穏健（モデレ）な」といった表現を用いる。問題なのはすべてか無かということではなく、より多いかより少ないかということなのである。「唯一者による統治はよりしばしば肥沃な地方に見いだされる」（第一八編一章）。「島国の国民は大陸の国民よりも自由への傾向が強い」（第一八編五章）。専制政治は大きな領土をもった国、きびしい風土の国でより頻繁にみられる。おどろくべきことだが、制限政体（モデレ）は穏和な風土のもとで栄える。そして小さな領土が共和政にとっては好都合であり、中位の領土が王政には好都合である。だがこうした言い方をあまり厳格にとらえてはならない。「専制政治がある程度まで確立されるならば、これに耐える習俗も風土も存在しないであろう」（第八編八章）。国々の特徴、その一般精神は好都合な条件を与えるだけである。結局のところ、自分たちの法、自分たちの生活をつくりだすのは人間である。「風土に由来する怠惰を克服する」（第一四編七章）ことは可能であり、それはたとえ「風土の支配力はあらゆる支配力のうち第一のものである」（第一九編一四章）としてもやはりそうなのである。そしてモンテスキューは言明する。「悪しき立法者とは風土の難点を助長する者であり、より立法者とはそれに対抗する者である」（第一四編五章）。「物理的道徳的原因」の決定論はしたがって人間から行動の自由を奪いはしないし、また彼らの行為の責任を解除することもないのである。

彼の探求において、モンテスキューが決定不可能な余白を設けた理由は人間の多様性のうちに、そして決定要因の複数性自体のうちにある。ひとつひとつの原因はさまざまな結果をもたらし、ひとつひとつの結果にはさまざまの原因がある。「ひとつひとつの結果にはその主たる原因があるが、その他にも多くの原因がそこに介入してくるのであり、いわばひとつひとつの結果には必ず隠された見えない原因があるかのようになる」。（「趣味論」八五一頁）とモンテスキューは言っていた。またこうも言っている。「多くの結果の大部分は（中略）非常に奇妙な道を通って出現したものであり、またきわめて見えにくいまた思いがけない理由に左右されるものなので、そうした結果を予測することはできない」（現在では失われてしまった「義務論」の書評による。一八二頁）。世界は不合理ではないが、理解不可能なものではありえる。世界は規定されていないというよりは重層的に規定されているのである――だが世界の表面においてはこのふたつのことは結局同じことになる。こうして法には明らかな例外が生じることになる。モンテスキューが科学主義的ユートピア主義者の対極に立つのはこのゆえである。彼は社会でおこなわれる法が完全に透明なものに成りうるとも、法についての知識をわれわれにもたらす科学に政治を基礎づけることができるとも考えてはいない。

しかし法がつねに明瞭な形をなさないのにはもうひとつの理由がある。それは法に**抗して**行動する可能性があるということである。反乱の場合がそうであるし、そうでなくともひとは意志的な決定によってそうすることがある。「個々の叡知的存在は、その本性上有限であり、それゆえに誤りを犯しやすい。他方、彼らは自分自身で行動するのが本性(ナテュール)である。（中略）人間は叡知的存在としては、たえず神が定めた法を破り、また、みずから定めた法律を変更する」（第一編一章）。モンテスキューはそうした用語を用いていないが、ここで問題になっているのは人間の自由（政治的意味ではなく哲学的意味における）であること、そしてモンテスキューがそのような自由が人類において頂点に達しているとみなしていることに注意しなければならない。言い換えれば、のちにルソーが主張するように、自由は人間に固有の特性なのである。

だがこの自由の余地は混沌と解されてはならないし、人間のふるまいは知ることができないものだと決めつけられてはならない。モンテスキューは序文に書いている。「私はまず人間を研究した。そして、私は、法律や習俗のこの無限な多様性のうちにあって、人間がただみずからの気まぐれだけから行動しているわけではないと考えたのであった」。ただ社会を支配するこの重層的な限定が社会を部分的に不透明なものとし、たとえ立法者がもっとも良き意図をもってする場合でさえも、彼は事態のいくつかの側面を知らずにいる危険があるということである。誤った選択がもたらす恐れのある不幸な結果を招かないための唯一の方法は、極端な解決法や唯一の原則といったものを選ばないことである。すなわちつねに例外が存在することを認めることである。宿命論（人間の運命は変えることができず、したがって何をしても無駄だと考えること）も、度はずれた介入主義（すべては立法者――あるいは権力の座にある者――にかかっていると考えること）も避けなければならない。

こうして文化的、社会的、物理的多様性が初めてまじめに取り扱われ、認識の対象となった。これが今日ひとが喜んで社会学にせよ人類学にせよ近代的社会科学の先駆者、あるいは創設者さえをモンテスキューにみる理由である。だが彼の作品の全体構想の中で、これらの経験的要素は、他の起源をもった要素とつりあわされているように思われる。この点において、モンテスキューは同時に一般比較人類学の著作であり政治哲学の著作である本を書いたとみなされるのであり、逆に、あらゆる価値判断を忌避し純粋に経験的な研究をおこなおうとする近代の願望とは対立するのである。この観点からすればモンテスキューは「古典派」である。彼の普遍的諸原則をみつけるためにはおそらく目を自然法のほうに向けねばならないだろう。

自然法(ドロワ・ナテュレル)はモンテスキューの作品において、法の精神を規定する他のふたつの要素に比べずっと少なくしか扱われていない。それゆえに注釈者の幾人かは、これにモンテスキューが振り払うにいたらなかった前代からの遺産の痕跡を見て、自然法には二次的な役割しか認めない。だが自然法はモンテスキュー自身の目には彼の教説の重要な要素である。『法の精神の擁護』で彼は以下のように自分の出発点を記述している。「著者はホッブズ〔一五八八－一六七九。イギリスの哲学者・政治学者〕の体系を攻撃することを念頭に置いていた。これは、あらゆる美徳、あらゆる悪徳を人間が作った法の成立に依拠させることによって、また人間はみな戦争状態のうちに生まれること、自然の第一法則はみなのみなに対する戦争であることを証明しようとすることによって、スピノザ〔一六三二－一六七七。オランダの哲学者〕と同様にあらゆる宗教、あらゆる道徳をくつがえす恐ろしい体系である」(『法の精神』第一編)。モンテスキューがホッブズ、スピノザ――モンテスキューは彼らと他の点についてのいくつかの分析については同意見なのだが――を非難するのは、彼らが実定法しか認めない点である。彼らに抗して彼が探しもとめるのは道徳と法の普遍的基礎である。『ペルシャ人の手紙』で用いられていた言葉を思いだしておこう。「正義は永遠であり、人間の慣行には左右されない」。

当初においてモンテスキューは法という語にその最大の意味の広がりを与えている。それはあらゆる存在間のあらゆる関係とされる。だがその後彼は法のいくつかの種類を注意深く区別する。人為的な法(人間によって作られた法)と自然的法である。そしてこの二番めのものはさらに二種類にわけられるが、それぞれ「自然法」、「自然の法」と名づけることができるだろう。この最後の区別は重要である。この区別は両者を混同していた伝統と決別するものであり、法を自然に、政治と道徳を事実に基礎づけようとするディドロの(そして彼に続くすべての科学主義者の)試みを前もって退けている。「自然の法」とは結局のところ人間を性格づける諸特徴であるが、これはモンテスキューの列挙によれば三つに分類される。すべての人間には宗教的本能、自己保存という生物学的本能、そして社会的本能がある。

他の自然の法が生物界、非生物界に働きかけるのと同じ力で、人類というわれわれの種の普遍的特徴が各個人の上に働く。自然法はこれとはまったく違ったものである。それは人間社会における法の基礎であり、さまざまな法を判断することを許す原則の集合である。それらの原則は理性の自然の光と見分けがつかない(人間の本性と見分けがつかないのではもはやない)。「したがって、ひとつの原始理性が存在している」(第一編一章)とモンテスキューは主題に入るや否や叫びをあげる。そして彼は喜んで次のキケロの文を引用する。「法は偉大なユピテル〔ローマ神話の最高神。ギリシャ神話のゼウスと同一視される〕の理性である」(『私の考え』一八五)。ひとつの例がこの二種類の法のちがいを例証してくれる。国家は自然状態では存在しない。したがって国家の存在は「自然の法」からは帰結しない。だが「無政府状態は自然法に反する」(『私の考え』一八四八)。

モンテスキューが自然法に割いた主な記述は、『法の精神』の最初の部分の、ホッブズを始めとする実定法しか認めないひとびとに抗する、自然法の原則的な擁護の中に見いだされる。「実定的な法律が命じたり禁じたりすること以外には、正なるものも不正なるものもまったく存在しないと言うのは、円を描かないうちは、すべての半径は等しくないと言うようなものである」。そしてモンテスキューはさらに続ける。

「したがって、実定的な法律に先立って、まず公正な諸関係が存在し、これらを実定的な法律が確立するのだということを認めなければならない。これは、たとえば、人間の社会があると想定すれば、その法律に従うことが正しいであろうということ、叡知的諸存在があって、他のある存在から何らかの恩恵を受けたとすれば、これらの叡知的諸存在はそれに感謝すべきであろうということ、ある叡知的存在がある叡知的存在を創造したとすれば、創造されたものは初めに置かれていた従属の状態にとどまるべきであろうということ、ある叡知的存在に害を及ぼした叡知的存在は、同じ害を受けるに値するということ、等々である」(第一編一章)。

モンテスキューはこのリストを自分の言葉の例証にすぎないものとして提示している。「たとえば」「等々」といった表現、そしてこのような提示の仕方は偶然のものではありえない。しかしテキストの戦略的要の位置でこの提示がなされていることは、われわれにそれを軽々しく受けとることを禁じている。人間社会の存在の「想定」の後にやってくるこの列挙は、重要な法しか含んでいないはずである。

あげられている四つの法の第一のものは法の上に立つ法である。すなわち法には従わなくてはならないというものである。もっとも ここで普遍的なのは命題の形式だけである。というのも法の内容自体はある国と別の国では異なりうるからである。実を言えばこのような命題は実定法のみを擁護しようとするひとびとによっても必然的に前提されている（そうでなければ彼らも実定法を擁護しようとしてもまったくそのための方法をもたないことになる）。この点においてはホッブズとモンテスキューの間にちがいはなく、法に従うことを要求すること、それ自体は、自然法を構成しない。

第三にあげられている法は従属、依存の法である。子供たちはその両親に従わねばならない。この法にはそれに対応する法がある。両親はその子供たちを保護しなければならない。「子を養育することは自然法の義務である」（第二六編六章）。別の機会にモンテスキューはこの関係を行政官と市民の関係に比較している（『私の考え』一九三五）。

そして第二と第四の法は同じひとつの原則のヴァリエーションである。善は善に応え、悪は悪に応える。モンテスキューは次のように言う。「自分にしてもらいたいと願うことを他人に対しておこなうように命ずるのは自然の光である」（第一〇編三章）。これは相互性の法であり、たとえばモンテスキューに奴隷制を非難することを可能にさせるのはこの法なのである。彼が奴隷制を非難するのはそれが有益なものでないからではなく、それを擁護するひとびとが自分自身は奴隷の身分に落ちることを望まないだろうからである。「こうしたことがらにおいては、各人の欲望が正当かどうかを知ろうとするなら、すべてのひとびとの欲望を調べてみたまえ」（第一五編九章）。これがモンテスキュー流儀で表現されたカントの道徳律である。

しかし私たちが自然法の内容を探求することにこだわるならば、このふたつの「例」を突き合わせても新たな失望しか得られない。というのはここに現れているのは普遍的な原則と言うよりはむしろ結局のところきわめて平凡な観察にすぎないからだ。社会は相互性の諸関係でできているだけでなく、また従属の諸関係からもできている。実際あるものからモンテスキューは、あるべきことについての帰結を引き出す。ある法は平等を神聖なものにせねばならず、また別の法は階層秩序を神聖なものにせねばならないというわけである。そのどちらもが同様に法にかなうということになるだろう。ともかくあるものがその反対物と同様に（平等が不平等と同様に）法にかなうものだとするなら、そのふたつのもので可能な諸関係の総体が包括されてしまう。ここにはあるものを差別して排除することを許すような基準は見当らない。平等は自然法に由来すると言って満足することはできない。というのも不平等もまたそこに根拠をもっているからである。断言できることはせいぜい、社会のうちには相称的関係も非相称的関係も、すなわち相互性の関係も従属の関係もともに含まれているということである。しかしそうであるなら、もはや普遍的原則について語ることはできない。モンテスキューが言う自然法のうちには、いかなる絶対的価値も見いだせない。

政体の諸原則

したがってわれわれに残されているのは、法に働く第三の力、政体の性格と政体の原則へ向かうことのみである。そこに普遍的規範が偽装された形で隠されていないかどうか、あるいはここでもまた歴史的地理的多様性を考えてみるということにすぎないのかどうかをみてみよう。モンテスキューによれば政体の諸原則は次のような仕方で配列される。

中庸 { 徳（民主政において）
　　　 名誉（王政において）
恐怖（専制政治において）

まず民主政と王政の対立を観察してみよう。モンテスキューの説明では、「徳」は平等主義的であり個人主義的であるのに対し、「名誉」は階層秩序を重んじ社会的なものである。したがってこの対立は、ふたつながらモンテスキューが社会の「自然法」と呼んでいたものに内在する、相互性の関係（相称的な平等主義的な関係）と従属の関係（非相称的な不平等主義的な関係）の間の対立に近いものと考えられる。政体のこのふたつの形態はどちらもそれぞれ人間の「自然な」性格にもとづく統治であり、それぞれが優遇する性格が開花するのを助け、それを支配的なものにするのである。したがってこのどちらの政体もそれ自体としてどちらが優れているというものではない。平等主義的な諸関係、不平等主義的な諸関係の双方を含むということは社会の本性（ナチュール）そのものである。個別の社会はある場合にはその一方を優勢にし、また別の場合には他方を優勢にするというだけのことである。モンテスキューも時間と空間の中に生きている以上、個人として、このふたつのうちどちらかをより好むということはありうるが、それでも彼が絶対的な価値判断をここで下しているということはない。したがってここに良い統治体制と悪い統治体制をわけることを許す絶対的基準を見いだすことはできない。

われわれにはいまやひとつの希望しか残されていない。それはそのような基準が恐怖、専制政治と中庸（モデラシオン）の間の対立に見いだされないかどうかを検討することである。実際モンテスキューは言っている。「国家がある制限政体（グヴェルヌマン・モデレ）からある制限政体へ移るときには、たとえば、共和政から王政へ、あるいは、王政から共和政へ移るときには不都合は存在しない。しかし、国家が制限政体から専制政治へと転落して突き進むときには不都合がある」（第八編八章）。それまで通常個人的美徳と考えられてきた中庸（これは性格穏和（タンペランス）ということの同義語である）は、モンテスキューにおいて政治的原則の地位を獲得する。ルソー（『人間不平等起源論』において）、ディドロ（『ブーガンヴィル航海記補遺』において）がのちに断言するのとは逆に、モンテスキューによれば、正当な統治と不法な統治の間、すなわち王政と専制政治の間には大きな断絶がある。専制政治に対する弾劾はここでも『ペルシャ人の手紙』においてと同様強烈である。「ひとは身震いせずに、これらの非道な政体について語ることはできない」（第三編九章）。「専制政体の原理は（中略）その本性上腐敗している」（第八編一〇章）。専制国家の描写が他の政体のそれに比して歴史的事実に対する忠実さの度合がずっと低いのはこのゆえである。与えられた例は原則を例証するものでなければならない。モンテスキューは自分の主張に沿わないことはためらわずに省略してしまう。それは彼がここでもとめているものが経験的事実に対して忠実であることではなく、演繹によって得られた理想型の特徴を明確にすることだからであり、その理想型がもつ危険を証明することが重要なのである。実際の世界で観察される個別の専制政体はそれが潜在的に例証として用いうるものであるという限りでしかモンテスキューの関心を引かない。専制政治の論理それ自体のほうが、専制政治と他の統治の形態の間にある具体的な相互関係よりモンテスキューにとっては重要なのである。

モンテスキューが専制政治を弾劾する主要な理由は、専制政治が社会の「自然法」に現れる第一の法、すなわち法の尊重の要求に真向から対立する点にある。なぜなら専制政治は法の不在、規則の不在として定義されるからである。「専制政体は恐怖を原理としている。しかし臆病で無知で打ちひしがれた国民に多くの法律は必要でない」（第五編一四章）。「専制国家においては、法律は存在しない」（第六編三章）。専制君主たちは「国民の心をも自分の心をも規律しうるなにものももたない」（第五編一一章）。これに対し中庸とは適法性のことである。「制限政体は（中略）その法律によってみずからを維持する」（第三編九章）。「制限国家においては、法律はいたるところで賢明であり、いたるところで知られている。したがって最下級の行政官でも法律に従うことができる」（第五編一六章）。

専制政治は悪である。それは専制政治が適法性というものを排除するからである。しかし法律が国によって異なるものである以上、適法性の存在ということは内容を欠いた普遍である。適法性を遵守するということはなにごとをも保証しない。それに実際の法律がまったく不平等きわまるもの（たとえばヴィシー政権下のフランスにおける人種法のように）だったらどうなるのか。実際専制的政府がその不正そのものを法制化し、それを厳密に適用することを妨げるものは何もない。そしてその政府に都合がいいときにその法を変えることもできるのである。これがモンテスキューに対してコンドルセ、そして彼に続いてバンジャマン・コンスタンが提起する反対意見である。「法律というものが守れるものは非常に数が多いので、自由はなかなか存在できないだろう」（『政治の諸原則』二七頁）。政治的判断の鍵を私たちがそこにみつけることを希望していた最後の空間もやはり空っぽであるのだろうか。普遍的原則と地域地域、時代時代で変化する所与を関連づけようとするモンテスキューの野心は根拠をもたないものなのだろうか。

中庸（モデラシオン）の意味

出発点に戻ろう。はっきりと明瞭に与えられている定義のほかに、モンテスキューは「中庸」という語にもうひとつの意味を与えているように思われる。そしてその意味は彼がこの語を使うその仕方自体のうちにうかがわれる。「中庸」が「適法性」に等しいとすれば、それは適法性が他の諸力に対抗するからにすぎない。それ自体権力でありながら、適法性は他の権力に制限を課しうるのである。ただ力のみが力を止める。ところで適法性はみながもちうる力である。したがって、それは権力の一体性（ユニテ）に裂け目を持ち込む。適法性はそれ自体として価値ではないが、それは権力の分有を具現するものとして価値なのである。この権力の分有への要求は「国民」というものが必然的に非均質なものであり、さまざまの利益に動かされる諸個人、諸集団から構成されているという事実によって正当化される。それゆえにさまざまの権力が統一されているということはつねに悪なのであり（それは事物の本性（ナテュール）に反する）、権力が複数化されているということは善なのである。専制政治のもとにおける法は、たとえそれが法であっても、中庸の性質を帯びることはない。というのもそれらの法は唯一の同じ権力を強化するのみだからである。他の諸権力を規制する法だけが中庸なのである。すなわち諸制度のうちに社会の非均質性を具体化する法だけが中庸なのである。モンテスキューにとって唯一の絶対的価値は以下のことである。すなわち権力がけっして絶対的なもの、すなわち一者に集中されたものでないこと。したがって中庸は新たな意味を獲得するが、それは**混交性**という意味に近いものである（われわれはこの混交性という理想が、一見したところとは異なり、ルソーにも存在していることをすでにみた）。

　権力の分配、分割はすべて善である。それは権力の独占に打撃を与えるからである。このような分配、独占ということが「中庸」「専制政治」という語のより一般的な意味なのである。専制政治とは権力が一者に集中された国家である。中庸は複数性、複数権力の共存を前提とする。「専制政治においては、権力はそれを託されたひとの手に**全面的に**移る」（第五編一六章、強調は筆者）。悪の根元にあるのはこの権力の分有への拒否なのである。これとは逆にたとえば王政は君主が権力の一部を保ちながらも他の部分を自分以外の者に託することを要求する。そのうえ、君主の統治の原則それ自体である名誉は、彼の力に限界を課す（第三編一〇章）。君主も専制君主も国家の頂点にひとりでいるということにおいては同じである。だが両者の類似はすぐに尽きる。王政においては権力は分有されているが、専制政治においては一枚岩的な硬直したものなのである。

適法性としての中庸、すなわち法がとにかく存在しているということは、力の側からの専制に対する最低限の保護である。だが国家が具体的にどう動くかという観点からするなら、それで十分条件が満たされているわけではない。次の一歩は諸権力の間に真の**均衡**を打ち立てることである。政治的自由は「権力が濫用されないときにのみ存在する。（中略）権力を濫用しえないようにするためには、事物の配置によって、権力が権力を抑止するようにしなければならない」（第一一編四章）。均衡としての中庸こそ語の強い意味における中庸である。「制限政体を作るには、もろもろの権力を結合し、それらを調整し、緩和し、活動させせなければならない。いわば、ひとつの権力に底荷をつけ、別の権力に対抗できる状態にしなければならない」（第五編、一四章）。したがってモンテスキューは立法権、行政権、司法権という国家のうちにある互いに異なった権力を区別するようになる。これらの権力をそれぞれ異なった社会集団に分配することこそが自由の維持を保証するのである。国家にふたつの権力がある場合、つねに「相互的な制御の能力によって一方が他方を抑制するであろう」（第一一編、六章）。そしてさまざまな力がこうして「均衡を与えられる」（第一一編一八章）。適法性が自由の権利を保証し、権力の分割がこの権利を享受することを許す。近代においてはこの均衡を保証するのは複数政党制、多数派と野党の存在である——正しくも「立憲複数政党制の国家」と呼ばれる国家においては、このことはモンテスキューが「中庸」に与えるふたつの意味に正確に対応する。

ここで注意すべきなのは、もし彼の思想をこのように解釈することが正しいとするなら、モンテスキューはいくつかの点でカントの道徳律（もしある行為が普遍化されうるなら、それは良い行為である）にも比較しうる、政治生活の普遍的原則を発見したことになるだろうということである。カントの道徳律そのものさえモンテスキューに見いだされることをすでに私たちは見たし（それゆえに彼は国民的なものより普遍的なものを好む）、同じ道徳律はルソーによってより強く主張されることになるだろう。「われわれの配慮の対象がわれわれ自身に即時に関係することが少なければ少ないほど、個人の利益という幻想は恐れる必要がなくなる。この利益を一般化すればするほど、それは公正なものとなる。われわれにおいては人類への愛とは正義への愛にほかならない」（『エミール』第四編、五四七頁）。公正さとは一般性**そのものである**。この原則は個別の良き行為を同定するわけではなく、いかなる状況においても善と悪とを識別することを私たちに許す論理規則を私たちに提案しているのだから、モンテスキューの原則はある特定の体制を良きものとし、他の体制を悪いものと決めつけることはない（体制の種類は非常に多く、個別の諸条件がそこでは大きな役割を果たす）。モンテスキューが提案しているのはいたるところに適用できる一般的規則であり、その具体的内容は時により場所により変化しうるものなのである。

これらの諸原則が効果的であるのは――それらが真に普遍性をもっているのは――それらが実体的なものでなく形式的なものであることによる。それらの普遍性は世界の中に実際存在するあれこれのものの同一性に立脚しているのではなく――そのようなものだとしたらそのような諸原則は実に脆弱なものだということになろう――人間の思考能力の単一性（ユニテ）に、すなわち人間的なものの定義自体に立脚している。だがふたつの普遍概念が相似通っているのはここまでである。そのことはおどろくべきことではない。というのもルソーとカントは個人のことを語っているのであり、モンテスキューは社会について語っているからだ。ルソーとカントが個人という単位(アンティテ)を私たちがみな同じひとつの種に属しているということを思い出させることによって完成させようとするのに対し、モンテスキューは全体をみるならばそれは必然的に非均質的なものであることを明らかにする。全体はやはり複数の個人、複数の集団からできているからである。ルソーとカントが単一性を打ち出さねばならないところで、モンテスキューは多様性を思い起こさせる。ここでおどろくべきことは、もちろん、政治に普遍概念をもたらすのが多様性そのものだということである。

中庸が動員できる方法は強力である。だが専制政治もまた強力であり、この両者の間の争いの結末がどうなるかを前もって定めることはできない。時としてモンテスキューは楽観主義者として姿を現す。「専制政体の原理はたえず腐敗する」と彼は書いている。「他の政体が滅びるのは、特殊な偶発事がその原理を破壊するからであるが、専制政体は、自己の内部的欠陥によって滅びる」(第八編一〇章)。しかし専制政治が滅びることは間違いないとしても、それが誕生することもやはり避け難いことであるように思われる。専制政治はどこからやってくるのか。内部からそして外部からである。専制政治は「長期にわたる権力の濫用」あるいは「大征服」(第八編八章)によって現実の中に現れる。しかし「およそ権力を有する人間がそれを濫用しがちなことは万代不易の経験である」(第一一編四章)。最強者はつねに最弱者を征服することを望んできた。権力の濫用とは何だろう。それは必ずしも法の侵犯、適法性(中庸の最低限の形態)の放棄ではない。それは単に権力を分有しないままに行使することなのである。そのような権力を用いるということ自体すでに濫用なのである(『ペルシャ人の手紙』で用いられていた表現を思いだしていただきたい。「限界のない権力は正当なものではありえない」)。濫用しないということは、そのような権力を用いない(たったひとりで、あるいはつねに、またいたるところで)ということなのである。専制政治が到来するということは偶然の事故ではない。それはホッブズによれば人間の特性をなすもの、すなわち権力衝動の論理的帰結なのであり、この点についてはモンテスキューはホッブズと同意見である。この逆説——みなが自由を価値あるものと評価しているのに、それはこの世でもっともまれなものである——について自問しながらモンテスキューは付け加える。「専制政体はいわば一目瞭然であり、あらゆるところで一様である。それを確立するためには情熱しか必要でないから、誰でもそれには適任である」(第五編一四章)。

専制政治は、社会のレベルにおいて、あらゆる人間を性格づける特徴が具体化したものである。すなわち情熱、権力欲、統一しようとする意志である。専制政治は社会そのものが人間にとって「自然」であるのと同じほど自然なものなのである。だから人間の生来の善良さ、ウズベクが言っていた「内的原理」などはあてにせず、人間たちに良き諸制度を与え、それらの制度がこのような専制政治の芽が開花するのを妨げるようにせねばならない。自由をもとめる戦いはつねに更新され続けねばならないのである。

一様性と多様性

いまや法律それ自体に立ち戻ってみよう。法律の上に働く三つの力のうち国民の精神は無限に変化しうるものであり、その変化の原因も単一ではない。ふたつの国が同じ地理的状況、同じ歴史、同じ習俗をもっていることなど想像できない。自然法は普遍的なものとして提示されるが、法律に従わなければならないとする普遍的要求は、実際は、それぞれの国に固有の法律の性格に従ってその内容を変える。そして平等の要求もまた法にかなった不平等な諸関係が認められることによって中和される。これがこのような相互作用の結果たる法律が国によって異なる理由であり、そうでなくてはならないのである。「もっとも自然にかなった統治とは、その独自の性向が統治確立の目的たる国民の性向によりよく適合している統治である。（中略）法律は、その作られた目的たる国民に固有のものであるべきで、一国民の法律が他国民にも適合しうるというようなことはまったくの偶然であるというほどでなければならない」（第一編三章）。しかしウズベクのいくつかの言明に忠実なこの相対主義は、統治の諸原理に由来するひとつの限界に出会う。専制はいかなる風土のもとにあっても悪であり、中庸は善である。

法の精神は単に普遍主義的なのでも、純粋に因習的なのでもない。モンテーニュのように、すべてか無かというやり方しか知らず、純粋に相対主義的な信念を抱くひとびと（しかし彼らはその相対主義を絶対主義的な仕方で実践することによりみずからの相対主義を裏切る）、もしすべてが厳密な法律に従っているのでないとしたなら、なにものも法に従うということはありえないと決めつけるひとびとに抗して、モンテスキューははなからこのふたつの立場の双方を認め、その両者の連関を明瞭にしようと、決定論の力と自由の力、普遍の度合と相対の度合を測ろうと努める。

異なる視点を混同しないようにと彼がつねに読者に呼びかけるのはそのためである。政治的美徳と政治的悪徳がそれらが生じる状況に依存しているからといって、悪徳と美徳を区別する方法がないわけではない（第一九編一一章）。拷問を分析しようとしてモンテスキューは叫びをあげる。「だが私には私に反対して叫ぶ自然の声が聞こえる」（第六編一七章）。あるいは奴隷制度について彼は、それが「あらゆる社会の根本原理に反している」（第一五編二章）と、また「奴隷制なるものは自然に反している」（第一五編七章）と断言する。高貴とされた目的（キリスト教への改宗）の名において、スペイン人たちによって絶滅させられたアメリカインディアンについて省察をめぐらしたモンテスキューはこの「マキャベリズム的」な議論を拒否し、さらに付け加える。「犯罪はそこから利益を引き出せるからといってその邪悪さがいささかも減ずるということはない。行為はそれが成功したか否かで判断されるのがつねだが、こうした判断自体道徳の嘆かわしい濫用である」（『私の考え』一五七三）。だが法律について語る場合、その法律がどのような枠組みの中で現れるのかをまず第一に見なければならない。「同一にみえる法律が必ずしも同一の効果を有しない」（第二九編六章）。また逆に「相反するようにみえる法律も、ときには同一の精神に由来する」（第二九編一〇章）。さまざまの「法律は互いに密接に結びつき、かつ一貫した体系をなしている」のであり、「これらの法律のいずれがよく理性にかなっているかを判断するためには、これらの法律のひとつずつをそれぞれ比較してはならないのであり、それらを全体として取り上げ、全体として比較しなければならないのである」（第二九編一一章）。

モンテスキューによって提示された、絶対的諸価値と個別の諸事実の間の新たな連関は彼の同時代人にとっては理解できないものであった。十八世紀を通じて、彼に対する批判者の政治信条に関わりなく（この点においては革命派も保守派と同意見なのである）、彼らはモンテスキューに自然法、道徳的理想を投げ捨て、諸国民間の相違と一国家内部の非均質性ばかりをあまりに取り上げすぎたと非難した（モンテスキューに対して道徳主義の**過剰**が非難されるようになるのをみるには二十世紀を待たねばならない）。エルヴェシウスはこの著作が出版される以前の手稿の段階ですでにこれを攻撃している。この著作の著者は「真の格率」のことを十分に扱っておらず、「完全性の観念」をみせてくれないというのである（「モンテスキュー宛書簡」三〇五頁）。いつもはあれほどに慧眼であるルソーでさえモンテスキューについては考えちがいをしている。彼によればモンテスキューは「政治的法の諸原則には触れないように気を配り、すでに実際に存在する政体における実定法を扱うことで満足した。ところがこのふたつのもの以上に互いに異なるものはない」(『エミール』第五編、八三六頁)。コンドルセもモンテスキューが擁護した絶対的価値に対して盲目である。「モンテスキューはどうして『法の精神』で彼が引いている法律が正義にかなったものであるか、それとも不当なものであるかをけっして語ろうとせず、もっぱら彼がそれらの法律のものとしている動機ばかりを語ったのか。どうして彼は、正当な政府が発する法律のうちに不当な法律と正義にかなった法律を区別するすべを知るためのいかなる原則をも打ち立てなかったのか」(「『法の精神』第二九編についてのコンドルセの見解」三六五頁)。反革命の有力な理論家でありしたがってこのふたりとは反対の政治陣営に属するボナルドもやはり同じ非難を繰り返す。彼は書いている。私は『法の精神』に反対する。「なぜなら著者は実際存在するものの動機、あるいは**精神**のみを探求し、あるべきものの諸原則を探求していないからだ」(『政治的宗教的権力論』第一巻「序文」一二頁)。

モンテスキューは地理的、文化的多様性を認め、そこに法律の多様性を維持すべき理由をみている。個人の精神は白紙ではなく、彼が所属する文化から情報を与えられている。そして諸国民のふるまいもその歴史との関連においてその様態が決まる。ルソーはこの点についてはモンテスキューに追随する。だがエルヴェシウスは伝統に対しては、また力と無知によって強制された「野蛮で混沌とした法律」に対しては、軽蔑の念しかもたない(「ソラン宛書簡」三一〇頁)。そして彼はモンテスキューをあまりに「偏見と妥協している」と非難する(「モンテスキュー宛書簡」三〇五頁)。コンドルセは、どの国民もすべて同じ法律をもっているわけではないことを認めるよりはむしろ、モンテスキュー以前の法律書で一般におこなわれていた区分——正義の諸原則(自然法)に根拠をもった法律と重要性をもたない恣意的な法律という区分——に戻るほうを好む。「国によって異なったものでなければならないようにみえる法律は、大半の商業法規がそうであるように法律によって定めるべきではない対象について裁定を下しているか、あるいは根こそぎにすべき偏見、習慣に根拠をもつかのいずれかである。そうした偏見、習慣を破壊するための最良の方法はそれらを法律で支えるのをやめることである」（三七八頁）。法律は理性のみに根拠をもたねばならない。ところで理性は普遍的なものである。したがって法律もやはり普遍的なものであろう。この公準からコンドルセが当然帰結する結論を引き出していたことを私たちはすでにみた。その結論とは世界国家（エタ・ユニヴェルセル）を形成する必要があるというものである。

ボナルドもまた、地域、職業の多様性を考慮に入れねばならない民事法を脇に取り除けるという配慮をしている。だがこの後退はさらに前方に跳躍するためのものでしかない。民事法を例外として、法律は神の創造物たる世界の構造それ自体から生じる。「基本的法律、政治的法律、国内に関わるまた国外に関わる民事法は、**事物の本質から必然的に**派生する」（『政治的宗教的権力論』第一巻、第四編三章、四三六頁）。「モーセの律法はこの神のテキストの注釈であり、あらゆる諸国民の法律はこの神のテキストの適用でなければならない」（第二巻、第三編二章、一〇五頁）。道徳律もまた「宗教を奉じるあらゆる社会で同じものである」（第二巻、第四編一章、一三四頁）。

ここでこの絶対主義的態度がボナルドを、たとえばイギリスのバーク、フランスのド・メストルといったモンテスキューの教えに忠実であり続けた他の保守家たちより、むしろコンドルセに近づけることに着目しなければならない。実際フランス大革命の際次々と作られた憲法を批判するド・メストルの有名な文章にモンテスキューが署名することとてできたであろう（そのうえド・メストルはそこでモンテスキューに言及している）。「一七九五年の憲法はそれに先立つ諸憲法と同様に**人間なるもの**のために作られている。ところで世界には**人間なるもの**はまったく存在していない。私はこれまでの人生でフランス人たち、イタリア人たち、ロシア人たち等々をみてきた。そして私はモンテスキューのおかげで、ひとは**ペルシャ人で**

ありうることすら知っている。だが**人間なるもの**について言えば、私はこれまでの人生でそんなものには一度として会ったことがないと言明する。もし人間なるものが存在するなら、それは私の知らぬ間にそうなったのである。（中略）あらゆる国民のために作られた憲法はどの個別の国民のためにも作られてはいない。それは純然たる抽象の産物であり、観念的な仮定にしたがって精神の体操をするために作られたスコラ的作品である」（『フランスについての考察』第六章、六四―六五頁）。文脈から切り離されて、この文章は誤ってしばしば全般的相対主義の宣言と解釈されてきた。だが一連の主題についてド・メストルはボナルドに負けず劣らずの絶対主義者である。ただ実定法がこの点においては例外をなしているということである。

モンテスキューはもうひとつ別の多様性を今度は社会の内部に認めている。いかなる国民も完全に均質であるということはない。モンテスキューが諸権力の分離、均衡を奨励するのは、社会のこの本質的な特徴を考慮に入れてのことなのである。そうすることによって彼は（アリストテレスからルソーにいたる伝統が望むのとは異なり）個人の利益がそれ自体として国家にとって悪だという考えを拒否する。モンテスキューは個人の利益を擁護することのうちに、すべてを支配しようとする国家の傾向に対抗する保証をすら見るのである。諸国民間の多様性を認めたことと同様、この立場も彼に非難を招き寄せた。中間団体は「つねに彼らが抑圧しているひとびとの自然権に反対する」（三〇六頁）とエルヴェシウスは言う。すでにみたように中間状態と混交を評価したルソーは、国家の視点からものを見始めるや否やあらゆる形態における個人の利益、あらゆる形態における諸権力の分離を弾劾する（『社会契約論』において）。シェイエスも同様である（革命暦第三年テルミドール二日の演説）。ボナルドは何らの留保なしに「**統一性**と**権力の不可分性**という単純な観念から遠ざかって、**諸権力**の分割と均衡というまったく骨折り損の組合せに迷い込む」（「序文」八頁）人間に反対している。ひとつの権力しかないのだし、そうならなくてはならない。真実は両極にあり、中間にはない。

こうしてモンテスキューによって提案された解決法である中庸は不適当なものと判断されることになる。コンドルセは叫ぶ。「中庸によってではなく、正義によってこそ、刑法は甘美なものでなければならず、民事法は平等をめざし、行政法は自由と所有権の維持をめざさねばならぬ」（三六三頁）。エルヴェシウスはすでに、イギリスの体制が賞賛すべきものなのは、諸権力の均衡のゆえではなく、そこに本当に良いいくつかの法律があるからだと説明していた。そして結論はこうである。「あなたの言うさまざまな均衡がなくとも、全体の利益が個人の利益から結果するのがみられるような良き統治の可能性を私は信じている。それは単純な機械であるだろうし、その操るに容易なぜんまいは多くの歯車装置や釣合おもりからなるあの大きな機械仕掛を必要とはしないだろう」（三〇八頁）。この「単純な機械」は四〇年ほどのちに実際に作られる。それはジャコバン国家であり、その紋章はまたもうひとつの単純な機械、ギロチンである。エルヴェシウス、コンドルセ、ボナルドは善がどこにあるかすでに知っており、その善に国家を従わせるための最良の方法についてしか思いをめぐらさない。モンテスキューは善が存在することは知っているが、その善がどこにあるか知らない。したがって彼がしようとするのは、善の性格について思いちがいをした場合にでも被害があまりに大きくならないように安全策をこうじつつ、善の探求を助けるような諸制度を整えることである。

ユートピア主義者と比べると、モンテスキューはしばしば保守家にみえる。彼の最初の反応はつねに現状を動かさないでおこうとするものである。専制を除いては、いかなる不公正も度はずれて彼の気持ちを乱すことはないようにみえる。「私が筆をとったのは、いかなる国であれ、その国に確立されているものを非難しようがためではけっしてない。いかなる国民もこの本の中にそれぞれの格率の理由を見いだすことであろう」（序文）と彼は言明するし、モンテーニュのことを思い出して次のように言いもする。「これらすべてについて、私はその慣行を正当化するつもりはない。ただその理由を明らかにしたいだけである」（第一六編四章）。ここでモンテスキューが本当に自分の心の奥底を明かしているかどうか疑うことはできる。『私の考え』において『法の精神』について記述している表現のほうが正直なところを語っているように思える。「この著作はいかなる国家のためにも書かれてはいないゆえに、いかなる国家もこれについて不平を述べることはできない。これはあらゆる人間のために書かれているのだ」（一九三）。誰にもくみしないということは、立場を示すことを放棄するということではない。この著作の全体が示唆しているのは、法律は、最低限、それが当初結ばれていた社会状況がその後変化し、もはや社会状況に対応しなくなれば当然変更されるということである。さらにそれ以上のことも言える。もし彼が頭の中にある理想をもっていなかったとしたら、彼はわざわざ『法の精神』を書く労はとらなかっただろう。彼がどんなものが、彼が危険であると判断する状況に対する答えなのである。その状況とはフランスに専制が登場するかもしれないということである。だがモンテスキューの精神に忠実であろうとすれば以下のことも付け加えておかねばならない。制限政体の国家に生きているか、専制国家に生きているかで、不公正に対する反応の仕方は異なる。制限政体の国家においても不公正な法律は存在する。だがそこでは不公正な法律に反対する場合でもそれ自体適法な方法を用いるのである。なぜなら市民はそのような方法を用いることができるからだ。このような方法がない（専制政治）ということのみが力に訴えることを許す（だがモンテスキューは予想されるこのケースについてはごく短くしか触れない）。

一般的なことがらと個別のことがらの間の均衡をつねにこのように探しもとめているということで、認識論のレベルにおいても倫理のレベルにおいてもみずからを中庸とみなしたいとするモンテスキューの野心は十分正当化されている。混交、複数性が人間社会にはよりよく適合することをモンテスキューは確信している。というのも人間社会の本性(ナテュール)はそのようなものだからである。「人間を治めるのは中庸であって過度ではない、と私は繰り返し言いたい」(第二二編二二章)。またこれは立法者を動かすべき原則でもある。「中庸の精神が立法者の精神でなければならない。私が言うのはこのことであり、この書物を著したのも、もっぱらこのことを証明するためであったと思われる。政治の善は、道徳の善と同じく、つねに両極の間にある」(第二九編一章)。これは彼が自分の人生から学んだことである。さらにモンテスキューは戦士や聖人によって具現される過激主義よりはある種の凡庸さを好んでいることをも思いだしていただきたい(第六編九章)。

これが彼が彼の理想である自由の要求ですらも行き過ぎないようにしなければならないことを認める用意がある理由である。彼は書いている。どうして私が極端な自由を要求することなどできるだろうか、「理性の行き過ぎさえも必ずしも望ましくはないと思い、人間はほとんどつねに極端よりも中庸によりよく満足するものだと思っている私」(第一一編六章)が。いや、「神々の像を隠すように、しばらくの間自由に覆いをかけなければならない場合がある」(第一二編一九章)。別のところでもこれについて彼は次のように説明している。「自由そのものが、それを享受することに慣れていないこれらの国民には、耐え難いものに思われた。こうして沼沢地に住んでいたひとびとには、清らかな空気もときには有害なのである」(第一九編二章)。着目して欲しいのだが、モンテスキューが言っているのは専制と自由の間、清らかな空気と沼沢地の空気の間にちがいがないということではない。彼は単に、ある種の条件のもとに置かれるとひとはこうしたちがいを感じなくなるから、絶対的な決めつけを和らげねばならないと言っているのである。そうしなければ、本来良くも悪くもない施策、あるいは本来良い施策であっても、害のあるもの、専制的なものと受けとられることがある。「統治に当たる者が国民の考え方と衝突するような事態を作り出して」（第一九編三章）しまっているのである。

学説（システム）の一枚岩的な単純さを打ち捨てようとするこのような立場は、その理解し難さ自体によって、非常に多くの故意の沈黙を引き起こした。モンテスキューの同時代人たちは彼の本を評価しなかったし、私たちの同時代人たちはモンテスキューを読んでもいない。そもそもモンテスキュー自身自分の読者について幻想を抱いてはいなかった。彼はある書簡（スタンヴィル侯爵宛、一七五〇年五月二七日付の書簡）で書いている。「私は中庸をゆくあらゆるひとびとと同じ運命をもった。そして私は中立的な立場をとるひとびとと同じような状態にある。こうしたひとびとを偉大なコジモ・デ・メディチ〔一三八九－一四六四。イタリア、フィレンツェの支配者・金融業者・文芸保護者〕は三階に住むひとびとに比べていた。彼らは上の階の騒音と下の階の煙にともども悩まされるのだ」。

穏やかな人間主義

他の著作家たちを読むことはここでやめ、私自身が語ることにしよう。といってもこれまで私が黙っていたというわけではない。この本の全体を通して、私は他の著作家たちが提起した諸問題について——その時その時で彼らに同調しながら、あるいは反対しながら——論じようとしてきた。私は彼らが主張していることだけでなく、それらの主張が正しいかどうかも知りたいと思った。したがって私はいつも自分の立場をはっきりさせねばならなかった。だが読者は私が、扱われている諸主題について体系的な仕方で自分の意見を開陳しようとしないのをみて、いくぶんかの苛立ち（あるいは疲労）を感じたかもしれない。私はそうすることができなかったのである。その理由の第一は私は開陳すべき自分の意見をすべて前もって知ってはいなかったことである。それどころではない。私は扱われている諸問題についての自分の意見を、他の著作家に時には同調し、時には反対しつつ真実を探すことによって、初めて発見したのである。確かに私がこの本を作った。だが作る（フェール）という語をまた違った風にとるなら、この本が私を私にした（フェール）のである。第二の理由は私が好むのは真理の所有よりはむしろ真理の探求であり、この好みを読者にもわかちもっていただきたいということである。私は何にもまして対話が進展するにつれて明らかになってくる意見が好きなのである。この本の全体はそのことの例証となるためにある。ここで私が「一方的な形で」発言するのは、この点に関して私の考えが変わったからではなく、（数年をかけて）問題をひと巡りしたからであり、現在自分がどのような位置にいるか、そして自分の旅行についてどう思っているかを読者に言うことが自分の義務だと感じるからである。以下提示するのは、決定的な結論と言うより、私の調査のとりあえずの終点であり、現状証明書である。他のひとびとがこの同じ旅程から現在の私が気がついていない結論を引き出してくれることを私は希望している。

ここで思考の歴史からは少し離れ、この本の中で議論されたいくつかの大問題に立ち戻ってみよう。**われわれと他者**と私は言っていた。われわれと同じ共同体に属さないひとびとに対し私たちはどのようにふるまうことができるのか。またどのようにふるまうべきなのか。私たちが得た最初の教訓は、私たちの議論をこのような区別の上に根拠づけることを断念するということである。だが人類はこれまでつねにそうしてきたのであり、時によって賞賛の対象だけを変えてきたのである。ある時は「ヘロドトスの法」に従って自分たち自身を世界で最良の者と判断し、自分たち以外のひとびとを、自分たちから彼らがどれだけ近いあるいは遠い距離にいるかによって良い悪いと評価した。またある時は逆に「ホメロスの法則」を用いて、自分たちからもっとも遠くにいる諸国民をもっとも幸福で、ほめたたえるべきものと考え、自分たちのところには頽廃しかないと思い込んだ。だがどちらの場合にも、幻影、視覚上の錯覚である。「われわれ」は必ずしも良い者ではないし、「他者」も同様である。この点について言いうることは、他者に対して開かれていること、他者を検討することもなく排斥することを拒否することは、誰にあってもひとつの長所であるということぐらいである。シャトーブリアンは、唯一重要な区別は良きひとびとと悪いひとびとの間のそれであり、われわれと他者の間のそれではないと示唆していた。個別の社会においては、善と悪とが混じりあっている（むろんそのおのおのの割合は個々の社会によって異なる）。自分の集団に属する者と、その集団の成員ではない者という、まったく相対的である区別に根拠をもつ安易な判断の代わりに、倫理の諸原則に根拠をもつ判断が到来しなければならない。

この最初の結論は、それ自体ふたつの大きな疑問を呼び起こす。われわれがある共同体に属していることの意味は何か。そしてわれわれの判断はどのように正当化されうるのか。

一、人間は単に人類という同じ種に属する諸個人であるというのみではない。また人間は個別のさまざまの集団に属しており、その中で彼らは生まれ、そして活動するのである。今日もっとも強力な集団は国民国家（ナシオン）と呼ばれるもの、すなわち国家と文化（エタ）の間の相当程度に強力な（しかしけっして完全ではない）一致である。人類に属するということと、国民国家に属するということは別のことである――人間は市民ではないとルソーは言っていた。このふたつの間には潜在的な対立さえあり、その対立は人間的諸価値と市民的諸価値の間で私たちが選択を迫られるような場合には非常にはっきりとしたものとなりうる。ここで言う意味における人間は、倫理的諸原則によって判断されるが、市民のふるまいのほうはと言えば、政治的視点に従属する。人間の生活のこのふたつの側面のいずれをも抹消することはできない。またその一方を他方に還元してしまうこともできない。時として悲劇的ともなりうるこの二重性を意識することを忘れないほうがよい。同時にこの両者を徹底的に分離し、お互いにまったく連絡のないふたつの圏域に閉じ込めてしまうこともまた同様に破壊的な結果となるかもしれない。その証言者としてはトクヴィルをあげよう。彼は哲学的学問的著作のうちでは道徳を説いていたが、その政治的言説においては原住民の撲滅を強くすすめている。倫理は政治ではない。だが政治が超える権利をもたぬ障害を倫理は築くことができる。人間に属するということで、国民国家に属することを免れうるわけではないし、前者が後者の代わりをするわけでもない。だが人間的感情が国家理性（レゾン・デタ）を抑制できるのでなければならない。

　だがまたこうもよく言われる。私は自分の子供たちを隣人の子供たちより愛する。これは非常に自然な感情であり、恥じる理由はまったくない。ならば自国民を異国のひとびとよりも好んで、そちらをひいきすることもまた同様に自然ではなかろうか。人間を市民に従わせ、倫理を政治に従わせることも自然ではなかろうか。このように考えることは二重の混同にもとづいている。最初の混同は心理的なものである。すなわち類推によって、家族の諸特性を国民国家に移してしまうというものである。ところがこのふたつの単位の間には連続性はない。家族においては自分以外の人間との間の直接的な相互作用が確保されている。その原理は、その限界まで拡大すれば、私たちが個人的に知っているすべてのひとびとにまで拡大されうる――だがその外にはけっして拡大されることはない。国民国家のほうは一種の抽象観念であり、それについて直接的経験をほとんどもてないということでは、人類と同様である。第二の混同は倫理的なものである。あるものが事実として存在するということは、それが存在すべきものであるという理由にはならない。そもそも個人は自分自身で自己を矯正できるし、愛と正義を混同したりはしない。ひとは自分の子供を隣人の子供より愛するが、そのふたりの子供がそのひとの家にいる場合には同じ量のお菓子を与えるものである。そして結局のところ、憐れみの情がエゴイズムより自然でないというわけではない。自分の目先の利益より遠くを見ることができるということは人間の特性であり、それゆえにこそ倫理的感情が存在するのである。キリスト教倫理も共和主義の倫理もこの感情を体系化し詳細にしたものにすぎない。「自国民をより好む」ということは事実によっても、価値によっても根拠づけられてはいない。

　だが国民国家とは何だろう。この問いには多くの答えが与えられてきたが、それらは大きく二種類に分類できる。一方で人種のモデルに従ってたてられた国民国家の観念がある。それは「血」の共同体、すなわち生物学的な単位であり、これに個人が変更を加えることはまったくできない。ひとはフランス人、ドイツ人、ロシア人として生まれ、死ぬまで変わらない。この場合、バレスやル・ボンが言っていたように、生きているひとびとのために決定を下すのは死者たちであり、個々人の現在は集団の過去によって規定されることになる。諸国民国家は互いに浸透しあうことのない塊である。思想、判断、感情等、すべてはある国民国家と別の国民国家では異なることになる。他方では、国民国家への所属は契約のモデルに従って考えられる。シェイエスは言っていた。何人かの個人がある日国民国家を創設することを決める。それだけですべては成し遂げられたことになるのだ。もっとまじめに言えば、主張されているのは以下のことである。ある国民国家に属するということは、まず何よりも意志にもとづいた行為を成し遂げるということであり、共通の規則を採用し、したがって共通の未来をもつことを覚悟しつつ、一緒に生きるという契約に署名することである。

人種としての国民国家と契約としての国民国家というこのふたつの考え方はあらゆる点で対立する。一方は肉体的なものであり、他方は精神的なものである。一方は自然のものであり、他方は人為的なものである。一方は過去を指向し、他方は未来を指向する。一方は決定論であり、他方は自由である。だがこのふたつの間で選択をおこなうことは一筋縄ではいかない。誰でも直感的に、このふたつのそれぞれがいくぶんかの真理と、多くの忘却をうちに含んでいることを感じることができる。だがふたつの反対物をどのようにして折り合わせることができるだろうか。これをおこなおうとしたもっとも有名な試み、ルナンのそれは失敗であった。ふたつの「基準」を次々に並べても、第二のそれが第一のそれを無効にする場合、それに満足することはできない。

だがふたつの「国民国家」の間の矛盾は、もし国民国家を文化として捉えることに私たちが同意するなら乗り越えうる。「人種」と同様に、文化は個人に先立って存在し、文化をある日突然（帰化申請によって国籍を変えるような仕方で）取り替えることはできない。だが文化には契約と共通の特徴もある。それは生得のものではなく、獲得されるものである。そしてこの獲得には時間がかかるにしても、つまるところ、獲得がなされるか否かは個人の意志にかかっているし、教育にも左右される。文化を学ぶとはどのようなことだろうか。それはまず第一に国語を操れるということであり、問題の国の歴史、風景、何千ものみえないコードで統御されているもともとそこに住んでいるひとびとの習俗（文化を本に書かれていることと混同してはならないことは言うまでもない）になじむことである。このような学習には長い年月が必要であり、ひとりの人間が一生の間にしっかりと知ることのできる文化の数は非常に限られたものである。だが文化を知るためにはそこに生まれたということは必要ではない。この点においては血は何ら重要性をもたないし、遺伝子も関係ない。そもそも出生によって国籍を得たひとびとが必ずしも自分たちの国の文化を所有しているわけではない。生まれながらのフランス人でありながら、文化的共同体に所属しないということもありうるのである。

国民国家を文化として解釈すること（これはモンテスキューに発することである）で、契約としての国民国家、「人種」としての国民国家というふたつの考え方（このふたつの考え方ともモンテスキューよりも後代のものである）の双方に含まれる真実の部分を保存することが可能になる。またそのような解釈は同時に人間と市民の間の矛盾を避けることをも可能にする。この解釈においては、普遍に通じる道は個別を通過するそれしかない。そしてある個別の文化を完全に自分のものにした人間だけが全世界に耳を傾けてもらえる可能性がある。しかしここで文化というものは必ずしも国民国家の占有物であるわけではないということを述べておかねばならない（文化が国民国家のそれであるということはむしろ例外的な事態である）。文化とはまず地域に固有のものなのであり、地域よりもさらに小さな単位のものでさえある。また文化には、同じひとつの国内で住民のある階層のみのものであり、他の階層には共有されないというものもある。また複数の国にまたがる文化というものも存在するのである。確かなことがひとつある。どのような個人であっても、その個人が開花するためには少なくともひとつの文化を自分のものとしていることが不可欠である。異文化を受容する（アキュラテュラシオン）ということは可能だし、しばしば利益をもたらすものである。だが文化的同一性を喪失（デキュルテュラシオン）してしまうことは、脅威である。自分の家族を他人より愛していても、そのことで不正を働くようになるのでなければ、それを恥じる必要はない。同様にある言語、風景、習慣への自分の愛着を恥じる必要はない。むしろそれらのものによってこそ、ひとは人間的であるのだから。

二、それでは私たちの判断の正当性はどうなってしまうのだろうか、またどのようにして普遍と個別の間の争いにけりをつけることができるのだろうか。ここでは今日ひろくいきわたっているある意見から出発するのが適当だろう。その意見は次のように要約できる。時代を経るにつれて、みずからを普遍的であるとする立場は、自民族中心主義がまとう仮面にすぎないということが明らかになってきた。この点において、普遍主義のイデオロギーはヨーロッパの近代史におけるもっとも忌むべき諸事件に数えられるもの、すなわち植民地主義的征服について責任がある。「唯一の」文明（そうしたものがあるとして、普遍的な価値）を広めるという口実のもとに、西ヨーロッパのいくつかの国は他のすべての国々の富を奪いとり、自分たちの利益のために、非常に遠方の国々の多くの住民たちを搾取した。普遍主義とは帝国主義である。その上、このイデオロギーが原因で起きた厄災は何もこの領域におけるものだけではない。諸国家の内部においても、この同じ（称するところの）普遍主義の諸理想の名において、非均質性が押しつぶされたのである。したがって、みずからを普遍的であると唱えることは忘れて、あらゆる判断は相対的なものであることを認めねばならない。あらゆる判断は時、場所、状況によって変化するのである。こうした相対主義は、虚無主義、シニズム（あらゆる価値の放棄）と混同すべきものではない。ここでは価値は認められている。ただその通用範囲が限定されているのである。今日の善は昨日のそれではない。そしてすべての人間はその隣人にとっては野蛮人である。ここで述べられた明白なことがらから当然帰結する結論を引き出すすべを知ろう。

このなじみ深い言説には、もっと特色をもったヴァリアントもあるが、そこには一連の大ざっぱな物言い、単純化、不正確な物言いが含まれており、それらによって、たとえすばらしい意図をもってするとしても、受け入れ難い結論が導かれる恐れがある。したがって、より満足できる全体図にいたりつこうとするなら（そして同時に植民地主義を非難することをあきらめないならば）、これらの正当化のための引証をひとつひとつ解きほぐしていかねばならない。

まず第一に、普遍主義は**必然的に**自民族中心主義であると断定することを認めることはできない——人間を、自己の個人的利益を超えることがけっしてできないものとすることを認めることができなかったように。このような極端な決定論的断定は、現実にあるものとあるべきものとの間の区別を不可能にするゆえに、ばかげた結論に行きついてしまう。だが理論的にみるのではなく、歴史的にみるならば、帝国主義は本質的に普遍主義のイデオロギーに結びついていたとすることもやはり誤っている。そのことは先にすでにみた。植民地主義の政治は火を起こすのに木を選ばない。それは目の前にあるイデオロギーはどれでも、普遍主義であろうが相対主義であろうが、キリスト教であろうが反教権主義であろうが、ナショナリズムであろうが人種差別主義であろうが区別なく自分のために用いる。ここではさまざまのイデオロギーは行為の動機を提供しているわけではなく、**後から**付け加えられた正当化、文字どおりに受けとってはならない自己正当化の言説を提供しているのである。もし植民地主義の政治において普遍主義のイデオロギーが他のイデオロギーよりしばしば見受けられるとしても、そのことで明らかになることはただひとつ、普遍主義のイデオロギーが当時他のイデオロギーよりも魅力的にみえていたということだけである。動機として働いていた（後から付け加えられた偽装、化粧としてではなく）イデオロギーは普遍主義ではなくナショナリズムであり、またこのナショナリズムこそ同じ時期にヨーロッパ諸国の間でおこなわれた戦争の原因ともなっているのである。

第二に、普遍主義の倒錯的形態として、自民族中心主義のそれが唯一のものではないし、またもっとも危険なものですらない。すでに確認したように、普遍主義的企図がこうむる危険のある逸脱には「主観的」なものと「客観的」なものの二種類がある。自民族中心主義においては、主体は素朴にも、あるいは不実にも、みずからの諸価値を、それ以外のものが認められない**絶対の諸価値**と同一視し、自己が所属する集団の諸特性を、普遍性をもつべく運命づけられた手段の上に投影する。科学主義においてはこれとは逆に、諸価値は自己の外に、客観的世界のうちに見いだされる――というよりむしろ、科学はその諸価値を発見する任務を負わされる。科学主義的やり方が必然的に自民族中心主義的結果を導くわけではない。それどころか科学主義的やり方が動員されるのは、それが場所を占めている社会自体の歩みを阻害するためであるのが普通である。ところが、今日では、ほとんど誰ひとりとして自分のことを自民族中心主義者だと言って自慢したりしない（自民族中心主義者の**仮面を剝ぐ**ことは想像できる）のに対し、自分は科学的であると言うことは現在私たちの社会に見いだされるもっとも確かな価値に支えをもとめることになるという理由からのみであっても、科学主義は自民族中心主義よりさらに危険である。この危険がまったく潜在的なものにとどまらないことを理解するには、最近の歴史においてもっとも数多くひとを殺したふたつの体制、スターリン体制とヒトラー体制がいずれも科学主義的イデオロギーをかつぎだしていたこと、科学（歴史、あるいは生物学）に助けをもとめてみずからを正当化していたことを思い出せば十分である。

　第三に、私たちの諸問題に対する奇跡的な解決法として私たちに提示される相対主義は、実は解決法とはならない。ところでひとつの危険を回避しても、それがまた別の危険のただ中に飛び込むことになってしまうなら、いったい何の役に立つだろうか。自民族中心主義**か**相対主義**か**というこのような不毛な二者択一の中に閉じこもる必要はない。相対主義というこの教説もまた、論理的一貫性という点においても、その内容においても擁護できるものではない。相対主義は不可避的にみずからの言を裏切らざるをえない。なぜなら相対主義はすべては相対的であるというみずからの教説を絶対的な真実とすることにより、みずからが主張しつつあることをその身ぶり自体によって無力化するからである。そのうえ、さらに重要なことだが、論理的に一貫した相対主義は人類の単一性(ユニテ)ということをも放棄してしまう。これはある種の植民地主義者たちの素朴な自民族中心主義よりもよほど危険な公準である。人類が単一でないということは、排除を許し、排除は大虐殺に導きうる。さらに、相対主義は、たとえそれが穏健なものであったとしても、不正や暴力が自分の伝統とは異なる伝統の部分をなしているときには、どのような不正、どのような暴力であろうとこれを告発することができない。割礼が非難の対象とならないのと同様、人間の命が犠牲に供されても非難の対象となることはない。ところが、強制収容所でさえも、ロシアあるいはドイツの歴史のある時期においては国民的伝統に属していたと言うこともできるのである。相対主義の特殊な形態であるナショナリズム、異国趣味(エグゾティスム)をとってみても、これらにおいて状況がよりましであるということはほとんどない。

したがって普遍主義的判断、相対主義的判断について一般におこなわれている意見は満足すべきものではない。だがいったいそれを何で置き換えるべきなのだろう。どのようにしたら私たちは、倒錯した普遍主義（自民族中心主義と科学主義）の危険と、相対主義の危険を同時に避けることができるのだろう。それを可能にするには、普遍主義の要請に新たな意味を与えることができるようにならねばならない。人間主義という同じ名の教説が過去数世紀しばしば落ち込んだ罠を注意深く避けるという条件のもとであれば、新たな人間主義を擁護することは可能である。この点については、これまでの人間主義と区別するため、**批判的人間主義**という言葉を用いておくことが有益かもしれない。

強調しておかねばならない第一の点は、この人間主義は「人間の本性（ナテュール）」についての新たな仮説として現れるものではないし、人類を唯一の国家のもとに統一しようという企図として現れるものではさらにないということである。私はすでにレヴィ＝ストロースについて「過程にある普遍主義」という表現を用いたが、私がそこで言及したのは、人間についての理論の固定した内容ではなく、もし討論が何かの役にたつことを望むならば、その討論の参加者に共通な地平を打ち立てる必要があるということだった。普遍的な特徴は、実際、観察の対象である経験世界に属するのではなく、人間精神の動き自体に属している。したがって、ビュフォンのようにあるひとつの文化の諸特徴を普遍的な規範として立てようとするひとびと（連中は野蛮人だ。眉毛を青く塗るから）も、モンテーニュのように互いに矛盾した例を並べることによってあらゆる普遍性を拒むひとびともともに誤っているのである。ルソーが憐みの情を社会的徳の自然的基礎とみなそうとしたとき、彼はそのような情などもたないひとびとが存在していることを知らないわけではなかった。普遍性とは分析の道具であり、さまざまに異なるものの実り多い出会いを可能にする調整のための原理なのであり、その普遍性の内容は固定されたものではない。その普遍性はつねに見直しの対象であり続ける。

人間に固有であるのは文化のあれこれの特徴ではない。人間は彼らが世界に生まれてきた時点における状況に影響されるし、この状況は時により場所により変化する。ひとりひとりの人間が他の人間と共有しているのは、こうした限定を**拒否する**能力である。もっと厳粛な言い方をすれば、自由こそ人類を他と区別する特徴なのである。私が属する環境が、私をしてその環境が価値あるものとするものを再生産するようにと促すことは確かである。しかしそこから自分自身を引き離す可能性もまた存在する。そしてそのことこそ重要なのである。あるひとつの限定を拒否したところで（たとえば私が属する環境が是認する趣味にみずからを従わせることを拒否することによって）、私は必然的にまた別の限定にとらわれることになる（私がもともと自分のそれではない環境のものである固定観念にとらわれる）などとは、私に言わないでいて欲しい。たとえそれが真実であるとしても、みずからを自分が属していた環境から引き抜いたという行為はまったくその意味を失わない。これが、人類の特性を自分自身の法につねに従うわけではないという事実にみていたモンテスキュー、人間がおかれた条件の第一の特徴を**自己改善能力**（ペルフェクティビリテ）としたルソーが言おうとしていたことである。すなわちこれこれの資質を備えているということではなく、それらすべてを獲得する能力を備えているということである。リヴァロル〔一七五三―一八〇一。フランスの批評家、政論家、論文『フランス語の普遍性について』により著名〕の気には入らないかもしれないが、フランス語は普遍的なものではない。だが言語修得の能力は普遍的なのである。

もし普遍性をこのように理解することに同意するならば、普遍主義が自民族中心主義、あるいは科学主義へとずれていくことを妨げ（なぜならいかなる具体的内容をも規範として立てることを拒否するのだから）つつも、判断、少なくとも文化横断的な判断を放棄する相対主義という悪癖に陥ることもない。実際ここでは、私たちに絶対的諸価値への道を開いてくれるのは普遍性それ自体である。普遍的なのは、私たちが人類という同じ種に属しているということである。これは本当に僅かのことでしかないが、それで私たちの判断の基礎となるに十分なのである。欲望はそれがあらゆるひとびとの欲望となりうるものなら正当なものである、とモンテスキューは言っていた。そしてルソーは言っていた。ある利益はそれが一般的なものであればあるほど公正なものであり、正義とは人類全体を考慮に入れるということの別名であるにすぎない。この倫理の根本原理は、やはりモンテスキューによって明確に知覚された政治上の大原理によって補足されるだろう。人類の単一性が認められねばならないが、同時に社会の非均質性も認められねばならない。そうすれば自分が生まれた国の国境を超えて価値判断を下すことが可能になる。どのような状況においても専制と全体主義は悪であり、人間を男性であれ女性であれ奴隷とすることは悪である。このことはある文化が、**何らの検討も経ずに**、他の文化より優れたもの、普遍的なものの唯一の体現であるとされることがあるということを意味するのではない。その意味することは、存在している諸文化を比較することが可能であり、そのそれぞれについて賞賛すべきこと、非難すべきことを見いだせるということである。

三、最後にもうひとつ別の問題に触れなければならないが、これはこの本において検討された歴史的素材に関係するものである。その素材とはここ二五〇年と少しの期間にフランスにおいて**われわれと他者**をめぐる論争についてなされたもろもろの貢献である。検討されたさまざまの意見のうちいくつかのものが他のものより大きな役割を果したように思われる。人種理論（ラシアリスム）は、その兄とも言うべき科学主義に助けられた。エルネスト・ルナンを人種理論の象徴的人物と考えることができる。「共和主義的」ナショナリズムは、ミシュレ、トクヴィル、ペギーによって代表される。自己中心主義は、近代の異国趣味(エグゾティスム)の代表的形態であり、シャトーブリアンによって創始されロチおよび他の「印象主義者たち」によって引き継がれた(これに対し古い型の異国趣味はむしろ他者を寓意的に用いるというものであった)。科学主義、ナショナリズム、自己中心主義、これらの現象に私は名前と抽象的定義を与えてきたが、これらはいずれも個別の歴史的産物に対応するものであり、いかなる演繹体系をもってしても事前に予想できるものではなかった(自民族中心主義の場合はこれとは異なっている)。この三つの態度の意味するもの(そしてこれらと密接に結びついた他のいくつかの態度の意味するもの)は何だろう。

この問いに答えるために、私はすでに広大なものである私の主題をはみ出て、次のように問うことが必要だと思う。他者についての認識不足——というのもここで問題になっているのはまさしくそれなのだから——のこの代表的な諸形態の間には何らかの関係があるのだろうか。そしてこれらの諸形態は、同じ時期にフランスにおける公共生活を支配した諸イデオロギーとどのような関係をもっているのだろうか。

取り扱われた期間を特徴づけるもっとも全般的なイデオロギー上の争いは、ルイ・デュモンの表現を借りるなら全体論(オリスム)と個人主義の間のそれ、すなわちそこでは全体がそれを構成する諸要素より優位に立つ**共同体**(コミュノテ)と、そこでは諸個人がその所属する全体よりも重要である**社会**(ソシエテ)の間のそれである。あるいはより具体的に言うなら旧体制(アンシャン・レジーム)と共和国の間のそれである。だがこの争いは一見したところ私たちの主題にとくに関わりがあるとは思われない。フランス革命の前にも後にも、普遍主義者もいれば「個別主義者(パルティキュラリスト)」もいる。またナショナリズムを信奉する者もいれば「異国趣味を奉ずる者(エグゾティスト)」もいるのである。他者に対してどのような態度をとるかの選択は、直接的には、全体論を個人主義より好むのか、あるいはその逆かということには影響されない。フランス革命以前には、植民地征服はキリスト教の理想の仮面をつけていたが

（あらゆる国民は平等である。したがって最良の宗教――キリスト教――はあらゆる国民に等しく好都合なものである）、革命後は植民地征服は俗界の理想で飾り立てられて継続される（理性はいかなる風土にも影響されない。だがわれわれは理性のもっとも進んだ代表者である。したがってわれわれにはいたるところに理性を広げる権利があるばかりでなく、またそうする義務がある――そしてそのためにはまず領土を占拠しなければならない）。たぶん占領された諸国民にとってはこのふたつの間の差異はあまりはっきりと感じられるものではなかっただろう。伝統の尊重、階層秩序（イエラルシー）の尊重は個人主義よりは全体論的精神とのつながりが強い。だがすでにみたように、この双方とも民主主義が支配する土地においてもたやすく生き残るのである。

科学主義、ナショナリズム、極端な自己中心主義のいずれをとってみても、それは直接的に旧体制に由来するものではない。そして全体論のイデオロギーの代表者たちは、私たちが先立つ頁でおこなってきた分析ではごくわずかしか取り扱われていない。ところどころで、ときおり民主主義に対する何人かの敵対者の姿を私たちはみた。ゴビノー、テーヌ、ル・ボン、モラス、セガレン、そして時としてはレヴィ＝ストロースですらそうであった（ボナルド、ド・メストルというふたりの反革命の代表的な理論家についてはは別の文脈で名前をあげた）。だが第一に彼らの思想は純粋に全体論的なものであるというにはほど遠いものであり、第二に私たちの展望に属する諸主題について彼らの思想は、断固たる民主主義者たちの思想と同じものなのである。また科学主義、ナショナリズム、自己中心主義は全体論的イデオロギーによってては説明されえないだけでなく、それらが啓蒙と革命の精神の単なる否定にすぎないようなロマン主義の精神に由来するものでもないことを付け加えておかねばならない。あるいくつかの点については、ロマン主義は啓蒙主義の理性主義、普遍主義に直接的に対立するものの、私たちが扱っている主題においては、シャトーブリアン、ミシュレ、ルナンの「ロマン主義」と十七世紀、十八世紀を通じて練り上げられた個人主義哲学がおこなった選択に彼らが忠実であったことの間のつながりは明らかである。

私以外のひとびとがすでにこれと似たことを言っている。そして彼らはこのことから、科学主義、ナショナリズム、自己中心主義の教説が到来したこととの直接的な責任が人間主義のイデオロギーにあると結論した――そしてこれらの教説が今度はいくらかもっともらしく、現在までの二世紀の歴史で次々に起きた大殺戮（軍事的な、また植民地征服にともなう、また全体主義による）に結びつけられるのである。このことについて、いわゆる「啓蒙の弁証法」ということが言われたが、それは高貴な、あるいは魅力的なみかけのもとに、みずからを提示することを好むイデオロギーの真の相貌を暴露するはずのものだった。問題にされるのはもはや民主主義の外側の敵ではなく、民主主義の企図そのものの不可避の――「悲劇的な」――到達点であるとされるのである。私たちがおこなってきた分析からこのような結論を導き出すことができるだろうか。

答えは、まったく疑いなく、否である。ここでもまた、排中律の法則は適用されえない。もし私たちに示される選択が、私たちの不幸の責任は全体論にあるのか、それとも個人主義にあるのかというものであるとするならば、この選択自体を拒まなければならない。他の答え方が可能なのである。私が到達した答えは次のように言うことである。科学主義、ナショナリズム、自己中心主義は啓蒙の精神と無縁ではないが、その論理的帰結であるというよりは、そこからの**逸脱**である。この物語において、「悪党」は外部の敵でも、またそれまでは英雄と考えられてきた者でもなく、この英雄の幇助者、手下、付添いたちであり、彼らは長い間必要不可欠の者とみなされてきたが、実際は必要でも何でもなく、それどころか彼らの主人と目されてきた者の作り上げたものを破壊する危険すらもっているのである。

私にこのように考えさせるのはとくにふたつの事実である。第一に人間主義の諸原則と科学主義、ナショナリズム、自己中心主義の諸実践が論理的に両立不可能であることが確認されることである。科学主義はみずからが合理的であることを望む。だがそれは結局科学をそれまで宗教が占めていた場所におき、そうすることによって科学をその本質自体において否定してしまう。これがサン・シモン、コント、ルナンの場合である。トクヴィル、ミシュレ、ペギーについて言うなら、彼らは人間主義と愛国心を和解させるために、曲芸的な議論に訴えることを余儀なくされている。シャトーブリアン（およびその後継者たち）は、彼が同時に断言するふたつのことがらから帰結する逆説に立ち向かわねばならない。そのふたつとは以下のことである。私は全人類を愛する。だが私は自分にしか興味がない。

人間主義は必然的にそれ自体の倒錯に導かれると私が考えない第二の理由は、この人間主義自体から出てきた諸概念、諸原理を用いて科学主義、ナショナリズム、自己中心主義の悪習を分析できる（私はそのことを例証したと希望するが）ということにある。この本を生み出した探求を始めた時、私はモンテスキューとルソーがそこでシャトーブリアン、ミシュレ、ルナン、ペギーについての判断を下すことになるとは知らなかった。だが起こったのはまさしくそうしたことなのだ。モンテスキューとルソー（もし私が探求の範囲をフランスの国境を越えて進めたなら、ここにカントの名を付け加えることもできただろう）は、もし彼らの最良の部分をとるならば、人間主義の哲学を体現しており、この人間主義の哲学が十九世紀においてその本来の企図から逸脱したことの確認を私に許したのである。倫理は科学に従わされてはならないと主張し、世界市民主義（コスモポリティズム）と愛国心は両立しないものだが前者が後者より優れていると主張し、非社会的（アソシアル）な個人を想像することはできないと主張するのはルソーである。それぞれの国に固有の客観的諸条件から独立した、政治の普遍的原則を中庸に見いだしたのは、また文化に注意を向けること（「国民の精神」に注意を向けること）は必ずしも盲目的愛国心を含意しないことを示したのは、そして個人が属する社会集団の役割を明らかにしたのはモンテスキューである。そしてモンテスキューもルソーもともに、人間の生活がまったくほころびのない決定論によって支配されているとみなすことを拒否し、自由のうちに人間を他から区別する特徴を認めている。ふたりが前面に押し出す理想によって、私たちが十九世紀の「逸脱」を理解すること、そしてそれを弾劾することが可能になる。これらの逸脱は人間主義の頂点を形づくるのではなく、その廃墟なのである。

人間主義の哲学の敵でありながら、科学主義、ナショナリズム、自己中心主義はそのようなものとしてではなく、まさしく人間主義の哲学の不可避の帰結、必要不可欠の補足物として現れている。そして確かにこれらは歴史的にはこの同じ啓蒙の世紀の間に準備されるのである。科学主義はエルヴェシウスとディドロの唯物論のうちに、あるいはコンドルセのユートピア主義のうちに、ナショナリズムと自己中心主義は文脈と作品全体から切り離されたルソー自身のいくつかの言表のうちに準備されていたのである。その結果これらの逸脱の教説は、素顔をさらして公然の敵として前進するのではなく、人間主義とフランス革命の理想でみずからを飾るというごまかしをして進んだと言うことができるだろう。その証人としてはシャトーブリアン、ミシュレ、ルナンそしてその他多くの人物をあげることができる。何人かの歴史家の解釈の誤りはこのように説明できる。彼らは巧みな偽装あるいは素朴な幻想にすぎなかったものを、額面通り受けとり、これらの逸脱のイデオロギーの名のもとにおこなわれた数多くの大罪を人間主義に対して責めたてたのである。この同じ理由のゆえに、これらの逸脱のイデオロギーは民主主義の諸原則の維持にとって旧体制の残存物、絶対王政への時代遅れの懐旧の念などよりはるかに危険であるように私にはみえる。したがってなぜ私がこれらのイデオロギーにかくも多くの頁を費やし、旧体制の残存物について語るところがかくも少なかったかということは理解していただけるだろう。

このことはモンテスキューとルソーの思想においてすべてが完璧であるということだろうか。むろんそうではない。そもそも彼らふたりの意見が一致しないこともある（だが私が思うには、一般に思われているほどこうしたことは頻繁ではない）。したがって時として私は彼らのうちひとりを選んでもうひとりに反対せざるをえないこともあった。またある時には、彼らふたりの意見は一致しているにもかかわらず、自分は彼らに反対しなければならないと思ったこともあった。しかしとりわけ強調しておかねばならないのは、彼らが実際におこなったことが彼らの理論が示す点までいたりつかないことがしばしばあるということである。そのことは遠国の国民をどのように記述するかという点について先にみた通りである。モンテスキューは自民族中心主義が陥る罠と距離をとることの利点を非常にすばらしく分析しているのだが（『ペルシャ人の手紙』において）、『法の精神』においては、インド人、アフリカ人、中国人、日本人についてまったくお定まりの、そしてつまるところ彼らの尊厳を傷つける像を提示している。ルソーは他者を良く知るための諸原則を示したのだが（みずからの固有性を発見するために差異を観察する）、「未開人」を人間と動物の中間に位置づけている。モンテスキューとルソーが声高に叫んだ奴隷制度に対する原則上の非難と、それ以上の表現はしないとしても彼らの奴隷制度廃止のための戦いにおける熱意のなさの間にもやはり同様の不均衡が観察される。ほかにもひとつならずそのような例はある――このふたりの人物のふるまいに一貫性が欠けていることを隠す理由はない。

それでもなお、私たちが今日モンテスキューとルソーに対し判断を、しかも時として厳しい判断を下せるのは、彼らふたりの貢献によって定着した理想のおかげなのである。現実が理想に追いつかないということを嘆くという愚を犯すべきではない。彼らがみずからかかげた諸原則の高みにつねにとどまれなかったということを確認して満足するというけちくさい態度をとるより、モンテスキュー、ルソーの思想が到達した高みから利益を引き出そうとするほうがずっと面白い。したがってここでは彼らが犯した罪よりも、彼らが成し遂げたことを記憶しておこう。それは、彼らがそれぞれの仕方でかいまみた、普遍的枠組みを放棄することなしに人間集団相互の間の差異を認める可能性であり、個人と社会は基本的に非均質的な単位であるがゆえに、混交の、中庸の解決法だけが長期にわたって持続的に人間にとって好都合なものであるという考え方である（ルソーについて言えば、この結論に達するためには彼の全作品から恣意的にその一部分、たとえば『社会契約論』、あるいは『告白』を孤立させるのではなく、彼の全作品を考慮に入れなければならない）。

モンテスキュー、ルソーの人間主義と十九世紀に展開したような形の科学主義、ナショナリズム、自己中心主義との対比は私にまた別のことをも確認させる。これらの教説のそれぞれは人間生活のある局面だけを扱い、他の諸局面を排除したり、なおざりにしたりする。科学主義者たちにとって重要なのは普遍性（人間の全員が同じ種に属していること）のみである。この最初の同一性が獲られるや否や、そのことが単一の世界国家（エタ・ユニヴェルセル）を打ち立てるという目的で、あらゆる場所で同じ法を押し付けるということを含意してしまう。文化的差異（あるいは言葉のこのような意味での国民間の差異）は、なおざりにされてもかまわないものとされる。世界国家の旗に国民別のリボンを付けることでみな満足するだろう、とコントは示唆していた。個人間の相違もそれ以上に注意を払うべきこととはみなされない。またナショナリズムを信奉するひとびとは普遍的参照対象も、個人の自律への傾向もともに拒む（その証人としてミシュレ、ある時期におけるトクヴィル、バレスをあげよう）。自己中心主義――ルネとその多くの子孫たち――はと言えば、自己のことしかかまわず、普遍的展望も、国民文化の展望もともに打ち捨てておく。結果は、いずれの場合にも、嘆かわしいものである。

ところがモンテスキューとルソーが与える教訓は、人間のこの三つの局面、人間生活を組織するこの三つのレベルがすべて必要であると主張し、この三つのうちひとつのために他のひとつあるいはふたつを排除しないように用心しなければならないとすることである。モンテスキューは個人の自律の権利、安全の権利、私生活の自由の権利を認めるすべを知っていた。だからといって彼は文化的所属（国民の精神）の力の強さを知らなかったわけではない。そして最後に、彼の同時代人はそのことに気がつかなかったが、彼は普遍への参照を放棄しているわけではない。この普遍への参照だけが価値判断を根拠づけることを可能にするのである。専制はいかなる風土のもとであっても弾劾されるべきであり、祖国にとって良いことよりも全人類にとって有益であることのほうを優先すべきである。ルソーについても同様である。彼は人間がその中に巻き込まれている諸関係を次のように記述している。「みずからを他の諸存在との物理的関係、他の人間との道徳的関係によって考察したいま、彼にはみずからを同胞市民との社会的関係によって考察することが残されている」（『エミール』第五編、八三三頁）。私生活、社会・文化生活そして道徳生活はいずれも抹消されてはならず、またそのどれかが他のものに代わることがあってはならない。人間存在は複数的存在であり、それを無理に統一しようとすることは不可欠の部分を切り落とすことなのである。

だが人間主義をそれからの逸脱と対比し、人間主義のほうをより好むというだけでは不十分である。さらにそれらの逸脱の起源について問わねばならない。自己中心主義については事態は比較的明らかであるように思われる。これは個人の自律の原理の誇張された形態にすぎず、人間主義の哲学自体が最初の数歩を踏み出した方向へ過剰に進んだだけである。個人を必要な単位としただけでは満足せず、個人をさらにそれだけで自己充足した全体としたのである。ナショナリズム、科学主義、人種理論（ラシアリスム）、異国趣味（エグゾティスム）はこれとは異なる。これらの教説があれほどに「成功した」のは、他の表現形態をもたず、それが表現されねばならないと感じられていた諸価値を体現していたからである。それらの価値を列挙してみよう。科学主義は宗教の代わりに科学をおいた。ナショナリズムは社会・文化集団への帰属を価値あることとした。人種理論は人間には階層秩序（イエラルシー）が必要であると主張した。原始主義的異国趣味も原子化された個人を捨てて共同体を価値あるものとした。

　人間主義からの逸脱によって含意された、また主張された諸価値をこのように列挙して検討してみると、そこからふたつの結論を引き出すことができる。まず第一にこれらの諸価値はその起源を全体論のイデオロギーにもつということである。実際、宗教的コンセンサス、諸存在間また諸存在が占める位置の間の階層秩序を尊重し、個人より集団、経済的なことよりも社会的なことを尊重するのは全体論的社会である。すべてはまるで、近代の民主主義のさまざまな形態の基底にある個人主義的イデオロギーの勝利は全体論的諸価値を抑圧したが、それらはそのような扱いを受けるがままにはなっておらず、ナショナリズム、人権差別主義（ラシズム）あるいは全体主義的ユートピアといった怪物的形態のもとに復活するといった具合いに経過している。

　第二の結論は第一のそれから導き出される。全体論のイデオロギーも個人主義のそれも、いくつかの点からみて、世界の部分的表象であるにすぎない。それぞれ人間生活のいくつかの特徴を重要なものとみて、他の特徴をそれらに従属させる。つまり、すべての善を一方にみて、すべての悪を他方にみるということは誤りだということである。現在私たちが個人主義に発する諸価値に愛着を抱いている（人間主義に愛着を抱いている）ということは問題にされえない。だがすでにルイ・デュモンが示唆していたように、この人間主義を他の源泉に由来する諸価値、諸原則によって**穏和なもの**にすることには大きな利益があるだろう。根底的に両立不可能な場合は無理だが、支配的な諸要素と支配を受ける諸要素の間の関係を組み替えることが問題であるような場合にはそうすることは可能である。それはこれらの全体論的諸価値の背後で動く力を統御するために私たちがもっている唯一の希望でさえある。もしそれらの諸価値が人種差別主義、あるいは全体主義といった異様なまた危険な装いのもとにふたたび現れるのをみたいと思わないのなら、それらを飼い慣らす努力をしなければならない。

そのためには抑圧された全体論的諸価値に新たな表現を与えてやらねばならない。科学主義が栄えたのは、それが行動の導き手としての宗教がいなくなった後の空白を満たしたからであるにすぎない。この空白は埋められるべきだが、科学を偶像視することによってではない。民主主義のコンセンサスがその周囲に打ち立てられるいくつかの倫理上の大原則が、科学の適用、イデオロギーの逸脱を管理するのでなければならない。人種理論（ラシアリスム）は諸存在の間に階層秩序（イエラルシー）が存在するということを規則として打ち立てようとする。階層秩序が存在すること、またそうしたものを私たちが必要だと感じていることを否定しても何にもならない。だが素朴な生物学主義は退けられねばならない。私たちは公然と私たち自身の階層秩序、肉体的なそれではなく精神的なそれを引き受けねばならない。「すべては同等の価値をもつ」とする相対主義に私たちがくみしなければならない理由は何もない。ナショナリズムは集団への所属を価値あるものとする。だがこの所属が無益なものであるとか、あるいは無視できるものであるものと思うためには盲目でなければならない（たとえ集団から離脱することにはそれなりの利点があるとしても）。だがそれでも、文化的所属の強い感情をもっていたとしても、そのことはいかなる意味においても、市民としての排外的愛国心を含意しないということは主張できる。また各人が所属する集団はその規模においても、その性質においても多様なものであることも主張できる。一方には、家族、地区、町、地方、国、国家集団があり、他方には職業、年齢、性別、階級がある。原始主義的異国趣味は、懐旧の念をもって、それぞれの個人が他者に対し「人間的」であり続けることができ、また自然と交感できた時代と場所について語っていた。私たちもこうした価値を希求することはできるし、だからといって食事を米だけにする必要はない。

穏和な人間主義によって私たちは過去の、また今日もおこなわれている誤りから自分を守ることができる。安易な連想には別れを告げよう。すべての人間の権利上の平等を要求することは、価値の階層秩序を放棄することを全然意味しない。個人の自律と自由を愛することは私たちにあらゆる形態のもとにおける連帯を捨て去ることを強制するものではない。公共道徳を認めることが不可避的に宗教的不寛容、宗教裁判の時期への退行をまねくものではない。そして自然との接触をもとめることが洞窟の時期への退行をまねくものではない。

最後に一言付け加えておこう。モンテスキューとルソーはおそらく他のひとびとよりもよく人間生活の複雑さを理解し、他のひとびとよりも高貴な理想に表現を与えた。だからといって彼らが万能薬、あらゆる問題への解決法を見いだしたというわけではない。というのも彼らは、倫理、道徳感覚、自己をより高める能力が人間固有のものだということを知っていただけでなく（他の悲観論者や皮肉屋の思想家たちが主張していたのとは逆に）、エゴイズム、権力欲、単純な硬直した解決法への好みもまた人間固有のものであることを知っていたからである。個人のまた社会の「欠陥」もまた、その大きな長所と同様に、本質的な特徴なのである。したがって自分自身のうちにおいて、良いものを悪いものに打ち勝たせるための努力は個々人に帰せられる。いくつかの（「中庸を得（モデレ）た」）社会構造はこの仕事をより容易にするが、また別のいくつか（「専制的な」）社会構造はこの仕事を複雑なものにする。第一の型の社会構造が第二の型のそれよりも優勢になるようにあらゆることをしなければならない。だがどのような社会構造であっても個人がこの仕事をせずに済むようにできはしない。なぜならいかなる社会構造もそれがあるだけで自動的に善に導くということはないからである。知恵は遺伝的なものでも伝染するものでもない。ひとによってそれに到達できる度合は異なっており、知恵の獲得はつねにひとりひとりによってなされるものであり、ある集団、ある国家に所属するということによって自動的におこなわれるものではない。世界に存在しうる最良の体制とは、悪いところのもっとも少ない体制というにすぎず、たとえそうした体制のもとに生きていたとしても、すべては一から始められなければならない。他者とともに生きるすべを学ぶということもそうした知恵の一部である。

訳者あとがき

本書はツヴェタン・トドロフの一九八九年の著作 *Nous et les autres, La réflexion française sur la diversité humaine*, Éditions du Seuil, 1989 の全訳である。著者トドロフについては、すでに法政大学出版局から多くの翻訳が出版されており、その解説において十分説明がなされている。したがってここでは多くを説明することは差し控えるが、本書の理解に資すると思われる限りで紹介しておきたい。

トドロフは一九三九年にブルガリアで生まれ、一九六三年にパリに来てロラン・バルトのもとで研究生活に入った。若くして、構造主義的文学評論の旗頭のひとりとして頭角を現わす。また自身の著作活動と平行してロシアの文芸理論家バフチンのフランスへの紹介に力を尽くした。さらにはそれまでの著作スタイルを一変して、政治的・道徳的エッセーを数多く出版するようになっている。その経過については、トドロフ自身本書の序で詳しく述べている。

この彼の経歴と、本書の性格を合わせ見ていくと気づかされることがいくつかある。

まず第一に、彼が生まれ育った国がワルシャワ体制下の東欧の国家であったということである。彼がそこで経験したのは、政治的指導者たちの言説が空洞化しており、彼らの行動と彼らの言説の間にまったくの齟齬が生じているという事態であり、そうした権力者のもとで生きている自分たちも、言説と行動がまったく相互に嚙み合わない状態で生活することを余儀なくされるという事態であった。それゆえに、フランスにやってきたトドロフは、西ヨーロッパの国々の社会がその上に立脚している民主主義の原理に深い共感を寄せることになる。そして同時にまさしくその西ヨーロッパ社会において、トドロフが自国の政治的指導者たちの口から聞いていた語彙を用いて、多くの知識人が西ヨーロッパの政治体制を批判するのを見て、彼らの言説の妥当性についての思索を深めていくことになる。

第二に、本書の基本的骨格はフランス人が、自分たち自身（「われわれ」）と自分たち以外のひとびと（「他者」）をどのようにとらえてきたかという問題であるが、このようなトドロフの問題設定は、トドロフ自身のフランスにおける「外国人」としての生活と無縁ではないだろうということである。彼自身の外国人としての生活実感の表白というものは本書にそう色濃く現れているわけではない。序の中で、上に述べたように、彼がフランスにやってきて新たに得た友人たちの言動に対し若き日のトドロフが感じた違和感が述べられている程度である。だがトドロフの一九九一年の著作、『歴史のモラル』（邦訳、大谷尚文訳、法政大学出版局、一九九三年）に収められた「諸文化の交差についての覚書」という文章を読むと、次のような一節に出会う。

「私はヨーロッパの末端部に位置する小国、ブルガリアで育った。ブルガリア人は外国にたいして劣等感を抱いている。ブルガリア人は、外国からきたものであればどんなものでも、自国にあるものよりもすぐれていると考えている。たしかに、外の世界のすべての部分が同じ価値をもっているわけではない。もっともすぐれた外国は西ヨーロッパの国々によって具現されている。この外国に、ブルガリア人は逆説的な名をあたえている。その名とは〈ヨーロッパ〉ただそれだけである。織物、靴、洗濯機、ミシン、家具、さらにイワシの缶詰ですら〈ヨーロッパの〉ものであれば、よりすぐれているのである。」

かつての日本における「舶来」という語を思い起こさせるような話だが、このような国から、自国のものを良しとし自国の文化を高しとする中華思想においては世界でも指折りの国であるフランスにやってきたトドロフが、この点についての自国民の態度とフランス人のそれの違いに敏感にならざるを得なかっただろうことは容易に想像がつく。

さらに、フランスを旅行者として訪れるのではなく、そこで生活をするために滞在する場合には、誰もが自分の外国人としての立場を嫌でも認識せざるをえない場合がある。やはり同じ文章の中に次のような一節がある。

「私がフランスに暮らしにやってきたとき、外国人に対するこうした好意的な偏見に、もう一つの偏見がプラスされた。滞在許可証を更新してもらうために警視庁で何時間も順番を待たなければならなかった私は、私といっしょにいる、マグレブ人、ラテン・アメリカ人、アフリカ人など、ほかの外国人に強い連帯感をもつことができた。彼らも同じつらい規則に耐えていたのである。そのうえ窓口の係員やほかの場所にいる警備員、門番などの警官は、めずらしく平等主義的であり、細かなことにはこだわらなかった。つまりすべての外国人が同じしかたで扱われたのである。」

現在でも、フランスに滞在するためにやってくる外国人にとって、滞在許可証交付までの手続きは、思い出したくもない数々のエピソードに彩られていることがめずらしくないが、たとえ普段の生活において、自分が外国人であることで不快な思いをすることがあまりないとしても、フランス社会における自分の法的な地位というもっとも基本的な部分において、自分が外国人であるということを思い知らされるのである。このことは、フランス社会が外国人に対して非寛容な社会であるということを意味しない（そのことは、フランス、特にパリで暮らす外国人の数を考えれば直ちに了解できることである。また何より、フランス文化のダイナミスムは、外国人の貢献によって維持更新されている部分が大であること、トドロフという著述家もまたそうした例のひとつであることを忘れないでおこう）が、それでもこうした体験は極めて不快なものであり、そうした状況を生み出す原因に思索をむけさせる要因になる。トドロフが本書で採り上げる問題設定をおこなうに当たって彼がそもそもフランス人ではないということは無視できないことである。トドロフと同様にブルガリア出身のフランスの知識人、ジュリア・クリステヴァがやはり「外国人（異邦人）」というテーマを扱った著作をものしていることを思い起こさずにはいられない。

第三に注目したいのは、トドロフがロシアの文芸理論家、ミハイル・バフチンのフランスへの紹介にあたって大きな役割を果たしていることである。トドロフは一九六五年に『文学の理論——ロシアフォルマリスト論集』を翻訳刊行し、またバフチンの著作の仏訳がガリマール書店のイデー叢書から出版された際にはその序を書いている。そして一九八一年には『ミハイル・バフチン、ディアロジスムの原理』（邦訳『ミハイル・バフチン　対話の原理』大谷尚文訳、法政大学出版局、二〇〇一年）を著している。こうしたトドロフの一連の仕事が、クリステヴァによるそれと並んで、バフチンの著作を西洋世界に広く知らしめた。そのバフチンの文芸理論の最大の特徴はトドロフの著作の題名にある「ディアロジスム」と呼ばれるものである。つまり文芸作品を大まかにふたつの傾向に分け、一方に著者、あるいは語り手が占有的に言葉を所有するモノロジックな、すなわち独白的な文学を、他方に、作品の中で複数の声が、ある声が他の声を圧することなく響きわたり、その複数の声が対話的な関係に入るディアロジックな文学を見るというものである。そしてトドロフは本書において、まさしくそのディアロジスムをこそ、基本的な構成原理として採用しようとしている。すなわち本書においては「われわれと他者」をめぐる問題が、さらにいくつかの基本的なテーマ群に分割され、その各々のテーマをめぐって、フランス文学史・フランス思想史を彩るさまざまの作家たち、思想家たちが対話の関係に入り、そしてその対話の中に著者トドロフの声も混じっていくという形が採用されているのである。

さて、この「われわれ」と「他者」という問題を検討するにあたってトドロフが設定した基本的テーマ群は五つあり、そのそれぞれにひとつの章が当てられている。その五つのテーマとは「相対主義と普遍主義」、「人種理論」「国民」「異国趣味」「中庸」である。この五つのテーマは、近代（これは本書においてはおおよそ十六世紀以降を指している）すなわち大航海時代が終わって、ヨーロッパ人が特に南アメリカにおいて、それまで自分たちが知っていたひとびととは非常に異なったひとびとに出会って、この出会いについて意見を表明し始めた時期以降ということである。このヨーロッパ人とアメリカの住民との出会いについてはトドロフはすでに一九八二年に『アメリカの征服』（邦訳『他者の記号学——アメリカ大陸の征服』、及川・菊地・大谷訳、法政大学出版局、一九八六年）という一書を著しているが、これは、フランスにおける「われわれ」と「他者」をめぐる思考がそのまわりをめぐって展開されてきた軸を構成するものとトドロフがみなすものである。そして取り上げられる主要な著作家については、ある人物について一箇所のみで集中して述べられるのではなく、このようにして分割提示されたテーマのそれぞれについての各著作家の意見が、それぞれの場所で取り上げられるという形になっている。その主な著作家とはモンテーニュであり、エルヴェシウスであり、ミシュレであり、ルナンであり、ビュフォンであり、そして誰よりルソーである（モンテスキューについては若干事情が異なる）。

本書の構成については、以上の通りであるが、それでは本書の魅力はいかなるものであろう。それはまず何より次のことであろう。フランス文学史、あるいはフランスの思想史の中で確固とした地位を与えられ、その作品、あるいはその言説がほとんどその倫理的価値を問題視されることなく、ただひたすらその作家の言おうとしたことが何であるのかについてのみ問題にされることの多い作家たちの言説が、個別の特殊なテーマについておこなった発言だけを取り出されて、しかもお互いに対話の関係におかれることによって思いがけない相貌を見せてくれる。さらに、複数の作家たちの言説が、複数の言説の間に開かれる対照、対立、系譜があらわに姿を現してくる。しかも、それらの作家たちの言説が、文学や思想関係の書物をのみ紐解いていたのではまず出会うことのない、しかもこの「われわれと他者」という問題をめぐってはそれぞれの時代で大きな影響力をもった人物たち（ドイツ人でフランス革命への共感者であるクローツ、フランスの植民地主義推進の思想的支柱となったルロワ・ボーリューのような著作家、そしてその植民地政策推進の中心的力であったジュール・フェリーのような政治家、ビュジョー、サンタルノーのような軍人たち）の言説が紹介され、こうした人々の言説との間にもまた対照、対話が開かれていくことによって、展開される対話がより厚みをましていることも指摘しておかなければならないだろう。

しかもそのようにして開かれる展望が単に「彼ら」の問題なのではなく、本書を読みつつある「われわれ」の問題に直結しているというところに本書の最大の魅力があると言っていいかもしれない。われわれが目にするのはルソーとモンテスキュー、ゴビノーとトクヴィル、そして時代を超えて取り上げられる著作家たちが相互に交わし、また彼らとトドロフが交わす対話なのだが、本書を読むことはそのような対話にわれわれのそれぞれが加わっていくことであり、しかもそこで扱われている問題はまさしく「われわれ」の問題なのである。そのことは、今日のフランス社会を考えてみれば直ちに納得がいく。

「われわれと他者」という問題は、今日のフランス社会における大きな社会問題につながっているということを見逃してはならない。フランスはかつての巨大植民地帝国であり、フランスにはその過去の植民地からの移住民が多数居住している。またヨーロッパ大陸の中心にあり、過去から現在にいたるまで多くの亡命者を受け入れてきたフランスでは、国内に多数の外国出身者を抱えており、そのことが逆に失業問題とも相俟ってフランスにやってくる外国人に対してフランス人が抱く感情に複雑な影響を与えている。フランス国民戦線（FN）というナショナリズム政党がここ十数年ほどの間にとみにその勢力を伸ばしていること、こうした動きに対してこれを人種差別主義的として反発するSOSラシストといった人権擁護団体も盛んに活動をしていることは、フランスの現代社会について多少とも関心を持っている者にはよく知られていることだが、この国民戦線で最近分裂騒ぎがおこった。党の創立者で一種カリスマ的人気をもつルペン党首に対して、この党首のあからさまに人種理論的、人種差別的方針によってはこれ以上の党勢拡大が望めないと考えたメグレ元副党首を中心とするグループが反旗を翻し、ルペン党首を党外に追放しようとしたのである。このメグレ一派が持ち出す主張はあからさまな人種に基づく人種理論ではなく、トドロフが説明する用語を用いれば文化による人種理論である。トドロフのこの著作は、こうしたフランスの社会的文脈の中に位置付ける必要がある。

そしてトドロフのこの著作の主題である「われわれと他者」の問題は、トドロフにとっての「われわれ」、すなわちフランス人、ヨーロッパ人の問題であるとともに、当然「われわれ」日本人の問題でもあることは強調しておかなければならないだろう。あえてトドロフの言うことを単純化してしまえば、「われわれと他者」という問題設定をおこない、肯定的な価値と否定的な価値のそれぞれをこの「われわれ」あるいは「他者」という項のどちらかと同一視してしまいがちなことが、この「われわれと他者」をめぐってなされてきた言説が犯しがちなあやまちであった。ところで、これこそわれわれ日本人の心性に深く根ざしたものの考え方であったことは、幕末期の「尊王攘夷」のスローガンを引き合いに出すまでもなく、現在おこなわれている日本人論の数々が、日本的価値を称揚するものであれ、それを貶めるものであれ、「われわれ」と「他者」を相互に浸透不可能な、深く異質な単位として設定しがちであることを見れば十分了解できるであろう。その意味で、フランス社会においてこれまでなされてきた、この問題についての言説の歴史をたどることは、われわれ日本人自身の日本人観、外国人観を考え直すのに、好適の鏡となってくれることは疑いを入れない。

「われわれと他者」をめぐる基本的テーマ群を検討し終えたトドロフが彼自身の主張、彼自身の本書を書き終えた時点での立場として打ち出すのが、彼の用語に従えば「批判的人間主義」というものである。トドロフはここで、フーコーの有名な言葉「人間は死んだ」をそのスローガンとするような反‐人間主義の考え方に対して批判的な立場を選んでいる。その批判の要点は、反‐人間主義が、植民地主義、ナショナリズム、反ユダヤ主義の元凶として人間主義を位置づける傾向にあるのは誤りであり、これらのものは人間主義の必然的な帰結ではなく、むしろ人間主義からの逸脱であるというものである。このトドロフの主張は、序文にその名前が「私の友」として引かれているリュック・フェリーとアラン・ルノーによる『68年の思想』は「非形而上学的人間主義」が可能になる条件の探求という文脈のもとで、68年の思想的主調をなすと彼らが考えた反‐人間主義を批判したものであった。

トドロフは、この人間主義の系譜をフランス文学の系譜のうちに探る作業を、本書の刊行後も忍耐強く続けている。その作業は、この系譜を単に歴史的な、あるいは文学史的なものとしてでなく、それらの人間主義の系譜に属する作家たちの探求の成果を今日の人間の問題、まさしく倫理的な問題として考えようとするものである。その成果は一九九一年刊行の『歴史のモラル』(邦訳、大谷尚文訳、一九九三年、法政大学出版局)、一九九七年刊行の『バンジャマン・コンスタン——民主制への情熱』、一九九八年刊行の『不完全な庭——フランスの人間主義思想』といった著作に続々結晶している。

本書の翻訳は序、第一章、第二章の途中までを江口が担当し、それ以降を小野が担当し、訳語、訳文の統一には主に小野があたった。トドロフがフットワーク軽くかけまわる広大な領域と、彼の該博な知識に、訳者のフットワーク、知識が追いついていかず、非常に長期間にわたる翻訳作業となってしまった。本書の翻訳のきっかけを与えていただいた茨城大学名誉教授及川馥先生、忍耐強く、翻訳の完成を促してくださった法政大学出版局の稲義人氏、また丁寧に訳稿を検討して数々の貴重な示唆を惜しまれなかった同出版局の松永辰郎氏に、心よりお礼を申し上げたい。

二〇〇一年八月

訳者

著　者

ツヴェタン・トドロフ（Tzvetan Todorov）

1939年，ブルガリアに生まれる．1973年，フランスに帰化．ロラン・バルトの指導のもとに『小説の記号学』（67）を著して構造主義的文学批評の先駆をなす．『象徴の理論』（77），『象徴表現と解釈』（78），『言説の諸ジャンル』（78），『批評の批評』（84）で文学の記号学的研究をすすめるかたわら，『他者の記号学――アメリカ大陸の征服』（82）以後，記号学的見地から〈他者〉の問題に関心を深め，『ミハイル・バフチン――対話の原理』（81），『アステカ帝国滅亡記――インディオによる物語』（83），『はかない幸福―ルソー』（85），『われわれと他者』（89），『極限に面して』（91），『歴史のモラル』（91），『フランスの悲劇』（94），『共同生活』（95），『異郷に生きる者』（96），『未完の菜園』（98），『悪の記憶・善の誘惑』（2000），『越境者の思想』（02），『イラク戦争と明日の世界』（03），『絶対の冒険者たち』『啓蒙の精神』（06）などを刊行している．91年，『歴史のモラル』でルソー賞を受賞．

訳　者

小野　潮（おの　うしお）

1955年宮城県に生まれる．東北大学大学院博士課程単位取得修了．中央大学文学部教授．19世紀フランス文学専攻．著書に『〈来るべき〉民主主義』（共著），『グローバル化と文化の横断』（共著）など，訳書にL.フェリー／A.ルノー『68年の思想――現代の反－人間主義への批判』『68年－86年　個人の道程』，トドロフ『バンジャマン・コンスタン』『越境者の思想』『異郷に生きる者』『文学が脅かされている』『ゴヤ　啓蒙の光の影で』，G.ティヨン『ジェルメーヌ・ティヨン』などがある．

江口　修（えぐち　おさむ）

1950年広島県に生まれる．東北大学大学院博士課程単位取得終了．現在小樽商科大学言語センター特任教授．16世紀フランス文学専攻．訳書にC.ベーネ／G.ドゥルーズ『重合』，M.ヤグェーロ『言語の夢想者』（共訳），Th.パヴェル『ペルシャの鏡』，J.ドリュモー『罪と恐れ』（共訳）などがある．

《叢書・ウニベルシタス　707》
われわれと他者
フランス思想における他者像

2001年12月７日　　初版第１刷発行
2015年２月25日　新装版第１刷発行

ツヴェタン・トドロフ
小野　潮／江口　修 訳
発行所　一般財団法人　法政大学出版局
〒102-0071 東京都千代田区富士見 2-17-1
電話03(5214)5540／振替00160-6-95814
製版・印刷：三和印刷，製本：誠製本

Printed in Japan

ISBN978-4-588-14002-0

人名索引

ア行

カ行

サ行

タ行

ナ行

ハ行

マ行

ヤ行

ラ行

参考文献

原著部分に括弧無しで記載されている西暦年は使用した版のものである．初版の出版年を記載する場合は（　）内に記した．原著の出版地の記載がない場合の出版地はパリである．邦訳については，これがある場合に（　）内にその邦訳題を示す．［　］内は邦訳がない場合，また邦訳があっても本書中で既存の邦訳とは異なった書名に訳した場合，本書中で用いた訳語を示している．

I．本文中で扱われたテキスト

Artaud, A., (1896-1948)　アルトー

Messages révolutionnaires (1936), Gallimard, 1971（『革命のメッセージ』高橋純・坂原真理訳，1996年，白水社）

Les Tarahumaras (1936), Gallimard, 1974［『タラユマラ族』］（『タラユマラ』伊東守男訳，ベヨトルエ房，1981）

Barrès, M., (1862-1923)　バレス

L'Œuvre de Maurice Barrès, Club de l'honnête homme, 20 vol., 1965-1969

—《Intervention à la Chambre》(1906), t. V.［『国会演説集』］

—《Une enquête au pays du Levant》(1923), t. XI.［『レバントでの調査』］

（他の版）

Scènes et Doctorines du nationalisme (1902), 2vol., 1925.〔『ナショナリズムの情景と教義』〕（『国家主義とドレフュス事件』稲葉三千男訳，1994年，創風社（第一巻のみの翻訳））

《Lettres à Maurras》(1908), in Ch. Maurras, *Enquête sur la monarchie,* 1924.

Bonald, L. de (1754-1840)　ボナルド

Théorie du pouvoir politique et religieux (1796), 1843.［『政治的宗教的権力論』］

Buffon, G.-L. L. de, (1707-1788)　ビュフォン

Œuvres complètes, Pourrat Frères, 22vol., 1833-1834

（他の版）

De l'homme (1749), Maspero, 1971.［『人間について』］（『ビュフォンの博物誌』部分訳，C・S・ソンニーニ原編集，ベカエール直美訳，工作舎，1991年）

Chateaubriand, F. -R. de (1768-1848)　シャトーブリアン

Atala, René (1801, 1802), Garnier-Flammarion, 1964.（『アタラ・ルネ』辻昶訳，旺文社文庫，1976年）

Itinéraire de Paris à Jérusalem (1811), Garnier-Flammarion, 1968. [『パリ・エルサレム紀行』]
Mémoires d'outre-tombe (1850), Ministère de l'Éducation nationale, 2vol., 1972.[『墓の彼方からの回想』](『墓の彼方の回想』部分訳，真下弘明訳，勁草書房，1983年)
Les Natchez (1826), 1831 [『ナチェーズ族』]
Voyages (1827), 1829. [『旅行記集』]

Cloots, A., (1755-1794) クローツ
《Discours》(1790), *Procès-verbal de l'Assemblée nationale,* t.XXII [『国民議会議事録』]
Lettre à un prince d'Allemagne, 1791. [『あるドイツの太守への書簡』]
La République universelle, 1792. [『世界共和国』]

Comte, A., (1798-1857) コント
Système de politique positive, 4vol., 1848-1854. [『実証政治体系』]

Condorcet, M. -J. -A. -N. de, (1743-1794) コンドルセ
Œuvres, 12 vol., 1847-1849,
—《De l'influence de la révolution d'Amérique sur l'Europe》(1786), t. VIII.
—《Discours de réception à l'Académie française》(1782), t. I [「アカデミー・フランセーズへの入会演説」]
—《Fragment de justification》(1793), t. I [「弁明断章」]
—《Observations de Condorcet sur le vingt-neuvième livre de l'*Esprit des lois*》
(1780), t. I. [「『法の精神』第二九編についてのコンドルセの見解」]
—《Réflexion sur l'esclavage des nègres》(1781), t. VII
(他の版)
Esquisse d'un tableau historique des progrès de l'esprit humain (1793), Éditions sociales, 1971. [『人間精神の進歩に関する歴史的展望の素描』](『人間精神進歩史』渡辺誠訳，岩波書店，1951年)

Descartes, R., (1596-1650) デカルト
Œuvres et Lettres, Gallimard-Pléiade, 1953.

Diderot, D., (1713-1784) ディドロ
《Supplément au voyage de Bouganville》(1772), *Œuvres philosophiques, Garnier,* 1964 (『ブーガンヴィル航海記補遺　他一編』浜田泰佑訳，岩波文庫，1953年)

Ferry, J., (1832-1893) フェリー
Discours et Opinions, 7vol., 1893-1898.
—《Discours à la Chambre》(1885), t. V. [『議会演説集』]
—《Préface》à *Tonquin et la mère-patrie* (1890), t. V. [『トンキンと母なる祖国』]

Gérando, J. -M. de, (1772-1842) ジェランド
《Considérations sur les diverses méthodes à suivre dans l'observation des peuples sauvages》(1800), in J. Copans, J. Jamin(éd.), *Aux origines de l'anthoropologie française,* Le Sycomore, 1978. [『未開民族の観察においてとるべきさまざまな方法に関する考察』]

Gobineau, J. -A. de, (1816-1882) ゴビノー
Essai sur l'inégalité des races humaines (1853-1855), Œuvres, t. I, Gallimard-Pléiade, 1983. [『人種不平等論』]
《Lettre à Tocqueville》, in A. de Tocqueville, *Œuvres complètes,* Gallimard, t. IX, 1959 [「トクヴィル宛書簡」]

Helvétius. Cl. -A., (1715-1771) エルヴェシウス
Traité de l'esprit (1758), *Œuvres complètes,* t. I et t. II, 1827 [『精神論』]
《Lettre à Montesquieu》,《Lettre à Saurin》(1747), in Ch. de Nontesquieu, *Œuvres,* t. VIII, 1819. [「モンテスキュー宛書簡」「ソラン宛書簡」]

La Bruyère, J. de, (1645-1696) ラ・ブリュイエール
Œuvres complètes, Gallimard-Pléiade, 1951
—《Les Caractères, ou les mœurs de ce siècle》(1688) (『カラクテール』関根秀雄訳, 岩波文庫, 1952年)
—《Discours prononcé à l'Académie française》(1694) [「アカデミー・フランセーズでの演説」]

Lahontan, L. -A., (1666-1715) ラオンタン
Nauveaux voyages, Mémoires de l'Amérique septentrionale, Dialogues curieux entre l'Auteur et un Sauvage (1703-1705), 1931. (『ユートピア旅行記叢書;4. ヨーロッパ精神の危機の時代;2』「著者と旅行経験をもつ良識ある未開人との興味津々の対話/ラオンタン」川合清隆訳, 岩波書店, 1998年)

Lanessan, J. -M. de, (1843-1919) ラヌサン
L'Expansion coloniale de la France, 1886. [『フランスの植民地拡大』]
L'Indo-Chine francaise, 1889. [『仏領インドシナ』] (『仏領印度支那拓殖誌』拓殖務大臣官房文書課訳, 拓殖務大臣官房文書課, 1897年)
Principes de colonialisation, 1897. [『植民地建設の諸原則』]

Le Bon, G., (1841-1931) ル・ボン
Les Lois psychologiques de l'évolution des peuples (1894), 1902.) [『民族進化の心理法則』] (ギュスターヴ・ル・ボン, 『民族心理及群衆心理』大日本文明協會訳, 大日本文明協會, 1915年)

Lévi-Strauss, Cl., (1908-) レヴィ＝ストロース
Antholopologie structurale, Plon, 1958（『構造人類学』荒川他訳，みすず書房，1972年）
Antholopologie structurale deux, Plon, 1973.［『構造人類学』2］
Le Cru et le Cuit, Plon, 1964［『生のものと焼いたもの』］
《Entretien》, *Le Monde,* le 21 janvier 1979.［「対話」『ル・モンド』］
L'Homme nu, Plon, 1971.［『裸の人間』］
L'Identité, séminaire dirigé par Cl. L. -Strauss.（1977）, PUF, 1983.［『自己同一性』］
《Introduction à l'œuvre de M. Mauss》, in M. Mauss, *Sociologie et Antholopologie,* PUF, 1950.
La Pensée sauvage, Plon, 1962.（『野生の思考』大橋保夫訳，みすず書房，1976年）
Le Regard éloigné, Plon, 1983.（『はるかなる視線』三保元訳，みすず書房，1988年）
Tristes Tropiques（1955）, Plon, 1965.（『悲しき熱帯』川田順造訳，中央公論社，1977年）

Loti, P., (1850-1923) ロチ
Aziyadé（1879）, Calmann-Lévy, 1987.（『アジヤデ』工藤庸子訳，新書館，2000年）
Madame Chrysanthème（1887）, 1914.（『お菊さん』関根秀雄訳，河出書房，1954年）
Le Mariage de Loti（*Raharu*）（1880）, 1923［『ロチの結婚』（『ララユ』）］（『ロチの結婚』津田穣訳，世界文学社，1945年）
Le Roman d'un spahi（1881）, Presses Pocket, 1987.（『アフリカ騎兵』渡辺一夫訳，岩波文庫，1952年）

Maistre, J. de, (1753-1821) メストル
Considérations sur la France（1797）, Garnier, 1980.［『フランスについての考察』］

Maurass, Ch., (1868-1952) モラス
Œuvres capitales, Flammarion, 4vol., 1954.
—《L'avenir du nationalisme français》（1949）, t. II.［『フランスのナショナリズムの未来』］
—《Mes idées politiques》（1937）, t. II.［『私の政治思想』］
（他の版）
Enquête sur la monarchie（1909）, 1924.［『君主政治に関する調査』］

Michaux, H., (1899-1984) ミショー
Equador（1929）, Gallimard, 1974..［『エクアドル』］（『紀行・芸術論』（アンリ・ミショー全集3，小海永二訳，青土社，1987年）
Un barbare en Asie（1933, 1967）, Gallimard, 1982（『アジアにおける一野蛮人』小海永二訳，彌生書房，1983年）

Michelet, J., (1798-1874) ミシュレ
Œuvres complètes, Flammarion, 1971 s.
—*Histoire de France* (1833-1869), t. IV, 1974. [『フランス史』]
—*Introduction à l'histoire universelle* (1831), t. II, 1972. (『世界史入門』大野一道訳, 藤原書店, 1993年)
(他の版)
La France devant l'Europe (1871), *Œuvres complètes,* t. XXXVII, 1898. [『ヨーロッパを前にしたフランス』]
Le Peuple (1846), Flammarion, 1974 (『民衆』大野一道訳, みすず書房, 1977年)

Montaigne, M. de, (1533—1592) モンテーニュ
Essais (1580-1588), *Œuvres complètes,* Gallimard-Pléiade, 1967. (『エッセー』原二郎訳, 岩波文庫, 1965年〜1967年)

Montesquieu, Ch. de, (1689-1755) モンテスキュー
Œuvres complètes,, Seuil, 1964.
—*De l'esprit des lois* (1748). (『法の精神』野田良之他訳, 岩波文庫, 1989年)
—《Essai sur le goût》(1754) [「趣味論」]
—*Lettres persanes* (1721). (『ペルシア人の手紙』大岩誠訳, 岩波文庫, 1950年)
—Pensées [『私の考え』]
—《Traité des devoires》(1725)) [「義務論」]
(他の版)
《Lettres》, *Œuvres complètes,* Nagel, 3vol., t. III, 1955. [「書簡」『全集』]

Nizan, P., (1905-1940) ニザン
Aden Arabie (1932), La Découverte, 1984. (『アデン・アラビア』花輪莞爾訳, 角川文庫, 1973年)

Pascal, B., (1623-1662) パスカル
Pensées (1657-1662), Garnier, 1966. (『パンセ』前田陽一・由木康訳, 中公文庫, 1973年)

Péguy, C., (1873-1914) ペギー
L'Argent suite, 1913 [『続金銭』]
《Lettres à Millerand》, in A. Martin, 《Péguy et Millerand》, *Feuillets de l'amitié Charles Péguy,* 1979.
Notre Jeunesse, 1910. 『われらの青春』(『われらの青春——ドレフュス事件を生きたひとびと』磯見辰典訳, 中央出版社, 1976年)
Notre Patrie, 1905. [『われらの祖国』]
Victor-Marie, comte Hugo, 1910. [『ヴィクトール＝マリー, ユゴー伯爵』]

Renan, E.,（1823-1892） ルナン

Œuvres complētes, 10vol., Calmann-Lēvy, 1947-1961.

—*L'Avenir de la science*（1848), t. III.［『科学の未来』］（『科学の将来』西宮藤朝訳，資文堂，1926年）

—《L'Avenir religieux des sociētes modernes》(1860), t. I.［「近代社会の宗教の未来」］

—*Caliban*（1878), t. III. .［『キャリバン』］

—《La chair d'hēbreu an Collēge de France》(1862), t. I.［「コレージュ・ド・フランスヘブライ学教授就任演説」］

—《Confērence faite ā l'Alliance pour la propagation de la langue française》(1888), t. II.［「フランス語の普及のためにアリアンス・フランセーズでなされた講演」］

—《De la part des peuples sēmitiques dans l'histoire de la civilisation》(1862), t. II.［「文明史におけるセム諸民族の寄与」］

—《Le dēsert et le Soudan》(1854), t. II.［『砂漠とスーダン』］

—《Dialogues philosophiques》(1871), t. I.［『哲学的対話』］（『世界大思想全集；哲学・文芸思想篇23』『哲学的対話』，平岡昇訳，河出書房，1953年）

—*Dialogues et Fragments philosophiques*(1876), t. I.［『哲学的対話と哲学的断章』］

—《Discours ā la confērence "Scientica"》(1855), t. I.［「『スキエンティア』講演会での演説」］

—《Discours de rēception ā l'Acadēmie française》(1879), t. I.［「アカデミー・フランセーズ入会演説」］

—*Discours et Confērences*（1887), t. I.［『演説と講演』］

—《Discours prononcē au Collēge de France》(1884), t. I.［「コレージュ・ド・フランスにおける演説」

—*Drames philosophiques*（1888), t. III.［『哲学劇』］

—《L'eau de jouvence》(1881), t. III. .［若返りの水」］

—《Examen de conscience philosophique》(1888). t. II. .［「哲学的意識の検証」］

—《La guerre entre la France et l'Allemagne》(1870), t. I. .［「仏独戦争」］

—《Histoire de l'instruction publique en Chine》(1847), t. II. .［「中国における公教育の歴史」］

—*Histoire du peuple d'Israel*(1887-1891), t. VI.［『イスラエル民族史』］

—*Histoire gēnērale et Sysēme comparē des langues sēmitiques*(1855), t. VIII・［『セム語族言語一般史』］

—《L'instruction supērieure en France》(1864), t. I. . .［「フランスの高等教育」］

—《L'Islamisme et la science》(1883), t. I.［「イスラム教と科学」］

—《Le Judaisme comme race et comme religion》(1883), t. I.［「人種としてのユダヤ，宗教としてのユダヤ」］

—《Lettre ā Gobineau》(du 26 juin 1856), t. X.［「ゴビノー宛書簡」］

—《Lettre ā M. Guērault》(1862), t. I.［「ゲロー氏宛書簡」］

—《Lettre ā M. Strauss》(1870), t. I.［「シュトラウス氏宛書簡」］

—《M. Cousin》(1858), t. II.［「クザン氏」］

—《M. de Sacy et l'ēcole liberale》(1858), t. II. .［「サシ氏とリベラルな学校」］

—*Mélanges d'histoire et de voyages* (1878), t. II. [『歴史・旅行雑稿』]
—《La métaphysique et son avenir》(1860), t. I. [「形而上学とその未来」]
—《La monarchie constitutionnelle en France》(1869), t. I. [「フランスの立憲王政」]
—《Nouvelle lettre à M. Strauss》(1871), t. I. . [「シュトラウス氏宛の新たな書簡」]
—*De l'origine du langage* (1848-1858), t. VIII [『言語活動の起源』].
—《La part de la famille et de l'État dans l'éducation》(1869), t. I.
—《Philosophie de l'histoire contemporaine》(1859), t. I. [「現代史の哲学」]
—《Le prêtre de Nemi》(1885), t. III. [「ネミの司祭」]
—《Qu'est-ce qu'une nation?》(1882), t. I. . (『国民とは何か』鵜飼哲他訳，河出書房新社，1997年)
—*Questions contemporaines* (1868), t. I. [『現代の諸問題』]
—《La réforme intellectuelle et morale de la France》(1871), t. I. [「フランスの知的・道徳的改革」]
—《Les sciences de la nature et les sciences historiques》(1863), t. I. [「自然諸科学と歴史諸科学」]
—《Des services rendus aux sciences historiques par la philologie》(1878), t. VIII. [「文献学が歴史学に対してなした貢献」]
—《La société berbère》(1873), t. II. [「ベルベル人の社会」]
—*Souvenirs d'enfance et de jeunesse* (1883), t. II. [『幼年時代・青年時代の思い出』] (『思い出』杉捷夫訳，岩波文庫，1953年)

Rousseau, J. -J., (1712-1778)　ルソー
Œuvres complètes, Gallimard-Pléiade, 4vol., 1959-1969.
—*Les Confessions* (1770), t. I. [『告白』] (ルソー全集1-2，小林善彦訳，白水社，1981年) (桑原武夫訳，岩波文庫，1965年)
—*Considérations sur le gouvernement de Pologne* (1772), t. III. [『ポーランド統治論』] (ルソー全集５，永見文雄訳，白水社，1981年)
—*Du contrat social* (1761), t. III. [『社会契約論』] (ルソー全集５，作田啓一訳，白水社，1981年) (桑原武夫・前川貞次郎訳，岩波文庫，1954年)
—*Du contrat social,* première version (1760), t. III. [『社会契約論』第一稿 (ジュネーブ草稿)] (ルソー全集５，作田啓一訳，白水社，1981年)
—*Dialogues* (1772-1776), t. I. [『ルソー，ジャン＝ジャックを裁く一対話』] (ルソー全集3, 小西嘉幸訳，白水社，1979年)
—*Discours sur les sciences et les arts* (*Premier discours*) (1749), t. III. [『学問芸術論』(第一論文] (ルソー全集４，山路昭訳，白水社，1978年) (前川貞次郎訳，岩波文庫，1982年)
—*Discours sur l'origine de l'inégalité* (*Deuxième discours*) (1754), t. III. [『人間不平等起源論』(第二論文)] (ルソー全集４，原好男訳，白水社，1978年) (本田喜代治・平岡昇訳，岩波文庫，1933年)
—《Écrits sur l'abbé de Saint-Pierre》(1756-1757), t. III. [「サン＝ピエール神父論」] (「戦争状態は社会状態から生まれるということ」，ルソー全集４，宮治弘之訳，白水

社，1978年）
—*Émile*(1761), t. III. [『エミール』]（ルソー全集6-7，樋口謹一訳，白水社，1982年）（今野一雄訳，岩波文庫，1962年〜1964年）
—《Fragments politiques》(1754-1760), t. III. [『政治的断章』]
—*Julie ou la Nouvelle Héloïse*(1758), t. II. [『ジュリーまたは新エロイーズ』]（ルソー全集9-10，松本勤訳，白水社，1981年）（安士正夫訳，岩波文庫，1960年〜1961年）
—《Lettre à Beaumont》(1762), t. IV. [「パリ大司教，クリストフ・ボーモンへの手紙」]（ルソー全集７，西川長夫訳，白水社，1982年）
—*Lettres écrites de la montagne*(1764), t. III. [『山からの手紙』]（ルソー全集８，永見文雄訳，白水社，1979年）
（他の版）
Essai sur l'origine des langues(1757), Bordeaux, Ducros, 1968. [『言語起源論』]（ルソー全集11，竹内成明訳，白水社，1980年）
Lettre à d'Alembert(1758), Garnier-Flammarion, 1967. [『ダランベールへの手紙』]（ルソー全集8，西川長夫訳，白水社，1979年）

Sade, D.-A.-F. de,（1740-1814） サド
La Philosophie dans le boudoir(1795), *Œuvres complètes,* J.-J. Pauvert, t. XXV, 1968.（『閨房哲学』澁澤龍彦訳，角川書店，1966年）

Saint-Simon, H. de,（1769-1825） サン＝シモン
De la réorganisation de la société européenne(en collaboration avec Augustin Thierry)（1814), 3 vol., Bruxelles, t. II, 1859.（『ヨーロッパ社会の再組織について』，『サン・シモン著作集』第二巻，森博編訳，恒星社厚生閣，1987年）

Segalen, V.,（1878-1919） セガレン
Briques et Tuiles(1909), Montpellier, Fate Morgana, 1975. [『煉瓦と瓦』]
Équipée(1915)［『軽挙』］（『「エグゾティスム」に関する試論；羈旅』木下誠訳，現代企画室，1995年), Stèles（1912)［『碑帖』］；*Stèles, Peintures, Équipée, Plon,*（1970)［『碑帖』『絵いろいろ』『軽挙』］
Essai sur l'exotisme（1904-1918), Montpellier, Fata Morgana, 1978.［『エグゾティスムに関する試論』］（『「エグゾティスム」に関する試論；羈旅』木下誠訳，現代企画室，1995年）
Voyage au pays du réel（1914), Le Nouveau Commerce, 1980.［『現実のものの国への旅』］

Sieyès, E.,（1748-1836） シェイエス
Qu'est-ce que le tiers état?（1789）PUF, 1982.［『第三身分とは何か』］（『第三階級とは何か：他二篇』大岩誠訳，岩波文庫，1950年）
Opinions du 2 thermidor, an III, Convention nationale, an III.［革命暦第三年テルミドール二日の演説］

Taine, H., (1828-1893)　テーヌ

Derniers Essais de critique et d'histoire, 1894［『批評と歴史，最後の随想』］

Essais de critique et d'histoire (1866), 1923.［『批評と歴史，随想』］

Histoire de la littérature anglaise (1864), 1905［『イギリス文学史』］（『英国文学史――古典主義時代』手塚リリ子・手塚喬介訳，白水社，1998年）

Les Origines de la France contemporaine, 1876-1896.［『現代フランスの起源』］（『近代フランスの起源――旧制時代』岡田真吉訳，角川書店，1963年）

《Philosophie de l'art dans les Pays-Bas》(1868), *Philosophie de l'art,* Fayard, 1985.［『芸術哲学』］（『藝術哲學』広瀬哲士訳，東京堂，1948年）

Tocqueville, A. de, (1805-1859)　トクヴィル

Œuvres complètes,, Gallimard, 1951 et sq.

—《L'émancipation des esclaves》(1843), t. III, vol. 1.［「奴隷解放」］

—《L'Inde, plan》(1843), t. III, vol. 1.［「インド，計画」］

—《Intervention》(1846), t. III, vol. 1.［「議会発言録」］

—《Lettre sur l'Algérie》, t. III, vol. 1.［「アルジェリアについての書簡」］

—《Lettres à Gobineau》, t. IX.［「ゴビノー宛書簡」］

—《Lettres à J. S. Mill》, t. VI, vol. 1.［「J・S・ミル宛書簡」］

—《Rapport》(1839), t. III, vol. 1.［「報告」］

—《Rapport sur l'Algerie》(1847), t. III, vol. 1.［「アルジェリアについての報告」］

—《Travail sur l'Algérie》(1841), t. III, vol. 1.［「アルジェリアでなすべきこと」］

—《Notes de voyage en Algérie》(1841), t. V, vol. 2.［「アルジェリア旅行記」］

Œuvres complètes, 9 vol., 1864-1867

—《Lettre à Lord Hatherton》(du 27 novembre 1857), t. VI.［「ハザートン卿宛書簡」］

—《Lettre à Senior》(du 15 novembre 1857), t. VI.［「シニア宛書簡」］

—《Voyage aux Etats-Unis》(1831), t. VIII.［「アメリカ合衆国への旅」］

（他の版）

De la démocratie en Amérique (1835-1840), 2vol., Garnier-Flammarion, 1981・（『アメリカの民主政治』松本礼二訳，岩波文庫，2005年，2008年）

《Lettre à Lamoricière》(du 5 avril 1846), in A. Jardin, *A. de Tocqueville, 1805-1859,* Hachette, 1984［「ラモリシエール宛書簡」］

Voltaire, F. -M., (1694-1778)　ヴォルテール

Œuvres complètes, 52 vol., 1877-1855.

—*Annales de l'Empire* (1753), t. XIII.［『帝国年代記』］

—*Dictionnaire philosophique* (1764), t. XX.（『哲学辞典』高橋安光訳，法政大学出版局，1988年）

—*Pensées sur le gouvernement* (1752), t. XXIII.［『政府についての考察』］

—*Traité de métaphysique* (1734), t. XXII.［『形而上学』］

（他の版）

Essai sur les mœurs (1756-1775), 2 vol., Garnier, 1963.［『習俗論』］

2. 他の引用・参考文献

Ageron, Ch. -R., *France coloniale ou parti colonial?,* PUF, 1978.

Alembert, J. d' ダランベール

《Éloge de Montesquieu》, in Montesquieu, *Œuvres,* t. VIII, 1819. [『モンテスキュー讃』]

Arendt, H. アーレント

The Origins of Totalitarism, New York, 1958 ; *Les Origines du totalitarisme,* Seuil, 1972. (『全体主義の起源』 1，2，3．大久保他訳，みすず書房，1991年)

Aristote アリストテレス

La Politique, Vrin, 1982. (『政治学』) [『政治學』山本光雄訳，河出書房，1951年]

Aron, R. アロン

Les Étapes de la pensée sociologique, Gallimard, 1967. (『社会学的思考の流れ』北川他訳，法政大学出版局，1974年，1984年)

Atkinson, G., *Les Relations de voyage au XVII*eme *siècle et l'évolution des idées,* 1927.

—, *Le Sentiment de la nature et le Retour à la vie simple, 1690-1740,* Minard, 1960.

Aulard, A., *Le Patriotisme français de la Renaissance à la Révolution,* 1921.

Barthes, R. バルト

L'Empire des signes (1970), Flammarion, 1980. [記号の帝国] (『表徴の帝国』宗左近訳，ちくま学芸文庫，1996年)

Barzun, J., *Race, A Study in Superstition* (1937), New York, 1965.

Baudelaire, Ch. ボードレール

《L'invitation au vouage》 (1857), *Œuvres complètes,* Gallimard-Pléiade, t. I, 1975. [「旅への誘い」]

Bénichou, P. ベニシュー，*Le Temps des prophètes,* Gallimard, 1977.

Berlin, I. バーリン

Against the Current, Harmondsworth, 1979.

—, *Four Essays on Liberty,* Oxford, 1969. (『自由論』小川晃一他訳，みすず書房，1997年)

Bossuet, J. -B. ボシュエ

Politique tirée des propres paroles de l'Écriture sainte (1704), Genève, Droz, 1967. [『聖書から引き出された政治』]

Bouiller, H., *Victor Segalen,* Mercure de France, 1961.

Bugeaud, Th. -R. ビュジョー

Par l'épée et par la charrue : écrits et discours de Bugeaud, PUF, 1948. [『演説』(『剣と犂——ビュジョーの著作と演説』)]

Cahm, E., *Péguy et le Nationalisme français,* Cahiers de l'Amitié Ch. Péguy, 1972.

Chinard, G., *L'Amérique et le Rêve exotique dans la littérature française aux XVII*e *et XVIII*e *siècles,* 1913.

Constant, B.　コンスタン
《De M. Dunoyer et de quelques-uns de ses ouvrages》(1826), *De la liberté chez les Modernes,* Hachette, 1980［「デュノワイエ氏とその著作について」］
—, *Principes de politique* (1806), Genève, Droz, 1980.［『政治の諸原則』］
Les Constitutions de la France, Garnier—Flammarion, 1979.［『フランス憲法集成』］
Derathé, R.,《Patriotisme et nationalisme au XVIIIe siècle》, *Annales de philosophie politique,* IX (1969)
Duchet, M., *Anthoropologie et Histoire au siècle des Lumières,* Flammarion, 1977.
Durand-Maillane, P.-T.　デュラン＝マイヤーヌ
Histoire apologétique du Comité ecclésiastique de l'Assemblée nationale, 1791.［『聖職者委員会の護教的歴史』］
Dumont, L.　デュモン
Essais sur l'individualisme, Seuil, 1983（『個人主義論考』渡辺公三・浅野房一訳，言叢社，1994年）
Ferry, L., Renaut, A., *Heidegger et les Modernes,* Grasset, 1988.
Dom Ferlus　ドン・フェルリュス
Le Patriotisme chrétien, 1787.［『キリスト教的愛国心』］
Galard, J.,《Descartes et les Pays-Bas》, in *La France aux Pays-Bas,* Vianen, Kwadrat, 1985.
Gaulthier, J. de　ゴーティエ
Le Bovarysme, 1892.［『ボヴァリスム』］
Gellner, E.　ゲルナー
Nations and Nationalism, Ithaca, N. Y., 1983.（『民族とナショナリズム』加藤節監訳，岩波書店，2000年）
Girardet, R., *L'Idée coloniale en France,* 1871-1914 (1972), Hachette, 1986.
—, *Le Nationalisme français. Antholopologie* (1966), Seuil, 1983.
Goldschmidt, V.　ゴールドシュミット
Antholopologie et Politique. Les principes du système de Rousseau, Vrin, 1974.
—,《Introduction à Montesquieu》, *Écrits,* t. II, Vrin, 1984.
Gouhier, H., *La Jeunesse d'Auguste Comte et la Formation du positivisme,* 3 vol., 1933-1941
Gusdorf, G., *Les Sciences humaines et la Pensée occidenttale,* t. VI, *L'Avènement des sciences humaines au siècle des Lumières,* Payot, 1973.
Hérodote　ヘロドトス
L'Enquête, Gallimard-Pléiade, 1964（『歴史』松平千秋訳，岩波文庫，1971年）
Hitler, A.　ヒトラー
Mein Kampf (Mon combat) (1925-1927), 1934（『わが闘争』平野一郎，将積茂訳，角川文庫，1973年）
Homère　ホメロス
Iliade, Odyssée, Gallimard-Pléiade, 1955.（『イリアス』松平千秋訳，岩波文庫，1992年，『オデュッセイア』松平千秋訳，岩波文庫，1994年）

Ives de Paris　パリのイヴ
Morales chrétiennes, 1643.［『キリスト教的愛国心』］
Kant, I　カント
《Fondements de la métaphysique des moeurs》(1785), *Œuvres philosophiuqes,* Gallimard-Pléiade, t. II, 1985.（『道徳形而上学の基礎づけ』宇都宮芳明訳，以文社，1989年）
Kohn, H..　コーン
The Age of Nationalism, New York, 1962.（『ナショナリズムの世紀』佐々木俊郎・浦野起央訳，外交時報社，1968年）
—, *The Idea of nationalism,* New York, 1944.
La Rochefoucauld, F. de　ラ・ロシュフーコー
Maximes (1665), Garnier, 1967.（『ラ・ロシュフーコー箴言集』二宮フサ訳，岩波文庫，1989年）
Leroy-Beaulieu, P.　ルロワ＝ボーリュー
De la colonisation chez les peuples modernes (1874), 2 vol., 1902.［『近代の諸国民における植民地政策について』］
Léry, J. de　ジャン・ド・レリー
Histoire d'un voyage faict en la terre de Bresil (1578), Plasma, 1980（『フランスとアメリカ大陸』(大航海時代叢書；第2期19-20)，『ブラジル旅行記』二宮敬訳，岩波書店，1982年）
Prince de Ligne　リーニュ公
Lettres écrites de Russie, 1782.［『ロシアからの手紙』］
Lovejoy, A., 《On the so-called primitivism of Rousseau's *Discourse on Inequality*》(1923),—*Essays on the History of Ideas,* Baltimore, 1948.
Mathiez, A., *La Révolution et les Étrangers,* 1918.
Mill, J. S.　ミル
《Lettres à Tocqueville》, in A. de Tocqueville, *Œuvres complètes,* Gallimard, t. VI, vol. 1, 1954・［「トクヴィル宛書簡」］
Poliakov, L., *Le Mythe aryen* (1971), Bruxelles, Complexe, 1987.
Popper, K.　ポパー
Conjectures et Réfutaions (1963), Payot, 1985（『推測と反駁』藤本隆志・石垣寿郎訳，法政大学出版局，1980年）
Quella-Villéger, A., *Pierre Loti l'incompris,* Presses de la Renaissance, 1986.
Renaut, A., 《L'Idee fichtéenne de nation》, *Cahiers de philosophie politique et juridique,* XIV, 1988.
Richter, M., 《Tocqueville on Algeria》, *Review of Politics,* XXV (1963).
Robespierre, M. de　ロベスピエール
《Discours》1792-1794 (*Œuvres,* t. 10) PUF, 1967.［『演説集』］（『革命の原理を守れ』(革命家演説集 2)，内田佐久郎訳，白揚書館，1946年）
Roger, J., *Les sciences de la vie dans la pensée française du XVIIIe siècle,* A. Colin, 1963.

Ronsard, P. ロンサール
《Discours contre Fortune》(1559), *Œuvres,* t. VII. Didier, 1970. [「運命に抗して」]
Saint-Arnaud サンタルノー
Lettres du maréchal Saint-Arnaud, 2vol., 1855. [『サンタルノー元帥書簡集』]
Saussure, L. de ソシュール
Psychologie de la colonisation française, 1899. [『フランスの植民地政策の心理』]
Seillère, E. de, *Le Comte de Gobineau et l'Aryanisme historique,* 1903.
Shklar, J., *Men and Citizen,* Cambridge, 1969.
—, *Montesquieu,* Oxford, 1987.
Sternhell, Z., *Maurice Barrès et le Nationalisme français* (1972), Bruxelles, Complexe, 1985.
Strauss, L. シュトラウス
Droit naturelle et Histoire (1953), Plon, 1954. (『自然権と歴史』塚崎智・石崎嘉彦訳，昭和堂，1988年)
Taguieff, P. -A., *La Force du préjugée. Essai sur le racisme et ses doubles,* La Découverte, 1988.
Thevet, A., テヴェ
Singularitez de la France antarctique (1557), La Découverte, 1983 (『フランスとアメリカ大陸』(大航海時代叢書；第2期19-20)，『南極フランス異聞』山本顕一訳，岩波書店，1982年)
Vespucci, A. ヴェスプッチ
Mundus Novus (1503), in E. Charton (éd.), Voyageurs anciens et modernes, t. III, 1863. [『新世界』]
Weil, S. ヴェイユ
L'Enracinement (1949), Gallimard, 1977. (『根をもつこと』シモーヌ・ヴェーユ著作集2，山崎庸一郎訳，春秋社，1998年)